Chuban
Chanye Zhuanxing Yanjiu

出版产业转型研究

上

张养志 ◎ 主编

文化发展出版社
Cultural Development Press

内容提要

本书收录了以"出版产业转型研究"为论题的硕士论文16篇,内容涉及出版业产权改革研究、出版产业研究、版权研究、出版生产、经营和消费研究、新媒体及传播研究等多个维度,这些研究成果都是作者依据学术研究的规范,在学研相关理论的基础上进行的探索性思考,对出版产业从业人员具有一定的参考价值。

图书在版编目(CIP)数据

出版产业转型研究 / 张养志主编. — 北京:文化发展出版社,2020.4
ISBN 978-7-5142-2958-5

Ⅰ. ①出… Ⅱ. ①张… Ⅲ. ①出版业-产业发展-研究-中国 Ⅳ. ①G239.2

中国版本图书馆CIP数据核字(2020)第032365号

出版产业转型研究

主　　编:张养志

责任编辑:魏　欣　　　　责任校对:岳智勇
责任印制:邓辉明　　　　责任设计:侯　铮
出版发行:文化发展出版社(北京市翠微路2号 邮编:100036)
网　　址:www.wenhuafazhan.com
经　　销:各地新华书店
印　　刷:北京建宏印刷有限公司

开　　本:787mm×1092mm　1/16
字　　数:900千字
印　　张:51.25
印　　次:2020年6月第1版　2020年6月第1次印刷
定　　价:128元(上、下册)
ＩＳＢＮ:978-7-5142-2958-5

◆ 如发现任何质量问题请与我社发行部联系。发行部电话:010-88275710

前　言

出版是适应受众的需要将作品公之于众的社会活动，其着眼点是作品的内容及其所承载的文化；其功能是传承文明、传播文化、传递信息，资政育人，为受众阅读服务，满足人的精神文化需求。在社会发展进程中，出版直接参与了社会文化的构建与塑造，通过出版物把社会规范灌输到人们心中，影响、改造受众的思想、观念和价值取向。人类的思想文化积累和传播主要是借助出版来实现的。因此，"内容为王"是出版的本质特性，作品的品质取决于出版的品质，而出版的品质则最终决定于出版人的品质和对受众的价值引领，因为出版物中所延续的历史文脉，所承载的人类文明，所蕴含的思想、知识、信息等，随着出版物的广泛流通在全社会扩散和传播。这一过程实质上是作者和受众之间所进行的历史对话、思想碰撞和精神交流。

党的十八大报告中明确提出"建设社会主义文化强国""增强文化整体实力和竞争力""发展哲学社会科学、新闻出版、广播影视、文学艺术事业"等内容。党的十九大报告明确提出"推动社会主义文化繁荣兴盛""推动文化事业和文化产业发展"等目标任务。

在以习近平同志为核心的党中央的高度重视和正确领导下，出版业进一步深化改革、创新发展，《深化新闻出版体制改革实施方案》《关于推动国有文化企业把社会效益放在首位、实现社会效益和经济效益相统一的指导意见》《图书出版单位社会效益评价考核试行办法》《关于推动传统出版与新兴出版融合发展的指导意见》等一系列顶层设计文件陆续出台。2018年11月14日，中央全面深化改革委员会第五次会议审议通过了《关于加强和改进出版工作的意见》，会议强调，加强和改进出版工作，要坚持中国特色社会主义文化发展道路，坚持为人民服务、为社会主义服务，坚持百花齐放、百家争鸣，加强内容建设，深化改革创新，完善出版管理，着力构建把社会效益放在首位、社会效益和经济效益相统一的出版体制机制，努力为人民群众提供更加丰富、更加优质的出版产品和服务。这些顶层设计方案为出版业高质量发展指明了方向。

就图书出版业而言，党的十八大以来，以满足人民群众日益增长的对美好精神文化生活需求为己任，紧紧围绕以习近平同志为核心的党中央治国理政新理念新思想新战略、中国特色社会主义和中国梦、经济发展新常态和供给侧结构性改革、社会主义核心价值观、习近平新时代中国特色社会主义思想等，在主题出版、融合发展、"走出去"等方面取得了丰硕成果，产业发展日趋规范化和精细化，出版了一大批社会效益和经济效益俱佳、广受读者欢迎的优秀出版物。据国家新闻出版署统计，2017年，全国共有585家出版社，出版新书25.51万种，同比降低2.8%；重印图书25.74万种，同比增长8.4%。重印图书在品种上首次超过新版图书。全年合计出版图书51.25万种，总印数92.44亿册（张），总印张808.04亿印张，定价总金额1731.25亿元。与2016年相比，图书品种增长2.52%，总印数增长2.29%，总印张增长3.97%，定价总金额增长9.51%[1]。统计数据显示：一是图书出版总量规模稳中有升，说明出版能力不断加强。经过多年的发展，出版社作为产业主体在数量上趋于平稳，基本形成了种类齐全、分工明确、业务多元的出版结构。特别是随着出版转企改制的推进，出版单位的出版能力逐步提升、不断加强，图书出版量总量加大，年均出版量持续提高。新时代有利于出版产业发展的政策、市场、资源优势会进一步释放，产业规模将会继续保持强劲增长的态势，传统出版与新兴出版融合发展的势头会更加强劲，出版物种在基本稳定前提下，正在从内容、载体、渠道、方式上紧跟全面提升的时代机遇。二是图书出版质量和效益提高，说明供给侧结构性改革的效果明显。内容生产是出版业发展的中心环节，质量要求是出版业可持续发展的生命线，深化改革是出版业提高竞争力的根本动力。围绕内容、质量对图书出版业进行结构调整，既是新时代社会发展主要矛盾调整对出版业发展的必然要求，也是出版产业面对新媒体技术的自身应对的逻辑变革。重印再版率指标，既可以反映单个出版社出版双效益实现的效果，也是检验整体出版行业阶段性存量市场是否发展健康的数据。[2]重印再版率稳步提升，是质量和效益提升的标志之一，表明出版业从"数量增长型"进入了向"优质高效型"发展的新阶段。提高图书的重印再版率是出版业供给侧结构性改革和高质量发展的重要方向。图书出版要更好地满足人民群众对于美好生活的期待和向往，就是要坚定不移地调整优化结构。

出版产业的转型和发展为出版学的学科建设、科学研究和人才培养提供了丰富的实践素材。为了能够从学理上准确认识产业转型的客观规律，正确把握产业转型过程中的产业政策、产业结构、产业组织等体制机制改革在实践中的创新，需要从理论和实践相结合的视角，不断深化对出版经济理论的基础性研究。

---

[1] 王志：《北京新闻出版广电发展报告》，社会科学文献出版社，2018年11月版，第34页。

[2] 杜大力、赵玉山、邢自兴：《从大数据看新中国70年出版成就与发展历程（上）》，中国新闻出版广电报，2019.09.30。

一、出版物的双重属性

出版物的属性问题就是出版经济理论研究的基础性问题。从一定程度上讲是产业转型、产业政策、产业组织研究的出发点。从有形性上讲，出版物表现为私人品，具有商品属性；而从无形性看，出版物又表现为公共品，具有公共属性。

（一）出版物的商品属性

首先，从需求看，出版物像一般物质产品一样，用于满足消费者的某种需求，具有有形的物理属性。一般来说，影响这种商品需求的因素主要有四种：价格、收入、消费者嗜好和预期。价格和收入主要影响购买能力，消费者嗜好和预期主要影响购买欲望。价格包括出版物本身的价格，也包括相关商品的价格。相关商品包括替代品和互补品，以传统出版物图书为例，电子书、有声书等数字形态出版物是其替代品（尽管不能完全替代），后者价格下降，前者需求会减少；购买图书的环境条件是传统出版物的互补品（也许不能完全互补），购买图书的环境条件好，图书的需求也会增加。收入对购买力的影响是显而易见的。消费者嗜好受消费时尚的影响，消费时尚受示范效应和广告效应影响。例如，消费者会因为畅销书的影响踊跃购买此类图书，这是示范效应；报纸、网络媒体对某作者的著作进行评介和宣传，会使相关受众群购买其图书，这是广告效应。预期包括收入与价格预期，影响消费者的购买欲望，这是一般物品消费的需求定理所决定的，即在其他因素不变的情况下，某种出版物的需求量与其价格反方向变动。价格上升，需求量减少；价格下降，需求量增加。

从供给看，一般意义上的出版物的供给，是出版商供给欲望和供给能力的统一，但更重要的是供给能力。它是指在某一个时期内在每一种价格时出版商愿意而且能够供给的某种出版物数量。影响某种出版物供给的因素包括价格、生产要素的数量与价格、技术水平和预期。价格和预期主要影响供给欲望，生产要素数量与价格以及技术水平主要影响供给能力。如果我们剔除其他因素，只分析出版物本身价格与该出版物供给量之间的关系，理论和实践都会告诉我们：在其他因素不变的情况下，某种出版物的供给量与其价格同方向变动，即价格上升，供给量增加，价格下降，供给量减少。这就是供给定理的内涵。

某种出版物的需求量与供给量都受价格的影响。当市场上这种出版物的需求量与供给量相等时就决定了市场上该出版物的价格。这种价格既是消费者愿意支付的需求价格又是生产者愿意接受的供给价格，即经济学中的均衡价格（市场上的成交价格）。在此时的需求量与供给量也相等，称为均衡数量（市场上的成交量）。出版物的这种私人品属性的价格（即均衡价格）形成机制是排他性的市场竞争。当某种出版物的供给大于需求时，出版商为了把出版物卖出去，会竞相降价；当某种出版物的供给小于需求时，消费者为了满足其消费需求会竞相提价；当供给量与需求量相等时，既不会降价又不会提价，这时的价格就称为市场上自发决定的均衡价格。供求决定价格的基本原理是主流经济学分析经济问题的最基本工具。我们在分析出版产业发展中各种因素的变动如何影响出版物价格和交易量时，首先要看这种因素影响的是需求还是供给，或者两者都影响，其次看这种因素如何影响需求和供给（使供给增加还是减少），最后就可以得出价格和交易量变动的结论了。

（二）出版物的公共属性

出版物的公共属性表现在两个方面。一是从出版公共服务来说的，它具有意识形态属性，其社会价值很多不是通过市场进行检验的，在有效弥补市场机制不足的同时，能使政府"公共性"和"人民性"得到很好体现。出版物在公共服务方面与出版产业相对应，以社会效益为目标取向，在生产和提供主体上以政府为主导，政府和其他社会主体共同参与，具有非排他性和非竞争性特点。二是从出版物承载的内容、即公共品属性来看，具有与一般物化产品不同的无形性特征。这种公共属性需要运用建立在知识产权保护基础上的价值体系去分析。经济学理论对出版物的商品属性定义非常清楚，因为它们类似于一般意义上的制成品或服务，但对内容层面的公共属性的解释却显得力不从心。例如，它可以从有形商品角度解释一本书的生产，但却不善于解释书中的文字和图例。当出版物表现为一般商品的有形性特征时，它具有私人物品的竞争性和排他性特征。也就是说，如果某人拥有了对某种出版物（如图书）的所有权，那么该出版物就不能为其他人所拥有；反之，当出版物凸显其无形性特征的时候，它便具有了公共品属性，首先表现为其消费具有非竞争性、非排他性。或者说，图书作为内容产品是版权保护的智力成果，是一种无形的精神财富，在客观上是无法被人们实际占有和控制的无形财产[1]。所谓非竞争性是指同一出版物可供多人共同消费，某些人对此项产品的消费不影响另一些人对同一产品的消费。所谓非排他性，是指出版物的消费是免费的，任何人都可以无偿地享用，他人无权排斥。也就是说，当出版物表现

---

[1] 1813年，美国总统托马斯·杰弗逊在写给艾萨克·麦克弗森的一封信中，就非常精准地阐述了受知识产权保护的内容产品的公共品特性。他的观点堪称经典："如果大自然中还有什么比排他的专有权更不易受影响的话，那么就是思想力的行动，就是创意。只要你愿意，一个人可以排他性地独自占有。但是在你将它泄露出去的那一刻，所有人就共同拥有了……这就产生了知识产权的另一个特征：许多人可以不分多少地共享、反复使用而不会影响其他人使用。这就好像我的想法被另一个人所接受，但是自己却没有受到一丝一毫的减损，又好比用火点燃蜡烛，经过的人有了光亮，我这里也不会变暗……所以发明天生就不能成为所有权客体。"

为版权保护的创意内容时,一个人的拥有或是一百万个人的拥有,都不会影响你或者他的拥有。这种特征决定具有公共品属性的出版物的供求关系与价格制度无关,因此市场机制无法调节供给和消费。

当无形的创意内容记录在有形的出版产品中,就会受到市场供求规律的影响,其竞争就会变得非常激烈。消费者可以分享同一首歌,但是却不能分享同一张拷贝碟。版权和专利的重点就在于限制准入性,要么是绝对限制要么是花钱买准入。这就要求适应出版产品的特殊性建立适当的出版产业结构,提高资源的配置效率,在放弃任何限制和建立必要的垄断之间做出选择。

同时,对于数字出版形态而言,出版物的无形性特征还表现在内容生产的高投入和消费的低成本上。也就是说,对某个创意内容进行复制或重复复制的成本往往是微不足道的。而在思考、研究和开发的过程中,几乎所有的知识、技能、能力和其他智慧投入都是必要的。一旦从内容生产转变为出版物和服务进入消费环节,其复制的成本就显得无关轻重。

以上对出版物有形性(商品属性)和无形性(公共属性)特征的分析说明,当经济学擅长对其有形性进行解释并指导市场机制发挥资源配置作用的同时,却不能很好地解决出版物的无形性问题。这说明对于出版物这种基础研究而言,既要遵循经济学的相关理论,也要重视内容产业的特殊性,把经济学相关理论的一般性与出版产业的特殊性相结合,出版产业转型的研究才更有说服力和针对性。

二、产权视角的版权

社会主义基本经济制度在经济制度体系中具有基础性决定性地位,对知识产权领域制度建设及国家治理效能有重要影响。坚持和完善社会主义基本经济制度是习近平新时代中国特色社会主义思想的重要内容。党的十九届四中全会审议通过了《中共中央关于坚持和完善中国特色社会主义制度、推进国家治理体系和治理能力现代化若干重大问题的决定》(以下简称《决定》)。《决定》将公有制为主体、多种所有制经济共同发展,按劳分配为主体、多种分配方式并存,社会主义市场经济体制三项制度并列,都作为社会主义基本经济制度,既体现了社会主义制度优越性,又同我国社会主义初级阶段社会生产力发展水平相适应,是党和人民的伟大创造。《决定》在社会主义市场经济体制这部分内容中指出:"要抓紧完善相关制度,健全以公平为原则的产权保护制度,依法平等保护各类产权","要建立知识产权侵权惩罚性赔偿制度,进一步加强知识产权保护","加强企业商业秘密保护"。《决定》把知识产权保护,紧随产权保护制度之后,纳入市场经济体制的描述之中，这是对社会主义基本经济制度做出的新概括，是对社会主义基本经济制度内涵做出的重要发展和深化。

中国特色社会主义进入新时代，如何在把社会主义基本经济制度坚持好、巩固好，完善好、发展好的前提下，以产权制度为基础，使包括版权在内的知识产权制度更加成熟更加定型，对于出版业高质量发展来说，是一个具有重大理论和实践意义的课题。产权制度是市场经济的基石。只有产权得到平等、有效保护，市场主体才能放心投资，市场交易才有前提条件。按照美国经济学家阿尔钦的解释："产权是一种通过社会强制而实现的对某种经济物品的多种用途进行选择的权利。"这就是说，产权是一种由法律承认并保护的人对物的权利。而知识产权是指人类智力劳动产生的智力劳动成果所有权。它是依照各国法律赋予符合条件的著作者、发明者或成果拥有者在一定期限内享有的独占权利，一般认为它包括版权（著作权）和工业产权。在产权制度基础上看知识产权，实际上是把知识产权当成物权来对待的。保护产权就是既要接受和承认知识产权的私权属性，又要通过产权机制的完善积极发挥市场在资源配置中的决定性作用。

版权属于知识产权保护范畴，以著作权制度为基础，以版权保护为手段，以版权交易与贸易为对象，以价值增值，进而促进国际间的文化交流、提升一国的文化传播力和影响力为目的。版权具有政治属性、经济属性和学科属性。版权的经济属性需要努力构建版权现代治理体系，大力提高版权现代治理能力，需要产业界不断地进取。从历史来看，版权又是一个商品问题。版权制度从它产生之日起就与经济和社会发展有着密切的关系。版权制度的实质是一种对人类智力创造活动从产权角度进行激励的制度，通过对作者和相关权利人创新精神的保护，带动与作品创作和传播有关产业的发展。在传统出版与新兴出版深度融合的大背景下，发挥市场在资源配置中的决定性作用，就要不断强化版权的商品功能、价值功能和产权功能。当"互联网+"成为文化创意产业发展新常态的时候，版权将关乎产业结构的调整、经济发展方式的转变和社会财富的创造。版权已成为越来越重要的生产要素和财富资源。由此可见，版权是产权在版权经济中的延伸，是内容产品外部表现的内核。在微观层面，对于生产者而言，版权更是一个产权问题，涉及体制深化改革和运行机制创新，是从事内容生产的传统媒体和新兴媒体必须面对的基础问题；对于消费者而言，版权是商品，内容丰富，涉及面广，体现在经济生活和社会生活的方方面面，关系到消费层次和消费结构的变化。学术研究需要站在理论创新的高度去梳理和认知产权基础上的版权实践。

本书以"出版产业转型研究"为选题共收录了相关研究生的16篇论文，其中涉及产权改革研究的2篇，分别是《我国出版企业的产权改革研究》《我国非公有出版组织产权研究》；涉及产业研究的3篇，分别是《我国出版产业结构调整研究》《少儿图书出版产业集中度研究 ——以供给侧结构性改革为视角》《首都出版业公共服务体系研究》；涉及版权研究的3篇，分别是《网络文学版权开发研究》《我国出版企业版权管理机制研究》《我国网络出版的版权保护现状与对策研究》；涉及生产、经营和消费研究的论文5篇，分别是《贝塔斯曼集团经营管理与企业战略研究》《我国民营图书零售业的困境与出路》《我国少儿图书市场消费需求影响因素分析》《"O2O"商业模式中的从众行为研究》《〈创业家〉期刊转型的个案分析》；有关新媒体及传播研究的3篇，包括《电商购物节传播策略研究》《北京地区时政类报刊微信公众平台的运行比较研究》《电影 IP 衍生品开发分析》。这些研究成果都是作者依据学术研究的规范，在学研相关理论的基础上进行的探索性思考。由于作者们的学术水平和所掌握资料所限，文章中难免有疏漏和不当，甚至错误之处，敬请批评指正。

总目录

（上）

产权改革研究

我国出版企业的产权改革研究 .... 张巧梅（001）

我国非公有出版组织产权研究 .... 刘茹岚（037）

产业研究

我国出版产业结构调整研究 .... 赵光菊（089）

少儿图书出版产业集中度研究——以供给侧结构性改革为视角 .... 刘晶晶（137）

首都出版业公共服务体系研究 .... 张楚旎（199）

版权研究

网络文学版权开发研究 .... 胡永建（285）

我国出版企业版权管理机制研究 .... 史文慧（327）

我国网络出版的版权保护现状与对策研究 .... 傅春晓（375）

（下）

生产、经营和消费研究

贝塔斯曼集团经营管理与企业战略研究 .... 李　慕（419）

我国民营图书零售业的困境与出路 .... 杜琳琳（461）

我国少儿图书市场消费需求影响因素分析 .... 陈尼佳（527）

"O2O"商业模式中的从众行为研究 .... 郑中翔（571）

《创业家》期刊转型的个案分析 .... 刘　冰（617）

新媒体及传播研究

电商购物节传播策略研究 .... 马莺子（667）

北京地区时政类报刊微信公众平台的运行比较研究 .... 常　江（709）

电影 IP 衍生品开发分析 .... 丁　淼（757）

我国出版企业的产权改革研究

摘　　要

　　论文讲解了结构框架、理论支撑、创新点以及难点，分析了产权理论与产权形式、出版企业的产权改革建构、出版企业的公司治理状况、考察了我国目前出版企业的现状和政策，并详细分析了我国出版企业的发展路径。我认为出版企业存在的主要问题是：产权改革的速度较慢，产权改革力度不够，公司治理结构不合理，产业政策扶持不到位，法制不够完善。因此，需要尽快改变出版企业的产权形式，明确出版企业产权改革的功能，确定出版企业产权改革的发展路径。

　　本研究论文的基本思路是：在经济全球化背景下，首先对产权、产权理论、产权形式等基本内容进行了归纳、整理；然后对新阶段出版企业的产权改革历史和现实进行了研究，为进一步研究中国出版企业的产权改革打下基础。在此基础上，进一步剖析了中国出版企业的现代企业制度和公司治理，并为我国出版单位的内部治理提出相应的措施；最后理论联系实际，概括了发展我国出版企业的产权改革与公司治理的整体思路。本研究论文在结构上大致分为五章节。即研究的背景和框架，产权理论与出版企业的产权形式选择，新阶段出版企业的产权改革建构，现代企业制度与出版企业公司治理，我国出版企业产权改革的发展路径等。第一章是对论文的研究背景、文献综述、理论支撑的说明。第二章主要阐述了产权的概念和基本理论、产权形式，提出了股份制是现代出版企业的最佳组织形式这一观点。第三章主要研究的是出版企业的产权改革建构，探讨了产权改革的功能特征，产权改革的途径以及它的中心环节，着重提出了产权改革的首要任务。第四章主要分析现代企业制度和公司治理的内涵，为现代企业制度的建立和出版企业内部治理提供参考意见，并把我国出版企业的公司治理与西方主要国家出版业的公司治理进行了有效的比较分析，着重研究了中国出版企业的产权改革的发展路径，揭示了我国出版企业发展所面临的挑战与机遇。最后一章总结了本研究的价值。

　　关键词：出版企业；产权改革；公司治理；发展路径

Abstract

This paper describedthe relevant research review, the structure and the theoretical support, innovation and the difficulties. It analysed property rights system theory and property rights system form, property rights sysytem reform and construction of publishing enterprises, condition of corporate governance of publishing enterprises, and also investigated the current publishing enterprises' situation and policies in our country and made a detailed analysis of the development path of our country's publishing enterprises. This paper hold the ideas that the main problems of the publishing enterprises in China are: lacking of property rights sysytem reform, irrational corporate governance structure, poor policy support, and inadequate legal system. Therefore, in order to achieve rapid development of publishing enterprises, this paper proposed the following development countermeasures: change the property rights system form of publishing enterprises, make a clear function of the property rights sysytem reform of publishing companies, determine the development path of property rights sysytem reform of publishing companies.

The basic idea of this paper is:first, it concluded and aggregated the basic contents of property rights system, property rights system theory, property rights system form in the background of economic globalization; and then studied the history and reality of property rights sysytem reform of publishing enterprises, which laid the foundation for the further study of property rights sysytem reform of Chinese publishing enterprises. On this basis, it further analyzed the modern enterprise system and corporate governance of Chinese publishing enterprises, and put forward corresponding measures for the internal governance of publishers. At last, linking theory with practice, it proposed the general conception for the property rights sysytem reform and corporate governance to develop our country's publishing enterprises. The structure of this papers is divided into six chapters. That is: the background and framework of the research, the property rights system theory and the options of property rights system form for publishing enterprises, the construction of publishing enterprises reform in the new stage, the modern enterprise system and corporate governance of publishing companies, the property rights system reform of publishing enterprises and development path of corporate governance in our country. The first chapter is the research background, literature review and theoretical support of this paper. The second chapter describes the concept of property rights system, basic theory of property rights system and the form of property rights system, and proposed the viewpoint that joint-stock system is the best organization form for modern publishing enterprises. The third chapter mainly researchs the construction of property rights system reform of publishing enterprises, the functional characteristics property rights system reform, the way of property rights system reform and its central link, and highlights the primary task of property rights sysytem reform. The fourth chapter analyzes the connotation of modern enterprise system and corporate governance to give some advisory opinions for the construction of modern enterprise system and internal governance of publishing enterprises, and makes a effectively comparative analysis between the corporate governance of publishing enterprises in China and in major Western countries. The fifth chapter focuses on the property rights sysytem reform of Chinese publishing enterprises and development path of corporate governance, and reveals the problems of publishing enterprises, it also reveals the challenges and opportunities that the development faces in the context of economic globalization.The last chapter made a conclusion of my research product.

Key words: Publishing enterprise; Property rights sysytem reform; Corporate governance; Development path

目 录

CONTENTS

第一章 绪论 006
    1.1 研究背景及意义 006
    1.2 相关研究综述 009
    1.3 理论支撑 011

第二章 产权理论与出版企业的产权形式选择 013
    2.1 产权概念及其内容 013
    2.2 产权的基本理论 014
    2.3 产权的形式 015
    2.4 股份制是现代出版企业最佳的产权组织形式 016

第三章 新阶段出版企业的产权改革建构 018
    3.1 出版产权改革的三大功能剖析 018
    3.2 出版企业产权改革存在不同程度的问题 019
    3.3 出版企业产权改革建构 022
    3.4 我国出版企业产权改革面临的挑战 023

第四章 出版企业公司治理与产权改革的发展路径 025
    4.1 出版企业公司治理结构的内涵 025
    4.2 现代出版企业治理结构存在的问题 026
    4.3 国外出版集团公司治理模式分析 027
    4.4 出版企业产权改革的主要途径是调整产权组合 029
    4.5 破解出版企业公司治理难题的对策 031

第五章 结语 033

参考文献 034

第一章 绪论

1.1 研究背景及意义

1.1.1 国内背景

纵观改革开放 30 年中国出版产业的发展历程，粗放型增长的特征十分明显，而这种增长的粗放性又是在高速增长的大背景下生成、展开并得以强化的。中国出版产业目前虽然仍处于一个新的增长阶段，但从销售额、利润额等反映出版产业实际销售和盈利能力的指标却出现了增速下降甚至负增长的现象。种种现象表明中国出版产业在继续增长的同时，一些不同于以往的内在因素和外部环境都发生了巨大变化，这意味着中国出版产业面临巨大的挑战。[①]

我国出版业目前包括出版事业和出版产业两种治理结构。改革开放以前，我国出版业长期在计划经济的轨道上运行，出版的产业化进程远远落后于其他经济领域，出版物不要说在国际上发挥影响力，就连国内的基本需求都难以满足。改革开放以来，我国出版业在改革中前进，在创新中发展，产业化程度不断提高，实现了跨越式发展。[②] 从改革开放之始的 1978 年，出版图书总数为 1.5 万种，30 年后的 2007 年增加到 24.83 万种。其中新出版图书的数量由 1978 年的 1.19 万种，增加到 2007 年的 13.62 万种（见图 1.1）。而图书总印张是建立在出书品种和图书总印数基础上的出版要素，是书业生产能力、生产规模的综合体现。总印张数由 1997 年的 364 亿印张持续增长到 2006 年的 512 亿印张，2007 年又下降至 486.5 亿印张（见表 1.1）。目前，我国已经基本形成了以图书、报纸、期刊、音像、电子等媒体的出版、印刷、复制、发行等为主，包括教育出版、科研出版、版权代理、出版物资供应、出版物进出口等附属门类完整的产业体系。到 2008 年底，整个新闻出版业的产值超过 8000 亿元，占 GDP 的 3.02%。

[①] 李治堂，张志成：《中国出版业创新与发展》，印刷工业出版社，2009 年版，第 11 页.

[②] 孙寿山：《坚持改革创新，以产业大发展推动文化软实力大提升》，《出版发行研究》2009 年第 1 期.

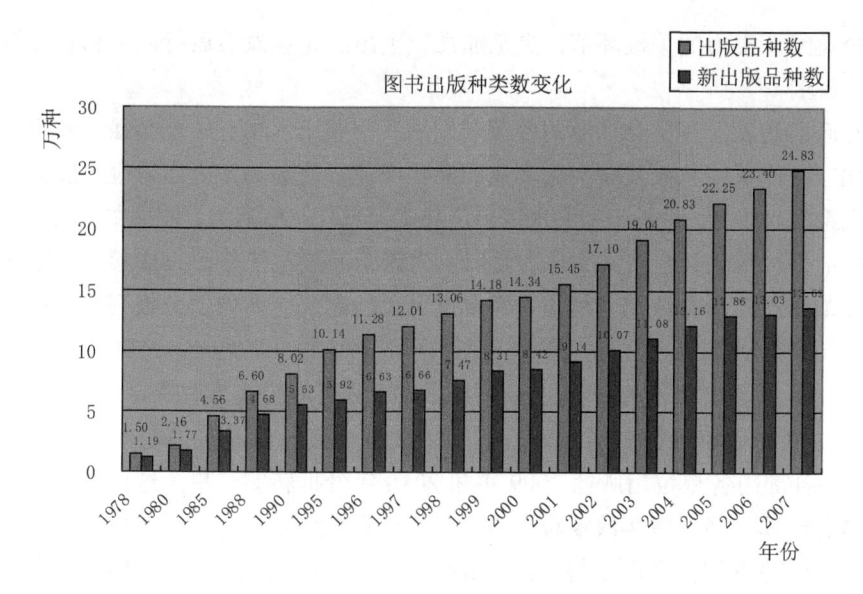

图 1.1　1978—2007 年中国图书出版种数及新出图书种数

表 1.1　1997—2007 年中国图书出版概况

年份 项目	种数	总印数/亿册（张）	总印张/亿印张	定价总金额/亿元
1997	120106	73.05	364.00	372.56
1998	130613	72.39	373.62	397.97
1999	141831	73.16	391.35	436.33
2000	143376	62.74	376.21	430.10
2001	154526	63.10	406.08	466.82
2002	170962	68.70	456.45	535.12
2003	190391	66.70	462.22	561.82
2004	208294	64.13	465.59	592.89
2005	222473	64.66	493.29	632.28
2006	234000	64.08	512.00	649.13
2007	248300	62.93	486.50	676.72

资料来源：《中国新闻出版统计资料汇编》（1997—2007），《统计年鉴》（2008）。

我国新闻出版业的快速发展，不仅对国民经济发展做出了重要贡献，而且对增强文化软实力也做出了重要贡献。但是，我国文化体制与人民群众日益增长的精神文化需求、全面建设小康社会的目标任务不符合。因此，深化文化体制改革，加快文化事业和文化产业发展，是加快社会主义现代化建设的迫切要求，也是提高出版企业经济实力的关键环节，更是加强我国出版企业发展运行体制和管理机制的必然要求。

党和政府高度重视文化产业的改革与发展。中共十六届五中全会强调要构建公共文化服务体系，积极发展文化事业和文化产业，创造更多更好适应人民群众需求的优秀文化作品。中共十七大也提出了提高国家文化软实力，推进文化创新，增强文化活力，推动社会主义文化大发展、大繁荣的战略任务。2003年，全国文化体制改革试点工作会议明确指出"经批准可以转制为企业的部分报刊社、出版社建立现代企业制度"。这标志着我国出版行业"转企改制"启动。2009年4月，新闻出版总署制定出台了《关于进一步推进新闻出版体制改革的指导意见》，明确了出版体制改革路线图和时间表，明确了改革配套政策和优惠举措，已确定148家中央各部门各单位出版社2009年和2010年分批转制名单。这标志着我国的出版体制改革，经过多年的艰难摸索，正从试点走向推广，从慢车道驶入了快车道。在新形势下如何推进改制单位的战略重组，如何瞄准上市目标塑造一个充满活力、实力和竞争力的市场主体，是一项机遇和挑战俱存、风险和收益同在的工作。

因此，要想发展好我国的文化事业，就要把体制发展，内部管理改革，机制创新作为重点，形成管理科学的文化经营机制；同时也要注意规范出版文化法律条例体系，加强政府的法律约束职能，营造我国文化事业的科学服务体系，从而提高文化产业的高效率的微观运行机制；也应该加强内容创新，提高出版产品产权的保护力度，发挥出版企业的国有资本在文化事业当中的引导作用，提升我国文化事业和出版产业的核心竞争力。

1.1.2 国际背景

联合国教科文组织（UNESCO）将出版业归入其"文化产业"（Cultural Industry），英国将其归入"创意产业"（CIS），美国将其归入"版权产业"（CRS）。"二战"之后，国外出版业获得了长远发展。2001年，美国电影、电视、广播、图书报刊等文化产业共创造增加值5351亿美元，占其GDP的5.24%，其年均增长速度达到7%，大大高于其他行业，其总体出版产业的产值估计为7912亿美元，约占GDP的7.75%[1]。2005年，美国核心版权产业产品在海外市场的销售利润达到了1108亿美元，居美国各行业出口产值之首，甚至超过了汽车、航天等传统产

---

[1] 李治堂、张志成：《中国出版业创新与发展》，印刷工业出版社，2009年版，第36页.

业[1]。文化产业在许多国家已经成为支柱产业。在国际出版竞争中，中国的出版业总体上仍然处于弱势地位，表现在国际出版合作中，中外双方出版企业在规模和实力上不均等；中国文化产品的输出与引进相比较，无论是品种总量还是市场规模，都存在较大的差距；在国际合作的经验、运作模式、专业人才等方面也都有较大的差距。[2]

1.1.3　研究的意义

通过对出版企业产权改革的重新认识，反映出我国现行出版企业发展的现实状况，尽可能提供一些有关我国出版企业的产权改革与公司治理理论。论文的研究是以实用性为出发点，全面而系统地整理和归纳了我国出版企业的产权改革和公司治理的内涵、特征和关系，比较分析了我国出版企业在经济全球化背景下发展所面临的重大机遇和挑战。研究的意义主要体现在以下三个方面。

首先，按市场经济规律，按现代产业发展规律要求，强化我国出版企业的改革，即对我国出版企业进行产权改革和公司治理结构的调整。这样可以提高出版改革的积极性，也能深化和推进改革的良好氛围，更加支持国家对出版体制改革政策的实施。

其次，加快出版单位内部重组，重新配置资源和优化产业结构。出版企业战略重组，它涉及管理体制、重组模式、资源整合、内部结构设计的全新打造。出版企业的战略重组的范围大、力度强，将为企业带来全局性和根本性的转变，从而能够分步实施"事转企""企转股"的各项改革，完成阶段性的目标。

最后，改革后的出版企业能够增强活力，建立与市场经济相适应的发展运行机制和管理体制。出版企业的出书结构得到优化，经济实力和"两个效益"显著增强。也能够明确出资人利益和权益，产权结构更加清晰，确立了出版企业在市场经济当中的主体地位。

1.2　相关研究综述

对我国出版企业的产权改革，并没有专门的著作或论文给予研究。但是，学术界对于我国的出版产业已有相关研究。这些研究自20世纪90年代末开始大量出现，这与当时的时代背景是息息相关的。市场经济体制的逐步完善和经济全球化给中国出版业带来了新的机遇和挑战。自20世纪90年代末以来，出版理论界

---

[1] 柳斌杰：《大力开展版权贸易，推动中国文化创新发展走出去》，《中国出版》2008年第9期.
[2] 阎晓宏：《坚持引进与输出并重，推动国际出版合作持续发展》，《中国出版》2008年第9期.

对我国出版业的发展从不同的角度进行了研究和探讨,并产生了一系列相关学术成果。这些学术成果从出版产业的概念特征界定、出版产业的管理体制层面、出版产业的运营机制层面,对出版企业进行产权改革研究和探讨,形成了一些较有影响力的学术成果。

《出版产业战略》[①]是由邓耘著述的,该书阐述了出版业在营销方面取得了巨大的转变,改变了经营模式,面对新的发展机遇,出版企业结构调整和战略重组会形成一股很大的发展动力。

新闻出版总署署长柳斌杰在《大力发展版权贸易,推动中国文化创新发展走出去》中,着重介绍了有关版权贸易的具体发展事项,提出了文化产业在版权贸易方面存在很多的不足之处。

何明星在《金融与出版从另一个角度解析中国书业制度环境》中,详细介绍了我国出版业在短期发展当中,需要引入金融工具,它可以完善出版行业市场,成为推动图书产业发展的重要步骤,提高出版图书的生产规模和发行量。

贺剑锋在《我国出版企业核心竞争力及其培养》[②]中,认为出版企业的核心竞争力是非常重要的,它关系到出版企业的品牌建设和市场占有率。在这个信息化和科技化的时代,出版企业之间的较量是特别激烈和残酷的。新的产品会大量地出现,取代那些传统的出版物,因此要更加重视出版企业的核心竞争力的经营和维护。

张文魁在《中国国有企业产权改革与公司治理转型》一文中揭示了中国国有企业改革的基本模式和鲜明特色,提出了国有企业产权改革的中国范式,对中国国有企业改革的文献做了尽量详尽的回顾研究,对其中一些具有代表意义的理论和观点进行了剖析。该书的观点对我国出版企业的产权改革有很大的启发意义。

高亢在《出版产业发展与出版队伍素质》[③]一文中指出我们应该加强出版产业自身队伍的建设,重视人力资本,完善出版产业内部的激励和约束机制,从而提高出版从业人员队伍的整体素质。

周劲的著作《传媒治理:理论与模式的中国式构建》[④],是我国第一部研究传媒治理的作品,该书主要介绍了我国传媒产业的整体发展思路和体制创新,采用

---

① 邓耘:《出版产业战略》,《中国出版》1998年第1期.
② 贺剑锋:《我国出版企业核心竞争力及其培养》,《编辑之友》2002年第05期.
③ 高亢:《出版产业发展与出版队伍素质》,《中国出版》2001年第11期.
④ 周劲:《传媒治理:理论与模式的中国式构建》,人民出版社,2008年版.

了许多交叉学科的理论知识,对传媒治理的基础工作和指导方向进行了初步的整理,并深入传媒治理的模式架构,提出了独到的见解。

李治堂、张志成等所著的《中国出版业创新与发展》[①]一书主要介绍了制度创新、技术创新、管理创新等理论知识,并且对中国出版业的创新与发展问题进行全面的分析与解答。

曲扬在《我国转型时期中的公司治理模式选择》一书中,对公司治理理论进行了系列分析,对国家文化与公司治理模式的相关性进行了系统的研究;在分析了转型经济的特点以及考察了我国公司治理模式的现实之后,构建出我国公司治理的主导目标模式并寻求其实现路径。

总体来看,我国出版市场竞争相对缓和,竞争尚不充分。毫无疑问,这些文章观点明确,都具有十分重要的现实和指导意义。但是,这些文章基本都是关于出版产业发展的某个阶段或某个层面的论述,对于我国出版企业产权改革建构均没有进行详细的阐释和论证。

1.3 理论支撑

1.3.1 产权理论述评

产权不仅是法学的基本范畴之一,还是经济学的基本范畴之一。产权问题是全部经济学的最基本的问题,从古典政治经济学到马克思主义经济学,以及当代西方制度经济学,都把产权及其制度作为其理论的主要内容。产权通常的要素包括所有权、占有权、支配权、处置权和收益权等。现代产权还包括一系列的无形资产权,如知识产权、商标、信誉、专利等。随着知识经济的兴起和发展,无形资产权显得越来越重要。产权安排确定了每个人相应于物时的行为规范,每个人都应遵守他与其他人之间的相互关系或承担不遵守这种关系的成本。因此,产权被经济学家作为解释不同经济决策和经济行为的依据,而产权理论主要研究的正是产权结构、激励与收益、经济行为之间的关系。产权理论主要包括以下几方面内容。

第一,产权是一组权利束。马克思系统分析了历史上曾经出现过的各种产权形态后,指出产权是包括所有权、占有权、支配权、使用权和收益权等权能形式在内的一组权利束。

第二,具体的产权形式具有可分离性。产权具体形式,诸如所有、占有、支

---

① 李治堂、张志成:《中国出版业创新与发展》,印刷工业出版社,2009年版.

配、使用和收益权等，既可以统一于同一权利主体，也可以分别归属于不同主体，采取分离的形式或进行不同的权利组合。

第三，产权形式要求与生产方式相适应。马克思认为产权演变的动力来源于生产力和生产关系所形成的社会动力，当旧的生产关系不能适应新的生产力水平并阻碍了生产力发展的时候，新的、与生产力相适应的生产关系就将取代原来的生产关系。

1.3.2 公司治理模式理论述评

（1）美国式的公司治理结构。美国公司治理结构基于股东主权的新古典理念，以股东利益最大化即企业价值最大化为目标，主要是解决所有者与经营者之间的委托代理关系问题。企业职工、银行等其他利益相关者在公司治理中的作用不大。根据股东主权理念，只有股东利益实现了最大化，企业利润增加，才能满足其他利益相关者提高利益的要求。美国的企业制度经历了从业主制、合伙制到股份制的发展过程，其股份公司的管理也由早期的所有者家族控制型转向所有权与控制权分离的体制。

（2）德国式的公司治理结构。德国的公司治理模式为"网络导向型""内部人控制"。以社会市场经济理论为基础的德国公司治理体制的主要组成部分为：大股东和主要融资银行对公司的控制，由监事会和董事会组成的双层委员会结构，以及职工参与管理。股权的集中为德国公司实行内部大股东控制提供了产权制度上的条件。公司内部监督权与执行权分离的双重委员会制度，是公司治理最重要的机制。第一层是监事会，它由股东代表、职工代表及其他利益相关者组成。它的主要职能是审核和监督董事会的经营活动，任免董事会成员，并对最重要的公司经营战略做出决定。

（3）日本式的公司治理结构。日本的公司治理体系同德国相似，属于"网络导向型"的内部人控制模式，但是它与德国模式略有不同。其公司治理结构的主要组成部分是，法人相互持股和具有重要决策作用的经理会；在控制公司中"主银行"的突出地位；企业员工的特殊作用。在日本的公司治理模式中，公司治理的主要目标不是公司的市场价值最大化，即不是追求股东短期的股权利益，而是公司长期的成长利益。这种比较稳定的网络关系，有利于实现公司的长期发展。以主银行体制为特征的网络型控制结构，在降低融资和供货过程的交易成本方面曾经发挥过积极作用。

第二章 产权理论与出版企业的产权形式选择

2.1 产权概念及其内容

目前，我国关于产权概念的主流观点认为产权是所有制的核心和主要内容，包括物权、债权、股权和知识产权等。正确理解产权概念，必须对所有制的含义有准确的把握。它们不是对可能的使用施加的人为的或强制性限制，而是对这些使用进行选择时的排他性权利分配。[①] 张五常指出定义"产权"不能从抽象的角度一般定义，要从其功能上定义。[②] 产权通常的要素包括所有权、占有权、支配权、处置权和收益权等。现代产权还包括一系列的无形资产权，如知识产权、商标、信誉、专利等。

2.1.1 占有权

占有权是指财产所有者对于财产所拥有的具有排他性的独占权，也就是说，产权必须有明确的所有者，他在占有某种财产的同时就意味着排除了其他人对这种财产的占有。在通常情况下，财产一般为所有人拥有，即占有权与所有权合一；在特定条件下，占有权也可与所有权分离，形成为非所有人拥有的独立权利。不具有排他性的占有权，即没有明确的所有权，称为"无主所有"，不具备占有权的特征。

2.1.2 使用权

使用权分为两类：合法使用与非合法使用。合法使用是指依据法律或约定使用所有人财产；非法使用则是指未经所有人同意而使用所有人的财产。使用权是所有权的一项基本权能，指按照物的性能和用途加以利用，以满足生产和生活的需要的能力。财产所有人可以使用其财产，也可以依据合同或法律，将使用权转

[①] 科斯：《财产权利与制度变迁》（译文集），上海三联书店，1991年版，第20页.

[②] 张五常：《中国的前途》，香港信报有限公司，1989年版，第176页.

移给非所有人行使或委托非所有人使用。使用与占有有密切的关系，没有占有就无从使用。

2.1.3　处置权

从法律角度看，处置权可分为事实上的处置权和法律上的处置权。事实上的处置权是指所有人把财产直接消耗在生产或生活活动中，如把原料投入生产、把粮食吃掉等。处置权是财产所有人最基本的权利，在多数情况下由所有人享有，但在某些特殊情况下，也可以使所有权与处置权分离，形成非所有权者依法享有的处置权。处置权是指财产所有人对其财产在法律规定的范围内拥有的最终处理的权利，包括资产的转让、消费、出售、封存等。

2.1.4　收益权

收益权是所有权的一项基本功能。产权人之所以拥有资产或财产，是因为该资产或财产通过合法使用能为其带来更大的资产增值或为其带来物质上的享受。经营性收益必须是依法享有权利进行该项营业者在法定范围内的收益。收益与使用有密切的关系。使用是手段，使用某财产的最终目的是获得收益。收益权指产权人依据产权获得经济利益的权利。收益一般包括经营性收益和非经营性收益。

2.2　产权的基本理论

2.2.1　马克思产权理论

在马克思看来，产权是以法律形式存在的所有权。他指出："私有财产的真正基础，只是由于社会赋予实际占有的法律的规定，实际占有才具有合法占有的性质，才具有私有财产的性质。马克思所有制理论中包括了许多科学的产权理论。所有制理论是以资本主义所有制为前提，把资本的所有权、占有权、支配权、使用权看成是一个统一的整体。在分析资本产权关系的基础上，能够明确揭示出剩余价值的生产、实现和分配的规律，揭示出资本主义所有制的本质。马克思的产权理论对我国国有企业和国有产权制度改革具有重要的指导意义。根据马克思关于所有制是社会基本生产关系的基本观点，国有企业改革必须以改进和完善国有制所体现的基本生产关系为目标。从产权的起源上看，产权最初表现为人们在经济交往中形成的习惯或普遍接受的规则和行为方式。而后，这些习惯或规则的受益者为强化和保护由此得来的利益，要求以法律形式进行硬性约束，形成法权。

2.2.2 西方产权理论

西方产权理论对企业内部产权结构安排的论述，以及企业内部不同的产权结构对企业效率影响的理论，更是现阶段中国国有企业以股权多元化为改革目标的重要理论基础。西方产权理论研究思路是：市场机制存在外部性的缺陷，外部性的存在使得私人成本与社会成本、私人收益与社会收益产生偏离，进而导致稀缺资源的配置不是最优的，产生了效率损失，而外部性又主要是由产权的界定不清晰产生的，所以有必要把产权引入经济分析，不能把产权简单假设为既定而排斥在外。西方产权理论中的交易费用理论对国有企业的规模、国有企业的兼并重组有着很大的启示作用。现阶段国有企业的兼并重组浪潮就是西方产权理论在经济现实中的一个侧面反映。它是20世纪60年代由美国经济学家科斯在对传统的西方古典经济学和福利经济学的一些根本缺陷进行反思、批判和修正的基础上首先提出来的，是在对新古典理论进行修正、扩展和一般化中逐步形成的。其后，科斯的追随者如阿尔钦、德姆塞茨、诺思、威廉姆森、张五常等都为丰富与发展产权理论做出了重要贡献。西方产权理论的基本假定与新古典经济学有直接的渊源，其中有一些假设是直接来自新古典经济学，如经济人、资源稀缺等；还有一些是对新古典经济学基本假设的修正。

2.3 产权的形式

2.3.1 个人所有制

最原始的私有制采取的是个人所有制的形式。在市场经济中，这种个人所有制仍然普遍存在，采取这种所有制形式的企业为单人业主制企业。个人所有者是一个自然人作为所有者，单人业主制企业是由一个人所有，并由这个所有者经营企业。从产权的角度看，这种私有制形式，产权极为明晰，效率也高。但是这种企业不可能做大，企业规模极小，从而实现不了规模经济，损失了另一种效益。

2.3.2 合伙制

几个人共同出资可以把企业做大，这时几个人都是企业的共同所有者。这种所有制形式就是私有制的另一种形式——合伙制，或称公用制。由几个人共同所有并共同经营的企业就称为合伙制企业，家族企业由家族成员共同所有并共同经营，是合伙制的典型形式之一。这种合伙制并不常见，在美国，只有法律规定必须采取合伙制形式的会计师事务所、律师事务所等，不得不采取合伙制，其他企业很少有采取合伙制的。

2.3.3 股份制

股份制是指不同生产要素的所有者，把生产要素作为资本投入企业而形成的一种产权组织形式。股东通过认购股票而形成的股份公司资本，也称股本，是股份制企业存在和发展的物质条件，同时也是经营中对债权人的最低限度担保额，还是评价公司信用等级的标准。通过发行股票募集资本金而组建的企业称为股份制企业。股份制企业是指区别于独资企业的一种企业组织形式，因大都采用公司制，所以，股份制企业一般称为股份公司。股份公司的种类很多，包括两合公司、股份两合公司等。

2.4　股份制是现代出版企业最佳的产权组织形式

马克思认为，股份制极大地促进了社会生产力的发展。一方面，它显示出过去料想不到的联合的生产能力，并且使工业企业具有单个资本家力所不及的规模；另一方面，在股份公司联合起来的不是单个人，而是资本。股份制企业作为一个多元产权集合体，实际上也是一个多元利益主体的汇集处。马克思认为，股份资本的出资人，其行为动机是为利而来，"人们为之奋斗的一切，都同他们的利益相关。"[①] "每一既定社会的经济关系首先表现为利益"。马克思不仅从股份制促进社会生产力发展的角度论述了它的进步性，而且还从社会生产关系的角度论述了它的进步性，提出股份制是进入一个新的生产方式中去的过渡点。理论分析与实践证明，股份制是搞好国有企业、特别是大中型国有企业的好形式，更是现代出版企业最佳的产权组织形式。要想提高出版企业的效率，就必须选择具有产权明晰的产权形式，而股份制就是最好的产权形式选择。在今天，股份制已成为市场经济企业最主要的产权形式，因为它具有其他产权形式所没有的特点。而股份制最为明显的特征就是：产权明晰。产权明晰解决了有效使用资源的关键问题，一是实现了使用财产的权责利一致，能使企业的所有者决定财产的使用，获得并享受这种使用而得到的利益；二是保证了财产在转让中流动到最有效地使用它的人手中。股份制的基本形式是有限责任公司和股份有限公司。就股份制的形态而言，股份有限公司在形态方面是最完备的，所以要求的条件也非常严格。国家规定生产特殊产品的公司或者特定行业的公司，可以采取国有独资公司的形式，这是出

---

① 《马克思恩格斯全集》第 1 卷，人民出版社，1999 年版．

版业可以优先考虑的。股份合作制是将股份制和合作制结合起来的一种产权组织形式，宜在发行和印刷行业大力发展。根据所有制结构的不同，出版业的股份制企业可以分为以下几种：一是国有企业股份制；二是集体企业股份制；三是私营企业股份制；四是中外合资企业股份制。国有企业股份制是由不同的国有企业相互控股而形成的，集体企业股份制是由不同的集体企业相互参股而成，私营企业股份制是私人合伙投资而建立起来的股份制企业，中外合资企业股份制是指跨所有制、跨地区、跨行业、跨企业联合创办的股份制企业。

按市场经济规律，按现代产业发展规律要求，强化我国出版企业的改革，即对我国出版企业进行产权改革和公司治理结构的调整。这样可以提高出版改革的积极性，也能深化和推进改革的良好氛围，更加支持国家对出版体制改革政策的实施。加快出版单位内部重组，重新配置资源和优化产业结构。出版企业战略重组，它涉及管理体制、重组模式、资源整合、内部结构设计的全新打造。出版企业的战略重组的范围大、力度强，将为企业带来全局性和根本性的转变，从而能够分步实施"事转企""企转股"的各项改革，完成阶段性的目标。出版社应该重视组织创新，不能直接引用国有大中型企业的治理结构，要把特殊性放在首要位置，把董事会、监事会、经理会、编委会设置为基本的组织结构，同时实行决策层、监督层和管理层相互制约的领导体制；也要在董事会之下设立经理会和编委会，分别由总经理和总编辑负责，将经营活动与编辑出版活动完全分开。我国的出版企业改制后，出版社要走公司制路线，设立股东会、董事会、监事会，形成一个完善的法人治理结构。要抛掉原有的传统的组织结构，实行社长负责制，并按照现代企业制度科学地运作，从而避免经营者的权力过大，能够体现约束机制的优势。出版企业要想在激烈的市场竞争中胜出，就必须对出版社的机构设置、人员配备等进行大幅度的调整，同时将主要目标定位在市场上，全部围绕着提高效益、增强企业活力，调动人员积极性，从而能够抓好企业组织结构的调整和改革的创新，构建按现代企业管理制度要求的新型出版企业组织结构。

第三章 新阶段出版企业的产权改革建构

新阶段出版企业的产权改革是解放出版业内在的生产力，是新的经济发展时期，必须要触动的环节。出版企业早改早受益，晚改就被动，不改就淘汰，而国家对于走在改革前列的单位，不仅有政策优惠，还有资源倾斜，也有一些项目资助。这样才能打通图书出版、报纸出版、期刊出版、音像出版、电子出版，印刷复制、发行等领域，实施整编，从而形成中国出版企业的"联合舰队"。

3.1 出版产权改革的三大功能剖析

3.1.1 产权制度的健全和完善功能

按照马克思的解释，一个时代的产权制度总是由同一时代的生产方式所决定。不同时代的产权制度具有不同的特征。产权制度作为制度化的产权关系，作为经济运行的基础，对生产组织形式、技术进步和经济效率起根本性的决定作用。产权制度是人类社会发展到一定历史阶段的必然产物，是生产力与生产方式矛盾运动的结果。企业制度是指以产权制度为基础和核心的企业组织和管理制度。构成企业制度的基本内容有企业的产权制度、企业的组织制度与企业的管理制度。产权制度的产生至少需要具备两个条件：一是资源的稀缺性；二是经济主体或利益主体的多元化。在出版企业制度的完善过程当中，产权制度对企业的组织和管理制度有较大的影响，出版业产权改革能够推动出版企业建立现代企业制度。而且产权改革首先从明晰产权这个角度入手。这样才能让出版企业确立市场主体地位，经济实力得以快速加强。

3.1.2 战略重组加快发展功能

当前出版发行单位重组上市工作中需要考虑的问题很多，但关键是要做好出版企业战略重组。因为出版业的发展壮大离不开资本的推动，对出版社、书店的资产在清产核资基础上，进行剥离、置换、出售、转让，确保最优的资产投入改制后单位，确立企业法人财产权；也可以进行业务重组，对现有业务评价分析后，保留重点业务、核心业务、主营业务，确保经营效益和良性发展。战略重组是指在统一清晰的战略目标指导下，对改制单位的资产、人员、业务进行有计划、有选择的深度整合，努力打造资产优质、主业突出、管理先进、效益一流的新型出版企业。战略重组的一般重组范围大、力度强，将为出版企业带来全局性、根本性的质变。它涉及管理体制、法人治理、组织和内容体系的全新设计，也包括资源的重新配置和产业结构的调整优化。目前，我国出版发行单位需要整体转变企业性质，整体人员安置和转化身份，整体清产核资，界定产权，努力建立现代企业制度。但在股份制改造阶段，必须有计划、有选择地推进第二次重组，设立股份公司。集团控制重组是指在明确控股股东基础上，优选部分业务、人员和资产，新组建主业强、成长快、赢利多的股份公司，以此作为拟上市主体。

3.1.3 增强国有出版资本控制力功能

新时期的出版企业竞争十分激烈，为了发展我国的文化事业，推广中华传统文化，进军出版市场，出版企业急切需要把国有出版资本向较强国际竞争力的大公司、大企业集团集中，向出版业的主业集中。因为国有出版资本在出版业上游占据很强的位置，只有把握好出版业上游企业，才能够提高国有资本在出版领域的影响范围。这样也能够解决出版资源的配置平均化问题，以及业务同质、资产量少、经营绩效一般的出版社的发展问题。可以通过出版资本的融资和整合，构建新型的国有出版集团、发行集团、报业集团，让优秀的出版社继续发展壮大，规模一般的企业联合为一个大集团，使得出版资源有效集中。可以按产业链一体化方向进行整合，将上、中、下游等其他环节业务整合。是以企业的核心业务、核心资源为中心，向相关的产业、产品延伸，从而丰富业务结构，促进相关多元化业务拓展。

3.2 出版企业产权改革存在不同程度的问题

3.2.1 激励和约束机制不到位

从现有出版集团的产权安排看，集团管理者的角色是不明确的，由于产权制度的不完善，出版企业的激励和约束机制难以发挥应有的作用。由于出版企业经营自主权的涣散，从而使企业的积极性和创造性受到很大的影响，致使一些出版单位生产效率低下，产品的质量和品牌都会受到严重影响。而产权的激励机制在于，产权制度界定了资产所有者和授权经营者的权、责、利关系，使他们对财产的占有、使用、处分和收益的权利和责任有清晰的认识，使他们由于经营业绩的突出而获得的收益可以得到法律上的保障。但是所有者不能过多地把权限放给出版单位，避免造成经营者利用职权牟取私利，导致国有资产流失。因此，激励机制和约束机制的不到位会影响到出版企业的各个方面的调整和优化。

3.2.2 忽略内部微观层次的体制改革

我国出版企业只重视外部的宏观层次的体制改革，却往往忽略内部微观层次的体制改革。有的出版企业和大型出版集团从外部宏观来说，采取很大的兼并、重组、联合等方式，但内部的人事制度改革、劳动制度改革和分配制度改革则进行得非常缓慢。由于没有建立起有利于内部结构调整和发展的现代企业制度，企业的运作效率就会低下，产品的质量和品牌都会受到严重影响。我们要顺应文化事业发展的大趋势，将产权多元化，完善企业管理，形成合同约束、能上能下、能进能出的用人机制和明确责任、量化指标、考核业绩、注重经济效益和社会效益、科学而又完善的管理制度。

3.2.3 委托代理结构不合理

目前，我国出版企业的委托代理问题是比较模糊不清的。企业委托代理结构不合理，就使得企业的产权问题没办法根本解决。我国的出版企业产权委托代理结构不合理，委托者与代理者之间并没有建立起一种责权利相对称的硬性约束关系，而是一种不相对称的软约束关系，严重影响到出版企业产权制度的完善和建立，也使得出版企业的改革力度和速度都难以发展更好。国有资产是全国人民的资产，但全国人民不会去直接管理与经营国有资产，而是以委托代理的方式进行经营管理。如果委托代理人不负责任，私自滥用权力办私事，那么受损的将会是全国人民，也间接地破坏了国有资产，这些问题都是因为出版企业所有者与经营者没有很好地定位，因此需要通过完善委托代理结构来促进出版企业产权制度的改革。

3.2.4 出版产业集中度低

2003年，中国图书出版产业的市场集中度为CR4=8.01%，CR8=12.32%，CR10=14.03%。而领导世界出版产业潮流的美国图书出版产业，以1998年美国出版公司对国内市场的占有率计算，CR4为64.3%，CR7为75.4%；以1999年美国图书销售码洋预算计算，CR4 为 41%，CR7 为 59%。[①] 由绝对集中度可以看出，我国图书出版产业的市场集中度很低。这说明我国出版产业企业规模比较小，生产能力分散，难以成为产业内贸易的推动力。

表 3.1 为近两年来国际主要出版集团的销售总额，最高的达到 70 多亿美元。与之相比，我国销售收入最高的凤凰出版集团 2007 年的销售收入约为 90 亿元人民币（约合 11.8 亿美元），最大的单体出版社高等教育出版社 2007 年销售总额只有 23 亿元人民币（约合 3 亿美元）。[②]

表 3.1 2005 年、2006 年国际出版机构销售总额

集团名称	总部所在国家	2006 年销售总额／亿美元	2005 年销售总额／亿美元
里德·爱思唯尔	英、荷、美	76.06	72.17
培生	英	73.01	68.07
汤姆森	美	66.41	61.73
贝塔斯曼	德	59.95	54.75
威科	荷	48.00	43.86
阿歇特	法	25.68	21.37
麦格劳-希尔	美	25.24	26.72
哈珀·柯林斯	美	13.12	13.27
施普林格	德	12.01	10.88
讲谈社	日	11.08	12.53
约翰威立	美	11.04	9.74

表 3.2 简单列举了 2007 年至 2008 年底发生在国际出版业中的并购实例。尽管我国出版企业近年来也有在国外设立出版企业的实践甚至有并购国外企业的探索，但是面对动辄几十亿美元的并购金额，中国出版企业还有很长的路要走。产业集中度低，没有大规模并购行为的情况说明我国出版产业实力不强、成熟度不高。

---

① 邓向阳、袁英：《我国出版业产业内贸易增长的制约因素及解决措施》，《中国出版》2008 年第 8 期．

② 邬书林：《深入学习实践科学发展观，推动出版业又快又好发展》，《中国出版》2009 年第 1 期．

表 3.2　2007 年至 2008 年底国际出版业重要并购案例[①]

收购方	收购对象	收购价格/亿美元
汤姆森集团	路透社	177
阿帕克斯 & 奥默斯合伙人公司	汤姆森学习出版集团	77.5
新闻集团	道琼斯公司	50
里德·爱思唯尔	Choice Point	41
Bredgepoint	威科教育	10
培生集团	里德·爱思唯尔所属哈考特测评/国际公司	9.5
圣智集团	霍顿·米芙林大学出版社	7.5

3.3　出版企业产权改革建构

3.3.1　明晰出版业产权

产权是财产权和所有制关系在法律上的反映，它包括所有、使用、处分和收益的权利。产权明晰指的是，通过明确界定资产所有者和资产经营者的权利和义务来规范各方的行为。出版企业产权明晰主要体现在以下四方面。一是国家和出版单位之间的产权明晰。二是出版单位各物质资本投资者的产权明晰；前两者的产权明晰应当通过国家相应的法律、法规和出版单位合理的投资分配方案来保证。三是出版单位各物质资本投资者与出版单位员工之间的产权明晰。四是出版单位内部员工之间的产权关系明晰。而后两者的产权明晰，由于人力资本所有者主体行为的动态性，因而需要通过当事人的平等博弈来确定。也可以通过股权、债权、物权等管理形式和分配形式来明晰产权，提高内部资产的运作效率。国家作为出资者享有出资人的权利，出版单位作为经营者则享有法人财产权、自主经营权，同时负有资产保值增值的责任。

3.3.2　规范组织形式

规范组织形式，主要体现在以下几个方面。第一，要使法人治理结构科学。即在企业集团内部设立董事会和监事会，使得董事会成员与经营班子不要过多地重合，这样董事会就能够发挥应有的作用，监事会也能形成科学合理的决策、执行、监督三者之间合理的制衡机制，公司治理结构就能够发挥应有的监督与制衡作用。第二，健全母子公司体制。母公司对子公司形成明确的出资关系，能够建立母子公司体制的产权基础，也能够要求出版企业集团建立以资本为纽带的母子公司体

---

① 邬书林：《深入学习实践科学发展观，推动出版业又快又好发展》，《中国出版》2009 年第 1 期．

制，母公司不应该对子公司控制得过死，要发挥子公司的积极性，但是也不能够分权过多给子公司，影响实现企业集团的整体发展战略和发展规划。只有规范好组织形式，才能加强企业管理的职能，提高工作效率。

3.3.3 保持多元化与专业化的关系

现在成立的出版集团，大多采用多元化经营的方式。多元化经营注重分散经营风险、追求规模效益，给许多企业带来了效益，也让诸多跨国性的大企业有了长足发展。但是如果盲目地重视多元化经营，会增加企业的负担，使企业经营决策不集中，投资过于分散，财务结构恶化，主力产业涣散，这会让企业受到破产的威胁。其实我国也有不少出版企业在生产规模上和专业管理水平上，都处在专业化规模生产阶段。它们通过提高专业化技术水平，掌握专业化的理论知识，来带动企业规模的扩大。多元化与专业化是两种发展路线，不论是采用哪一条发展路线，都要保持策略的开放性，对策略外的或策略边际上的合理活动要有一定的容忍能力。只有打破出版企业常规的条条框框，脱离阻碍发展的束缚和约束，使得国有出版业改进质量，提高运营效率，才会形成出版企业的良好发展势头。

3.3.4 树立现代出版创新观念

出版产业属于传统产业，但是通过内容的转变，我们使出版产业成为知识产业的重要组成部分。虽然出版产业面临着很多发展的问题，但是只要能够抓住适当的发展机遇，树立现代出版创新观念，就能够加快出版业的快速发展。随着信息时代的到来，出版产业必须从信息化、网络化、现代化的角度进行改革。现代化能够加速现代出版社的改革，用现代企业的管理和运作方式来管理出版社，让出版企业成为市场经济的主体，采集、吸收出版资源的优势。出版企业只有不断地自我完善和提高，才能生产出创新的、有价值的产品来。知识经济时代需要的就是创新的产品，因为创造性的图书能够为教育、学习、知识经济做出更大的贡献。

3.4 我国出版企业产权改革面临的挑战

我国出版企业产权改革正处于探索阶段，在实践过程中会遇到许多问题和挑战。一是改变"非企非事"的性质模糊，明确为公司制企业。股份制是现代公司制度的典型形式，因此首先要重视出版企业股份制改造，规范出版企业公司制改造的法律和法规，使出版企业成为适应市场的法人实体和市场主体，要把尽快对出版企业进行股份制改造当作重要任务。这样就能够积累许多股份制改造的经验，就能够解决在实践过程中遇到的许多问题。二是改变企业财产边界模糊的现状，确立企业的法人财产权。把出版社、书店的资产在清产核资基础上，进行剥离、置换、出售、转让，确保最优的资产投入改制后的单位，确立企业法人财产权。这样使得国家、上级部门、企业与个人之间权责清晰、委托代理关系清晰，可以实施新的管理条例，推行全新的管理体系。三是集中出版企业产权。一个出版企业基本上只有一种所有制性质的产权，不同所有制性质的产权混合经营、不同地区的出版产权混合经营、不同行业的出版产权混合经营的比重较低。出版产权的分散经营，不利于投资主体进入出版行业。在现有的市场经济条件下，一些投资者依然对出版企业的经营状况持怀疑态度，认为产权组合方式上存在不少问题，所以不会贸然进入。四是企业改制彻底。企业改制不到位主要体现在：重组不合理、治理结构不规范、运营模式不先进、技术发展不到位、管理体制不科学等方面。因此要重视把出版企业打造成管理体系清晰、经营效益好、经营合格、内部治理结构规范的股份制公司。五是战略重组。对出版改制后单位的资产、人员、业务进行有计划、有选择的深度整合，努力打造资产优质、主业突出、管理先进的新型企业。战略重组涉及管理体制、法人治理、组织和内控体系的全新设计，调整和优化产业结构，建设新队伍的新制度和新机制。我国出版企业产权改革的确面临不少问题，但是只要能够做到以上五点内容，审时度势，充分利用好国家的相关政策，就能够确保各个出版单位的产权工作顺利完成，推动中国出版业的全面发展。

我国新时期的出版企业的产权改革和公司治理模式的确立显得尤为迫切。随着我国文化事业和经济改革的深入，如何在所有制变化过程中切实改善企业经营，重建市场经济的微观基础，成为完善市场经济体制和争取经济状况根本好转的关键。新古典经济在企业改革方面的一个基本观点是，一旦产权明晰，经济效率就可以提高了。因此，国内有不少学者，热烈讨论了出版企业产权如何改革的问题，并取得了不少成果。有的经济学家认为，私有化后形成的新产权结构不合理，产生了公司的"内部人控制问题"，这是制约公司治理有效性的主要障碍。也有人认为，这些国家的私有化方案和公司治理模式的设计，以"股东中心论"为基础，忽视了利益相关者的利益，自然会使他们采取不合作态度，导致所有者与经营者以及其他有关人员之间的委托代理关系无法走上良性循环的道路。要想发展好我国的文化事业，就要把体制发展，内部管理改革，机制创新作为重点，形成管理科学的文化经营机制；同时也要注意规范出版文化法律条例体系，强化政府的法律约束职能，营造我国文化事业的科学服务体系，从而提高文化产业的高效率的微观运行机制；也应该加强内容创新，提高出版产品产权的保护力度，发挥出版企业的国有资本在文化事业当中的引导作用，提高我国文化事业和出版产业的核心竞争力。

第四章 出版企业公司治理与产权改革的发展路径

4.1 出版企业公司治理结构的内涵

周劲曾经在《传媒治理：理论与模式的中国式建构》一书中论述了传媒治理，本文借用该理论中"治理"的概念，将其引入出版业。出版业治理，也称出版治理结构，是指党和政府、股东、社会利益相关者对出版的宣传、经营、管理、绩效进行监督和控制的一整套制度安排，其本质是关于出版控制权和剩余索取权分配的一整套法律体系、文化和制度规范的安排，这些安排决定了出版的宣传和经营目标，谁在什么状态下控制出版，如何控制，风险和收益如何在国家、出版、利益相关者之间分配等一系列问题。[①]

出版环境对出版业治理产生的深刻影响，主要是路径依赖在起作用。诺斯在对相关理论研究的基础上，将路径依赖应用到制度变迁中，用以描述过去的绩效对现在和未来的巨大影响。诺斯认为一国的经济发展一旦走上某一轨道，在制度的自我增强机制作用下，它的既定方向会在以后的发展中得到强化，所以人们过去的选择决定着他们现在可能的选择。出版业治理结构作为一种制度安排，也会遵循着路径依赖的原则，依赖于我国早期形成的出版业制度。

诺斯与戴维斯指出制度安排是有成本的，人们在不同的制度安排中做出选择，实际上是权衡各种制度安排的成本收益比，从中找出一种成本收益比最小的制度安排。[②] 这就要求我们按照制度环境的要求，选择制度成本最低的治理模式。这一治理模式把出版业视为一个市场性契约组织，构建的是一个政府和出版业能够双向沟通的符合市场经济要求的契约型治理制度，"保证公司能够很好地履行对权益主体的说明责任。使所有企业参与者得到激励与有效的合作，并且使协调成本和形成决议的成本最小化"。[③] 达到外部治理和内部治理的有效统一。

[①] 周劲：《传媒治理：理论与模式的中国式构建》，人民出版社，2008年版．

[②] 道格拉斯·C.诺斯：《制度、制度变迁与经济绩效》，上海人民出版社，1994年版，转引自周劲：《传媒治理：理论与模式的中国式建构》，人民出版社，第26页．

[③] 李维安、武认东：《公司治理教程》，上海人民出版社，2002年版，第71页．

4.2　现代出版企业治理结构存在的问题

长期以来，我国出版企业治理结构存在不少问题，没有建立起现代企业制度，没能塑造企业法人财产所有权，没有建立高效的监督约束机制，都使得我国出版企业的生产效率低下，管理和运作都不科学，内部治理结构也不合理。主要体现在如下几个方面。

4.2.1　出版企业没有建立现代企业制度

在市场经济繁荣发展的大背景下，出版企业不但要改造，而且要建立现代企业制度。现代企业制度是世界上最先进的一种企业组织形式和组织制度，它让投资者把资本放心地投给企业，而经营者可独当一面地去经营企业。文化事业的意识形态功能要求出版单位快速建立现代企业制度，在公司化改革的过程中，必须掌握出版控制权，让资本总量占据主导作用，引领企业走入科学的发展道路。如果出版企业想做大，做强，就一定要走公司化运作的道路。这样就能够使出版的经营效益提高，使出版单位的活力增强，就能初步建立与市场经济相适应的出版企业。建立现代企业制度后的出版社，出书结构得到优化，经济实力和"两个效益"显著增强，也能发挥股东大会、董事会、监事会及经理人员相互制衡的机制作用。

4.2.2　出版企业的体制结构难以调整

目前，出版企业的体制结构尚不完善，出版单位的内部治理结构不健全，没有建立起董事会、监事会、经理会、编委会为基本的组织结构，就不可能实行决策层、监督层和管理层相互制约的领导体制，也就不能将经营活动与编辑出版活动区分开来。在宏观层面上，也应该重视组建集团，出版企业股份制改造，促进民营书业发展等发展战略。全国各地要积极推进出版企业的体制结构调整，进行各项产业改革试点工作，出版业必须牢牢抓住改革的机遇，加快机制调整，塑造市场竞争主体，增强出版业发展的活力，就能够更好地满足人民群众日益增长的精神文化需求。出版企业和出版集团都是非营利机构，不可以过度地追求利益的最大化，要顾及社会效益。

4.2.3　市场割据严重

现在大多数出版集团都是在原来局社合一的状况下，通过管办分离，逐渐分离出来的。各地的发行集团一般也是由省新华书店转制而成的。这些集团具有很强的计划经济和行政色彩，形成了区域性大一统的集团，在自己的行政区域对出版、印刷、发行上下游实行绝对的控制,集团外出版社被排斥。同样,集团外部的印刷厂、书店也明显处于竞争的劣势。同时,本省的出版集团对其他出版集团进入当地也形成了强大的壁垒,阻碍了统一、开放、竞争、有序市场的形成。[①] 因此许多出版发行单位应该灵活调整策略,围绕资产优、效益优、成长快、价值高的目标实施重组,但不是割据市场,不是分离出版集团,而是对资源进行更加有效的整合和利用。

4.3 国外出版集团公司治理模式分析

4.3.1 外部监控型的公司治理模式

所谓外部监控型的公司治理模式,也称市场主导型的公司治理模式,就是指在公司的制度框架中,主要依赖市场体系对各相关利益主体进行监控。该模式在很大程度上体现为一种新古典的股东主权模式,公司的目标是实现股东财富的最大化。美国模式是其中的典型。

(1)内部治理机制。遵循决策、执行、监督三权分立的原则,市场主导型的公司治理模式的内部机构分为股东大会、董事会和首席执行官三个层次。股东大会是公司的最高权力机构。但由于股权十分分散,股东大会不是常设机构,股东们一般是将其权力委派给了董事会,从而形成所有权与控制权的分离,股东大会与董事会之间的关系可以理解为委托—代理关系。作为一种补充,外部竞争性资本市场起到了一定的制约作用。资本市场主要通过两条途径对公司治理发挥作用:一是公司控制权的争夺;二是证券市场的信息披露机制。完善的信息披露机制是实现外部监督的有效性的必要保障,也是证券市场顺利运行的关键。外部市场控制主要是通过股票的可转移性来实现的。

(2)外部治理机制。由于股权的高度分散和频繁流动,一般股东不可能联合起来对公司实施有效的影响,使股东对高级管理人员的监控力度大为减弱。这使得本应处于强势地位的股东却成了利益的被侵害者。就机构投资者方面而言,尽管美国公司的机构投资者在最近的20余年增长明显,但银行、保险公司及互助基金等机构持股势力的膨胀却受到了系列相关法律与法规的抑制,其在公司治理结构中的地位与作用也因此仍然弱小。

---

① 博玫:《中国出版体制创新》,南方日报出版社,2007年版,第139页.

4.3.2 内部监控型的公司治理模式

内部监控型的公司治理模式，又称银行主导型模式、信贷基础型模式或欧洲大陆模式，以德国和日本为主要代表，在瑞士、奥地利和荷兰等诸多欧洲国家也得到了极大的发展。内部监控型公司的资本结构与外部监控型模式有明显的不同，其主要特征是通过金融机构进行间接融资，以债权为主、股权为辅，银行在企业融资中具有极其重要的作用。

（1）内部治理机制。组织内在控制是内部监控型公司治理模式的典型特征。商业银行是公司的主要股东，并处于公司治理的核心地位。随着经济的发展，银行涉足其关联公司的经营事务中，形成了主银行体系。所谓主银行是指在某企业的贷款中数额居首位的银行。在内部监控型模式中，最大股东都是商业银行且都呈现公司股权相对集中的特点。内部监控型治理的公司，股东监控机制是一种主动性的模式。公司股东主要通过一个可以信赖的中介机构或股东中有行使股东权利的人或组织来代替他们控制与监督公司经理的行为，从而达到参与公司控制与监督的目的。

（2）外部治理机制。内部监控型治理模式注重发挥银行和大投资者在资本配置和公司治理中的作用，而在市场管制方面采取较为宽松的规制。内部监控式的资本市场管制，造成公司内外部的人之间较大的非对称信息，使股票不分散的风险被参与公司治理的好处所补偿，从而有利于大股东的形成，并发挥银行在公司治理中的作用，但这样并不利于中小投资者进入市场，进而阻碍股票市场的发育。

4.3.3 家族监控型的公司治理模式

家族监控型的治理模式，其主要特点是公司的所有权和经营权不分离或不完全分离，公司与家族合一，公司的主要控制权在家族成员中配置，是家族管理的传统观念与现代企业组织形式的混合产物。这一模式在韩国和东南亚国家较为普遍。

（1）内部治理机制。家族监控型公司的治理模式主要体现在其内部治理方面。在家族控制型的企业中，所有权与经营权合一，公司与家族合一，公司的主要控制权在家族成员中进行配置。在这种治理模式下，公司的所有权主要控制在由血缘、亲缘和姻缘为纽带组成的家族成员手中；主要的经营管理权由家族成员把持，公司决策程序按家族程序进行。具体来说，企业所有权和经营权由家族成员掌控。家族监控型公司中，公司股权集中在家族的手中，控制家族一般普遍地参与公司的经营管理和投资决策。从而形成家族企业产权多元化的格局,但这些股权已经多元化的家族企业的所有权仍然主要由家族成员控制着。

(2)外部治理机制。对家族监控型公司的外部治理相对弱化,市场监控力度较小,对其实施的监控事实上仍主要来自以血缘关系为纽带的家族。韩国和东南亚的家族企业在发展过程中受到了政府的制约。在韩国,政府对家族企业的制约主要表现在政府对企业发展的引导和支持上。凡家族企业的经营活动符合国家宏观经济政策和产业政策要求的,政府会在金融、财政、税收等方面给予限制。

4.4 出版企业产权改革的主要途径是调整产权组合

目前,出版企业产权改革的重点是:优化产权结构、明确产权关系、改变产权形式、建立现代企业制度、调整出版内部体制结构等。因此我们要把目光主要聚焦在出版产权的组合方面,即有效地进行出版产权和体制的改革。要对产权的均衡分布或者流动的状态,进行科学而有效的整合。调整产权组合的主要途径是对出版企业产权实施战略性重组,具体的步骤如下所示。

4.4.1 出版企业资源重组

首先可以对出版企业进行业务方面的重组,业务重组是改制重组的关键,主要包括:纵向业务重组和横向业务重组。纵向业务重组,是按出版产业一体化方向进行整合,将上、中、下游等其他环节业务进行整合。而横向重组,是以企业的核心业务,核心资源为中心,向相关的产业、产品延伸,从而丰富业务结构,促进相关多元化业务拓展。其次是可以对出版企业进行整体式重组。整体式重组,适用于没有资产授权经营资格、资产量少、管理体系清晰、经营效益好的中小型出版发行单位,重组后变更设立的公司,业绩可连续计算,有利于快速上市,但是由于受法规限制多,导致改制较难到位,资产、人员、业务主动配置不够、选择余地小。接着可以对出版企业进行"纯资产"重组,"纯资产"重组是指按资产本身的情况和一般操作原则,对企业拟纳入上市范围的资产加以剥离、组合。就资产剥离而言,至少要对以下资产剥离出上市范围:一是产权不清资产;二是副业或附属资产;三是已核销的不良资产;四是实物不良资产。对于所有资产价值做客观、科学评价,特别是对资产的投入、产出做详细比较,以此决定哪些资产上市,哪些资产不上市。许多出版发行单位的资产重组工作已进入股份改造阶段,灵活调整策略,就能够对效益好、成长快、价值高的目标实施重组。

4.4.2 产权组合的具体方式

目前产权组合的方式有很多种，但最为先进的就是产权的兼并、承包、租赁，通过以上方式能够尽快实现产权重组的目标。出版企业兼并的方式有很多种，有横向兼并、纵向兼并、混合兼并、善意兼并和敌意兼并等的划分；企业兼并的模式也各不相同，主要有出资购买式、承担债务式、吸收股份式和控股式并购；承包是国家按照所有权和经营权相分离的原则，以承包经营合同的形式，把经营权交给企业，由企业自主经营的一种产权经营形式。在承包制中承包方是政府企业主管部门，作为企业所有权的代表，承包方是企业法人代表，具体行使经营权。而租赁是以企业经营权为对象的一种资本经营方式，它的特点是不改变资产的所有权性质，只是经营权发生了有条件的转移。从租赁对象来看，可以租赁资产，也可以租赁企业；从租赁主体来看，可以是个人租赁，也可以是合伙租赁、全员租赁或企业租赁。

4.4.3 出版企业的体制改革

新时期的出版企业竞争十分激烈，为了发展我国的文化事业，推广中华传统文化，进军出版市场，出版企业急切需要把国有出版资本向较强国际竞争力的大公司、大企业集团集中，向出版业的主业集中。因为国有出版资本在出版业上游占据很强的位置，只有把握好出版业上游企业，才能够提高国有资本在出版领域的影响范围。我国出版企业只重视外部的宏观层次的体制改革，却往往忽略内部微观层次的体制改革。目前，出版企业的体制结构尚不完善，出版单位的内部治理结构不健全，没有建立起以董事会、监事会、经理会、编委会为基本的组织结构，就不可能实行决策层、监督层和管理层相互制约的领导体制，也就不能将经营活动与编辑出版活动区分开来。因此，我国出版发行单位需要整体转变企业性质，整体实行人员安置和转变身份，整体清产核资，界定产权，努力建立现代企业制度。但在股份制改造阶段，必须有计划、有选择地推进第二次重组，设立股份公司。而集团控制重组是指在明确控股股东基础上，优选部分业务、人员和资产，新组建主业强、成长快、赢利多的股份公司，以此作为拟上市主体。

有的出版企业和大型出版集团从外部宏观来说，采取很大的兼并、重组、联合等方式，但内部的人事制度改革、劳动制度改革和分配制度改革则进行得非常缓慢。当前出版发行单位重组上市工作中需要考虑的问题很多，但关键是要做好出版企业战略重组环节。它涉及管理体制、法人治理、组织和内容体系的全新设计，也包括资源的重新配置和产业结构的调整优化。这样也能够解决出版资源的配置平均化问题，使业务同质、资产量少、经营绩效一般的出版社得到很好的发展。可以通过出版资本的融资和整合，构建新型的国有出版集团、发行集团、报业集团，让优秀的出版社继续发展壮大，规模一般的企业联合为一个大集团，使得出版资源有效集中。在宏观层面上，也应该重视组建集团，出版企业股份制改造，促进民营书业发展等发展战略。全国各地要积极推进出版企业的体制结构调整，进行各项产业改革试点工作，出版业必须牢牢抓住改革的机遇，加快机制调整，塑造市场竞争主体，增强出版业发展的活力，更好地满足人民群众日益增长的精神文化需求。

4.5 破解出版企业公司治理难题的对策

4.5.1 突破委托—代理理论的思维定式

我国出版企业公司治理存在很多难题，主要的问题就是难以突破委托—代理理论的思维定式。出版企业的内部治理失衡，脱离了出版企业制度的实践道路，影响了出版企业的市场竞争能力，以及出版的良性发展。因此，出版公司治理必须转向制衡和效率并重，并把提高企业决策的科学水平作为董事会工作的核心。董事会应该制定出企业的重大决策，允许高级经理人员进入董事会，通过参与董事会，来减少信息的不对称。同时董事会负责监控管理层，而监事会又负责监督董事会和经理层，可是监事会并没有实际的权力，那些建议和监督都难以发挥真正的作用。这就会让公司治理结构中的监控职能严重削弱，并使董事会失去监督。因此，建议将董事会改造成向监事会负责的偏重于管理决策的机构，监事会则由股东、债权人和职工三方的代表组成，并建立相应治理机制，根据出版企业经营状况，由企业利益主导者的代表担任监事会的负责人。这样就能够防止"内部人控制""所有者缺位"的各种不规范、不正当行为，有利于实现产权多元化和改善产权结构。

4.5.2 推动发行集团的投资主体多元化

推动发行集团的股份制改造快于出版集团。2004年8月，上海新华发行集团完成由国有独资转变为国有多元的改制，上海精文投资有限公司、解放日报报业集团、上海文化广播影视集团、上海世纪出版集团、上海文艺出版总社等5家国有独资单位为上海新华发行集团有限公司的投资主体。同年，上海绿地（集团）成为上海新华发行集团的新股东。由于上海绿地集团是一家混合所有制企业，这次股权转让使上海新华发行集团由国有多元转向了混合所有制。2006年，上海新华发行集团又借壳华联超市股份有限公司上市，成为公众公司。四川新华文轩连锁股份有限公司的改革与上海类似，2005年完成了国有多元化的改革，2007年IPO上市。由此可见，只有推动发行集团的投资主体多元化，就能够体现市场经济规律，打破界限，加强内部重组，促进要素流动，使得领军的出版、发行集团加快了内部重组步伐，确保集团资源配置效益的最大化。

4.5.3 出版企业宏观管理方式的转变

对出版企业来讲，就是要改变原来过多的、直接的、行政管理为主的方式，逐步过渡到以法律的、经济的手段为主，辅之以行政管理手段的方式。出版企业要把工作重点转移到对新闻出版活动和出版物市场的监管上。出版形态的变化必然引起出版理念的变化，相应的出版科学管理理论和出版思想也要发生巨大变革。我们要顺应文化事业发展的大趋势，转变宏观管理方式，完善企业管理，形成合同约束、能上能下、能进能出的用人机制和明确责任、量化指标、考核业绩、注重经济效益和社会效益、科学而又完善的管理制度。我国出版企业只重视外部的宏观层次的体制改革，却往往忽略内部微观层次的体制改革。有的出版企业和大型出版集团从外部宏观来说，采取很大的兼并、重组、联合等方式，但内部的人事制度改革、劳动制度改革和分配制度改革则进行得非常缓慢。从总体上讲，现在行政管理中计划经济模式的痕迹依然比较严重，机构设置滞后、市场手段不够、传统的实施监管的部门多，新兴的推动发展的机构少，产业规划、产业政策的设计与制定仍属弱项，人才培养、价格调整的管理与协调明显不足，将传统介质的管理方式平移到数字媒体的做法比较多，适应新技术的手段比较少。

第五章　结语

　　近年来，出版企业产权改革问题再度成为中国出版业关注的焦点，人们开始重新思考出版改革的模式和未来变革的方向。无论从社会主义国家的经济现实，还是发达资本主义国家产权改革和公司治理实践中暴露的问题来看，出版产权改革对于各国出版市场的繁荣稳定的重要性已经突显。对于正在发展文化事业的中国来说，适当的改革治理模式选择还将有助于经济的顺利转型。我国在经历经济转轨的同时，又面临着经济全球化的严峻挑战。我国新时期的出版企业的产权改革和公司治理模式的确立显得尤为迫切。随着我国文化事业和经济改革的深入，如何在所有制变化过程中切实改善企业经营，重建市场经济的微观基础，成为完善市场经济体制和争取经济状况根本好转的关键。

　　新古典经济在企业改革方面的一个基本观点是，一旦产权明晰，经济效率就可以提高了。因此，国内有不少学者，热烈讨论了出版企业产权如何改革的问题，并取得了不少成果。有的经济学家认为，私有化后形成的新产权结构不合理，产生了公司的"内部人控制问题"，这是制约公司治理有效性的主要障碍。也有人认为，这些国家的私有化方案和公司治理模式的设计，以"股东中心论"为基础，忽视了利益相关者的利益，自然会使他们采取不合作态度，导致所有者与经营者以及其他有关人员之间的委托代理关系无法走上良性循环的道路。本论文在明确产权和公司治理及其相关概念的内涵，并对产权理论进行系列分析、评价的基础之上，对国家出版事业与企业改革进行了系统的研究。而产权改革问题是一个内涵深刻、广泛的研究课题，涉及多个学科和领域。公司治理模式的选择同时也是制度变迁与演化的过程。本论文主要探讨表明，我们国家的产权改革、公司治理及其相互关系是一系列演进中的新问题，它们的发展既遵循与发达市场经济相同的规律，又有出版经济发展的特殊性。

　　本研究论文的创新点主要在于：将大型国有企业以及其他企业的产权改革模式，借鉴到我国出版企业当中；同时发现了我国出版企业在产权改革当中存在的很多问题，并针对这些问题提出了适当的改革路径。本论文的研究只是针对出版企业的产权改革的某些方面所做的初步的、尝试性的探索，受客观研究手段以及本人能力的限制，论文的一些观点可能不尽准确，论据也可能不甚完整和充分。对此请各位老师批评指正，我将在后续的学习和工作中努力使之完善。

参考文献

[1] 张晓明, 胡惠林, 章建刚. 2010中国文化产业发展报告[M]. 北京：社会科学文献出版社, 2010.

[2] 崔保国. 2010：中国传媒产业发展报告[M]. 北京：社会科学文献出版社, 2010.

[3] 张养志. 俄罗斯传媒经济改革与发展[M]. 北京：北京艺术与科学电子出版社, 2010.

[4] 常永新. 传媒集团公司治理[M]. 北京：中国传媒大学出版社, 2006.

[5] 张维迎. 企业理论与中国企业改革[M]. 北京：北京大学出版社, 1999.

[6] 张文魁. 中国国有企业产权改革与公司治理[M]. 北京：中国发展出版社, 2007.

[7] 纪显举. 公司治理结构：比较、借鉴与创新[J]. 财经问题研究, 2003.

[8] 林红珍. 我国公司治理结构中存在的问题及其对策研究[J]. 经济研究, 2005.

[9] 赖政兵. 试论出版集团构建法人治理结构的难题及对策[J]. 出版发行研究, 2009.

[10] 赵守国. 企业产权制度研究[M]. 西安：西北大学出版社, 1999.

[11] 朱静雯. 数字化环境下出版企业公司治理研究[J]. 出版科学, 2009.

[12] 张伟. 转型的逻辑——传媒企业研究[M]. 青岛：中国海洋大学出版社, 2007.

[13] 赵守日. 闯关——西方国有经济体制革命[M]. 广州：广东经济出版社, 2000.

[14] 曾庆宾. 论中国出版企业的产权制度创新[J]. 出版科学, 2004.

[15] 尹章池. 出版企业角色转换的改革模式[J]. 图书·情报·知识, 2006.

[16] 洪浩. 论我国企业治理理论的缺陷与改进[J]. 广西财政高等专科学报, 2003.

[17] 岳福斌. 现代产权制度研究[M]. 北京：中央编译出版社, 2007.

[18] 郝振省. 出版文化理性研究[M]. 北京：中国书籍出版社, 2008.

[19] 黄健. 出版产业论[M]. 南宁：广西人民出版社, 2005.

[20] 李悦, 李平. 产业经济学[M]. 长春：东北财经大学出版社, 2005.

[21] 冯志杰. 出版产业论[M]. 北京：研究出版社, 2002.

[22] 陈昕. 中国图书出版产业增长方式转变研究[M]. 桂林：广西师范大学出版社, 2008.

[23] 丹增. 文化产业发展论[M]. 北京：人民出版社, 2005.

[24] 肖新兵,杨庆芳. 我国出版产业的特点[J]. 出版科学, 2004年第6期.

[25] 徐丽芳. 出版产业价值链分析[J]. 出版科学, 2008年第4期.

[26] 孙安民. 文化产业理论与实践[M]. 北京：北京出版社, 2005.

[27] 陆祖鹤. 文化产业发展方略[M]. 北京：社会科学文献出版社, 2006.

[28] 范卫平. 出版创新：中国出版业的必然选择[J]. 出版发行研究, 1999.

[29] 于忠发. 企业规模与企业家制度创新能力关系研究[J]. 时代经贸, 2007.

[30] 褚博洋. 现代企业制度与国有企业改革[J]. 合作经济与科技, 2009.

[31] 丁鹏. 建立现代企业制度是出版业改革的方向[J]. 市场周刊·理论研究, 2007年第6期.

[32] 顾永才. 试论我国出版企业多元化经营的必要性[J]. 中国出版, 2006年第12期.

[33] 张其友. 出版物的需求交叉弹性分析[J]. 出版经济研究, 2004年第1期.

[34] 徐鸿钧. 关于出版创新的理论思考[J]. 华南理工大学学报, 2002年第3期.

[35] 齐书深. 出版管理创新与展望[J]. 黑龙江社会科学, 2001年第1期.

[36] 熊彼特. 经济发展理论[M]. 商务印书馆, 1997.

[37] 清水英夫. 现代出版学[M]. 北京：中国书籍出版社, 1991.

[38] 陈昕. 中国出版产业论稿[M]. 上海：复旦大学出版社, 2006.

[39] 罗伯特·G. 皮卡德. 媒介经济学[M]. 北京：中国人民大学出版社, 2005.

[40] 朱静雯. 论数字出版企业创新激励机制的构建[J]. 出版发行研究, 2008.

[41] Alchian, A. A. 1965, Some economics of propert rights, 2Politico 30（NO. 4）, pp. 816-829.

[42] Alison Alexander, James Owers, Rod Carveth, 1998, "Media Economics: Theory and Pratice", Lawrence Erlbaum Associates.

[43] Ardyth Broadrick Sohn, Jan Leblanc Wicks, 1999, "Media Management: A Casebook Approach", Lawrence Erlbaum Associates.

[44] Bagdikian, B. H., 2000"The Media Monopoly". 6th ed. Boston: Beacon Press.

[45] Chen, H. L. and He, Z., 1998, "The Chinese Media :A New perspective", Hong Kong:Pacific Century Press.

[46] Daly, C. P., P. Henry and E. Ryder., 1997, "The Magazine Publishing Industry", Boston: Allyn and Bacon.

[47] Demsetz, H and Lehn K, 1985, "The Structure of Corporate Ownership:Cause and Conse-quences", Journal of Political Economy.

[48] Eoin Cassidy and Andrew G. Grady, 2003, "Media and the Marketplace", The institute of Public Administration.

[49] Flint, J. , 2001, "Local TV stations seek investigations of big networks. , "Wall Street Journal, 9 March.

[50] Holmstrom, Monks, Roberta and Nell Minow. , 1995, "Coporate Governance", Mass: Black-well Publishers.

[51] Lavine, J. M and D. B. Wackman. , 1988, "Managing Media Organizations", New York: Long-man.

[52] Monroe E. Price , Beata Rozumilo wicz and Stefaan G. Verhulst, 2002, "Media Reform ", Rout-ledge. Taylor Group.

（本文作者：张巧梅）

我国非公有出版组织产权研究

摘　　要

　　随着新闻出版体制改革的不断深入，非公有出版组织的发展进程亦逐步加快。但相对于政府主管部门的政策要求而言，学术界对此问题的相关研究却比较滞后。尤其是针对非公有出版组织的产权问题，学术界还没有进行过较为深入的研究和分析。本文试图从产权的角度对我国现有的非公有出版组织进行分类，并根据不同产权形式的优缺点，对非公有出版组织发展过程中的产权改革提出建议。

　　本文分为绪论、非公有出版组织的界定、发达国家非公有出版组织产权分析、我国非公有出版组织的准入政策及产权分析、对我国非公有出版组织产权改革的建议等五章。第一章首先对涉及非公有出版组织相关的政策文件进行梳理，进而指出研究非公有出版组织的四点意义。其次对我国现有非公有出版组织的研究成果进行综述性梳理，最后是对本文研究所涉及的相关产权理论进行概括，为后文研究提供理论支撑。第二章借助非公有经济组织的概念对非公有出版组织进行界定。在明确了非公有出版组织的概念边界后，对其与民营出版组织和公有出版组织的关系进行了分析。第三章对国际大型出版传媒集团和日本中小型出版组织的产权形式及其优劣势进行了分析，以此为后文中对非公有出版组织的产权选择提供一定的借鉴。第四章先对我国非公有出版组织的行业准入政策进行分析，继而将我国的非公有出版组织产权现状分为三类，分别对这三种产权情况进行优劣势分析，最后以磨铁图书有限公司为其中一类产权的典型案例，对其进行了研究。最后一章针对我国非公有出版组织的现状，从宏观层面和微观层面分别提出了改善建议。宏观层面通过对控制权、税收、信贷、"走出去"战略四个方面进行分析，微观层面上从非公有出版组织产权形式的选择、股份制公司是否需要上市以及与国有出版集团如何合作等三方面进行论述。

　　关键词：非公有出版组织；产权；股份制

Abstract

As the non-public publishing organization development increasingly active today, China's General Administration of press and publication for non-public publishing policy documents was frequently issued, but the academic circles for non-public publishing research is still relatively backward. Especially for property rights problems of non-public publishing organization. This article attempts from property rights of non-public publishing organization classification, and according to the advantages and disadvantages of different forms of property rights. In the hope of giving some suggestions of non-public publishing organization.

This paper is divided into five chapter: introduction, the defining of non-public publishing organization, property rights analysis of developed country in non-public publishing organization, China's non-public publishing organization accessing policies and the property right analysis, the reform proposal of property right on China's non-public publishing organization. The first chapter of introduced the relevant policy documents, and four meanings in researching non-public publishing organization. Then introduced the theory of property right. The second chapter with the aid of the non-public economic organizations and concept of non-public publishing organization. As China's non-public publishing organization has no definite concept, this chapter makes a clear concept of non-public publishing organization. When concepting is done, we analyzed the relationship between non-public publishing organization and private publishing organization, non-public publishing organization and public organization. The third chapter is on large publishing media group and the Japanese small publishing organization.In this chapter property advantages and disadvantages are analyzed. The fourth chapter iinduced admittance policy,and analysised the status of our non-public publishing organization property right. After study, the property rights is divided into three types. In the last chapter,we giving some proposal to the non-public publishing organization. From macroscopical level and microcosmic level. The macro level through to four aspects: the control rights, taxation, credit, going out strategy carries. the micro level from the non-public publishing organization property right form of selection, joint-stock company or not, and joint the publishing group cooperation or not.

Key words: Non-public publishing organization; Property rights; Stock system

目 录　CONTENTS

第一章　绪论 041
　　1.1　研究背景及意义 041
　　1.2　相关研究综述 044
　　1.3　理论支撑 045

第二章　非公有出版组织的界定 051
　　2.1　非公有经济组织的内涵 051
　　2.2　非公有出版组织的内涵 052

第三章　发达国家非公有出版组织产权分析 055
　　3.1　以欧美为代表的大型出版集团产权分析——以贝塔斯曼
　　　　 集团为例 055
　　3.2　以日本为代表的中小型出版组织产权分析 060

第四章　我国非公有出版组织的准入政策及产权分析 064
　　4.1　对非公有出版组织的准入政策分析 064
　　4.2　非公有出版组织的产权现状分析 065
　　4.3　以北京磨铁图书公司为例进行产权分析 070

第五章　对我国非公有出版组织产权改革的建议 076
　　5.1　宏观政策方面的改革建议 076
　　5.2　微观企业组织方面的建议 080

参考文献 087

第一章 绪论

本章通过对论文的研究背景及意义、相关研究综述、理论支撑三点进行分析。将对非公有出版组织产权的价值，现阶段国内对于非公有出版组织研究的情况进行讨论，并对后文中使用到的产权相关理论进行介绍。

1.1 研究背景及意义

最近几年，非公有出版组织在出版业的发展中发挥着越来越重要的作用，它们的社会地位、发展空间也得到了越来越多的关注，在我国文化产业的发展、出版业的振兴进程中，非公有出版组织肩负着重要的职责。

2005年8月，《国务院关于非公有资本进入文化产业的若干决定》发表之后，文化产业的迅速增长引起了学界的广泛关注。这是国务院首次出台的关于非公有资本进入文化产业的相关政策。

2005年10月13—25日，中国书刊发行业协会非国有工作委员会组织了以中国民营书业为主的考察团，赴法兰克福考察德国图书流通业。

2009年4月新闻出版总署印发的《关于进一步推进新闻出版体制改革的指导意见》中指出"引导非公有出版工作室健康发展，发展新兴出版生产力"。"将非公有制出版工作室作为新闻出版产业的重要组成部分，纳入行业规划和管理"。首次肯定了非公有出版工作室身份，肯定了其新型出版生产力的地位。将非公有出版组织从灰色地带引入阳光地带，标志着民营书业的发展进入新的阶段。柳斌杰署长公开表示，民营资本将被吸纳参与出版行业融资。

接下来，在2009年9月国务院发布的《文化产业振兴规划》中，明确提出要降低准入门槛，落实国家关于非公有资本、外资进入文化产业的有关规定，通过独资、合资、合作等多种途径，积极吸收社会资本和外资进入政策允许的文化产业领域。

2010年1月，新闻出版总署发布《新闻出版总署关于进一步推动新闻出版产业发展的指导意见》，肯定非公有出版工作室是一种新兴文化生产力；鼓励和支持它们以多种形式进入政策许可领域；将它们作为新闻出版产业的重要组成部分，纳入行业规划和管理，引导和规范其经营行为；为非公有出版工作室在图书策划、组稿、编辑等方面提供服务；鼓励国有出版企业在确保导向正确和国有资本主导地位的前提下，与非公有出版工作室进行资本、项目等多种方式的合作；鼓励和支持非公有文化机构积极开拓海外新闻出版市场。

2010年5月13日，国务院发布《关于鼓励和引导民间投资健康发展的若干意见》，简称"新36条"，加大了对民间投资进入政策许可领域的支持力度，民营书业在良好的政策环境下取得新发展。

在这里整理出与非公有出版关系比较密切的几个相关的政策文件（见表1.1）。

表1.1 与非公有出版相关的重大政策文件

2005年	2009年	2010年
《国务院关于非公有资本进入文化产业的若干决定》	《关于进一步推进新闻出版体制改革的指导意见》	《新闻出版总署关于进一步推动新闻出版产业发展的指导意见》
无	《文化产业振兴规划》	《关于鼓励和引导民间投资健康发展的若干意见》

资料来源：根据相关资料绘制

这些政策的颁布和实施，对于不断发展壮大的非公有出版组织，具有三个层面的重要价值（见表1.2）。

表1.2 颁布政策的相关价值

政策价值	为非公有资本进入出版行业扫清了障碍；使非公有出版组织有了一定的合法地位；为非公有出版指明了发展方向
学术价值	政策的肯定使学术界可以从出版资质、资本融合、运营管理等多个方面对非公有出版组织进行研究，推动出版产业的发展
商业价值	非公有资本的引入，使得非公有出版组织可以有效融资，更有力地参与市场竞争，以市场为导向、以盈利为目标进行经营活动

资料来源：根据相关政策绘制

从这些政策文件中我们可以看出，在宏观的体制上，出台的各种相关文件政策正在为非公有出版组织的发展保驾护航，但在微观的经营层面上，非公有出版组织的运行还是一个需要不断创新、摸索的过程，只有随着对它运行机制的逐渐深入研究，才可以使其创新能力强、适应市场快等一系列优势得到进一步发挥，从而与宏观政策相得益彰，共同促进我国出版业的繁荣，增强我国出版业的国际竞争力。"2010中国民营书业峰会"策划人之一、中国图书商报社总编辑助理张维特说，民营书业的发展空间大小，以及如何进行资本运作将是整个民营书业迫切关注的话题。随着政策的逐渐放开，是进行作坊式发展稳扎稳打，还是融资迅速做大？是将自身并入大型的出版集团，还是坚持独立运作？这些都是困扰民营书业的现实问题[①]。

　　此时，对从产权角度，对非公有出版组织进行研究，可以从根本上对非公有出版组织的发展进行分析，对非公有出版组织的未来走向等做出指导，具体来说有以下四方面的意义。

　　（1）政策意义。随着政策尺度的逐渐放开，非公有出版组织在出版领域的重要性不断凸现出来，话语权也在不断增强。但是在出版权方面，我国的非公有出版组织还没有得到国家的认可。虽然很多非公有出版组织已经通过不同方式获得书号，在出版权获得方面的政策指导，还需要不断研究。在我国，政策的制定常常落后于业界的步伐，因此，非公有出版组织要想获得更好的发展和更多的政策支持，不能仅仅等待政策的颁布，同时自身也应该积极探索，走出一条适合自己发展，有利于自身不断壮大的道路，从而对政策的制定产生影响。

　　（2）学术意义。对于非公有出版组织的研究，在学界目前研究的资料比较少，关于非公有出版产权方面的研究几乎没有。但是，随着出版业做大做强战略的提出，我们必须从产权的根本上给予重视，先从理论层面对非公有出版组织进行讨论。只有在理论层面上，对非公有出版组织的约束和管制进行深入的研究，才可能在以提高出版产业竞争力和经营效益的目标下，保证思想导向的正确和健康。

　　（3）产业意义。中国图书出版行业在发展过程中出现了很多竞争混乱、无序的现象，跟风的热潮越炒越火，加之长期以来的高定价低折扣、货款拖延、回款不利等情况。很多人将责任怪到非公有出版的头上，认为是非公有出版商一味追求商业利润，从而导致了各种不良行为的产生，但其实，非公有出版组织在出版行业中，充当的是"鲇鱼效应"中的鲇鱼，正是由于它们的存在，才得以打破整个行业毫无生气的状态，更大地激发了出版单位的市场意识，有利于更好更快地发展我国的出版业。由于我们对非公有出版的重视不足，从而使得对它们的认识还缺乏依据、盲目责备。因此研究非公有出版迫在眉睫。

　　（4）商业意义。随着我国人民物质资料发展水平的不断提高，人民对精神文化资料的需求不断增加，出版物市场也在不断扩大，我们必须要进行产权选择和改革，以保证出版组织的活力，在满足人民群众更高精神追求的同时，达到利润最大化。另外，我国出版业国际化大门的逐渐打开，给我国的出版组织竞争力提出了更加严峻的要求，面对国际传媒的激烈竞争，利益是使出版组织长治久安的唯一保证，而其中产权是出版组织发展的根基，因此产权的研究势在必行。

---

① 谢迪南. 2010年中国民营书业最强实力大汇聚 [J]. 中国图书商报，2010.

目前，我国的出版体制改革进入了攻坚阶段，而建立现代企业制度是现代出版业改革的必然发展方向，现代企业制度要求企业做到"产权明晰，权责明确，政企分开，管理科学"，其中"产权明晰"是其他几项的基础和前提。这篇文章，我们将对非公有出版组织的产权进行一些分析和研究，希望可以对今后非公有出版组织更好地发展做出一点贡献。

1.2 相关研究综述

我国现有的文献对非公有出版组织并没有明确的界定，对非公有出版组织的研究也没有形成系统，与此相对应，对民营工作室的研究比较广泛。

在知网搜索"民营书业"，共有491条记录；"民营出版"，共有49条记录。这些文献的研究主要集中在以下四个方面。（1）政策的解读。如《文化产业振兴规划给民营书业带来利好消息》《民营出版的春天来了吗》《民营出版 野百合也有春天》等。（2）与国有出版集团的合作。如《国有出版与民营出版合作的虚与实》《国有民营出版企业的合作发展之路——湖北长江出版传媒集团资本运营的实践探索》《竞争与合作——国有出版社与民营出版公司资本合作探析》等。（3）民营出版组织取得的成绩。如《上海：民营出版产值占行业比重超75%》《江西民营出版产业呈现跨越式发展》《湖南天舟文化创民营出版传媒第一股》等。（4）针对民营出版组织发展中出现问题的探讨。如《我国民营出版的贡献、症结与改革建言》《民营出版企业策划人的角色定位》《基于生命周期理论的民营出版企业人力资源管理探索》等。

在知网搜索"非公有出版"，共有3条，分别是《非公有出版工作室纳入管理的思考》《非公有出版工作室有了正式身份》《省内非公有出版工作室代表座谈会》。

在已有的文献库里搜索"出版产权"，记录也是3条，分别是《出版产权改革应善待人力资本》《关于出版产权制度改革的几个问题》《出版产权资本运营刍议》。第一篇文章侧重关于人力资本的研究，第二和第三篇文章主要是针对国有出版组织进行产权改革的分析和探讨。

搜索"非公资本"，共有文献90篇，其中与出版行业相关的33篇。主要集中在政策的解读和地方政府对非公资本进入文化产业所做出的努力。

与这些文献形成对比的是，在知网中搜索"民营出版产权""非公有出版权""出版组织产权"，相关文献数量为0篇。

通过对现有的关于产权和非公有出版组织的文献进行梳理，已有的文献内容主要分为两部分。

第一部分是对于产权的研究。这部分内容集中在对国有出版集团产权改革方面的研究。其中包括产权改革的必要性、产权改革的模式、产权改革的走向。近几年的文献重点在对于实现公司制后国有出版集团的所有权和经营权分离的研究、国家以什么方式对出版集团进行合理宏观调控的研究、国有出版集团融资问题研究以及如果上市面临哪些矛盾等这些方面，其中并没有文献提及非公有出版组织。

第二部分是对非公有出版组织的研究。相关文献集中在对政策的解读，其中包括非公有资本如何进入出版业、非公有出版组织如何实现出版活动、非公有出版组织如何与国有出版集团合作等。但对于非公有出版组织关于产权、经营管理、未来走向等方面的研究并没有完全展开。虽然目前我国的出版权还掌握在国有出版单位手中，非公有出版组织必须要与它们合作才可以进入出版的上游部分。但是我们并不排除将来出版权有以其他形式下放的可能性，那么超前的研究是十分有必要的。如何在产权形式层面上进行优化，使非公有出版组织可以达到文化和经济双方面的发展、保证非公有出版组织在导向正确的前提下实现对自身、对社会的效用最大化，这对非公有出版组织未来进行健康合理的出版活动是十分必要的。

在进行文献整理的过程中，我们发现存在以下两方面问题。

（1）对民营出版组织、非公有出版组织的概念界定并不明晰，在可搜集的文献中，常常将非公有出版组织和民营出版组织笼统地等同为一个概念。第二章我们将对二者之间的关系进行论述。

（2）关于非公有出版组织的企业组织形式并没有相关的文献进行研究。目前的大部分文献，并没有对非公有出版组织从产权层面上进行研究和讨论。希望本文的探讨，能对非公有出版组织在发展时，从产权归属及组织形式方面做出一点贡献。

1.3　理论支撑

1.3.1　产权的界定

科斯是现代产权理论的奠基者和主要代表，在科斯定理中，产权是起始概念，产权明确是一个基本前提。他的理论认为"产权是对（物品）必然发生的不相容的使用权进行选择的权利的分配。它们不是对可能的使用施加的人为的或强制性限制，而是对这些使用进行选择时的排他性权利分配"。① 我们再看看其他关于产权的界定。

E. 菲吕博腾和 S. 佩杰威齐在《产权与经济理论：近期文献的一个综述》中给出了一个产权的定义："产权不是指人和物之间的关系，而是指由于物的存在即关于它们的使用所引起的人们之间相互认可的行为关系。产权安排确定了每个人相对于物时的行为规范，每个人必须遵守他与其他人之间的相互关系，或承担不遵守这种关系的成本。它是一系列用来确定每个人相对于稀缺资源使用时的地位的经济社会关系。"②

美国经济学家费雪（Fisher）曾这样描述产权："一种产权是当它承担享用这些权益所支付的成本时的自由权或是允许享用财产的收益……产权不是物质财产或者物质活动，它是抽象的社会关系。"③

在《牛津法律大词典》中界定产权："亦称财产所有权，是指存在于任何课题之中或之上的完全权利，包括占有权、使用权、出售权、转让权、用尽权、消费权和与财产有关的权利。"

罗马法中，产权包括所有权（在法律限定下的对某种财产的使用权）、收益权、使用他人之产权、典当权。

关于产权的界定有以上种种，但它们的核心是一致的，就是关于物质资料所产生的社会关系。在本文中，我们采用的产权定义为：财产所有权的简称，是财产所有权和与之相关的其他诸种经济权利的总称，包括所有权、使用权、收益权和转让权。

广西师范大学出版社集团总裁曹光哲先生对我国出版产权做出了界定：出版产权是出版财产所有权的简称，即出版财产的所有者依法对自己的财产享有的占有、使用、收益、处分的权利；出版产权制度是指规定、调整和保护一定的出版产权结构、出版产权关系、出版产权组织形式和出版产权经营方式的制度安排。

对于出版产权的结构，曹光哲先生在他的《关于出版产权制度改革的几个问题》中曾做过划分（见图1.1）。

---

① 科斯. 财产权利与制度变迁（译文集）[M]. 上海三联书店，1991.

② [美]E. 菲吕博腾和 S. 佩杰威齐. 产权与经济理论：近期文献的一个综述 [M]. 载《财产权与制度变迁》，上海三联书店，1994，P204.

③ Fisher, "Elementary Princeples of Economics"，NEW YORK:Macmillan，1923，P27.

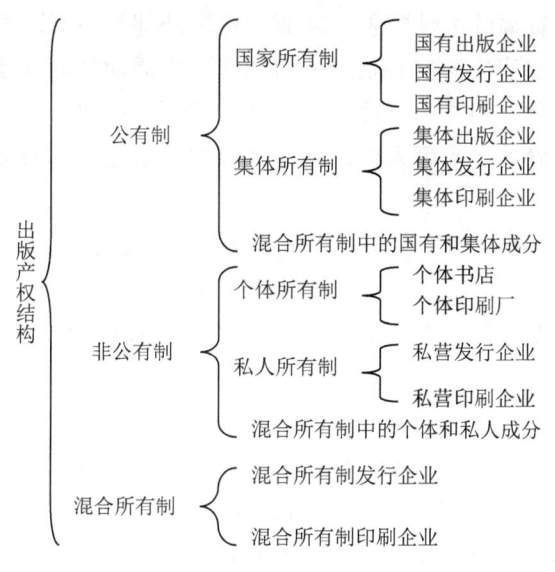

```
                              ┌ 国家所有制 ┬ 国有出版企业
                              │            ├ 国有发行企业
                              │            └ 国有印刷企业
                   ┌ 公有制 ──┤
                   │          │ 集体所有制 ┬ 集体出版企业
                   │          │            ├ 集体发行企业
                   │          │            └ 集体印刷企业
                   │          └ 混合所有制中的国有和集体成分
出版                │
产权 ──┤ 非公有制 ┬ 个体所有制 ┬ 个体书店
结构                │            └ 个体印刷厂
                   │            
                   │            私人所有制 ┬ 私营发行企业
                   │                        └ 私营印刷企业
                   │          混合所有制中的个体和私人成分
                   │
                   └ 混合所有制 ┬ 混合所有制发行企业
                                └ 混合所有制印刷企业
```

图 1.1　出版业的产权结构

从图1.1中，我们可以看出，曹光哲先生将出版业的产权结构分为公有制、非公有制和混合所有制三种形式，并且在非公有制产权的企业里面并没有包括逐渐进入出版业上游的主要从事策划、编辑的出版企业，只将印刷、发行企业列入非公有的企业中。但实际上，非公有出版组织的触角正在以多种方式进入出版产业中知识最密集的阶段，即策划编辑阶段，越来越多的非公有出版组织通过与国有出版集团进行资本及项目合作，或者以买卖书号等方式从事出版活动。

1.3.2　产权制度的核心和意义

现代产权理论的奠基者和主要代表科斯认为，没有产权的社会是一个效率绝对低下、资源配置绝对无效的社会。能够保证经济高效率的产权应该具有以下特征：明确性、专有性、可转让性和可操作性。科斯定理是产权经济学研究的基础，他的核心内容是关于交易费用的论断。通俗来说就是：在交易费用为零和对产权充分界定并加以实施的条件下，外部性因素不会引起资源的不当配置。因为在此场合，当事人（外部性因素的生产者和消费者）将受一种市场里的驱使去就互惠互利的交易进行谈判，也就是说，是外部性因素内部化。

科斯的产权理论认为私有企业的产权人享有剩余利润占有权，产权人有较强的激励动机去不断提高企业的效益。所以在利润激励上，私有企业比传统的国有企业强。在协议成本较小的情况下，无论最初的权利如何界定，都可以通过市场交易达到资源的最佳配置，因而在解决外部侵害问题时可以采用市场交易形式。科斯产权理论的核心是：一切经济交往活动的前提是制度安排，这种制度实质上是一种人们之间行使一定行为的权利。因此，经济分析的首要任务是界定产权，明确规定当事人可以做什么，然后通过权利的交易达到社会总产品的最大化。

西方产权理论的基础是个人主义和自由主义，由此，西方的产权理论认为产权关系首先是个人对财产的一种排他性的占有关系[①]。产权制度的产生和发展就是个人在交易成本约束下为追求自身财产利益最大化而进行的财产占有关系交易的结果。

从现实中研究产权是有其必要的历史意义的，因为现实社会中的任何一种产权制度都必然要和它所处的历史环境，具体来说就是社会环境相适应，随着社会的不断进步，产权制度要想跟上生产力发展的要求就必然要与时俱进地进行发展和变迁，并存在被其他产权制度取代的可能性。

1.3.3　企业组织形式及优缺点

产权是法律范畴，是关于财产归属的法律制度[②]。因此，我们在研究产权的时候，引入企业不同的法律组织形式进行产权分析，企业的法律组织形式是指企业资产的所有形式在国家法律上的认可，全世界实行市场经济的国家尽管各自的企业法律组织形式不尽相同，但企业基本的法律组织形式主要有三种：独资企业、合伙制企业和公司制企业[③]。

（1）独资企业。它是指由一人出资兴办的企业，企业财产完全归个人所有，企业由个人经营和控制。业主个人享有企业的全部经营所得，同时对企业的债务承担完全无限清偿责任。

独资企业的优点是经营方式比较灵活，约束比较少，制定决策比较迅速。缺点是由于受个人资本限制，企业增加资本、扩大生产比较受限，企业的经营状况受业主个人的影响比较大，业主个人的情况对企业的生死起到决定性作用。

（2）合作制企业。即合伙企业，是由两个或者两个以上的出资者共同出资兴办，联合经营和控制的企业。合伙企业的出资者共同出资、共同经营、利润共享、风险共担，并对企业债务承担无限清偿责任。成立合作企业，合伙人必须订立书

---

① 刘长庚主编．联合产权论[M]．人民出版社，2003，P28．

② 同①．

③ 马威，王晓梅主编．现代企业管理概论[M]．中国农业大学出版社，2005，P6．

面合伙协议，规定各合伙人在合伙企业中的责任、权利和义务，合伙人出资可以是资金或实物，也可以是权利、信用等无形资产。

与独资企业相比，合伙企业的优点是企业的资金来源比较多，筹资能力要大于独资企业；合伙人共同经营，提高了经营管理水平；合伙企业具有一定的独立性，平均寿命要长于独资企业；合伙企业的设立程序比较简单，税收负担较轻。

合伙企业的缺点在于普通合伙人对企业债务承担无限清偿责任；与公司制相比，合伙企业的融资渠道比较有限；合伙企业的产权转让比较困难，合伙人一旦加入合伙企业，其转让产权必须征得所有合伙人同意才能进行；合伙企业的所有决策必须经过全部合伙人的一致同意才可以通过，从而增加了决策制定的复杂性。

（3）公司制企业。公司制企业是指具有独立法人地位，公司股东以出资额为限对企业债务承担有限责任，企业实现了财产权和经营权的分离，从而决策水平有了大幅提高。但公司制企业的设立手续较复杂，成立费用较高，政府限制比较多。

我国目前公司制的组织形式为有限责任公司和股份有限公司两种。

有限责任公司是指由两个以上股东共同出资，每个股东以其所认缴的出资额为限对公司承担有限责任，公司以其全部资产对其债务承担责任的企业法人。有限责任公司的股东人数是有限的，根据不同国家的法律标准人数不同；不公开发行股票；严格限制股权转让。在我国有限责任公司注册资本最低限额为10万元。

有限责任公司的优点是设立、停业、解散比较简单；由于股东人数较少，便于协调和沟通；由于股权转让受限，股东对公司发展的责任感较强。缺点是筹资能力有限，产权缺乏流动性在一定程度上阻碍公司的发展。

现代公司，以股份有限公司为典型代表。

股份公司是股份有限公司的简称，是指公司全部资产分成等额的股份，股东以其所持的股份为限对公司承担责任，公司以其全部资产对公司债务承担责任的企业法人[①]。它的产权结构最大特征就是所有权与经营权的相分离。我国《公司法》第75条规定：设立股份有限公司，应当有5人以上为发起人，其中必须有过半数的发起人在中国境内有住所。

在股份公司中，股东就是公司的所有者，享有企业创造的红利。股份制公司中最高权力机构是董事会，它由股东大会选举产生，是公司最高的决策机构。其中股东可以划分为自然人股东和法人股东。其中自然人股东主要有：企业经营者，企业员工，外部自然人。如果将法人股东分为国有法人股东和非国有法人股东，那么国有法人股东主要有：国有资产管理机构，国有资产管理与经营公司，国有

---

① 黄峻菠. 私营公司创办程序与股东纠纷[M]. 时事出版社，2005，P351.

投资公司或国有金融资产管理公司，国有集团公司，国有企业，等等。非国有法人股东主要有：家族企业，私人企业，外资企业，等等。本文讨论非公有出版组织，因此如果涉及股东部分，主要讨论非国有法人股东。

股份公司的优点：较强的集资能力，公司股份的流动使得公司可以最大限度地吸纳资本，使企业扩大规模、加快发展；科学的公司管理制度，股份制公司通常采用现代企业制度，实行两权分离，企业的经营权交到更加专业的经理人手中，有助于企业市场竞争力的增强；具有相对稳定的组织形式。

股份公司的缺点：创立程序比较复杂；公司中容易出现大股东依仗自己的权利对公司决策进行操控，形成大股东垄断；股东的流动性过大，对公司的责任感较差；公司制度中委托—代理形式容易出现矛盾。在股份公司中，经理是代理人，股东是委托人。对于公司运行方面的信息，经理对情况的了解比股东详细，也就是存在信息不对称。在这种情况下，由于经理和股东在个人追求、职业目标方面的不一致，如果公司没有一套完整而有效的委托—代理机制，就容易出现经理们为了实现自己的利益而间接损害股东和公司利益的情况。

第二章 非公有出版组织的界定

本章,我们将分为非公有经济组织的内涵和非公有出版组织的内涵两个小节。通过对非公有经济组织内涵的分析,从而界定出非公有出版组织的概念,并对非公有出版组织与常见的民营出版组织、公有出版组织的关系进行阐述。

2.1 非公有经济组织的内涵

2.1.1 非公有经济组织的概念

我国的经济性质从产权归属划分为公有制经济和非公有制经济。其中,公有制经济包括国有经济、集体经济、混合经济中的国有成分和集体成分。非公有制经济包括个体经济、私营经济、外商投资经济、港澳台商投资经济、混合经济中的非国有成分和非集体成分。

非公有制经济组织是非公有经济的市场主体,它是指那些产权归我国国内公民私人所有或者归外商、港澳台商所有的经济成分占主导或相对主导地位的组织。即私人、外商、港澳台商对企业的独资、控股和相对主导地位,在这里相对主导地位是指其在企业中所占的比例可以不到50%,但是相对其他的股东而言,它所占的比重是最大的,对企业起到绝对的控股作用。

2.1.2 非公有经济组织的划分

按照企业的注册类型分类,非公有制经济组织包括:私营企业;港澳台商投资制企业;外商投资企业;非公有经济成分占主导或相对主导地位的股份合作企业、其他联营企业、有限责任公司、股份有限公司和其他类型的企业。

从另外的一个意义来讲,除了公有制企业外的其他所有企业均为非公有企业。通常,公有制企业仅包括:国有企业;集体企业;联营企业中的国有联营企业、集体联营企业、国有和集体联营企业;有限责任公司中的国有独资公司;股份有限公司中的国有控股公司。

2.1.3 非公有经济组织的特点

非公有经济组织的特点有产权、人事、经营三方面,下面我们进行简单分析。

第一,产权上的独立性。非公有经济组织在产权上姓"私",不姓"公"。产权可以是私人所有,合伙制,也可以是公司制。产权可以自由流动,实现生产资源的最大配置。如果是股份制公司,可以吸收不同的资本,包括国有资本,但国有资本的股东不掌握企业的控制权。

第二，人事上的自主性。非公有经济组织人事的使用和任免权在公司内部，不受外界干扰，这与公有制组织的人事权在国家行政部门手中不同。在非公有经济组织内部，员工通常采取聘用制，以员工的工作能力和业绩作为考核标准，有利于企业的发展。

第三，经营上的市场性。非公有经济组织面临市场的严峻考验，在激烈的市场竞争中，必须不断发展和创新，才有可能存活下来，因此，非公有经济组织的发展通常都是以市场为导向，以盈利为目标进行的。

2.2 非公有出版组织的内涵

2.2.1 非公有出版组织的概念

我国现有的资料，并没有对非公有出版组织进行界定。因此，我们依据非公有经济组织的概念，另外参考曹光哲先生对出版产权的阐述对非公有出版组织的概念进行界定。

本文认为非公有出版组织是指那些产权归我国国内公民私人所有或者归外商、港澳台商所有的经济成分占主导或相对主导地位的组织，包括由私人、外商、港澳台商独资、控股和占相对主导地位的出版组织。在这里相对主导地位是指其在企业中所占的比例可以不到50%，但是相对其他的股东而言，它所占的比重是最大的，对企业起到绝对的控制作用。

我们根据不同的组织形式，绘制出版组织类型图（见图2.1）。

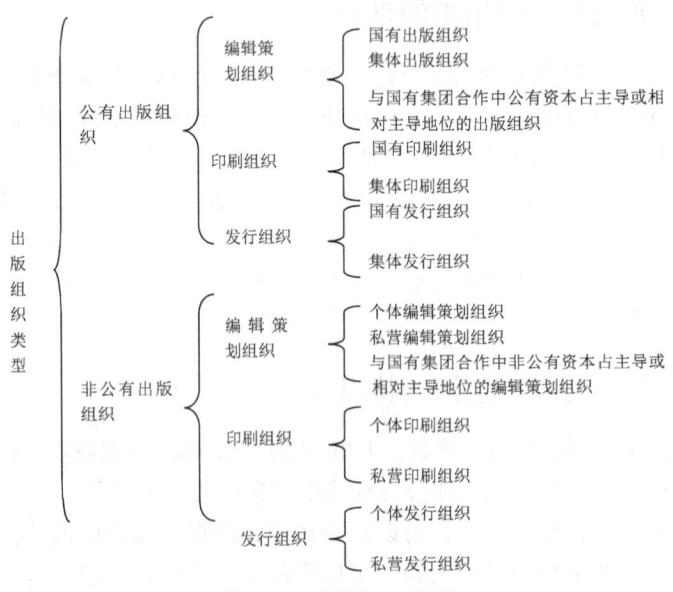

出版组织类型
- 公有出版组织
  - 编辑策划组织
    - 国有出版组织
    - 集体出版组织
    - 与国有集团合作中公有资本占主导或相对主导地位的出版组织
  - 印刷组织
    - 国有印刷组织
    - 集体印刷组织
  - 发行组织
    - 国有发行组织
    - 集体发行组织
- 非公有出版组织
  - 编辑策划组织
    - 个体编辑策划组织
    - 私营编辑策划组织
    - 与国有集团合作中非公有资本占主导或相对主导地位的编辑策划组织
  - 印刷组织
    - 个体印刷组织
    - 私营印刷组织
  - 发行组织
    - 个体发行组织
    - 私营发行组织

图2.1 出版组织类型

2.2.2　非公有出版组织与民营出版组织的关系

在出版行业中，我们时常看到将非公有出版组织与民营出版组织两个概念混用的情况。

在本文中，我们认为民营出版组织与非公有出版组织并不是同一概念。民营出版组织是根据出版组织的经营机制划分的，凡是非国营或官营的出版组织均为民营出版组织。而非公有出版组织是根据产权划分的，凡是出版组织产权不是由国家或集体占主导地位的组织均为非公有出版组织。同时，我们必须注意到，在出版行业中，非公有出版组织的经营方式不可能出现国营或者官营情况，它们均为民营形式，因此，本文中，我们认为非公有出版组织均为民营出版组织。但并不是所有的民营出版组织都可以称为非公有出版组织。因为，在国有出版集团和非公有出版组织合作的过程中，也可能出现国有民营的情况，比如2003年长江文艺出版社注资50万元成立的长江文艺出版社北京图书中心，由金丽红和黎波这对出版界著名的"金黎"组合进行经营运作。黎波任副社长，但对于长江文艺出版社来说，这个副社长不算正式调入，也不占编制名额，只给一个名头，到省新闻出版局报批即可。但是长江文艺出版社北京图书中心的选题、人事、财务、发行都最大化地与市场接轨、是独立自主的。这个图书中心属于民营书业的范畴，但它并不是非公有出版组织。

类似这样完全实行民营化经营的国有出版组织在我国目前比较少见，并没有形成规模。但由此我们可以看出，民营出版组织和非公有出版组织在实质上还是存在区别的。虽然目前业界很多情况下对民营出版的概念与非公有出版的概念笼统地画了等号，但是，随着国有出版集团市场化程度越来越深、与国际接轨的过程中要求的竞争力越来越强，国有出版组织以承包、租赁、托管等形式实现国有民营的情况很可能会出现，届时，民营出版组织与非公有出版组织将不再可以笼统地画等号，必须要进行严格的区分。

2.2.3　非公有出版组织与公有出版组织的关系

非公有出版组织和公有出版组织的区别在于产权的归属。凡是产权归属于国家或者集体所有的出版组织，即为公有出版组织，其他的为非公有出版组织。根据非公有出版组织的概念，在这里我们认为，国有独资、集体独资的出版组织以及股份制出版组织中国有或者集体股权占主导或相对主导地位的出版组织均属于公有出版组织。独资企业的产权归属比较明确，国有和集体独资的出版组织属于公有出版组织，我国公民个人或者外商、港澳台商独资或合资的出版组织属于非公有出版组织。情况比较复杂的是非公有出版组织和公有出版组织合资成立的股份制公司。

在我国，公有资本和非公有资本合资成立的股份制出版组织中，常见的模式有两种：一种是成立一家新公司，国有出版集团和非公有出版组织共同出资，其中国有出版集团占有超过50%的股份，公司的控制权在集团手中，但经营权仍旧按之前的非公有出版组织内部的套路走，基本上实现所有权和经营权分离。但这个出版组织的性质是公有出版组织。比如，2005年12月成立的海豚传媒公司，注册资金3600万元，长江出版集团占51%，原海豚卡通少儿出版总经理夏顺华占49%。与此相同的还有2008年成立的万榕公司，注册资本2000万元，北方联合出版传媒子公司万卷出版公司占有51%的股权，原贝榕图书公司总经理路金波占49%的股权。这些企业中国有控股均超过50%，万卷出版公司指派董事长，兼为公司法人。路金波出任总经理，兼万卷出版公司副总裁。万卷出版公司委派副总经理1人，兼财务总监。属于国有参股并控股的公有出版组织。另一种合作模式是国有出版集团和非公有出版组织共同出资，新建立一个公司，其中非公有出版组织在新公司中占有主导地位或者相对主导地位，这样公司就属于非公有出版组织。例如2008年，长江文艺出版社注册成立北京长江新世纪文化传媒有限公司，长江出版集团占26%股份，长江文艺出版社占20%，金丽红、黎波各占17%，安波舜占15%，还有几名创业员工各占1%～2%。金黎组合、安波舜和几名创业员工加起来的股份超过50%，而且他们是新公司的实际经营者，公司的实际决策权把握在他们的手中。这个公司属于非公有出版组织。另外还有非公有出版组织收购国有出版组织的现象，这是极少见的情况，我们将在第四章进行讨论。

第三章　发达国家非公有出版组织产权分析

本章将从以欧美为代表的大型出版集团产权分析和以日本为代表的中小型出版组织产权分析两个小节，对发达国家的出版组织产权进行分析，针对它们各自的优劣势进行讨论，为后文建议的提出提供借鉴。由于国外的出版组织基本上均为非公有出版组织，因此，我们在分析的时候，除非特别指出，否则所指的出版组织均为非公有出版组织。

3.1　以欧美为代表的大型出版集团产权分析——以贝塔斯曼集团为例

在文化产业不断发展的今天，许多投资者坚信出版行业是一个市场越来越宽广的产业，表3.1是10家世界知名出版社所属公司及国家情况。

表3.1　10家知名出版社所属公司及国家情况

公司名称	所属公司	所属国家
1. 西蒙·舒斯特	维阿康（上市）	美国
2. 读者文摘	读者文摘集团（上市）	美国
3. 汤姆森	汤姆森集团（上市）	加拿大
4. 兰登书屋	贝塔斯曼基金会（私有）	德国
5. 麦格劳·希尔	麦格劳·希尔（上市）	美国
6. 时代华纳	时代华纳（上市）	美国
7. 哈勃·考林斯	新闻集团（上市）	澳大利亚
8. 艾迪逊·维斯里·企鹅	培生集团（上市）	英国
9. 大英百科	雅考布·萨弗拉（私有）	瑞士
10. 格罗里尔	阿歇特集团（上市）	法国

资料来源：杨贵山.海外书业经营案例[M].中国水利水电出版社，2005，P7。

我们可以看到表中的这些出版集团或公司均已实现了股份制的组织形式、其中除了贝塔斯曼、大英百科外，其他公司均已上市。关于上市的问题并不是清一色的统一，为什么会出现这种情况？出版组织选择不上市对我国出版组织来说有什么借鉴意义呢？下面我们通过贝塔斯曼集团的发展来进行分析。

3.1.1 贝塔斯曼集团产权简介

贝塔斯曼集团（Bertelsmann AG）成立于1835年，总部位于德国居特斯洛，是全球著名的媒体公司，业务涉足电视、广播、书刊、报刊，音乐，印刷和媒体服务，书刊音乐俱乐部，等等。在全球六十三个国家地区均有业务[①]。

贝塔斯曼旗下拥有欧洲最大的广播电视集团——RTL集团；全球最大的图书出版集团——兰登书屋；欧洲最大的杂志出版公司——古纳雅尔；世界第二大CD生产商，提供媒体服务的欧唯特集团和通过俱乐部和在线业务销售媒体产品和服务的贝塔斯曼直接集团。

贝塔斯曼集团是一家没有公开上市的股份制公司。2006年之前由贝塔斯曼基金会（57.6%）、蓝博特布鲁塞尔集团（25.1%，其中0.1%没有投票权）和摩恩家族（17.3%）为其三大股东，主要控制公司股本（见图3.1）。在这其中，贝塔斯曼基金会和摩恩家族所持有股票权由贝塔斯曼管理公司（BVG）行使。贝塔斯曼集团的投票权分别由BVG掌控75%，蓝博特布鲁塞尔掌控25%。

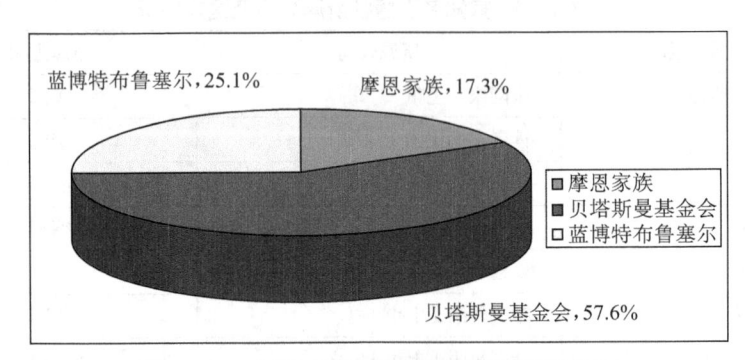

图 3.1　2006 年前贝塔斯曼集团的股权结构图

资料来源：张金海，梅明丽编著.世界十大传媒集团产业发展报告[M].武汉大学出版社，2007。

2006年，贝塔斯曼集团出价45亿欧元买回了由蓝博特布鲁塞尔集团掌控的25.1%的股权。由此，贝塔斯曼集团有了新的股权结构：贝塔斯曼基金会拥有

---

① 维基百科．http://zh.wikipedia.org/zh-cn/%E8%B4%9D%E5%A1%94%E6%96%AF%E6%9B%BC　2011-9-13.

76.9% 的股份，其他 23.1% 的股份由摩恩家族掌握，贝塔斯曼管理公司拥有全部表决权（见图 3.2）。这次股份的购回意味着贝塔斯曼集团自 1973 年以来第一次没有了外界股东[①]。

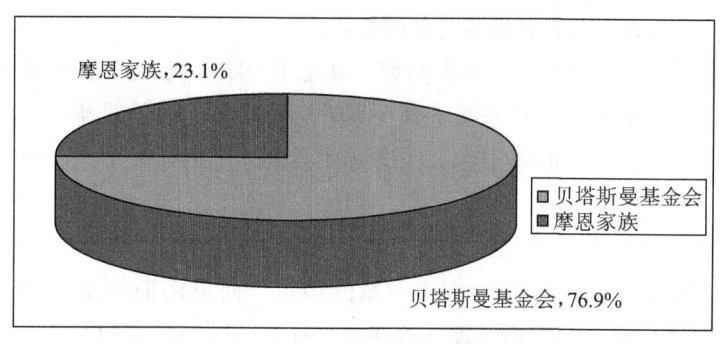

图 3.2 贝塔斯曼目前的股权结构图

资料来源：张金海，梅明丽编著. 世界十大传媒集团产业发展报告 [M]. 武汉大学出版社，2007。

贝塔斯曼旗下的 5 个子公司（见表 3.2）除了 RTL 集团作为欧洲领先的广播和制作公司，在布鲁塞尔和卢森堡的股票交易所上市以外，其他 4 个子公司兰登书屋、古纳雅尔集团、贝塔斯曼直接集团均为非上市公司。

表 3.2 贝塔斯曼集团子公司股东分布表

子集团名称	股东
RTL 集团	贝塔斯曼：90.3%。公开交易股权：9.7%
兰登书屋	贝塔斯曼集团：100%
古纳雅尔集团	贝塔斯曼股份公司：74.9%。汉堡亚尔家族（the Jahr family）：25.1%
欧唯特集团	贝塔斯曼集团：100%
贝塔斯曼直接集团	贝塔斯曼集团：100%

资料来源：根据相关资料绘制。

贝塔斯曼集团旗下本有子公司贝塔斯曼音乐集团（简称 BMG），成立于 1987 年。2004 年 8 月与索尼公司合作成立了新力博德曼，双方各持 50% 的股份，2008 年，索尼公司收购其另外 50% 的股份，从而全资控股 SonyBMG，全球第二大唱片公司 SonyBMG 宣告完结，新公司将命名为"索尼音乐娱乐公司（SMEI）"。

---

① 张金海，梅明丽编著. 世界十大传媒集团产业发展报告 [M]. 武汉大学出版社，2007，P131.

3.1.2 贝塔斯曼集团股东分析

自从 2006 年，贝塔斯曼集团出价 45 亿欧元买回了由蓝博特布鲁塞尔集团对贝塔斯曼集团的股权后，贝塔斯曼集团的股东就只有贝塔斯曼基金会和摩恩家族两大股东，这两大股东有着密不可分的关系。

（1）贝塔斯曼基金会：由莱茵哈德·摩恩于 1977 年创建，是一家非营利性机构。基金会的主要资金支持来源于其在贝塔斯曼集团的股份收益。基金会 320 名成员集中致力于教育、健康卫生、经济与社会事务、国际关系、社团文化与发展慈善事业。

贝塔斯曼基金会还关注一些复杂的社会难题，例如"人口统计学的变更"和"平衡工作与家庭"等跨越多个领域的项目。而贝塔斯曼基金会设置的 Carl Bertelsmann 荣誉奖，专门授予那些关注紧迫社会问题的具有创新性和模范性的解决方案[①]。

（2）摩恩家族：虽然贝塔斯曼基金会掌握着贝塔斯曼集团 75% 的股权，但其实整个贝塔斯曼集团的控制权是由摩恩家族掌握，基金会虽然占有股份，但是在表决权上，摩恩家族的人实际是发挥决定性作用的。

摩恩家族的成员一贯具有虔诚的信仰和崇高的理念。2000 年贝塔斯曼集团第五代传人莱恩哈德在回顾自身成就时曾说："没有哪家德国企业以我称之为企业文化的这种哲学，取得了如此大的成就，特别是一家传媒企业，美国人的大企业也没能做到这一步。"从这段话中我们可以看到一个优秀的企业掌舵人的崇高理念。他并没有将利润作为自身成就的标杆，反而将企业文化作为最值得自己骄傲的部分。对于传媒企业来说，如果仅仅将利润作为衡量自身发展的唯一标准，那么后果将是危险的。

贝塔斯曼基金会的非营利性质与摩恩家族的虔诚信仰相得益彰，成为贝塔斯曼集团文化不断前进的强大动力。两者在精神文化上的和谐，令贝塔斯曼集团成为一个不以盈利为唯一目的，而是将社会责任感、使命感放在首位的伟大企业。

3.1.3 贝塔斯曼集团不上市的利弊分析

贝塔斯曼集团是一家具有家族性质的股份有限公司，一直秉承着劳资合作的理想主义理念，虽然是股份公司，但并没有上市打算，公司的产权比较集中，并不向公众和资本市场开放，这样做的优势有以下四点。

（1）企业的控制权可以牢牢掌握在家族手中。贝塔斯曼集团中，贝塔斯曼基

---

① 凤凰网，http://finance.ifeng.com/news/corporate/20101027/2780012.shtml 2010-10-27.

金会拥有 76.9% 的股份，其他 23.1% 的股份由摩恩家族掌握，贝塔斯曼管理公司拥有全部表决权，没有外界股东对企业进行控股，企业控制权由摩恩家族掌控。

（2）家族创始人的理念可以持之以恒地贯穿下去。在贝塔斯曼集团总部底层，有一间"传统房间"，里面的家具陈设都是延续摩恩家族的风格，墙上刻着："勿忘上帝。快乐的来客永远不会是负担！""上帝想让你提神，你就不会累坏"和"别抱怨苦难。别骂上帝。他每天都在帮助你"的警字箴言。这些语句是家族成员一直坚持的信条。莱恩哈德·摩恩认为，进入资本市场可能会影响贝塔斯曼一脉相传的精神。而不上市，就不需要太顾及资本市场的短期效益，从而更能够做长远的战略规划。加上摩恩家族的人都有很强烈的信仰，这就使得整个企业具有良好的企业氛围和文化气息。

（3）企业的发展规划可以长期坚持下去。家族企业经营以稳健为主，有着长期的发展观，其投资、规划以及采购都着眼于长期，并且更注重公司生产产品的质量，对于出版集团来说，即出版物的格调和水准，因为家族成员认为产品质量关系到家族声誉和公司长期的口碑，尽管会增加成本，但长期来看，对企业的发展和家族的昌盛是利大于弊的。另外，家族企业与员工、客户还有供应商之间的忠诚关系，也是其成功的因素之一。

（4）没有外部股东，企业的凝聚力会更加强大。遇到危机时，企业上下可以一条心，想尽办法渡过难关，很少出现大难临头各自飞的情况。家族成员之间的忠诚比起因为利益关系而凝结的团体要更加牢固和结实。

当然不上市，也有其不可避免的劣势，主要有以下三点。

（1）融资能力较弱。上市融资是增大公司资本、扩大公司经营规模最直接和最有效的方式。

（2）抵抗风险能力较弱。如果掌握控制权的家族出现问题，比如内讧、领导人去世或者没有合适的接班人等，都会对企业造成毁灭性的打击。

（3）发展壮大过程中，公司改革阻力较大。随着企业的不断壮大，市场和政策都会发生变化，企业要发展，改革势在必行，但是家族企业的改革因为自身的先天不足容易出现执行困难，使得企业在改革中夭折，所谓"成也家族、败也家族"。

当然这也不是说家族企业就一定不可以上市，瑞士信贷 9 月发布的对 10 个新兴亚洲市场的调查结果显示，在所有的上市公司中，带有明显家族痕迹的占 50% 以上，这些公司的市值占到了 10 个市场总市值的近三分之一，比 2000 年增长了 5 倍。在出版集团中典型的家族企业康卡斯特 1972 年就在纳斯达克上市，2008 年康卡斯特在财富 500 强中排 79，这就是一个家族企业上市获得成功的案例。

3.2 以日本为代表的中小型出版组织产权分析

3.2.1 日本出版组织产权概况

日本的出版业产权呈现哑铃式结构，以私有制为基础的大型股份制出版组织和以私人产权为基础的独资出版组织分别占有较大比重，其中以私人产权为基础的独资出版组织规模通常比较小。根据2007年日本出版年鉴统计，日本47%的出版社员工不到5人，97%的出版社员工不到100人，员工超过500人的出版社非常少，只有讲谈社、小学馆、集英社等大型出版社人数在1000人左右。当然如此数量众多的出版社数目，说明小型的出版组织在市场中是有着存在的必要和较大发展空间的。

表3.3和表3.4分别是2002年日本出版社的组织模式和2007年日本出版组织模式。

表3.3 2002年日本出版社的组织模式表

公司形式	数目	公司形式	数目
股份公司	2767	任意	121
有限公司	462	个人	218
合资	11	同人	38
合名	1	特殊	19
社团	186	福祉	6
财团	150	其他	8
宗教	30	不明	320
学校	24	合计	4361

资料来源：孙红军．日本出版产业论[M]．中国传媒大学出版社，2009，P115。

表3.4 2007年日本出版社的组织模式表

公司形式	数目	公司形式	数目
股份公司	2632	个人	254
有限公司	346	社团	173
宗教	26	财团	148
其他形式	883	合计	4487

资料来源：作者根据相关资料绘制。

从表 3.3 和表 3.4 我们可以看到，2002 年到 2007 年，股份有限公司的数目由 2767 家减少到 2632 家，有限公司的数目由 462 家减少到 346 家，但个人形式的出版组织由 218 家增加到 254 家。这说明个人产权形式的出版组织在整个日本出版业大衰退的过程中具有不可替代以及得天独厚的优势。

3.2.2 日本中小型出版组织的产权特点

日本中小型出版组织通常是独资企业，有其自身的特点，体现在以下几个方面。

（1）设立简单，撤销容易。在日本成立一家出版社与成立一家商店没有什么区别，只需要符合法律上的最低资产等相关要求并在成立之后向税务部门纳税就可以了，不用专门向政府有关部门申报。由于日本的出版社设立程序简单，使得日本每年都会新成立几十家或上百家出版社，同时也会有几十家或者几百家出版社倒闭，这样使得出版市场存在竞争、出版资源可以得到更好的分配。

（2）在出版活动中严格遵守国家规定。日本的出版产业是根据出版工作的不同由不同的政府部门来管理，并没有专门管理出版业的独立机构。但没有专门的管理机构对出版业进行管理并不代表出版业的管理松散，相反，出版行业的行业规范执行极其严格，如果违反就很有可能丧失获得的行业运营资格，比如对凡是未登记就出版的图书，会收缴作废出版社全部的违章图书。

（3）小型的出版组织产权单一。大部分出版组织都是"夫妻店""兄弟档"，很少出现"公司制"。产权高度集中在家庭内部，产权的流动性较差，不利于出版组织更好地吸收社会资源，做大做强。

（4）所有权和经营权不分离。小型出版组织的出资权、决策权、管理权、经营权等一般都集中在个人手中，很容易出现"家企不分"，从而导致管理风险。同时，企业的发展与个人的素质、能力、判断有着很高的相关度，可以说产权所有者个人决定着整个组织的生死。

3.2.3 小型出版组织的利弊分析

小型出版组织有其自身的优劣势，以下我们就从这两个方面进行分析，小型出版组织的优势有以下 4 个方面。

（1）员工忠诚度高。小型的出版组织中，每个员工各司其职，员工对组织承担的义务和责任非常明确，组织和员工相互监督、相互促进，每个员工都可以人尽其才，有利于激发员工的责任感和创新性。另外，领导层对员工的管理，除了物质的激励外，比较侧重于情感管理，尊重员工的尊严和价值。使员工在组织中可以得到归属感和温馨感，营造和谐融洽的工作氛围，这些都有利于提高组织员工的忠诚度。

（2）决策迅速。小型的出版组织员工人数很少，在日本一些出版组织，夫妻两个人外加一个桌子、一部电话就可以办公了。这样的企业在进行决策的时候很简单，大家快速地协商，通过了就可以开始执行。日本迷踪出版社共有 8 名员工，三个共同经营者分管财务、营销、编辑三个部门。迷踪出版社 2000 年度销售额 4.6 亿日元，2002 年度 5.2 亿日元，销售额不断攀升。总编辑三渡治曾说："我们认为，开办公司，员工要少，设置的部门要简单。有什么事情，3 个人一商量就可以决定了，把业务摆在第一位，提高经营效率。"

（3）市场化程度高。小型的出版组织对市场的敏感度更高，更容易借助自身的特色来挖掘市场。迷踪出版社的出版物主要是各种育儿信息。通过对市场的分析，他们做了一套《孩子游玩场所的指南》，是专门提供神纳川和大阪的儿童父母带孩子在当地游玩的信息指导，在当地获得巨大成功。这套书现在已经出版了东京、大阪等 34 个都道府县的 38 个版本。《就在附近！野外宴会场所的指南》出版了 11 个地区的 11 个版本。小型出版组织针对个别地区的某一类小众人群，精确定位，进行市场的深度剖析，再从内容制作、营销发行等方面进行创新，尽可能多地贴近市场，从而获得成功。

（4）管理成本低。管理成本分为决策成本、控制成本和责任成本。在小型的出版组织中，人员数目较少，决策迅速，制定决策和执行决策的难度都比较小；权责明确，较少出现相互推诿情况。这些情况，使得组织的管理成本比较低，从而增加了企业利润。

小型出版组织的劣势有以下 4 个方面。

（1）产权流动性差。所谓"流水不腐，户枢不蠹"，产权也是如此。资本的逐利特点决定了它总是存在着向利润最大化方向流动的潜在需求。但是小型出版组织的产权掌握在个人手中，很少流动，在一定程度上降低了产权的使用效率，制约了企业的发展。

（2）融资能力较弱。个人所有产权的出版组织，产权在私人手中，资金获得渠道较窄，不利于扩大经营和规模经营。个人独资的出版组织，比较难以取得银行的信任，在获得信贷等方面有一定的局限性。

（3）所有权和经营权合一。当这两权合一时，企业能否很好地发展具有偶然性和不可控性，取决于所有者的经营能力是高是低。所有者经营能力低下时，他的经营管理将会使企业的发展受到阻碍，效益低下，远不如委托经营能力高者经营效果好。

（4）抗风险能力较低。个人独资企业中，所有者对企业承担无限责任，一旦经营亏损，企业出现负债，除了企业本身的财产要用于企业的债务清偿外，所有者个人的财产也不能幸免，加大了投资风险。

第四章　我国非公有出版组织的准入政策及产权分析

本章，我们通过对非公有出版组织的准入政策分析、非公有出版组织的产权现状分析，以北京磨铁图书公司为例进行产权分析三个小节的讨论，对我国非公有出版组织的产权现状进行梳理，将非公有出版组织的不同的产权存在方式进行优劣势分析。

4.1　对非公有出版组织的准入政策分析

2009年4月新闻出版总署印发的《关于进一步推进新闻出版体制改革的指导意见》中指出"引导非公有出版工作室健康发展，发展新兴出版生产力"，"将非公有制出版工作室作为新闻出版产业的重要组成部分，纳入行业规划和管理"。柳斌杰署长公开表示，民营资本将被吸纳参与出版行业融资。

在2009年9月国务院发布的《文化产业振兴规划》中，明确提出要降低准入门槛，落实国家关于非公有资本、外资进入文化产业的有关规定，通过独资、合资、合作等多种途径，积极吸收社会资本和外资进入政策允许的文化产业领域。

2010年1月出台的《关于进一步推动新闻出版产业发展的指导意见》中指出，引导和规范非公有资本有序进入新闻出版产业，解放和发展新兴文化生产力。根据国家《文化产业振兴规划》等文件精神，鼓励、支持和引导非公有资本以多种形式进入政策许可的领域。鼓励和支持非公有制文化企业从事印刷、发行等新闻出版产业的有关经营活动。引导和规范个体、私营资本投资组建的非公有制文化企业以内容提供、项目合作、作为国有出版企业一个部门等方式，有序参与科技、财经、教辅、音乐艺术、少儿读物等专业图书出版活动。鼓励和支持非公有制文化企业开拓境外新闻出版市场。

这些政策都表明，民间资本包括外资进入出版领域的渠道正在逐渐地放开，在政策上对文化领域已经不像过去那样捂得严严实实了。这里有两个方面值得注意，一方面在以印刷和发行为主的出版领域，政策是放开的。即非公有资本可以以多种产权形式建立印刷和发行组织。这两个领域的企业产权比较清晰，而且产权的形式，对企业的发展只有盈利方面的制约，政策也比较宽松。本章我们着重探讨另一方面,即非公有资本进入出版行业后组成的以编辑策划为主营业务的出版组织在产权方面的问题。由于我国在政策上并没有对出版权进行放开,能够取得出版权的组织在法律上仍然只有公有出版组织。但是在业界,以策划编辑、生产内容为主的非公有出版组织如雨后春笋一般,发展势头越来越汹涌,它们通过与国有出版集团资本合作进行产权重构、在产权不变的情况下通过向公有出版组织买卖书号、收购公有出版组织等行为,进入出版的上游阶段。政策制定的滞后性与业界发展的超前性形成了一定程度的冲突,因此,在政策制定前对非公有出版组织产权现状的分析显得尤为重要,只有对我国现阶段的非公有出版组织产权有了清晰的认识,才能为制定出更加贴近我国国情、符合出版业生产力发展的政策提供基础和保障。

4.2 非公有出版组织的产权现状分析

由于我国出版行业的特殊性,非公有出版组织与国有出版集团存在千丝万缕的联系,这些联系有产权方面的,也有项目资源等方面的。这导致我国非公有出版组织在进行发展和改革过程中,情况更加复杂,不能把国外的经验拿过来直接使用。我们在进行非公有出版组织产权现状分析的时候,要针对不同的产权情况加以分类讨论。

在非公有出版组织发展的过程中,非公有出版组织内部对于公司的产权形式和经营模式的观点并不一致,这与组织的发展状况以及企业掌舵人的个人观点都不无关系。大众出版领域的民营公司,由于近年来压力较大,有些人比较倾向于合资;而实力较强的教育类民营公司,则总体更倾向于独立。例如,我国民营教辅领域,进入第一梯队的民营公司,年销售码洋达到十多亿元;第二梯队年销售五六亿元的成员不下二十家;年销售码洋过亿的教辅公司更是数不胜数。某教育公司总裁就曾说过:"我为什么要跟出版社合资呢?像我们这样大的公司已经没有出版社能吃得下,我们又不缺资金,我缺的资金它也提供不了,几千万不算什么。"[1]

我们在讨论非公有出版组织产权的时候根据它们与国有出版组织的关系,将它们分为三类。(1)国有出版集团参股的非公有出版组织。(2)参股国有出版组织的非公有出版组织。(3)产权独立的非公有出版组织。其中国有出版组织参股的非公有出版组织通常为股份制公司,其余两种类型的非公有出版组织有股份制公司,也有业主制和合作制公司。

---

[1] 郝振省主编,魏玉山副主编. 2009 中国民营书业发展研究报告:国有民营合作状况调查 [M]. 中国书籍出版社,2010,P21.

4.2.1 国有出版集团参股的非公有出版组织

(1) 对国有出版集团参股的非公有出版组织产权现状的分析

随着最近几年政策的宽松,国有出版集团与非公有出版组织的合作从书号、项目的合作,逐渐走向了资本的合作。在大部分的资本合作中,国有出版集团对合作成立的新公司均要求控股,自己掌握企业的控制权。国有出版组织参股但是不控股的非公有出版组织在国有出版集团和非公有出版组织的资本合作过程中比较少见。一般在这类非公有资本占主导或者相对主导地位的非公有出版组织中,经营权是由之前的非公有出版组织享有,国有出版集团可以监督,但企业运营管理的决策权并不归国有出版集团掌握。

与国有出版集团合作的非公有出版组织基本是那些已经达到中等以上规模的企业,在合作过程中,国有出版集团作为股东只享有收益权和监督权。与国有出版集团的合作使得非公有出版组织在政治上可以寻求到安全感,资本上得到一定的支持,出版权方面也得以打开一条通道。

2008年,长江文艺出版社注册成立北京长江新世纪文化传媒有限公司。新世纪文化传媒有限公司注册资本200万元,长江文艺出版社和著名出版商"金黎组合"均以现金入股,经过协商,新世纪股权结构为:长江出版集团占26%股份,长江文艺出版社占20%,金丽红、黎波各占17%,安波舜占15%,还有几名创业员工各占1%~2%。这种股权模式中金黎组合、安波舜和几名创业员工加起来的股份超过50%,他们是新公司的实际经营者,实际的公司决策权把握在他们的手中。这家公司表面上是一家发行公司,但是实际上,它与长江文艺出版社北京图书中心是一套班子,两个牌子,即"金黎"组合运作下的民营化出版组织。从选题策划、编辑加工,到后期发行均由它们自己运作。由于国家对出版环节的政策控制十分严格,不允许私人股份,因此,他们想出了这个办法,使得公司挂牌为发行单位,但实际上内容和发行同时运作。

从股权分析可以看出,北京长江新世纪文化传媒有限公司中非公有资本占相对主导地位,因此,我们将这个新成立的公司归为非公有出版组织。

(2) 对国有出版集团参股的非公有出版组织产权优劣势分析

国有出版集团参股非公有出版组织的优势有以下三条。

①增强政治安全性。政策对非公有出版组织的出版权尚未开放,非公有出版组织要想正大光明地进入出版的上游阶段,通过与国有出版集团进行产权合作,不失为一个捷径。

②寻求新的资本支持。国有出版集团与非公有出版组织的产权合作,国有出

版集团通常要向非公有出版组织注资，不论是直接注资参股非公有出版组织，还是两者合资成立新公司，公司的资本规模都会远远大于非公有组织之前的规模。

③相对容易获得出版权。通过与国有出版集团的合作，非公有出版组织可以合法地取得出版权，洗脱了买卖书号的嫌疑，规避了政策上的风险。

但是与国有出版集团的合作也会出现各种问题。对国有出版集团来说，非公有出版组织在操作过程中，时常会出现一些不规范，或者说踩着政策边缘的问题，有一定的风险性，这使得国有集团在合作中有一定的顾虑。另外，国有出版组织体制和管理方面的制约，使得市场化程度高的非公有出版组织在对接的过程中也常常出现障碍，主要体现在下面三个方面。

①出版理念的不和谐。非公有出版组织是民营组织，它的发展面临着强大的市场压力，竞争十分激烈。企业生产的目的是扩大再生产，从而追求利润。而国有出版集团长期的事业性质，使得它的市场意识和竞争意识与民营出版有较大分歧。

②财务对接的不顺利。通常，非公有出版组织销不掉的书可以马上报废，可出版社因为是国有资产不能随意处置就只能占库存。非公有出版组织的许多销售必须由出版社开票，因此，非公有出版组织真实的销售额有时很难显现。这些信息无法对接，除了造成财务困难外，还容易产生信任危机。

③管理体制的相冲突。国有出版集团是由事业单位改制而来，很多思想观念和做法都存在长期形成的弊病，一时间难以与市场接轨，而且国有出版集团从前的员工任用是行政任命，与非公有出版组织的聘用制有很大不同。

要克服这些问题，就需要双方的共同努力，一方面国有出版集团要放权，使得企业的发展交由经理等去执行，所有权和经营权彻底分离。另一方面非公有出版组织的经营者也要为集团考虑，出现问题时充分沟通，由于集团对政策风险的敏感性比较强，在做决定时要充分为集团考虑，寻求一个平衡点。

4.2.2 参股兼并国有出版组织的非公有出版组织

（1）参股兼并国有出版组织的非公有出版组织产权现状分析

非公有出版组织收购出版社是极少见的情况，虽然以市场的观点来说，效益不好的组织被效益好的组织收购是正常现象，也有利于资源得到更好的配置。但在出版行业，并没有相关的政策支持。我们可以设想，因为这种做法是符合市场规律的，随着出版市场的进一步开放，面对国际传媒巨头，我国对出版组织的竞争力提出了更高的要求，在这种情况下，非公有出版组织收购、参股出版社在将来是有可能得到政策上的承认和支持的。

其实在业界，这样的事情已有发生。在《2009—2010 中国民营书业发展研究报告》中，分析了这样一起收购事件：****是一家做小学教辅的民营公司，年销售码洋约 6 亿元。公司开发了一套多媒体学习产品，用了一家音像出版社的号。按照政策要求，音像出版社 2009 年底必须转制为企业。由于音像出版社实力普遍较弱，这家音像社连转制成本也支付不起，此民营公司帮它垫付了成本。这样，转制后，这家民营公司占了音像社 80% 的股份。后来，音像社又找来几家公司合作，但别的公司实力不大，此民营公司一直占有音像社 40% 以上的股份，而且所有经营管理层全是这家民营公司的人。完成改制后，可以说这家音像社基本被民营公司收购了[①]。

从这个事例我们可以看出，在出版业面向市场后，优胜劣汰是必然的选择。有出版实力、市场化程度高的出版组织兼并、收购市场化低的出版组织是不可避免的趋势。在政策上"堵"是堵不住的，只有因势利导，才可以促进出版行业更好地发展。

（2）参股兼并国有出版组织的非公有出版组织产权优劣势分析

非公有出版组织参股、收购出版社是市场发展使然，是出版行业生产关系适应生产力的要求。这样做的优势有以下三点。

①顺应了出版业的发展。社会进步很重要的一步就是在生产力发展的时候，生产关系相应地进行改变。产权是基于生产资料的社会关系的表述，即随着生产力的发展，产权形式应该发生相应的变化。如果出版社国有的产权形式阻碍了出版业生产力的发展，那么非公有出版组织兼并国有出版社是生产关系适应生产力的表现，是行业进步的必然要求。

②增强了出版组织的竞争力。出版组织在进行市场化改造的过程中，应该向市场化程度高的行业看齐。在市场化比较成熟的行业，企业之间的优胜劣汰是很常见的。实力强、市场化程度高、竞争力大的企业收购实力弱、市场化程度低、竞争力小的企业，有助于资源的配置，从而增强公司的实力。

③增强了国有出版集团改制的活力。有竞争才有发展，只有国有的出版集团看到了威胁，才能督促它们更快更好地进行转企改制，非公有出版组织对国有出版社的收购，让国有的出版组织看到了"落后就要挨打"，从而可以激励它们增强自身竞争力，而不仅仅是依靠国家的保护。

当然，非公有出版组织参股、兼并国有出版组织也有劣势。

①缺乏相关的政策支持。在我国，非公有出版组织是不能拥有出版权的，也

---

① 郝振省主编，魏玉山副主编. 2009 中国民营书业发展研究报告：国有民营合作状况调查 [M]. 中国书籍出版社，2010，P19.

就是说，一旦非公有出版组织以兼并国有出版组织的形式，获得了出版权，这种行为是违法的。相关政策并不允许非公有出版组织进入出版业的上游阶段。

②出版物内容难以控制。国有的出版组织是走行政路线，从前为事业单位时，他们对出版物的内容控制比较严格，确保导向的正确性。但是非公有出版组织是以追求利润为生产经营目标的，当非公有出版组织收购了国有出版组织取得出版权后，对出版物内容的把握就陷入一个难以控制的地步。

4.2.3　产权独立的非公有出版组织

（1）产权独立的非公有出版组织产权现状分析

在不与国有出版组织发生产权关系的情况下，非公有出版组织与国有出版集团的合作归根结底在于出版权问题。不论合作以何种形式存在，它们都必须与国有出版组织产生关系，以取得出版权。

与国有出版组织无产权关系的非公有出版组织，可以是私人独资的企业，也可以是合作制或者股份制。2009年我国民营出版公司有一万多家，真正有规模的不过二三十家[①]。其余的均为小规模的出版组织，这样的小出版公司的产权形式基本为个人独资，或者合伙制。现在做得比较好的非公有出版组织越来越多地开始进行股份制改造，实现股份制的公司制度。下文我们会以磨铁图书有限公司为例进行分析。

（2）产权独立的非公有出版组织产权优劣势分析

不与国有出版集团发生产权关系、自主经营的非公有出版组织，优势是：

①最大化与市场接轨。非公有出版组织的市场竞争十分激烈，对产品的要求更高，这就要求非公有出版组织以市场的需求为导向，进行出版活动，不断增强企业的竞争力。

②灵活的决策制定。非公有出版组织在制定决策的时候不会有太多的体制干扰，主要是根据市场的需求进行，自主经营，自负盈亏，这点也是国有出版组织面临的很大问题。

③产权有一定的流动性。只有产权具有了流动性，生产资料和生产资源才可以得到更好的分配，从而提高行业的活力和企业的竞争力。

但在生产经营过程中，非公有出版组织也存在一定的劣势。

①尚未获得出版权。处在出版活动上游的非公有出版组织，在政策上并没有得到认可，因此，在从事编辑策划等出版活动时，可能会出现违规操作的行为，增加了企业风险。

---

① 张文彦. 从出版创新体系研究民营书业的发展 [J]. 出版广角，2009.

②所有权和经营权的分离不够彻底。我国大型的非公有出版组织，尤其是教辅领域的非公有出版组织，存在家族制的情况，家族成员既是组织的所有者，又是组织的管理者，这种所有权和经营权不分的情况，需要谨慎对待，否则有可能制约出版组织的进一步发展。

③融资能力较弱。非公有出版组织的融资能力较弱、上市的企业较少、融资渠道单一。如果是个人业主制和合伙制，那么企业除了出资人和自身盈利外，几乎没有其他的融资渠道，要想扩大生产困难较大。

④不合理花费较多。由于没有出版权，非公有出版组织在经营过程中，必须与国有出版组织合作，取得书号，这时就需要花费除了出版自身出版物之外的其他费用。如书号费、再版费、审稿费、公关费。而且这些费用巨大，有些非公有出版组织每年花在书号费上面的资金就达上百万元之多。

⑤税收、信贷等优惠政策难以享受。我国许多关于出版业的优惠政策包括税收、信贷等都是面向公有出版组织的，针对非公有出版组织的政策比较少。非公有出版组织难以得到资金上的扶持。

4.3　以北京磨铁图书公司为例进行产权分析

4.3.1　北京磨铁图书公司简介

北京磨铁图书有限公司成立于2007年12月，是一家按照现代企业制度建立，拥有完善企业法人治理结构的公司，现有员工470人，平均年龄27.8岁。2010年总发行码洋6.6亿元，年度回款2.4亿元，累计纳税7300多万元，2010年纳税3395万元。旗下拥有3家全资子公司：上海磨铁动漫传媒有限公司、北京磨铁数盟信息技术有限公司、北京磨铁童盟文化传媒有限公司。动漫、数字出版将是磨铁未来新的产业拓展方向。

磨铁图书在以销售大众类图书为主的当当网、亚马逊卓越的市场份额约占2%。作为中国最大的大众类图书民营公司，根据权威第三方调查机构"开卷调查"抽样统计数据显示，磨铁图书在大众类图书领域的线下零售市场占有率第一，另外，在以销售大众类图书为主的当当和卓越等电子商务平台市场占有率也为第一。

2008年4月，磨铁图书完成第一轮融资，融资额为5000万元人民币，投资方包括基石创投、华商传媒等，成为国内首家完成大规模融资的民营出版公司。

2010年8月，磨铁图书完成第二轮融资，融资额超过1亿元人民币。投资方包括鼎晖资本等。

4.3.2 北京磨铁图书公司股东分析

（1）基石创投是一家专业的股权投资基金管理公司，目前管理基石创业投资一期基金，侧重对增长期及上市/挂牌前企业的投资，也注重早期风险投资。基石与许多境内外券商合作，可为被投资企业的境内外挂牌、上市进行安排。基石也与其他专业机构合作，为被投资企业提供进一步融资、境内外直接或间接上市、管理顾问、风险控制、品牌建设等方面的服务。同时，基石也与许多其他风险投资基金、私募股权投资基金合作，进行共同投资或投资退出的接盘。

（2）鼎晖投资基金管理公司（简称：鼎晖投资）成立于2002年，由全球多家知名投资机构，如斯坦福大学基金、新加坡政府投资公司等出资成立。目前鼎晖的投资人包括100多家国际和中国的机构投资人，其中有主权基金、各国养老金（包括全国社会保障基金理事会）、捐赠基金、家族基金和专业基金。鼎晖投资人还包括国际和中国的高资产个人投资人。鼎晖投资的管理团队主要来自中国国际金融投资有限公司的直接投资部，是一支拥有丰富股权投资和资本运作经验的基金管理团队。鼎晖投资的业务操作完全按照国际投资标准进行，在投资过程中还与摩根士丹利亚洲投资、高盛投资以及华登投资、IDG等国际知名的投资机构进行联合投资，建立了广泛国际合作网络体。目前管理基金规模达55亿美元，是中国最具影响力的投资机构之一。

（3）华商传媒集团前身是陕西华商信息产业投资有限公司，经陕西省工商局核准于2000年8月29日成立，目前是国内唯一往多个区域运营都市报的传媒集团。它以西安《华商报》为基础迅速发展，目前拥有七报、四刊、三网和多家公司。形成了较为完善的传媒产业链。华商传媒集团正着力打造以平面媒体为核心的全国领先的综合性传媒集团。

4.3.3 北京磨铁图书公司产权和运行方式的发展趋势及优劣势分析

（1）磨铁图书目前产权形势下的运行方式及趋势

现阶段磨铁图书是一家具有现代企业制度的股份制公司，在进行了两轮大规模的融资后，磨铁图书的产品品种、印量、发行码洋、回款等指标呈现井喷式发展。这些发展更加强了投资者的信心和管理者对自身发展模式的肯定。

在目前的产权形式下，磨铁图书有限公司是我国目前非公有出版组织中唯一一家以规模化和产业化为战略导向的民营出版公司。它的发展思路是，通过资本的扩张，以产品领先和运营卓越为支撑点，实现大规模和专业化生产，这种生产反过来又为企业的发展提供了大量资本，如此循环，从而增加企业的竞争力和市场地位（见图4.1）。

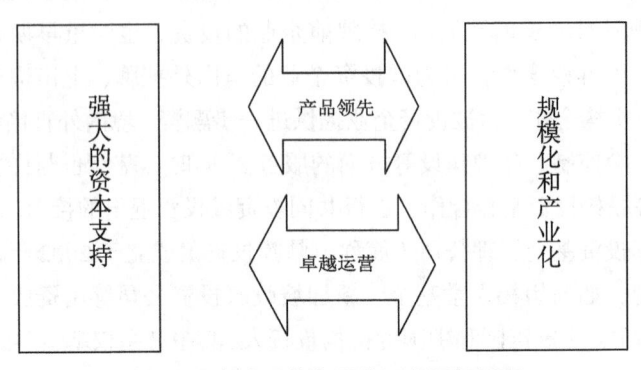

图4.1 磨铁图书有限公司发展规划图

资料来源：作者根据相关资料绘制。

在这种以规模化和产业化为发展目标的经营下，磨铁图书开始实行经营平台的创新，包括大规模产品研发管理平台，端到端整合的大供应链平台（研发、印制、物流和直接连接到销售终端的销售管理平台），以及正在开始建设的产品（产品线）生命周期管理平台。磨铁的运营平台将成为支撑磨铁持续进行规模化和产业化扩张的核心竞争力之一。在这种发展目标下，磨铁的发行码洋成爆炸式增长（见图4.2）。

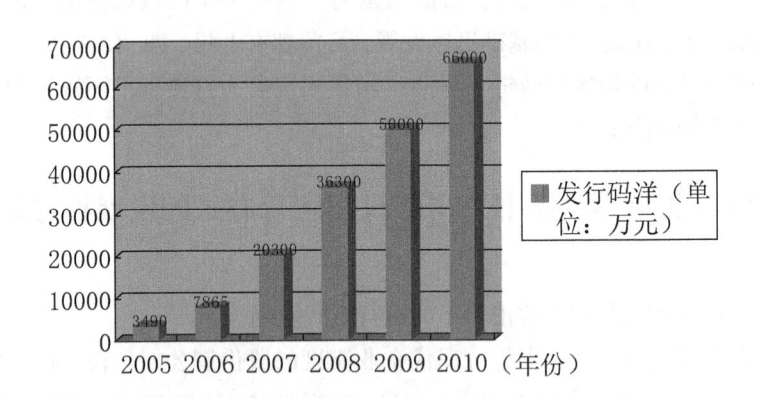

图4.2 磨铁图书有限公司历年发行码洋图

资料来源：根据相关数据绘制。

由以上的数据和分析，我们可以看出，磨铁图书现阶段的发展是资本的增加为血液，带动整个企业的运转。融资能力的强弱决定了企业的下一步发展是前进还是倒退。因此，作为融资最强有力手段的上市已经提到日程上来，磨铁图书有限公司的下一个目标是实现三年内企业上市。通过上市后资本的运作，使企业的规模得到进一步扩张。

（2）磨铁图书产权发展的优劣势分析

不可否认磨铁图书有限公司在这几年的发展中，不论是出版水平还是销售能力都得到了长足的发展，但目前的产权形式及运营方式中也暴露出许多问题，如果不加以重视和解决很可能会使得"千里之堤溃于蚁穴"。

当然这样的发展有其自身的优势，主要有以下三个方面。

①公司在行业内的地位和名声得到提高。在出版行业中，希望与磨铁图书有限公司达成合作的企业、单位、集团等数不胜数，并且在出版业与其他行业的接洽中，磨铁图书也常常发挥着巨大的作用。如今年与百度文库的谈判，民营书商就以磨铁图书的沈浩波和万榕书业的路金波为领军人物。另外，在政治层面上，2011年9月15日，中共中央政治局常委李长春一行在北京磨铁图书有限公司详细了解了图书策划营销和版权输出情况，并对公司表达了"两个充分肯定"和"一个希望"："对你们这种啊，坚持'三贴近'策划人民群众最喜爱的书，坚持市场开发，市场营销，市场管理，这些经验，充分地给予肯定。对你们这种合作，这种既发挥国有出版单位的正确导向，也充分发挥民营企业的活力，充分地给予肯定。希望你们多出好书，多搞版权出口，扩大国内外市场影响力。"

②规模化生产有效降低了生产成本，增加了利润。磨铁图书有限公司有供应商管理部、成本核算部等专门负责降低生产成本、进行毛利分析的部门。供应商管理部门专门负责整个公司与编校公司、出片打样公司、设计公司、排版公司、印厂的谈判合作，在和成本控制、毛利分析部门的相互协调配合下进行工作。由于磨铁图书生产经营具有规模化的效应，在与这些上下游供应商谈判时掌握很大的筹码，使得产品成本不断降低，从而增加了毛利。

③市场化的KPI考核使得公司员工的考核更加科学。磨铁对员工考核的主要指标，编辑是毛利，销售是回款和退货率，而印制、采购、物流等环节则是订单满足率。在出版行业中，很多出版组织以编辑每年的出书品种或者造货码洋

为考核标准，这种考核标准使得编辑人员和市场脱轨，并不是一种非常科学的考核手段。磨铁对编辑们的考核直接与他们的毛利挂钩，其中涉及很多方面，包括图书成本、销售码洋、退货率等许多内容，毛利是收入减去成本，这就意味着编辑的书卖得不好就没奖金；就算书卖得好，但成本太高照样也拿不到多少奖金。因此，编辑们在出本书时就要充分地考虑读者人群、市场、产品工艺的性价比等多个方面。

在市场化发展的过程中，这种经营方式也逐渐显露出自身的劣势和不足。

①过分追求数量和利润，对于产品的质量和格调的标准放松，从而导致公司出现危机。一方面，在新闻出版总署的抽检中，公司的图书编校质量不合格使得产品投向市场后又下架，重新编校印刷，带来了巨大的经济损失。总署抽检不合格的24种养生书中，磨铁的图书占了5种，除了经济的损失外，也会影响到公司和出版社的合作。另一方面，文化产业如果过度追求市场，对出版物内容没有做到非常严格把关，一旦出现问题便会危及企业的生死存亡。珠海出版社与民营图书公司合作出版的《我是黎智英》一书便是前车之鉴，由于对作者的背景没有事先调查清楚，书出来后，珠海出版社被吊销牌照。

②公司出版的产品专业化程度比较低，还处在大而全的地步。作为一个大众图书品牌，磨铁在各个方面都有涉猎，比如漫画、自我发展、心灵自助、社科人文、养生健康等方面的图书均作为公司的重点图书。这种大而全的发展，现在看来对公司的销售额增加有积极作用，但是没有自己的优势品牌，那么在产品方面就很难形成其他公司难以超越的核心竞争力。

③公司人才流动比较频繁，对企业发展造成一定障碍。虽然是股份制公司，但是磨铁的员工是聘任制，并且很少见到员工持股的状况，加上比较大的工作压力，人员流动较大，员工对公司的忠诚度不是很高。人才的流动必然会对公司的运营造成一定的影响。比如，磨铁CEO张凯峰在磨铁待了三年，将磨铁的出版流程体系进行了再造，实现了出版的流水化作业、并对公司的销售和市场数据分析做出了贡献，公司下一项计划是引入ERP系统，但他的离职势必会对磨铁下一步的发展造成影响和一定的停滞，基层员工的流动就更加频繁。

这些问题的出现，不论是原因还是解决方案，都与产权脱不了干系。可以说只有从产权上进行调整和改变，才可以从根本上减少和杜绝这些问题的出现或者恶化。因为在股份制的产权形式下，企业的最终利益是盈利，现在企业的股东性质比较分散，公司的运行需要股东的利益得到最大化，但是出版业与其他的产业又有不同，它需要在盈利的同时兼顾社会影响，一步走不好，一本书没做好，就可能让整个公司一时间化为乌有。在出版行业中，尤其是对非公有出版组织，这句话绝不是危言耸听。

如何在保证公司安全的情况下，从产权出发，实现非公有出版组织的文化和经济双赢，使得公司在定位正确的情况下，健康稳定地实现长远发展，我们将在下一章进行讨论。

第五章　对我国非公有出版组织产权改革的建议

这一章，我们通过宏观和微观两个方面提出关于非公有出版组织产权改革的建议。宏观方面，我们从对出版权的控制、税收、信贷、"走出去"战略四个方面对非公有出版组织的建议进行论述。微观方面，我们通过对不同产权形式的选择、上市与不上市、和国有集团合作三个方面进行论述，为非公有出版组织的发展提出建议。

5.1　宏观政策方面的改革建议

5.1.1　对出版权控制的建议

在我国，出版业是与意识形态密切相关的一个产业，因此我们国家对出版组织实行非常严格的行政审批制。但这种审批制，从产权方面控制了出版权，使得非公有的出版组织没有资格获得出版权，这种制度严重阻碍了出版业的发展。

驱动产业发展的五种基本竞争作用力：潜在进入威胁、替代威胁、买方讨价还价的能力、供方讨价还价的能力和现有产业内竞争对手的竞争[1]。要发展出版产业，就要允许竞争出现，出版市场就要放开。

（1）国外出版业的出版权取得机制

在外国政府对出版行业的管理中，通常采用以登记制为基础，以文化、传媒、教育和外交、外贸部门为主导，商业和法律各部门参与的行政管理体系[2]。在英国，出版业基本管理制度为登记制，即出版公司的成立只需要到有关部门登记注册，就可以获得出版权。在法国，创办出版企业需要企业向相关的某一机构如税务所、商业登记处、社会保险机构和国家事业金发放局等，通过某一方式递交一份申请书，再将有关出版企业的资料送交企业创办处备份即可。德国出版社成立采用登记制，符合条件的机构到财政局领取税号就可以注册，从事出版活动。

---

[1]　[美]迈克尔·波特. 竞争战略 [M]. 华夏出版社，1997.
[2]　余敏主编. 国外出版业宏观管理体系研究 [M]. 中国书籍出版社，2004.

我国对获得出版权的组织严格规定是产权公有的出版组织，因为文化产业的政治敏感性，国家担心，一旦放开，就会收不住，管不了。但我们看到，虽然出版业有着文化和经济的双重属性，但欧美等发达国家的出版企业基本都是私营企业，并未见文化传播方面的低下或造成社会动荡。相反，当海湾战争、恐怖袭击等事件出现时，大型出版媒体几乎无一例外支持政府，大力报道传达政府的最新政策等。这也就是说，对出版权的控制，可以有多种方式，不仅仅是规定企业的产权必须是公有这一条途径。萝卜加大棒式的管理其实也是可取的。一面从行政和法律手段约束企业，另一方面从税收、信贷方面提供优惠措施。这样在以市场为导向的出版组织中，引导鼓励非公有出版组织以正式的身份进入出版业是十分必要的。

发达国家的出版权获取方式有一定的借鉴意义，但我国的国情有其特殊性和复杂性，并不能完全地照搬照抄。在我们国家，由于这些年来出版权一直受到限制，一下子放开也是不切合实际的。我们可以从准入的出版组织资格进行改善。比如，从产权出发，以资金、员工规模、销售码洋等作为审核标准，放开一个口。使得运行比较好，市场竞争力比较强的非公有出版组织可以拥有出版权，这也是从另一个侧面推动了国有出版集团的改革，只有竞争，才可能推动产业发展。

（2）对我国出版权取得的改善建议

在2009年时，柳斌杰署长曾表示，将从三方面解决民营机构参与出版通道问题：①鼓励民营图书工作室与大型国有出版机构通过资本的方式联合、重组；②借鉴电视生产"制播分离"和电影审查的模式，设立专门的审定机构，民营图书工作室生产的产品，只要通过审查即可合法出版；③设立版权交易市场，民营图书工作室在完成选题的策划、组稿、编辑工作后，可以将其作为一个完整的产品，公开拍卖、转让给其他具有出版资质的机构。

这三条里面，我们注意到第一条和第二条中具有出版权的出版组织的产权问题，第一条是企业的产权存在民营与国有共同享有的情况，就是说，如果一个出版组织中，国有出版组织占有一定的股份，那么它就有可能获得出版权；第二条的出版组织产权归非公有出版组织独有，当出版物的内容获得了相关部门的认可，它也可以获得出版权，自行从事出版活动。这是对非公有出版组织获得出版权的认可，也让我们看到了希望。以下，我认为可以从产权方面对出版权进行放开，针对不同产权形式的非公有出版组织进行出版权的逐渐开放。

国有出版集团参股的非公有出版组织，它虽然在经营上还是延续之前民营的模式，但是在大的方向上，由集团掌控，在政治思想导向上，应该是可以肯定的，我们可以让它们在出版上获得一定的权利，这样是对它们积极实现市场化、提高企业竞争力的一个肯定,也可以通过比较,有效促进国有集团旗下其他子公司的发展。在内容的把握方面,可以下放由集团去操作,比如可以通过集团出版单位之间的互审等设立预前保证体制,也可以设立事后追惩制度,让非公有出版组织在自己进行审核时就实行高标准严要求。

对那些国有出版集团不参股的非公有出版组织,它们的出版权获得资格也分类进行。个人独资的小型非公有出版组织提高出版权获得门槛。因为如果个人独资的小型出版机构获得出版权,风险是比较大的。这样的组织,通常所有权和经营权很难分离,一旦个人的思想导向出现问题,那么整个出版活动都将烙上个人烙印,会造成很不好的社会影响,而且国家管理部门也不好控制。但个人独资的较大型的非公有出版组织,我们可以在一定程度上给它们出版权,比如专业出版养生健康类、漫画绘本类图书等娱乐性较强,不具有很强思想导向的出版组织,可以在出版权上进行一定程度的放开。对合作制和股份制这样的非公有出版组织,如果它们的经营规模达到一定程度,并且连续几年的书籍在编校、社会影响等方面都很优秀,可以设立专门的考核机构,如果都达标,也可以适当地放开一定的出版权。但这并不是说出版权可以滥用,这些出版权利的逐渐放开,需要配合相应的追惩制度,严格有效的事后追惩制度也是十分必要的。

5.1.2 对税收政策的建议

(1) 国外出版业的税收政策

对一个行业或组织最有利的支持无疑是资本的支持。减免税收可以降低出版商的生产成本,创造更高的投资利润,出版行业是一个薄利行业,税收的降低,有利于增强出版商的信心,从而实现发展。

在出版行业,我们可以看到,出版业虽然有着重要的文化属性和地位,但它并不属于高利润行业,因此世界各国政府对出版业的税收都有一定的优惠。在英国,政府对一般商品征收17.5%的增值税,但对图书却免征增值税,同时免征进口税,另外,对版权开发费的税贴以及对高新技术企业研发成果出版物的版权采用分期付税制度等。法国政府把图书的增值税率由原来的7%下调到5.5%,比一般商品的18.6%的税率要低很多。

(2) 对我国出版业税收政策改善的建议

我国出版业增值税优惠政策主要表现在部分制品和出版物税率下调、出版环节先征后退、基层新华书店销售环节免征、电影发行单位收取的发行收入及对科普单位门票收入的税收优惠范围和选择适当的进项抵扣方法。这些税收方面的优惠基本是针对国家的出版机构、新华书店等组织，非公有出版组织由于在身份确认上还没有完全成立，很多时候优惠的税收政策是无法享受的。

非公有出版组织在政策上已经可以进入印刷和发行领域，那么在税收优惠上面，就应该享有同等待遇，让非公有的发行组织享有和国有的新华书店等同等的税收优惠，鼓励竞争力强的企业发展，实现市场的淘汰机制。在编辑策划领域，非公有出版组织付给出版社的书号费、管理费等，通常由出版社开增值税抵扣发票，以此来享受一定的税收优惠。但这个只是暂时的，相信随着出版权的放开，非公有出版组织将来可以享受到与国有出版组织同等的税收优惠措施。

5.1.3　对信贷政策的建议

（1）国外出版业的信贷政策

对出版行业的资金支持，除了税收支持外，还有相当一部分是信贷的支持。在国外对出版行业的信贷支持也是多种多样的。

在美国，对出版行业相当一部分信贷支持是以基金的形式进行的，对出版业提供直接和间接资助的基金会不下100个，有的是政府设立的，有的是民营组织或者个人设立的。加拿大图书出版产业由各种直接的援助项目和控制措施支持，如加拿大议会补助计划和加拿大遗产部图书出版产业发展规划。在法国，为了防止出版业出现垄断和保护文化的多样性，法国文化部图书和阅览司，每年都拿出一部分资金用于对中小出版社和中小书店的扶持，帮助它们对付出版集团。

（2）对我国出版业信贷政策改善的建议

2000年5月8日，国际版权交易中心交易系统暨北京版权产业融资平台正式启动，初期出资12亿元，主要致力于改善首都中小企业融资环境建设、拓宽文化创意产业企业资金渠道、促进版权产业健康发展[①]。2009年，国家新闻出版总署署长柳斌杰曾表示，国家将设立规模约为500亿元的出版基金，通过吸引银行等机构参与，用于扶持中小出版和民营出版机构。我国对于出版业的信贷措施也在不断发展，并且对非公有出版组织并没有特别排除，因此，非公有出版组织在一定程度上也是可享受到扶持和优惠的，平时需要积极关注国家政策，实现自身的合法化作业，在条件许可的范围内，使得自己能够享受到国家信贷政策的支持。

对于非公有出版组织的信贷扶持，可以从两方面进行，一方面是使非公有出版组织享受到出版业的相关信贷支持。现在的出版信贷支持，大部分是面向国有出版集团，银行对非公有出版组织的信心不够明确，因此，非公有出版组织比较

---

① 《北京国际版权交易中心正式开通版权交易系统》，新华网，2009年5月8日。

难获得银行的信贷支持,这就需要国家出面,增强信贷机构对非公有出版组织的信心,使非公有出版组织可以取得信贷支持,实现更好的发展。另一方面是使非公有出版组织享受到国家针对中小企业的相关信贷支持。由于非公有出版组织通常是规模比较小的中小企业,面对国有出版集团的竞争时,常常会显得实力相对薄弱。它们要发展,就需要国家的支持,扶持非公有中小出版组织,也有利于实现市场多元化,防止垄断现象的出现。

5.1.4 关于"走出去"战略的建议

近年来,国家对于出版"走出去"战略高度重视,从政策、资金、组织领导等各方面提供优惠来支持此项战略举措。2010年柳斌杰署长在伦敦会见英国国会、英国文化部、英国出版联合协会以及英国大型出版公司的相关代表时指出:民营力量在中国新闻出版方面发挥着不可忽视的作用,政府将大力支持民营出版"走出去"活动。但就现实而言,我国对于出版单位走出去的支持,目前基本上仅限于国有的出版单位,对于有意愿和有能力走出去的非公有出版组织还没有政策上的支持。根据中国书刊发行业协会非国有书业工作委员会出版产业研究课题组调查显示:通过民营书业渠道输出海外的项目,每年约有5000种;通过民营书业渠道输出海外的图书产品,每年的码洋也有上亿元。一些颇具远见的非公有文化工作室,不仅自费参加各国的书展,而且在各国的出版论坛上表现活跃。

非公有出版组织出品图书的能力和水平是有目共睹的,设立专门的出版机构,支持管理非公有出版组织参加国际书展、展现中国出版业风采;提供政策和资金上的帮助支持非公有出版组织进行版权输出,使我国优秀的文化可以发扬光大,是一件非常必要和有意义的事情。

5.2 微观企业组织方面的建议

5.2.1 独资企业、合伙制企业与股份制企业的选择

进行不同产权形式的选择,是为了最终形成一种优化的产权结构、良好的产权关系、合理的产权组合,进而提高产权经营效率的产权形式。

(1)独资企业

独资企业的非公有出版组织,比较常见的是小型的出版组织。这些小型独资的出版组织设立难度小,数目繁多,竞争激烈,要存活,就要发展自身优势,实现差异化竞争,划分出属于自己的那一块蛋糕。2009年,我国民营出版公司有

一万多家，仅北京就 5000 多家，但看似十分活跃的民营出版公司，真正有规模的不过二三十家[①]。其余的均为小规模的出版组织，这样的小出版公司产权基本是属于个人的，所拥有的优势：①船小好掉头，也就是行政决策比较迅速，可以随时根据市场的变化进行产品调整。②人力管理成本低，沟通容易。换言之，就是产品成本比较低，每本书的成本都在一些硬件设施上面，比如纸张、版税等，在管理成本方面花费比较少，这个花费不仅仅是金钱还有时间、精力等。③小的出版公司，如果领导人的思维比较开放、活跃。那么整个公司就很容易营造出一个积极向上的工作氛围，扁平化的管理也使得员工的人性可以得到充分的尊重。

小型的出版工作室在经营时，可以深度挖掘自己的顾客，将顾客的需求和自身的优势进行精确的分析和定位，以特色取胜。比如，前文提到的日本迷踪出版社虽然只有 8 个员工，但是他们因地制宜，出版了一系列出色的图书，还有一些欧美的小型出版组织可以为我们提供借鉴，比如萨尔泰书店（Saltaire）经常组织一些作家活动、葡萄酒会、语言培训等；月巷故事书店（Tales on Moon Lane）在进行朋友式交谈时进行书目推荐。这都是小型书店进行的个性化尝试，力图在服务和营销方式上进行差异化和优势化，从而实现自身的发展。

（2）合作制企业

合作制这种产权组织形式，出现得比较少，它常常出现在企业的起步阶段，个人独资成立出版组织，人、财、物力都不一定可以跟得上，选择合作制可以减轻每个创始人的压力，使企业在创业初期可以更好地吸收社会资源，实现良好运行。比如，磨铁图书有限公司的前身北京铁虎文化传播有限公司成立于 2001 年，是由沈浩波和符马活合伙创立的，因为种种原因，企业经营并没有实现很好的发展。到 2005 年，原来的合伙人符马活回到广东发展，另一位已经崭露头角的民营出版商，毕业于中国科技大学计算机系的漆峻泓成为沈浩波新的合伙人。漆峻泓担任总经理，沈浩波专心做畅销书的总策划。对于这次合伙建立磨铁图书有限公司，沈浩波说："我们（沈浩波和漆峻泓）组成了一个理性管理和感性创意相结合的团队，这个组合后来被认为是中国图书界的黄金组合。"

可见，合伙制比起单人业主制，在创办之初，可以吸纳更多的资源，经营上也相对理性，不会出现个人所有者一拍脑门做决定的情况。但是，当企业逐渐做大后，合作制的企业组织形式通常会转变为股份制以实现公司的更好发展，因为相比于合作制，股份制的融资能力和运行模式更为先进和具有竞争性。

---

① 张文彦. 从出版创新体系研究民营书业的发展 [J]. 出版广角，2009.

(3) 股份制企业

随着我国的非公有出版组织的渐渐发展和壮大，股份制越来越多地被大型的非公有出版组织所采用。股份制的发展不可否认有其优越性，现在世界上大型的传媒集团无一例外均为股份制公司。这种所有权和经营权分离的运行方式使得企业的资本和人才都得到了充分的发展。股份制使得公司融资能力进一步增强，公司的日常管理运营交由专业的人来做，对企业的发展无疑是十分有利的。非公有出版组织在股份制发展的时候，可以吸收国有出版集团作为股东进行发展，也可以不与国有出版集团合作，自行募集资金。

股份制的引入一方面使得公司员工的凝聚力得以提高。出版业是知识密集型的产业，员工的能力和智慧对于企业的发展起到非常重要的作用，要使员工可以发挥自身作用的最大化，尽自己最大的努力为企业服务，员工持股是一项非常有效的措施，让员工有当家做主的感觉可以充分调动员工的能动性和创造性。比如，有的非公有出版组织采用的职业经理人持股、员工持股、管理层持股，稳定了企业的人才，提高了员工工作的积极性。在这方面走在前端的如时代华语、志鸿教育的下属子公司，它们都完成股份制改造，实现了员工持股，这种做法为日后的上市也奠定了基础。另一方面，扩大了公司的资本，实现了公司的战略发展要求。非公有出版组织之间的并购重组都需要资本的投入，而股份制就可以为企业发展提供所需要的资金。例如2008年7月，盛大集团将旗下的中文网、红袖添香和晋江原创网重组为盛大文学有限公司，2009年收购华文天下和聚石文华两家民营图书公司，新近又与湖南卫视打造娱乐公司。

在股份制中，特别要提一下的是家族性质的非公有出版组织，在我国，规模较大的教辅公司基本实现了股份制改造，但它们的运行突出表现在家族式管理方式[①]。这类家族企业要想做大做好，有一点是必须注意的，即所有权和经营权的彻底分离。让专业的人做专业的事。否则，由于家族性质的出版组织产权具有一定的局限和封闭性，不利于外资和外部人才的引进，外部主体很难进入企业内部，从而降低了产权的社会性和可交易性，同时，如果所有权和经营权没有分离彻底，使得企业无法吸收专业的人才，那么企业的发展前景很可能陷入困境，这也就是许多家族企业寿命较短的原因。家族企业要想做大做强，就要根据自身的发展理念，从产权制度上进行考虑。是不是需要产权多元化，是不是要进行产权结构优化改良，进行所有权和经营权的分离。

出版业的家族企业有其特殊的责任感和发展优势，在全行业追求规模化扩张

---

① 鲍红．2006年度中国民营书业发展简况 [J]，出版参考，2007.

的今天，如果仅以利润为导向进行书业的改革，那么势必有片面追求金钱、不顾图书质量的危险。而股份制企业的出现，更增加了这个危险性。但为什么贝塔斯曼集团可以持续注资在贝塔斯曼基金会从事非营利性活动，并为此购回了蓝博特布鲁塞尔的股份并拒绝蓝博特布鲁塞尔上市的要求？这与贝塔斯曼集团的家族性质有着不可分割的联系。另外，正如前文提到的它的出版理念可以得以长期贯彻、坚持几代人都为之奋斗的长期发展目标，这些都是非家族出版组织很难做到的。

5.2.2　股份制组织上市与不上市的选择

非公有出版组织上市是迅速做大做强、获得融资和降低企业风险的一个很重要的途径。比如，2010年12月15日，湖南天舟文化成功在创业板上市，共募集资金约3.8亿元，被称为民营书业第一股。天舟文化的上市，在我国民营书业发展中具有重要的意义，可以说是一个里程碑式的标志。它标志着民营书业也可以在资本市场上分一杯羹，进行资本的融合重组等，同时它也标志政府对民营书业的肯定由之前的默认转向提供实际的政策支持，由此我们可以期待将来会有更多更有力的政策颁布。

但是不是要实现企业发展，增强企业实力，就一定要上市呢？答案是否定的，在没有做好全盘计划之前，跟风上市，盲目做大是不可取的。诚成文化就是一个例子。从1991年至1996年，耗资1600万元整理《传世藏书》，并付印问世，成功打造"以传媒产业为旗帜"的上市公司形象，但之后长达四五年的时间里，经过"长印股份"国家股受让、以全资子公司股权与《传世藏书》进行资产置换、与湖南出版集团签署股权转让合同、广东奥园置业集团借壳上市、投资影视《说好不分手》和《白门柳》等，令人眼花缭乱的各种资本运作后，终因"内虚"而轰然倒塌。

（1）股份制组织的上市分析

股份制的出版组织在发展的过程中，可以选择上市，通过股票向社会公开募集基金。上市公司是把公司的资产分成了若干份，在股票交易市场进行交易，大家都可以买这种公司的股票从而成为该公司的股东，上市是公司融资的一种重要渠道；非上市公司的股份则不能在股票交易市场交易。上市公司需要定期向公众披露公司的资产、交易、年报等相关信息，而非上市公司则不必[①]。作为上市公司最大的特点在于可利用证券市场进行筹资，广泛地吸收社会上的闲散资金，从而迅速扩大企业规模，增强产品的竞争力和市场占有率。因此，股份有限公司发展到一定规模后，往往将公司股票在交易所公开上市作为企业发展的重要战略步骤。

---

① 百度知道，http://zhidao.baidu.com/question/93061375.html　2009-4-12.

2009年，"中小企业创业板上市"是中国资本市场的一个热点，这也带给中国达到非公有出版组织一个融资的突破口。ZDM资本董事长左立在他的演讲"民营书业创业板如何上市"中说，民营书业要获得上市条件，首先要优化整个资本结构，提高自己的经营实力。另外，还有很重要的一环就是评估，对企业的估值和绩效评估。除了上市，企业要融资也可以选择私募资金，私募资本不仅可以提供资金，还可以提供商业经验和技能，如果公司想要上市，那么私募资金可以起到很大的推动作用。

（2）股份制组织的不上市分析

非公有出版组织想要做大，上市是获得资金的一个重要渠道，但一定要谨慎地选择这个方式，并不是有了资本就一定可以实现很好的发展。做大并不等于做强，盲目地做大，只能让盘子更大，对组织的生产、管理等提出更高的要求。贝塔斯曼集团并没有上市，但是它依然可以屹立于出版传媒之林，并且实现很好的发展。与此同时，贝塔斯曼家族的出版文化、出版氛围都能得以良好传承，与它们坚持不上市也有密不可分的关系。

在欧美，企业上市是为了更好地融资发展，有些出版公司在上市赚钱后再赎回自己公司的股份，例如美国的兰登书屋，就是一个上市—赚钱—赎回公司股份—整体卖给贝塔斯曼的过程。而正如前文所讲，贝塔斯曼集团虽然没有上市，依然可以成为传媒业巨头，而且承担着浓厚的企业文化的使命，不以盈利为唯一目的，作为一个文化企业，这种认识和行为是令人敬佩的，也是值得学习的。

因此，非公有出版组织关于自己要不要上市，需要多角度、全方位地权衡和考虑，这是关于企业发展的长远规划，必须要有一个清楚的认识，不能着急，更不能跟风。

5.2.3　与国有出版集团产权合作的选择

在与国有出版集团合作时，非公有出版工作室大部分是奔着寻求政治庇护去的，即以合法手段获取书号资源。而正是这个致命的软肋，使得非公有出版工作室在与国有出版集团合作的时候，没有办法真正实现平等的合作。非公有出版工作室在合作的目的上，需求在两点：一个是资金，一个是出版权。中国科学院戴园晨教授将民营国有合资对民营出版的好处归结为"政治上的安全帽，经济上的优惠卡，额外负担的避风港"。[1]

---

[1] 郝振省主编，魏玉山副主编. 2009中国民营书业发展研究报告：国有民营合作状况调查[M]. 中国书籍出版社，2010，P20.

但纵观世界出版传媒界巨头们的发展，我们可以看到，出版集团的发展，不论是并购其他企业还是售卖自己的子公司，都是为了突出核心业务，达到协同效应，简单来说，就是达到"1+1＞2"，但我国的非公有出版工作室和国有出版集团的合作，常常会出现"1+1=2"，甚至"1+1＜2"，这就是只注重两者的"物理合作"，而忽视了更重要的"化学合作"的后果。

（1）与国有出版集团有产权关系的合作

在与国有出版集团的合作时，如果非公有出版组织发生产权变动，我们分为国有出版集团参股的非公有出版组织和参股兼并国有出版组织的非公有出版组织两种情况。这两种情况下的出版组织均由非公有资本掌握企业的控制权。与国有集团发生产权关系的非公有出版组织在获得书号方面相对比较容易。对于国有出版集团参股的非公有出版组织，出版组织的经营权在一定程度上受到国有出版集团的影响，国有出版集团会对出版行为进行一定的约束，但另一方面，这样的非公有出版组织可以以比较低的成本获得出版权。参股兼并国有出版组织的非公有出版组织在我国目前的国情下，非常少见。但这样的行为一旦发生，属于市场优胜劣汰的结果，是发展出版生产力的表现，市场活性高的组织兼并市场活性低的组织是市场经济发展的必然要求。

这两种形式的合作下，非公有出版组织与国有出版集团的合作不应该仅停留在简单的"物理合作"上，仅以合法获得书号为主要目的。在选择国有出版集团时，为了达到协同效应，实现真正的"化学合作"，非公有出版社应该以发展的眼光看待合作的集团。应该通过两个方面进行选择：集团领导人的素质，集团自身的资源。只有国有出版集团的领导人具有开拓创新、与时俱进的观念，努力将非公有出版和国有出版组织两碗水端平，这样非公有出版才可能在合作中，拥有自身的话语权，为自己的发展争取到应有的权益。另外，在选择合作的国有出版集团时，最好选择与自己业务之间存在内容或者技术关联的集团，有的集团业务范围跨越编印发三个环节，在合作时，可以考虑是否能够借用集团的资源如品牌建设、财务管理、对外宣传、业务链延伸、发行和物流服务、印刷等，以降低成本，更好地实现国有集团和非公有组织的融合。以世界大型传媒组织为借鉴，出版集团将来很可能会实现传媒集团、网络公司、软件公司三方面的业务，进行资本合作，组成大型的内容产业集群。非公有出版组织在与传媒集团合作时，要看到这个发展趋势，在谈合作之初就要对自身发展可能借鉴到的平台进行讨论，以利于自身的长远发展。

（2）与国有出版集团无产权关系的合作

非公有出版组织产权独立的前提下，与国有出版集团的合作有以下四种。

①书号合作。这种合作方式比较好理解，也是最简单的合作方式。就是出版物的选题策划、编辑加工，甚至后期的印刷发行均由非公有出版组织进行。非公有出版组织仅从国有出版社手里买来书号，即获得合法的出版权。

②项目合作。这种合作模式中，出版社每隔一段时间，对非公有出版组织的项目进行评估，对正在运行的项目数量进行核查，对新书、重印的图书等方面进行评估，从而确定非公有出版组织向出版社缴纳多少管理费。当然，在这个过程中，出版社向非公有出版组织提供书号。

③资源置换。这种方式是非公有出版组织，通过内容资源或者渠道资源与出版社的书号进行置换，称为资源置换。如提供出版社选题资源或将某一个省或者一个片区的发行市场出让给出版社，以获取书号的行为。

④挂靠形式。一些非公有出版组织挂靠在某些出版社名下，以 ** 出版社 ** 分社、** 出版社 ** 图书中心、** 出版社编辑部等形式存在，非公有出版组织向出版社按时缴纳一定的管理费用，出版社提供书号给非公有出版组织。

这些合作其实质都是获得出版权，即书号。其中很大一部分以纯粹的买卖书号和挂靠形式存在的非公有出版组织，除了获得书号外，出版的印刷和发行环节都由自己完成，并不需要国有出版集团的干涉。这些非公有出版组织的进一步发展，需要政策上的支持，即出版权的进一步放开。当政策放开了，这些非公有出版组织就可以独立自主地进行出版活动，到时候，它们与国有出版集团的合作就会转换为如项目资源合作等方式，单纯的以买卖书号为目的的合作将会减少，这样也是对出版资源的一种节约。

参考文献

[1] 杨善林主编. 企业管理学[M]. 北京：高等教育出版社, 2004.
[2] 马尾, 王晓梅主编. 现代企业管理概论[M]. 北京：中国农业大学出版社, 2005.
[3] 王关义, 刘益, 刘彤, 李治堂编著. 现代企业管理[M]. 北京：清华大学出版社, 2004.
[4] 陈昕. 中国图书出版产业增长方式转变研究[M]. 桂林：广西师范大学出版社, 2008.
[5] 余敏主编. 国外出版业宏观管理体系研究[M]. 桂林：中国书籍出版社, 2004.
[6] 郝振省主编, 魏玉山副主编. 2010—2011中国出版业发展报告[M]. 2011.
[7] 郝振省主编, 魏玉山副主编, 2009—2010中国出版业发展报告[M]. 2010.
[8] 肖弦奕. 中国传媒产业结构升级研究[M]. 北京：中国传媒大学出版社, 2010.
[9] 长冈义幸著, 甄西译. 出版大冒险：剖析日本13家出版社产生利润的机制与结构[M]. 北京：国际文化出版公司, 2006.
[10] 孙洪军. 日本出版产业论[M]. 北京：中国传媒大学出版社, 2009.
[11] 褚博洋. 现代企业制度与国有企业改革[J]. 合作经济与科技. 2009.
[12] 张伟. 转型的逻辑——传媒企业研究[M]. 青岛：中国海洋大学出版社, 2007.
[13] 赵守日. 闯关——西方国有经济体制革命[M]. 广州：广东经济出版社, 2000.
[14] 曾庆宾. 论中国出版企业的产权制度创新[J]. 出版科学, 2004.
[15] 尹章池. 出版企业角色转换的改革模式[J]. 图书·情报·知识, 2006.
[16] 洪浩. 论我国企业治理理论的缺陷与改进[J]. 广西财政高等专科学报, 2003.
[17] 岳福斌. 现代产权制度研究[M]. 北京：中央编译出版社, 2007.
[18] 郝振省. 出版文化理性研究[M]. 北京：中国书籍出版社, 2008.
[19] 黄健. 出版产业论[M]. 南宁：广西人民出版社, 2005.
[20] 李悦, 李平. 产业经济学[M]. 大连：东北财经大学出版社, 2005.
[21] 冯志杰. 出版产业论[M]. 北京：研究出版社, 2002.
[22] 陈昕. 中国图书出版产业增长方式转变研究[M]. 桂林：广西师范大学出版社, 2008.
[23] 丹增. 文化产业发展论[M]. 北京：人民出版社, 2005.
[24] 肖新兵, 杨庆芳. 我国出版产业的特点[J]. 出版科学, 2004年第6期.

[25] 徐丽芳. 出版产业价值链分析[J]. 出版科学, 2008年第4期.

[26] 孙安民. 文化产业理论与实践[M]. 北京：北京出版社, 2005.

[27] 陆祖鹤. 文化产业发展方略[M]. 北京：社会科学文献出版社, 2006.

[28] 范卫平. 出版创新：中国出版业的必然选择[J]. 出版发行研究, 1999.

[29] 于忠发. 企业规模与企业家制度创新能力关系研究[J]. 时代经贸, 2007.

[30] 丁鹏. 建立现代企业制度是出版业改革的方向[J]. 市场周刊·理论研究, 2007年第6期.

[31] 顾永才. 试论我国出版企业多元化经营的必要性[J]. 中国出版, 2006年第12期.

[32] 张其友. 出版物的需求交叉弹性分析[J]. 出版经济研究, 2004年第1期.

[33] 徐鸿钧. 关于出版创新的理论思考[J]. 华南理工大学学报, 2002年第3期.

[34] 齐书深. 出版管理创新与展望[J]. 黑龙江社会科学, 2001年第1期.

[35] 熊彼特. 经济发展理论[M]. 北京：商务印书馆, 1997.

[36] 清水英夫. 现代出版学[M]. 北京：中国书籍出版社, 1991.

[37] 陈昕. 中国出版产业论稿[M]. 上海：复旦大学出版社, 2006.

[38] 罗伯特·G. 皮卡德. 媒介经济学[M]. 北京：中国人民大学出版社, 2005.

[39] 朱静雯. 论数字出版企业创新激励机制的构建[J]. 出版发行研究, 2008.

（本文作者：刘茹岚）

我国出版产业结构调整研究

摘　　要

自 20 世纪 90 年代以来，我国出版产业的发展环境发生了巨大的变化：加入 WTO 后，国外出版公司大量涌入，对中国出版产业造成了很大的竞争压力，信息技术为图书出版业发展造就新的技术环境，等等。中国出版产业采取了相应的措施应对新机遇和新挑战，比如组建出版集团，加快新技术应用步伐，等等。因此非常有必要进一步深化改革，推动产业结构调整升级，推动体制机制和管理创新。

本论文研究方法以实证为基础，采用文献研究方法、内容分析方法，描述和揭示了我国出版业发展的轨迹；采用定性和定量分析方法，对我国出版产业结构的现状进行了较为详尽的解剖分析；运用类比、归纳、演绎的方法，明确了我国出版产业发展的路向和实际操作的策略选择。

本论文第一章分析了研究背景和意义，对国内外研究现状进行了梳理和述评，并阐述了选题的基本思路、方法、目的和创新点。第二章是本论文的理论支撑部分，对产业结构的主要内容、出版产业的属性与基本特征、出版产业结构要素等进行了分析，并对其基本理论进行了综述。第三章剖析了我国出版产业结构调整的历史、存在的主要问题，并进行了详尽的原因分析；另外，还分析了本次美国金融危机对我国出版产业的影响。第四章分析了西方发达国家的出版产业结构现状，并对其进行比较分析；另外，也分析了前两次金融危机对出版产业的影响。第五章在前述分析的基础上提出了在新形势下加快我国出版产业结构调整的对策建议。

关键词：出版产业；产业结构；调整

Abstract

Since the 1990s, tremendous changes have taken place in development environment in China's publishing industry: accession to the World Trade Organization, foreign publishing companies' entrance by roundabout way has brought great competitive pressure on China's publishing industry. Information technology created a new technological environment for the publishing industry, and so on. China's publishing industry has taken appropriate measures to respond to new opportunities and new challenges, such as setting up publishing group and accelerating the pace of new technology applications, and so on. However, many deep-seated problems in the constraints of China's publishing industry have not been effectively resolved, it need to deepen the reform further, and promote institutional mechanisms and management innovation.

This dissertation is based on concrete study. Documentary research and content analysis are applied to describe and reveal the developing track of the nation's publishing industry; qualitative and quantitative analyses are used in a detailed examination of the status quo of the publishing industry; analogy, inductive and deductive methods are used to draw out the developing line and strategic choices in reality of the industry.

The first chapter analyzes the background and significance of this thesis, makes an carding and commentary of domestic and international research status, and expounded on the main content and research methods. The second chapter is the part of the theoretical supporting this thesis, and analyzes the main contents of the industrial structure, the properties of the publishing industry and the basic characteristics and the publishing industry's structural elements, and its basic theory are reviewed. The third chapter analyzes the restructuring of the history of the publishing industry, the main problems and the reasons for a detailed analysis. In addition, it analyzes the U.S. financial crisis on the impact of the publishing industry. Chapter IV analyzes the structure of the western developed countries status of the publishing industry, and its comparative analysis; In addition, it analyzes the two previous financial crisis influence on the publishing industry. On the basis of the foregoing analysis, Chapter V presents suggestions to speed up the adjustment of the publishing industry in the new situation.

Key words: Publishing industry; Industrial structure; Adjustment

目　录

CONTENTS

第一章　导论 095
 1.1　研究背景和意义 095
 1.2　国内外研究状况述评 097
 1.3　选题的基本思路、方法和目的 099
 1.4　本文创新 100

第二章　产业结构理论与出版产业构成要素 101
 2.1　产业结构的主要内容和理论体系 101
 2.2　出版产业的产业属性与基本特征 103
 2.3　出版产业结构要素 105
 2.4　出版产业的市场结构与市场形态 107

第三章　我国出版产业结构调整的实践 109
 3.1　我国出版产业结构调整的历史回顾 109
 3.2　我国出版产业结构调整存在的主要问题及原因分析 110
 3.3　本次美国金融危机对我国出版产业的影响 112

第四章　西方发达国家出版产业结构现状 114
 4.1　欧美出版产业结构现状 114
 4.2　日本出版产业结构现状 116
 4.3　发达国家出版产业结构比较分析 118
 4.4　金融危机对出版产业发展的影响 122

第五章　促进我国出版产业结构调整的对策 125
 5.1　出版集团化促进产业集聚 125
 5.2　加快出版国际化进程 126
 5.3　出版组织结构创新 128

5.4 出版产业跨媒体经营 129

5.5 出版产业资本运营 130

5.6 建设出版产业公共服务体系 131

第六章 结语 133

参考文献 134

第一章　导论

1.1　研究背景和意义

1.1.1　研究背景

出版业作为一个非常特殊的行业，它不仅肩负着积累文化、传承文明的神圣使命；而且出版业的产品是为了满足人民群众日益增加的精神文化消费需要而产生的，是具有特殊属性的商品，必须通过交换，才能实现其价值让渡及实现其政治、文化使命的精神产品的物质载体。

党的十七大明确提出，要积极发展公益性文化事业，大力发展文化产业。《文化产业振兴规划》提出在重视发展公益性文化事业的同时，加快振兴文化产业，充分发挥文化产业在调整结构、扩大内需、增加就业、推动发展中的重要作用，更要结合当前应对国际金融危机的新形势和文化领域改革发展的迫切需要。十七届五中全会中通过的"十二五"规划指出"深入贯彻落实科学发展观，高举旗帜，围绕大局，服务人民，改革创新，围绕加快转变经济发展方式，更加注重激发市场主体活力，更加注重调整产业结构，更加注重提升行业技术水平，更加注重保障人民群众的基本文化权益，更加注重增强中华文化的传播力和影响力"。出版产业已经成为现代文化产业特别是信息产业的一个核心内容。国内外的实践证明，发展文化产业对于增强文化活力，推进文化的大发展大繁荣乃至整个经济社会的发展，都具有举足轻重的作用。

我国的社会主义市场经济体制逐步建立和不断完善，2008年以来席卷全球的金融危机已经波及社会经济发展的各个行业，作为经济发展一部分的出版业也难以独善其身。近几年来国际出版发行行业持续走低，一些传统出版强国出现了严重的衰退，中国出版产业面临严峻挑战和重大机遇。因此，从历史发展的角度来看，中国出版业的发展已经处于一个非常重要的转折关头，它需要正确的理论来指引发展道路。

我国经济发展中的突出矛盾是结构不合理，出版产业发展中的突出矛盾同样也是结构不合理。我们对结构问题，尤其是对出版产业结构的调整优化问题的探讨更是不够，结构是体制最重要的组成部分，出版体制存在的弊端主要反映在结构问题上，已经严重制约我国出版产业的繁荣壮大。因此，深化出版体制改革，关键在于调整出版产业结构。

本文研究的基本思路是运用产业结构的理论，从出版产业结构调整的历史出发，结合产业属性和行业特点，在全球化背景下对我国出版产业市场运行情况进行调查分析并做出总体评价，有针对性地提出优化我国出版产业结构的政策建议。

1.1.2 研究意义

（1）理论意义

有关对出版产业从产业角度进行研究的文章著作还比较少，即使是研究出版产业的有关著作也没有把它当作独立的产业进行分析研究。随着中国出版业体制改革的不断深入，出版业确定了走产业化发展道路的方向，出版业领域内则需要更多著作从产业经济角度为出版产业的健康发展提供理论支持。

另外，产业经济的学者和出版工作的专家，目前都没有系统地探讨当前中国出版业面临的政治、经济等各方面环境的变化，大部分研究是从微观角度和分析图书出版业现存的种种问题入手。虽然有一部分学者使用产业组织理论对图书出版产业进行分析，但基本是简单地提出存在的问题，做规范性的分析，静态地、孤立地分别提出其中的问题，并提出解决问题的对策。本课题将尝试在这些方面有所突破。本文以产业结构理论为支持，分析我国出版产业在垄断竞争性市场中的理论与实践，提出促进我国出版产业结构调整的政策建议。另外，借鉴西方发达国家出版产业结构调整的实践，特别是在经历金融危机时做出的产业结构调整的策略，以期深化对中国出版业结构问题的研究。

（2）实践意义

随着市场经济的发展，我国出版市场性质发生了根本的变化，由卖方市场转向买方市场，由纯事业单位转为事业单位企业化管理，涌现了大量自负盈亏的新出版组织，不断运用新出版技术，我国出版企业与国际出版企业的合作越来越多，范围也越来越大。在结构方面，我国图书出版存在不少问题，如图书出版总量过剩与结构失衡并存，市场分散与行政垄断并存，等等。本课题在分析我国出版产业的发展现状与外部环境的基础上，深入探讨我国出版产业的结构调整问题，进而提出加快中国出版产业发展的对策建议，为政府有关部门制定出版产业发展规划和政策提供参考，从而促进中国出版产业的健康快速发展。

1.2 国内外研究状况述评

1.2.1 国内相关研究述评

党的十一届三中全会以后,随着改革的不断推进,我国出版业的产业特征逐步显现,由此开始了对中国出版产业的研究。不少经济学家从产业结构现状、产业链及产业关联角度论述中国出版产业发展。

中国加入 WTO 后,出版业面临着经济全球化的发展带来的巨大压力。在理论界、实际出版工作第一线都对出版业的发展进行了产业化发展的探讨。但能成系统、较全面的阐述、研究比较少,据查考,现已正式出版关于产业发展研究的论著较早的有冯志杰著的《出版产业论》,[①] 但该论著都是作者近些年来从事出版业发展研究的论文集,内容主要涉及出版产业化经营、出版经济增长、出版组织制度优化、出版创新、出版专业教育对出版产业发展的作用等。

周蔚华于 2009 年出版的《出版产业散论》,该书的内容绝大多数是作者之前在报刊上发表过的文章。第一部分主要探讨出版的"产业"问题,其中涉及对出版产业定位和功能的认识、产业结构、产业组织以及产业发展等问题;第二部分讨论出版改革问题,涉及出版业面临的问题及改革的方向、出版业的集团化问题、竞争与垄断问题以及微观出版单位的改革问题等。

孙洪军的《日本出版产业论》一书探讨了日本出版产业的特殊社会功能,从宏观、中观、微观三个方面研究了出版产业的经济特征,对其产品属性、产业结构、企业行为特点等进行了经济学分析。

刘吉发、岳红记和陈怀平在其著作《文化产业学》对中西方文化产业的市场发展状况、消费状况及体制创新进行了研究。指出我国政府应鼓励多种经济成分共同经营的出版产业体系,创造宽松的进入环境,走金融市场筹款之路,制定倾斜性金融信贷政策。

张霞在《跨媒体经营——出版产业结构调整新走向》一文中,指出跨媒体经营是我国出版产业结构调整的重要趋势。我们正处于一个崭新的传媒时代,出版产业作为传媒产业的一分子,必然也感染着这个传媒时代的显著特点,诸如:内容生成的"即时性",内容获取的"即地性",内容传播的"互动性",广告投放的"定向性",这些特点都彰显着一个核心——跨媒体由此可以推断,从单一媒体向跨媒体集团转变将是出版产业结构调整的方向之一。

阳建国在《试论我国出版结构的战略性调整》一文中,指出我国出版结构在

---

① 冯志杰. 出版产业论 [M]. 研究出版社,2002.

产品结构、产业结构、企业组织结构和产业布局结构方面不合理，并提出要以资本为纽带，遵循市场法则，走集团化发展之路，实现出版资源在多种媒体间的多元化开发，优化出版结构，追求规模效应。

蒋雪湘在《产业融合背景下我国图书出版产业组织合理化目标模式探讨》中指出产业融合正在推动产业组织的演进，主要是包括市场结构、市场行为和市场绩效自身的发展变化和相互关系的演进。指出我国图书出版产业合理化目标模式分为有效竞争、融合发展和创新企业组织形式。

王关义的《中国出版业战略转型及产业素质升级的思路》一文主要是结合我国出版产业体制变革的实际，在分析出版业战略转型的基础上，从人力资本、出版技术和宏观管理方面提出出版业产业素质升级的思路和对策。

贺剑锋在《我国出版业结构问题及其调整》一文指出从产业组织总体上而言，我国出版业目前还处于一种低级化的、不合理的产业结构状态。对整个出版产业而言，理想的产业组织形态应当是：出版寡头主导，大、中、小出版企业共存并兴。也即是我们平时说的大中小相结合，让大的更大、更强，小的更专、更活，营利性出版企业与非营利性出版企业同时并存。

傅文的《我国出版集团资源整合研究》指出出版集团的资源具体包括出版集团无形资产的整合、出版集团作者资源的整合、出版集团发行资源整合、出版集团实体资产整合。从出版集团资源整合与利用方式、出版集团资源整合与利用的战略决策、出版集团资源整合能力的培养三个方面对出版集团资源整合的战略进行研究。

封延阳在《出版产业组织机构演进的制度性障碍》一文中，指出影响我国图书出版产业组织结构发展演变的主要因素是出版业的市场化程度，进一步说，造成我国图书出版产业组织结构不合理和影响产业组织结构演进的根本原因，是出版业的一些体制性因素所导致的产业市场化程度不高。

李明杰在《从产业竞争结构看中国出版产业发展的方向》一文中指出文化传媒业和传统出版业的整合是出版业发展的一种全新思路，是对出版的重新理解和阐释，也是未来出版业发展的一种趋势。

周三胜在《战略性调整的思路》一文中指出解放思想，更新观念是解决这一课题的观念保证；以资本为纽带，以市场为导向，采取多种形式，调整存量资产，合理配置出版资源是解决这一课题的关键。

陈实在《我国新闻出版产业的产业和发展趋势》提出实现产权结构多元化，允许合法资本以合法形式进入出版业，使股权所有制以多种形式并存，可以完善产业链条以及提供多样的产品形式，营造出新闻出版业更为有序的市场竞争环境，便于整个产业以更加市场化的方式进行出版资源再分配。

王秋林在《转型期我国出版产业市场结构与行为研究》一文中就出版大型市场的集中度、市场垄断与市场竞争状况进行了详尽的分析，指出大力推进出版发行企业间的并购联合，发展连锁经营是提高出版发行市场集中度的必由之路；应对其进行规制并引入竞争机制，破除垄断；须通过多种途径予以制止"高定价、高折扣"等不正当竞争行为。

1.2.2 国外相关研究述评

国外特别是西方国家出版产业已发展得较为成熟，出版产业一般只是作为一些大型跨媒体经营的出版集团的分支机构，因此单独将出版产业作为研究对象的论著较为少见，一般针对出版业出现的某一方面的问题或从宏观，或从微观角度探讨的较多。

小林一博的《出版大崩溃》对20世纪末开始的日本图书业的崩溃做了翔实的介绍和评述。其中有些情形与中国颇不相同，如作为出版社与书店之间的经济中介的"图书交易公司"，在中国就很少见，许多出版泡沫的出现恰恰与之相关。但也有很多情况与我们相似，如出书过滥，退货堆积如山，大书店挤垮小书店，等等。他山之石，可以攻玉，日本的出版危机应当引起我们的警觉。

汉斯·赫尔穆特勒林的《现代图书出版导论》，以出版业高度发达的德国为范例阐述了出版社的现代化管理措施和市场经营策略，并对图书出版流程的各个环节做了专门介绍。这些对发展我国的出版事业，实现出版现代化有很大参考价值和借鉴作用。

安德烈·希夫林的《出版业》一书主要记录了美国乃至世界出版业发生的巨大变化、审视全球的出版趋势。作者在出版行业工作多年，对这场变革进行了忠实而权威的描述，他一边记述个人及家族在出版业的经历，一边审视全球的出版趋势，思索出版业在利润怪圈中的走向。

阿尔伯特·格瑞科在《图书出版产业》一书主要分析论述美国出版产业的现状和特点、出版流程、现代图书出版公司的并购、知识产权以及电子和多媒体出版等问题。该书以出版流程为线索，主要内容是对出版微观管理的分析。

1.3 选题的基本思路、方法和目的

本文研究的基本思路是运用产业结构的理论，从出版产业结构调整的历史出发，结合产业属性和行业特点，在全球化背景下对我国出版产业市场运行情况进行调查分析并做出总体评价，有针对性地提出优化我国出版产业结构政策建议、

点明了当前出版产业结构调整的趋势：跨媒体经营，并对跨媒体经营的形式和实现途径进行了探讨。

本文主要采取两种方法。一是定量和定性分析相结合的方法。通过收集出版产业结构现状评价指标的有关数据，并对这些数据进行分类、整理，同时结合定性分析，对我国出版产业结构现状进行分析和评价。二是动态和静态分析相结合，并以比较研究法为主。

本文的研究旨在达到以下目的：一是用产业结构的理论尽可能全面准确地分析出版产业的各构成要素及其相对应的关系；二是对西方发达国家和我国的出版产业结构调整进行尽可能全面准确的分析，运用比较研究的方法做出总体评价；三是在上述分析研究的基础上，提出促进我国出版产业结构调整的政策建议。

1.4 本文创新

通过文献搜索发现，主要探讨出版产业结构的文章有 2 篇。一篇是《跨媒体经营——出版产业结构调整新走向》，虽然指出跨媒体经营是趋势，但是没有任何产业经济学的理论分析，没有从产业结构这一理论点来论证出版产业结构调整的趋势。另一篇是孙洪军在《日本出版产业论》一书中从宏观、中观、微观三个方面研究了日本出版产业的经济特征，对其产品属性、产业结构、企业行为特点等进行了经济学分析。因此，本文的创新点主要有以下两点。

（1）以产业结构理论为理论支持，分析我国出版产业在垄断竞争性市场中的理论与实践，提出促进我国出版产业结构调整的政策建议。

（2）借鉴西方发达国家出版产业结构调整的实践，特别是在经历金融危机时做出的产业结构调整的策略。

第二章 产业结构理论与出版产业构成要素

2.1 产业结构的主要内容和理论体系

产业经济学是现代西方经济学中用以分析现实经济问题的新兴的应用经济理论。产业经济学以"产业"作为研究的焦点，探讨资本主义经济在以工业化为中心的经济发展中产业之间的关系结构、产业内的企业组织结构变化的规律以及研究这些规律的方法，进而分析经济发展中内在的各种均衡问题。

2.1.1 产业结构的基本含义

产业的概念是伴随着社会分工的产生就已经产生了。产业是指国民经济的各行各业。从宏观上看，它是指社会经济中的各大部门，如工业部门、农业部门等；从中观上看，它是指一个部门内部的各个行业，如工业部门内部的重工业和轻工业等；从微观上看，它是指各行业内部的品类。但有关产业结构的概念比较模糊。一种观点认为：产业结构是研究分布在国民经济各产业中经济资源之间的相互联系、相互依存、相互提升资源配置效率的运动关系，这是"产业发展形态理论"的观点。另一种观点认为：产业结构是研究产业间技术经济的数量比例关系，即产业间的"投入"和"产出"的数量比例关系。这是"产业联系的理论观点"的观点。广义的产业结构理论是这两种观点的结合[1]。

产业结构通过产业间质的组合和量的规定，构成了产业间经济资源的分布结构，这种结构既是产业间数量比例关系，又是产业间质的联系的有机耦合；既是静态比例关系，又是动态关联的发展。

2.1.2 产业结构理论的形成与发展

产业结构理论是研究伴随经济发展所发生的产业间关系结构演进的规律的经济理论。所谓产业结构理论，是以研究产业之间的比例关系为对象的应用经济理论。

---

[1] 李悦，李平主编. 产业经济学 [M]. 东北财经大学出版社，2002.

它通过对产业结构的历史、现状及未来的研究,寻找产业结构发展变化的一般趋势,为规划未来的产业结构,为制定产业结构政策服务。[①] 产业结构理论认为,经济发展的不同水平是和一定的产业结构相对应的。反过来说,不同的产业结构有不同的经济效益。因此,它认为,积极地推动产业结构向更高的阶段演进就能加快经济发展的速度。这种向产业结构要效益、要速度的思想就构成了制定产业结构政策的基础。而产业结构政策是产业政策的核心部分。

产业结构理论包括马克思的产业结构理论和西方产业结构理论,本论文主要阐述一下西方产业结构理论的形成和发展。西方产业结构理论由三次产业划分理论、产业布局区位理论、产业布局比较优势理论、结构调整理论和结构演变趋势理论五大体系构成。

(1) 三次产业划分理论

三次产业分类法是由费雪(Fisher)提出的。所谓三次产业分类法,就是把全部经济活动划分为第一次产业、第二次产业和第三次产业。第一次产业是指产品直接取自自然界的部门;第二次产业是指对初级产品进行再加工的部门;第三次产业是指为生产和消费提供各种服务的部门。

(2) 产业布局区位理论

产业布局的区位理论是在19世纪末初步建立,主要由V.杜能奠基,后经过A.韦伯及后人较为系统的研究。韦伯继承了杜能的思想,在分析影响工业布局的区位因素时,提出了区位因素、区位优势和最优区位等概念,杜能和韦伯提出了3个一般性区位因子,即运输费用、劳动力费用和聚集力。

(3) 产业布局比较优势理论

比较优势包括绝对比较优势和相对比较优势两个方面。绝对比较优势理论,是指每一个国家或地区都有其绝对有利的、适宜于某种特定产品的生产条件,如果每个国家都按其"绝对有利的条件"进行专业化生产,然后再进行交换,这将使各国的资源、劳动力和资本得到有效利用,有利于各国经济的发展。相对比较优势是指任何国家都有其相对有利的生产条件,如果各国都把劳动用于最有利于生产和出口相对有利的商品,进口相对不利的商品,将使各国资源都得到有效利用,使贸易双方获得比较利益。[②]

(4) 结构演变趋势理论

结构演变趋势理论代表人物主要有威廉·配第、科林、克拉克、库兹涅茨、

---

① 李伟,王明山. 对传统产业结构的再认识 [N]. 昆明理工大学学报, 2000(1).

② 霍洛斯·钱纳里. 结构变化与发展政策 [M]. 朱东海,黄钟译, 经济科学出版社, 1991.

霍夫曼和里昂惕夫等。克拉克于1940年在《经济进步的条件》中建立了完整、系统的结构演变理论框架。①克拉克经过收集和整理资料发现，随着人均国民收入水平的提高，劳动力首先从第一次产业向第二次产业移动；然后当人均国民收入水平再进一步提高时，劳动力便向第三次产业移动。

（5）结构调整理论

对结构调整理论影响较大的是刘易斯的二元结构转变理论、赫希曼的不平衡增长理论、罗斯托的主导部门理论和筱原三代平的两基准理论。刘易斯的二元结构转变理论的观点主要是指农业边际劳动生产率为零或接近零。赫希曼的不平衡增长理论认为要使有限资源得到最大限度的发挥促进经济增长的作用，只有把有限的资源有选择地投入某些行业。筱原三代平的两基准理论主要包括收入弹性基准和生产率上升基准，收入弹性基准是指把积累投向收入弹性大的行业或部门；生产率上升基准则要求把积累投向生产率上升最快的行业或部门。②

2.2 出版产业的产业属性与基本特征

2.2.1 出版产业的概念

我们根据对西方发达国家出版业发展的研究，主要是现代西方传媒出版业的运行和发展趋势等，结合产业经济学的内容，总结出版产业的概念主要包括两方面的内涵：一是出版产业是生产图书、期刊、音像制品、电子出版物等多种传播媒介的信息产业；二是出版产业是具有文化积累和思想传播的重要功能，以知识、信息为主体元素的特殊产业。

根据国际上通行的产业划分标准。出版业是一个横跨第二、第三产业的综合性产业，因为出版业中的出版、印刷属于第二产业中的制造业，发行属于第三产业中的批发零售业。

2.2.2 出版产业的产业属性

出版产业的产业属性主要表现在四个方面：即出版单位企业化、出版组织专业化、出版经营集约化、出版物市场最大化。

其一，出版单位进行企业化管理。西方国家的出版单位分为营利性和非营利性的。营利性的出版单位是指那些按现代企业制度来设置、运行，并产生巨大的

---

① Clark C. The Conditions of Economic Progress [M]. Macmillan，3rd edition，1957.

② 郭克莎. 我国产业结构变动趋势及政策研究 [J]. 管理世界，1999(5).

企业利润的企业。国外大的那些出版企业，如德国的贝塔斯曼集团、日本的讲谈社、小学馆。然而那些非营利性出版单位主要依靠集团、团体、政党及个人等给予的捐赠，来维持单位的正常运营。

其二，出版组织专业化。伴随着知识经济时代的来临，全面提高出版人员的科学文化素质，为出版产业的发展培育合格人才，这是出版产业化发展的必备条件，另外，科学技术是出版产业经济增长的关键因素。因此，必须加大出版业的科技含量，从而提高全行业的装备和管理水平，进而推动产业结构的调整，提高产品质量和劳动生产率。

其三，集约化运营。在市场经济体制下，出版产业必须以资产为纽带进行重组与并购，实现规模化经营。现代出版产业发展必然趋势——出版集约化经营，即通过组建出版集团，充分利用规模经营，降低成本，优化资源配置，最大化地实现经济效益和社会效益。在集约化运营的过程中，兼并和收购可以使合并双方共同承担市场风险，共享市场份额，优势互补，达到双赢。

其四，出版物市场最大化。在西方发达国家出版产业的发展过程中，出版社积极通过进行多种形式的联合、并购寻求新的出版发行共同体的方式，来组建跨区域、跨国家的出版集团，从而形成统一有序的大市场。市场竞争条件下只有通过扩大规模，才能占有较多的市场份额。出版单位内不仅出版物书、刊、音像、电子出版物等相关出版门类相互兼容，而且内部人才、投入、经营也可以进行优化组合，实现规模经济效益，充分有效利用出版资源是出版产业化发展的显著特征。

2.2.3　现代出版产业的基本特征

现代出版产业是最具知识经济活力和特征的文化产业。现代出版具有以下几点特征。

（1）以市场经济体制为基础

随着市场经济的发展，图书市场的细分化趋势将越来越明显。因此，出版者必须在产业的管理制度上实行市场经济体制，以市场为导向，以效益为中心，从而真正实现市场化经营。只有这样，出版者才能真正成为自主经营、自负盈亏的市场主体，建立现代企业制度并且实行集约化经营，创造最佳的社会效益和经济效益。

（2）高度的社会化生产和专业化分工

随着科技和生产力的不断发展，出版的专业化分工也越来越细，因此，高度的社会化生产和专业化分工也是现代出版产业的重要特征。以前的出版生产环节是通过计划来调节，而现代的出版生产环节是通过市场这个纽带有机地联系起来，形成一条分工明确、布局合理、协作高效的产业链，不仅提高了生产效率，而且还降低了生产成本，最终实现高效益。[①]

（3）生产方式的现代化

生产过程和手段的现代化也是现代出版产业的重要特征，现代高科技成果不断地被应用到出版业生产中，如电子排版和激光照排技术的普及等，使出版物生产过程和手段实现了现代化，这些科技成果彻底改变了传统的出版手段。信息技术的广泛运用，更使出版、管理和营销发生了革命性变化。

（4）资本运作为主要竞争手段

出版企业在管理上则实现了由生产经营型向资本运营型的转变。资本运营是指通过流动、收购、兼并、重组、参股、控股、交易、转让、租赁等各种途径，对企业所拥有的各种资源、资本进行优化配置，进行有效运营，以实现最大限度增值目标的一种经营管理方式。[②]

2.3 出版产业结构要素

2.3.1 出版系统

出版活动不仅包括编、印、发的环节，还包括管理、传播、教学、供应等多个环节，"大出版"是一个有机的出版系统。它包含以下几个子系统：宏观管理系统、编辑出版系统、出版物传播系统、教学科研系统、物资供应系统、出版物影响评价系统等。各个构成部分或环节，其地位和作用是不同的。但各个构成部分和各个环节都是不可缺少、相互协调的。

近几年来的改革实践体现了我国出版系统资产结构由单一到多元、主体形式由统一到多样、运作模式由计划到市场、经营内容由单一到综合等新特征，体现出了出版系统正在走向整体改造、聚合裂变和发展壮大的过程。而这一系列的重组、整合、变革的过程中，也不断暴露出管理方面的问题，迫切需要积极调整产业结构、产品结构、地区结构、组织结构和人才结构。

2.3.2 现有的出版产业链

随着我国出版产业的发展，新的元素不断地被纳入出版产业链中来，形成不

---

① 曾庆宾. 中国出版产业发展研究 [D]. 博士论文，2003 年 4 月.
② 赖佳. 我国出版产业结构的经济特征分析及其组织结构分析 [J]. 山东财政学院学报，2007(4).

同的产业链关系。肖东发教授将我国现有的出版产业链分为以下三类[①]。

第一类：一体化产业链。它是由出版上游—出版—出版下游，这种类型是根据出版上下游及相关行业构建的产业链。这种产业链不但相对简单，而且包括了出版运营的各个环节。

第二类：系列化产业链。它是指以不同的媒体形式来充分挖掘内容资源，从而形成相得益彰的文化产品格局。网络将出版产业和信息产业紧密结合起来，促进了系列化产业链的形成。出版社可以利用网络传播制作电子书和电子音像制品等，更可以利用网络的宣传功能，促进文化产品的促销。

第三类：多元化产业链。它的走向是出版—其他行业，主要是指用出版业内积累的资本进入非出版相关行业。如以《穷爸爸富爸爸》的畅销成立的北京财商教育培训中心，并举办了"财商教育与启动民间投资高级研讨会"等活动，不但延伸了图书的生命力，而且带来了可观的经济收入。

上面这三种出版产业链比较准确地描述了出版产业的发展内容和形态，是出版企业产业化程度、经营管理水平在不同层次上的体现。相比较而言，系列化产业链是出版内容资源向其他媒体形式的拓展，符合当前分众化传播的市场现状。一体化的产业链的重点是对整个出版流程资源的统一配置，目的在于规模化和集约化。而多元化产业链是通过进入其他相关行业的途径达到分散经营风险，提高整体投资回报率的目的。

2.3.3 数字出版

现代出版产业最主要的特征是它与信息技术和信息产业结合在一起，并通过数字技术把传统的媒体形式融合起来。现代出版是一个大出版或大传媒的概念，它把图书、期刊、报纸、音像制品、电子出版物、广播、电视、网络这八大传媒形式之间的界限通过网络进行融合，与此同时，现代网络技术还将远程教育、培训等与出版融合，主要通过网络出版的形式来实现。这样，现代网络就极大地扩展了出版链，我们也必须用创新的眼光密切关注现代出版产业的这种变化。

数字出版的兴起和发展，使得数字出版产业链正在形成，为我国出版产业链发展提供了新的视角。具体来看，数字出版产业链的发展表现在以下几个方面。

首先，上游内容提供商开始构建数字资源库。出版社纷纷迈出了产品和资源库建设的数字化脚步。例如，中国大百科全书出版社利用网络版百科产品构建了

---

① 肖东发主编. 出版经营管理 [M]. 北京大学出版社，2008年8月第1版。

百科搜索平台，推出了2005年中国大百科全书出版社和新浪"爱问"搜索引擎合作，搭建了面向公众的"中国大百科在线搜索"服务平台。

其次，中游技术支持商向内容提供商转型。数字出版产业的主导力量是技术支持商，四大电子书出版商（北大方正、书生公司、超星、中文在线）占据了电子书市场90%以上的份额。

另外，下游网络书店进入多元化时代。近年来，综合性网络书店当当、卓越等发展强劲，专业性网络书店不断涌现，北京出版集团等大的发行集团也纷纷建立自己的销售网络，多元化趋势越来越明显。

2.4 出版产业的市场结构与市场形态

市场结构是指在特定的市场中，企业与企业之间在数量、规模上的关系以及由此而决定的竞争形式。出版市场的结构本质上是出版企业与出版企业作为市场主体在数量和规模上的关系，以及由这种关系所形成的竞争形式及其存在方式。

市场结构类型主要是指市场竞争或垄断类型。市场结构主要分为四种类型：即完全竞争性市场结构、完全垄断性市场结构、垄断竞争性市场结构和寡头垄断性市场结构。

一是完全竞争市场结构。完全竞争市场是一种最理想的市场类型，但是在现实中并不存在，因为它需要具备四个条件：价格完全由市场决定、产品完全同质、生产要素自由移动、市场信息可以随意获得。从整个社会来看，在完全竞争市场中，总需求等于总供给，资源得到最大配置。

二是完全垄断市场结构。是一种与完全竞争市场相反的市场结构。完全垄断性市场又称独占性市场，是指完全由一个企业独家控制某一种出版产品的生产和销售的市场。这种市场的特征是不存在丝毫的竞争因素。例如，在计划经济时期中国的图书出版市场就接近这种状态。

三是垄断竞争市场结构。垄断竞争市场也称不完全竞争和不完全垄断市场。垄断竞争市场存在的条件是：其一，产品之间存在差别。因为有差别，所以出版产品差别就会形成一种垄断和竞争并存的状态。其二，市场上有较多的出版产品供应商，而且相互之间不断竞争，都不具备明显优势。其三，进入或退出市场的障碍较小，交易双方都能够获得足够多的出版市场信息。[1]

我国的出版市场既存在有限度的垄断，又存在不完全的竞争，因此属于垄断竞争市场结构。出版消费需求差别化的满足与消费者支付的出版商品价格成

---

[1] 孙洪军. 日本出版产业论[M]. 中国传媒大学出版社，2009年8月第1版.

正比例关系，消费者的差别化需求得到满足，使出版社的经济利润得以提高。但是，同样也要看到短期超额利润的存在会激发生产者的盲目投入，增加生产成本。

　　四是寡头垄断市场结构。在这种市场里，几家大企业的生产和销售基本覆盖了整个行业的产品，竞争是在几家大企业之间展开的。寡头垄断市场可以实现规模经济。在出版行业中，单位出版产品的平均成本与企业规模成反比关系，规模越大成本越低；出版行业存在着严重的资源垄断现象，主要因为政府和企业的某种限制或障碍阻碍了其他企业的进入。在寡头垄断市场上，因为每个出版企业集团的产量都占相当大的份额，对整个出版行业的价格都有举足轻重的影响，所以每个厂商在做出某一出版产品的价格与产量的决策时，不仅要考虑本身的成本与收益，而且还要考虑对出版市场和其他厂商的影响，即如何防止陷入"产品和价格战略困境"。

第三章　我国出版产业结构调整的实践

3.1　我国出版产业结构调整的历史回顾

（1）1978年至1985年

恢复和繁荣出版是这一时期调整的主题。由于"文化大革命"期间对文化的摧残和破坏，"文化大革命"后出版物供给长期处于短缺状态。"恢复和繁荣出版"成为这一时期工作的中心。这一时期改革的目标是建立"一主三多一少"的图书发行网，加强出版队伍建设，改变印刷、发行的落后现状。经过结构调整，一批在"文化大革命"中停办或合并的出版社开始恢复重建，图书出版能力得到快速的恢复和发展。1978年至1985年是中国图书出版史上超常规增长阶段，在短短8年的时间中，图书出版总印数竟然翻了一番。表3.1中列出的种数、总印张、总印数是衡量中国图书出版产业规模和体积的三个最重要的实物指标。从表3.1中我们可以看到，以1985年与1977年相比，这三个指标分别增长了254%、140%和102%，如此之高的增长速度在国际出版史上都是罕见的。[①]

表3.1　1970—1985年中国图书出版概况

年份 项目	种数/种	总印数/亿册张	总印张/亿印张
1970	4889	17.86	36.99
1977	12886	33.08	117.71
1978	14987	37.74	135.43
1979	17212	40.72	172.50
1980	21621	45.93	195.74
1981	25601	55.78	217.68
1982	31784	58.79	221.95
1983	35700	58.04	232.41
1984	40072	62.48	260.61
1985	45603	66.73	282.75

资料来源：《中国统计年鉴·1989》，北京：中国统计出版社，1989年；中华人民共和国新闻出版总署：《全国图书、杂志、报纸出版统计资料·1989》。

---

① 陈昕. 中国出版产业论稿[M]. 复旦大学出版社，2006年12月第1版.

(2) 90年代中后期

该时期调整的主题是"治理和阶段性转移"。图书出版经过前一时期的高速发展，至90年代中期出现了一些亟待解决的问题，例如：图书品种增长过快而平均印数下降；图书结构不合理，教材、教辅比重过大，重复出版严重；买卖书号现象时有发生，低劣出版物大行其道，等等。这些危机使中国的图书出版产业意识到，原有的出版发行体系已到了非改革不可的地步。[①] 在政府主管部门的支持和推动下，从1988年起出版社获得了自办发行权，也就是图书的总发行权。新华书店在图书发行上一统天下的局面被打破了，这使得原有的出版发行体制面临解体的危机。为了达到一定的开印数，以适应规模经济的要求，出版社被迫开始增加图书备货数，出版社开始直接面对销售风险。在这一情况下，进一步改观现行的出版发行合约体制，使发行部门、出版部门都愿意在图书市场推销方面投资，把竞争从短期引向长期，从而不断扩大市场容量，开始了长达六七年之久的缓慢的改革。这一时期的调整目标是从以规模、数量增长为主要特征的阶段向以优质、高效为主要特征的阶段转移。到90年代末期，总量过多、结构失衡、重复建设、忽视质量等问题有了明显改进，出版业在品种、结构、管理上都上了一个新台阶。

(3) 2000年至今

经过前两次的调整，这次在背景、目标、运行上都有很大的变动。从背景上看，当前出版物供给已经由短缺向结构性过剩转变，出版国际化趋势日渐明显，加入WTO后，中国出版业受国际化影响势所难免。在这种背景下，新时期产业结构调整的目标为："按照专业分工和规模化经营要求，运用联合、重组、兼并等形式，组建一批主业突出、品牌名优、综合能力强的大型集团，推动产品结构、组织结构、地区结构调整，促进跨地区发展和多媒体经营，提高产业集中度。"

从历史发展的脉络中可以看出，不同时期的产业结构调整是与其特定的时代背景紧密相关的，处于出版管理体制、运作机制深刻变革的今天，我们可以推测出出版产业结构调整更要与其时代背景相结合。

3.2 我国出版产业结构调整存在的主要问题及原因分析

3.2.1 主要问题

(1) 市场结构

从表3.2可以看出，西方发达国家出版市场属于高寡占型市场。在美德等国

---

① 张霞. 跨媒体经营——出版产业结构调整新走向 [J]. 图书情报知识，2005(1).

家的图书出版市场上，存在着数量众多的出版商，但是产业的集中度也很高，出版资源向少数出版集团集中。相比之下，我国出版社不仅数量少，而且销售额也不大，属于原子型市场，产业集中度低，两极化结构没有形成。从总体上而言，我国出版业目前还处于一种低级化的、不合理的产业结构状态。

表3.2 国内外图书出版业市场集中度对比表[①]

国别	出版社数量/家	销售额/亿美元 2006年	销售额/亿美元 2007年	市场集中度 CR4 2006年	市场集中度 CR4 2007年	市场集中度 CR8 2006年	市场集中度 CR8 2007年
美国	134077	356.90	399	44.03	37.09	64.79	57.22
德国	4000	124.56	118	31.58	47.79	51.57	59.29
日本	4107	818.98	192.96	23.46	23.22	—	—
中国	579	29.68	—	12.8	18.35	—	—

（2）市场行为

我国图书出版市场行为与国外图书出版发达国家相比较而言，存在一定差异。我国图书出版结构对教育图书依赖高，同质化程度高，差异化程度低，不注重品牌塑造。其实教育类图书并不是一个严格意义上的市场，因为教材的选择并不来自学生而是相关的教育部门，即使是对教辅类图书，学校和教育部门仍有很大的发言权。非市场性的图书蕴含着巨大而丰厚的利润，这显然会扭曲出版社的竞争模式和经营行为；与获得教材出版权相比，在大众图书市场上进行艰苦的拼杀显然是不经济的。以2004年为例，2004年17万种一般图书总印数为31.13亿册，而3万多种课本总印数则达到32.71亿册；2004年教育类出版社的平均税前利润为3946.8万元，远远高于其他类型的出版社。总体而言，我国图书市场中教材教辅的产值比重一直超过60%，教育出版的利润在整个出版中更高，教材教辅类图书成为中国图书出版产业利润的最重要的来源。而美、英、日等发达国家的出版产值中，教材的比重一般不超过30%，大众读物的产值贡献率分别为60%、50%和80%。[②] 与发达国家相比，中国图书出版结构严重失衡。

3.2.2 原因分析

中国出版产业目前之所以存在诸多问题主要原因是审批制、书号配给制和行

[①] 蒋雪湘. 产业融合环境下我国图书出版产业组织合理化目标模式探讨[J]. 编辑之友，2010(9).

[②] 陈昕. 中国图书出版产业增长方式转变研究[M]. 广西师范大学出版社，2008年1月第1版.

政关联三种因素相互交织、共同作用，是中国出版产业具有行政垄断性特征的根源。

（1）审批制。我国对出版社的成立一直都实行审批制，从2000年以后出版社数量几乎没有增加。与西方发达国家的出版产业相比，我国出版社的数量更存在严重不足的问题。中国出版产业存在的出版社数量不足的问题，在很大程度上是通过民间大量涌入的工作室加以弥补的。目前我国存在各种类型的出版工作室，这些工作室通过与出版社的合作间接地获得了出版的权力。但由于政府对它们的控制有限，因此其不规范的市场行为严重破坏了市场秩序。

（2）书号的配给制。我国一直实行的是书号配给制。从经济学的角度来看，实行配给的资源必然会导致寻租行为的产生，如出版社买卖书号就是一种变相的寻租行为。寻租行为所带来的严重影响就是对资源配置的扭曲。比如，有能力的出版社没有足够多的书号而限制发展，没有能力的出版社却只能通过买卖书号维持下去。

（3）行政关联。出版社不仅同上级行政管理部门有着千丝万缕的联系，而且在出版社或出版集团的主要负责人的选择上也是行政性而非市场性的。目前出版社存在的这种选择机制和激励机制，必然会造成出版企业负责人的行为严重背离市场。比如，缺乏自主创新动力，不愿承担风险，面对企业发展中出现的各种问题更愿诉求于行政力量而不是通过市场手段来解决。

3.3 本次美国金融危机对我国出版产业的影响

由于资料有限，本人就引用周蔚华在《关于金融危机对出版业影响的若干思考》中的数据，然后分析本次金融危机对我国出版产业的影响。具体数据如下。

新闻出版总署发布了《2008年全国新闻出版业基本情况》，其数据如下所示。

2008年全国出版图书、期刊、报纸总印张为2649.26亿印张，折合用纸量613万吨，与上年相比用纸量增长12.95%。2008年全国共出版图书275668种，其中新版图书15万种，总印数69.36亿册（张），总印张560.73亿印张，定价总金额791.43亿元，与上年相比图书品种增长11.03%，其中新版图书品种增长10.1%，重版、重印图书品种增长12.16%，总印数增长10.21%，总印张增长15.26%，定价总金额增长16.95%。

通过上述数据，可以初步得出如下结论。

第一，出版物的进出口和版权贸易在本次金融危机中首当其冲。2008年我国的进口图书增长率出现了大幅度下降，出口增长率则连续3年下降，版权逆差扩大，引进数量大幅度增长，说明我国对国外选题有很强的依赖性，可是版权输出的减少，表明了我们应该加强对国外市场需求的了解,加快实施走出去战略。

第二,此次金融危机对零售市场也产生了较大的负面影响。2008年零售卖场的增长速度和民营网点的数量大量减少,尤其是民营批发和零售网点数量下降幅度都超过了8%。但是通过数据发现出版社销售人员却有上升趋势,之所以有这一趋势是由于销售网点的减少和书店经营困难的加剧,使出版社销售的难度进一步加大,因此只有通过不断增加人员来保持销售的增长。

第三,尽管受到了全球金融风暴的影响,但是我国数字出版逆势而上、发展迅速,成为出版产业发展的新亮点。随着信息时代的发展,人们的生活方式和阅读方式在社会生活各个层面都发生了深刻的变化,2008年年底,我国共有90%的出版社开展了电子图书出版业务,电子书发行总量超过3000册,收入达3亿元。[①]

---

① 贺耀敏. 金融危机背景下的中国出版产业分析[J]. 中国出版,2010(1).

第四章 西方发达国家出版产业结构现状

4.1 欧美出版产业结构现状

（1）垄断趋势明显

经历了自20世纪90年代中后期起至今的新一轮并购浪潮之后，欧美的出版市场基本被培生集团、贝塔斯曼集团、阿歇特集团、麦格劳·希尔集团、里德·埃尔塞维尔集团等十多个国际集团所垄断，而且这种垄断的趋势表现得越来越强。例如，2006年国际出版产业继续发生了一系列的并购事件。2006年年初，阿歇特集团以5.37亿美元收购了世界最大的媒体集团时代华纳的图书出版业务，从而进入美国市场扩展，成为排名培生集团和贝塔斯曼集团之后全球第三大图书出版集团。6月，贝塔斯曼集团旗下兰登书屋收购了BBC图书公司。7月，剑桥大学出版社收购了印度基金图书出版发行公司51%的股份，该公司更名为剑桥大学出版社印度公司。9月，施普林格出版集团收购了美国胡马纳出版社，增强了其在生命科学领域的图书出版实力。11月，国际著名的科学与学术出版集团约翰·威立集团拥有1250种学术期刊和种类繁多的学术图书，可以与里德·埃尔塞维尔集团和施普林格集团这样的强劲对手竞争。[①]

在发行领域，这种垄断的趋势同样明显。在西方国家主要的图书市场上，传统的独立书店的发行零售模式已经让位于强大的国内或国际连锁超级书店和互联网书店，这一转变是在过去的十多年中发生的。在英国，最大的两家连锁书店沃特斯通书店和史密斯书店，2006年销售收入为7.5亿英镑，占英国图书零售市场35%的份额。2006年超级连锁书店的并购和区域扩张显得尤为突出。英国最大的连锁书店沃特斯通几经波折，以6280万英镑的价格将英国第三大图书连锁书店奥塔卡纳入旗下。这一收购使得沃特斯通在英国书业零售的市场份额扩大到22%。2006年8月，德国销售额排名第2和第3的两家书店万象集团和胡根杜贝尔连锁书店宣布合并。这家新的联合书店拥有451家门市，营业额达到5.16亿欧元，与

---

① 陈昕. 中国图书出版产业增长方式转变研究[M]. 广西师范大学出版社，2008年1月第1版.

排名第1的塔利亚连锁书店形成对峙之势，由此德国图书零售市场出现两家超级连锁书店平分天下的局面。

（2）中等规模的出版公司竞争能力差，小型出版公司富有竞争活力

国际图书出版市场的一个显著特征就是：市场份额进一步集中到了少数出版巨头手中，而失败者大多是中等规模的出版公司。它们或者被大型出版公司并购，或者被排挤出市场。市场上另一类有效的竞争者是小型出版公司，它们利用市场细分充分发挥自身独到的竞争优势，对市场的反应也非常敏捷，因而富有竞争活力。以英国图书市场为例，2006年英国出版业呈现出两头大、中间小的哑铃格局。这一年，四大跨国出版集团——阿歇特、兰登书屋、哈珀·柯林斯和企鹅出版集团在英国大众图书市场上的增长速度均令人称道。如阿歇特集团的机构增长率为8.2%，占英国大众图书市场16.4%的份额；兰登书屋的机构增长率为6.1%，占英国大众图书份额的15.4%。2006年英国出版业的另一个亮点是，由费伯出版社领导的独立出版商联盟的销售额比2005年增长了23.3%，尽管其销售额并不大，仅为3880万英镑。日子不好过的是中型出版机构，2006年西蒙与舒斯特、布鲁斯伯利、泛麦克米兰在英国大众图书市场上继续受到挤压，统计数据表明，他们的图书销售额又有不同程度的下滑。

（3）多渠道的发行系统

美国图书发行主要有这样的几条渠道。①超级连锁书店。比如，巴诺书店在全美共有700多家连锁书店，其中面积在2000平方米以上的书店就有200多家。②图书中盘公司发行。比如，英格兰姆和贝克·泰勒是美国最大的两家图书中盘公司，均拥有30万到40万图书品种的发现能力。③出版集团自办发行。主要是发行教科书和畅销书，比如兰登书屋、麦格劳·希尔和培生均有强大的批发和物流系统。这些发行部门在为公司发行图书的同时，也为其他出版社发行图书，具有"第三方发行"的功能。④直销。比如，针对图书馆等特殊客户的销售，另外，相当份额的专业图书也采取这种直接面对读者的销售方式。⑤读者俱乐部。这5大渠道之间既是一种互补的关系，也形成一种竞争的关系。

与出版集团一样，发行公司也在走专业化和市场细分的道路。比如，英格兰姆于2004年创建的出版商服务公司就是通过为出版商和零售商提供个性化服务而获得市场利润的公司。该公司上游有23家出版社，下游客户则主要有亚马逊书店、巴诺、鲍德斯及大学书店等。该公司已经从传统的批发模式（以量取胜）转向以服务取胜的新的发展模式。

4.2 日本出版产业结构现状

日本出版产业的发展历程，既有与世界出版业相同相通的共性特点，也有与日本的社会制度、文化、产业政策、教育等相应的自身特色。由于资料的限制，在叙述日本产业结构现状时用到的数据有些陈旧，但我觉得同样可以达到本节的写作目的。

（1）哑铃型的产业链

中间经销商（批销）小（少），生产厂商（即出版社）和零售商（即书店）两头大（多）的哑铃状产业链结构，是日本出版产业结构的一个很重要的特点。两头进入壁垒比较低，企业数量众多；中间进入难度大，厂商数量有限。日本出版业近些年的市场结构在不同的环节上呈现出不同的特点。在出版产业的上游，即图书的生产厂商数量众多，近年来一直维持在4000多家以上。在图书的经销环节，却只有70多家经销商，并且，东贩与日贩两巨头就瓜分了百分之七八十的市场份额。在书刊的零售商方面，则是书店众多，全日本达18000多家。鼎盛时期，日本出版行业有7000多家出版社、20000多家书店。在出版行业的"周边地区"，还有2000多家编辑制作室、装帧设计事务所，还有更多的作者、自由撰稿人、自由编辑者、图片摄影师、版面设计师和书稿校对者等。[①]日本市场上销售的几十万种书籍，有70%左右是通过出版商—经销商—书店—读者这个亚铃型的渠道流通的。

（2）厂商（出版社）结构

第一，日本出版社80%以上集中在首都东京。作为信息产业，全世界发达国家中的出版社大都集中在政治经济中心的大城市。日本的出版社75%以上集中在首都所在地东京。

东京不仅是日本的政治、经济中心，而且也是包括东京大学等名牌高校及科研单位在内的学术、文化和信息中心。大多数学者、评论家、作家及著名执笔人都居住在首都圈，且与出版密不可分的关联企业——印刷、装订、批销等也大都集中在这里，这里的出版资源及环境不可替代。

日本的出版社集聚于东京是其一个重要特色。从历史上来看，日本的出版社多数都是短命的，这也是日本出版产业的一个特点。例如，2001年全日本的4391家出版社中，除540家创办时间不详外，"二战"前创立的有417家，仅占总数的9.5%，"二战"后创立的3434家，占总数的90.5%。20世纪90年代前创立的还不到三分之一。

---

① [日]小林一博. 出版大崩溃[M]. 甄西译, 上海三联书店, 2004.

第二，出版社的资本金比较少，规模比较小。日本总人口为1.2亿人，2002年共有4361家出版社、70余家出版代销公司、1.8万家书店和5万家便利店。日本全国出版企业的职工大约有10万人。[①]

在企业资本金方面是比较少的。2002年资本金在1亿日元以上的出版社有257家，仅占总数的5.9%；其中专业出版社占10%左右。501万～1000万日元的为1413家，占总数的32.4%；1001万～2000万日元的428家，占总数的9.8%；201万～300万日元的为259家，占总数的5.9%；2001万～3000万日元的为187家，占总数的4.3%。"情况不明"的1261家，其中包括社团法人、财团法人、学校法人、任意团体、特殊法人、福祉法人等。资本金在5000万日元以下的中小出版社占75%以上。[②]

出版社规模也普遍较小。47%的出版社职工不到5个人，10人以下的2235家，占总数的50.7%；11～50人的1040家，占总数的23.8%；51～100人的234家，占总数的5.4%；101～200人的150家，占总数的3.4%；201～1000人的114家，占总数的2.6%；出版社职工超过500人的非常少，只有讲谈社、小学馆、集英社等36家大型出版社人数在1000人以上，约占总数的8.2%。无法统计的582家。因此，日本的出版产业结构中，中小企业和个体企业占有绝对数量优势。[③]

2002年的4361家出版社中，年出版10种以上新书的出版社有1040家，占总数的23.8%；出版100种以上新书的出版社有145家，占总数的3.3%；出版1000种以上新书的出版社有4家——讲谈社（2130种）、文艺社（1797种）、学习研究社（1045种）和角川书店（1030种），仅占总数的0.9%。[④]

第三，产业集中度偏高。从以上数据中可以发现，日本的出版产业集中度是比较高的，大企业较少，75%以上为中小企业。根据日本经济产业省统计，2005年，从不同规模企业销售额看，数量很少的大型出版社的销售额相对很大。虽然100人以上的出版企业只占到总数的3.4%，但其产生的销售额却占总额的71.1%。10人以下的小出版社虽占总数的50.7%，但其销售额仅占出版业总量的2.7%。从不同资本规模的企业看，出版业中销售额比例最高的，主要是资本为1亿～5亿日元的企业，占到32.5%，其次分别是5亿日元以上的和1000万～5000万日元的，分别占22.8%和26.7%。

---

① 中国版协组团赴日本进行交流[N].中国版协通讯，2005年第2版.

② 孙洪军.日本出版产业论[M].中国传媒大学出版社，2009年8月第1版.

③ 同②.

④ [日]出版年鉴[M].出版信息社，2003.

4.3 发达国家出版产业结构比较分析

通过对上述西方发达国家出版产业结构现状的分析，发达国家出版产业结构的特征可以概括为下面几点。

（1）产业组织的集中度较高，且企业呈现两极分化态势

市场集中度（Concentration Ratio，CR）和规模是市场结构的主要内容，也是衡量某一市场竞争程度的重要标志，并且是决定某一市场绩效或效率的重要因素。简单地说，集中度是衡量某一市场（产业）内企业之间市场份额分布的一个指标。市场集中度是指某产业中规模最大的前几家企业占整个市场或产业的份额，是市场寡占程度的一个指示器，其突出优点是综合反映了产业中的企业数目及其规模分布。衡量市场集中度大体上有两个指标：一是绝对集中度指标，即在规模上处于前若干名企业的市场占有率；或者在某一百分比的市场占有率之内的最大规模企业的数目。这是一种常见的指标。另一类指标是相对集中度指标，如洛伦茨曲线等。①

发达国家的出版业都有一种集中化的趋势，而且集中的速度在不断地加剧，在20世纪60—70年代美国出版20强企业所占市场份额一直在60%以下，到了20世纪90年代这一比例上升到80%以上。造成这一趋势的直接原因是20世纪80年代后期掀起的一轮兼并收购狂潮，但从产业理论深层次来看，是企业希望以规模经济来增加市场竞争力，以使单位产品的生产成本和流通费用达到最小。但是，每个产业的市场规模都有一定的界限，有限的市场规模和企业规模的无限扩展必然造成生产的集中。但中小型出版社它们出书方式灵活多样，是出版业中不可缺少的重要组成部分。一网打尽式的出版集团模式并不利于出版业的发展。只有大小相结合，让大的更大、更强，小的更专、更活，营利性出版企业与非营利性出版企业同时并存。

因此，出版产业成熟的发达国家都有众多的出版社，企业两极分化明显，一级是为数不多的跨国出版巨头，占据了很大的市场份额，另一级是数量庞大的小型企业，二者遵循不同的发展逻辑，采用不同的竞争策略，但都表现得生机勃勃。相比较而言，中等规模的企业数量不多，且竞争能力较差。

（2）产业布局的集中度较高

产业布局是资源在空间配置的一种重要方式，其主要任务是研究产业空间的分布规律，促进产业经济的合理布局。② 由于产业布局是经济发展的主要组成部分，

---

① 乔治·J. 斯蒂格勒. 产业组织和政府管制 [M]. 生活·读书·新知三联书店，1993.
② 蒋昭侠. 产业结构问题研究 [M]. 中国经济出版社，2005年1月第1版.

而产业结构的调整和发展又是产业发展的核心，因此，产业布局的本质就是产业结构的调整和发展。产业布局根据一定的地理位置、自然条件和自然资源、人口和劳动力、科学技术和社会经济条件形成一定的地理空间上的布局。不同地区条件的差异，适宜发展的产业部门也不尽相同。

出版产业布局的总体目标是实现产业的合理布局和出版资源在空间上的有效配置。大多数的出版企业，都集中在发达国家的几个重要的城市中，成为城市经济的重要组成部分。这一点在日本表现得特别明显。日本共有4500多家出版社，大多规模不大，其中47%的出版社职工不到5个人，三分之二的出版社职工不到10人，最大的出版社是讲谈社，约有职工1200人。日本共有发行经销商70余家，最大两家——东贩和日贩的发行量占到总发行量的90%，出版社90%都集中在东京地区，1.8万家书店和5万家便利店则遍布全国。

（3）大型出版集团都采用资本运作的方式进行扩展

资本运作是指通过投融资、资产重组和产权交易等手段，对资本（包括货币化资本和资本的各种变化形态）进行优化配置和有效使用，从而实现资本增值最大化的活动过程。它包括两层内涵：一是从宏观上讲，资本运作是市场经济条件下社会资源配置的一种重要方式，它通过资本层次上的资源流动达到优化社会资源配置结构的目的；二是从微观上讲，资本运作是利用市场法则，通过对资本本身进行技巧性的运作，以实现资本增值、效益增长的一种经营方式。[①]

资本运作将经济体所有的各种社会资源、各种生产要素，即经济体所拥有的各种形态的资本，视为可以经营的价值资本，通过兼并、合并、重组、控股、参股、投资、租赁等途径，进行优化配置实现最大限度的增值。传媒资本运作的基本原理与形式和其他行业的区别在于运营主体的特殊性。所谓传媒资本运营，就是将传媒所拥有的可经营性资产，包括和新闻业有关的广告、发行、印刷、信息、出版等产业，也包括传媒所经营的其他产业部分，都可视为有经营价值的资本，通过价值资本的流动、兼并、重组、参股、控股、交易、转让、租赁等途径进行运作，优化传媒资源配置，扩张传媒资本规模，进行有效经营以实现最大限度增值目标的一种经营管理方式。

新闻集团是一家公开上市公司，从表4.1中可以看出，虽然新闻集团创立不过50余年，但它所进行的并购活动比一些持续经营上百年的工商企业都多，在媒介领域更是首屈一指。

[①] 慕刘伟主编. 资本运作[M]. 西南财经大学出版社，2005年5月第1版.

表 4.1　新闻集团并购路径一览表

年份	兼并/收购	被并购企业名称及所在地	业务
1954	兼并	《星期日广告人报》，澳大利亚阿德莱德	报业
1960	收购	《镜报》，澳大利亚悉尼	报业
1962	收购	沃龙冈 WIN 第 4 频道，澳大利悉尼	电视
1968	收购	《世界新闻报》，英国伦敦	报业
1969	收购	《太阳报》，英国伦敦	报业
1972	收购	《每日报》《星期日电视报》，澳大利亚悉尼	报业
1973	收购	圣安东尼奥《快报》《晚报》《星期天报》	报业
1976	兼并	《纽约邮报》，美国	报业
1979	收购	安塞特运输工业公司 50% 股份，澳大利亚	实业
1980	收购	《泰晤士报》《星期日泰晤士报》，英国	报业
1982	收购	《波士顿先驱报》，美国	报业
1984	收购	《芝加哥太阳报》及辛迪加新闻和特稿服务社，美国	报业通讯社
1984	兼并	齐夫—戴维斯出版公司和《新女性》杂志，美国	杂志
1985	收购	20 世纪福克斯电影公司 50% 股份和都市传媒公司 7 家电视台，美国	电视
1986	收购	《南华早报》，中国香港	报业
1987	收购	哈珀·罗出版公司和澳大利亚《墨尔本论坛报》	出版、报业
1988	兼并	三角集团，拥有《电视指南》和《17 岁》杂志等，美国	报业、杂志
1989	收购	柯林斯出版公司，与哈珀·罗出版公司组成哈珀·柯林斯出版社，美国	出版
1992	兼并	香港新闻数据安全产品有限公司 "NDSP"，中国香港	信息
1993	收购	香港星空卫视（Star TV），中国香港	卫视
1996	收购	美国新世纪通讯集团（拥有 10 家电视台）	电视

续表

年份	兼并/收购	被并购企业名称及所在地	业务
1997	收购	美国新世纪通讯集团	电视
2001	收购	与高盛等企业合作买下中国网通 12% 股权	网络新媒体
2001	收购	克里斯—克拉夫特工业公司旗下 10 家电视台	电视
2002	收购	芝加哥 WPWR—TV，美国	电视
2003	收购	收购直播卫星公司 34% 股权并掌握运营权，美国	卫视
2003	收购	Telepiu 卫星电视平台，意大利	卫视
2003	兼并	Stream 成立 Sky Italia，意大利	卫视
2004	兼并	昆士兰新闻出版集团，澳大利亚	出版
2004	收购	60 亿回购买断福克斯剩余的 18% 的股份，美国	电视
2005	收购	MySpace，美国	网站新媒体
2005	收购	视频游戏业务 ICN 娱乐公司，美国	视频游戏
2005	收购	Scout. Media, Inc，美国	媒体集团
2006	收购	MySpace 的母公司 Intermix Media 公司	网络新媒体
2007	收购	图片分享网站 Photo Bucket，美国	网络新媒体
2007	收购	道琼斯集团，美国	媒体集团

资料来源：罗燕红. 美国新闻集团的并购启示 [J]. 东南传播，2009(4)。

所以，资本市场的运作是西方出版企业迅速扩大规模、调整业务领域最常用也是最为有效的手段。在经济全球化、信息网络化的今天，不懂得资本运作，不能进行资本市场运作的出版企业必将在全球市场的竞争中无立足之地。

（4）国际市场成为企业发展的战略重点

首先是大型的出版集团纷纷进行跨国界的兼并重组活动，在全球范围内重新配置资源。组稿、编辑、印刷、发行都在空间上出现了分离，并且最终产品通过全球网络在全世界进行销售。其次，发达国家之间以及发达国家对发展中国家进行文化输出现象愈演愈烈，比如日本的漫画大举进入英美等出版强势国家，并且大受欢迎，而英美国家的出版更是早已瞄准了全球市场，利用其强势的话语权和影响力在发展中国家大肆推销其文化产品。最后，所有的跨国出版集团无一例外地都建立了针对亚洲尤其是中国的战略计划，这显示出跨国出版集团对新兴出版市场敏锐的嗅觉和敏捷的反应能力。

从上述分析可以看出，发达国家出版产业都有着强烈的市场意识、创新意识和变通能力，能够紧紧把握住全球化、信息化浪潮的机遇，积极主动地调整自身的产品结构、组织结构和商业模式，注重长期和短期发展战略的均衡，注重国际和国内市场的均衡，从而在一个商业环境发生巨大变革的时代牢牢把握住生存和发展的主动权。这些都是我国出版产业发展过程中值得学习和借鉴的地方。

4.4　金融危机对出版产业发展的影响

随着美国次贷危机引发的金融风暴在全球迅速席卷开来，各个国家和各行业都受到一定的影响，出版产业也同样不可避免。为抵挡金融风暴的侵袭，我们从历史上波及范围较大、影响深远的两次全球性金融危机——1929年世界经济危机和1997年亚洲金融风暴对出版产业产生的影响中，总结出一些规律和经验为出版产业发展提供参考。

4.4.1　1929年世界经济危机对美国出版产业的影响

（1）报业加快跨行业联合

美国报媒采取跨行业联合的措施来增强自身的竞争能力。到1940年，全国共有三分之一的电台与报纸建立了联系。另外，兼并与破产使报刊的数量平稳地减少，到19世纪40年代，大约只有120个城市拥有一家以上的报纸经营部门，1930—1941年的净倒闭率高达48%。报业连锁在这十年期间保持着大约60家，控制着300份报纸。[①]

（2）杂志受影响较小

在大萧条的背景下，杂志的销量稳中有升，大都保持了稳定的发展，发行量还略微有所增长。如《读者文摘》，大萧条刚开始的时候只有25万的订户量，到大萧条结束，其发行量接近七八百万份。但是女性期刊保持了1200万的订户量，幽默杂志发行量却缩减了许多，到1935年发行量只有大萧条之前的一半多一点。

---

① 周鸿铎. 传媒产业机构模式 [M]. 经济管理出版社，2004.

（3）图书业大受打击

据统计数据表明，1931年购书经费是一年两三百万美元，1933年缩减到不足100万美元。消费者购买力的不断下降，给图书出版造成了沉重的打击。新书总产量也从1929年的将近2.5亿册，下降到1933年的1亿册。因此，经济危机给美国图书出版带来了非常沉重的打击。

4.4.2 亚洲金融危机（1997年）对各国出版产业的影响

亚洲金融风暴对日本、韩国等国家的经济产生了严重的影响，但欧美、中国并没有受到太大的冲击。在受到冲击的国家中，传媒产业受金融危机的影响最明显。

（1）日本大力发展文化产业

亚洲金融危机爆发后，日本为摆脱困境积极调整产业结构，将国民经济增长的重点从传统的制造业转向文化产业，把"文化立国"战略落实成具体的方针政策。1997年11月，政府公布振兴经济方案，其中包括"将企业和个人对广播电视等媒体的出资比例最高限额从原来的10%提高到1/3"，[1]放宽了对传媒产业的投入限制。1998年提出"文化振兴基本设想"，把文化的振兴提高到国家最重要课题的位置。2003年又制定了"观光立国战略"。另外，动漫等其他文化产业也借此机会大力发展，民间财团和经济团体开始组织有关数码内容、动漫产业的学术研究。目前，动漫产业已经成为日本的第三大产业，文化产业总规模仅次于美国。

（2）韩国政府扶持电影业

据韩国文化观光部的统计，如表4.2所示韩国的日报，包括专业性报纸至此才恢复到金融危机前的水平，但周刊、月刊等杂志仍然低于前几年的水平。[2]

表4.2 亚洲金融危机对韩国报纸的影响

年份	1996	1997	1998	1999	2000
数量/家	116	105	108	112	116

在本次金融危机中，韩国电影产业是韩国经济增长最强劲的产业。1998年，韩国正式提出"文化立国"方针，调整传统产业结构，将包括传媒产业在内的文化产业作为21世纪发展国家经济的战略性支柱产业。在金融危机发生前，韩国电

---

[1] 陈文鸿，朱文晖. 东亚经济何处去——97东亚金融风暴的回顾与展望[M]. 经济管理出版社，1998.

[2] 郭镇之. 亚洲金融危机后的韩国新闻事业[J]. 新闻战线，2001(1).

影由于投资少、制作粗糙在本国电影市场中占有的份额还不到20%。然而在金融危机之后，韩国电影产业却展现出另一番局面。第一，韩国进行大范围的经济结构调整，改变原有的财阀式结构，使原本控制着电影产业的垄断巨头三星、现代、大宇等大财团纷纷退出电影行业，其垄断局面被打破。第二，政府的大力扶持。为保护本国电影的快速健康发展，韩国政府在施政纲领中明确指出："我们将通过强制手段，来保证韩国国产电影在上映档期上的配额，并给予专门发行放映国产电影的发行公司和影院以税收上的优惠，这些政策将持续到国产电影的市场占有率达到40%。"为此政府每年拨出巨额经费，重点支持20部国产电影的拍摄，并规定影院每年放映国产电影不得少于126天。[1]

---

[1] 张西明. 举足轻重的文化产业 [N]. 学习时报，2004.

第五章　促进我国出版产业结构调整的对策

5.1　出版集团化促进产业集聚

我国出版业一般集聚在具有雄厚经济实力和知识储备的区域中心城市。中心城市是指在经济上有着重要地位、在政治和文化生活中起着关键作用的城市，它具有较强的吸引能力、辐射能力和综合服务能力[1]。区域中心城市的影响范围一般都跨越省级行政区的界限，是大区的中心。表5.1列出2007年七大区域中心城市出版社数量。

表5.1　2007年七大区域中心城市出版社数量

	出版社数量/个	出版社数量占总量的比例/%
中央出版社	220	38.06
北京	17	2.94
上海	39	6.75
西安	18	3.11
广州	18	3.11
成都	16	2.77
武汉	14	2.42
沈阳	13	2.24
合计	355	61.42

但是，由于我国出版产业集聚的发展尚处于初级阶段，且出版产业受政府的影响较大，我国出版产业形成了企业主导和政府扶持相结合的集聚模式。

我国出版产业集聚的形成带有政府扶持的政治色彩。近几年来，正是因为政府的大力支持，我国出版产业集聚得到快速的发展。企业主导型出版产业集聚可以看作是内在或自发形成的集聚，而政府扶持型出版产业集聚是外力影响下的集聚。我国出版产业兼有这两种集聚模式，受企业和政府的双重推动。[2]

---

[1] 国家计委国土开发与地区经济研究所课题组 [J]. 对区域性中心城市内涵的基本界定. 经济研究参考，2002(2).

[2] 肖超. 我国区域中心城市出版产业集聚现状、特征及原因分析 [J]. 出版科学，2009(5).

西方发达国家的出版产业是企业主导的作用非常强大，而政府扶持的色彩则相对较弱。我国出版产业在发展过程中要尽量减少政府的行政作用，变政府推动下的被动集聚为企业主导下的主动集聚。

5.2 加快出版国际化进程

随着"中国出版走出去"战略的提出，这已经成为出版界使用频率较高的词语，也越来越被出版界和社会各界所关注。尽管面临困难和问题，但中国出版走向世界的前景还是很乐观的，因为在国外有对中国出版物的强烈需求，世界对中国出版物存在着潜在的需要。出版界顺应开放的形势，也开始了走出国门，走向世界的艰苦探索。多年来，国内出版社尝试了各种方式，努力把中华文化推向世界，取得了许多显著成绩，为中国出版"走出去"积累了经验。

（1）版权输出

版权输出是中国图书"走出去"最便捷的形式，是出版物"走出去"的主要形式。版权输出，是与版权贸易中的版权引进相对应的一个概念，特指将中国内地出版社出版的图书，通过转让版权、版权贸易的方式，把中文图书的海外版版权授予或转让给有关出版商，使其在海外出版发行。自20世纪90年代以来，我国与国外出版商成交的图书版权贸易项目已经有11000多项，但是输入的图书版权数量远远大于输出，这种情况多年来没有多大的改变。但是从长远看版权贸易是一种很有发展的业务。在发达国家，有许多出版社向外转让版权的收入甚至超过了出版物出口的收入，超过了国内的营业收入。版权输出的图书对对象国的影响力更为持久和普及，通过进入国外的主流出版社和主流发行渠道，可以获得最大的经济效益与社会效益。

版权输出与一个出版社的产品结构、图书品牌和原创能力息息相关。让中文出版物走出国门，取决于对海外业界的了解程度以及对国际图书市场的适应程度。实现这个跨越需要一个过程，即了解外国出版、了解外国市场、学习外国出版的一个过程，缺少这个过程，中文出版物就无法顺利地实现由此岸到彼岸的转换。在这个转换的过程中，可以借助海外华人出版界对国外有透彻了解的优势，共同组织出版，还可以与海外出版社合作，借助其对当地市场的熟悉程度，出版适用于海外市场的图书，通过合作实现中外文化的交流。

（2）中外合作出版

现在越来越多的中国出版机构开始与国外有影响力的大型出版集团进行合作，针对国外读者的需求，共同开发选题，共同翻译，直接在国外出版外文版中国题材图书，这样的图书由于有国外出版机构的参与，选题有针对性，制作、编辑水平比较高，再加上国外出版机构的营销渠道往往能得到国外读者的认可。

《李岚清教育访谈录》（英文版）由外研社负责国内市场的出版发行，培生集团负责国外市场的出版发行。在德国法兰克福国际书展期间，外研社联合培生教育出版集团组织了首发式。培生教育出版集团并组织该书在美国、澳大利亚、新西兰、加拿大、新加坡、韩国以及我国香港、台湾地区发行，市场前景较好。

但是，在一些"合作出版"的模式中，承担最大风险的仍然是内地出版社。外方出版机构在并不投入资金的方式下，通过合同约定，分担中方出版机构生产成本的方法，要求平分出版利润，这种方式看似公平，实则利用了中方出版机构的生产资金、业务关系、市场影响等诸多有形和无形资本。并且在图书出版后一定时间（4~5个月）按印数而不是按销售量来计算并支付"所得"。将市场风险转嫁到了中方出版机构身上，外方出版机构构筑这种所谓的"合作出版"模式，以格式条款做出有失公平的约定，从而达到对出版流程的控制甚至决策、收入旱涝保收的目的，这对中方出版机构来说显然是不公平的，也不利于我国民族出版业的发展[①]。

（3）海外直接办出版和发行

海外办出版走本土化之路。当今世界，出版传播市场基本上被跨国出版集团所垄断。由于改革滞后，国有出版机构远未做大做强，尚不能适应出版物市场激烈竞争的局面，更难以在国际市场上一展身手，在跨国出版传媒的传统领地上争得立足之地。迄今为止，虽有报刊图书出版单位尝试海外经营，但鲜有成功范例。因此，海外办出版，走出去直接参与国际竞争，对中国出版而言，无疑是一个更为严峻的挑战。

一些实力雄厚的机构往往采取开书店的办法，在国外销售中文图书。中国图书进出口总公司、中国出版对外贸易总公司、中国国际图书贸易总公司等都在国外自办书店，向当地的读者出售中文版图书。我国开办的这些书店大都设在华人聚住的大都市里，如美国的纽约、旧金山、洛杉矶，英国的伦敦，澳大利亚的墨尔本。西欧的一些国家也有中国书店的影子。此外，港台的一些公司也在欧美等一些城市设有书店，专责销售中文版图书。香港联合出版集团在美国东西海岸、英国、北欧等都有自己的书店。中国台湾的书店则大多开设在美国。西欧一些国家的华人也有开办中文书店的，但规模不大，大多惨淡经营。

---

① 石林. 警惕中外合作出版的新变种[J]. 出版参考，2005年5月下旬刊.

5.3 出版组织结构创新

中央政府从2003年开始推动出版主体由事业转制为企业的改革试点工作。"事转企改革"的目的是要把出版单位转变为真正的市场主体，使其在发展过程中碰到问题时通过市场来加以解决，这是出版主体转变增长方式的前提。除少数承担公共产品和半公共产品生产的出版单位可继续保留事业单位性质（这并不意味着这些出版单位不需要进行体制和机制的改革）外，其他出版单位均应转制为企业。出版单位转企改制应注意下面三点。一是建立以国有多元股份制公司为代表的现代企业，完善企业的法人治理结构。二是完善出版企业高层管理人员的任命和选拔制度，把党管干部和市场选择经营者有机结合起来，培养一批遵守党的政治纪律、懂出版、会经营、善管理的出版家。三是出版企业的激励机制，重点是对高层管理人员的激励。这样做的目的是从制度上保证出版企业摒弃短期行为，放弃粗放型的增长方式，更多地从长远发展的角度来从事经营活动[1]。

伴随着我国出版业体制机制改革的不断推进，出版社由传统的事业单位企业化管理转变为企业，为了适应环境的变化和企业加强内部经营管理的需要，出版社也开始了组织创新，一系列新的组织形式开始出现，促进了我国出版业的发展。随着出版业引入竞争机制，一些出版单位依据自身的优势，抓住我国市场经济发展的机遇，得到了快速的发展，如高等教育出版社、电子工业出版社、外语教育与研究出版社、机械工业出版社、清华大学出版社等，出版社的规模不断扩大、业务更加多元化，管理协调的难度加大，一些出版社开始探索采用事业部制组织形式，根据图书品种划分事业部，各事业部具有较大的决策权，可以自主考虑图书的出版、发行等业务，在事业部之间还可以形成竞争关系，可以调动单位内部的积极性，实现企业更快的发展。另外，一些出版社采取分社的组织结构，其实也是事业部制的组织形式，如机械工业出版社等。还有一些出版社采取项目制的组织形式，以项目为中心组织出版资源的出版活动，可以集中优势，突出重点，强化责任和激励，提高对市场的反应能力，项目制形式在一定程度上克服了传统的直线职能制组织层次多、决策速度慢的缺点，是一种新的探索和有益的探索。

出版业组织创新的另外一个方面是围绕市场开拓进行的组织创新行为。出版市场的开放和市场主体的多元化，使得一些出版社和期刊社、报社的实力增强，传统的单一发行渠道被打破，自办发行开始出现。新的图书营销形式，如网络营销、直销等也得以迅速发展，许多出版社建立了网站，进行图书的宣传和网络销售，一些网络书店如当当网、卓越网、蔚蓝网等图书营销成为一种重要的图书销售渠道。

---

[1] 陈昕. 中国图书出版产业增长方式转变研究 [M]. 广西师范大学出版社，2008年1月第1版.

围绕图书的发行，一些出版社组织了书友会、读者俱乐部等组织，这些组织构成了一个读者的网络，在图书的发行方面起到越来越重要的作用。现代出版业组织联系如图 5.1 所示。

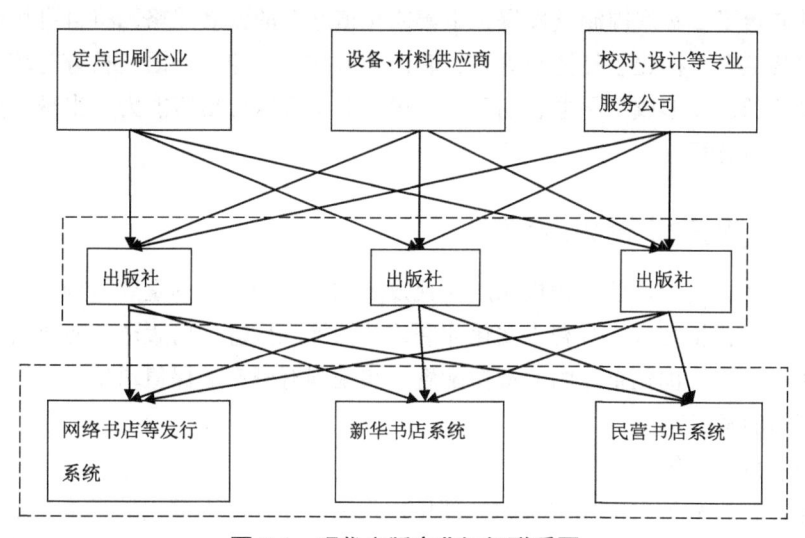

图 5.1　现代出版产业组织联系图

资料来源：李治堂、张志成等，中国出版业创新与发展，印刷工业出版社，2009 年 2 月第 1 版。

因此，我国出版业的组织创新是出版业创新发展的重要内容，出版业的组织创新受到了市场化、国际化和网络化的影响，正处于不断的发展演变过程，出版业组织创新改变了传统的产业组织结构和企业的组织形式，必将进一步推动我国出版业的繁荣发展。

5.4　出版产业跨媒体经营

出版产业跨媒体经营主要有两种途径：外延扩张和内涵发展。

加入 WTO 后，传媒管理政策的进一步放开，使国外资本对我国传媒领域进行广泛的渗透。但我国出版产业的规模有限，小而全、小而弱、小而老，呈现出均衡布点的产业格局，无法与境外传媒力量抗衡。因此，必须大力整合现有传媒资源，组建跨地区、跨媒体的综合性、多功能的传媒集团，通过资源互补，各媒体之间的互相扶持，尽享"范围经济"协同效应。由此可见，组建跨媒体集团不仅仅是应对国际竞争的需要，更是出版产业发展扩张的必经之路。

另外，内涵式发展侧重于内部积累、自我裂变，在企业内部寻找、培养新的经济增长点。一些出版社通过诸如内部扩张和自我裂变等内涵式发展形式，自我调整和发展，提高经营规模、综合实力以及经营理念，积极开展社刊工程、社报工程，实现书、报、刊、电子、音像等媒体的互动。如高教社、外研社、人大社等出版社内涵扩张就取得非常好的效果，成为业界一道亮丽的风景线。九五期间，人大社制定了"实现内涵式发展，走集团化道路"的发展战略，将自身优势与市场需要相结合，构建了经济与管理，政治与人文、法律、外语、教育与培训五大出版事业部，并形成了图书、期刊、音像、电子等综合出版能力，出现了多媒体兼营互动的局面。

5.5 出版产业资本运营

出版产业资本运营是积极顺应时代发展的趋势和潮流的重要措施。将生产经营与资本运营相结合，有利于文化体制改革的深入推进、出版产业应进行结构调整和优化升级、优化企业内的资源配置，实现国有资产的保值增值，最终推动出版业资本的发展。

（1）内部化扩张

企业扩张分为内部化扩张和外部化扩张两种途径。内部化扩张是指企业依赖自身盈利的再投入，以及在此基础上，通过企业内部其他因素条件的改善而实现企业的扩张，是企业内部管理型战略运用的体现。

大出版企业进行资本运作，首先要完成对产权制度的改革，做到产权关系明确，实现国有资本的合理流动与优化配置。出版集团要明确产权关系，必须清产核资和理顺财务关系。最后才能根据资本的流动性、增值性和扩张性的特点，推动优质资产和资源向集团关键领域与优势企业聚集，提升资本整体赢利能力。所以，出版企业在进行资本运作时，应该把提高公司的规范运作水平和培养持续的经营能力作为重点关注。

（2）外部化扩张

外部化扩张是企业依赖兼并、收购及其他外部化行为而实现的企业扩张，是企业外部交易型战略运用的体现。出版企业应当把多种媒体以及跨地区的横向并购与延伸产业链条的纵向并购相结合作为重点。并购重组可以实现产业结构的合理调整，优化资源配置。20世纪90年代，国际资本大量涌入美国出版业，使并购活动愈演愈烈，其中有培生集团耗资36亿美元收购西蒙·舒斯特，贝塔斯曼集团斥资近20亿美元收购兰登书屋。我国湖北长江出版集团与非公经济联合组建的北京新世纪文化公司（北京图书中心）、海豚文化传播公司，应该是资本运作的成功案例。

（3）上市融资

融资是企业资本运营的一种重要方式，它是一个动态的过程，具体表现为既定目标下对企业融资结构、融资方式、融资规模等的选择。典型的融资工具有两类：股票和债券。而出版企业上市要做好三项基本工作，一是利用上市过程优化业务、股权和人才方面的结构，最重要的是争取在上市之前引进战略投资者，这是股权结构和未来发展的必要条件。二是出版企业要做好上市概念。出版企业上市要尽快进入数字、网络、电信等新媒体市场，开辟出中国出版业未来发展的新兴领域，才能更容易得到资本市场的认可和支持。因为上市的最终目的是要得到资本及资本市场的认可。三是解决好上市后的一系列问题，如现行管理体制、运营方式如何与资本市场要求对接，出版行业的信用状况如何适应资本市场要求，在融入资本市场以后如何保持原有的控制力、如何保证内容导向、如何进行风险控制等。

总之，资本运营过程是一个充满挑战的过程，不能盲目追求资本运营过程的结果，不能单考虑通过资本运营扩大集团或者公司的规模，要和自己本身的优势相结合，考虑自己的实力和当前的市场环境，做出科学而理智的计划，这样资本运营才能达到预期的目的。

5.6 建设出版产业公共服务体系

我国出版产业至今仍处于培育和初步发展阶段，在发展过程中会碰到很多问题和困难。因此，需要借助国家政策的力量，通过制定有效的产业政策，支持中国出版产业以超常的方式发展。党的十六届五中全会和中共中央、国务院《关于深化文化体制改革的若干意见》提出"构建公共文化服务体系"的改革目标。完善的公共出版服务体系，应当包括公共出版政策法规体系、公共出版基础设施体系、公共出版生产供给体系、公共出版资金保障体系、公共出版人才保障体系、公共出版服务评估监督体系等内容。[①]

目前我国出版产业组织还较弱小，需要国家在经济政策上予以扶持，尤其是财政税收和融资政策。同时，我国出版产业机构，大多是由事业单位转变为产业经营的单位，因而转变过程中更离不开财政的支持。财政税收是最有效的调节手段，通过进一步完善财政政策，实施优惠的税收政策，促进出版产业的发展。

其一，国家可以通过财政优惠政策促进出版产业的发展。首先，国家适当地调整财政投入结构和投入方式，适当增加用于扶持出版产业化发展的政策性专项

---

① 吴淑芬，张养志. 出版产业发展过程中政府公共服务体系的职能研究 [J]. 北京印刷学院学报，2008(1).

投入,进而调整出版产业总量规模和水平,培植出既有实力又有能力的大型企业。其次是通过政府采购的方式,不仅可以弥补市场提供这些准公共产品类图书的不足,而且还可以大大提高这类图书的质量,并引导产业健康有序发展。最后,对优秀的、国内外市场前景广阔的出版产品的生产和经营给予财政补贴。如盲文出版社、少数民族出版社、古籍出版社等大多不能盈利而处于亏损状态,但是它们的存在和发展对于社会稳定和经济的发展都有着重要影响。

其二,税收优惠政策,包括税金减免政策、税利返还政策和差别税率政策。税金减免政策主要包括五个方面:一是继续执行文化企业多种经营的减免政策;二是对进口物品的减免税政策;三是对出版发行其他方面实行减免政策;四是执行出口退税政策;五是对重点扶持的出版行业也可适当减免税收。在出版物的进出口方面,政府可以采取"先征后还"的税收政策给予财政补贴以鼓励我国出版物"走出去",加快推行出版产业国际化战略。差别税率是对不同种类的出版事业和不同社会效益的出版产品和出版服务,实行不同的税率,可调整产业结构、引导资金流向。

其三,设立出版产业发展基金。基金的目的是对出版产业的主导行业和重要产品提供资金支持。基金以国家拨款为主,同时吸引社会资金和国外资金的投入。

综上所述,通过政府公共服务体系的职能发挥,使政府在出版业的管理上真正从过去单纯靠"为政治服务"和行政命令式的管理为主逐步走上以产业政策指导和法律法规管理为主的轨道,牢固树立服务意识,为我国出版产业的持续健康发展提供保证。

第六章 结语

进入 21 世纪，我国出版产业的发展环境发生了巨大的变化：加入 WTO 后，国外出版公司大量涌入，并通过与中国出版社合作，建立各种文化公司等迂回方式进入图书出版领域；科学技术成果在出版业中得到广泛的应用和普及，给出版产业的发展带来新的技术环境，数字出版飞速发展，成为图书出版业的一个新的收益增长点等。十七届五中全会中通过的"十二五"规划指出"深入贯彻落实科学发展观，高举旗帜，围绕大局，服务人民，改革创新，围绕加快转变经济发展方式，更加注重激发市场主体活力，更加注重调整产业结构，更加注重提升行业技术水平，更加注重保障人民群众的基本文化权益，更加注重增强中华文化的传播力和影响力"。

出版产业已经成为现代文化产业特别是信息产业的一个核心内容。国内外的实践证明，发展文化产业对于增强文化活力，推进文化的大发展大繁荣乃至整个经济社会的发展，都具有举足轻重的作用。因此，必须加快振兴出版产业，充分发挥出版产业在调整结构、扩大内需、增加就业、推动发展中的重要作用，更要结合当前应对国际金融危机的新形势和文化领域改革发展的迫切需要。

在我国出版产业结构调整的过程中，必须借鉴西方发达国家的结构调整的成功经验，并结合我国出版产业的属性和行业特点，有针对地优化我国出版产业结构。加快出版集团化建设，减少政府的行政职能，真正做到以资本为纽带和投资主体的多元化建设。加快出版产业资本运营，以顺应时代发展的趋势和潮流，将生产经营与资本运营相结合，促进文化体制改革的深入推进，加快出版产业结构调整和优化升级，优化企业内的资源配置，实现国有资产的保值增值，最终推动出版产业的健康发展。

参考文献

[1]　陈昕. 中国图书出版产业增长方式转变研究[M]. 广西师范大学出版社, 2008年1月第1版.

[2]　周蔚华. 出版产业研究[M]. 北京：中国人民大学出版社, 2005.

[3]　孙洪军. 日本出版产业论[M]. 北京：中国传媒大学出版社, 2009年8月第1版.

[4]　陈昕. 中国出版产业论稿[M]. 上海：复旦大学出版社, 2006年12月第1版.

[5]　冯志杰. 出版产业论[M]. 北京：研究出版社, 2002.

[6]　李悦, 李平主编. 产业经济学[M]. 大连：东北财经大学出版社, 2002.

[7]　霍落斯·钱纳里. 结构变化与发展政策[M]. 朱东海, 黄钟译. 北京：经济科学出版社, 1991.

[8]　[日]小林一博. 出版大崩溃[M]. 甄西译. 上海：上海三联书店, 2004.

[9]　周鸿铎. 传媒产业机构模式[M]. 北京：经济管理出版社, 2004.

[10]　陈文鸿, 朱文晖. 东亚经济何处去——97东亚金融风暴的回顾与展望[M]. 北京：经济管理出版社, 1998.

[11]　熊澄宇. 文化产业研究战略与对策[M]. 北京：清华大学出版社, 2006.

[12]　胡惠林. 文化产业学：现代文化产业理论和政策[M]. 上海：上海文艺出版社, 2006.

[13]　黄建. 出版产业论[M]. 南宁：广西人民出版社, 2005.

[14]　刘吉发, 岳红记, 陈怀平. 文化产业学[M]. 北京：经济管理出版社, 2005.

[15]　孙安民. 文化产业理论与实践[M]. 北京：北京出版社, 2005.

[16]　陆祖鹤. 文化产业发展方略[M]. 北京：社会科学文献出版社, 2006.

[17]　皇甫晓涛. 文化产业新论[M]. 长沙：湖南人民出版社, 2007.

[18]　蔡尚伟, 温洪泉. 文化产业导论[M]. 上海：复旦大学出版社, 2006.

[19]　丹增. 文化产业发展论[M]. 北京：人民出版社, 2005.

[20]　欧阳友权. 文化产业通论[M]. 长沙：湖南人民出版社, 2006.

[21]　张伟. 转型的逻辑——传媒企业研究[M]. 青岛：中国海洋大学出版社, 2007.

[22]　刘劲松, 王亚菲. 论中国出版产业的组织结构及其优化[J]. 当代财经, 2005年第1期.

[23]　张平慧. 网络出版走势描述[J]. 出版发行研究, 2001年第10期.

[24] 杨琦. 价值链与提升企业价值创造能力 [J]. 价值工程, 2002年第4期.

[25] 潘瑾, 刘婧阳. 艺术画作授权产业价值链分析 [J]. 北京社会科学, 2007年第4期.

[26] 肖新兵, 杨庆芳. 我国出版产业的特点 [J]. 出版科学, 2004年第6期.

[27] 方卿. 产业链分类与出版产业链的类别归属 [J]. 科技与出版, 2008年第8期.

[28] 方卿. 论出版产业链建设[J]. 图书·情报·知识, 2006年第9期.

[29] 徐丽芳. 出版产业链价值分析 [J]. 出版科学, 2008年第4期.

[30] 干春晖, 赵音璇. 中国图书出版业的市场结构、行为和绩效分析 [J]. 上海财经大学学报, 2005年第6期.

[31] 肖超. 我国区域中心城市出版产业集聚现状、特征及原因分析[J]. 出版科学, 2009年第5期.

[32] 石林. 警惕中外合作出版的新变种[J]. 出版参考, 2005.5下旬刊.

[33] 秦艳华. 出版资源整合的风险及制胜之道[J]. 出版发行研究, 2009年第12期.

[34] 吴淑芬, 张养志. 出版产业发展过程中政府公共服务体系的职能研究[J]. 北京印刷学院学报, 2008年第1期.

[35] 黄河飞. 冰山一角跨入新世纪的美国出版业管窥[J]. 出版广角, 2002年第7期.

[36] 贺耀敏. 金融危机背景下的中国出版产业分析[J]. 中国出版, 2010年第1期.

[37] 马也. 库存为何居高不下[J]. 新观察, 2006年第7期.

[38] 蒋雪湘. 产业融合环境下我国图书出版产业组织合理化目标模式探讨[J]. 编辑之友, 2010年第9期.

[39] 张霞. 跨媒体经营——出版产业结构调整新走向[J]. 图书情报知识, 2005年第1期.

[40] 沈菲菲. 媒介融合背景下我国出版集团产业价值链构建研究[D]. 中国科学技术大学.

[41] 肖文韬. 产业结构协调理论综述[N]. 武汉理工大学学报, 2003年第6期.

[42] 李伟, 王明山. 对传统产业结构的再认识[N]. 昆明理工大学学报, 2000年第1期.

[43] Clark C. The Conditions of Economic Progress [M]. Macmillan, 3rd edition, 1957.

[44] Kurokawa. Opening Japan Up to the World[J]. Science 21 November 2008.

[45] Ayo Olukotun. Authoritarian State, Crisis of Democratization and the Underground Mediain Nigeria. Jul 2002.

[46] Albert N Greco. Market Concentration Levels in the U. S. Consumer Book

Industry: 1995-1996. Journal of cultural economics. 2000. 24.

[47] Jason Shinder. The First Book Market : Where and How to Publish Your First Book and Make It a Success. John Wiley & Sons Ins, 2000.

[48] Coase, R. H. (1992). The Institution Structure of Production, the American Economic Review.

[49] Albarran, B. Alan. Research Paradigms: Issues and Contributions to Mass Communication Theory, Mass Communication & Society. Media Economics, 1998.

[50] Doyle, G. Understanding Media Economics, London :Sage Publications. 2002.

[51] Advanced Interactive Media Group. Digital Newspapers: What, How and Why, http://www.newsstand.com.

[52] Low, Linda, Economics of Information Technology and the Media. Singapore: World Scientific Co. & Singapore University Press. 2000.

（本文作者：赵光菊）

少儿图书出版产业集中度研究
——以供给侧结构性改革为视角

摘　　要

党的十八大以来,党和国家更加重视文化建设,文化自信是实现中国梦的重要方面。出版业肩负着繁荣文化事业和发展文化产业的双重使命,而少儿图书出版关系到我国少年儿童的启蒙教育,具有基础性作用。推进少儿图书出版供给侧结构性改革,对于少儿图书出版以及整个出版业的健康发展,对于少年儿童的培养,对于文化建设都具有重要的现实意义。

近年来,有300多家图书出版社涉足少儿图书出版领域,少儿图书出版品种数、总印数、定价总金额等各项指标持续上升,相比其他各类图书出版(如文学、社科、科技类)增速明显较快。同时,少儿图书的国外版权引进数量占总品种数和定价总金额的比重不断下降,原创占比不断提升。可以看出,少儿图书出版由原来的增加图书品种、扩大生产规模以及大量引进少儿图书版权等粗放模式,正逐步转向原创作品比重大幅度增加、原创精品图书和畅销书不断涌现的高质量发展的新阶段。整体来讲,少儿图书出版呈现出稳步发展的局面。

然而,少儿图书出版繁荣发展的背后,也存在着严重的结构性问题。最显著的问题就是少儿图书市场供求严重不均衡,存在明显的供给过剩,且日益严峻。从近几年的统计数据来看,全国少儿图书每年的总印数远远大于总销量。如2012年少儿图书总印数3.10亿册,总销量1.90亿册,相差1.2亿册;2016年少儿图书总印数7.78亿册,总销量2.00亿册,相差5.78亿册;2017年少儿图书总印数8.20亿册,总销量2.12亿册,相差6.08亿册。库存图书数量逐年上升,6年间几乎翻了3倍。

上述问题充分说明少儿图书市场供给侧和需求侧对接不充分,供给过剩,有效供给不足,满足不了不断变化的市场需求。少儿图书市场供给侧结构性改革已经成为少儿图书出版健康发展的当务之急。

本文以供给侧结构性改革为视角,对少儿图书出版产业集中度进行测算和整体判断,进而研究市场结构问题。本文选取了总品种数、新品种数、总印数和定价总金额四个指标分别计算了少儿图书出版产业的集中度,然后对四个指标进行赋权,从而测算出行业综合集中度指数。通过计算并综合有关因素,得到如下结论:我国少儿图书出版产业属于原子型产业,即使按照CR20也仅仅达到中下集中寡占型，远远没有实现资源的有效配置。在产业集中度测算和产业结构分析的基础上，本文分析和总结了典型出版社领先行业的具体做法。

通过对产业绝对集中度的测算、对产业结构以及典型出版社的分析研究，本文认为影响我国少儿图书出版产业集中度的原因是：产业布局不合理，规模经济不明显；产业进入存在壁垒；竞争不充分，资源流动性不足。最后，对我国少儿图书出版的供给侧结构性改革从宏观层面上和微观层面上分别提出了对策性建议。

关键词：少儿图书出版；产业集中度；产业结构；供给侧结构性改革

Abstract

Since the 18th national congress of the CPC, the Party and the country have attached more importance to cultural construction, and cultural confidence is an important aspect of realizing the Chinese dream. The publishing industry shoulders the dual mission of prospering the cultural undertakings and developing the cultural industry.Moreover, the publication of children's books is related to the enlightenment of Chinese children and plays a fundamental role. Advancing the supply-side structural reform of children's book publishing has important practical significance for the healthy development of children's book publishing and the whole publishing industry, as well as for the cultivation of children and cultural construction.

In recent years, more than 300 book publishers have been involved in the field of children's book publishing. The publishing of children's books keeps increasing from various indexes, such as the number of varieties, the total print run, and the total amount of pricing, and the publication rate of children's books is obviously faster than the other kinds of books (such as literature, social science, science and technology). At the same time, the foreign copyright import of children's books accounted for the total number of book varieties and the total pricing constantly declined and the proportion of original works keeps increasingly. It can be seen that the extensive mode of children's book publishing, such as increasing the variety of books published, expanding the production scale, and the massive introduction of children's book copyright, is gradually turning to the new stage of high-quality development that the proportion of original works is greatly increased and original quality books and best-sellers keep incrementally. Overall speaking, children's book publishing presents a steady development situation.

There are also serious structural problems behind the steady development of children's book publishing. The most obvious problem is the serious imbalance between the supply and demand of children's books. According to the statistics of recent years, the annual total print volume of children's books is much larger than the total sales volume. For example, the total print volume of children's books in 2012 was 310 million copies and the total sales volume was 190million copies, which cause a difference of

120 million copies. In 2016, the total print run of children's books was 778million and the total sales volume was 200 million, which cause a difference of 578million. The total print run of children's books in 2017 was 820 million copies with a total sales of 212 million copies, which cause a difference of 608 million copies. Overproduction has increased year by year, almost tripling in six years.

The above problems fully indicate that the connection between the supply side and the demand side of the children's book market is not sufficient that the supply is excessive and the effective supply is insufficient, which cannot meet the constantly changing market demand. Therefore, the supply-side structural reform of the children's book market has become an urgent matter for the healthy development of children's book publishing.

From the perspective of supply-side structural reform, this paper measures and makes overall judgment on the concentration of children's book publishing industry, and provides the basis for the research on market structure. In this study, four indexes including total variety number, new variety number, total print number and total pricing amount were selected to calculate the concentration degree of children's book publishing industry. Then the four indicators are weighted to calculate the comprehensive concentration index of the industry. The following conclusions can be obtained by calculating and integrating related factors: China's children's book publishing industry belongs to the atomic industry. Even according to CR20, it only reaches the middle and lower centralized oligopoly, which is far from the effective allocation of resources. On the basis of the concentration measurement and the analysis of industrial structure, this paper analyzes and summarizes the specific practices of the leading industries of typical publishing houses.

Through the calculation of the absolute concentration degree of the industry, the analysis of the industrial structure and the typical publishing houses, this paper believes that the reasons influencing the concentration degree of China's children's book publishing industry are as follows: unreasonable industrial layout, insignificant scale economy, barriers of industry entry, insufficient competition and scarce resource liquidity. Finally, the author puts forward some specific suggestions on the supply-side reform of children's book publishing in China from the macro level and the micro level.

Key words: Children's book publishing; Degree of industrial concentration; Industrial structure; Supply-side structural reform.

目 录　　　　　　　　　　　　　　　　　　　　　CONTENTS

第1章　绪论 144
　　1.1　研究背景及问题的提出 144
　　1.2　研究目的及意义 145
　　1.3　文献综述 146
　　1.4　理论依据、研究方法及数据来源 150
　　1.5　研究的重点、难点及主要创新点 151
　　1.6　概念界定 152

第2章　少儿图书出版产业集中度测算 156
　　2.1　少儿图书出版产业集中度计算指标选取 156
　　2.2　少儿图书出版产业的单项集中度与综合集中度 159
　　2.3　少儿图书出版产业集中度的计算 160
　　2.4　集中度分析的基本结论 164

第3章　少儿图书出版产业结构分析 165
　　3.1　绝对集中度分析的局限性 165
　　3.2　少儿图书出版产业规模及其增长 165
　　3.3　少儿图书出版规模结构分析 171
　　3.4　本章结论 177

第4章　典型出版社分析 179
　　4.1　典型出版社构成 179
　　4.2　典型出版社的成功之道 181

第5章　少儿图书出版产业供给侧结构性改革的建议 184
　　5.1　我国少儿图书出版产业结构性问题 184
　　5.2　宏观层面的对策建议 186

5.3　微观层面的对策建议 188

第6章　结论与展望 192
　　6.1　主要结论 192
　　6.2　下一步展望 193

参考文献 194

第 1 章 绪论

1.1 研究背景及问题的提出

党的十八大以来少儿图书出版进入了稳步健康发展期，也是其黄金十年的延展期。从 2012—2016 年中国新闻出版统计数据来看，全国少年儿童读物的品种数、总印数、定价总金额每年都在逐步上升，相比其他各类图书（如文学、社科、科技类）增速明显较快。少儿图书的引进版占总图书品种数和定价总金额的比重在下降。可以看出，少儿图书出版由原来的增加出书品种，扩大生产规模以及外版书的大量引进等粗放模式开始转向原创作品比重大幅增加、原创精品图书和畅销书不断涌现，少儿图书市场呈现出稳步繁荣发展的局面。

近年来，少儿图书出版走出去取得新的突破。2016 年曹文轩作为中国儿童文学作家首次获得"国际安徒生奖"；2017 年，《青铜葵花》美国版登上了《华尔街日报》《纽约时报》和《出版者周刊》三大童书榜，并获得科克斯小说奖。2018 年，中国成为博洛尼亚童书展的主宾国。同时，少儿原创突飞猛进。国家新闻出版广电总局鼓励原创的一系列指导方针和政策在 2016 年达到了高峰，少儿图书出版原创反超少儿图书版权的引进。"中国制造"的少儿图书出版读物不仅得到了国内认可，也开始慢慢被国际市场所肯定。

少儿图书出版稳定发展的同时，也存在着严重的结构性问题。从总体出版量上看，存在大量的供给过剩。近几年的统计数据显示，全国少儿图书出版读物每年的总印数远远大于总零售销量。如 2012 年少儿读物图书总印数 3.10 亿册，总销量 1.90 亿册，相差 1.2 亿册；2013 年少儿读物图书总印数 4.57 亿册，总销量 1.95 亿册，相差 2.62 亿册；2014 年少儿读物图书总印数 4.97 亿册，总销量 1.9 亿册，相差 3.07 亿册；2015 年少儿读物图书总印数 5.57 亿册，总销量 1.90 亿册，相差 3.67 亿册；2016 年少儿读物图书总印数 7.78 亿册，总销量 2.00 亿册，相差 5.78 亿册；2017 年少儿读物图书总印数 8.20 亿册，总销量 2.12 亿册，相差 6.08 亿册。库存图书数量逐年上升，6 年间几乎翻了 5 倍。从出版物品种看，少儿图书品类不均衡。从市场数据中可以看出，2016 年少儿图书在销品种数大约有 26 万种。在这 26 万种图书中，儿童文学类占 30.25%，图画书和漫画书占 23%，而科普、百科知识类只占 17.71%。

这一结构性不平衡已经严重影响到了少儿图书出版的发展。统计数据显示，

2011—2017年，少儿图书出版增长率尽管高于全国平均水平，但也是逐年递减，如2011年，少儿图书出版新出品种增长率为11.37%，2016年下降为11.15%（同期全国由9.62%下降为1.77%）；少儿图书出版总印张增长率为13.92%，2016年下降为9.55%（同期全国由4.64%提高为5.53%）。上述问题充分说明少儿图书市场供给侧和需求侧对接不充分，供给过剩，有效供给不足，满足不了不断变化的市场需求，少儿图书市场供给侧结构性改革已经成为少儿图书出版健康发展的当务之急。

供给侧结构性改革是新时代我国深化改革的基本方略，同样也是少儿图书出版乃至整个出版业改革的大方向。前些年，不管是政府层面还是微观企业，都是从需求侧推进产业的改革和发展，这导致了产出过剩，重复出版等问题。现在提出供给侧结构性改革是对过去需求侧改革的进一步提升和纠偏。少儿图书出版产业能否可持续健康发展，最关键的一点是通过供给侧结构性改革，优化供给，不断满足日益变化的市场需求，达到提质增效的目的，而不是一味通过刺激政策调节总需求。要研究少儿图书市场供给侧结构性问题，绕不开产业集中度。产业集中度是反映产业组织结构的典型指标，也是分析产业结构、发现供给侧问题，提出改革建议的重要方法。

1.2 研究目的及意义

1.2.1 研究目的

本文研究的目的是，应用产业组织理论及产业集中度分析方法，通过对我国少儿图书出版产业集中度的测算，探求少儿图书出版产业结构性问题，提出少儿图书出版供给侧结构性改革的对策建议。

本文探讨的主要问题如下：第一，少儿图书出版产业集中度测算指标的选取；第二，根据指标属性，选取少儿图书出版产业集中度测算方法；第三，通过对2011—2016年数据的具体测算，得出少儿图书出版产业集中度指数；第四，分析少儿图书出版产业结构，探讨典型出版社保持行业领先的共性因素；第五，分析产业结构存在的问题并提出少儿图书出版供给侧结构性改革的对策建议。

1.2.2 研究意义

本文的研究具有一定的理论价值。根据文献梳理，目前关于少儿图书出版产业集中度的研究应该属于空白，甚至对整个图书出版行业集中度的研究都属于弱项。在大量的文献资料查询过程中，只有寥寥几篇文献与图书出版产业集中度有关，而且大多是定性分析，没有深入挖掘数字背后的规律性，因此有必要就这一领域展开深入研究，丰富理论成果。

产业集中度是产业组织理论中常用的一种分析方法，大多研究者没能结合中国图书出版实际，简单地套用产业集中度分析模型，所得结论与实际情况存在一定出入，所提建议也就难免偏颇。本文首先根据少儿图书出版实际情况，以及可能采集到的数据情况，提出了一定创新性的产业集中度测算方法，综合反映少儿图书出版的集中度和产业结构。同时，在常态模型下，使用规范的定量研究方法，在分析大量数据的基础上，客观地评价少儿图书出版产业集中度和市场结构。

出版研究大多以定性研究为主，且偏于文化研究；出版学研究中的产业研究很不成熟，出版产业结构研究更是少之又少。本文力图通过对少儿图书出版产业结构研究，为出版产业结构研究进行一次新的研究视野和分析方法的尝试，以有裨于出版产业结构研究的不断成熟。

党的十八大以来，党和国家更加重视文化建设，文化自信是实现中国梦的重要方面。出版业肩负着繁荣文化事业和发展文化产业的双重使命，少儿图书出版关系到我国少年儿童的启蒙教育，具有基础性作用。推进少儿图书出版供给侧结构性改革，对于少儿图书出版以及整个出版业的健康发展，对于少年儿童的培养，对于文化建设都具有重要的现实意义。

近年来，全国有300多家出版单位都涉足了少儿读物的出版，对少儿图书出版产业集中度及产业结构的研究，总体上能反映整个图书出版业的集中度及其结构。本文选取少儿图书出版产业作为研究对象，从产业集中度入手，对少儿图书出版产业集中度进行测算和整体判断，进而研究市场结构问题。对产业集中度的研究是为了找出少儿图书出版产业结构存在的问题，落脚供给侧结构性改革，提出相关对策和建议，为少儿图书出版供给侧结构性改革提供一定的参考。

1.3 文献综述

与本文研究相关的研究文献可以分为四类：第一，有关少儿图书出版的研究文献；第二，有关产业集中度的研究文献；第三，有关出版产业集中度的研究文献；第四，有关出版业供给侧结构性改革的研究文献。

1.3.1 有关少儿图书出版的研究文献

有关少儿图书出版的相关研究及资料相对较多，但大多侧重于文化层面。就产业研究而言，近年来有代表性的文献主要有以下几方面。

对少儿图书出版产业进行的中观研究。如李学谦分析了"十三五"时期少儿图书出版发展的有利和不利两方面的因素，他认为要从更新发展观念，转变发展方式，拓展发展疆域，延伸发展链条四个方面着手，按照供给侧结构性改革布局少儿图书出版在"十三五"时期的发展。张克文总结了新时期少儿图书出版的七大关键词，分别是中心方向、宏观环境、品牌质量、市场生态、融合发展、版权贸易以及人才培养，从这七方面解读了未来5年少儿图书出版产业的发展方向。

对少儿图书出版产业中某一板块或微观企业的研究。如刘莹莹的研究建立在对当当网数据分析的基础上，梳理了我国2012—2016年原创少儿科普图书的发展历程，认为原创少儿科普图书出版在品牌建设、作者资源维护等几方面存在问题，并根据这些问题提出了发展新对策。韩璐阐述了原创少儿文学图书在少儿图书出版中的重要作用。她认为原创少儿文学图书存在着几方面的问题，包括图书质量参差不齐，读者需求挖掘不充分等，针对这些问题提出了相应的解决对策。张艳艳将海豚传媒股份有限公司作为研究案例，从少儿图书消费者的心理和行为出发，对其公司的行业背景、营销战略、图书消费者要素等进行了研究。她认为海豚传媒的成功是充分理解消费者的需求之后深入挖掘消费者行为习惯，进而提出差异化营销战略。这一类的文章较多，但大多属于经验总结。

1.3.2 有关产业集中度的研究文献

有关产业集中度的研究可以追溯到100多年前，产业集聚这个概念的提出是产业集中度研究的开端。

最早提出产业集聚概念的是英国新古典经济学家马歇尔（Marshall，1891），他提出了产业区位理论。在此理论基础上，20世纪80年代中期，一些社会学家提出了"新产业区"，其实质是具有紧密内在联系的，具有地域性的生产综合体。以M.E.Porter为代表的战略管理学派提出了"产业集群"的概念，他认为集群是产业获得竞争优势的组织基础。

随着产业组织理论发展逐渐成熟，相关产业集中度的研究才开始兴起。最具影响力的是英国经济学家斯拉法，他在《竞争条件下的收益规律》中分析和研究了完全竞争市场中集中度偏低的问题，并得出了集中度偏低可能会导致企业规模不经济的结论。因此，适度提高产业集中度有利于整个市场经济发展。Tilman Altenburg（1999）研究分析了拉丁美洲地区的产业集聚政策，他发现不同地区有各自的产业集聚政策，这样的产业集聚政策为形成产业结构优化和产业升级提供了良好的经济发展环境。

国内学术界有关产业集中度的研究，可以分为两大类：一类主要是从理论上或者说从整个经济的角度研究产业集中及集中度，包括产业集中的概念、决定因素、对规模经济的影响等。例如，纪玉山、李兵对产业集中度的决定因素进行归类总结，梳理了产业集中的概念和测量方法。他们认为，产业集中度主要是由几方面因素决定，包括规模经济水平，市场规模，进入壁垒，政府干预，等等。

另一类文献是借助产业集中度这一分析方法对具体行业集中度进行测算并分析其产业结构。此类研究主要是对策性研究，通过产业集中度测算，探讨产业发展的结构性问题，提出发展建议。这一类文献对本文的研究有比较直接的参考价值。

王炳文分析了我国煤炭行业的产业集中度的现状及形成的原因，建立了基于产业与企业双重效率的最优产业集中度估算模型。煤炭行业的最优产业集中度估算模型是该论文的一个理论创新，对于煤炭产业结构及其规模经济研究具有参考价值。

齐悦、王玉玺、钱明辉对我国2004—2015年电影产业集中度进行了实证分析，他们认为市场因素及市场转型情况对我国电影产业集中度的影响最为明显，通过积极促进大型企业发展，提高我国居民文化娱乐消费水平等措施能够改善这一情况。该研究的特点是第一次比较全面地分析了我国电影产业集中度问题，对于相关文化行业集中度研究具有参考价值。李蓓蕾搜集了1992—2014年广告产业前八位企业的相关数据，进行了统计计算。她认为中国广告产业市场集中度整体水平比较低，恶性的价格竞争导致广告企业盈利能力低，市场壁垒和预期影响了市场资源配置的效率。

1.3.3 有关出版产业集中度的研究文献

周蔚华、封延阳是较早开展出版产业集中度研究的学者。周蔚华进行中美图书出版产业的集中度比较分析，通过计算1996—2002年我国图书出版业的CR4、CR8、CR20指数，得出我国出版产业规模经济极低的结论，他认为多元化经营是提高规模经济的主要手段。封延阳讨论了影响我国图书出版产业集中度的几方面因素，他认为追求规模经济效益是产业提高集中度的主要动力，提高市场集中度的本质，是在市场竞争机制的作用下实现资源的优化配置。

张芽芽以经原新闻出版总署批准的试点出版集团为主要研究对象，对1998—2003年我国图书市场的集中度进行测量，认为图书市场总体趋势CR4、CR8和

HHI持续增长，这主要是由出版行业的集团化引起的。

肖东芝通过计算1996—2011年中国图书出版产业集中度，研究分析了影响产业集中度的因素。研究结果发现，中国图书出版业的市场结构属于原子结构，但又不完全相同。他认为中国图书出版产业市场结构表现出四个方面的特点：出版单位规模较小且增长缓慢；产业集中度偏低，没有形成垄断市场结构；产业布局过于均衡、分散；市场垄断和低层次过度竞争并存。

吴明华选取了世界图书十强、美国以及中国出版产业作为研究对象，他发现在1999年全球十大出版公司占全球出版产业68.47%的市场份额，而中国出版市场排名前37家出版社只占图书市场总印张数的30%左右。他认为中国图书出版产业集中度低的主要原因是出版单位的性质和定位，以及教材教辅市场的行政垄断造成的。

从以上文献可以看出，关于我国出版产业集中度的研究已经取得了很好的成果，对于开展相关研究具有十分重要的参考价值。同时，一方面由于出版产业近期的发展已经在很大程度上改变了规模经济环境，从而产业集中度又有新变化；另一方面，与新时代供给侧结构性改革的新命题相比，以往以需求侧为重点的分析结论难以支撑行业现实的变化。因而，这些文献的具体结论有些已经不能准确反映实际了。

迄今为止，在资料的搜集过程中，针对我国少儿图书市场产业集中度的研究未能发现。分析其原因有三方面：一方面是有关出版产业整体产业集中度的研究尚不成熟，应用这一方法研究少儿图书出版产业的集中度带有一定的挑战性；另一方面是集中度研究涉及大量的数据收集和处理，需要较长期的数据积累；第三方面也是最重要的原因是，少儿图书出版在近年来才日益成长为图书出版产业中最具活力、最具增长性的出版板块，因而以往的研究给予的关注度不够。

1.3.4 有关出版产业供给侧结构性改革的研究文献

一些研究人员通过具体案例或者以供需矛盾为切入点探讨了出版产业供给侧结构性改革的思路，方法及措施等。如：杜贤以人民卫生出版社供给侧结构性改革为案例，结合其实际应用过程中的创新实践，介绍了出版传媒供给侧结构性改革的要点以及具体措施。

刘华坤等介绍了人民邮电出版社"以销定产"按需出版的案例，以数据驱动构建的新型生产经营体系，在实现"以销定产"按需出版（POD）模式上取得突破性进展，实现供给侧结构性改革的新迈进。他提出了一个新的观点，即大数据平台为供给侧结构性改革提供了强大的技术支撑。

何华征等认为出版供给侧结构性改革的目标在于解决图书市场供需结构不匹配的问题，出版供给侧结构性改革的良序发展上能够调整供需关系，化解出版伦理失范的问题。

但大多研究侧重于出版内容的开发利用，并通过内容创新促进供给侧结构性改革。如姚宝权提出传统图书出版的供给侧结构性改革要从出版的流程入手，比如图书的选题、策划、营销、宣传等，提倡政府对出版行业的简政放权，推动传统图书出版的改革和发展。余人、冯长以需求侧和供给侧为出发点，探讨了传统蒙学图书的深度开发的手段。他们认为要从内容精选、出版创新、立体开发三个方面着手，提升传统蒙学图书的发展潜力。

上述研究更多涉及的是出版行业共性问题，都没有与产业集中度研究相关联，没有深入分析出版产业结构，难以把握出版产业的结构性问题。这也是本文从供给侧结构性改革的视角进行研究的重要原因。

1.4 理论依据、研究方法及数据来源

1.4.1 理论依据

本文研究涉及的问题需要用交叉性学科知识提供支撑。本文的理论基础来自三类：第一，出版学，主要是其中有关出版产业、少儿图书出版产业的理论；第二，产业组织学，主要是其中有关产业集中度的理论和方法，其中包含了相关的数理统计方法；第三，产业经济学，主要是其中有关产业结构、供给理论，供需均衡理论等。

1.4.2 研究方法

从总体上来说，本文主要采用定量分析、定性分析相结合的研究方法。本文首先从界定少儿图书出版产业集中度及其可测度的指标，然后根据收集的权威数据，建立模型进行数据分析和测算，求得少儿图书出版产业集中度，刻画其变化趋势，根据产业规模经济理论及方法，分析少儿图书出版产业结构，最后提出少儿图书出版产业供给侧结构性改革的对策建议。

具体采用的研究方法有以下几种。

（1）文献归纳法。本文通过对有关少儿图书出版、产业集中度、出版产业集

中度、出版行业供给侧结构性改革以及出版行业相关研究成果等几方面的文献进行提炼、归纳，厘清研究思路，确定研究方向。通过前期的文献分析归纳，在前人研究成果的基础上，对少儿图书出版产业的集中度进行分析研究。

（2）图表法。本文对少儿图书出版品种、印数、定价总金额等关键性数据进行统计，以图表的方式进行分析呈现，反映我国少儿图书出版产业发展的趋势以及产业集中度发展的趋势。

（3）指标测算法。本文采用综合产业指标（即通过对品种、印数、定价总金额等指标赋权，求得综合产业指标），对我国少儿图书出版产业集中度进行测算，并根据指标测算的结果范围判断产业的市场结构以及结构性问题。

（4）跨学科研究法。本文的研究内容将出版学和经济学相结合，利用经济学理论和模型分析少儿图书出版产业结构，找出其存在的问题，提出对策性建议。

（5）个案研究法。在对产业集中度影响因素的分析中，将会对典型出版社进行研究分析，探求其能够领航少儿图书出版产业的成功之道。

1.4.3　数据来源

本文的数据主要采集于官方统计资料，包括《中国统计年鉴》《中国新闻出版统计资料汇编》等。其他数据来自采访调研所得一手资料，出版行业内部课题资料，开卷市场监测数据，当当网等专业网站发布的相关报告，以及中国全民阅读网、国家统计局等发布的有关信息。

1.5　研究的重点、难点及主要创新点

本文的研究目的是，应用产业组织理论及产业集中度分析方法，通过对我国少儿图书出版集中度的测算，探求少儿图书出版产业结构性问题，提出相应的供给侧结构性改革的对策建议。因而，本文的研究重点体现在两方面：其一是少儿图书出版产业集中度的测算；其二是少儿图书出版产业供给侧结构性改革的对策建议。少儿图书出版产业集中度的测算是提出有针对性的供给侧结构性改革的关键，因而，两相比较，少儿图书出版产业集中度的测算是本文的重中之重。

产业集中度是经济学中的一个普遍应用指标，理论上适用于所有产业，但是仍然具有一定的局限性。怎样将共性的经济学基本原理和基本方法应用于具有特殊性的少儿图书出版产业，是本文研究的难点。第一，少儿图书出版产业比较复杂，不仅有专业少儿出版社，也有非少儿类出版社出版少儿图书；同时，专业少儿出版社也并不是只出版少儿类图书。第二，出版产业经济指标的统计和发布基本没

有，很难应用一般经济学产业集中度测算指标。因此，在测算时只能采用其基本方法，通过对出版产业各有关指标的定性分析，给予综合，获取可测算的指标数值。对出版产业指标的选取既是本文的一个难题，也是本文的一个创新。

本文的主要创新点在于：

（1）研究方法的创新。大多学者对出版产业的研究停留在定性分析上，即使是有关出版产业集中度的研究，也大多只是简单的单一指标的计算，并根据这一计算结果直接推导出定性结论。本文提出了不同于以往研究成果所采用的少儿图书出版产业集中度测算方法，采用了综合指标法，改变了以往应用单一指标的测算方法。

本文在基本概念、指标、观点定性的基础上，大量使用定量分析方法，对数据给予了充分的挖掘和使用，更加准确地勾勒出了少儿图书出版产业结构。同时，应用数理统计方法深入探求了少儿图书出版产业结构，对少儿图书出版产业集中度与产业结构的关联性进行了分析，避免了以往的研究单纯根据集中度得出相关结论的简单方法。

（2）研究内容的创新。在供给侧结构性改革不断深入发展的过程中，出版行业的学者进行了相关的研究，各出版单位也根据自身情况和需求进行了有关改革实践。本文采取一个新的角度，就图书出版的细分市场——"少儿图书出版"进行研究，借助"产业集中度"这一切口，在有足够、精准的产业数据支撑的情况下，通过对少儿图书出版产业2011—2016年的行业数据测算分析，深入研究少儿图书出版产业集中度及其结构性问题，提出比较有针对性的供给侧结构性改革对策建议。把供给侧结构性改革与产业集中度关联起来进行研究，是本文的一个创新。

1.6 概念界定

1.6.1 少儿图书出版产业相关概念

（1）少儿

少儿即少年儿童的简称。"儿童"一词在联合国《儿童权利公约》中是指"18岁以下的任何人，除非适用的法律规定成年年龄不超过18岁"。《现代汉语词典》第6版对儿童的定义是：较幼小的未成年人（年纪比"少年"小）。其中"少年"指"人十岁左右到十五六岁的阶段"。中国的《未成年人保护法》等法律的规定是0—18岁。本论文采用《未成年人保护法》中对少年儿童的界定，即0—18岁的未成年人。

(2) 少儿图书

根据少儿的定义，少儿图书是指以 0—18 岁少年儿童为目标读者群体的出版物。但并不是所有的少儿类出版物都是本论文的研究对象。在这里需要说明的是：第一，本文所称少儿图书既包括书籍，也包括图片、散页等各种可以界定为图书的出版物，但仅指纸介质的出版物，不含音像电子出版物及数字出版物。第二，少儿图书仅指合法的正式出版物，不含盗版及其他非法出版物。第三，少儿阅读的书籍要宽泛得多，一些成年人读物同样可以为少儿所阅读；同理，一些以少儿为读者对象的书籍同样可以为成年读者所阅读。本文所称少儿图书特指在出版环节明确为以少年儿童为读者对象的出版物，而无论其在市场中最终的读者是否是少儿。第四，本文所称少儿图书仅指一般读物，不含教材教辅等学习用书。

这样，我们给出本文所特指的少儿图书的定义，即以少年儿童为读者对象的一般性的纸介质图书，含书籍、图片等①。

(3) 少儿图书出版及专业少儿出版社与非专业的少儿图书出版社

随着出版专业管理的开放，各专业出版社之间的专业分工日益弱化，特别是随着少儿图书市场的不断成长，吸引了众多的非少儿专业出版社的加入。因而，少儿图书出版不仅包含专业的少儿图书出版社，而且包含其他类别的出版社，如社科社、文艺社、美术社等。这样，少儿图书出版既包括专业少儿出版社，也包括非专业少儿出版社从事的少儿图书出版活动。据此，本文所称的少儿图书出版产业集中度，所涉及的出版社包括所有的出版少儿图书的出版社。

这就为本文的研究增加了难度，因为单独统计并测算专业少儿出版社这样简单的模型已经不再适应少儿图书出版的实际。另外，即使是专业的少儿出版社，也已不再单纯仅仅出版纸介质的少儿类图书，甚至跨行业经营都已成为常态。产业集中度的研究必须以每个单一企业为单位，且这样的企业所从事的产品应同属于一个行业，一个市场。这一要求对于少儿图书出版来讲，具有一定的难度。

本文根据政府主管部门发布的统计数据，仅取少儿图书出版生产指标作为计算标准，不遵循传统的产业集中度根据企业销售额等经济指标为测算依据的方法，但仍然以出版社为单位。因此，只要出版社出版的有少儿图书，无论其是否是专业少儿图书出版社，都作为本文的研究对象。

(4) 少儿图书出版产业

少儿图书出版产业是图书出版产业中的一个板块。图书出版产业严格意义上

---

① 本文对于少儿图书的界定仅与本文相关，并不是一个通用的定义。本定义与国家新闻出版署统计指标中有关少儿读物的界定一致。因为出版界没有少儿读物出版产业的称谓，故本文对应少儿图书出版产业仍采用少儿图书这一名词。

指出版业中属于产业的那一部分。2003年以来，随着出版业改革的深化，绝大多数出版社都已经转制为企业，产业化程度大幅度提高。这一轮改革把出版业鲜明地区分为了出版事业和出版产业。但是，从广义上讲，或者行业通俗的用语中的出版产业，指的是从产业角度看的整个出版业。即从文化的角度，可以把整体出版业称为出版事业；从产业的角度，也可以把整个出版业称为出版产业。由于国家新闻出版署的统计数据并没有按照狭义的产业界定单独统计出版产业，而是包括了整个出版业，因而，本文所称的出版产业也采用广义的界定，即指整个出版业。

少儿图书出版产业同样采用这一界定，即指与全部少儿图书出版相关的出版活动，即少儿图书出版业。由于本文的研究重点是产业集中度，故采用少儿图书出版产业这一概念。

需要说明的是，少儿图书出版产业在广义上还包括少儿图书的印制和发行，以及相关的一系列产业活动。本文的研究仅限于少儿图书的出版环节，不包括其印制和发行，以及相关的产业活动环节。

1.6.2 产业集中度概念及测算指标

（1）产业集中度

在经济领域，集中是指国民经济和部分产业中少数大企业占有较大部分资源的现象。产业集中度也称为市场集中度，是指一定产业或市场中的买方或卖方具有的相对规模结构的指标，这是最基本的集中度指标。

（2）绝对集中度指标

产业集中度是市场结构的决定性因素，它集中体现了行业的企业竞争和垄断程度。产业集中度是指在规模上处于行业前几位的企业的产量、销售额或是资产等占据整个市场总量的份额。在实际应用中，通常采用四厂商集中度（简称CR4）和八厂商集中度（简称CR8）两个数值。CR指标是测量市场集中度的最基本指标。

最早运用CRn指标研究产业垄断和竞争情况的是美国产业经济学家贝恩，他按照集中度的高低将美国产业垄断和竞争程度分为六个等级，如表1.1所示。

该指标的优点在于实际操作中比较容易获得数据，计算方式也易操作，在国内外关于产业集中度研究中被广泛运用。该指标的缺点在于它不能反映一个产业中企业规模分布的差异性。不同产业的企业数量不同时，得到的结论可能不同，无法反映几个大企业之间的相对情况。比如，两个行业CR4都是75%，但是所占的行业份额却可能是不相同的，不能反映行业中其他企业的规模分布情况。

表 1.1　贝恩对市场结构类型的分类 [①]

类型		CR4 值 /%	CR8 值 /%	该产业的企业总数
极高寡占型	A	CR4 ≥ 75	—	20 家以内
	B	CR4 ≥ 75	—	20～40 家
高集中寡占型		65 ≤ CR4 < 75	CR8 ≥ 85	20～200 家
中（上）集中寡占型		50 ≤ CR4 < 65	75 ≤ CR8 < 85	较多
中（下）集中寡占型		35 ≤ CR4 < 50	45 ≤ CR8 < 75	很多
低集中寡占型		30 ≤ CR4 < 35	40 ≤ CR8 < 45	很多
原子型		CR4 < 30	CR8 < 40	极多，不存在集中

---

① 此分类表参考产业经济学中一般通用的经济模型。此经济模型在研究产业集中度中使用广泛，具有可比性和可操作性。

第 2 章　少儿图书出版产业集中度测算

2.1　少儿图书出版产业集中度计算指标选取

本文选取绝对集中度指标 CRn 作为计算方法。原因有以下几个方面。第一，这一方法使用时间最长，也比较成熟，在多个行业都有应用，因而具有可比性。第二，其内在的逻辑是测度一个行业的垄断性，以及这一垄断性对于产业的影响，比如集中度高低与规模经济的关联等，这些内在的逻辑推论与本文相符。第三，具有可操作性，在具备一定大数据的情况下，不需要借助其他复杂的模型就可以直接计算。

2.1.1　测算方法的选取

综合以上的论述，本文的计算采取绝对集中度指标 CRn。该集中度指标计算公式如下：

$$CR_n = \frac{\sum (X_i)_n}{\sum (X_i)_N}$$

在一般制造产业中，公式中的 X_i 就代表第 i 家企业的产量资产数额等，但在出版产业，由于其行业及产品的特殊性，不能选取上述指标。

第一，出版产业的产品品种繁多，是所有制造产业所不可比拟的，其产品的创新程度和差异性也是所有产业所不可比拟的。汽车产业，一个汽车厂商不过有几个品种，最多不超过十几个品种，但任何一个具有一定规模的出版社，其品种都会超过上百个。在我国，由于出版许可管理制度，出版行业相对具有稳定性，其最小的出版社的品种也不会少于上百种。这样，产品品种的创新对于产业发展具有重要意义，仅仅靠销售额、市场占有率等简单的指标难以准确反映出版产业的集中度，即使计算出来的集中度也难以有合理的正确的应用。

第二，由于少儿图书出版产业，既包含了专业的少儿出版社，也包含了大量一般性的出版社。这些大量的一般性出版社，很难统计其因为少儿图书出版而获取的销售额等市场指标，其整个出版社的销售额不可能作为少儿图书出版产业集中度的计算指标。

第三，出版行业相对而言是一个创新活跃的行业，其产品变化大，市场稳定性不强。一辆汽车的研发需要几年甚至几十年，而一本书的编撰和出版，由于有着大量的作者资源，几乎在几个月之内即可完成。完全按照销售额等经济指标计算的产业集中度很难反映出版产业的实际情况。

第四，由于出版行业统计体系的原因，迄今为止尚未有权威的经济指标的统计数据，即使想使用这一计算指标，在技术上也是行不通的。

据此，本文采用了既符合出版行业特性，又具有可操作性的指标设定。即把传统的集中度计算所使用的数据指标用出版行业特有的总品种、新品种、总印数和定价总金额代替。

总品种反映了出版社内容生产的总规模，代表了出版社对内容资源的总占有能力。新品种反映了出版社内容创新的规模，代表了出版社对内容创新资源的占有能力。总印数反映了出版社图书产品的生产能力，代表了出版社对生产和市场资源的占有能力。定价总金额是总印数的货币化表达，代表了出版社对生产成本及市场需求的反应能力。

这样，公式中：

CR_n 表示产业中规模最大的（i=1，2，…，n）前 n 个出版社的集中度指标，也即少儿图书出版产业集中度指标。

X_i 表示第 i（i=1，2，…，n）家出版社少儿图书的总品种、新品种、总印数、定价总金额等。

n 表示产业内前几家出版社数。

N 表示从事少儿图书出版的出版社总数。

2.1.2 少儿图书出版产业集中度"n"的选定

CR_n 的计算，在实际应用时，比较常见的有 CR4 和 CR8。相对于我国少儿图书出版产业集中度的测算而言，本文选取 CR8 和 CR20 作为行业集中度的代表指数。其原因如下：

第一，我国图书出版业不属于充分竞争的行业，存在较强的进入壁垒以及退出壁垒，特别是近十余年来，新创办一家出版社非常之难，同时，要退出一家出版社也很不容易。从实践来看，近十余年来，新成立的出版社不过 10 家，一家退出的也没有。这意味着我国出版产业是一个相对封闭的自运行产业，有竞争，但不是绝对的；有局部的垄断，但也大多是技术性的。这一定性是我们选取集中度测算值的基本前提。

我国出版产业的这一性质，意味着不可能出现绝对垄断，因而计算 CR4 意义不大。并且，由于少儿图书出版有 300 多家非专业的出版社参与，这一市场的垄断程度不可能太高，选取 CR4，对于产业结构的深度把握也没有实际的作用。同时，由于大多数出版社已经转企改制，出版市场竞争特别是少儿图书市场的竞争相对已经比较成熟，除了新办和退出机制不通畅外，在产业运作方面，没有太多的市场限制，这就意味着产业将按照市场的规则适度集中。因而，本文选取 CR8 作为产业集中度指标。

第二，由于进入和退出壁垒的存在，我国出版产业包括少儿图书出版产业将会有大量的居中规模的出版社，仅测算 CR8，难以准确反映我国少儿图书出版产业的真实情况。本文选取 CR8，既有上述定性考量，也有与传统方法及其他行业相比较的原因。为与 CR8 相互补充，本文又选取 CR20 作为集中度的另一个指标。

第三，从产业的角度讲，选取 CR8 和 CR20 有数据依据。根据本文测算，我国少儿图书出版按不同指标分类的最大规模的出版社数量在 5～20 家。选取 CR8 和 CR20 具有实际的产业意义。

6 年间，总品种规模在 500 种以上的出版社数量平均为 14 家，新出品种超过 500 种的出版社数量平均为 6 家，印数超过 1000 万册的出版社数量平均为 11 家，定价总金额超过 1 亿元的出版社数量平均为 21 家。

根据表 2.1 数据分析显示，本文重点对 CR8 进行分析，CR20 作为补充，以更为准确地反映我国少儿图书出版产业集中程度。

表 2.1 规模以上出版社数量

单位：个

年份	品种 500 种以上		印数 1000 万册以上	定价总金额 1 亿元以上
	总品种	新出品种		
2011	10	3	10	12
2012	9	4	8	15
2013	17	7	8	25
2014	14	6	10	20
2015	13	5	12	18
2016	18	8	15	32

数据来源：根据《中国新闻出版统计资料汇编》（2011—2016 年）中"全国各出版社少年儿童读物出版数量"数据整理统计所得。

2.2　少儿图书出版产业的单项集中度与综合集中度

在 2.1.1"测算方法的选取"这一节内容中，阐述了少儿图书出版产业集中度测算的指标选取的依据及方法，综合出版产业指标的多重性，本文选取了总品种、新出品种、总印数和定价总金额作为计算指标，这几个指标很难说哪一个更能体现产业集中度[①]。就一个出版社而言，没有持久稳步的总品种，就不可能有总印数和定价总金额的可持久性。同时，没有可持续的新出品种，创新能力不足，也不可能有总印数和定价总金额的可持久性。反过来，只有总品种和新出品种，这些品种不能转化为持久的总印数和定价总金额，也是没有实际意义的。总印数与定价总金额虽然具有较强的关联性，但也不是完全一致。由于图书的非市场元素，如作者、品牌等因素的影响，以及在很多情况下，由于纸张、人工等生产成本的上涨，可以直接导致定价的非规则变化，造成定价总金额与总印数的不一致。

因而，本文使用上述四大指标分别计算少儿图书出版产业的集中度，我们把这些单一指标计算的产业集中度称为单项集中度，分别是总品种集中度、新出品种集中度、总印数集中度、定价总金额集中度。它们分别从不同的纬度勾勒少儿图书出版产业集中程度。

单项集中度是从各个维度对产业集中度的测度，终归哪一个也不能代表这个行业的整体集中度。为了判断少儿图书产业的集中化程度，就必须把上述单项集中度指标综合为一个指标，以能够综合反映少儿图书出版产业的集中化程度，我们称这一指标为综合集中度指标。把各个单项集中度指标综合为一个指标是可行的，因为每一个单项指标仅仅代表了某前几位出版社在行业中的份额，它们的单位是统一的，可通约的。简单的办法就是将四个单项指标简单加总求均值，即可求得一个综合的集中度指标，但这样会掩盖各不同指标的重要程度。我们根据四个单项指标对于出版社的重要性程度分别赋予不同的权重，最后计算出综合集中度指标。

就现实的市场占有能力而言，总品种、总印数都具有各自难分伯仲的重要作用，一个代表了出版社对内容资源的占有能力，一个代表了出版社对生产和市场资源的占有能力，我们对它们分别赋予相同的权重。新出品种代表着未来的可持久发展能力，从而代表着未来的市场占有能力，但就现实的市场竞争而言，它尚不足以直接形成稳定的市场占有率。定价总金额是总印数的货币化表达，其核心因子

[①] 肖东芝（2014）分析了 1996—2011 年我国图书出版产业集中度。他使用了定价总金额指标，以对应销售指标。第一，这两个指标之间有着不一致性。第二，即使是销售指标也不能准确反映出版产业的集中度，这就是文化产业特别是出版产业与一般性产业的区别。当然，肖东芝的研究对于集中度测算具有一定的参考价值。

是总印数。高的定价总金额不一定代表高的竞争实力和市场占有率，当然长期来看，它们之间具有很强的关联性。这样，我们对这两个指标赋予同样的权重[①]。如表 2.2 所示。

表 2.2 单项集中度权重

指标	总品种	新出品种	总印数	定价总金额
权重	0.3	0.2	0.3	0.2

综合集中度计算公式如下：

综合集中度 = 总品种集中度 ×0.3+ 新出品种集中度 ×0.2+ 总印数集中度 ×0.3+ 定价总金额集中度 ×0.2

2.3 少儿图书出版产业集中度的计算

2.3.1 单项集中度的计算

我们对 2011—2016 年少儿图书出版各有关出版社的数据按照四大指标进行排序，得到前 8 家和前 20 家出版社，将其各项指标加总，根据公式求得各单项集中度。如表 2.3 所示。

表 2.3 总品种集中度

单位：种、%

年份 \ 集中度	CR8			CR20		
	CR8 品种数	总品种数	集中度	CR20 品种数	总品种数	集中度
2011	6276	19915	31.51	11162	19915	56.05
2012	7094	22059	32.16	11620	22059	52.68
2013	8075	29654	27.23	14665	29654	49.45
2014	7843	32400	24.21	14239	32400	43.95
2015	8026	32711	24.54	14065	32711	43.00
2016	9233	36620	25.21	16918	36620	46.20

数据来源：根据《中国新闻出版统计资料汇编》（2011—2016 年）中"全国各出版社少年儿童读物出版数量"数据分析计算所得。

---

① 从理论上讲，很难证明为什么给这个指标这个权重而给那个指标别的权重。这需要进行大量的试验和测算，并将其结果与实际情况相比较才能够确定。本文各指标所赋权重依据有两个：一是参考了"中国出版产业竞争力研究（2013）"课题中竞争力指标体系构建中的指标权值设定的方法；二是在论文撰写过程中，作者就四个指标在少儿出版行业中所体现的不同的影响力和竞争力进行了专项采访和调研；综合这两方面的因素，最终确定了四个指标的权重。

从表2.3中可以看到，少儿图书出版品种CR8明显低于CR20，每年约低20个百分点。这说明就品种而言，少儿图书出版的资源配置程度相对分散。这一方面是市场的原因，但更重要的是制度设计的原因。我国的书号管理制度对总品种集中度的影响至关重要。

相比较而言，总品种集中度总体趋势略高于新出品种集中度。如表2.4所示，从6年平均值来看，CR8总品种集中度为27.48%，CR8新出品种集中度为26.92%；CR20总品种集中度为48.55%，CR20新出品种集中度为47.55%。但总体看，新出品种集中度与总品种集中度有着极强的相似性，这意味着重印图书在少儿图书出版活动中并没有太大的变化，作用不显著，总品种主要是通过新出品种积累而来的。

表2.4 新出品种集中度

单位：种、%

年份 \ 集中度	CR8			CR20		
	CR8品种数	总品种数	集中度	CR20品种数	总品种数	集中度
2011	4010	12628	31.75	7193	12628	56.96
2012	4366	13707	31.85	7302	13707	53.27
2013	4991	18968	26.31	8892	18968	46.88
2014	4761	19968	23.84	8294	19968	41.54
2015	4501	19871	22.65	8203	19871	41.28
2016	5538	22065	25.10	10020	22065	45.41

数据来源：根据《中国新闻出版统计资料汇编》（2011—2016年）中"全国各出版社少年儿童读物出版数量"数据分析计算所得。

少儿图书总印数集中度明显大于品种集中度，这意味着规模以上企业在同等品种资源条件下，拥有更强大的市场占有能力。这同时也意味着书号资源应该向总印数排前8和前20的出版单位倾斜，它们可以带来更大的效率。

如表2.5所示，就6年平均而言，总印数CR8为34.32%，CR20为57.42%。前8出版社占出版社总数量不足3%，前20出版社占出版社总数量不足7%。这意味着不足3%的出版社占有了少儿图书出版总量的三成以上，不足7%的出版社占有了少儿图书出版的近六成。并且从数据看，近3年来集中度相对稳定，变化不大。这一方面意味着市场竞争的相对稳定（这一稳定也许更大程度上是由于政策原因造成的），另一方面也意味着在地方局部市场上，垄断已经形成，且其垄断条件趋于基本稳定。我们很难判断这一集中度是高了，还是低了，因为根据单一的印数集中度难以对整体市场做出判断。

表 2.5　总印数集中度

单位：种、%

集中度 年份	CR8			CR20		
	CR8 印数	总印数数	集中度	CR20 印数	总印数数	集中度
2011	12641	35815	35.30	22401	35815	62.55
2012	13166	36414	36.16	22401	36414	59.59
2013	13896	44133	31.49	23020	44133	52.16
2014	15614	45687	34.18	25739	45687	56.34
2015	17051	49487	34.46	28091	49487	56.76
2016	19077	55508	34.37	31691	55508	57.09

数据来源：根据《中国新闻出版统计资料汇编》（2011—2016 年）中"全国各出版社少年儿童读物出版数量"数据分析计算所得。

综合表 2.5、表 2.6 可以得出，少儿图书出版产业定价总金额集中度与总印数集中度极为近似。相比较而言，定价总金额集中度要大于印数集中度。这意味着规模以上少儿图书出版社的议价能力更强。反过来讲，其图书更有竞争力，低价策略的重要性要远远小于规模以下出版社。

表 2.6　定价总金额集中度

单位：种、%

集中度 年份	CR8			CR20		
	CR8 金额	总金额	集中度	CR20 金额	总金额	集中度
2011	175347	475629	36.87	289509	35815	60.87
2012	229239	603331	38.00	361986	603331	60.00
2013	263741	749812	35.17	425862	749812	56.80
2014	340063	867036	39.22	524694	867036	60.52
2015	349636	944389	37.02	545060	944389	57.72
2016	430469	1134067	37.96	668876	1134067	58.98

数据来源：根据《中国新闻出版统计资料汇编》（2011—2016 年）中"全国各出版社少年儿童读物出版数量"数据分析计算所得。

图 2.1 和图 2.2 直观地显示了以总品种数、新出品种数、总印数、定价总金额四个单项指标分别计算 2011—2016 年少儿图书出版 CR8 和 CR20 的变化趋势。

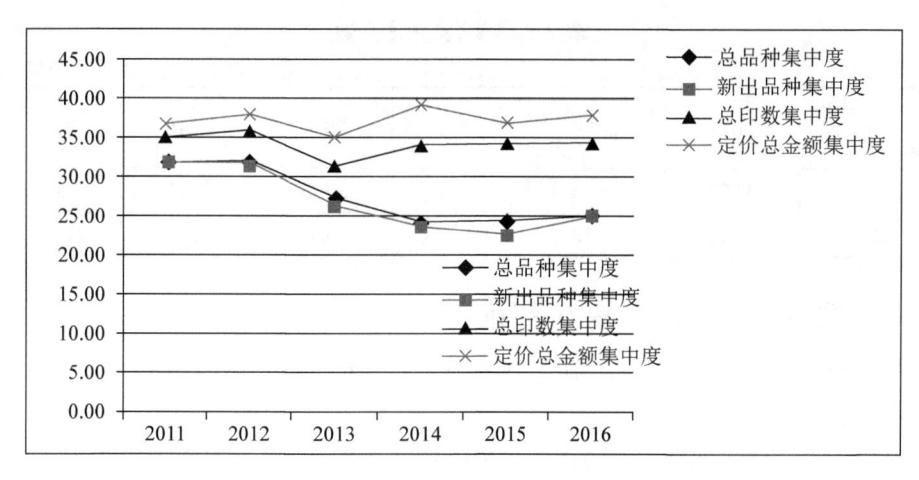

图 2.1　CR8 各单项产业集中度

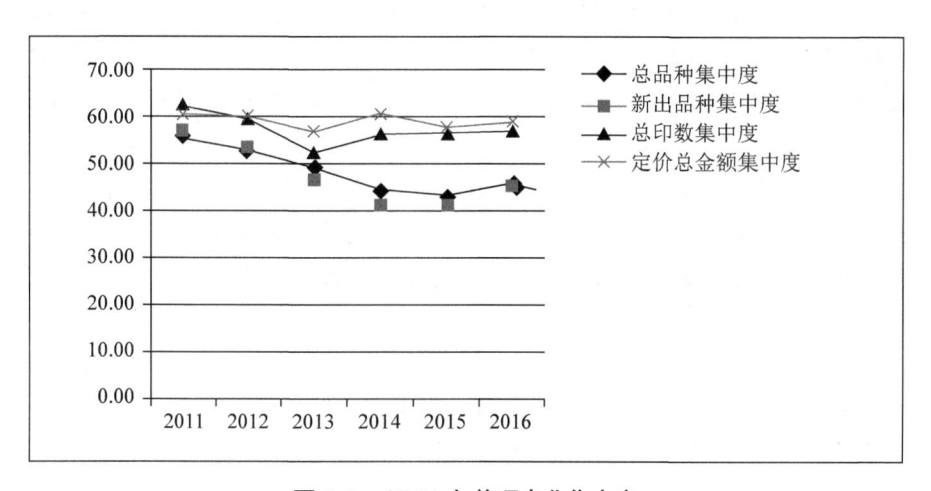

图 2.2　CR20 各单项产业集中度

2.3.2　综合产业集中度的计算

根据公式，我们将四个单项指标集中度进行赋权归并，得到综合产业集中度。如表 2.7 所示。

2016 年与 2011 年相比较，综合集中度基本上呈下降趋势。就单项集中度而言，只有定价总金额 CR8 是上升的，仅提高了 1 个百分点，其余的所有集中度指标都是下降的。从表格中数据分析来看，自 2013 年以来，产业集中度开始基本趋于稳定。这意味着我国少儿图书出版产业或者活力有所下降，或者市场规模已经基本趋于饱和。

表 2.7 综合集中度指数

单位：%

年份 集中度	2011	2012	2013	2014	2015	2016
CR8	33.77	34.46	29.91	30.13	29.63	30.49
CR20	59.15	56.33	51.22	50.50	49.73	51.87

2.4 集中度分析的基本结论

根据本章关于少儿图书出版各项指标的集中度的计算，并综合有关因素，可以得到如下结论：

第一，我国少儿图书出版产业属于原子型产业，还未实现资源的有效配置。早在20世纪末，一些发达国家，如美国、德国等图书出版产业的CR4大多达到了50%以上。在以往文献资料中可以看到：2000年时美国排名前11的出版企业的市场占有率高达80.42%，而前20家出版社的市场份额达到93%。我国2011—2016年，少儿图书出版CR8平均为31.4%，可以断定我国少儿图书出版产业属于原子型产业（CR8小于40%），即使按照CR20也仅仅达到中下集中寡占型。这就客观上造成了出版企业规模比较小，难以形成竞争合作的市场关系和结构，从而导致了宏观上各出版单位竞争不足、而微观上又存在过度竞争的局面，这离资源的最优配置还有很大的差距。因此，我国少儿图书出版产业具有巨大的可挖掘空间，结构性改革势在必行。

第二，我国少儿图书出版产业中的企业数量多，微观竞争相对激烈。目前，从官方公布的数据来看，报送2016年少儿类图书选题的出版单位共有326家，其中专业少儿社仅有20多家。虽然参与少儿图书出版竞争的企业很多，但是从出版四大指标来看，最大规模量级的出版社寥寥无几，大多数出版社规模比较小，真正促进图书品种繁荣的还是专业少儿社和一些名社、大社。规模以上出版社（CR8或CR20）效率更高，以同样的资源可以创造出更大的效益。因此，在未来一段时期内，少儿图书出版市场上的竞争将会更多地集中在不同层面上的出版社之间的相对独立的竞争，即规模以上出版社之间的竞争，规模以下出版社之间的群体竞争。供给侧结构性改革的一个重点就是通过制度设计和机制创新，把资源向规模以上出版社倾斜，发挥资源最优效率。

第3章　少儿图书出版产业结构分析

3.1　绝对集中度分析的局限性

影响产业集中度的因素很多，主要的因素有市场规模及其增长性、规模经济、市场壁垒等。为进一步研究集中度的内在含义，准确反映产业内在结构，需要进行与产业集中度相关因素的分析。

一方面，绝对产业集中度研究只能集中反映一个产业的规模经济程度，对于内在的不同规模量级企业的产业结构完全忽略不计，即在 n 的取值不同时，得到的结论可能不同，不能体现不同规模企业之间的相对情况，忽略了其他企业的规模分布情况。为完善产业集中度研究，需要对产业规模结构进行分析，以在集中度研究的基础上深入挖掘产业存在的结构性问题。

另一方面，绝对集中度研究由于使用了相对值，抽象掉了绝对值，仅从集中度指标看很难判断产业结构的优化程度。同样的集中度指标，在一个市场广大、日益发展的行业和在一个市场弱小、趋于停滞的行业，其意义是完全不同的。因而，集中度研究往往是产业结构研究的起点，产业结构研究是集中度研究的自然延续。

3.2　少儿图书出版产业规模及其增长

3.2.1　少儿图书出版产业整体规模

2011—2016年，少儿图书出版总量呈现持续增长趋势。总品种数、新出品种数、总印张和定价总金额都有所增长。如表 3.1 所示。

表 3.1　少儿图书出版规模

年份\指标	总品种数/种	新品种数/种	总印张/亿张	定价总金额/亿元
2011	19794	12640	18.77	47.28
2012	22059	14077	21.38	60.34

续表

年份 指标	总品种数/种	新品种数/种	总印张/亿张	定价总金额/亿元
2013	30966	19396	28.54	80.82
2014	32400	19968	28.16	86.70
2015	32712	19896	30.92	94.54
2016	36633	22114	33.87	113.68

数据来源：根据《中国出版年鉴》和《中国新闻出版统计资料汇编》（2011—2016年）中"全国各出版社少年儿童读物出版数量"数据整理统计所得。

6年间，各项指标几乎都增长了近1倍，定价总金额表现得更是明显。整体而言，少儿图书市场需求呈现出旺盛态势。就出版产业内部而言，少儿图书出版板块增长快于全国图书平均水平，其占全国出版总量的比重不断提高。如表3.2所示。

表3.2 全国图书出版规模

年份 指标	总品种数/种	新品种数/种	总印张/亿张	定价总金额/亿元
2011	328387	189295	606.33	936.01
2012	369523	207506	634.51	1063.06
2013	414005	241986	666.99	1183.37
2014	444427	255981	712.58	1289.28
2015	448431	255890	704.25	1363.47
2016	475768	260426	743.19	1476.09

数据来源：根据《中国出版年鉴》和《中国新闻出版统计资料汇编》（2011—2016年）中"全国各出版社少年儿童读物出版数量"数据整理统计所得。

从数据上看，少儿图书出版从四个衡量指标来看增长幅度都超过了全国图书出版规模。这说明少儿图书出版保持了充足的活力，少儿图书出版是出版行业的朝阳板块，持续地拉动着行业的发展。如图3.1所示。

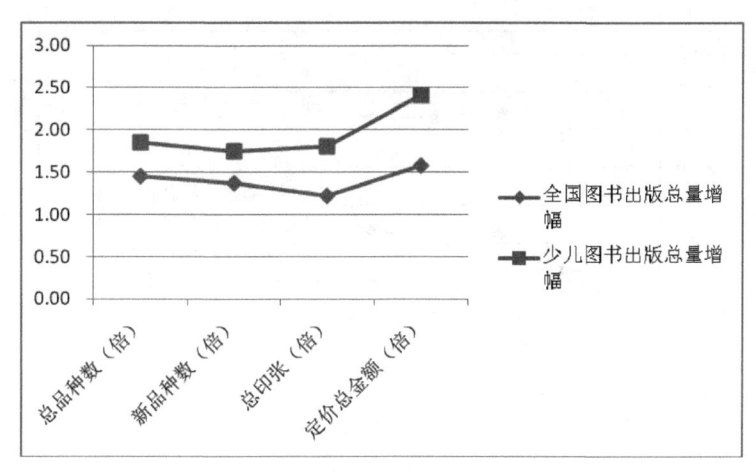

图 3.1 少儿图书出版与全国出版增幅

从少儿图书出版总量占全国图书出版总量的比重来看（见表 3.3），少儿图书出版总品种数占全国图书总品种数从 6.03% 上升至 7.70%，新品种数占全国图书新品种数从 6.68% 上升至 8.49%，总印张占全国图书总印张从 3.10% 上升至 4.56%，定价总金额占全国图书定价总金额从 5.05% 上升至 7.70%，总体趋势是平稳上升的，2013 年增幅较大，2014 年、2015 年基本持平，到 2016 年又开始稳步增长。

表 3.3　少儿图书出版规模占全国的比重

单位：%

年份\指标	总品种数	新品种数	总印张	定价总金额
2011	6.03	6.68	3.10	5.05
2012	5.97	6.78	3.37	5.68
2013	7.48	8.02	4.28	6.83
2014	7.29	7.80	3.95	6.72
2015	7.29	7.78	4.39	6.93
2016	7.70	8.49	4.56	7.70

2011—2016 年少儿图书出版总品种数、新出品种数、总印张、定价总金额占全国出版的比重总体稳步上升，如图 3.2 所示。

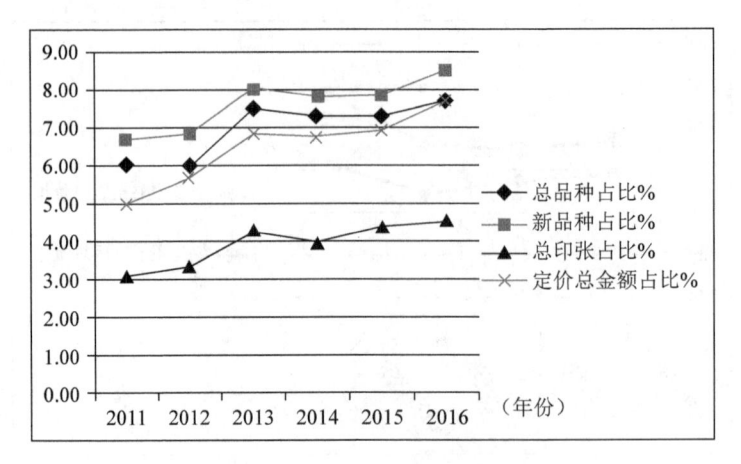

图 3.2 少儿图书出版占全国出版的比重

3.2.2 少儿图书出版增速分析

表 3.4 中数据显示：2011—2016 年，少儿图书出版各项指标除个别指标在个别年份为负值外，都保持了增长态势。但除总品种外，其余指标的增速都有所放缓。

表 3.4 少儿图书出版增长率

单位：%

年份\指标	总品种数	新品种数	总印张	定价总金额
2012	11.44	11.37	13.92	27.62
2013	40.38	37.79	33.49	33.94
2014	4.63	2.95	-1.34	7.28
2015	0.96	-0.36	9.80	9.04
2016	11.99	11.15	9.55	20.24

相比较而言，少儿图书增长速度要快于全国图书出版增长速度。就全国图书出版增长而言，降速更为明显。如表 3.5 所示。

表 3.5　全国图书出版增长率

单位：%

年份 \ 指标	总品种数	新品种数	总印张	定价总金额
2012	12.53	9.62	4.65	13.57
2013	12.04	16.62	5.12	11.32
2014	7.35	5.78	6.84	8.95
2015	0.90	−0.04	−1.17	5.75
2016	6.10	1.77	5.53	8.26

从数据来看，2013年比较特殊。少儿图书出版的所有指标都达到6年间的最高值，且幅度变化极大。2013年，全国图书总品种、总印张和定价总金额都没有明显的变化，只有新出品种比较异常，新品种增长率为16.62%，而少儿图书新品种增长率高达37.79%，超过了三分之一，涨幅惊人。引起变化的原因主要是国外版权的大量引进，少儿文学板块是增长的主力军。2015年的新品种数增长率为负数，全国图书新品种数增长率为-0.04%，少儿图书新品种增长率为-0.36%，本质上是对2013年极速增长的一种强制性消化。如图3.3所示。

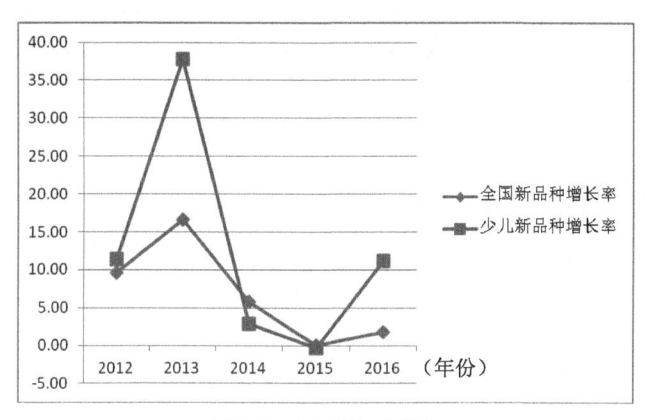

图 3.3　新品种增长率

不管是全国图书出版还是少儿图书出版，定价总金额的增长率是所有指标中最高的，少儿图书出版表现得更为明显一些。如图3.4所示。

少儿图书出版定价总金额增长率远远高于全国水平，意味着少儿图书具有更强的议价能力，其图书需求相对具有刚性。

从印张定价来看，少儿图书定价明显高于全国图书的均价。同时，少儿图书定价涨幅也高于全国图书的均价。如表3.6及图3.5所示。

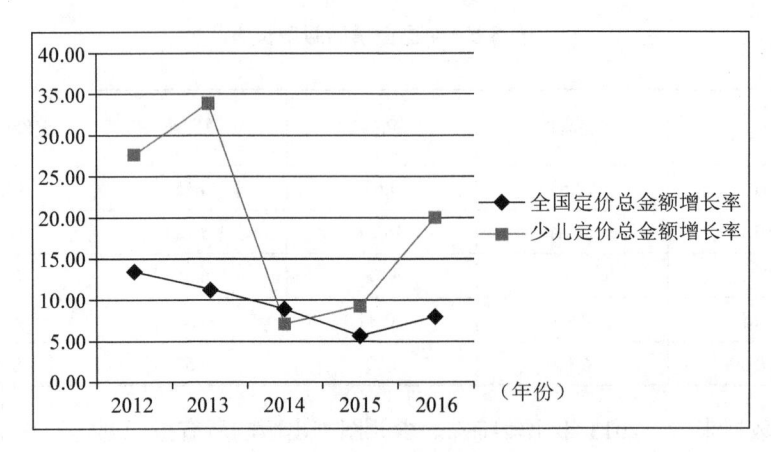

图 3.4 定价总金额增长率

表 3.6　2011—2016 年少儿图书和全国图书印张定价

单位：元

年份	2011	2012	2013	2014	2015	2016
全国	1.54	1.68	1.77	1.81	1.94	1.99
少儿	2.52	2.82	2.83	3.08	3.06	3.36

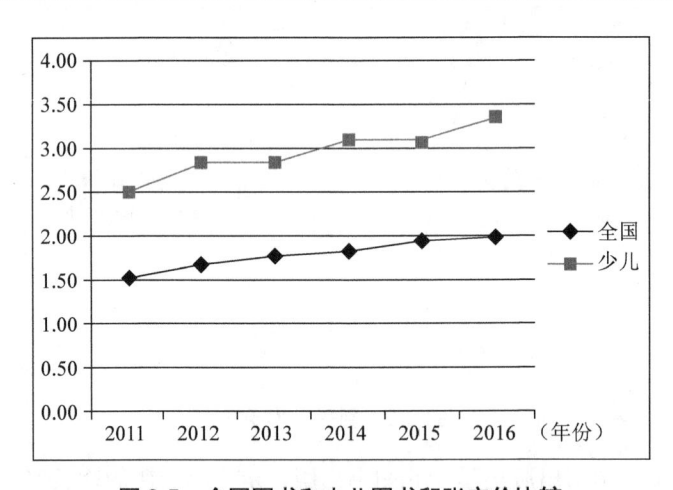

图 3.5　全国图书和少儿图书印张定价比较

3.2.3　本节结论

通过对少儿图书出版产业规模及其增长性的分析，可以有如下结论。

第一，少儿图书出版保持了持续增长的态势，且其增长速度明显快于整个出版产业。这意味着少儿图书出版具有持久的发展潜力，其市场需求有着广泛性和可挖掘性。

第二，少儿图书市场不断扩大，产业规模不断扩大，但少儿图书出版产业集中度偏低，且呈现出稳定迹象，说明有着大量的小规模企业不断进入，或者说CR8和CR20并没有在产业的增长中获得更多的利益。这也可以说明少儿图书出版产业的集中度偏低不是市场造成的，而是由于外部原因主要是由于体制的政策性原因造成的。

第三，从另一方面看，单从CR8和CR20的数值上讲，我国少儿图书出版产业属于原子型产业，但其内在的结构并不是完全竞争的，规模以上企业的发展方面具有制度壁垒，但同时又鼓励竞争，保障了产业整体的快速发展。

3.3 少儿图书出版规模结构分析

3.3.1 少儿图书出版总品种结构分析

我们按照总品种数量可以将所有少儿图书出版社划分为三个规模量级：第一，500种以上（含500种）；第二，100～500种（含100种）；第三，100种以下。

表3.7中，2011—2016年，总品种500种以上规模的出版社平均14家，占少儿图书出版的出版社总数量的4.22%，占少儿图书出版总品种的38.31%。2016年与2011年相比，出版社个数有所增加，占总品种的比重有所提高。

表3.7 总品种500种以上规模出版社情况

单位：个、%

年　份	2011	2012	2013	2014	2015	2016
出版社个数	10	9	17	14	13	18
个数占比	3.32	3.13	5.52	4.13	3.75	5.49
总品种占比	36.8	34.68	45.3	35.89	33.66	43.56

数据来源：根据《中国出版年鉴》和《中国新闻出版统计资料汇编》（2011—2016年）中"全国各出版社少年儿童读物出版数量"数据整理统计所得。

表3.8中，2011—2016年，总品种100～500种规模量级的出版社平均56家，占少儿图书出版的出版社数量的17.23%，占少儿图书出版总品种的42.56%。2016年与2011年相比，品种数在100～500种的出版社个数增加近一倍，占总品种的比重略有提高。

表 3.8　总品种 100～500 种规模出版社情况

单位：个、%

年　份	2011	2012	2013	2014	2015	2016
出版社个数	30	44	53	68	71	67
个数占比	9.97	15.28	17.21	20.06	20.46	20.43
总品种占比	36.92	45.49	37.2	47.08	47.85	40.85

数据来源：根据《中国出版年鉴》和《中国新闻出版统计资料汇编》（2011—2016 年）中"全国各出版社少年儿童读物出版数量"数据整理统计所得。

6 年间，这一规模量级的出版社成为发展最快的少儿图书出版板块，有大量的小规模出版社奋力挤进了这一规模。

表 3.9 中，2011—2016 年，总品种 100 种以下规模量级的出版社平均 250 家，占少儿图书出版的出版社数量的 78.54%，占少儿图书出版总品种的 19.12%。2016 年与 2011 年相比，出版社个数有所减少，占总品种的比重大幅度降低。

表 3.9　总品种 100 种以下规模出版社情况

单位：个、%

年　份	2011	2012	2013	2014	2015	2016
出版社个数	261	235	238	257	263	243
个数占比	86.71	81.6	77.27	75.81	75.79	74.09
总品种占比	26.29	19.83	17.5	17.03	18.49	15.59

数据来源：根据《中国出版年鉴》和《中国新闻出版统计资料汇编》（2011—2016 年）中"全国各出版社少年儿童读物出版数量"数据整理统计所得。

3.3.2　新出品种结构分析

我们按照同样的标准，将新出品种的规模量级同样划分为三个：第一，500 种以上（含 500 种）；第二，100～500 种（含 100 种）；第三，100 种以下。

表 3.10 中，2011—2016 年，新出品种 500 种以上规模量级的出版社平均 6 家，占出版社数量的 1.72%，占少儿图书出版新出品种的 19.80%。2016 年与 2011 年相比，所有指标几乎都增长了一倍甚至更多。这意味着大规模出版社较之小规模出版社具有更快的发展实力。

新出品种的增长意味着创新能力的提高，无论是引进版权，还是原创，从出版的角度都是可持久发展的不竭源泉。没有新出品种的一定比例的稳步增长，少儿图书出版就不可能满足不断发展的市场需求。

表 3.10 新出品种 500 种规模以上出版社情况

单位：个、%

年　份	2011	2012	2013	2014	2015	2016
出版社个数	3	4	7	6	5	8
个数占比	1	1.39	2.27	1.77	1.44	2.44
品种占比	14.02	20.87	23.89	19.26	15.64	25.1

数据来源：根据《中国出版年鉴》和《中国新闻出版统计资料汇编》（2011—2016 年）中"全国各出版社少年儿童读物出版数量"数据整理统计所得。

表 3.11 中，2011—2016 年，新出品种 100～500 种规模量级的出版社平均 42.5 家，占出版社数量的 13.24%，占少儿图书出版新出品种总量的 51.35%。2016 年与 2011 年相比，出版社个数大幅度增加，占新出品种总量的比重有所下降。

表 3.11 新出品种 100～500 种规模出版社情况

单位：个、%

年　份	2011	2012	2013	2014	2015	2016
出版社个数	25	34	46	54	48	48
个数占比	8.31	11.81	14.94	15.93	13.83	14.63
品种占比	52.07	52.31	51.34	52.38	52.29	47.69

数据来源：根据《中国出版年鉴》和《中国新闻出版统计资料汇编》（2011—2016 年）中"全国各出版社少年儿童读物出版数量"数据整理统计所得。

表 3.12 中，2011—2016 年，新出品种 100 种以下规模量级的出版社平均 267 家，占出版社数量的 83.91%，占少儿图书出版新出品种的 28.86%。2016 年与 2011 年相比，出版社个数几乎没有变化，但占比有所下降，说明 6 年期间有新的出版社涉足少儿图书出版，占新出品种总量的比重有所下降。

表 3.12 新出品种 100 种以下规模出版社情况

单位：个、%

年　份	2011	2012	2013	2014	2015	2016
出版社个数	273	250	255	256	294	272
个数占比	90.7	86.81	82.79	75.52	84.73	82.93
品种占比	33.92	26.82	24.77	28.36	32.07	27.21

数据来源：根据《中国出版年鉴》和《中国新闻出版统计资料汇编》（2011—2016 年）中"全国各出版社少年儿童读物出版数量"数据整理统计所得。

3.3.3 少儿图书出版总印数结构分析

我们按照总印数数量可以将所有少儿图书出版社划分为三个规模量级：第一，1000万（册张）以上（含1000万）；第二，500万~1000万（册张）（含500万）；第三，500万（册张）以下。

表3.13中，2011—2016年，总印数1000万（册张）以上规模的出版社平均11家，占出版社数量的3.32%，占少儿图书出版总印数的40.12%。2016年与2011年相比，出版社个数和占总印数的比重都有所提高。

表3.13　1000万（册张）以上规模出版社情况

单位：个、%

年　份	2011	2012	2013	2014	2015	2016
出版社个数	10	8	8	10	12	15
个数占比	3.32	2.78	2.83	2.95	3.46	4.57
印数占比	41.78	36.16	31.49	38.92	43.48	48.91

数据来源：根据《中国出版年鉴》和《中国新闻出版统计资料汇编》（2011—2016年）中"全国各出版社少年儿童读物出版数量"数据统计计算所得。

表3.14中，2011—2016年，总印数500万~1000万（册张）规模量级的出版社平均15家，占出版社数量的4.66%，占少儿图书出版总印数的23.52%。2016年与2011年相比，出版社个数有所增加，占印数总量的比重有所下降。6年间，这一规模量级的出版社并没有获得相应的市场增长，可以说，这一规模量级的出版社效率有所下降。

表3.14　500万~1000万（册张）规模出版社情况

单位：个、%

年　份	2011	2012	2013	2014	2015	2016
出版社个数	11	14	19	17	11	15
个数占比	3.65	4.86	6.71	5.01	3.17	4.57
印数占比	22.24	26.26	29.98	25.85	16.68	20.13

数据来源：根据《中国出版年鉴》和《中国新闻出版统计资料汇编》（2011—2016年）中"全国各出版社少年儿童读物出版数量"数据统计计算所得。

表3.15中，2011—2016年，总印数500万（册张）以下规模的出版社平均294家，

占出版社数量的92.02%，占少儿图书出版总印数的36.35%。2016年与2011年相比，出版社个数有所增加，占总印数的比重有所下降。

表 3.15 500 万（册张）以下规模出版社情况

单位：个、%

年　份	2011	2012	2013	2014	2015	2016
出版社个数	280	266	281	312	324	298
个数占比	93.02	92.36	90.46	92.04	93.37	90.85
印数占比	35.98	37.58	38.53	35.23	39.84	30.96

数据来源：根据《中国出版年鉴》和《中国新闻出版统计资料汇编》（2011—2016年）中"全国各出版社少年儿童读物出版数量"数据统计计算所得。

3.3.4　少儿图书出版定价总金额结构分析

我们按照定价总码洋数量可以将所有少儿图书出版社划分为四个规模量级：第一，10000万元以上（含10000万元）；第二，5000万～10000万元（含5000万元）；第三，1000万～5000万元（含1000万元）；第四，1000万元以下。

表3.16中，2011—2016年，定价总金额10000万元以上规模的出版社平均20家，占出版社数量的6.36%，占少儿图书出版定价总金额的58.87%。2016年与2011年相比，出版社个数和占总码洋的比重都有大幅提升。

表 3.16 10000 万元以上规模出版社情况

单位：个、%

年　份	2011	2012	2013	2014	2015	2016
出版社个数	12	15	25	20	18	32
个数占比	3.99	5.21	8.12	5.9	5.19	9.76
印数占比	46.49	52.88	63.84	60.51	56.66	72.82

数据来源：根据《中国出版年鉴》和《中国新闻出版统计资料汇编》（2011—2016年）中"全国各出版社少年儿童读物出版数量"数据统计计算所得。

表3.17中，2011—2016年，定价总金额5000万～10000万元规模的出版社平均16家，占出版社数量的5.05%，占少儿图书出版定价总码洋的15.23%。2016年与2011年相比，出版社个数几乎没有变化，占总码洋的比重大幅下降。

表 3.17　5000 万～10000 万元规模出版社情况

单位：个、%

年　份	2011	2012	2013	2014	2015	2016
出版社个数	13	17	12	19	22	14
个数占比	4.32	5.9	3.9	5.6	6.34	4.27
印数占比	20.82	19.4	10.3	15.22	17.5	8.15

数据来源：根据《中国出版年鉴》和《中国新闻出版统计资料汇编》（2011—2016 年）中"全国各出版社少年儿童读物出版数量"数据统计计算所得。

表 3.18 中，2011—2016 年，定价总金额 1000 万～5000 万元规模的出版社平均 65 家，占出版社数量的 20.39%，占少儿图书出版定价总金额的 19.33%。2016 年与 2011 年相比，出版社个数有所增加，占总码洋的比重大幅下降。

表 3.18　1000 万～5000 万元规模出版社情况

单位：个、%

年　份	2011	2012	2013	2014	2015	2016
出版社个数	52	48	67	69	78	78
个数占比	17.28	16.67	21.75	20.36	22.48	23.78
印数占比	23.24	19.67	20.01	18.37	19.9	14.77

数据来源：根据《中国出版年鉴》和《中国新闻出版统计资料汇编》（2011—2016 年）中"全国各出版社少年儿童读物出版数量"数据统计计算所得。

表 3.19 中，2011—2016 年，定价总金额 1000 万元规模以下的出版社平均 217 家，占出版社数量的 68.20%，占少儿图书出版定价总金额的 6.58%。2016 年与 2011 年相比，出版社个数和占总码洋的比重都有所下降。

表 3.19　1000 万元以下规模出版社情况

单位：个、%

年　份	2011	2012	2013	2014	2015	2016
出版社个数	224	208	204	231	229	204
个数占比	74.42	72.22	66.23	68.14	65.99	62.19
印数占比	9.46	8.05	5.85	5.9	5.94	4.26

数据来源：根据《中国出版年鉴》和《中国新闻出版统计资料汇编》（2011—2016 年）中"全国各出版社少年儿童读物出版数量"数据统计计算所得。

3.3.5 最大规模量级出版社分析

我们把各类指标最大规模量级的出版社归并在一起，可以看出各类量级之间的关联性。如表 3.20 所示。

表 3.20 各类指标最大规模量级出版社情况

单位：%

年 份	2011	2012	2013	2014	2015	2016
总品种占比	36.8	34.68	45.3	35.89	33.66	43.56
新出品种占比	14.02	20.87	23.89	19.26	15.64	25.1
印数占比	41.78	36.16	31.49	38.92	43.48	48.91
定价总金额占比	46.49	52.88	63.84	60.51	56.66	72.82

如图 3.6 所示：可以看到，各类指标最大规模量级出版社都呈现出增长趋势，特别是定价总金额在 2016 年有大幅度增长。这一现象在其他量级的出版社板块是不存在的。

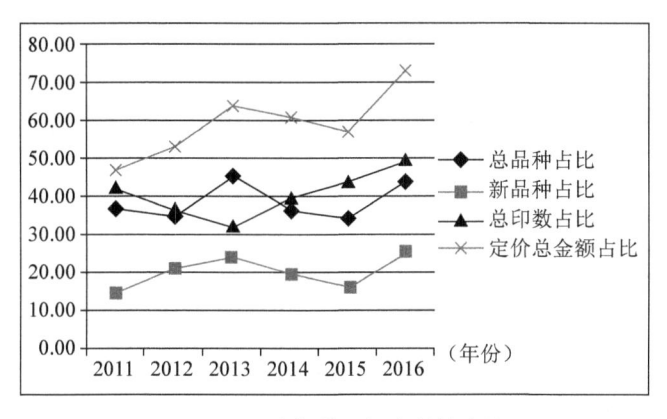

图 3.6 最大规模量级出版社占比

3.4 本章结论

总体看，四大指标的规模结构呈现出一致性。通过不同规模量级的结构分析有力补充了 CR8 和 CR20 集中度分析的缺陷，比较完整地勾勒出了少儿图书出版产业的基本结构。基本结论如下。

第一，随着少儿图书市场的扩大和产业发展，少儿图书出版的规模量级不断提升，小规模出版社不断进入上一规模量级出版社行列。同时，又有新的出版社涉足少儿图书出版领域，但小规模量级出版社所占总量比重不断下降，竞争力弱。

第二，在CR8和CR20集中度分析中，我们看到CR8和CR20有着稳定性，但在规模结构分析中，最大规模出版社具有明显的变化，且均呈现向上的趋势。特别是定价总金额，最大规模出版社6年来平均只有20家，但占比达到了近60%，按照这一比例，我国少儿图书出版产业已经进入了寡占型，资源的配置应该基本趋于优化；但这20家是不断变化的，并没有形成稳定的垄断结构。因而，可以说我国少儿图书出版产业正在从原子型向寡占型转型。

第三，最大规模出版社在不同指标结构中的分布不同。总体看，最大规模出版社的总印数特别是定价总金额在总量中的占比较高，总品种和新出品种占比相对较低。这一结论与CR8和CR20集中度的结论是一致的。这就意味着少儿图书出版产业的进一步发展需要大力提升最大规模出版社的品种占有能力，以发挥其更加有效地推动产业发展的作用。

第4章 典型出版社分析

4.1 典型出版社构成

典型出版社的分析是延续产业集中度测算和产业结构分析的必要环节，是少儿图书出版产业集中度研究的一部分内容。典型出版社是整个少儿图书出版产业的领跑者，对其做分析研究，找出它们的优势，总结共性，作为少儿图书出版产业供给侧结构性改革的参照。

本文所称的典型出版社是指在CR8测算中综合实力排名前8的出版社。我们按照每项指标大小给出版社进行排序，按照名次给予位次值（取前20名赋值，第一名为20，第二名为19，依次递减值至第20名为1），再按照每项指标的权重（权重与综合集中度所赋予各指标权重相同，即总品种为0.3，新出品种为0.2，总印数为0.3，定价总金额为0.2），求得20家出版社的综合得分，取其排名前8的出版社。我们称这些出版社即为典型出版社。

如2011年，浙江少年儿童出版社总品种排名第1，新出品种排名第8，总印数排名第2，定价总码洋排名第3。则分别赋予各指标位次值为总品种20，新出品种13，总印数为19，定价总金额为18。

综合得分 = 总品种位次值 ×0.3+ 新出品种位次值 ×0.2+ 总印数位次值 ×0.3
　　　　　+ 定价总金额位次值 ×0.2
　　　　＝20×0.3+13×0.2+19×0.3+18×0.2
　　　　＝17.9

根据综合得分，浙江少年儿童出版社排名第二。

表4.1至表4.6为2011—2016年少儿图书出版中各指标排名20的出版社，按照上述公式，计算出各出版社综合得分，进行排名，取其前8名。

表4.1　2011年前8出版社排名

出版单位	二十一世纪出版社	浙江少年儿童出版社	吉林美术出版社	中国少年儿童出版社	安徽少年儿童出版社	湖南少年儿童出版社	接力出版社	四川少年儿童出版社
综合得分	18.1	17.9	16.6	16.1	16	15	12.4	10.2
名　次	1	2	3	4	5	6	7	8

表4.2 2012年前8出版社排名

出版单位	浙江少年儿童出版社	湖南少年儿童出版社	二十一世纪出版社	吉林美术出版社	中国少年儿童出版社	安徽少年儿童出版社	吉林摄影出版社	接力出版社
综合得分	18.4	18.3	17.8	16.5	16.1	13.3	11.7	11.5
名　次	1	2	3	4	5	6	7	8

表4.3 2013年前8出版社排名

出版单位	二十一世纪出版社	浙江少年儿童出版社	湖南少年儿童出版社	中国少年儿童出版社	北京出版社	吉林美术出版社	接力出版社	少年儿童出版社
综合得分	18.3	17.7	17.1	14	13.9	13	12.5	10.3
名　次	1	2	3	4	5	6	7	8

表4.4 2014年前8出版社排名

出版单位	二十一世纪出版社	浙江少年儿童出版社	湖南少年儿童出版社	中国少年儿童出版社	接力出版社	人民邮电出版社	吉林美术出版社	安徽少年儿童出版社
综合得分	18.6	18.6	15.9	14.7	14.4	13.7	13.4	13.2
名　次	1	2	3	4	5	6	7	8

表4.5 2015年前8出版社排名

出版单位	浙江少年儿童出版社	二十一世纪出版社	中国少年儿童出版社	吉林出版集团	安徽少年儿童出版社	湖南少年儿童出版社	接力出版社	人民邮电出版社
综合得分	19	17.8	15.9	15.5	15.5	14.8	13.6	13.6
名　次	1	2	3	4	5	6	7	8

表4.6 2016年前8出版社排名

出版单位	浙江少年儿童出版社	二十一世纪出版社	吉林出版集团	中国少年儿童出版社	安徽少年儿童出版社	四川少年儿童出版社	接力出版社	江苏少年儿童出版社
综合得分	18.2	18.1	18.1	17.6	13	12.7	12.3	11.7
名　次	1	2	3	4	5	6	7	8

我们根据年度前8出版社排名再次赋予其位次值，即第一名为8，第二名为7，依次递减值至第8名为1。然后将这些出版社6年的位次值相加，即得到这些出版社6年来的总排名。

从表 4.7 中数据可以看到，2011—2016 年，共有 14 家出版社位列前 8，其中所有年份都位列前 8 的出版社有 4 家，排名第一的出版社 2 家，分别是浙江少年儿童出版社与二十一世纪出版社。所有位列前 8 的出版社中，专业少儿出版社 9 家，非少儿专业出版社 5 家，分别占在榜出版社数量的 64.29% 和 35.71%。从上述分析中可以看到，尽管近几年有大量的非专业少儿出版社加入少儿图书市场的大盘子中，但是其市场占有率并不高，真正具有市场竞争力的还是专业少儿出版单位，其保持了强劲的增长势头。

表 4.7 2011—2016 年进入前 8 出版社总排名

出版单位	2011年	2012年	2013年	2014年	2015年	2016年	排名累计数	综合排名
浙江少年儿童出版社	2	1	2	2	1	1	9	1
二十一世纪出版社	1	3	1	1	2	2	10	2
中国少年儿童出版社	4	5	4	4	3	4	24	3
接力出版社	7	8	7	5	7	7	41	4
湖南少年儿童出版社	6	2	3	3	6		20	5
安徽少年儿童出版社	5	6		8		5	29	6
吉林美术出版社	3	4	6				13	7
吉林出版集团				7	4	3	14	8
四川少年儿童出版社	8					6	14	9
人民邮电出版社				6		8	14	9
北京出版社		5					5	10
吉林摄影出版社		7					7	11
江苏少年儿童出版社					8		8	12
少年儿童出版社			8				8	12

4.2 典型出版社的成功之道

通过上述数据的分析和测算，我们总结出 2011—2016 年综合排名前 8 的出版社。这些出版社之所以能够保持稳定的增速发展，成为少儿图书出版的领头羊，有其共同的举措和方法。本文总结了以下几个方面。

4.2.1 重视原创，加强本土资源开发

强大的原创出版能力是出版社安身立命之本。典型出版社往往把推动原创作

品开发放到出版社的战略层面上来，根据自身优势，细分少儿图书市场，找准读者定位，各自从不同板块发力。

如接力社近些年大力培育原创图画书，在2011年开始推出"娃娃龙原创图画书系列"。连续几年来，已经出版了《不要和青蛙跳绳》《云朵一样的八哥》等系列图书，并在国内外荣获了多个奖项。如《乌龟一家去看海》获得了第五届"丰子恺儿童图画书奖"佳作奖；《云朵一样的八哥》获得了"布拉迪斯拉发国际插画奖"等。

浙江少年儿童出版社（简称浙少社）坚持将原创图书出版能力视为核心竞争力，浙少社的产品结构保持了原创和引进的比例大致为4∶1。在少儿图书出版中，儿童文学是浙少社的优势板块，已占到该社出版总量80%，超全国平均值一倍。其中，国内原创儿童板块占了八成，既有大型畅销书系"淘气包马小跳典藏版""动物小说大王沈石溪"等书系，也有《没头脑和不高兴》《名家文学读本》《航天科普大讲堂》等精品文学、科普读物。

4.2.2 加强全版权运营，注重版权管理

以用户需求为核心开展版权运营，是典型出版社近几年的发力点和关注点，这也是顺应市场需求和竞争的必走之路。对版权资源的开发和运营能力是典型出版社抢占市场先机、扩大市场规模、跨界发展的重要手段。

以二十一世纪出版社为例。二十一世纪出版社于2018年推出了"大中华寻宝记"项目。"大中华寻宝记"是一部大型原创知识漫画丛书，与其同名动画片在2018年已经上映。该项目以优质图书资源《大中华寻宝记》为依托，整体对"大中华寻宝记"品牌进行策划开发，进一步挖掘其内在价值。从管理层面上，打通了编辑、制作、营销等各出版环节；在产品运营上，开发了纸质图书、视频动漫、新媒体平台、文创产品等新业态形式，通过创新激励机制和运营模式，促进这一超级IP的全面开发。

4.2.3 打造大型书系，建立品牌效应

典型出版社在品牌打造方面与其他行业的龙头企业没有本质的区别，核心是通过产品说话。品牌出版物是典型出版社最直观的名片，具有独特的品牌调性和明确品牌辨识度的出版品牌的出现，是少儿图书出版日趋成熟的标志。大型书系的打造就是典型出版社品牌建设的一条重要途径，它将产品和品牌黏合到一起，不仅能够达到经济效益和社会效益的统一，更是品牌累积和沉淀的过程，因此成为典型出版社经营的重要方向。

浙少社大型书系"墨多多""沈石溪""马小跳"系列等均成为超级畅销书和常销书，多年稳居童书排行榜的前列。"墨多多"系列有 22 个分册同时登上排行榜。《动物小说大王沈石溪品藏书系·狼王梦》到 2016 年累计发行量超过 400 万册。"马小跳"系列，累计 90 多次荣登畅销书榜单。二十一世纪出版社的"皮皮鲁总动员""不一样的卡梅拉""幻想大王奇遇记"系列已成为百万级别畅销书家族的成员。"幻想大王奇遇记"系列第 1 册《同桌是妖精》面市 3 年突破 100 万册的销量。

4.2.4　推动立体营销渠道，创新营销方式

随着少儿图书出版产业的不断发展和完善，典型出版社积极探索各类新颖的营销融合方式。目前，少儿图书出版产业基本完成了从"以产品为中心"到"以客户为中心"营销理念的转变，特别是典型出版社立体渠道营销成为普遍方法，营销方式不断创新。

如浙少社在营销宣传方面力求创新，并在分销渠道上进行开拓探索。结合儿童文学作品的可读性和故事性这两大特点，浙少社通过邀请知名作家朗读这一形式激发孩子的阅读兴趣。与此同时，浙少社积极尝试建立自媒体平台，借助微信公众号、APP 客户端等新媒体开展读者互动，将线上线下营销渠道融合。这些创新性营销方式不仅带动了实体图书销售，还持续地强化了出版社的作品品牌和作家品牌。

4.2.5　积极转型升级，进行业态创新

少儿图书出版的发展，必须完成两方面的转变。一是完成由传统单一纸质图书出版向多业态的全媒体复合出版的转型；二是按照内容价值最大化的逻辑实现产业升级，加快新媒体产品的商业化、市场化。这在行业的引领者中达成了共识。

以中少社为例。在与新媒体融合的过程中，中少社不仅仅满足于内容供应商的定位，而是形成了自己的全媒体产品出版和推送。中少社对《中国少年报》进行数字化处理，将所有的书报刊资源进行加工整合后成立了数字资产管理平台。在此资源平台上，逐步成立了全媒体出版平台、少儿快乐阅读平台等，初步形成了全媒体产品出版和推送能力。为推动和促进产业升级，中少社建立了青少年阅读体验大世界，形成了以产品销售、体验互动和阅读服务为一体的全新模式。"大世界"模式的成功，为少儿图书出版产业实现产业升级提供了可行性操作。

第5章 少儿图书出版产业供给侧结构性改革的建议

5.1 我国少儿图书出版产业结构性问题

决定产业结构的因素主要是产业集中度、进入壁垒和产品差别化，其中最具决定性的因素是产业集中度。如何判断一个产业的结构是否合理呢？其最主要的标准有：第一，满足市场的能力是否足够高；第二，资源是否得到了充分的利用；第三，能否激发市场不断扩大或者升级。而判断产业结构是否合理的一个重要指标就是产业集中度。产业组织理论认为，过低的产业集中度不利于产业资源的充分利用，由于过度竞争形成资源的极大浪费；但过高的产业集中度同样不代表产业结构的优化，过高的产业集中度意味着产业缺乏必要的竞争，将形成市场的僵化及产业效率的低下，最终会在市场需求的被动牵引及新的产业形态的冲击下，走向较低的集中度。在一个理想的市场经济环境下，产业的发展总是从低的集中度过渡到高的集中度，随着市场的变化及技术等条件的变化，又从高的集中度过渡到低的集中度。在一个稳定的市场和技术环境下，一个适度的集中度是产业与市场相互作用而实现的较为理想的均衡的集中度。

从上述几章结论来看，我国少儿图书出版产业的产业集中度还很低（我国2011—2016年，少儿图书出版CR8平均为31.4%，英美发达国家的CR8在80%~90%），即我国少儿图书出版产业尚未形成超大规模、能够对少儿图书市场产生决定性影响的企业，呈现出相对明显的发展中特点。同时结合前文的产业结构分析，显示我国少儿图书出版产业正在发生积极的变化，新进出版社占比不断下降，专业出版大社强社占比不断上升。但总体来看，与我国日益发展的少儿图书市场需求相比，我国少儿图书出版的产业结构存在明显缺陷。

5.1.1 产业布局不合理，规模经济不明显

少儿图书出版作为出版产业的一个组成部分，具有相同的文化属性和政治属

性。从产业的角度来看,其与其他制造业在生产经营上的最大不同点就是产品品种数的巨大差异。对于一般的制造业,比如钢铁行业、煤炭行业、汽车行业等,主要的产品品类比较少,而对于少儿图书出版来说,每一本图书都是一个独立的产品,每年少儿图书总品种数多达30000多种。少儿图书出版的这一特点决定了其不是一个具有明显规模经济的产业。因此,相比规模经济比较明显的企业,出版单位通过自身规模扩张、降低成本、提高利润的动力不足,这就对整个产业市场集中度的提高有很大影响。

我国出版产业表现出明显的地区均衡分布特征。这种产业布局虽然在行政结构上便于主管部门管理,但是这就造成了地区产业结构基本一致,比如基本上每个地区都有一家专业的少儿出版社。这样一是会导致同质出版现象严重,出版资源配置效率低下;二是各地少儿社隶属不同地区,生产要素不能自由流动,各出版社之间难以合并重组,无法形成大型的少儿图书出版集团。

5.1.2 产业开放度低,进入存在壁垒

我国出版社的设立是实行出版许可制度。因此,只有获准审批设立的出版机构才有可能进入少儿图书出版领域。严格的市场准入制度,一方面,保护了已经进入的企业;但另一方面,形成了强大的进入壁垒。同时,我国出版行业实行书号总量调控,主管部门以书号的方式对各个出版社所出图书的种类、数量进行计划控制。

少儿图书出版产业不仅存在进入壁垒,而且退出机制也是非市场化的。由于进入壁垒,少儿图书出版社效益有基本保障,自身缺乏退出意愿。即使主观有退出意愿,在客观上难以实现,因为主办主管制度在机制上限制了出版企业自身的市场化流动。

5.1.3 竞争不充分,资源流动性不足

我国图书出版的专业范围是在出版社申请成立时由主管部门确定的,没有特殊情况不能改变,因此这造成了少儿图书出版专业分工和产业布局的限制性。尽管在改革过程中,出版社的专业分工有所松动,但与完全市场机制条件下的企业行为还有很大的差距。从市场机制的作用看,少儿图书出版产业并不具有垄断性,是一个竞争性行业,但是出版社不能单纯根据行业形势变化自主决策进入或退出行业。一些实力强,品牌效应好的出版社不能将品牌效应转嫁到其他专业领域中去,扩大其他专业出书规模;一些实力弱,业务范围狭窄,双效不突出的出版社也不

能放弃自己的专业领域或者选择进入其他专业领域。因此,少儿图书出版产业内部不能达到完全竞争的状态,资源配置和流动也不能完全市场化。

5.1.4 产业形态特殊,改革难度较大

少儿图书出版产业结构不合理,存在进入壁垒和竞争不充分等结构性问题,这些问题是客观存在的,其原因主要是改革不到位,甚至在某些方面传统的体制机制仍在起着重要的作用。想要从根本上解决问题,必须进行供给侧结构性改革,优化产业结构。

从研究结论来看,我国少儿图书出版产业是一个具有外部限制、竞争具有边界、不存在垄断或寡占,但仍充满竞争的特殊行业。与其他产业的供给侧结构性改革相比,少儿图书出版产业的供给侧结构性改革具有一定的特殊性,除了需要遵循市场经济发展的基本规律,还必须在社会效益优先的情况下处理好社会效益与经济效益二者的关系。因此,少儿出版供给侧结构性改革要从两方面入手:宏观层面上,政府进行政策创新、管理方式和服务方式创新,改革产业运行机制,调整产业结构。微观层面上,出版单位通过产品创新、传播方式创新与技术创新、市场营销创新、经营管理创新,推进少儿图书出版产业的结构合理化,使供给体系能够更好地契合需求结构的变化。

5.2 宏观层面的对策建议

5.2.1 坚持高质量发展,优化少儿图书出版产业结构

少儿图书出版的供给侧结构性改革应着眼于调整产业结构,通过深化改革促进结构调整,解决"有数量缺质量,有高原缺高峰"的问题,使出版业从依靠品种数量增长转向依靠质量提高的方向上来。

2017年初,原国家新闻出版广电总局进一步加强对书号的宏观控制,特别是对引进版少儿图书进行了必要的控制。同时扶持原创作品,为原创少儿图书作品提供了良好的发展环境,从少儿图书市场的结构上进行了优化。

少儿图书出版产业结构调整可以采取几方面的措施。第一,在不改变整体书号配置原则的条件下,可以适当地向优势出版社倾斜,打破部门和地区限制,促进出版资源的合理化集中。第二,建立少儿图书出版信息搜集和发布系统,助力少儿图书出版内容创新、市场创新,提高发展质量。第三,对现有少儿图书出版单位进行结构优化,对少儿图书出版物的种类和数量进行宏观监控,加强宏观引导。

5.2.2 加强政策引导，加大财政支持

从宏观层面来看，少儿图书出版供给侧结构性改革离不开政策的引导和支撑。在深化少儿图书出版供给侧结构性改革的过程中，主管部门在保证出版安全的条件下，利用出版导向这只"看得见的手"发挥宏观调控的作用，打破传统少儿图书行业壁垒、地区分割等来优化市场。

一是出版主管部门应将少儿图书出版创新活动纳入出版创新体系建设，并作为重中之重。少儿图书出版关乎我国少年儿童的启蒙文化教育，在传播文化知识、传承文明成果以及弘扬民族文化等方面起着巨大的作用。主管部门应根据少儿图书出版产业特性，制定有效的创新培养机制与激励制度，加强培育少儿图书出版企业的创新能力。

二是加大对少儿图书出版的财政支持力度。（1）加大对重点主题出版项目和大型原创书系的资金支持，可考虑在出版基金中设立少儿精品原创出版专项。（2）在税收政策上向少儿图书出版倾斜，实施税收减免或优惠。对于少儿图书出版产业，可以参照国家对高新技术企业等征收的企业所得税实行低税率，部分板块可以采取免征增值税。（3）增加所得税税前扣除项目，减免税项。对少儿图书出版企业的员工薪酬进行税前扣除，部分减免；允许出版社将库存图书提取减值准备。

5.2.3 鼓励民营工作室发展，提高有效供给

长期以来，我国禁止非公有资本进入出版领域。2005年国务院颁布的《国务院关于非公有资本进入文化产业的若干决定》中第九条"非公有资本不得投资设立和经营通讯社、报刊社、出版社等"。因此，目前我国图书出版市场上的出版社都是由国有资本投资设立的。然而，改革开放40年来，民营出版工作室已经成为图书出版的重要力量。在当前情况下，要进一步鼓励民营工作室发展，提高少儿图书的有效供给。

民营工作室在内容策划、版式风格设计、读者需求把握等方面具有很强的竞争力。在少儿图书市场上，民营工作室策划了很多畅销书，积累了品牌影响力，创造了巨大的经济效益。进一步培育民营工作室，激发他们的原创能力和市场竞争活力，增强少儿图书有效供给，这是少儿图书出版产业供给侧结构性改革的重要方面。

目前，民营工作室主要采取与出版社合作的方式进行出版活动。出版社负责申领书号，民营工作室负责策划出版，这种形式限制了民营工作室的发展。

要充分调动民营工作室的积极性，发挥其竞争活力，改革书号申领制度势在必行。在初期，可以尝试采取民营工作室挂靠相关单位或部门，如行业协会或品牌价值较强的出版社等方式，降低民营工作室书号交易成本，提高少儿图书出版效率。

5.2.4 研究实施专业限制，提高专业社资源占有率

专业化分工是少儿图书出版发展的必然趋势。我国少儿图书出版产业集中度低的原因之一，就是有大量的非专业少儿图书出版社从事少儿图书出版。尽管近几年，非专业少儿图书出版社进入少儿图书出版领域有下降趋势，但每年仍然有不少出版社不断加入进来。在我们前几章的分析中特别是产业结构分析中可以看出，这些出版社的加入极大地分散了资源，不仅是书号资源，更重要的是作者和市场资源。低水平重复出版严重，非市场手段竞争严重，破坏了良性发展的少儿出版生态，挤压了专业少儿图书出版社的发展空间，降低了产业集中度。同时，也要看到，这些非专业的少儿图书出版社在开发少儿图书产品的同时，也削弱了自身的其他出版板块，在其擅长的出版领域也受到了不同程度的影响。

要研究实施少儿图书出版的专业限制，提高少儿图书出版门槛，限制达不到条件的非专业少儿图书出版社进入少儿图书出版领域。这不仅对于少儿图书出版产业发展有利，而且对于整个图书出版的专业化发展和高质量发展有利。

就我国少儿图书出版以及整个图书出版产业现状而言，也具备了实施专业发展的条件。第一，粗放发展模式已被市场淘汰，高质量发展时代刚需到来，图书出版社到了精耕细作、扎根稳基的关键时期；第二，经过多年的发展，一批有实力的专业少儿图书出版社有足够的潜力来满足市场、推动市场、引领市场。

5.3 微观层面的对策建议

5.3.1 坚持原创，提升专业少儿社的竞争力和支配力

供给侧结构性改革的核心是保证和创造有效供给，保证有效供给的关键一是供给的质量，二是供给的范围。作品多但精品少是我国少儿图书出版的实际情况，究其原因，从根本上说都是有效供给不足的问题。提高少儿图书的原创水平和质量，是保障有效供给的根本，少儿社应该扭转依靠品种数量增长的发展思路，转向依靠质量提高效益的方向上来。

从少儿图书的出版价值来看，优质的图书内容永远是吸引读者选择阅读图书的核心价值。因此，对于少儿图书出版，"内容为王"是永恒不变的真理。少儿图书出版社应以编辑为核心，从选题的源头出发，到编、印、发、营销，全程坚持质量导向、创新导向，实现产品链和产业链的全覆盖。少儿图书出版力争做到"原创出版""价值出版"，即要做有社会价值、学术价值的精品图书，要让精品图书成为畅销书，这样才能同时达到社会效益和经济效益并存。

5.3.2　以少儿需求为第一导向，顺应业态新趋势

少儿图书出版业要做好供给侧结构性改革，就要真正了解少儿和少儿图书市场需求，有针对性地提供有效供给，既不浪费资源，又能提高效率。这就要求少儿图书出版社转变服务观念，认真研究需求侧，研究读者消费方式的变化，研究少儿阅读习惯的改变。

根据第十五次全国国民阅读调查结果显示，2017年0~8周岁儿童图书阅读率为75.8%，人均图书阅读量为7.23本。在0~8周岁儿童家庭中，超过70%的家长有陪孩子读书的习惯，而平时有陪孩子读书习惯的家庭超过90%。在这些家庭中，父母平均每天陪孩子读书的时间是23.69分钟。阅读已成为少年儿童的生活"刚需"。

如何坚持以少儿需求为第一导向，少儿图书出版单位可以从以下几方面入手。

第一，细分少儿读者群体，满足不同阶段需求。少年儿童在不同的成长阶段表现出来的接受能力、学习能力以及阅读视野等都有所差别，需要进行精准定位，细分读者群体，提高少儿图书的适用性与实用性。要了解不同读者群的阅读兴趣和偏好，直接面向终端读者提供个性化服务。

第二，研究阅读需求新变化。当前，党对意识形态工作和文化建设的新要求、全民阅读的进一步推广、新技术的广泛应用等，都对少年儿童的阅读产生了重大而深远的影响。我们必须要重视这些变化，从选题策划、编辑和营销队伍培育、作者资源维护等方面入手，积极主动地适应变化。作为伴随着移动互联网成长起来的新一代，少年儿童在阅读方式和阅读体验方面产生了许多新的要求。少儿图书出版需要把握住这个特点，打破传统的出版视角，既要重视内容质量和编校质量，也要重视产品形态、内容呈现方式、读者阅读过程中的参与互动，使读者获得更好的阅读体验。

5.3.3　强化版权产业意识，提高版权运营和管理水平

图书的核心价值是版权的价值。作为知识产权的一种，版权是文化创造的成果，而图书是展现成果的一种载体。版权在少儿图书出版活动中发挥着基础性的作用，尤其是在全媒体的大背景下，版权形式不仅仅限于纸质图书。

从少儿图书出版市场来看，单一的纸质图书不能满足少年儿童阅读体验的多样化、互动化需求。少儿图书出版社必须加强版权意识，围绕着版权经营进行产业布局，在版权运营和管理上有进一步突破。版权多种形式的开发，如影视、动漫、互动游戏等，是少儿出版产业增效的重要手段，只有将版权运营策略贯彻到出版活动的各个环节，才能有效提高版权的价值。

5.3.4　建立有效库存管理机制，降低无效库存

高库存一直是出版行业发展过程中存在的一个难题。行业统计报告显示，2010年全国新华书店系统、出版社自办发行单位年末库存为53.00亿册、737.80亿元，与上年相比数量增长4.70%，总金额增长12.09%，到2017年，库存增长至62.59亿册，1220.97亿元。高库存背后揭示的是出版行业与市场化的矛盾，从根本上说是供给侧出了问题。这意味着出版行业生产能力过剩，但是这个过剩又不是真正的满足需求后的剩余，而是供给到市场上的产品不能满足需求，是一种无效供给，才造成了库存堆积。

"去库存"基本上是每个出版单位都面临的问题。如何解决这一难题，出版社要建立有效的库存管理机制，将去库存的目标糅在每个出版流程和环节上，从源头上实现有效去库存。首先，出版社要去除无效库存。无效库存就是指无学术价值、社会价值、市场价值的图书存量。这类图书要分析其产生的原因，从选题源头开始优化选题结构、提升选题质量，避免无效库存图书出版。其次，出版社要增加有效库存。对于仍有学术价值或有社会价值但无市场竞争力的图书，要力争找到其目标消费者和细分市场，以满足市场需求。最后，出版社要打造优质库存。从选题策划开始，编辑、印制、营销形成全产品生产链，协同打造社会效益和经济效益相统一的精品图书。出版社可以从以上三个方面同时着力，齐步推进，最终形成既有数量规模又有质量保证的优质库存。

5.3.5　完善人才结构，提高人才素质

少儿图书出版产业是知识密集型产业，人才在各个环节中起着非常重要的作用，人才素质的高低和出版单位图书质量的好坏直接挂钩，同时也决定了出版单

位持续发展的核心能力是否能够持久。目前，少儿图书出版社在人才方面的突出问题是埋头编稿、改稿的单纯知识型人员相对较多，而既能了解市场、策划营销，又能将新媒体技术与传统出版融合的综合型人才不足。

对此，出版单位要做两手准备。一方面，要积极引进高层次创新性的复合型人才，为高层次人才创造发挥才能的条件，激发人才积极性和创新力；另一方面，要重视现有人才的培养、建立合适的任用和激励机制。坚持以绩效论英雄的用人导向，完善青年领军人才和首席编辑制度，构建起出版社人才体系。同时，要支持和强化创业创新团队建设，推进有条件的企业建立股权激励等现代薪酬机制。

第6章 结论与展望

6.1 主要结论

本文选取少儿图书出版产业作为研究对象，应用产业组织理论及产业集中度分析方法，通过对我国少儿图书出版产业集中度的测算，探求少儿图书出版产业结构性问题，提出少儿图书出版供给侧结构性改革的对策建议。在研究过程中，采用了定量分析、定性分析相结合的研究方法，紧密联系行业实际，系统地分析了少儿图书出版产业集中度、产业结构、典型出版社的成功之道以及影响产业集中度的因素。在此基础上，对我国少儿图书出版产业供给侧结构性改革从宏观层面和微观层面上提出了对策建议。

通过本文的分析研究，主要得出如下结论。

（1）我国少儿图书出版产业属于原子型产业。2011—2016年，我国少儿图书出版 CR8 平均为 31.4%，即使按照 CR20 也仅仅达到中下集中寡占型。我国少儿图书出版产业尚未形成超大规模、能够对少儿图书市场产生决定性影响的企业，呈现出相对明显的发展中特点。

（2）我国少儿图书出版产业中的企业数量多，微观竞争相当激烈。但是从出版总品种数来看，品种数在 500 种以上的寥寥无几，大多数出版规模很小，真正促进图书品种繁荣的还是专业少儿社和一些名社、大社。规模以上出版社（CR8 或 CR20）效率更高，以同样的资源可以创造出更大的效益。我国少儿图书出版产业正在发生积极的变化，新进出版社占比不断下降，专业出版大社、强社占比不断上升。

（3）在 CR8 和 CR20 集中度分析中，CR8 和 CR20 有着稳定性，但在规模结构分析中，最大规模出版社具有明显的变化，且均呈现向上的趋势。总体看，最大规模出版社的总印数特别是定价总金额在总量中的占比较高，达到了近 60%，总品种和新出品种占比相对较低。这一结论与 CR8 和 CR20 集中度的结论是一致的。这就意味着少儿图书出版产业的进一步发展需要大力提升最大规模出版社的品种占有能力，以发挥其更加有效地推动产业发展的作用。

（4）我国少儿图书出版产业结构存在以下问题：产业布局不合理，规模经济不明显；产业进入存在壁垒；竞争不充分，资源流动性不足；产业形态特殊，改革难度较大。针对以上问题，提出了我国少儿图书出版产业结构调整方向以及供给侧结构性改革的具体建议。宏观层面上：加强政策引导和财政支持；调整少儿图书出版产业结构；鼓励民营工作室发展，提高有效供给；研究实施专业限制，提高专业社资源占有率。微观层面上：坚持原创，提升专业少儿社的竞争力和支配力；坚持以少儿需求为第一导向；强化版权商品意识，推进版权运营和管理水平；建立有效库存管理机制；完善人才结构，提高人才素质。

6.2 下一步展望

尽管在本文的撰写过程中力求做到尽可能系统完善，但是整体来说还有进一步研究的空间，本文的研究仅是一个尝试性、阶段性的成果，还有可以完善的地方。本文只做了少儿图书出版产业集中度测算和产业结构分析，没有进行全国图书出版产业集中度测算和产业结构分析，因此两者的对比分析在本文中没有体现。另外，对于国外出版产业集中度的分析没有涉及，虽然做了对比，但只是与相关历史数据对比，没有进一步探讨，这都是以后可以继续深入研究的方面。

参考文献

[1] 《中国出版年鉴》中国出版年鉴编委会. 中国出版年鉴（2011—2016）[M]. 北京:《中国出版年鉴》杂志社有限公司, 2011—2017.

[2] 国家新闻出版广电总局规划发展司. 中国新闻出版统计资料汇编（2011—2018）[M]. 北京:中国书籍出版社, 2011—2018.

[3] 史忠良. 产业经济学[M]. 北京:经济管理出版社, 2005(2):315-323.

[4] 斯蒂芬·沃依格特. 制度经济学[M]. 北京:中国社会科学出版社, 2016(1):3-22, 151-184.

[5] 杜朝晖. 现代产业组织学理论与政策[M]. 北京:高等教育出版社, 2005(1):33.

[6] 中国社会科学院语言研究所词典编辑室. 现代汉语词典(第6版)[M]. 北京:商务印书馆, 2012(1).

[7] 中国法制出版社. 中华人民共和国未成年人保护法[M]. 北京:中国法制出版社, 2018(1).

[8] J. S. 贝恩. 产业组织[M]. 日本:丸善出版社, 1981.

[9] 黄萃. 中国少儿图书出版产业发展研究[D]. 陕西师范大学, 2010.

[10] 刘莹莹. 我国原创少儿科普图书出版的现状及对策研究[D]. 河北大学, 2017.

[11] 王炳文. 中国煤炭产业集中度及政策研究[D]. 北京交通大学, 2013.

[12] 张艳艳. 基于消费者视角的少儿图书营销策略探索[D]. 华中科技大学, 2013.

[13] 李蓓蕾. 中国广告产业集中度提升路径研究[D]. 郑州大学, 2017.

[14] 蒋雪湘. 产业融合环境下中国图书出版产业组织研究[D]. 中南大学, 2010.

[15] 肖东芝. 我国图书出版产业集中度研究[D]. 南昌大学, 2014.

[16] 栗剑峰. 我国少儿社全媒体出版的价值链研究[D]. 南京大学, 2018.

[17] 周书灵. 出版产业供给侧改革政策解读及其误区[J]. 编辑之友, 2016(06):14-17.

[18] 周蔚华. 从产业组织理论的视角看出版改革的症结所在[J]. 中国出版, 2005(04):14-19.

[19] 杜贤. 创新推动出版供给侧结构性改革——兼析人民卫生出版社有限公司的实践探索[J]. 科技与出版, 2016(09):19-24.

[20] 殷克涛, 方卿. 出版企业的创新驱动力研究[J]. 出版发行研究, 2015(12):9-13.

[21] 周蔚华. 我国图书出版产业的集中度和规模经济分析[J]. 中国出版, 2002(10):15-18.

[22] 朱玲, 蔡镜. 试论供给侧改革视角下出版业的新发展[J]. 科技与出版, 2018(03):121-124.

[23] 何勇. 中国出版业未来发展趋势研究与预测[J]. 出版发行研究, 2016(02):20-24.

[24] 何华征, 盛德荣. 论出版"供给侧改革"的愿景及其进路[J]. 出版发行研究, 2016(05):13-17.

[25] 吴明华. 中外出版产业集中度比较分析[J]. 出版发行研究, 2002(09):9-15.

[26] 纪玉山, 李兵. 对产业集中度决定因素的一项文献归类与总结[J]. 产经评论, 2012, 3(01):22-34.

[27] 贾康. 供给侧改革及相关基本学理的认识框架[J]. 新疆师范大学学报(哲学社会科学版), 2018, 39(02):44-51.

[28] 贾琼. 少儿期刊供给侧结构性改革探析[J]. 传播与版权, 2017(09):149-151.

[29] 金一超. 促进全民阅读之路径探索——以供给侧改革为重点[J]. 中国出版, 2017(08):7-11.

[30] 周炜. 浅谈科技图书出版的供给侧改革[J]. 现代商业, 2016(26):58-59.

[31] 李学谦. 关于"十三五"时期少儿出版发展的思考[J]. 出版发行研究, 2016(02):12-16.

[32] 李一慢. 文化自信, 童书先行——2017年中国少儿图书出版盘点[J]. 科技与出版, 2018(03):22-26.

[33] 李英珍. 百万图书畅销的创新模式——"幻想大王奇遇记"系列营销实录[J]. 出版广角, 2016(18):64-65.

[34] 余人, 冯长. 从"供给侧改革"看传统蒙学图书的深度开发[J]. 出版广角, 2016(15):38-40+49.

[35] 彭宁. 出版业供给侧结构性改革的策略[J]. 出版发行研究, 2017(08):31-34.

[36] 齐悦, 王玉玺, 钱明辉. 我国电影产业集中度发展趋势及影响因素研究[J]. 当代电影, 2018(03):63-67.

[37] 桑昀. 基于要素投入结构升级的图书出版业供给侧改革初探[J]. 出版发行研究, 2017(06):31-33.

[38] 王关义, 谢巍. 我国出版业供给侧改革思路[J]. 中国出版, 2017(01):11-14.

[39] 姚宝权. 试论我国传统图书出版的供给侧结构改革[J]. 中国出版, 2016(13):12-14.

[40] 王资博. 我国出版业供给侧改革情境与对策研究[J]. 中国出版, 2017(10):34-38.

[41] 吴磊. 浅谈出版供给侧改革与双效益发展的关系[J]. 出版参考, 2017(06):66-67.

[42] 刘华坤, 谢磊, 张志林. 大数据驱动的出版业供给侧改革探索实践——以人民邮电出版社"以销定产"按需出版为例[J]. 中国出版, 2018(14):19-23.

[43] 童健. 浅析供给侧结构性改革与出版集团主业发展实践[J]. 科技与出版, 2016(06):36-39.

[44] 唐玲. 原创图画书市场迎来井喷式发展[N]. 新华书目报, 2017-11-17(014).

[45] 商报·东方数据专题组. 少儿出版"十二五"表现"十三五"趋势[N]. 中国出版传媒商报, 2016-11-15(012).

[46] 魏玉山. 出版业:加快供给侧结构改革, 满足不断升级的读者需求[J]. 编辑学刊, 2016(03):6-9.

[47] 陈香. 白冰:接力的供给侧结构改革[N]. 中华读书报, 2017-01-11(017).

[48] 陈莹. 出版业供给侧结构性改革迎"新周期"[N]. 中国出版传媒商报, 2017-11-24(001).

[49] 张桢. 李学谦:中国少儿出版走近世界舞台中央[N]. 国际出版周报, 2018-03-19(008).

[50] 李明远. 原创童书:满树繁花正当时[N]. 中国新闻出版广电报, 2017-06-02(T01).

[51] 赵依雪. 李学谦:中国少儿出版发展的新趋势[N]. 国际出版周报, 2018-04-02(012).

[52] 张芽芽. 出版集团化前后变化对比——中国图书市场集中度分析(1998~2003)[J]. 出版发行研究, 2006(06):37-39.

[53] 艾立民. 深化供给侧改革出版发行业面临的挑战[N]. 中国出版传媒商报, 2016-12-16(003).

[54] 陈天中. 展望"黄金十年"后的儿童文学出版：喜有一些, 忧也不少[N]. 中华读书报, 2018-05-16(006).

[55] 莫林虎. 创新——供给侧改革中童书出版发展动力[N]. 中国出版传媒商报, 2017-09-08(005).

[56] 于殿利. 以供给侧改革促进出版产业市场化现代化[N]. 中国出版传媒商报, 2016-03-18(005).

[57] 孙珏. 2018华东六少社长总编谈品牌进阶之路[N]. 中国出版传媒商报, 2018-03-02(006).

[58] 孙舒凡. 积极推进出版业供给侧改革[N]. 内蒙古日报(汉), 2016-08-29(009).

[59] Bain. Industrial Organization [M]. Harvard University Press, 1959.

[60] Timothy J. Sturgeon, and Lester, R. The New Global Supply-base: New Challenges for Local Suppliers in East Asia [M]. Oxford University Press, 2004.

[61] Frederic L. Pryor. New trends in U. S. Industrial concentration[J]. Review of Industrial Organization, 2001(18):301-326.

[62] Tompkins B, O Leary S. Information publishing M&A activity: consolidation, concentration, convergence[C]. Proceedings of the International Online Information Meeting. 1998:275-280.

[63] Latrobe K. Keeping Current. Concentration of Publishing Ownership: Is It a Threat to or an Opportunity for children's Collections[J]? School Library Media Activities Monthly. 2005;21(8):48-50.

[64] Sekeres DC. The Market Child and Branded Fiction: A Synergism of Children's Literature, Consumer Culture, and New Literacies[J]. Reading Research Quarterly. 2009;44(4):399-414.

[65] Altenburg T. How to Promote Clusters: Policy Experiences from Latin America [J]. World Development. 1999; 27(9):1693-1913.

[66] Greco AN. The Impact of Horizontal Mergers and Acquisitions on Corporate Concentration in the U. S. Book Publishing Industry: 1989-1994. Journal of Media Economics. 1999;12(3B):165.

[67] Brian R. Games. The learning curves inderlying convergence[J].

[68] Social Change, Volume 57, Issues 1-2, January-February . 1998:7-34.

（本文作者：刘晶晶）

首都出版业公共服务体系研究

摘　　要

作为文化产业的有机组成部分，出版业的发展直接影响着我国文化体制改革的深化程度，也直接影响着我国社会主义文化大发展大繁荣战略的实现程度。首都出版业改革始于20世纪80年代。在改革开放30年的发展历程中，出版业依次经历了"解放思想，大胆探索，创新体制机制"和"确立市场化和产业化发展方向，调整出版组织结构，形成比较完整的市场体系"等发展阶段后，进入了"深化体制改革，坚定不移推动出版业产业化、市场化"的新阶段。大多数出版组织全面深化了向企业化方向的改革，促进了出版产业的发展壮大。出版产业已成为首都国民经济的重要组成部分。应该说，首都作为出版产业规模较大、集团化水平较高、集聚效应明显的国际性文化之都，有着进一步提升出版业整体竞争力和比较优势的资源禀赋条件。而适应国家文化体制改革和首都文化创意产业发展的需要，在后奥运时代北京提出的"人文北京、科技北京、绿色北京"发展战略，又为深化出版业改革的系统实践提供了机遇和舞台。但是，在改革发展过程中，出版业公共服务体系的建设却一直滞后于产业的发展，一定程度上影响了产业结构的调整和产业竞争力的提升。目前，作为首都文化创意产业重要内容的出版业，正处在一个与旧的体制相关的公共服务体系正在打破，新的体制尚未确立的过渡时期，这种现象不利于出版业的可持续发展。所以构建首都出版业公共服务体系攸关首都出版业健康有序发展。

本文在第一章里对出版业公共服务体系的内涵界定、基本功能以及国内外相关理论和实践进行了系统梳理。第二章是对首都出版业公共服务体系建设现状的分析。第三章总结了首都出版业公共服务体系建设中存在的问题。第四章则是对出版业公共服务体系建设的对策性研究。本文尝试用经济学的相关理论分析出版业的问题，试图运用市场经济与公共服务理论进行对接，丰富出版学的研究内容和方法。其目的是通过研究所获得的成果对首都出版业公共服务体系建设提供一定的智力支持。

关键词：首都；出版业；公共服务体系

Abstract

As an organically unalienable part of cultural industry, publishing has great and direct effects upon the depth of China's institutional culture revolution, and it influences the realization of the development and prosperity for communist culture strategy of Chinese. The publishing revolution in Peking started in 1980s. Through thirty years' history of Opening and Revolution, growing under the guiding principle of "reforming institutional mechanisms by emancipating the mind and inquiring with courage" and through a series stages of "Establishing a perfect market system by adjustment in institution of publishing organization with the aim of mercerization and industrialization", Peking's publishing community sees a new section characterized by "more profound institutional revolution and stout promotion for industrialization and mercerization". Now most publishing organizations have completely accomplished enterprise reform and facilitated the growth of publishing organizations. Publishing has today become an important part of the Capital's Economy. It can be said that, as a city renowned for internationally cultural influence with so many larger, high level publishing houses and as a city of obvious agglomeration effects, there are advantages in Peking in strengthening the competence of its whole publishing industry. According to the reform in national culture institution and development of Peking's creative cultural industry, the strategy of "building a green Beijing of humanities, science and technology" provides opportunities and stages for the systematic practice of deep reform in publishing industry. In the process, however, infrastructure of publishing lagged behind which hinders the adjustment in institution and the upgrading of its competence. Today, as part of Peking's creative industry, publishing is at a time when public service system related to past institution is breaking down while the new one is still in the cradle, which is not conductive to the sustainable development of the publishing industry. So it is critical to establish the public service system for Capital publishing industry.

Chapter I deals with the conception, defined meaning, the basic functions of public service system in publishing industry and the theory and examples both abroad and at home. Chapter II analyses the present development of public service system of

Capital publishing industry and Chapter III summarizes the defects. At last, Chapter IV researches the countermeasures in public service system in publishing industry.

The author tries to study topics in publishing industry with economic theories. And by combining theories of market economy and public service, the author adds up new content and methodology to publishing industry, and so the result as an intellectual support can be applied to the establishment of the public service system for Capital publishing industry.

Key words: Capital; Publishing industry; Public service system

目 录

CONTENTS

第一章　出版业公共服务体系的理论与实践..205
  1.1 出版业公共服务体系的界定与内涵..205
  1.2 国内外出版业公共服务体系相关理论与实践........................210
  1.3 我国构建出版业公共服务体系的理论....................................217
  1.4 我国出版业公共服务体系的发展历程和现状........................220

第二章　首都出版业公共服务体系建设现状..225
  2.1 公共服务主体转变职能，建设服务型政府............................225
  2.2 首都出版业公共产品供给体系建设现状................................228
  2.3 首都出版业政策体系建设现状..230
  2.4 首都出版业人才体系建设现状..236
  2.5 首都出版业公共投融资服务体系建设现状............................238
  2.6 首都出版业公共服务绩效评估体系建设现状........................241

第三章　首都出版业公共服务体系存在的主要问题......................................245
  3.1 在出版业体制改革过程中，政府职能发挥不足....................245
  3.2 首都出版业公共产品供给体系..247
  3.3 首都出版业政策服务体系..249
  3.4 首都出版业人才服务体系..251
  3.5 首都出版业投融资体系..252
  3.6 首都出版业公共服务绩效评估体系..255

第四章　完善首都出版业公共服务体系的基本思路及政策建议..................257
  4.1 进一步转变政府职能，改进行政机制的
     基本思路及政策建议..257
  4.2 完善首都出版业公共服务产品供给体系的
     基本思路及政策建议..260

4.3 完善首都出版业公共政策服务体系的
基本思路及政策建议 263

4.4 完善首都出版业公共人才服务体系的
基本思路及政策建议 265

4.5 完善首都出版业公共投融资服务体系的
基本思路及政策建议 268

4.6 完善首都出版业公共服务绩效评估体系的
基本思路及政策建议 272

结束语 281

参考文献 282

第一章 出版业公共服务体系的理论与实践

2007年6月16日，胡锦涛总书记主持政治局会议，专题研究加强公共文化服务体系建设。他指出，要"着力解决人民群众最关心、最直接、最现实的基本文化权益问题"，"切实保障人民群众看电视、听广播、读书看报、进行公共文化鉴赏、参加大众文化活动等"基本文化需求。[①] 出版业公共服务体系建设作为公共文化服务体系中的最重要内容之一，"十一五"规划中给予明确规定，要求将重点放在政府通过法律和经济途径对我国出版业发展进行宏观调控和提供公共服务职能的转变上来。新闻出版总署署长柳斌杰也指出，目前新闻出版业正处在一个关键时期，体制机制的转变、增长模式的转变、管理方式的转变、思想观念的转变，都迫在眉睫。尤其是经过了30年的改革开放，新闻出版业需要站在一个新的起点上，谋发展，搞建设，为人民提供更好的精神食粮。针对首都出版业而言，深化改革的内容主要体现在两个方面：一是转换经营机制，在出版业实行与产权改革和建立现代企业制度相适应的公司治理结构；二是建立适应出版业发展的宏观调控系统和公共服务体系。对后者的研究和思考就是本论文的主要任务。

1.1 出版业公共服务体系的界定与内涵

1.1.1 出版业公共服务体系的内涵

"公共服务"是指公共部门与准公共部门为满足社会公共需求，共同提供公共产品的服务行为的总称。公共服务应该包括"三公共、一公众"，即公共产品的范围和内容是提供公共设施，发展公共事业，发布公共信息；公共服务的目的和导向，是为社会公众生活和参与社会经济、政治、文化活动提供保障和创造条件。[②] 但是，要理解出版业公共服务的本质，进而理解出版业公共服务体系的内涵，我们必须

[①] 巫志南：《现代服务型公共文化体制创新研究》，华中师范大学学报（人文社会科学版），2008年第04期，第110页．

[②] 苏峰：《略论公共文化服务体系的构建》，http://www.chinavalue.net/Article/Archive/2007/2/25/57316.html，价值中国网．

正确认识公民的一项基本权利,即公民文化权利。1966年联合国大会通过了《经济、社会和文化权利国际公约》,我国在1997年签署了这个公约,2001年7月正式在我国生效。公民文化权利主要包括四个基本方面:第一是公民享受文化成果的权利;第二是公民参与文化活动的权利;第三是开展文化创造的权利;第四是公民的文化成果受到保护的权利。针对公民的这四个方面的基本权利,我们可将出版业公共服务理解为:由政府及其管理部门承担的,以尽可能满足和维护公民享受出版产品、参与出版活动、开展文学以及学术创作和出版成果的版权得到有效保护等权利为目的而提供的相应的公共产品和公共服务。在这个过程中政府管理部门首先要做的就是本着公平、多元、公益的原则构建与出版业发展程度相适应的出版业公共服务体系,就是建立由政府主导、社会参与,以公共财政为主、其他社会资本为辅,公共出版机构为主、其他出版机构和社会组织为辅,为全体国民提供普及文化知识,传播先进文化,提供精神产品,满足人民群众文化需求,保障人民群众文化权益的各种公益性文化产品和服务的总和。完善的公共出版服务体系,应当包括公共出版政策法规体系、公共出版基础设施体系、公共出版生产供给体系、公共出版资金保障体系、公共出版人才保障体系、公共出版服务评估监督体系等内容。这个体系是政府提供出版公共产品、出版公共服务以及制定符合出版业发展战略及其规划的相关制度的系统体现。

1.1.2 出版业公共服务体系的基本功能

(1)政策功能

对于出版产业来说,政策调控的内容主要是指以促进产业发展为目的,以产业和企业为对象,由政府推行的干预产业的政策集合。在这里政府职能的发挥是以整个出版产业而不是单个出版单位为对象的。[1]所以首先我们要明确政府对出版业的责任:政府的职责就是要从目前的出版产业发展态势出发,以实现和保障公民基本文化权益、满足广大人民群众对知识的基本需求为目标,建立健全科学、高效的出版产业公共服务网络。为达到此目的,就需要推进政府管理出版业职能转变,切实把政府的职能从办出版转到宏观管理和公共服务上来,以制定出版业发展规划为重点,明确出版业公共服务体系建设的总体目标和阶段性任务。进一步完善相关出版产业的政策,加大投入力度,深入实施各项重大出版服务工程。具体地说:

---

[1] 乔东亮,陈勤,张养志:《首都出版业可持续发展模式研究》,中国人民大学出版社,2007年9月第1版,第52页.

第一，把握出版产业的性质及发展方向。

把握出版产业性质及发展方向，就是政府在明确出版业的政策方针，并使之在出版业发展的过程中起到纲领性的作用。1978年党的十一届三中全会后，我国政府开始从政策角度对出版业进行拨乱反正，经过将近20年的政策调整，20世纪80年代末，我国的出版业政策已基本定型，出版行业的发展也走入正轨。

但与此同时，随着时代的发展和改革的深入，计划经济体制下行政命令式的宏观管理方式越来越不适应出版业的发展，要建构科学的公共服务体系就是政府对这种"不适应"的深刻认识。目前改革的当务之急就是将政府职能转变到以公共服务为主体的产业宏观调控上来，处理好出版产业的社会功能和经济功能。一方面，我国是社会主义国家，制定出版业发展的宏观调控政策始终不能脱离满足广大人民群众需要的基本出版产品的准绳；另一方面，出版业作为一个新兴产业，已成为我国经济增长的重要环节，所以，推动出版产业化改革和体制机制的市场化转变也成为出版业公共服务的重要职责。

第二，创新出版产业运行体制，优化出版产业竞争环境。

出版产业体制及运行机制改革滞后于其他产业，不适应国际化、产业化、集团化的发展要求，在国际竞争中处于相对弱势地位。从这个角度说，以满足社会基本文化需求为目的、向公民提供出版公共产品和向出版产业提供政策服务的公共服务体系能够系统地合理配置出版资源，创新出版产业运行体制，对出版业中的营利性出版单位和公益性出版单位的种类数量、功能结构、体系布局进行统筹规划，从而起到优化出版产业的竞争环境以及促进出版产业良性发展的作用。

第三，健全出版公共服务参与机制。

公共文化服务的基本特征是其"公共性"。也就是在公共服务提供主体和接受者两方面都要充分体现出"公共性"的特征来。

一方面，公共服务的主体供给者是政府，但参与的主体也应该允许是多元的。因此，必须建立和完善以政府供给为主、民间资本和社会力量广泛参与的多元供给机制。也就是说，一种多元参与的、竞争的、互助的出版公共服务多元化体系才是我们构建的目标。而要实现这个目标还要仰赖政府的出版政策制定，通过政策扶持、规范引导等来激活各种民间组织和社会力量的能量，为出版业公共服务提供更强有力的支持。另一方面，在公共服务体系中公民的参与是否充分是公共服务体系有效性的重要标准。在这方面政府必须制定有效的法规以及政策，建立有效的信息传递渠道和公民参与机制。

（2）文化功能

第一，保障公民的文化权利。

1966年联合国大会通过的《经济、社会和文化权利国际公约》第十五条中规定：缔约国承认人人有权参加文化生活；享受科学进步及其应用所产生的利益；对其本人的任何科学、文学或艺术作品所产生的精神上和物质上的利益；享受被保护之利；本公约缔约各国为充分实现这一权利而采取的步骤应包括为保存、发展和传播科学和文化所必需的步骤；本公约缔约各国承担尊重进行科学研究和创造性活动所不可缺少的自由；本公约缔约各国认识到鼓励和发展科学与文化方面的国际接触和合作的好处。从这个公约中我们可以了解到公民的文化权利中的很大一部分涉及出版业，所以构建符合我国出版业发展水平以及国情的，先进的出版业公共服务体系是保障公民文化权利和义务的重要部分。

第二，满足各类群体的文化知识需求。

社会主义生产的目的就是不断满足广大人民群众日益增长的物质和文化需求，当物质产品的丰裕度达到一定程度的时候，人们对精神产品的需求会更加突出。也就是说，社会的可持续发展离不开对文化知识的需求。作为文化产业的核心部分，出版业为社会提供的大部分文化产品，是公民获取知识的重要渠道。构建出版业公共服务体系的重要目的之一就是在深入推进出版产业改革，促进出版业良性发展的同时，更好地为社会提供优秀的出版公共产品。

第三，实现均等化传播社会主义先进文化。

传承和传播文化是出版产业的重要功能之一。我们是社会主义国家，所以区分先进文化和落后文化是出版业执行传播功能的基础。要明确的是，我国的出版公共服务体系致力于传播的是先进文化，就是符合社会历史发展，体现社会生产力发展要求，反映时代发展潮流的文化。

另外，人们的需求千差万别，所以服务供给必须建立在公民对出版产品需求差异的基础上，以尊重公民的自由选择权为前提而并不是强制性地让公民接受等样等量的公共服务。所以，均等化地传播先进文化是出版业传播的目的。政府应该根据各个地区的实际情况，向每个公民提供一定的合理的公共产品及其公共服务，确保全体公民都能够公正公平地分享到社会进步的公共文化成果，力争全体公民都能够基本跟得上时代发展的步伐。[①]新闻出版总署署长柳斌杰同志在"如何在全民阅读中推动新农村文化建设"一文中强调指出：倡导全民阅读"一方面要发扬中国耕读文化传统，营造新时期农民阅读的良好氛围，另一方面要抓住新农村建设为农民阅读带来的好机遇，同时还要多为农民阅读提供丰富的出版产品和优质服务。三是要建设好服务农民阅读的农家书屋工程。……农家书屋要为农民

---

① 蔡辉明：《新农村公共文化服务供给均等化的制度设计》，《老区建设》2008年第10期，第47页.

提供健康实用的阅读产品,要在丰富农民精神文化生活上下功夫"。可见均等化的传播文化不是盲目平均而是有的放矢的,是要根据服务接受者的实际情况有目的有根据地提供产品和服务。这样可以有效地缓解资源浪费的情况,提高产品和服务的效用可以真正实现均等化传播社会主义先进文化的目的。

（3）经济功能

第一,合理配置出版公共资源。

出版资源是稀缺的,而出版公共资源更是有限。如何合理地配置出版公共资源,使有限的资源发挥最大的效用是政府部门应该大展拳脚的舞台。一方面,将应该由政府主管的公益性出版事业由国家或政府负责投入,承担其应有的责任和义务,健全出版公共服务设施网络,建立健全出版公共文化服务考评体系,加强现有出版公共设施的使用和管理。以基层文化阵地建设为突破口,加大力度实施包括农家书屋工程在内的惠及基层人民群众的重大文化工程,保证基层群众的文化权益。

另一方面,对于由市场主导的经营性出版文化事业,则应融入社会主义市场经济体制之中,由市场来配置资源,走企业经营和发展的道路。在合理配置资源方面做好公益性出版文化事业和经营性出版文化产业,两手都要抓好,不能僵化管理一概而论也不能厚此薄彼。

第二,完善出版产业投融资机制。

出版产业的发展正在从产品时代向资本时代转变。出版产业的发展离不开资本的运作,所以建立出版产业公共服务体系首先要解决资金投入以及融资的问题。出版业公共服务体系可以通过政策的传导机制引导和鼓励社会力量投资,优化投入结构,逐步形成以政府投入为主、社会力量积极参与的出版业投入保障机制,从而以资本为纽带,实现出版产业的跨所有制、跨地区、跨行业发展。

第三,制定出版产业调控政策。

现阶段政府首先要在那些市场机制还不能有效发挥作用的区域替代市场进行资源配置,以适应出版产业发展的需要。比如,公益性图书,就需要政府来进行配置。二要培育市场。培育市场是出版业转型期间我国政府的一项基本任务。政府在这方面的主要职能就是制定宏观的财政、金融政策,中观的产业政策和微观的经营政策来健全出版市场体系。三要规范市场。出版市场是我们弘扬社会主义先进文化的根据地,培育的同时要重视法律的规范作用。政府要制定相应的规制确保市场有序发展。

出版产品的双重属性决定了：一方面,出版产业具有引入创新并创造新的市场需求,对其他产业的增长具有直接和间接的诱发作用的一般属性;另一方面,它又有作为内容产业具有意识形态特性,同时还担当着传播社会价值观、文化习俗以及科学技术的"准公共产品"功能的特殊性。出版产业的一般性需要市场机制来保证，而其特殊性需要政府从维持国家和文化安全，保证出版业健康发展高度出发，通过充分利用各种手段，对出版产业进行宏观调控来保证，而宏观调控的基础就是完备的政府公共服务体系。总之，构建完备的政府公共服务体系既是促进我国出版产业健康有序发展的必要条件，也是对建设服务型政府的客观要求。

1.2　国内外出版业公共服务体系相关理论与实践

公共服务是从传统的公共行政转变而来。这不是概念游戏，而包含着社会公共事务管理的内涵和方式的深刻变化。内涵的变化是以政治为本的统治型或以经济为本的控制管理型转向以人为本的公共服务管理型。方式的变化是重新界定政府、市场和社会的关系，整合三方的功能和资源；是公共事务管理从单一主体发展到多元主体合作共治；是从效率、规则取向到实现成果和实现价值取向。

1.2.1　西方出版业公共服务体系建设的理论依据

20世纪70年代以来，与经济全球化和科技革命引发的知识经济相适应，现代民主化进程也席卷全球，它是公共服务得以兴起的深厚政治基础和广阔的社会背景。民主化进程引发了公共管理的革命，将公共管理带入新公共管理观念指导的当代公共管理时代——公共服务。其中包含了从博弈论、法学、经济学和管理学所吸取的睿智思想，仅就经济和管理学而言，西方出版产业公共服务体系的建设，主要得益于以下理论的指导。

（1）公共产品理论

第一，公共产品的概念。

公共产品理论是20世纪以来创建和发展起来的。从概念上来讲，公共产品是与私人产品相对应的概念。相对于私人产品，具有效用的不可分割性（non-divisibility），消费的非竞争性（non-rivalness），受益的非排他性（non-excludability）三个特征的产品就是纯粹的公共产品。也就是说公共物品（public goods）是这样一些产品，不论每个人是否愿意购买它们，它们带来的好处不可分开地散布到整个社区里。相比之下，私人物品（private goods）是这样一些产品，它们能分割开来并可分别地提供给不同的个人，也不带给他人外部的收益或成本。公共物品的有效率供给通常需要政府采取行动，而私人物品则可以通过市场有效率地加以分配"。[①]

[①] 大卫·N. 海曼：《公共财政：现代理论在政策中的应用》，中国财政经济出版社，2001年版，第127页．

第二，公共产品的供给特点。

公共产品理论认为由于存在着市场失灵，有些公共产品和服务市场不能提供，或不适合由市场提供，必须由政府系统通过特殊的机制来提供。具体体现在以下两个方面。

首先，集体非理性的存在决定了公共产品的供给主要依靠第三方即政府或其他非政府机构。集体非理性是一个哲学上的概念，比如，假设每个人都是理性的，知道修建公路对大家都有好处，但是，每个人都想搭别人的便车，因为别人出钱修好了，自己也可以走。这种心理最终造成谁也不出钱，公路也永远修不起来，这样大家就陷入集体非理性的状态。没有路走就意味着需求没得到满足最终导致资源配置无效率。要想解决问题，就要有人来提供修公路的费用，即需要有人来替公众买单。在这样的处境下，政府和其他非政府组织的介入是解决问题的唯一途径。

其次，在大多数的情况下，市场机制提供私人产品往往比政府机制提供私人产品更有效率；主要的原因在于，公共产品消费的非竞争和受益的非排他性决定了所有消费者消费同一数量的公共产品，消费者人数的增加并不导致公共产品需求数量的增加。[①]也就是说，生产公共产品的效益远远低于生产一般商品的效益。单纯从市场机制来激励生产者选择生产公共产品而非私人产品是几乎不可能做到的。所以，我们可以得出政府机制更适宜于从事公共产品的配置的结论。

从我国的出版公共服务体系角度来说，市场失灵反映在有些公益性的出版物由于没有很多利润收益，大多数出版社不愿意出版。这时候就需要政府投资或通过政策引导非政府组织为公益性出版物的生产和提供买单。

（2）新公共管理理论

20世纪70年代末，在西方传统的公共行政遭受到外部环境巨大压力，政府机构日趋庞大，效率低下，出现财政危机，社会福利政策难以为继的背景下。80年代初，主张将私营部门的管理理念和管理方法和竞争机制引入政府管理活动的新公共管理理论在英美率先诞生，并成为近年来西方行政改革的主体指导思想之一。

从实践层面看，发轫于20世纪70年代末而后波及全球的政府改革运动可以划分为两个阶段：第一个阶段是民营化时期（20世纪70年代末到90年代初）；第二阶段是政府重塑时期。

---

① 乔东亮，陈勤，张养志.首都出版业可持续发展模式研究.中国人民大学出版社，2007年9月第1版，第43页.

民营化就是政府在公共事务管理中引入竞争机制，利用私人部门和第三部门执行公共项目和提供公共服务。而重塑政府主要体现在五个方面：一是掌舵与划桨分开；二是以结果设计运行机制和工作流程；三是充分运用现代管理技术；四是公共管理者的非职业化；五是推进绩效管理。

新公共管理运动带有强烈的市场化趋势和管理主义色彩，构成了对公共行政特别是传统公共行政的极大冲击，是对传统公共行政模式的一次深刻转变，改革的主要诉求表现在：

其一，主张对政府和市场关系进行重新定位，引入竞争机制，以改善政府提供公共服务的质量和效率；

其二，主张重新整合国家和社会的关系，通过社区自主组织管理、外包、公私伙伴关系、民营化等途径，实现合作共治；

其三，主张对政府组织的运行机制和运行方式进行根本性改革，把高度集权的、等级森严的组织结构转变为分权的、扁平的、网络式的组织结构，要求政府在行为评价的标准、控制手段以及行政组织文化等方面做出根本性的调整；

其四，主张强化国家的核心战略能力和竞争力，建立一个具有高度民主性、法制性、责任性、回应性和高效透明的政府管理体系。

新公共管理的核心理念可以概括为：以人为本，以服务为本，政治国家与公民社会充分合作，市场机制与问责机制有机结合，在实行有效社会监督的约束条件下，以兼顾效率和公平的方式实现公共利益的最大化。依据新公共管理的核心理念，西方发达国家在出版产业公共服务体系的建设中重视促进三个转变，即政府工作从"以规则为本"到以"结果为本的转变"；控制机制从投入控制、过程控制到结果控制转变；权力运行从高度集中到分权共治转变。而把公共服务体系建设中政府所应实现的目标确定为：建设以人为本的服务型政府、社区共有的分权式政府、公众需求驱动的成果导向型政府、竞争驱动的市场导向型政府、权责对应实现充分监督的可问责政府和以宪政导引的民主型法制型政府。

作为一种新的管理模式，新公共管理理论对我国当前仍在进行出版业公共服务体系建设的借鉴意义体现在以下几个方面。

第一，树立出版业"公民本位"的科学服务理念，建立出版业有限管理机制。

新公共管理理论主张在政府行政管理变革中，要牢固树立科学发展观，确立以人为本理念，体现人文关怀，更多地为社会和公民提供服务，这是对原有政府管理模式的颠覆。在计划经济时代，我国出版业管理部门对出版业的意识形态价值过于重视的同时对经济价值过于忽视，对出版行业全部采取管制型管理模式，政府的服务职能被弱化到极致。因此，要顺利推进出版业体制改革就必须转变出版管理部门的管理理念，强化"公民本位"服务意识，以社会和公民的满意程度为价值取向和评价标准，成为构建出版业公共服务体系的第一步。

另外，在出版业管理职能方面，强调有限管理。新公共管理理论主张政府的有限性，重视人的自主性和自我管理。我国原有的行政管理模式是建立在计划经济基础上的"全能政府"。随着市场经济的发展，这种行政管理方式在实践中存在"越位""缺位"的问题。因此，要重新审视社会、政府与公民个人之间的关系，重新界定出版管理部门的角色，规范出版管理部门的职能。

第二，大力培育出版业非政府部门。

新公共管理理论主张公共管理主体多元化。与政府相比，出版业非政府部门具有更贴近基层的优势，有利于提高解决问题的效率。比起经营型的出版企业，出版业非政府部门又具有鲜明的非营利、服务特性，具有维护社会公平的优势。这些特点，使它承担起了沟通、协调、承上启下的功能。可见，出版业非政府部门在出版公共管理和公共产品供给过程中发挥着政府和市场不可替代的作用，使三者有机互补，共同形成互相促进社会发展的良性机制。

第三，加强出版业行政法制化建设。

我国出版业公共管理法治化不足，侵权行政、专断行政、非法行政时有发生。另外，处在无法可依状态的行政管理很难对其做准确的绩效评估，进而严重影响对出版业的管理效果。因此，健全出版法制建设仍将是今后一个时期我国出版业行政改革的一项重要任务，也是构建我国出版业公共服务体系的重要内容。

1.2.2 西方发达国家出版业公共服务体系发展历程及启示

从出版业市场化、产业化发展的历程看，西方发达国家是出版业公共服务体系构建的先行者。要深入研究出版业公共服务体系，就要对发达国家出版业公共服务体系的总体发展状况做出分析。

（1）西方发达国家出版业公共服务体系发展的历程

"二战"以后很长一段时间以来，西方发展迅速的出版业主要集中在以英美为首的发达国家。直到20世纪70年代以后，亚洲新势力国家的兴起不仅打破了西方发达国家对全球经济的垄断，也瓜分了很大一部分出版市场。根据发达国家出版业公共服务体系的发展过程可将其分为三个阶段。

第一阶段：第二次世界大战以前的出版业公共服务体系

这一阶段是西方国家现代出版业公共服务体系构建的初期，其特点是政府对出版业从完全管理逐渐转向分权而治，继政府之后，行业协会成为出版业公共服务体系的主体之一。

17世纪末的英国资产阶级革命提出了"出版自由"的口号，政府对出版业的完全垄断被打破，管理出版行业的权力很大部分被转移到出版业行业协会和工会。虽然公共服务体系的构建初期行业协会还是被控制在政府和教会手中，实质性问题并未改变，但是这预示着作为一个特殊行业，发达国家出版业公共服务体系从此进入政府与行业协会共同管理阶段。

到了19世纪末、20世纪初，垄断使同一行业中的大企业之间的竞争变得更加激烈困难，为避免在竞争中两败俱伤，他们更愿意达成相互妥协来保证自己的利益，从而出现了一些大企业组成的行业组织。另外，行业中的中小企业，自知无法与大企业抗衡，为维护自身的利益，也组成了各中小企业的行业组织。美国、加拿大、英国、德国等国家属于出版业行业协会管理模式，因为这些国家的政府部门中没有专门的管理机构。在这些国家大部分实际管理工作还是由出版业行业协会承担的，而政府对出版的管理只是通过间接手段实现的，比如财政拨款、税收政策及立法等手段。

法国和日本也是政府管理机构与行业协会共同管理。法国管理出版企业和国家图书馆的政府机构是文化通信部的图书与阅览司，主管图书的创作、出版、发行和阅览环节的工作。该机构主要是制定出版政策，主管图书进出口，对全国的出版与阅读活动进行指导与资助，制定有关法规，与行业组织及出版社创设各种图书奖。法国的出版行业协会成立于1618年，当时称为同业公会。早期的法国书商同业公会有检查、没收、销毁诋毁国王或教会的出版物的权力。发展到现在，法国的出版行业协会和政府的关系比较美国等国家依旧比较密切，职能也更加明确化。

第二阶段：20世纪70年代末以前的出版业公共服务体系

这一时期的特点是：为适应市场化的趋势，发达国家公共服务体系进一步完备。政府由过去的直接管理出版业发展为对出版业市场经营行为的规范，由行政管理变为依法管理。在这个阶段政府职能发生很大变化，对出版业的管理从管制逐渐过渡到服务。以美国新闻署为例，诞生于"冷战"时期的美国新闻署最初是美国对外宣传和美化形象的堡垒。这个机构最开始是独立的，直接向总统和国务卿负责。1999年归入美国国务院之后的新闻署职能发生了很大变化，主要和外国进行交流性的文化和教育活动。值得一提的是美国新闻署的一个称为"出版物翻译计划"的项目。这个项目主要通过资助图书出口的手段，帮助国外的出版商翻译出版美国的优秀图书及资助美国本土的出版单位参加国际图书博览会等。

在政策方面，西方国家一般会对国内中小型的出版机构采取扶植政策，目的是防止由于文化上过于垄断而出现文化单一的现象，保护文化多样性。

在经济方面，西方发达国家对出版业实行很大的税收优惠，加拿大甚至一直对出版业采取零税收政策；对部分出版物进行财务补贴；成立基金会解决出版单位贷款问题，例如，法国政府从20世纪80年代初开始，每年通过法国国家图书中心向独立书店提供无息贷款，偿还期为8年；另外，法国政府还与书商协会一起建立了一个投资基金会，为出版发行机构顺利向银行贷款提供了双重担保。

法律法规方面，政府会制定完善的版权法保护知识产权以及保护自由竞争的法律法规，比如美国的《谢尔曼反托拉斯法》、英国的《垄断与合并法案》等。

第三阶段：20世纪80年代末以后的出版业公共服务体系

在全球化背景下，发达国家的出版业公共服务体系为适应出版业走出去的大趋势，政府制定相应的宏观政策及其法律法规鼓励出版业"走出去"。

推动出版业国际化，走向世界已经不是一个陌生的话题了。图书跨越本国的国门销售到海外可以增加贸易收入也可以宣传本国的文化和意识形态，所以包括我国在内的大多数国家都很重视出版物走出去。像美国有一个民间成立的组织叫作"美国图书海外推广特别小组"，其主要职责对政府如何制定图书出口政策等方面提出意见，而政府方面对这样的意见都非常重视；法国政府鼓励图书出口的办法是设立图书出口机构——"图书出口社"和"图书文化基金"。法国还有一个半官方的出版管理机构——法国出版推广协会，它的经费是由文化部和对外关系部资助的。主要任务是代表法国出版界在国外举办法国图书展览，展销各类图书，进行图书贸易；在法国承办外国图书展览，展销各类图书期刊；与国外建立经常性联系，交流图书出版信息；等等。

韩国的出版产业政策中也明确提出了出版产业国际化。具体是"加强汉城国际书展。设置并经营德国法兰克福图书展的韩国馆（1998）；加强国内图书的海外宣传。把出版文摘译成外文进行宣传，加强对翻译出版的支持"。

另外，基金资助是发达国家推动出版业走出去的渠道之一，比如法国的图书文化基金会主要对出口图书的补贴和扶植。

我国的出版业的公共服务体系建设的切入点与西方发达国家有所不同。我国的出版业公共服务体系是在政府主导的文化主旋律的基础上建立的，公共产品的提供，财政政策的制定，法律法规的颁布是不能逾越主旋律的，而西方发达国家出版业公共服务体系的构建一直以来都是以市场为主导。虽然切入点完全不同，但是不管中西方，公共服务体系最终的目的及功能是大致相同的。所以，出版业的公共服务体系建设相对成熟的西方发达国家的有些经验还是值得我们借鉴的。

（2）西方发达国家出版业公共服务体系建设对我们的启示

改革开放后的我国出版业虽然已经走过了30年的发展历程，但在公共服务体系建设方面还没有完全摆脱政府包揽的单一供给局面,非政府组织和参与公共产品生产的私人组织也还没有得到充分发展。所以,我国出版业公共服务体系的构建与市场化程度较高的其他产业相比,与西方国家出版业公共服务体系的成熟程度相比,还存在着一定的差距。当我们面临摸索本国出版业体制改革道路的时候,当我们要为构建出版业公共服务体系进行理论创新的时候,需要以开放的姿态吸收包括西方国家公共服务体系建设在内的有益经验,从而使本国的实践在符合出版业发展一般规律的情况下,更能切合我国的实际。

第一,市场机制和公共机制的有机结合是出版业公共服务体系建设的途径。

虽然公共服务是政府主导的行政管理模式,具有鲜明的公益性,不适合采取纯粹市场机制的资源配置方式,但是出版业公共服务体系的建设也不可能脱离社会主义市场经济体制。实践中应当把市场机制的竞争原则与公共机制的非竞争原则有机结合,把出版公共事业推向市场,最大限度地拓展出版公共服务资源配置渠道,激励出版公共产品的多元化,从而满足多层次的产品需求,达到将政府从一个公共产品的单一提供者变成公共服务供给主体之一的目的。

出版业公共服务市场化主要体现在三个方面:一是政府的职责更倾向于对公共服务的数量和质量进行决策和监督,而具体执行职能则由市场或社会力量提供。二是以市场竞争为主的资源配置方式,实现多元化的公共服务供给。三是建立起以政府宏观管理和市场运作相结合的公共服务运行机制。

第二,体制改革和运行机制转换是出版业公共服务体系建设的关键。

与我国经济的快速发展趋势不同的是,我国的"文化体制与人民群众日益增长的精神文化需求、全面建设小康社会的目标任务不相适应,与完善社会主义市场经济体制、进一步扩大对外开放的新形势不相适应,与依法治国、加快社会主义法制建设的环境不相适应,与高新技术在文化领域迅猛发展和广泛应用的趋势不相适应。"[①] 党的十六届三中全会明确把文化体制改革纳入完善社会主义市场经济体制的重要任务,进一步确定了深化文化体制改革的总体思路和目标。作为文化体制改革的重要组成部分,深化出版体制改革,转换出版业运行机制,加快出版事业和出版产业发展,是当前构建出版业公共服务体系的当务之急,也是出版业公共服务市场化成功的关键所在。

第三,出版业公共服务体系建设不能脱离本国的国情。

选择市场化作为出版业公共服务体系的发展路径是明智的,但是在我国中国特色的社会主义市场经济体制下,公共服务体系市场化的路径选择不能完全照搬

---

① 《充分认识文化体制改革的重要性紧迫性》,《人民日报》2006年01月12日.

国外模式。在我国建立民主、法治政府，建立健全有效的民主监督制度是中国公共服务市场化的必要条件。如果想回避政治体制改革，把公共服务市场化纯粹看作政府在管理方法和手段方面的改进，试图把西方当前进行的变革移植到中国，最终的结果只能是事与愿违。

中国和西方国家都处在全球化这个大环境之下，都面临着在本国国情基础上如何进一步提高公共服务质量的问题。所以，我们一定要站在全球化的高度，在深刻了解本国国情的基础上去借鉴西方发达国家的出版业公共服务体系构建的有益经验。

1.3 我国构建出版业公共服务体系的理论

1978年改革开放以来，国家百废待兴，文化的荒芜与经济日渐复苏不相协调，出版市场远远不能满足大众文化的需求。政府开始尝试有意识地对出版业进行宏观调控，这可以说是我国出版业公共服务体系构建的开端，也是政府不断为构建出版业公共服务体系，探索符合中国国情的理论依据的开端。经过30年的曲折探索，理论上的转变可以看出，政府职能已基本转变，产业化改革效果显著，市场机制已经初步引入出版业公共服务体系运行机制，我国出版业公共服务体系都取得了阶段性的成果。

1.3.1 社会主义出版业的意识形态属性

新闻出版业是一个特殊的产业。从出版业的公共服务角度分析，它所生产和销售的产品带有很强的意识形态性质，是弘扬和传播有中国特色的、先进社会主义文化价值观的载体和途径，是体现中国化马克思主义的理论指导的重要阵地。在经济全球化、世界文化多元化的背景下，新闻出版业的意识形态属性不仅不能淡化，反而需要加强。正因为如此，加入WTO之后，我国并没有实质上承诺出版市场对外国的新闻出版业开放，也没有实质上承诺外国资本可以进入我国新闻出版的采编环节。

首先，作为大众文化产品的重要载体和传播工具，我国的新闻出版业必须坚持正确导向，旗帜鲜明地大力发展先进文化，传播先进思想，发挥党和人民的"喉舌"作用，成为党的重要思想阵地。

其次，出版物是文化的载体，不但传播文化，传承文化，甚至出版物本身就是文化。在全球化的背景下，文化与经济、政治相互交融、相互渗透，文化的力量不仅深深熔铸在民族的生命力、创造力和凝聚力之中，而且越来越成为综合国力和国际竞争力的重要组成部分。21世纪随着大众传媒从纸媒质到电子媒质再到数字媒质的转变和融合，经历了一场深刻的媒体革命，出版物从内容到形式都发生了天翻地覆的变化，为受众的文化消费创造了丰富多彩的出版世界。

最后，出版业是文化产业的一个构成部分，同时又是信息产业的一个组成部分。出版业通过对文化的生产与传播形成了当代大众文化与新闻出版业互相交融的特点。

随着经济的发展，出版业的意识形态属性不但不能减弱还要加以强调。这也是构建出版业公共服务体系的目标之一，即以满足公众的基本文化权利和文化公共服务均等化为目的，将出版业的意识形态价值最大限度发挥出来，惠及全民。

1.3.2　马克思主义的文化观

马克思主义认为，文化本质上是人类把握世界的一种独特方式，是人的创造能力与自由本性的发挥，它在不同的社会历史条件下体现为不同的文化模式，进而发挥着不同的社会功能。所以，马克思主义文化观一直保持着和谐的步调，随着中国的发展不断进行着中国化的解读。直到现在，马克思主义文化观还是建设社会主义核心价值体系的根本指导思想，我们还在以马克思主义文化观引领全体社会成员形成中国特色社会主义共同理想；弘扬以爱国主义为核心的民族精神和以改革创新为核心的时代精神，不断培育社会生活中的和谐因素；树立社会主义荣辱观，培育文明道德风尚，在全社会营造积极向上、开拓进取、充满活力、团结和谐的局面。总而言之，马克思主义文化观指导了社会主义和谐文化的性质和发展方向，倡导了以人为本、多元统一的和谐文化。出版业作为文化产业的重要组成部分，其发展程度决定了和谐文化的构建能否顺利。所以，马克思主义文化观也是出版业公共服务体系的指导思想，必须深刻理解马克思主义文化观，以其作为构建的根本哲学基础，我们的出版业公共服务体系必然会为我国和谐文化的构建贡献出自己的力量。

1.3.3　党和政府的纲领性文件精神

2006年9月中共中央办公厅、国务院办公厅下发的《国家"十一五"时期文化发展规划纲要》(以下简称《纲要》)以科学发展观为统领，在贯彻总结党的十六大和十六届三中、四中、五中全会关于文化发展的一系列重要论述和基本要求的基础上，对"十一五"期间关系到人民群众精神文化生活的各项工作做出了全面部署和安排。《纲要》是我国第一个专门部署文化建设的中长期规划，也是"十一五"期间我国出版业公共服务体系构建的指导理论。

《纲要》从战略高度对出版产业做了宏观规划,强调"一手抓公益性文化事业,一手抓经营性文化产业",明确了出版业、发行业、印刷复制业和动漫产业等重点发展的地位;从政策角度加大出版资源向农村倾斜,"切实解决农民群众看书难"的问题;从文化创新角度一方面要大力实施出版精品战略,"繁荣发展文学艺术,扶持原创性作品"。另一方面"推动文化企业成为文化创新主体";在鼓励出版业"走出去"方面,《纲要》提出了要努力构建"国际文化营销网络"和要培育"外向型骨干文化企业",指导出版企业走出国门全球化经营;在出版人才培养方面"高度重视文化人才队伍的建设","要着力抓好对文化领域领军人物、各类高层次专门人才和高等院校人才的培养","要完善人才选拔机制"。另外,《纲要》重点提出设立文化发展专项资金和基金,重点用于支持国家重大出版项目、少数民族文字和盲文出版物的出版。

《纲要》对构建出版业公共服务体系的价值在于,从宏观角度,在公共产品供给,基础设施建设、政策方向、经济发展、人才培养、绩效评估等方面为出版业公共服务体系构架了总体框架并设定了发展方向。从 2006 年至今,我国出版业公共服务体系也基本上是沿着纲要规划的方向发展构建的,出版业公共服务体系建设取得初步成果。

2009 年 5 月 6 日,以支持文化企业和项目"走出去"为重点,构建文化、金融合作平台的《关于金融支持文化出口的指导意见》出台之后,2009 年 7 月 22 日,国务院常务会议通过了《文化产业振兴规划》。用中宣部改革办副主任高书生同志的话说,《文化产业振兴规划》是"十一五"发展规划纲要的一个延续和升华,明确提出发展文化产业,强调文化产业要和文化事业相辅相成,在推动文化事业的同时保证社会效益第一位。在国际金融危机的大背景下,《文化产业振兴规划》致力于进一步整合文化资源,优化产业结构,推动文化产业走出国门,向国际化发展。也成为出版业公共服务体系构建的最新指导思想。

在产业融资领域,相比《关于金融支持文化出口的指导意见》,《文化产业振兴规划》进一步降低了资本准入门槛,"积极吸收社会资本和外资,进入政策允许的文化产业领域,参与国有文化企业股份制改造";在新闻出版方面"一方面为非公有文化机构从事印刷、发行、网络出版等出版产业的有关经营活动提供必要的政策支持,另一方面积极引导和规范非公有文化机构以内容提供、项目投资、联合出口等方式与国有出版企业深度合作,有序参与市场图书出版活动",[①]进一步

---

① 柳斌杰,落实《文化产业振兴规划》推动新闻出版业发展,http://www.ce.cn/cysc/newmain/jdpd/zjxw/200909/29/t20090929_19721825.shtml,中国经济网.

加大了产业融资扶持力度。另外,《文化产业振兴规划》进一步扩大了融资渠道,提出"鼓励银行业金融机构加大对文化企业的金融支持力度。积极倡导鼓励担保和再担保机构大力开发支持文化产业发展、文化企业'走出去'的贷款担保业务品种",以及"支持有条件的文化企业进入主板、创业板上市融资,鼓励已上市文化企业通过其他再融资方式做大做强,并支持有条件的文化企业发行企业债券"。为出版业打造产业"航母"提供融资渠道的保障。

在人才培养方面,针对目前文化产业懂经营、善管理的高级人才匮乏的问题,"下一步要通过引进、培训,甚至于在高等院校设立专门的学院的方式加快文化产业人才的培养,也可以采取适当的方式在国外吸引一些专门人才投身于中国文化产业的发展"。[①]

在渠道和资源整合方面,不管出版物发行渠道还是大型出版企业的建设都强调"跨地区、跨行业、跨所有制的发展"。另外,对国家大型动漫产业基地的建设也成为出版业渠道和资源整合的亮点。

在"培育骨干文化企业"方面,《文化产业振兴规划》提出要"在重点文化产业中选择一批成长性好、竞争力强的文化企业或企业集团,加大政策扶持力度,推动跨地区、跨行业联合或重组",从体制层面逐步消除文化企业兼并重组的束缚。新闻出版领域将重点推进出版发行企业联合重组,打造中国出版传媒业航空母舰。

在加大政府投入方面,《文化产业振兴规划》提出"中央和地方各级人民政府要加大对文化产业的投入"尤其是重点设立中国文化产业投资基金,设立专门管理机构,实行市场化运作,通过股权投资等方式,推动资源重组和结构调整。

《文化产业振兴规划》为出版业公共服务体系的构建提出了新目标、新任务:要构建政府主导的、全社会参与的、面向群众的出版业公共服务体系。为新时期构建统一开放、竞争有序、健康繁荣的新闻出版产业体系做好服务。

1.4 我国出版业公共服务体系的发展历程和现状

我国的出版业公共服务谈得上体系的时代大体来说应该从改革开放以后算起。正是在改革开放之后,政府开始有意识地使用宏观调控的手段发展出版业。以时间角度划分,我国的出版业公共服务体系大体分为三个发展阶段。

---

① 文化产业振兴规划解读:振兴文化产业不能一刀切,http://www.gov.cn/jrzg/2009-09/28/content_1428753.htm,中华人民共和国中央人民政府网.

第一阶段（1978—1992年）：政府完全宏观管理并提供有限公共产品的阶段

1978—1987年既是我国经济巨变的几年，也在这一阶段开始了拨乱反正。1978年12月召开的党的十一届三中全会，给我国的经济找到了新的出路，提出改革开放的目标框架。1982年提出"以计划经济为主，市场调节为辅，三种管理（即指令性计划、指导性计划和市场调节）相结合"；1984年明确体制改革的目标是建立"有计划的商品经济"；1987年提出"国家调节市场，市场引导企业"。政策变迁的轨迹明确显示出全党全国工作重点转移到以经济建设为中心的轨道上来，我国的出版事业重新确立了"解放思想，实事求是"的思想路线。在这个时代的大背景下，出版界对出版业也进行了重新认识，首先出版界开展了对"两个估计"的拨乱反正，并对改革开放以来出版事业存在的问题进行了深刻的总结。1981年由国家出版局起草的《关于三中全会以来出版工作的汇报提纲》中对改革开放以来的问题做了系统的论述。主要问题有：我国的印刷生产能力远远不足；发行方面还是新华书店的一统天下，渠道过少，供销矛盾尖锐；仓库不足，大批图书积压不能发出。汇报中明确提出以上问题的解决依赖资金的到位，而出版单位的资金不足，国家这方面的投资又比较少，所以政府的投资和相关财政优惠政策是解决这一系列问题的不二法门。在这种情况下，我国政府部门对出版业开始了一系列的宏观调控，一方面为出版公共产品买单，比如1978年3月，经中央批准，国家出版局动用国家储备纸，拨出大批纸张安排京、沪等地出版社紧急重印了35种中外文学名著和社科、科普、儿童读物、词典工具书等，于五一劳动节和国庆节期间集中发行，这对于缓解十年浩劫造成的严重"书荒"起了非常积极的作用。还有对语文词典的拨乱反正等政策的出台，都是重振出版业的良好开端。另一方面，在政策方面又试图循序渐进地推动出版业从事业体制向企业体制转变。这个阶段在出版政策方面具有划时代意义的两个政策，一个是1983年会议通过的《关于加强出版工作的决定》。会议决定"今后出版系统所得利润的纳税率由55%降为35%……，要改变文化事业靠国家补贴的状况……"；另一个是著名的"长沙会议"对地方出版社出书方针进行拨乱反正，大大调动了中央和地方出版社的积极性，促使出版事业走向繁荣，起了关键性的作用。

在体制方面，1982年5月，国务院决定国家出版局改为文化部出版局。文化部在召开全国图书发行体制改革座谈会的基础上，打破了延续多年又争执多时的出版社只管出版、新华书店包发行的体制，将图书发行体制改革的目标归结为"一主三多一少"，即在全国组成一个以国营新华书店为主体的，多种经济成分、多种流通渠道、多种购销形式、少流转环节的图书发行网。明确要大力支持出版社自办发行，改革购销形式，在发展集体书店的同时，积极扶持个体经营的书店、书摊。

随着一系列政策的推出，我国出版业构成了政府完全宏观管理下的，并提供有限公共产品的公共服务体系。

第二阶段（1992—2002年）：构建政府主导与市场经济相适应的出版业宏观调控体制

为了认真贯彻十四大精神，布置1993年的工作，把新闻出版事业推向一个新的发展阶段，新闻出版署于1992年12月在北京召开全国新闻出版局长会议。要求在出版与发行两个重要环节上进一步深化改革。

1992年，邓小平同志视察南方发表重要讲话，极大地促进了全党全国人民的思想解放。党的十四大明确提出建立社会主义市场经济体制的目标，使我国的改革与发展进入一个新的历史时期。1994年1月，新闻出版署署长于友先作了《坚持方向、深化改革、实现新闻出版工作的阶级性转移》的报告，认为出版业已经历着一个重大的转折，即从规模数量的发展向优质高效转变，从总量增长型转向质量效益型。要深化改革，加速转移。在这期间，出版业的迅速发展要求规范管理，政府做了大量转换出版体制的工作，并且推出了许多相关的宏观调控政策，做到了"一手抓繁荣，一手抓管理"。在治散治滥的基础上，首次提出建立与社会主义市场经济体制相适应的新的出版体制。1987年1月，国务院决定成立中华人民共和国新闻出版署；1988年5月，中宣部、新闻出版署联合发出《关于当前图书发行体制改革的若干意见》，改革的主要内容：放权承包、放开批发渠道、放开购销形式和发行折扣，大力发展横向联合，简称"三放一联"。发行体制改革拉开帷幕；1989年，以国家机构编制委员会的名义颁发了《关于录音录像管理分工问题的通知》，最终确立了"一家归口三家交叉共管"的音像管理体制；1994年初，新闻出版署党组在调查研究的基础上，提出了推动出版工作实现从总量增长为主要特征的阶段向以优质高效为主要特征的阶段性转移的思路；1995年，中央政治局常委会议听取了新闻出版署党组的工作汇报，肯定了阶段性转移的工作思路，并对在社会主义市场经济条件下加强和改进出版工作提出了非常重要的指导性和原则性的指示和意见。1996年10月，党的十四届六中全会通过的《中共中央关于加强社会主义精神文明建设若干重要问题的决议》中明确提出："加强对新闻出版业的宏观调控，采取有力措施解决目前总量过多、结构失衡、重复建设、忽视质量等散滥问题，努力实现从扩大规模数量为主向提高质量效益为主的转变。"1997年1月，国务院发布《出版管理条例》。这是新中国成立以来第一个比较全面系统的出版管理行政法规。在这个阶段政府解放思想，尝试建立与市场经济相适应的出版业经营体制，初步构建了出版业公共服务体系。2001年4月，国务院决定将中华人民共和国新闻出版署调整为中华人民共和国新闻出版总署，升格为正部级；2001年8月24日，中办、国办转发了经中央同意的《中宣部、国家广电总局、新闻出版总署关于深化新闻出版广播影视业改革的若干意见》，标志着新闻出版业的改革已从试点阶段进入整体推进阶段。

第三阶段（2002年—至今）：为适应出版业的发展要求开始构建完备的出版业公共服务体系

在出版业公共服务体系形成初期，政府以出台政策为主要调控手段；在规范的出版业公共服务体系形成阶段则主要是政府对出版业法律法规的调控。在我国版权法的修订和颁布可以追溯到1990年，2001年第一次修订的《中华人民共和国著作权法》在近代和当代中国版权史上占有特殊重要的地位。1997年国家版权局的著作权法修改小组草拟了著作权法修改稿（第一稿），开始以适应时代的要求为目的对著作权法进行修订。

这一阶段我国出版业公共服务体系的另一个主题是政府出台相应政策推动出版业的集团化、公司化。2002年，总署下发了《关于贯彻落实〈关于深化新闻出版广播影视业改革的若干意见〉实施细则》及8个配套文件，明确了中国新闻出版业改革必须坚持的指导思想、方针原则和应把握的总体要求、基本格局并就集团的建设、跨地区经营拓宽融资渠道、中小学教材出版发行改革，实施"走出去"战略和出版单位内部改革等方面，提出了原则性的指导意见。

2006年的"十一五"规划又将我们国家的出版业公共服务体系的建设推进到新的阶段。柳斌杰署长的《新闻出版业最终要形成两个格局三大体系》的报告中明确提出：通过推进改革发展管理服务，实现中央对新闻出版业总体要求，新闻出版业最终要形成两个格局、三大体系。即形成一个以国有经济为主体、多种经济成分共同发展的新闻出版产业格局，以民族文化为主体吸收世界先进文化的开放格局；构建宏观调控依法管理的行政体系，统一开放竞争有序的市场体系，覆盖全面传输快捷的传媒体系。重点要推动三大转变：一是推动政府职能转变，由权力型、审批型政府转为服务型政府。二是推动机制体制转变，加大改革力度，要用三年时间基本完成转企改制任务。三是推动增长方式转变，由粗放型、数量型、扩张型增长方式向质量型、效益型、科技型增长方式转变。这就为出版业在新时期的发展提供了宏观蓝图，也为我国完备的出版业公共服务体系的构建提供了实践依据。

目前，我国出版体制改革已初步取得成效，我国出版业的市场化程度逐渐提高，大型国有出版企业改革已进入产权制度层面；出版管理中的法制建设有了明显进展，管理力度加大；出版技术手段发生革命性变化，引起出版组织变革；出版体制改革经历了一个分层次、多方面探索的、渐进的、不断深化的过程，扫除了阻碍我国出版业产业化进程的体制障碍。经过这三个阶段我国的出版业公共服务体系初步构建，明确了出版业公共服务体系的主体；深化了对政府职能的认识；相关法律法规的建设逐渐成熟；出版业集团化、公司化虽仍有困难但成果显著。在我国政府的整体规划的蓝图指引下我国出版业公共服务体系一定会稳步发展。

第二章　首都出版业公共服务体系建设现状

中华人民共和国成立以来，我国政府对出版业进行宏观调控，依次经历了计划经济时期的行政手段，改革开放初期以强制性为主的法律手段和现在主要对行业进行调控的经济和法律并重手段。2001年，党中央、国务院将新闻出版署更名为新闻出版总署，升格为正部级机构，更加体现了党中央国务院对新闻出版业的高度重视；2001年8月24日，中办、国办转发了经中央同意的《中宣部、国家广电总局、新闻出版总署关于深化新闻出版广播影视业改革的若干意见》，标志着新闻出版业的改革已从试点阶段进入整体推进阶段。2003年6月，中央确定在9个省市和39个宣传文化单位进行文化体制改革，其中新闻出版试点单位有21家，在这21家里面北京的出版集团（出版社）有3家，1家发行试点单位，3家报业试点单位。目前这21家试点单位已基本完成了改革试点任务。在为新闻出版体制改革提供了有益经验的同时，也成为首都出版业公共服务体系建设的新基点。

2.1　公共服务主体转变职能，建设服务型政府

为保证北京市新闻出版业实现跨越式发展，2003年北京市新闻出版局转变职能，建设服务型政府。在行使政府职能的同时，下大力气改革与本市新闻出版业发展不相适应的传统管制型模式与管理方法，把自己定位为服务者的角色，把北京市公民和出版单位定位为被服务者的角色。这里所说的服务型政府是相对于管制型政府的一种新型治理模式。实际上就是"主要工作不是通过直接投资来发展经济，而是通过提供公共服务，改善公共管理，解决公共问题，制定公共政策，来为市场经济发展提供服务"。[①]

2.1.1　强化服务意识

根据奥斯本的企业家政府理论，政府机构应该借鉴企业的经营管理方法，政府与公民的关系不是单纯的管理和被管理的关系，而应当是企业与顾客的关系。

---

① 胡正荣. 21世纪初我国大众传媒发展战略研究. 中国广播电视出版社，2007年第1版，第3页.

所以，管理主体服务意识的提升是构建首都出版业公共服务体系的第一步。2003年北京市新闻出版局开始转变政府职能，政府成为公共产品的提供者。各部门及每个机关工作人员都是组成部分。为提高政府服务水平，加强软环境的建设，政府主体开始构建："为人民服务"的公仆意识；法律至上的依法行政意识；对群众负责的责任意识；培养新型创新思维模式的创新意识；坚持原则的自律意识。

2.1.2 理顺职责关系

（1）理顺政府主体部门内部的关系

我国出版业体制改革的起点是高度集中的计划经济体制，所以改革过程没有现成的范例效法。改革进行到现在形成了复杂的产业体制，各层级和条块之间错综复杂，管理责任不清，导致政策法规体系的建立也存在结构混乱，缺乏整体规划管理，制定政策法规的决策过程有科学性不足等的问题。容易因职责不清而导致的浪费时间和资源的扯皮现象。北京作为中国的首都不但有着全国政治文化中心的地位，还肩负着向国际化文化大都市发展的艰巨任务。所以，首都出版业在意识形态方面和经济价值领域不但要接受新闻出版总署的宏观指导，还要符合北京新闻出版局的具体规划。但按照我国新闻出版业"归口管理"的行政模式，地属北京的中央直属出版社和北京地方出版社归属不同层级的政府专门机构管理，而在统一规划方面的欠缺很容易导致管理责任不清，职责模糊的问题。

在这种情况下，北京新闻出版局作为公共服务主体，在继续提高对出版产业的重视程度的同时，强化了对出版业体制改革特殊性的认识。在厘清出版产业行政管理部门的统一规划的同时，提高政策制定过程的严谨性和科学性。为贯彻新闻出版总署新"三定"，首先对本部门承担的职能进行认真梳理和分析；其次着力理顺部门职责关系，坚持一件事情原则上一个部门负责，确需多部门管理则要确定牵头部门，分清主次责任，建立健全部门间的协调配合机制；再次按照权责一致的原则，强化部门责任。做到有权必有责、权力与责任对等，避免权责脱节；最后科学设置部门处室，要坚持打破以产品管理分类设置处室的模式。

（2）理顺政府、市场、行业协会之间的关系

我们知道，在计划经济体制下，市场机制缺位，行业协会也完全是政府的附属机构，政府是公共服务的唯一供给者。现在，随着经济的发展公共服务的供给主体成为政府、市场和第三部门合作供给的结构。市场是私有性供给主体，供给的有效性需要政府从政策角度进行保障。第三部门和政府供给一样具有鲜明的公共性，是一种公共权力的组织。所不同的是，政府是官方，行使的是"特殊的公

共权力",而第三部门来自民间,行使的是普通的、原始意义上的公共权力。①

对于首都出版业来说,首先要厘清政府和市场的关系。体现在政府转变观念,重新认识竞争、效率与产权形式的关系,创新体制机制,重塑市场主体。北京市出版局冯俊科局长在2007年上半年总结报告会上明确指出:"我局作为政府部门,要进一步认清自身职责,积极引导行业发展,立足于市场,以市场促开发,以开发促发展。"②目前,深化出版体制改革,加快出版组织市场化、企业化改革,进一步完善产权改革和公司法人治理结构成为政府厘清与市场之间的关系的具体体现。其次,要厘清政府和出版行业协会的关系。现阶段出版行业协会还处于发展初期,其中介组织的作用还不完备,只是体制内的出版业公共服务的供给者,还不能成为真正意义上的政府之外的出版业公共服务的供给者。《新闻出版业"十一五"发展规划》中明确提出要着力"提高行业协会的服务和协调能力",体现在将出版行业协会的发展纳入出版业公共服务体系构建规划中,行政权力逐步退出出版行业自治领域,弱化行业协会的政府色彩,加强行业协会的独立性。

最近几年,随着迅猛的科技发展,针对新型出版传播技术,政府部门很难在短时间内做到完善的管理。所以,北京出版业越来越重视发挥出版行业协会的中介组织作用,针对不同的传播方式鼓励建立自己的行业协会,或者在北京市行业协会的内部设立相关机构,比如2009年7月1日北京市出版工作者协会设立了游戏、网络出版工作委员会,以"协助政府解决企业发展中遇到的问题,以及协助管理部门开展审读游戏、网络出版产品等工作"。③

总之,在首都公共服务供给过程中必须要厘清它们之间的关系,由政府负责管理基金和提供政策调控,出版行业协会提供中介服务,市场负责公共产品的生产,三个部门通力合作各自发挥自己的优势,从而达到供给主体的和谐发展。

2.1.3 建设数字化公共服务平台

自1993年美国克林顿政府在《运用信息技术改造政府》的报告中提出构建"电子政府"的计划到现在已有十六年的发展历程了。"电子政务"是政府将信息通

---

① 郭道久,第三部门公共服务供给的"二重性"及发展方向,中国人民大学学报,2009年02期,第93页.

② 围绕中心服务大局 团结鼓劲开拓进取 我局召开半年工作总结座谈会,http://www.bjppb.gov.cn//zwxx/xwcbrx/20091015/13604.html,北京新闻出版局网.

③ 北京出版工作者协会游戏、网络出版工作委员会成立,http://media.people.com.cn/GB/9573667.html,人民网.

信技术手段应用于组织公共政府管理的方式，旨在提高行政效率、增强政府的透明度、向公民提供更加有效的政府服务、增加政府管理效能，改进政策决策的科学性和严谨性，建立良好的政府之间、政府与社会以及政府与公民之间的关系。是政府服务体系和服务手段的一种整合，是政府服务形态在通信信息技术革命情况下的自然演化和延伸。

在《北京市人民政府关于进一步建设服务型政府的意见》中明确提出："要加强体系机制建设，全面推进政府信息公开工作。要按照《中华人民共和国政府信息公开条例》及本市有关规定，结合工作实际，不断深化政府信息公开工作。要加大政府信息公开力度，搭建政府与市民双向沟通平台，……" 在这方面北京市新闻出版局实行了"一站式"办公服务体系，建立网上信息公开、查询制度，很大程度上提高了服务质量和办事效率。2007年北京市新闻出版局被评为全国新闻出版系统第一家政务公开先进单位。为了进一步建设数字化公共服务平台，北京市出版局于2008年下半年开始启动电子政务发展行动纲要的编制工作，目前已初步编制完成《2010—2013年电子政务发展行动纲要》。纲要以不断推进核心业务信息化的广度深度、提高管理水平为目标，规划了北京地区出版物市场监管与服务网络信息平台、北京出版产业园区信息管理服务平台等13项重点建设项目。

2.2　首都出版业公共产品供给体系建设现状

政府必须对某些涉及国计民生、国家安全、公民基本权益的纯公共产品予以生产，同时通过多种组织形式，利用市场和第三部门有效提供其他准公共产品。[①] 诺贝尔经济学奖获得者萨缪尔森1954年在其著名的论文《公共支出的纯理论》中第一次将其特征归结为效用的不可分割性、消费的非竞争性和受益的非排他性，从而为人们从产品属性角度判断公共产品的公共性提供依据，决定了政府提供的必要性和必然性。就出版业来说，公共产品供给体系就是为满足社会文化需求，保障公民的基本文化权利为目的，由政府主导的出版业公共产品的生产与提供的行为。从广义角度来说，优化资源整合、完善政策保障、建立激励机制、鼓励公益性出版产品创作和使用等方面都可以称为出版业公共产品，包括有形产品和无形产品。从生产和提供公共产品的角度来说，笔者研究的是出版业有形产品的供给体系。

---

① [美] 罗纳德·J.奥克森，万鹏飞译.治理地方公共经济.北京大学出版社，2005年01月第1版，第89页.

2.2.1　首都出版产业公共产品供给体系发展沿革

从博弈论的观点来看，公共物品的提供实质上是市场主体之间、市场与政府之间的一种博弈行为。均衡结果得到是一个动态的过程，政府在这个过程中的不同时期的职能作用也是不尽相同的。首都出版业公共产品供给体系在某种程度上是特定经济时期政府公共政策的一个缩影，在不同的社会经济发展阶段体现出了不同的形式与特点。

大体上说，首都出版业公共产品供给模式发展第一个阶段是由政府作为首都出版公共产品的唯一提供者。改革开放以后，我国的印刷生产能力不足，发行渠道过少，大批图书积压不能发出。出版公共产品的生产和供给渠道已不适应受众对文化和知识的渴求。在这种情况下政府成为出版公共产品生产和提供的唯一主体。这个阶段的特点是建立在出版公共产品极大缺乏的前提下，出版公共品作为纯公共产品，政府公共产品单一供给模式的效率可以达到帕累托最优，即所产出的出版公共产品的生产最大化，满足消费者的使用效用最大化。

第二个阶段是在政府宏观管理的条件下由市场负责部分准公共产品的生产和提供。在这个阶段出版业的迅速发展要求规范化管理实现，政府做了大量转换出版体制的工作并且推出了许多相关的宏观调控政策，转化经营机制，提出建立与社会主义市场经济体制相适应的新的出版体制，确立市场化和产业化发展的方向，调整出版组织结构，形成相对完善的市场体系。这个阶段的供给模式特点是：随着物质生活的丰富，商品和市场进入了人民的政治和经济生活，重新认识并界定政府与市场之间的关系，承认市场在资源配置中起基础性作用至关重要。出版资源逐步走向优化配置的良性轨道。在政府出版公共产品单一供给模式已不能满足消费者的多样化的偏好、供给效率低的情况下，政府对出版业进行宏观调控的公共管理，通过协调各部门的关系，由供求机制灵活的市场承担了部分的出版准公共品的生产和提供的职责。

2.2.2　由政府直接供给向政策驱动激励市场供给转变

古典经济学普遍认为政府是公共产品天然的、唯一的提供者，政府存在的职能仅限于弥补市场失灵，公共产品的生产和提供由政府直接投资是顺理成章的现实。但是，公共选择理论认为，由于存在政府行为的无效率的可能，政府未必能校正市场失灵，甚至造成更大的资源浪费，在配置资源中出现所谓的"政府失灵"现象。另外，很大一部分出版产品还是一种准公共产品，只具有有限的非竞争性或有限的非排他性。应采取政府和市场共同分担的原则。因此，政府将市场竞争机制引入公共产品供给体系,正如罗伊斯·汉森所说:"有一种共识正被越来越多的人所承认,就是政府有责任通过政策制定来提供服务和设施,但是这些服务和设施可以由任何部门根据成本效益原则和公平的价值观来生产。"

"通过政府与市场关系的重新界定来解决政府面临的困境。打破政府对公共服务的垄断,依靠制定有效的公共政策,在公共产品供给领域引入市场机制,允许私人企业、非营利性公共组织、半独立性公共公司、政府机构等各种类型的组织都可以进入公共事业领域,提供公共产品,在公私之间形成竞争",[①] 即是这种转变的直接体现。比如,首都农家书屋的长效机制建设也在尝试探索引入市场机制市场失灵。北京市的农家书屋建设就经历了"让农民自己选爱看的书、用得上的书""建设书屋""动员农民不仅要看书、读书,而且还要写书、出书"三个阶段。强调不仅从农民角度选书,还要建设农家书屋的原创机制,以需求决定供应就是市场化典型特质。

2.3　首都出版业政策体系建设现状

公共政策的职能之一是对影响社会秩序的利益行为进行干预,对社会发展的方向和速度进行约束,使社会生活中基于不同的利益的相互冲突的行为被有效纳入有序轨道上来,便形成政策活动的利益导引功能。[②] 对出版产业来说在体制转型时期,为了追求个体的利益,会做出一些相互之间不同的利益行为,甚至是矛盾的行为,从而影响到出版产业环境的秩序与和谐。出版业公共政策服务体系的作用就是确立一定的经营或者生产行为准则,指导出版业主体的利益行为,将出版生产过程中相互冲突的利益行为通过制度化途径有效地导入有序和谐的轨道上来。

针对首都出版产业发展状况来说,出版产业公共服务体系的主要职能体现在四个方面:一是树立新的、与知识经济时代的文化产业发展要求相适应的科学的出版产业观;二是对出版业进行宏观指导和总体规划,把出版产业纳入经济社会总体发展规划之中;三是综合运用多种投融资工具和多种形式的财税优惠政策,使各类社会资本和生产要素向出版业公共服务领域合理流动;加强出版法制建设,保障出版产业规范化发展;四是制定扶持出版产业发展的财政税收政策,建立出版公共品供给体系。可见政策体系的职能是出版业公共服务体系的核心职能,不但从宏观大方向上也从微观经营层面支撑着整个体系的正常运转,是政府职能转

---

① 宋敏.西方国家公共服务市场化改革的成效及启示.经济纵横,2007年第4期,63页.
② 王里.公共政策活动的利益协调功能与和谐社会.社科纵横(新理论版),2008年02期,12页.

变的直接体现。那么，要构建与首都出版业现阶段发展状况相适应的出版产业政策法规服务体系，实现出版产业健康有序的可持续发展就需要首先在理论和认识上对市场经济条件下的出版业政策服务体系给予界定。

对于出版产业的宏观调控来说，政策调控的内容主要是指以促进产业发展为目的，以产业和企业为对象，由政府推行的干预产业的政策集合。[①]而出版业政策法规服务体系的构建则是在这个过程中使各个要素之间逐渐寻求平衡，相互协调，相互促进，相互补充，相互强化，最后产生最大化的合力的过程。所以我们认为，出版产业的政策法规服务体系是由政府参与主导的，以社会整体为对象的，以保障全体公民基本文化权利和满足人民群众文化需求为目的的，探索以公共财政投资为主渠道，综合运用多种投融资政策和多种形式的财税优惠政策工具，使各类社会资本和生产要素向出版业公共服务领域合理流动，建立和完善出版业发展所需基本条件。同时运用法制的手段保障出版产业内各种形式的经济活动有序进行的服务的总和。具体地说，现阶段首都出版政策服务体系的特点有以下几个方面。

2.3.1 推动首都出版产业集团化为目标的宏观政策调控体系

出版业的集团化是社会化大生产的必然结果和国际化发展的需要。我国出版业过去是政府管理部门行使国有资产所有者职能、管理职能，又行使对出版行业的经济管理职能，是一种高度政企合一的管理体制。中国成为WTO成员之后，在多数出版企业规模较小，而且条块分割、地域分割、各自为政、重复建设、资源浪费的情况下，很难与国外发达国家的出版资本抗衡。整合出版资源，对中国出版业进行集团化建设就很顺理成章地成为我国出版业应对加入WTO后国际竞争的一项战略举措。2002年5月21日，柳斌杰在北京出版单位工作会议上，以《抓住机遇，深化改革，加快发展有中国特色的出版事业》为题，提出了集团化建设是目前改革的突破口。在这一阶段，出版业政策服务体系为顺应体制转变的大方向运用投融资政策、税收政策、人才培养政策以及法律法规等手段为重构出版业的体制机制铺平道路。具体地说出版政策服务体系构建集团化主要表现在三个方面。

（1）产业政策法规手段推动内容资源与新型传播手段的整合

拥有内容优势的传统出版与拥有技术优势的网络出版只有在竞争的基础上融合互动，才能实现共同发展。融合是趋势，融合能够加快出版新旧形态在传播

---

① 乔东亮，陈勤，张养志. 首都出版业可持续发展模式研究. 中国人民大学出版社，2007年9月第1版，52页.

内容、传播方式和手段，以及运营理念等方面发挥比较优势，加快出版业改革的进程，提高出版资源的使用效率。支持数字出版、数字印刷、电子书、手机报、网络书店等新兴出版形式的发展。同时，不断探索加强数字版权保护，规范数字出版、网络出版的市场秩序的法律法规的建设，是首都出版业政策体系构建的内容之一。

在"十一五"期间，北京市政府重点鼓励"应用出版业新技术，实现出版物生产的现代化、出版管理的科学化、出版信息利用的数字化"。[①]比如，在北京地区互联网出版在全国保持着较大的市场占有率的情况下，针对互联网游戏高速发展的态势，加大对互联网游戏的扶植力度，2006年4月北京市政府制定《北京市动漫游戏产业发展规划》（2006—2010年），旨在认清北京市动漫游戏产业发展现状的基础上，对未来5年内的产业发展从政策角度给予规划。

（2）产业政策法规手段促进经营主体的整合

20世纪90年代以来，首都出版业的竞争程度不断增强。同时，随着中国成为WTO成员，国外传媒集团受国内市场趋于饱和的条件约束，携带着强大的资本开始进入北京逐步开放的出版市场，这必然使出版业面临更大的压力和挑战。为了避免目前多数出版企业规模较小，而且条块分割、各自为政、重复建设、资源浪费的被动局面，以政策手段推进经营主体的整合，为集团化顺利进行保驾护航，提高专业化程度发挥集约化经营优势无疑是必然的选择。

2006年，为贯彻落实《中共中央、国务院关于深化文化体制改革的若干意见》，北京市出版局制定的《关于深化北京市文化体制改革的实施方案》中明确提出要深化北京市文化体制改革，就要"以推进经营性文化事业单位转企改制和建立现代企业制度为重点，培育新型文化市场主体；以结构调整、产业升级、优化创新为重点，大力发展文化创意产业"，[②]为首都出版业进一步有效整合出版资源打破坚冰。2009年，北京出版局拟定了《北京市属经营性出版社转制工作实施方案》和《北京市属经营性出版社转制工作基本规程》两个指导性文件，"明确了出版社转制工作的时间表、路线图和任务书"。[③]为北京市属出版市场主体联合重组，建立现代企业制度和法人治理结构，整合出版资源，调整产业布局，优化产业结构指明了方向。

---

① 郝振省.中国出版业发展报告（2006—2007）.中国书籍出版社，2007年7月第1版，96页.

② 市委常委会召开会议 通过《关于深化北京市文化体制改革的实施方案》，http://010.pway.cn/bjzx/bjzxy/200606/bjzx_226.htm，中国经济文化网.

③ 北京市加快推进经营性出版社转制工作，http://www.bjppb.gov.cn/gzdt/20091130/16042.html，北京新闻出版局网.

（3）人才政策法规手段推进人力资源的整合

在制定国民经济和社会发展"十一五"规划纲要的过程中，进一步提出了"人才资源是第一资源的观念，坚持党管人才的原则。加强人力资源能力建设，实施人才培养工程。加强党政人才、企业经营管理人才和专业技术人才三支队伍建设，……各级政府和企事业单位要加大人力资源开发的投入，推进市场配置人才资源，规范人才市场管理，营造人才辈出，人尽其才的社会氛围"。在形成了我国人力资源体系建设的基础框架之后，新闻出版总署署长柳斌杰在出席出版专业高级职称评审会时强调："从新闻出版业改革发展局势来看，推动改革发展需要思想解放、头脑清醒、能把握局势的领军人才和创新型人才；从传统出版业向现代出版业转型来看，需要高度关注和适应新的出版业态，大力培养新技术人才；从当前复杂的国际形势来看，我国的文化影响力在国际上仍处于弱势地位，要推动中华文化'走出去'，提升我国文化在国际上的地位和竞争能力，需要更多具有国际视野、开拓眼光、现代出版理念和深厚文化素养的复合型、外向型人才。"这就为初步形成与社会主义市场经济体制相适应的首都现代出版人才资源开发与管理体制，为首都人才资源的开发和整合取得更大成效而对出版人才资源的配置、新世纪出版人才的培养、高级出版经营人才选拔、引进及使用做出了明确具体的规定，为人才资源开发创造了宽松的政策环境，为我国也为首都出版业勾画了人才资源蓝图。

近年来，为贯彻中央的号召，北京新闻出版局突破过去过于关注技能培养的局限，投入资金加大力度培养经营型和产业型出版人才并注重出版人才能力的培养，提升人才的可持续发展能力。比如：为更好地落实新闻出版总署与北京市政府共建北京印刷学院的有关精神，充分发挥各自优势，加强合作，实现双方优势互补，推动科学研究和出版人才培养。2008年10月25日，在北京印刷学院与中国出版科学研究所签订了《中国出版科学研究所与北京印刷学院合作协议书》及《北京印刷学院与中国出版科学研究所共建"中国数字出版人才培养基地"协议书》，双方将在数字出版人才培养方面开展全面深入的战略合作，为培养既懂管理又懂业务的新型出版人才建设平台。

2.3.2 推动首都出版业市场化为目标的政策服务体系

经过30年的改革，现阶段首都出版业正处在由计划经济体制向市场经济体制转轨的过渡时期。我国经济的市场化和新媒体、新型传播技术的飞速发展，使首都出版产业面临着前所未有的发展机遇；同时，国有经济仍然作为资源配置的主体控制着关系国计民生的垄断性、资源性部门，真正的市场经济还没有到来。就出版业来说，传统的新闻出版体制和管理方式还没有发生根本性的改变，我们的出版产业也面临着严峻的挑战。在这种情况下，通过出版业市场政策体系对出版市场形成法律法规的市场制约机制、产业政策的市场规范机制。促使在市场经济体制下，市场的产权约束逐渐代替行政约束。具体地说：

（1）构建完善的出版业市场产业政策体系是出版业有序市场化的必然

出版产业化是市场经济发展的必然结果，我们正处在一个机遇期也是矛盾凸显期。如果作为一个有双重价值的产业走入市场，就意味着完全放弃行政约束的自由竞争必然会导致出版市场的混乱。因此出版产业是不能放任市场自行发展而必须由政府主导的产业政策去规范市场行为。

（2）构建出版业法律法规体系使出版业市场化有法可依

如果说出版政策为出版产业市场化构建了基本框架，法律法规则是出版产业的地基。没有健全出版法规，管理无法可依，市场主体不能依法履行义务以及享受权利，再完善的政策也无法阻挡出版产业大厦的摇摇欲坠。

目前首都出版公共服务体系建设涉及的法律法规主要有《民法通则》《刑法》，还有有关出版行业的单行法律和法规如《著作权法》《反不正当竞争法》《计算机软件保护条例》《出版管理条例》《印刷业管理条例》《音像制品管理条例》《图书出版管理规定》《电子出版物出版管理规定》《音像制品制作管理规定》等。虽然现行出版法律法规已在逐步完善，但是作为一项出版业公共产品，其供给要紧跟出版业的发展速度，不能超前或者滞后。

2.3.3　推动首都出版产业发展国际化为目标的出版政策平台建设

（1）出版政策服务体系为首都出版产品"引进来"和"走出去"搭建平台

随着传播技术的迅猛发展，消费者可以通过互联网或者网络出版使用出版产品；同时，伴随着经济全球化和贸易自由化进程的加快，贸易壁垒的日益减少，一本畅销书可以用不同的文字在世界各地同时发行。出版产品的流通不再局限于国内的消费者而是与国际接轨成为全球性消费市场。出版政策法规服务体系为迎接随之而来的激烈的国际竞争，使用各种产业和法规手段将我们的优秀出版产品推出国门走向世界，将国外的优秀作品引进来，为培育具有国际竞争力的大型跨国出版企业搭建平台。为鼓励版权输出，早日把北京建成全国版权贸易中心，2003年北京市推出旨在为北京版权贸易搭建的交流平台"远航工程"之后，2004年就扭转北京地区图书版权贸易持续逆差的被动局面，2005年版权输出继续保持增长趋势。"对韩国、越南的版权输出分别增长了79%和34%，对欧美的版权输出也出现了一定的增长势头。"①另外，2008年在奥运会成功举办的背景下，版权输出和出版业资本输出都取得了好的成绩。为了完成建设版权国际交易中心的目标，北京新闻出版局还制定了《北京市版权贸易基地认定管理办法》，加强版权贸易基地建设的宏观指导。

（2）出版政策服务体系鼓励首都出版产品生产全球化

目前西方出版产业发达国家国内的市场已经逐渐饱和，很多有实力的出版集团将目标锁定全球市场。它们有的通过探寻更为有效的竞争途径和手段来掌控其他国家的同类企业，有的通过创新营销策略和手段直接将出版产品销售到国外市场。这不仅仅是获利巨大的市场行为，同样在某种意义上也是一种文化渗透甚至是侵略。自20世纪90年代中后期，随着我国改革的深入和全球经济一体化的发展，我国也十分重视版权贸易的发展。但是出版产品的贸易逆差很难应对日益激烈的国际竞争，鉴于此，我国政府提出中国出版"走出去"战略，不但要将产品推出国门，也要鼓励产品生产全球化。比如：2006年国务院转发《财政部等8部委关于鼓励和支持文化产品和服务出口的若干政策的通知》中明确提出要"支持出版集团公司和具有一定版权输出规模的出版社成立专门针对国外图书市场的出版企业……"并且"鼓励文化企业在境外设立出版社"。2009年9月《文化产业振兴规划》出台之后，新闻出版总署进一步提出要"继续推动新闻出版产业'走出去'，提高我国新闻出版产业的国际影响力。……要重点打造一批具有竞争能力和抗风险能力的外向型企业……要继续实施'中国图书对外推广计划''中国图书对外翻译出版工程''国产音像制品走出去工程'，……要鼓励新闻出版企业与国际著名文化制作、经纪、营销机构合作，创新营销方式和手段……继续支持新闻出版企业高水平参加法兰克福书展等重点国际大型展会和文化活动"。②

自2007年推行"中国图书对外推广计划"之后，越来越多的国际出版集团愿意与中国出版企业开展合作。国内的出版单位也意识到要提高出版"走出去"境界和水平就要借助国外大型出版集团在营销渠道、选题策划等方面的优势，与之建立战略合作联盟，开展多种形式的国际合作。比如：在合作出版方面，中共中央所属事业单位，中国历史最悠久、规模最大的专业对外传播机构，中国国际出版集团与美国耶鲁大学出版社共同策划、编辑、出版《中国文化与文明》系列丛书；还有2006年，中国出版集团下属的人民文学出版社与美国哈珀·柯林斯出版集团

---

① 郝振省.中国出版业发展报告（2006—2007）.中国书籍出版社，2007年7月第1版，265页.
② 柳斌杰.落实《文化产业振兴规划》推动新闻出版业发展.中国经济网，《经济日报》.

合作，计划在5年内向欧美市场推出中国当代文学经典作品50种。另外，在成立国外合资出版社方面，中国国际出版集团也是行业的领头羊，中国出版集团协同下属中国出版对外贸易总公司，分别与法国博杜安出版公司、澳洲多元文化出版社签订协议，在法国巴黎和澳大利亚悉尼注册成立三方合作出版社，分别是"中国出版（巴黎）有限公司"和"中国出版（悉尼）有限公司"，创造了"造船出海"的"走出去"新模式。[①]

2.4 首都出版业人才体系建设现状

新闻出版总署柳斌杰署长在全国出版局长会议的报告中向全国的出版业明确提出了"坚持把发展作为第一要务，实施'五大战略'，壮大主体、做强主业"，而人才战略是五大战略的基础。人力资源是指一个国家、地区乃至社会组织内能够作为生产性要素投入经济社会事务活动的劳动人口的数量和质量；从广义的角度讲，是指具有劳动能力的人口的总和；它不仅包括现实生产过程中的劳动人口，还包括即将进入生产过程的潜在的劳动人口。[②]出版业人才培养体系就是政府主导，以培养和造就有市场竞争力的出版业人才队伍，推动出版人才主体由经验型人才向知识型人才转变；单一型人才向复合型人才转变；编辑型人才向经营人才转变；合理有效地使用出版人才和充分调动人才的积极性、主动性和创造性，实现出版人才配置的最优和效用的最大化为目的而进行的出版人才资源的开发与管理。具体地说，目前首都出版业人才体系的现状是：

2.4.1 首都新型出版人才的培养效果显著

（1）培养大学出版人才

目前，首都出版学科体系建设粗具规模，通过增加高等院校博士点、在企业建立博士后流动站点等措施，进一步加大对高端人才的培养力度。在这方面，北京新闻出版局针对首都出版产业化发展和国有出版单位转企改制的划时代变革，以及"数字北京""文化创意产业""走出去"战略的实施，重点打造北京印刷学院出版人才培养基地。在课程设置上，贴合首都出版行业发展方向和首都出版产业结构调整的节奏。尤其是2008年10月25日，在北京印刷学院与中国出版科学研究所签订了《中国出版科学研究所与北京印刷学院合作协议书》及《北京印刷

---

① 郭长建在"中国图书对外推广计划"工作小组第四次会议上的讲话，http://www.chinabookinternational.cn/cn/info/infodetail.jsp?ID=4956，中国图书对外推广网．

② 张中祥，李和中．公共人力资源约束：理论源流与现实途径．学术论坛，2007年03期，65页．

学院与中国出版科学研究所共建"中国数字出版人才培养基地"协议书》之后，中国出版科学研究所为北京印刷学院人才培养提供实践支持，加大了北京印刷学院出版人才的应用能力培养力度。

（2）培养出版业高级管理人才

为了培养出版业高级管理人才，北京市出版管理局一方面积极开展有针对性的高级出版人才培训班。比如：针对新闻出版发行高级人才不足的现象，2009年11月举办了出版物发行人员高级培训班；针对版权贸易经营管理人才缺乏，领军人物不足的状况，11月28日举办了版权贸易人才培养高级研修班；为了进一步提高新闻采编人员从业政治素质、业务素质、道德素质，牢固树立马克思主义新闻观，12月又举办了北京市新闻采编人员职业资格培训班。[①]采取有的放矢、各个击破的策略，为首都出版业的发展补充高级人才。

另一方面则采取了定向培养、公开招聘以及外地引进等许多措施，着重选出一批有出版经验的出版发行职业经理人，着重予以扶持培养。逐步扩大出版专业队伍中的高级经营管理人才的比重。比如：在人才结构合理化建设方面，外语教学与研究出版社一直坚持把社内优秀的本科生培养成硕士生，把优秀的硕士生培养成博士生，还有计划地每年选派优秀人才到国外攻读出版学、语言学、编辑学、词典学等。[②]

2.4.2 首都出版业人才激励机制不断得到完善

首都出版业人才激励机制建立在利益激励和精神激励两方面。从利益激励方面讲，一本书策划成功与否，只有推向市场，通过实际销售情况才能看出成绩如何，社会评价怎样。目前首都出版单位（不管是市属还是直属）基本都建立了和业绩挂钩的激励机制以及和本单位情况相适应的业绩考评系统；从精神激励方面讲，首都出版业给人才提供展现才能的舞台和机会，为各类人才设计不同发展渠道的职业生涯规划，通过参加国内外各类重大学术活动和提供进修学习的机会，提升优秀出版人才的学术影响力和知名度，通过出版业内各类评奖、评优、评先等手段，给予优秀出版人才应有的荣誉，比如，为了完善新闻出版优秀人才激励机制，鼓励出版人才参加中国出版政府奖、新闻出版行业先进工作者、劳动模范评选表彰等国家荣誉奖项。

[①] 把科学发展观理念落实在加强首都新闻出版行业人才培养工作中，http://www.bjppb.gov.cn//zwxx/xwcbrx/20091015/13417.html，北京新闻出版局．

[②] 李志堂，张志成．中国出版业创新与发展．印刷工业出版社，2009年2月第1版，168页．

2.4.3 首都出版业人才的职业资格准入制度效果明显

2001年8月7日，人事部、新闻出版总署联合发布《出版专业技术人员职业资格考试暂行规定》和《出版专业技术人员职业资格考试实施办法》，宣布国家对出版专业技术人员实行职业资格制度，纳入全国专业技术人员职业资格制度的统一规划。2001年12月25日，国务院颁布的《出版管理条例》和《音像制品管理条例》中规定："设立出版单位应当具有符合国家规定的资格条件的出版专业人员。"2002年6月3日出台的《出版专业技术人员职业资格管理暂行规定》要求凡在"正式出版单位工作的专业技术人员，必须通过国家统一组织的出版专业资格考试，取得规定级别的专业资格，持相应的资格证书上岗"。2007年12月颁布了《出版专业技术人员职业资格管理规定》，进一步健全了新闻出版职业资格制度。目前政府正在着力构建以企业准入、市场准入、职业准入、岗位准入为基础的新闻出版管理工作"四大准入"新体系。其中，职业准入、岗位准入都与人才工作和队伍建设紧密相关。[①]出版业职业资格准入是对于过去职称评审的改革，其中主要的特点就是以考代评、考评结合的评价方式，对目前的初、中级编辑职称由评审改为考试，高级编辑实行考试与评审相结合。

在硬性规定的驱动下，经过8年的实践证明，出版专业职业资格考试制度对于首都编辑人员自身的学习和能力培养有十分重要的意义。首都出版行业人才通过对出版专业知识进行系统全面学习和考试，已经基本实现全行业职业资格化的目标。反映出了首都出版行业从业人员已具备了从业的基本要求和应该具备的基本素养。另外，首都出版业探索通过登记注册制度将通过准入的出版人才纳入管理之中，以实现对出版人才的量化管理。

2.5 首都出版业公共投融资服务体系建设现状

出版业体制改革之前我国的各类新闻出版业几乎均由政府控制，政府是出版公共产品的唯一提供者，造成国家负担过重和公共服务供给效率低下的严重问题。在出版业体制改革之后，随着政府职能的转变，除少数纯公共产品需要政府直接生产和提供之外，大部分出版准公共产品是由政府、市场和第三部门联合提供。公共产品的生产资金来源不再是政府直接投入，而是通过融资手段吸引社会资本进入公共产品生产领域。就如财政部副部长张少春同志提出的要改进公共文化产品生产的投入方式，就要"逐步从直接拨款向项目投资、购买服务方面转变，以向公众提供的服务的质量和数量确定财政补贴数额，逐步提高具有激励性质的经

---

① 王波，柳斌杰．要把人才培养作为出版行业的基础性工作．新华网．

费投入比例"。① 也就说要将市场机制引入公共文化服务领域，使公共文化资源按供求关系的变化，在各个主体和企业之间流动，达到配置最优。

据北京市统计局统计数字，2005年，北京地区出版和发行业总资产约460亿元，占全市文化产业的23%；年创造增加值110.4亿元，占全市文化产业的30%，占全市GDP的1.6%。② 可见，首都出版业的资本流动和配置是否高效都在很大程度上影响了首都文化产业的发展甚至是首都经济的增长。所以，在构建首都出版业公共服务体系的过程中，首都出版主体的资本要素如何按照公共服务价值取向运营，如何解决公益性新闻出版产业的资金来源与运用问题，如何优化国有新闻出版企业资本结构，建立现代企业制度，就是构建完备的首都出版业公共投融资服务体系的必要性所在。

现阶段，首都出版业公共投融资服务体系构建特点主要是以下几个方面。

2.5.1 进一步降低投融资准入门槛，探索扩大融资渠道

为保证出版业融资效益的最大化，目前政府一方面积极拓宽财政性资金的来源渠道，降低准入门槛；另一方面注重财政性资金的使用效率和投资方问题，把建立新型的新闻出版业财政性投融资体系作为加快产业发展的突破口。比如，2009年8月12日新闻出版总署与中国银行股份有限公司签署了《支持新闻出版业发展战略合作备忘录》，中行将为新闻出版企业提供包括融资在内的系列金融服务，比如"授信及融资服务、现金管理服务、资本市场专业化服务、财务顾问和保险服务、咨询与培训服务、国际结算等"。这一举措对目前首都投融资准入门槛过高和融资渠道不多的局面起到一定程度的改善作用。

另外，首都出版业也在努力探索上市融资，实现跨越式发展的道路。2004年，"北青传媒"在香港上市就是个例子。在政府的支持下"北青传媒"将经营和广告环节和编辑环节拆分上市。虽然由于各个方面的不成熟，融资效果并不理想，但是其通过上市融资的经验值得其他出版集团借鉴。

2.5.2 重点建设出版产业发展基金

据统计，截止到2006年我国已有各类出版基金111个。按资金来源分类统计，政府投入共设立38个；出版社投资共设立49个；高等院校投资设立21个。政府

---

① 冷溶，李景源，陈威. 中国公共文化服务发展报告（2007）. 社会科学文献出版社，2007年11月第1版，316页.

② 郝振省. 中国出版业发展报告（2006—2007）. 中国书籍出版社，2007年7月第1版，211页.

出版社和高等院校设立的出版基金占全国出版基金总数的 97.3%，是出版基金资金投入的主力军。[①]1995 年，北京市建立了北京市宣传文化发展专项资金。陆续支持了中华世纪坛、西单图书大厦、北京日报印务中心等一批文化设施的建设及文化企业的技术改造。2006 年 11 月北京市政府通过的《北京市促进文化创意产业发展的若干政策》中明确规定在"十一五"期间"市政府每年安排 5 亿元文化创意产业发展专项资金，采取贷款贴息、项目补贴、政府重点采购、后期赎买和后期奖励等方式，对符合政府重点支持方向的文化创意产品、服务和项目予以扶持"，另外，"市政府设立文化创意产业集聚区基础设施专项资金，资金规模 5 亿元，分三年投入"。2009 年两会期间，全国政协委员、新闻出版总署副署长李东东联名于永湛、石峰等新闻出版界 41 位委员提出了"设立国家新闻出版产业发展专项资金"的提案，建议每年由中央财政安排 10 亿元资金用于支持新闻出版产业发展。主要用于"重点支持体制改革到位的国有新闻出版企业跨地区、跨行业、跨媒体兼并重组……对政府鼓励的文化企业范围内的新闻出版单位予以贴息、补助、奖励；重点支持数字出版、数字印刷、数字报业、出版物流基地等国家级新闻出版产业基地的建设；支持新闻出版企业运用高新技术创新新闻出版生产方式，培育新闻出版新业态……"等。将重点建设出版产业发展基金提上日程。这一系列举措和政策对首都公益性出版业的产业化发展提供有力的资金支持，加强出版产业发展基金的建设，通过市场运作和直接投资的方式支持出版产品的生产和提供有着重要的意义。

2.5.3　出版产业投融资政策环境得到进一步改善

最近几年，国家在文化投融资政策方面有了较大的突破：2003 年下发的《文化体制改革试点中支持文化产业发展的规定》就进一步拓宽了文化投融资渠道，加大直接融资比例；2004 年《出版物市场管理规定》和《外商投资图书、报纸、期刊分销企业管理办法》两大政策法规的出台，使我国的出版发行市场将向国内资本和国外资本完全开放，我国书报刊的分销服务在业务范围、地域、数量股权及企业设立形式等方面的政策限制均被取消。另外，国家对印刷企业融资的准入政策上进一步放宽，无论是民营资本还是外国资本，都可以申请建立独资或者合资的印刷企业。

2006 年出台的《国家"十一五"时期文化发展规划纲要》明确提出了最近五年要"执行和完善支持文化发展的经济政策……研究制定扶持公益性文化事业、

---

① 高清奇.全国出版基金发展现状与分析.科技与出版，2006 年 06 期，24 页.

发展文化产业的相关政策"。其中包括："宣传文化发展专项资金；文化事业建设费；国家社会科学基金；国家出版基金；宣传文化单位实行增值税优惠政策；国家电影事业发展专项资金及电影精品专项资金；农村文化建设专项资金；中央补助地方文体广播事业专项资金；优秀剧（节）目创作演出专项资金；鼓励对宣传文化事业捐赠的经济政策；文化产品和服务出口退税及相关优惠政策；文化体制改革单位享受文化体制改革试点中支持文化产业发展和经营性文化事业单位转制为企业的各项政策。"为近五年内出版业的发展做了经济方面的宏观规划。

这一系列政策的出台，为首都公益性出版业着手拓宽投融资渠道，建设完善的投融资环境提供了政策依据和保证。相信随着政府职能转变深入和国有资产授权经营的推进，首都出版业的融资环境会越来越成熟。

2.6 首都出版业公共服务绩效评估体系建设现状

2.6.1 首都出版业公共服务绩效评估体系建设的理论依据

新公共管理理论作为首都出版业公共服务绩效评估体系建设的理论依据，其指导意义主要体现在三个方面：首先是强调市场机制在政府管理中的作用，主张建立有限政府和服务型政府；其次是在政府管理过程中积极借鉴私营部门的管理技术和管理方法；最后是坚持公众本位的服务导向，强调政府应"重效果和产出，而不是投入"，并努力提高政府对信息反馈的灵敏性。

作为管理机制，出版业公共服务绩效管理体系的建立也要借鉴相关的管理理论和管理方法。具体地说，这些管理理论和管理方法主要有以下几个方面。

（1）全面质量管理理论

全面质量管理（Total Quality Management，TQM）就是一个组织以质量为中心，以全员参与为基础，目的在于通过让顾客满意和本组织所有成员及社会受益而达到长期成功的管理途径。就像美国通用电气公司质量经理菲根堡姆博士所说：全面质量管理"是为了能够在最经济的水平上，并考虑到充分满足客户要求的条件下进行生产和提供服务，把企业各部门在研制质量、维持质量和提高质量的活动中构成一体的一种有效体系"。全面质量管理理论让我们能知道：首先，出版业公共服务体系的价值核心应该是对服务质量的考量；其次，出版业公共服务体系的绩效管理必须充分重视公众和服务对象的要求，同时也应积极发挥公众和服务对象在绩效管理中的作用。

(2) 平衡记分卡理论

平衡计分卡是由美国著名的管理大师罗伯特·卡普兰和复兴方案国际咨询企业总裁戴维·诺顿提出的战略管理绩效评价工具。就是将传统的绩效管理从人员考核和评估的工具转变为战略管理绩效评价工具。使领导者拥有了全面的统筹战略、人员、流程和执行四个关键因素，并可以平衡长期和短期、内部和外部，确保持续发展的管理工具。平衡记分卡理论的平衡和全面的思想，为出版业公共服务绩效评估体系的建设提供了一种有益的借鉴。首先是绩效指标的设置应健全并尽量完善；其次是不仅要注重对结果的管理，而且要注重对过程的管理。

(3) 目标管理理论

目标管理理论建立在动机激发理论、人性假设理论、授权理论基础上。组织的最高领导层根据组织面临的形势和社会需要，制定出一定时期内组织经营活动所要达到的总目标，然后层层落实到各级主管人员以至每个员工，形成一个目标体系，并把目标完成的情况作为各部门或个人考核的依据。目标管理理论对出版业公共服务绩效评估体系的建设的借鉴意义体现在：首先是公众要积极参与绩效目标的设定；其次是公众应有方法和条件对绩效目标的实现过程进行必要的控制。

(4) 关键绩效指标设计理论

关键绩效指标（Key Performance Indicator），是通过对组织内部流程的输入端、输出端的关键参数进行设置、取样、计算、分析，衡量流程绩效的一种目标式量化管理指标；是用于评估和管理被评估者绩效的定量化或者行为化的标准体系。确定关键绩效指标有一个重要的 SMART 原则。SMART 是 5 个英文单词首字母的缩写：S 代表具体（Specific）；M 代表可度量（Measurable）；A 代表可实现（Attainable）；R 代表现实性（Realistic）；T 代表有时限（Time bound）。关键绩效指标设计理论对出版业公共服务绩效评估体系建设的借鉴意义体现在：首先是出版业公共服务绩效评估必须具有可操作性，政府管理部门绩效指标的设置依据是各部门的关键职责，要明确划分出关键绩效指标和一般绩效指标，并区别对待使用。

(5) 弹性绩效框架理论

绩效框架（Performance Framework）即已明确了下级承担的绩效职责，下级应对自身的绩效向上级负责的绩效合同或者绩效协议。与传统的政府管理理论不同，弹性绩效框架理论强调结果导向，同时注重上下级之间的沟通和共识，以及下级的参与以及在管理上的能动性，这体现了以人为本的管理思想，也有助于实现更加令人满意的绩效结果。[①] 在出版管理部门绩效管理实践中也要通过各部门绩

[①] 胡勤华.新公共管理理论在政府部门绩效管理中的应用.当代经济（下半月），2008 年 08 期，94 页.

效指标的设定进一步明确各部门的绩效目标和绩效责任，绩效指标的设定也是自上而下与自下而上双向沟通、反复协商、达成一致的结果，这就意味着上下级之间在下级的绩效职责上达成一个契约。

2.6.2 出版业绩效评估体系建设的内涵界定

绩效评估是一个绩效信息收集、处理、沟通、使用和反馈的过程，是一个系统的工程。概括地说，出版业公共服务绩效评估就是以提高出版业行政管理部门的服务质量、增强出版业行政管理部门的号召力与公众的凝聚力为目的，运用科学的评估体系、评估程序，对出版行政管理部门在政治、经济、社会等方面的表现进行客观、准确、全面的分析与评价，进而对出版业行政管理部门在管理工作过程中所存在的问题进行准确的判断并提出正确的补救方案的多元评估机制。

2.6.3 我国绩效评估体系发展的历史沿革

在我国政府绩效评估的工作可以追溯到 20 世纪 80 年代初。1982 年，劳动人事部下发通知要求国家行政机关都要制定岗位责任制。将岗位责任制同考核制度、奖惩制度及工资改革结合起来，这被认为是我国绩效评估的雏形。

1998 年，我国开始建立财政投资评审制度体系，形成了比较成熟的评审方法和程序，建立了相对独立的投资评审机构队伍。

1998 年青岛成为我国较早借鉴外国的理论经验开展政府绩效评估的城市。在经过不断的探索和完善后，目前青岛现在已经形成了一整套完善的对政府职能进行考评的目标绩效管理体系。为结合实际实现绩效评估体系"本土化"发展提供了有益经验。

2001 年，湖北省财政厅根据财政部安排，率先在恩施土家族自治州选择 5 个行政事业单位进行了评价试点，开始了我国真正意义上的预算支出绩效评价。

2003 年，在厦门大学帮助下，厦门市思明区政府研制开发并应用了一套公共部门绩效评估管理系统软件。该系统获得了 2003—2004 年度"中国地方政府创新奖"。[①]

2008 年胡锦涛总书记在中共中央政治局第四次集体学习时明确指出：建设服务型政府要"推进以公共服务为主要内容的政府绩效评估和行政问责制度，完善

---

① 后毅. 新闻出版行政管理部门绩效评估指标体系的设计与测定. 全国优秀硕士论文库，2004 年，21 页.

公共服务监管体系",明确了我国政府绩效评估的发展取向是以机构为主要内容的绩效评估转向以公共服务为主要内容的绩效评估。

2009年4月25日,《中国政府绩效评估报告》课题组结束历时7年的研究,在北京召开首发仪式,成为我国建立科学的政府绩效评估体系的最新理论依据。

2.6.4 首都出版业绩效评估体系的现状

从20世纪80年代至今,我国的绩效评估已经经历了将近30年的发展期。虽然随着行政管理体制改革的逐步展开,建设廉洁高效的政府管理模式受到高度重视,行政绩效评估体系的实践和理论建设也取得了一些成绩。但是首都出版行政管理作为我国政府行政管理的一个重要部分,长期以来受传统的计划经济影响,绩效评估更多地关注机构自身的行政效果而不是公共服务的绩效,导致首都新闻出版行政管理效率低下,远远落后于其他行业的行政管理。

2003年,十六届三中全会通过的《中共中央关于完善社会主义市场经济体制若干问题的决定》提出了对文化体制改革的总目标和总要求。经过这几年的改革,首都出版业向国际化出版文化大都市的目标已迈出了一大步,但出版行政管理绩效评估体系的构建却远远赶不上出版产业的发展。没有成熟完善的绩效评估体系,高效的行政管理和服务型政府构建也就无从谈起。为了贯彻落实党中央改革目标和要求,应对出版产业全球化的挑战,以及完成建立国际文化的大都市的目标,首都新闻出版行政部门已经开始深化行政管理体制改革,为了向社会提供优质、高效的出版公共产品,实现政府的职能转换,不断探索构建科学的绩效评估体系。

第三章　首都出版业公共服务体系存在的主要问题

十七大以来，首都出版业大步推进体制改革，出版发行企业探索并进行了股份制改革、建设出版业现代企业制度和现代企业产权制度，取得了很多成果和有益的经验。目前来看，首都出版业改革向着有利于全面建设小康社会，有利于解放和发展文化生产力，有利于满足人民群众精神生活需求的方向发展。但是，由于出版产业的特殊性且还处在体制转变的过渡期，首都出版业还存在改革不彻底、产业发展不成熟等问题，尤其在出版业公共服务体系建设方面还滞后于产业整体发展。

3.1　在出版业体制改革过程中，政府职能发挥不足

"全心全意为人民服务"一直以来是指导我国政府行政的宗旨，但由于受几千年的封建专制统治和中华人民共和国成立后的高度集中计划体制的影响，使得政府行政过程的官本位理念还比较浓厚，服务意识相对淡薄。从 2003 年开始，出版业体制改革虽然一路高歌前行，但是出版传统体制里的僵化思想观念和保守的经营方式，还有多年的保护政策养成的"天赋特权"的优越感积重难返，从我国传统行政土壤里生长出来的新型政府还比较稚嫩，公共服务体系建设面临的结构性转变难免会存在很多不足和问题。

3.1.1　政府服务职能定位不当

我国行政传统一直是政府处在绝对强势的地位而公众则相对弱势很多，公众习惯依赖听从于政府。政府长期在经济发展中起主导作用，并把发展经济作为唯一的核心职能，直接地微观地管理经济，包揽了许多本该由市场自身承担的经济职能，直接管了一些管不了也管不好的事情。从而出现了政府任意扩大自己的职能范围，权力意识超越服务意识，致使市场非正常运行的，资源配置无效，即所谓的"政府失灵"。所以，要构建服务型政府，真正转变政府，首先就要"进一步解放思想，转变观念，努力研究和探讨新闻出版行政部门在新的社会主义市场经

济条件下该干什么，该管什么，怎样才能管好干好"。[1]

3.1.2 公民利益表达诉求机制不畅

目前我国社会结构加速分化，已从传统同质的单一型社会，转型为异质的多样型社会，社会分层趋向明显，经济社会已形成了多元化的利益格局，公共行政为了达到利益的动态平衡的目标，就要相应地使社会各个利益主体都有其利益诉求的通畅渠道。随着首都出版业产业化改革，国有出版单位转企改制和出版业公共服务体系构建的不断深化和完善，必然要求社会不同阶层、各个群体的出版文化利益诉求都能有充分表达的渠道和有效的反映，从而使政府能够有的放矢地促进首都出版事业和出版产业各方面利益统筹协调，满足社会各个层次的文化需求。但是，目前首都出版业利益诉求机制尚未健全，存在着利益诉求多元与诉求渠道狭窄的矛盾。这具体表现在政府的管理信息缺乏透明度；公众参政议政的渠道和机制不健全；由于政府过度控制使得非营利组织发育不足，公民社会力量尚不够强大，不和政府进行力量相当的互动等。[2] 不能有效解决利益诉求问题，没有畅通的表达渠道就不可能避免出版业公共服务供给失效，浪费出版公共资源的实际问题。

3.1.3 行政保障制度缺失

主流经济学认为，在经济市场上，个人受利己心支配追求自身利益最大化；而在政治市场上，个人的动机和目标是谋求社会利益。[3] 但是公共选择理论的"经济人"假说则认为，在经济市场和政治市场上活动的是同一个人，他的目标都是追求自身利益最大化，而自身利益的最大化不一定导致社会利益的最大化。由此而推出的结论是：为了弥补"市场失灵"，通过政府干预来提高经济运行效率和社会福利水平。但从公共选择理论角度看来，政府是由政治家和政府官员组成的一部机器，政府决策和政府行动是由这些"理性人"做出的，而这些"理性人"从事政治活动的目的不过是追求自身利益最大化。所以，政府决策有时会出现某些违背公共利益的行为，在政府干预的过程中很可能会出现"政府失灵"。因此，合理地制约政府官员的限制和约束机制就是解决"政府失灵"的有效手段之一。

但是，我国的行政管理是从传统强势型政府演变而来的，行政决策机制还停

---

[1] 柳斌杰署长在全国新闻出版局长座谈会报告摘要，2007 年 6 月，http://www.chinaxwcb.com/xwcbpaper/page/1/2007-07-16/02/40611185239064906.pdf，中国新闻出版报．

[2] 闫岩峰．我国推行服务型政府中的问题与对策．大众商务，2009 年 20 期，294 页．

[3] 张飞岸．公共选择理论中的"经济人"范式评析．前沿，2005 年 08 期，62 页．

留在从上而下的惯性思维里，忽略限制和约束机制的构建，必然最终导致个人利益偏离公共利益。因此，在政府干预经济时，如果没有有效的制度约束，政府行为的失灵就不可避免。比如：目前出版业公共服务的重点工程"农家书屋"保障机制的建设就成为书屋可持续发展的唯一途径。如同柳斌杰在"农家书屋"工程建设领导小组2008年第一次会议上所说的："'农家书屋'工程是新闻出版行政部门的一号工程，一定要继续完善，不搞花架子，不搞形象工程，要做实做细，不搞门户之见。"可见要将农家书屋的公共利益落到实处，就必须建设完善的经济、资源配置和管理的保障机制。

3.2 首都出版业公共产品供给体系

虽然过去计划经济时期的出版业公共产品的供给模式单一，但符合当时公众单一的文化需求现状。在出版业体制改革已进入体制深层次的变革时期，这种单一的供给机制既不适宜市场经济的发展也不能满足公众最基本的文化需求。《国家"十一五"时期文化发展规划纲要》提出要以达到"适应人民群众多方面、多层次、多样化的文化需求"为目的"创新公共文化服务方式"。在出版业公共产品供给体系的构建中，我们同样要以这个目标作为准绳寻找问题并解决问题。

3.2.1 首都出版业公共产品供给模式单一

首都出版公共产品的消费群体的社会结构的多元化和因数字媒体以及其他新媒体的异军突起引起的受众需求多元化，为出版公共产品供给方式的多元化提出了要求。一方面，虽然现阶段出版业公共产品生产和提供的主体非国有化程度加深，政府经营职能的逐步退出、弱化和宏观调控职能的逐步强化，让出版企业成为竞争的真正意义上的市场主体，形成了适应社会主义市场经济体制的管理和营销机制。已逐渐成为推动出版业发展的主导力量。但是，目前首都出版业的文化和政治价值的特殊性导致出版市场体制改革还不彻底，作为市场主体的国有出版单位依然受到政府的各种管理制度的约束，而过高的门槛使各种民营出版资本难以介入出版行业，因而很难形成供给多元化的格局。在现阶段出版公共产品的生产和提供过程中政府仍然担当着最主要的角色。

另一方面，出版行业协会的重要性已经得到业界的普遍认同，但不管从公众角度看还是政府角度看，大家都默认出版行业协会还是政府的附属机构，没有成为独立的第三方，成为参与公共产品供给的独立主体。主要原因是出版行业协会财政上依靠政府，延续了以往"等、靠、要"的习惯，缺乏生存意识；另外就是出版行业协会缺乏为行业服务的意识。

3.2.2 自上而下的政府主导供给机制

我们知道，如果公共产品的最终规模为消费者的边际支付意愿之和不等于生产单位公共产品的边际成本，就会出现公共产品过剩或不足。[①]目前首都出版业公共产品供给决策程序是传统的政府主导的自上而下的供给，公共产品的供给不是根据消费群体的真正需求来决定，而是根据地方决策者的角度来决定，这种强制性的公共资源配置决策机制在某种程度上造成公共产品供给和需求的脱节以及出版公共资源配置的无效率。例如，开展了很多年的"送书下乡"活动并未取得实质性效果的主要原因，就是供给的产品种类是由提供者主观决定的，导致城里捐的书或者送的书不适合农民的需要，既"留不住"也"用不上"。

3.2.3 法律调整规制欠缺

出版产业公共产品供给体系作为在市场经济条件下保障人民文化需求均等化水平高低的评价标准之一，对其调整的手段涉及经济、政策、法律、行政等，其中法律手段是实现公共产品有效生产、供给和分配的重要保障。其理论根源是公共产品无论是从其生产、供给还是分配使用都直接涉及公共利益和社会整体利益。集体非理性是公共产品供给过程中会出现市场失灵和政府失灵的主要原因。市场与市场主体自身都没有能力也不可能避免与克服这种集体的非理性现象。政府通过正式法律制度，通过成本效益比较确定政府生产、市场生产要在何种层面、何种程度上更有利于优化资源配置，确定它们的最佳结合点，是克服"双失灵"、集体的非理性现象和解决公共产品供给矛盾的有效手段。在出版产业公共产品供给体系角度法律调整的作用主要体现在：创造多元化供给的宏观环境；实施有效政策激励；确保市场和政府平等的供给主体地位。

就目前我国法律体制而言，从一般公共产品的生产、提供与消费的角度来说，法律调整主要涉及《民法》《行政法》和新兴的《经济法》。《民法》作为调整民事社会生活关系的法律规范总和，是市场经济活动在法律上的反映。《行政法》对公共产品的调整追求的是国家行政权力运用的规范和效率，是对国家权益的关注和与政治权力的紧密结合及其追求行政程序、行政效率的价值取向与公共产品法律调整应当关注的社会公共利益最大化，实现社会公共产品总量增加，促进经济结构均衡以及增进社会经济总体效益的目的。[②]《经济法》是国家从整体经济发展的角度，对具有社会公共性的经济活动进行干预、管理和调控的法律规范的总称。是国家直

---

① 战建华.农村公共产品供给的理论分析.经济论坛，2009年18期，12页.
② 颜运秋，王继文.公共产品供给的法律调整范式刍议.法制研究，2009年09期，16页.

接介入公共产品的生产和提供过程进行干预和调控，经济法以社会经济总体效益为立法原则，使市场中集体理性达到和谐并且有效避免了集体非理性现象，克服公共产品调整的"双失灵"。

从出版业公共产品的生产、提供与消费的角度来说，现行的《出版管理条例》《印刷业管理条例》《音像制品管理条例》《著作权集体管理条例》等条款中都多少涉及了出版公共产品的生产与提供的问题，对出版公共产品供给过程有一定的规范作用。比如在《出版管理条例》中对中学小学教科书的生产与提供规定"其出版、印刷、发行单位由省级以上人民政府出版行政部门、教育行政部门会同价格主管部门以招标或者其他公开、公正的方式确定；其他任何单位或者个人不得从事中学小学教科书的出版、印刷、发行业务"。但是，我国还没有专门针对出版业的出版法，现有法规的规格较低，有些规章、政策还带有一定的滞后性，也存在规范结构不统一，法定条件不一致等问题。

3.3 首都出版业政策服务体系

3.3.1 对出版业主体之间的利益协调功能发挥不足

出版业政策服务体系最重要职能就是协调产业目标实现过程中的利益主体之间的利益关系。按照公共政策理论，在公共政策实施过程中存在的利益关系有利益融合与利益对抗之分。利益融合是指利益主体出现价值观和利益诉求趋同的现象。正确的公共政策会促进价值观和利益诉求的融合。利益对抗是指利益主体出现价值观和利益诉求对立的现象。错误的公共政策会导致价值观和利益诉求对抗的现象。[1]首都出版业在实现国有、民营等多种经济成分共同发展，构建不同经济成分平等竞争、共同发展的市场格局，科学引导民营书业和文化工作室等新生文化生产力的目标过程中，其政策服务体系的利益协调功能发挥不足具体体现在以下几个方面。

一是转制后出版企业内部的利益协调功能发挥不足。改制意味着由事业转为企业，员工由干部身份转变为企业职工身份是他们中大多数人难以接受的。尤其是随着退休时间的逐步临近，他们的医疗、养老、住房及退休后的社会保障等问题都凸显出来。

二是转制后不同经济成分之间的利益协调功能发挥不足。转制之后，除了公益性出版单位之外，国有资本大量退出出版企业经营机制，社会资本和国外资本

---

[1] 王里.公共政策活动的利益协调功能与和谐社会.社科纵横（新理论版），2008年02期，13页.

被吸纳进来。这样相比改革之前，出版产业内就产生了多种不同的经济成分。如何协调它们之间的利益关系，政策倾向于谁，不倾向于谁就是利益协调功能要解决的问题。

3.3.2 规范出版业的利益行为力度不足

体制改革是否顺利进行取决于是不是有法可依。目前有关出版的大大小小的法规很多，大到《出版管理条例》《音像制品管理条例》《印刷业管理条例》《报纸出版管理规定》《期刊出版管理规定》《电子出版物管理规定》《互联网出版管理暂行规定》等；小到很多地方性法规规章。总体来看，一方面我国的出版业法规纵向层级和横向条块交叉重叠。目前的法规因为制定的时间有先后不同，在新的规定发布之后没有对旧的规定进行及时的修订和废止造成了同一项内容的条例和条例之间、条例和规定之间不仅存在交叉、重复，也存在相互矛盾的地方。比如，1997年以前制定的《音像制品管理条例》《报纸出版管理规定》《电子出版管理规定》与2002年发布的《出版管理条例》的相同内容条款就有很多不一致的地方。另一方面，随着出版业体制改革的推进，越来越多的出版单位出现跨媒体经营的趋势。2001年中共中央办公厅和国务院办公厅联合下发关于加快媒体改革的19号文件，提出媒体发展可以跨行业、跨地区、跨媒体。这意味着图书出版社同时出版期刊、音像电子出版社也会涉足网络出版，媒体间的界限日趋模糊。但是现有的法规不能满足各种多媒体经营的现状，某种程度上造成了出版体制改革无法可依，甚至成为集团化进程的阻碍。

3.3.3 公共服务政策供给的有效性不足

出版业公共政策是出版业公共服务的无形公共产品之一，是一个出版业主体对政策的需求、供给和实施的过程。供给适当数量和质量的出版政策以及供给是否有效攸关未来推进出版产业是否顺利发展。公共政策理论认为在实施新政策或进行政策改革的时候，在社会环境和资源条件还未完全具备的条件下就盲目供给政策称为政策供给的失效，具体表现为公共政策供给超前或滞后。公共政策的超前供给表现在：公共政策需求的民意基础还未发展成熟，时机并没有发展到公共政策制定者非得供给政策的时候,对于接受和执行该项公共政策的社会经济、政治、文化条件还未具备的条件下，公共政策就已经盲目出台。公共政策的滞后供给是指公共政策出台的目的及其所要解决的问题已时过境迁，该政策出台或存在已明显过时。[①] 我国出版业体制改革的起点是计划经济时期的国营体制，所以改革过程

---

① 姜大谦,韦正富.公共政策供给的有效性分析.商丘师范学院学报,2009年08期,68页.

没有现成的范例效法。改革进行到现在形成了复杂的产业体制各层级和条块之间错综复杂，管理责任不清，政策体系的建立也存在结构混乱，缺乏整体规划管理，制定政策法规的决策过程科学性不足，造成政策供给失效。另外，首都出版管理法制化已经取得一定成绩。但是受过去长期计划经济的影响，出版业仍主要运用行政手段，忽视法律法规的规范力。现阶段调整出版市场的最高行政法规只有《出版管理条例》，而占主导的是较低层次的部门规章，整体来说行政法规比例过低。北京地方性法规的发展也不充分，甚至会照搬中央法规的条文，对北京本地出版工作缺乏实际调整和管理的意义。执法方面则存在执法主体不规范、执法权责不清，甚至执法时还出现违法违规行为。严重影响了首都出版业公共政策服务供给的有效性。

3.4 首都出版业人才服务体系

21世纪出版业的竞争，是出版人才的竞争。一方面，中国加入WTO后，外来出版企业登陆内地，以优厚的待遇招纳内地出版人才，我国出版业优秀人才外流状况严重，科学地培养和管理出版人才刻不容缓。另一方面，出版体制改革之初市场对人才的大量需求是急需解决的问题，因此对新型出版人才的培养成为政策引导的主要方向。但是外界的巨变使出身于计划经济时代的出版单位在一定时期无所适从。出版业人才服务体系在满足市场对人才的渴求方面还不尽如人意。

3.4.1 注重人才培养，忽视人才使用

计划经济时期各个出版社没什么竞争压力，做好本职工作即可高枕无忧。在人才问题上出版单位的思想过于保守，干部老化，一个外来人才要进入大出版社很困难，进去了要站稳脚跟那就更困难，工作缺乏活力，合作性差的问题不适应新兴市场的要求。尤其是缺乏一套有效的人才管理制度，许多人才也因不易找准自己的位置很难留住，一旦有新的、能体现个人价值的单位需要人才就会投其而去。另外，在组织结构与人员配置上往往并不是根据部门发展的需要来确定，而是由于亲缘、地缘等人情关系，这种复杂的人情关系网导致不公正现象存在，破坏原则规范的现象时有发生。影响人才的积极性、主动性及创造能力的发挥与提高。

出版业体制改革之后，对培养新型出版人才的政策法规陆续出台，政府管理部门也加大了新闻出版行业人才培养力度。比如，北京地区就重点举办了一系列的出版培训班，包括出版物发行员高级培训班、版权贸易人才培养高级研修班、北京市新闻采编人员职业资格培训班等，目的在于全方位地培养符合市场标准的

出版人才。但是，新型人才的更新遇到固有观念及管理方式的阻碍困难重重，人才的培养和人才使用没有很好地对接。出现了培养出来的人才无处尽其用，市场却无处求其才的现象。

3.4.2 人才需求量大，人才流动渠道不畅

目前人才流通渠道的不畅与出版市场化之后人才的大量需求不相适应。传统的人事管理体制不但制约着企业内的人才使用还阻碍着企业间的人才流动，尤其是目前出版产业化的过程中很多进入国内市场的非公有出版企业和外资企业急需人才，国有出版企业则是人员庞大、臃肿。要打破这种人才鸿沟，除了要深化人事管理体制改革之外还要建立信息对等的人才流通渠道和吸引机制。如2004年3月1日开始施行的《北京市关于鼓励和吸引优秀文化体育人才来京创业工作的若干暂行规定》中将制作策划、编辑出版人才被列为引进人才之列。对畅通北京出版业人才交流渠道开启了政策保障之门。但是主要针对的是那些有一定工作经验，并且在这些领域取得一定成就的人才的高门槛使这项新政影响很有限。

3.5 首都出版业投融资体系

新闻出版业作为资本密集、人才密集、科技密集型产业，其发展需要大量资金支持，另外，为了确保国有资本在公益性新闻出版业的优势地位，需要构建一个财政性投融资体系作为加快新闻出版业发展的保障机制。财政投融资是政府为实现宏观经济调节政策目标而采用的有偿的投融资手段，有利于实现资源配置的有效性和合理性。这不仅是为了解决发展公益性新闻出版产业的资金来源与运用问题，也是优化国有新闻出版企业资本结构，建立现代企业制度的现实需要。但目前新闻出版业的发展尚处于初级阶段，缺乏整体竞争优势，产业集团化的改制和整合尚需进一步深化，出版集团等大型出版单位实行的是"事业性单位，企业化管理"，两重性质又决定了出版单位融资活动的复杂性，所以首都出版业投融资体系还是有许多需要改进的问题。

3.5.1 公益性出版业投融资供给机制效率低下

以往计划经济时期公益性新闻出版物由政府供给有其必然性，但由于政府供给过程中也会出现政府失效的现象，不能实现最优的供给效率。出现了很多问题，比如以往新闻出版单位重复建设现象普遍，对新闻出版业的资金投入缺乏有效运用的监督激励机制，造成国有资金运用效率低下，等等。从财政性投融资的整体

情况上看，单纯政府投资的模式是公益性出版业融资的唯一选择。一方面，中央及地方财政对公益性出版业的支出只是低水平的保障，不注重宏观效益，没有体现出较强的政策性，没有形成多渠道的财政性投融资政策；另一方面，国家财政对新闻出版业的投资结构不合理，缺乏科学的可行性分析、成本效益分析，投资效率低下，投资之后又缺乏有效的监督约束机制，结束后不进行评估，没有使财政投融资形成良性循环。

3.5.2 融资体系不健全

（1）融资主体产权不明晰

产权问题是市场经济运作的基础，只要搞市场经济就必须有明确的产权主体，没有产权就没有真正的市场或市场经济。出版业产权改革是出版企业建立产权明晰、权责明确、政企分开与管理科学的现代企业制度的第一步也是核心内容。为了保证党和国家对出版领域的高度控制，我国的《出版管理条例》明文规定出版单位一定要有主管单位和主办单位。但是国内出版行业长期处于计划经济温床和政策性保护之中，体制落后，机制僵化，很难摆脱浓郁的行政色彩，缺乏自主改革的压力，竞争能力弱化，市场经济理念和资本运作不够规范，不能用国际化的视角经营和管理，产权不清和产权关系单一是现实存在的事实。具体地说：

第一，出版社所有权与出版单位法人财产权、经营权界限模糊，经营自主权不够完善和稳定；

第二，由于产权制度的不健全，所有者的激励和约束功能难以有效结合，致使一些出版单位既活力不足还缺乏有效的监督，导致国有资产流失；

第三，出版单位内部产权制度不健全，责权利不统一，只注重经济效益考核，分配形式单一，劳动关系和用人制度陈旧；

第四，产权结构不合理，产权关系单一，一种出版产权往往在一个行业经营，不同行业的出版产权混合经营的比重偏低。

（2）融资环境不完善

融资环境是出版业进行融资活动所面临的最直接的外部环境，它一方面能为出版业融资活动提供平台；另一方面，可以促进出版业资金的合理流动，提高资金利用效益。虽然随着市场化程度不断加深，出版产业的融资环境需要的基本要素都已经具备了，但是由于我国资本市场还处于起步阶段，市场规模小，结构单一，发育程度低，融资的效果也不理想。另外，在市场经济体制下，出版产业融资政策的行政限制和区域限制造成市场分割和封锁，对投融资活动设置诸多的障碍，不仅降低了投融资活动的效率，甚至使投融资活动无法进行。

（3）可利用的融资方式不多

第一，首都公益性出版企业以内源融资方式为主。

内源融资是由企业的创始资本以及运行过程中的资本积累所形成的，它是企业的权益性资本。内源融资主要包括自身积累资金和内部筹资两类。内源融资的特点为：融资主体的生产经营活动受外界的制约和影响较小，不需要向外界支付融资成本和相关费用，出现支付危机和交易风险的概率很小，但是融资规模受到一定的限制，不可能在短期内融通大量资金。[1] 公益性出版物由于其传播内容的严肃性、学术性、专业性、文献性等特点而致受众面窄，社会效益好而经济效益差。虽然出版体制转轨正在进行，首都新闻出版业投融资体制处在由单一向多元转变的过渡期，公益性出版单位的融资还只是采取国家财政拨款为主和单位自身的积累与利润留成为辅的方式，只有少数出版单位在国家政策的支持下通过转制上市发行股票而向社会融资。

第二，首都经营性出版企业以股权融资为主，债务融资为辅。

经营性出版企业出版目的在于赢利，出版内容丰富，形式多样，自主经营、自负盈亏，是市场竞争主体和法人实体。经营性出版单位的采编出版环节，属于准竞争性项目和重点竞争性项目，具备营利性特点，是竞争性部门。在目前经济转轨时期的我国，经营环节以股权融资为主导，债务融资为辅的融资模式[2] 股权融资比较成功的是2004年北青传媒在香港挂牌交易，成为首家境外上市的中国内地传媒企业。作为第一家在海外上市的内地媒体公司，除了本身的实力之外，中央及北京市媒体主管部门及北京市国资管理部门在政策上的"一路绿灯"也起到了重要的作用。但是北青传媒改制上市的基本模式也只是将广告等经营性资产剥离出来单独上市。所以不可能给海外投资者提供进入中国传媒市场的机会，只能进入中国的广告市场。其他国内上市的出版传媒同样也存在市场主体地位没有完全确立，出版单位规模较小、财务状况较差等问题，与主板市场融资要求的条件相距甚远。

目前在债券融资方面我国还没有一家发行债券的出版企业。主要原因是国内对发行公司条件要求较高，出版企业很难达到。2007年8月证监会公布了《公司债券发行试点办法》拓宽了企业直接融资道路，有利于资本市场的平衡发展。该办法对是否有担保没有要求，对资金用途没有具体规定，甚至可以采用一次核准多次发行方式，对发行公司债券的条件放宽，主体范围扩大。按照规定的条件，我国不少出版企业改制后有希望通过核准进入债券市场。

---

[1] 孙玉玲. 出版集团融资探析. 编辑之友，2003年01期，30页.

[2] 姚德权. 服务型与经营型出版单位的融资模式选择. 出版发行研究，2006年02期，23页.

3.6 首都出版业公共服务绩效评估体系

首都出版业公共服务绩效评估是依托于政府行政绩效评估体系之上的，考核主要还限于对出版业公职人员的个人绩效考核，过于关注机构内部的运作过程，而相对忽视机构外部的公众需求以及机构职能运作对公众所产生的影响等。机构绩效评估不能很好地将机构运作与公众对公共服务的需求结合起来。从总体上看，还没有建立起真正的出版政府部门行政绩效考核制度。首都出版业公共服务绩效评估体系尚处于起步阶段，实践中还存在许多问题和难点，主要表现为以下几个方面。

3.6.1 服务目标、绩效指标、成本核算等方面量化水平低

公共部门所提供的无形的服务性产品很难测量和计算，而有形的非商品性服务产品进入市场后又很难形成反映产品价值的货币价格，这些都给绩效评估增加了困难。另外，出版业的经济效益和社会效益的双重属性决定了评估不能只以经济效益的实现作为标准。因为出版业背负着巨大的文化责任，新闻出版行政管理目标本身具有比较大的价值判断和政治因素。我们知道一本人人争相传阅的好书，一本具有文化传承价值的经典不是用单纯的经济指标可以反映出来的。所以，量化水平低成为建立出版业公共服务绩效评估体系的难点和重点问题。

3.6.2 评估主体单一，缺少民众参与

公共服务绩效评估就是评估主体在了解公共服务所产生的效果的前提下，依据一定标准判断这些效果是不是预期的效果的过程。由于不同评估主体所采纳的标准的差异性，就会使得不同评估主体对同一项公共服务的评估结论有所差异。现行出版业公共服务评估多数是部门内部的封闭式评估，评估主体单一，致使评估不科学、不民主。评估主体往往还是各种公共政策的制定者和公共服务的提供者的出版管理部门，因此，以政府管理部门为主的、单一的评估主体，很难做到评估的公正性和科学性。

3.6.3 与绩效评估体系配套的制度和法律还很欠缺，操作程序不规范

在 2009 年发布的国家级课题成果《中国政府绩效评估报告》中指出："作为政府绩效考核的核心着力点，使公民评议和按语政治能够实现经常化、秩序化，最重要的还是对这一制度进行必要的法律确认和必要的规范，做到有法可依、有法必依。"我国政府绩效评估时间十几年来一直处于自发状态，工作的启动和开

展主要取决于领导人对这项工作的认识程度。同样，首都出版业公共服务绩效评估体系没有相应的制度和法律做保障，缺乏系统的理论指导和规划，处于自发或者半自发状态，评估程序随意性和盲目性强，评估程序没有规范化，评估结果很难做到客观、公正，思想观念上没能把握评估的本质，有时评估过程甚至完全流于形式。

3.6.4　绩效评估理论基础薄弱，理论对实践的引导力度不够

我国政府绩效评估起步较西方发达国家晚，目前的研究成果大部分是对国外理论的分析和评论，对中国政府绩效评估的实践总结还不够，中国特色的政府绩效评估理论体系尚未建成。

第四章 完善首都出版业公共服务体系的基本思路及政策建议

经过 30 年的改革发展，出版产业已成为首都国民经济的重要组成部分，尤其在当前应对国际金融危机的新形势下，"加快振兴新闻出版产业，不仅对于满足人民群众多层次、多样化、多方面精神文化需求，提升我国软实力有重要意义，而且对扩大内需，拉动消费，推动经济结构调整，培育新的经济增长点也具有重要意义。"① 在出版产业化迅速发展的同时，国家也越来越重视出版公共服务的生产和供给。比如：国家在政策方面对公共产品的生产实行一系列的税收优惠政策，设立专项资金，制定重大出版工程项目，支持"三农"出版，建设"农家书屋"，等等。但是，目前首都出版产业仍处于发展的初级阶段，在产业规模、企业结构、创新能力、管理水平、队伍素质等方面还存在着很多问题，出版业公共服务也还没有形成真正意义上的、完善的、适应市场经济条件的体系架构，还需要一个长期的过程和党和政府的高度重视，在借鉴国外有益经验的基础上，由各方面专家学者和广大人民群众共同探索。

4.1 进一步转变政府职能，改进行政机制的基本思路及政策建议

我们知道，服务型政府的提出引发了深层次思想观念的根本变革，因为已经形成的思想观念有很强的历史惯性，紧紧地束缚着人们的思想观念创新和行为方式的改变，所以转变是个艰难推进的过程。为贯彻 2009 年发布的《关于进一步推进新闻出版体制改革的指导意见》，北京市政府下发了《中共北京市委北京市人民政府印发〈关于深化北京市行政管理体制改革的实施意见〉的通知》（京发〔2009〕2 号）和《中共北京市委北京市人民政府关于北京市区县政府机构改革的意见》（京发〔2009〕3 号）精神，进一步明确了北京市服务型政府的职能，继续推进政府职能的转变，改进行政管理机制，对政府职能的转变做了进一步的宏观

---

① 柳斌杰：落实《文化产业振兴规划》推动新闻出版业发展，http://www.ce.cn/cysc/newmain/jdpd/zjxw/200909/29/t20090929_19721825.shtml，中国经济网，《经济日报》。

规划。从出版行业管理的整体角度来说，首都出版业作为全国出版业领军者，对全国的文化产业的健康发展具有示范效应，承担着推动宏观调控能力提升的艰巨任务，急需建立起一套适应中国特色社会主义出版业发展的行政管理和市场监管体系。政府部门在公共管理体系建设的总体框架下需要尽快完善制度，以企业（法人）准入、市场准入、职业准入、岗位准入为基础构建行业管理体系；探索新的管理模式和方式，彻底解决买卖书号、刊号、版号等问题；以改革的精神提高行政管理水平；解决管理手段单一的问题。要学会综合运用法律、行政、经济、市场、技术、思想政治工作等多种手段来加强管理。

4.1.1 从全球化的视角不断提高科学定位与提供服务的管理能力

我国加入 WTO 之后，随着产业全球化进程的加速，中国在世界上的地位和影响力不断增强，中国博大精深的文化引起全世界人民的好奇心，使他们有了认识中国、了解中国的需要，这为中国出版业"走出去"战略提供了稳固的前提和巨大的发展机遇。首都作为一个国际性文化大都市，必须将政府工作放在全球化的大背景下，按照公开、透明、廉洁、高效的国际原则建立出版业管理体制，从思想认识、发展理念、实际工作等几个层面，切实做好政府工作的科学定位。充分发挥好经济调节、市场监管、社会管理和公共服务职能，使政府的角色从"划船人"向"掌舵人"转换，努力实现政府各项工作与全球化的全面接轨。

4.1.2 加强理论建设，提高理性分析和科学决策的能力

目前转变出版业政府职能，建设服务型政府的理论准备还不足，服务型政府的概念、内涵、内容和其基本指导思想在理论上还没有一致的看法。我们还需要时间边实践边探索边总结，也需要我们党和政府改革的自觉性和认识能力。[①] 在不断探索理论和决策不断科学化的过程中，首先必须由过去的感性分析上升到理性分析，现实的复杂性决定了解决问题方式方法的多样性，因而要提高从多维视角分析和解决问题的能力和水平，掌握一定的理性分析工具。改变传统上习惯于从思想、从理论和国家政策的层面，寻求问题的解决方案，而是从案例中寻找答案，通过运用理性分析工具进行案例剖析，从实践中总结、提炼、把握规律，指导当前的工作实践。借鉴西方成熟的理性分析工具不失为一个捷径。比如，美国哈佛大学教授达奇·李奥那多的"三圈理论"，即"价值、能力和支持——分析框架"。[②]

---

① 吴玉宗.服务型政府：缘起和前景.社会科学研究，2004 年 03 期，10 页.
② 梁言顺.三圈理论：价值、能力和支持的分析框架（上）.学习时报网，2008 第 06 版.

就为我们提供了一个很好的战略分析工具,让我们更好地理解所处的情况,从而能够制定出一个有利于首都出版业公共服务体系建设的战略。

4.1.3 不断提高与出版业非政府组织、社会团体的组织协调能力

北京地区出版业非政府组织的沿革始于十一届三中全会后,这一时期图书市场方兴未艾,图书供不应求,长期在计划经济体制下生存的出版事业单位受到市场需求增大的压力,需要人才培训、管理、技术等方面的扶持。这个时期,建立出版行业协会并使其担负一些出版协调和管理的职能,其目的是减轻政府压力。我国的第一个出版行业协会——中国出版工作者协会是在1979年12月成立,其后中国印刷技术协会、中国书刊发行业协会、中国期刊协会、中国音像协会、中国版权研究会、中国音乐著作权协会等一系列机构陆续成立,使我国的出版行业协会力量逐步发展壮大起来。

我国对非政府组织的扶植政策在一定时期推动了北京地区出版业非政府组织的发展。比如,2003年民政部、财政部联合颁发的《关于调整社会团体会费政策等有关问题的通知》,明确提出政府将不再干涉社会团体的会费标准;2004年在济南召开的"全国新闻出版行政机关职能转变研讨会",对"新闻出版要充分发挥出版行业协会和中介服务组织的作用,新闻出版行政机关要在依法界定职权的基础上,把部分职权委托行业协会履行"等方面进行了讨论。[①]这些扶植政策为适应出版业从过去相对单纯的图书出版,拓展为"大出版"的产业格局的需要,加强各专业协会之间的联系和凝聚力,加强对整个出版事业的宏观调控,保证其协调发展,起到了决定性的作用。

但另一方面,由于我国的行业协会大都是由政府自上而下推动成立的,具备了行政合法性和政治合法性,但其社会合法性和法律合法性却存在缺失的问题。特别是由于行业协会的法律地位与性质不明确,使其权威性和稳定性严重不足。

随着经济的发展和改革的深入,随着市场经济体制的确立和进一步完善,当前我国出版业已经处于利益调整的社会转型期,社会文化需求日趋多样化、复杂化,在这种情况下还在完全依靠政府,已经远远不能适应形势发展。要在出版公共服务体系中充分发挥出版业非政府组织和社会团体的服务管理职能,现提出5点建议。

其一,明确出版行业协会的法律地位,重视制定全国性的《行业协会法》或者《行业协会条例》的立法工作。

---

① 黄先蓉.我国出版宏观管理的现状、问题及对策研究.出版科学,2008年03期,9页.

其二，健全出版行业协会的管理机制，完善协会的组织机构，建设工作制度和监督检查机制。

其三，充分发挥出版行业协会的自律作用。包括制定和实施行规行约、制定行业标准、统一产品标准和协调产品价格以及提出倡议、发出号召，在全行业内部形成自律共识。

其四，努力扩大协会的服务范围，保障成员单位的正当利益，协调国有、民营、外资书业之间的关系。

其五，确立出版行业协会的公共产品提供者的角色。

4.2 完善首都出版业公共服务产品供给体系的基本思路及政策建议

4.2.1 积极创新供给机制，推动出版公共产品供给主体多元化

美国公共经济学大师埃莉诺·奥斯特罗姆提出："在认识公共产品政府提供责任时，需要明确区分'政府提供'与'政府生产'。政府生产是指公共产品得以成为存在物的物理过程，政府可通过建立企业或直接投资等方式进行直接生产；而政府提供则指政府通过制度安排使消费者得到产品的过程，通常可以通过授权、资助、监督、预算或政策安排等方式将公共产品委托给私人企业或者第三部门进行间接的生产。"[①]而我国出版业公共产品的供给还一直不能摆脱"政府生产"状况，即所谓的政府单一供给机制。虽然我们知道，政府供给的目的是纠正市场失灵，但是，政府在供给决策时只以主观立场考虑实现政府意愿，民众的真实需求被无视或掩盖，另外，由于政府财政预算的限制和垄断供给也很难从质量和数量上满足民众日益高涨的公共需求。所以，单一的供给机制很容易造成"政府失灵"的现象，致使出版公共资源配置效率低下，浪费国有资产。

（1）经营性出版企业参与供给公共产品

通过项目委托或者政府采购的方式与经营性出版企业订立契约，使其有资格承接某些规模小、成本低的准公共产品的生产项目。另外，鼓励经营性出版单位通过一些公益活动无偿捐赠公共产品。就像"读书益民"工程建设的过程中，通过多个部门联动和对口帮扶等多种有效形式。比如：2008年北方出版传媒下属的万卷出版公司就向"农家书屋"工程发展基金会捐赠60万码洋新版热销的"家藏

---

① 埃莉诺·奥斯特罗姆(Elinor Ostrom)等著，宋全喜，任睿译．公共服务的制度建构：都市警察服务的制度结构．上海三联书店，2000年第1版，137页．

四库"图书。通过这种方式可以努力争取更多的社会力量参与，减轻国家负担，提高公共资源利用效率。

（2）第三部门参与供给出版产品

我国出版业第三部门运作的主体是出版行业协会，它运作的原则是必须从事公共性的事业，其收入不能用于个人受惠。鼓励出版行业协会参与提供可以防止政府与市场割裂而导致的公共产品供给缺位问题，使出版行业协会成为与政府、市场相区别而又相互关联的主要经济、政治和社会力量，构成出版业公共产品提供的"金三角结构"的主要支柱之一。出版行业协会的供给主要有三种方式。

一是出版行业协会独立提供。在政府保证组织本身的独立性的前提下，通过民营资本捐赠或者自筹资金，依靠自身力量提供各种公共产品。

二是与政府合作提供。通过与政府签订委托合约，承包公共服务的项目，为公众提供公共服务。另外，政府可以直接以资助或者付费的方式购买第三部门提供的公共产品，与政府结成合作伙伴关系。

三是与民营出版企业合作提供。第三部门通过一些具体的公益性的项目或者设立公共服务基金，鼓励民营资本投入或者捐助。

4.2.2 创新首都出版公共产品供给方式

发达国家成熟的公共产品供给经验告诉我们，公共产品供给主体的多元化与公共产品供给方式的多样化之间有着不可分割的天然联系。供给主体的多元化本身必然导致公共产品供给方式的多样性发展。首都出版公共产品供给方式创新要求在总体制度设计上，打破政府垄断，引入私人资本，对那些政府供给低效又不适应市场供给的产品放权给出版行业协会，鼓励社会力量参与。总体来说，就是在供给主体多元化和建立合作机制的前提下创新供给方式。

（1）供给方式民营化

是指政府将部分传统上由政府承担的公共产品的生产与供给通过特许经营、合同外包等模式由具有资格的私人部门来承担。比如，将公共出版物的印刷环节，或者发行环节以外包或招投标的方式鼓励民营印刷或者发行单位来生产和提供。这种公共产品民营化生产资格的主要特征是有限性，政府会以保护公众利益为目的定期重新审核，如果不再符合条件，政府会通过公平竞争的投招标等手段重新选择合作伙伴。

（2）政府经济资助

对于某些能给人们的思想以启迪、对人类文明的发展有所推动的公益性出版产品，政府把其售价控制在和基本生产成本持平，避免这些出版物定价过高，生产者的利益损失则由政府以价格补偿方式弥补，这样既不违背产业盈利的目标，又可以增大出版物的销售，扩大影响，促进知识的传播。如一些盲文出版社、少数民族出版社、古籍出版社等大多不能盈利而处于亏损状态，但是它们的存在和发展对于社会稳定和经济的发展都有着重要影响。对于这类出版社，政府要进行企业亏损补贴。另外，还可以通过出版基金对一些"重点出版工程"项目进行补贴，鼓励经营性出版单位参与公共产品的生产。这方面辽宁出版集团下属的出版社取得了瞩目的成绩。比如2008年，辽宁出版集团下属的各出版社共出版各类别重点图书419种，其中万卷出版公司的《振兴东北老工业基地纪实》入选中宣部和新闻出版总署纪念改革开放30年百种优秀图书；春风文艺出版社的《老鼠米来》入选国家新闻出版总署第二批"三个一百"原创重点出版工程书目；在拟参评全国"五个一"优秀图书评选书目中，股份公司报送的图书全部入选；列入省"农家书屋"工程初选书目的550种图书和100种音像制品，100%进入招标采购目录。①

（3）政府采购

2009年下发的《关于进一步推进新闻出版体制改革的指导意见》提出，要"会同有关部门制定支持新闻出版体制改革的相关配套政策。充分利用国家重点出版工程建设、设立专项出版资金等契机，采取政府采购、招投标、定向资助等手段，支持公益性出版单位出版优质公共文化产品，提高新闻出版公共服务能力和水平"。这里提到的出版业政府采购是指各级国家管理部门、社会团体使用财政预算内资金和预算外资金等财政性资金，以购买、租赁、委托或雇佣等形式获取出版公共产品的行为。政府采购的特点一是可以弥补市场提供这些准公共产品类图书的不足；二是要提高政府采购的产品的质量就必须要处理好合作和竞争的关系。合作体现在政府与供应商之间在采购项目类别、名称和合同价格上形成一致意见，签订合同；竞争体现在供应商之间的招标和谈判。政府如何把握合作与竞争之间的关系，是避免资金浪费和保证生产质量的关键。

4.2.3 完善首都出版公共产品供给体系的法律规制

出版公共产品供给同一般公共产品供给发生的经济关系一样具有横向和纵向的复杂性。一方面，出版公共产品供给过程因具有政府主导的性质存在纵向行政

---

① 股份制改革引领出版业从产品经营走向资本经营，http://news.xinhuanet.com/fortune/2009-08/29/content_11962131.htm，新华网．

管理关系，但另一方面，政府违反合同约定时也要以民事主体身份承担赔偿责任，接受私法调整，与合同约定方成立横向平等民事合同关系。在这种错综复杂的经济关系下，很容易出现难以解决的经济纠纷，所以加强对出版公共产品供给过程的法律规制成为必要。

以本质上说法律规制的目的就是厘清复杂的经济关系前提下，在不平衡的政府、市场和社会之间，建立一种有效协调机制，实现供给优化。① 具体地说，首都出版公共产品供给过程的立法原则是：

（1）确保出版公共产品使用者的利益和生产者的利益平衡。前者是政府提供出版公共产品最终目的，而生产者利益的承认和保护是确保出版市场机制发挥作用的基本前提，法律规制的制定在不影响出版公共产品使用者的利益前提下，应尽可能满足生产者的利益最大化。

（2）确保所有出版公共产品生产者的竞争公平、充分。这是保证出版公共产品使用者和生产者双重利益达到平衡和重合的前提。既保证消费者能以最优惠价格享受到高质量的公共产品，又最大限度保证所有参与的生产商获得公平的收益。

4.3 完善首都出版业公共政策服务体系的基本思路及政策建议

4.3.1 提高首都出版业公共政策供给有效性

（1）疏通首都出版业公共政策需求信息反馈渠道

根据"浴盆模型"，政策失效表现在三个阶段：早期失效、偶然失效和损耗失效。早期失效和偶然失效属于失效假象阶段，而损耗失效才是事实上的失效。这说明事物是不断发展变化的，每一项政策都有其失效过程。要保证政策执行的可靠性，就要控制它的失效性。规避因为不必要的修改政策或者失去修改政策的机会而导致的损失。要准确判断政策失效阶段和最终解决政策供给失效即提前或者滞后，就要疏通首都出版业公共政策需求信息反馈渠道。首先，首都出版管理部门应当建立交流信息平台，疏通信息渠道，及时征求和听取出版单位和消费者的意见和呼声；其次，发挥出版行业协会中间机构的价值，使之成为政府与出版领域之间联系的桥梁和纽带，能够迅速、有效、系统地集中意见和反馈意见，节省政府处理零散信息的成本和时间，提高供给效率；最后，建立迅速有效的政策评估机制，

---

① 黄明欣.公共产品供给机制创新及其法律规制.华中农业大学学报（社会科学版），2008年03期，74页.

加强公共政策需求预测，选择合适的出版单位进行政策的试点研究，为政策的正式出台提供比较可靠的实证基础。

（2）建立和完善首都出版业公共政策供给有效主体的规制

理顺职责关系之所以成为我国行政体制改革的重点工作，是因为这是保证政策有效提供的基本前提。我国目前已经出台了《立法法》《行政法规制定程序条例》《规章制定条例》等规范。但是属于北京地方出版管理部门的规制还处在缺位的状态，亟待制定出台。对首都出版业公共政策供给有效主体的规制要完全按照"三定"规定的要求理顺出版管理部门的职责关系，在政策制定程序上加强供给部门和执行部门以及相关部门相互协作和协商，解决好相互衔接、整体配套问题。

4.3.2 发挥首都出版业公共政策活动的利益协调功能

（1）健全首都出版业公共政策活动的利益表达机制

美国当代著名的国际政治理论家，哈佛大学政治系教授赛缪尔·亨廷顿说："一个拥有高度制度化的统治机构和程序的社会，能更好地阐明和实现其公共利益。"[①] 根据公共管理理论，公共政策过程是以公共政策问题的确立为逻辑起点的。一项利益诉求如果不能顺利地通过政策输入途径到达政策制定系统，就永远不可能得到满足。[②] 就首都出版业来讲，可以从两个方面建立利益表达机制。

第一，建立有效的意见收集机制，并将公众的政策建议确立为政策议程的常规程序。

第二，积极培育首都出版业非政府组织。出版业非政府组织是政府与公众沟通的重要渠道，与政府直接面对公众的反馈平台不同的是，非政府组织可以将分散的公众意见整合为系统的公众意向。所以，要以立法的形式明确出版业非政府组织的法律地位，规范其运作，为出版业非政府组织的发展提供良好的社会空间和制度保障。尤其重点扶植弱势群体的出版非政府组织，比如北京市农村工作委员会就成为农民文化需求的利益表达机制。使农民这个文化弱势群体的利益诉求和文化政策及时地反映到公共政策的制定过程中来。

（2）健全首都出版业公共政策活动的利益妥协机制

政策制定的过程启动以后，就会面临不同的利益群体根据自己的偏好选择利于自己的政策，为了平衡利益偏好，就必须以政府为主导建立利益群体谈判、妥

---

① [美]赛缪尔·亨廷顿：变化社会中的政治秩序.生活·读书·新知三联书店，1989年第1版，61页.
② 王里.公共政策活动的利益协调功能与和谐社会.社科纵横（新理论版），2008年02期，13页.

协的制度平台，通过利益群体之间的协商找到利益共同点，形成能够为冲突双方共同接受的政策方案，达到政策方案的最优化选择。

（3）健全首都出版业公共政策供给过程的参与机制

公民广泛地参与公共政策活动的过程，是体现政治参与的主要形式之一。从一般意义讲公民参与就是普通的公民通过各种合理、合法的方式去直接或间接地影响政府的行政政策和决策以及与政府活动相关的行政外部行为。公众参与对政策目标和政策措施的广泛讨论，有利于减少政策的随意性与盲目性。

4.4 完善首都出版业公共人才服务体系的基本思路及政策建议

4.4.1 创新首都出版人才培养的方法和途径，完善出版在职培训机制

随着行业竞争的加剧，出版企业越来越意识到人才是发展的核心价值。所以对人才培养投入越来越多的时间和资金成本，尤其是对本企业现有人才的开发培养，即所谓的在职培训成为获得同行业竞争力的主要途径。《国家"十一五"文化发展规划纲要》明确提出要"贯彻落实中央关于人才工作的战略部署，制定实施'十一五'时期全国文化人才培训规划，建立健全在职人员业务培训和继续教育制度，创新培训内容，完善培训机制，整合培训资源，针对不同领域和不同岗位人员的具体情况，分期分批进行专业培训"。出版业在职培训是以达到统一的编辑、出版、发行规范为标准，通过设定短期或长期的目标和传递知识和信息、技能训练等的流程，让出版人才达到预期的提高水平目标。具体地说，出版在职培训机制主要包括以下几个方面。

（1）创新培训内容

制定出版培训内容结构必须与首都出版人才需求的现实情况以及出版企业本身的发展战略和发展目标联系在一起，把出版企业的长期发展与短期目标结合起来，根据出版企业未来3—5年的发展规划，确定出版社整体及某个具体岗位所需的技能，以此制订培训计划。共同纳入培训内容。一般来说出版企业培训内容结构主要为编辑专业培训。比如，编辑流程和发行流程的培训；相关学科专业培训。比如邀请各个学科的学者来进行行业最新动态、主要作家等关键问题的培训。

（2）明确培训主体

出版企业培训的主体是企业内的员工，但企业不可能提供足够的资金、时间、

人力对所有职工做全方位的培训，因此要对培训主体重点倾斜，即针对首都出版业初、中级业务性人才过剩而高级管理人才不足的问题，将培训政策向高级人才、紧缺人才倾斜。这类人才主要是指："一是能够改进目前工作，迅速取得效益的人；二是有能力且组织要求他们掌握新的技能，以便安排他们到更重要、更复杂的工作岗位上；三是有培养潜力，组织要求他们掌握新的管理知识和技能，以便提拔重用的人。"[①]另外，要给新人锻炼、发展的机会。比如：《北京青年报》在20世纪90年代初期就开始对有能力的编采人员进行培训投资，让编采人员出国考察，开阔视野，并出资为他们出版个人作品，使他们成为企业的品牌。

（3）规定培训周期

按时间期限划分，培训可以分为长期培训和短期培训，长期培训一般计划性较强，有较强的目的性；短期培训灵活性强，效用很快显现。对首都资历雄厚的大型出版企业来说，可以重点选择长期培训，即选择有一定工作经验和良好的发展潜力的员工去国外进修或者大学定向培养等方式。对于实力一般的首都中小型出版企业人才的培养则应该重点选择短期培训。大型出版企业也可以选择对新进人才实行短期培训，这样可以使新进人才尽快熟悉工作环境进入工作状态。

（4）优化培训方法

培训方法有很多种，比如：讲授法、演示法、研讨法、视听法、角色扮演法和案例研究法等。各种教育培训的方法具有各自的优缺点，对首都出版行业人才的培训主要有职业资格培训和北京市出版局因时制宜地举办一些高级人才培训班两类。职业资格培训较多使用讲授法、演示法和案例研究法等；而对高级人才的培训则需要更加强调集中讨论和撰写论文相结合的研讨法。

（5）保障培训经费

资金是培训机制的物质保障，出版企业组织培训经费可以来源于三种途径：一是出版企业内部集资，分摊培训费用；二是由出版行业协会发动社会集资或者企业出资赞助；三是国家直接拨款的出版培训基金。最近几年北京出版局投入了大量资金建立培训基金，支持首都出版业人才资格培训和其他培训的用度。下一步应该从政策角度创新培训集资机制，培养国家重点发展的、有实力的龙头出版企业的责任意识，为整个首都出版业人才培养，提升首都出版业人才境界主动出资。

（6）重视培训效益

对人员的培训也是企业的投资，有投入就要计较产出。由于出版企业实施的培训提高了员工的技能并调动了生产积极性，所以在同样的条件下员工能创造更

---

① 贺剑峰.出版企业竞争力研究.湖北人民出版社，2004年版，74页.

多的效益。北京市出版局和国家新闻出版总署都要重视创新培训效益评估机制，对培训效益的增加要进行量化核算，对受训者的学习曲线和信息的反馈，及时地听取受训者的信息，能够帮助组织提高今后的培训效果，减少不必要的支出。

4.4.2 完善首都人才选拔机制

2009年新闻出版总署发布的《关于进一步推进新闻出版体制改革的指导意见》中明确提出："加强领导班子和人才队伍建设。要以领导班子建设、提高新闻出版队伍素质和整体能力为重点，在新闻出版领域培养一批既懂经营又懂业务的复合型人才，造就一批名编辑、名记者和出版家、企业家、技术专家，打造一支政治过硬、业务精通、作风优良、廉洁自律、文明和谐的新闻出版干部队伍，为进一步推进新闻出版体制改革提供组织和人才保障。"我们知道精英人才的打造一方面靠培养，另一方面也要靠选拔。出版人才选拔机制分为内部人才选拔和外部人才选拔。内部人才选拔机制是指把企业内现在一般管理岗位上的职工选拔到领导岗位上，使原先才高而位下的人冒出来。这种方式有利于激发员工的工作积极性；比如：《北青报》从1984年报社首次试行内部聘用制开始，一直实行内部员工竞聘上岗的制度，每次的竞聘都会有一批新人脱颖而出。外部人才选拔机制是指出版企业为了发展的需要，根据人力资源规划和职务分析的要求，从那些对本企业有兴趣并有任职能力的人员中挑选出适宜人员予以录用的过程，以确保出版企业的各项活动正常进行，有序发展。外部选拔有利于在较大范围选拔人才，使一些既懂出版又懂经营的人才有了用武之地，同时，也有利于出版业人才的合理流动，充分发挥人才库的潜力。内部选拔则是一种快速而有效的选才方式，为大多数出版企业所采纳。

4.4.3 探索建立首都出版业人才股权激励机制

股权激励机制是一种建立在产权明晰基础上的激励机制。通过实行全员持股和经营人员持股制度，进一步把员工的短、中、长期利益与企业的利益更紧密地结合在一起，从而在新闻出版部门内构建"利益共同体"，增强人才的责任心，激发积极性和创造性。[①] 2009年新闻出版总署发布的《关于进一步推进新闻出版体制改革的指导意见》中提到了"允许条件成熟的出版传媒企业经过批准，探索实行股权激励机制的试点"。出版企业股权激励模式的选择，必须从出版企业的股权结构、发展阶段和行业选择方面进行具体问题具体分析。

---

① 刘金花.浅谈新闻出版单位如何实施人才战略.中北大学学报（社会科学版），2008年05期，97页．

（1）业绩系和延期系激励模式

业绩系指的是业绩股票，是指在年初确定一个较为合理的业绩目标，如果被激励人到年末时达到预定的目标，公司则会按预期授予其一定数量的股票或提取一定的奖励基金购买公司股票。业绩股票的流通变现通常有时间和数量限制；延期系是指延期支付，即公司将股权激励收入不在当年发放，而是按公司股票公平市价折算成股票数量，在规定时限后，以公司股票形式或根据当时股票市值以现金方式支付给被激励人。业绩系和延期系的不直接转让股权有时间和数量限制的特点，使这两种股权激励模式不会占用大量资金，不会动摇国有股权，还对被激励人有考核奖励的作用，因此适宜于国有出版企业、发行企业中的经营管理层和已处于稳定成长期的出版企业选择的股权激励模式。

（2）持股系和期股系股权激励模式

持股系是指让激励对象持有一定数量的本公司的股票，这些股票可以是公司无偿赠予的，也可以是公司补贴购买的或者是被激励人自行出资购买的。期股系是指公司授予激励对象的一种权利，被激励人可以在规定的时期内以事先确定的价格购买一定数量的本公司流通股票。对于民营出版企业而言，股权结构一般不牵涉国有资产问题，被激励人获取公司股票较为容易。并且很多民营企业往往是企业家带领一些骨干共同创业，通过持有股票成为股东的激励模式会产生明显的激励效果。因此，持股系最适合民营出版企业选择的股权激励模式。另外，在出版企业最初发展阶段也适于持股系和期股系股权激励模式的选择。

4.5 完善首都出版业公共投融资服务体系的基本思路及政策建议

4.5.1 合理界定出版企业边界

企业边界理论的重要意义在于，指出资源的配置不止有一种形式，而是多种形式。资源的有效配置是各种资源的多种配置形式的合理组合，而这归根结底取决于产权制度或产权结构的合理安排。对此科斯曾指出，企业是市场的替代形式，但不是唯一替代形式，政府对经济的直接管制也是一种替代形式[①]。这不是指政府建立一套有关通过市场交易进行权利调整的法律制度，而是指政府强制性地规定人们必须做什么或不得做什么。在这个意义上，政府是一个超级企业，能通过行政决定影响生产要素的使用，有能力以低于私人组织的成本进行某些活动。这样，

---

① R.科斯.社会成本问题，载企业、市场与法律，上海三联书店，1990年版，76页.

社会配置资源的组织形式就有三种，并相应有三种交易类型：一是市场交易，运用价格机制配置资源，市场活动当事人之间发生买卖的交易；二是企业制度，按照统一计划直接配置生产要素，各要素所有者之间进行管理下的交易；三是政府直接管制，进行管制下的交易，属于配额交易。社会选择哪一种资源配置组织形式，主要考虑各种组织形式的收益与成本（包括生产成本和交易费用）的比较。[①]

从产权的角度分析，出版企业内交易与市场交易存在着根本差别。企业内交易是在同一产权基础上和统一经营管理下的内部分工协作关系；市场交易是在不同产权基础上和独立经营条件下的社会分工协作关系。把市场交易在合理的范围内改为企业内的交换或政府直接管制，有利于降低交易费用。在深化出版体制改革的进程中，政府需要根据出版产业发展的需要，通过产权改革使出版事业和出版产业相分离，合理界定企业边界，从而从根本上改变目前出版企业"表面上似有边界，实际上企业界限被无限扩大"的被动局面。如果企业不是在合理的范围内替代市场，而是全部取代或取消市场的话，这不仅不利于降低交易费用，反而使较少的企业外部交易费用变为更多的企业内（实际是社会范围内）的组织、管理、生产和交易费用，同时，企业之间的明晰产权关系，变成了企业内（实际是社会范围内）的模糊产权关系，这使产权的动力机制、效率机制和激励机制被弱化甚至消失。所以要确定企业的合理边界，界定政府直接管制的活动和范围就必须进行国有出版企业产权改革，形成适合多种资源配置方式要求的所有制结构和独立明晰的产权主体。

4.5.2 国有出版单位产权多元化建设

（1）明晰出版单位产权关系

产权经济学认为，市场上的一切交换实质上都是产权的交换。只有产权明晰，这种交换才能发挥产权的经济效率功能。国有出版单位产权在选择市场交易作为资源配置方式时必然外在地表现为企业之间的竞争。这种竞争也只有建立在产权明晰的情况下才会真正地实现。

就产权主体来看，国有出版单位需要明晰的产权关系分为三种。

一种是出版单位不同出资者之间的产权明晰；在国有出版单位内部，国家作为出资者享有出资人的权利，出版单位作为经营者则享有法人财产权、自主经营权。我们可以借鉴发达国家出版产业明晰产权的管理模式，即以市场配置资源为基础、以产权明晰建立经营主体的出版企业集团多数采取股份有限公司的组织形式，通

---

① 许新.转型经济的产权改革.社会科学文献出版社，2003年版，92页.

过建立与市场经济相适应的公司治理结构来规范出版集团经营行为。也就是通过股东大会、董事会、总经理和监事会的制衡关系，来处理所有者与经营者的激励相容问题。

另外两种是出版单位出资者与出版单位员工之间的产权明晰和出版单位内部员工之间的产权明晰。这两种可以通过股权、债权、物权等管理形式和分配形式来明晰产权。一方面可以提高内部资产的运作效率；另一方面还可以对员工起到激励的作用。

（2）加强产权流动性

建立公司治理结构这种企业组织形式，体现的是产权的可分割性、可分离性和可转让性。而长期以来，我国国有出版机构的产权恰恰是偏执于行政区域化的整体性，产权被限制在各地、各级政府机构的手中，不能分割，更无法实现所有权与经营权的分离。另外，没有完善的退出机制，经营不善的国有出版单位既不能在市场上进行交易也无法实现促使优胜劣汰的有效竞争。因此，完善出版业产权制度，明确出版业产权关系，加强出版业产权多样化建设，促使产权在市场上有效而自由地交易，还应当从加强产权流动性这个方面入手。如柳斌杰在《落实〈文化产业振兴规划〉推动新闻出版业发展》中所说："要着力打破按部门、按行政区划和行政级次分配新闻出版资源和产品的传统体制，打破条块分割、地区封锁、城乡分离的市场格局，加强资本、产权、信息、技术、人才等新闻出版生产要素市场建设，实现生产要素合理流动和资源优化配置。"具体措施包括建立出版企业破产退出机制，实现产权自由流动和资源优化配置。在这方面柳斌杰署长强调要从静态调整结构转向动态调整结构，建立和实施新闻出版单位退出机制。静态结构调整是单纯对"那些方向不正、效益较差、资不抵债、无力生存、难以发展的新闻出版单位"进行资产的再配置或资产配置结构的调整；动态调整则是资产的所有者对资产的分布状态进行跨区域、跨行业重新的组合、调整、配置的过程。动态结构调整一方面可以通过破产盘活存量为国有出版企业做大、做强，使其成为真正的市场主体创造机遇；另一方面则通过推进产权流动重新整合资源，为那些转制到位、经营优势突出的出版发行企业扩张发展提供可收购对象的局面，打造中国出版传媒的"航空母舰"。

（3）优化国有出版企业的产权结构

出版业涉及社会文化的健康发展和意识形态安全，不同的市场主体进入出版业，必须在政策允许的范围内而且必须经过严格的审批程序。这给民营出版主体的发展造成了体制上的巨大障碍，也是产生非法买卖书号等弊端的根源。《文化产业振兴规划》发布之后，柳斌杰同志强调要"鼓励、支持和引导非公有资本以多种形式有序进入政策许可的领域。……积极引导和规范个体、私营资本投资组建的非公有文化机构以内容提供、项目投资、联合出口等方式与国有出版企业深度合作，有序参与市场图书出版活动"。① 鼓励非公有出版组织以多种形式进入政策许可的经营领域"与国有出版企业深度合作"的有效手段就是引导非公有资本参与产权重组。在这个层面北方联合出版传媒（原辽宁出版集团）进行了有益的探索。2008年，北方联合出版传媒以子公司万卷出版公司作为上市募集资金的实施主体，民营图书出版策划人李克以出版资源入股，成立了注册资本是2040万元的智品书业。同时万卷公司还和另一名著名民营图书出版策划人路金波合作，同样是以出版资源入股的形式，成立了注册资本2000万元的万榕书业。这样，北方联合出版传媒成为中国出版业第一个成功把民营出版企业带入主流出版平台的出版集团。而且重要的是，这次与民营出版企业的合作成果显著，双方的优势对接产生了"1+1＞2"的效果。如今万卷公司旗下拥有韩寒、安妮宝贝、石康等一批知名青年作者，出版了一大批发行量在10万册以上的畅销书，占有全国青春文学图书市场18%的份额，一举跃居细分市场前三位。宣传中华传统文化的《家藏四库》丛书，正在创造全国单套书销售亿元纪录。整个万卷出版公司在市场占有的份额跃升为总排名第32名。②

4.5.3 拓宽出版业投融资渠道

（1）采编环节和经营环节分别融资的方式

我国强调出版业深入意识领域的价值，政府长期对其实行管制性管理，所以出版业市场化远远落后于其他商业性行业。从目前的现状看，将编辑资产和经营资产进行分离，将印、发两个环节放开，特别是出版下游的出版流通环节的放开，先让这两个环节进行融资活动，分别实行不同的融资手段，进行融资方式的整合，比如编辑环节选择财政性融资模式和政策性融资模式，印、发环节则选择商业性融资模式。在渠道放开运作成熟、政策已完备的基础上，再通过上市等融资方式允许出版系统外资本直接进入出版内容制作领域。比如：作为我国出版业上市试点单位，辽宁出版传媒股份有限公司［即后来的北方联合出版传媒（集团）股份有限公司］于2006年成功地将编辑业务和经营业务整体上市，成为我国首家实现采编环节上市融资的出版企业。和民营企业上市不同的是"出版集团所持本公司

---

① 柳斌杰：落实《文化产业振兴规划》推动新闻出版业发展，http://www.ce.cn/cysc/newmain/jdpd/zjxw/200909/29/t20090929_19721825.shtml，中国经济网，《经济日报》.

② 股份制改革引领出版业从产品经营走向资本经营，http://news.xinhuanet.com/fortune/2009-08/29/content_11962131.htm，新华网.

股权的性质为国家股,广告环节所持本公司股权的性质为国有法人股"。这样不但可以确保国有资本的主体地位,还可以促进出版产权关系多元化,扩大产业规模,尽快形成出版单位的核心竞争力。

(2)探索多条融资渠道

我国的金融体系和资本市场都不够发达,出版产业的发展水平和市场化程度又较低,长期以来除了从银行获得少量的信贷外,几乎没有别的融资渠道。拓宽出版业的融资渠道,从宏观层面看,有赖于我国金融业进一步发展和金融服务水平的提高,但这需要中央和国务院统筹协调,制定和实施促进文化产业资本市场发展的系统政策。从微观层面看,目前我国出版企业的状况与资本市场的融资条件还有较大差距,要深化出版业的改革、加快出版单位的转制,为出版产业进入资本市场融资奠定基础。

(3)打破条块分割的传统融资体制

2009年下发的《关于进一步推进新闻出版体制改革的指导意见》中明确提出:"保护合法的跨地区经营活动。各级新闻出版行政部门要严格执行《中华人民共和国反不正当竞争法》和《关于禁止在市场经济活动中实行地区封锁的规定》(国务院令第303号)等法律法规,积极支持出版传媒企业跨地区合法开展经营活动,为公平竞争创造良好环境,提供优质服务。对于出版传媒企业合法的跨地区经营活动,不得以任何形式进行地区封锁,不得滥用行政权力,限制其进入本地市场经营。"这就从政策和法规的层面进一步为建立大型"出版航母",实现生产要素合理流动和资源优化配置,扩大投融资的空间,进入资本运营时代提供了保障。2009年6月26日北方联合出版传媒(集团)股份有限公司和内蒙古新华发行集团签署了《战略合作框架协议》之后,为了尽快实现跨区域合作,于2009年8月25日签署了《合作实施协议》。使北方联合出版传媒(集团)股份有限公司继"中国出版传媒第一股"之后又一个标志性的事件,即标志着我国的出版业已经从传统体制下以产品为王的时代转变到了以最大限度地实现增值为目的,通过资本的流动、组合等优化配置方式,来共同打造大型出版航母的资本运营阶段。

4.6 完善首都出版业公共服务绩效评估体系的基本思路及政策建议

在我国,由于出版行业的特殊性,建立指标量化的绩效评估体系的理论方法研究和实践还很薄弱,而主要关注的是分析出版业政策的理论研究。所以,建立规范的、体系科学化的、与社会主义市场经济相适应的出版业公共服务绩效评估评估程序和方法体系，就显得相当迫切和必要。自十七大以后，出版业公共服务体系的建设有了长足发展，在各领域都取得了明显的成效。然而，在绩效评估体系的规范性和效率研究领域，特别是在评估方法体系的建立和完善方面还相对滞后，这不但制约了出版业绩效评估体系的发展，而且进一步影响了出版业公共服务的科学化、高效化和规范化目标的实现。

4.6.1 正确处理好出版业行政效率和政府绩效的关系

要推进出版业公共服务绩效评估体系的构建进程，必须要提高对出版业公共服务绩效评估体系的认识，正确处理好效率和绩效的关系。具体地说，绩效目标与效率目标的区别主要有三个方面。

（1）效率是传统行政管理的评价核心，属于经济上的概念，主要注重节约成本，追求低投入、高产出。而绩效虽然也关注行政管理的内部机制，但并不是片面追求利润和效益最大化，而是关注政府与社会、公众之间的关系，更加重视社会公平与整体福利的提高。

（2）效率片面讲求行政结果的考量，过度依赖制度硬性规范作用。而绩效则更全面，不仅强调制度的健全规范还要涉及服务的工作作风和态度等情感因素的考量，公众的信赖感和依靠感也成为绩效评估的重要内容之一。

（3）绩效的目标比起效率关注的短期性目标更加具有可持续发展的潜力，将公共服务短期目标与长远目标有机地结合起来，"公共服务市场化进程其精髓正是要求政府公共部门转变效率观念，退出公共服务的具体领域，突破团体与部门利益的小圈子，引入私营部门参与竞争，以绩效目标推动公共服务整体质量的改进和提高。"[1]

正如美国行政学家英格拉姆所说的："有许多理由说明为什么政府不同于私人部门。最重要的一条是，对许多公共组织来说，效率不是所追求的唯一目的。比如，在世界许多国家中，公共组织是'最后的依靠'。它们正是通过不把效率置于至高无上的地位来立足社会的。"[2] 出版业公共服务要成为出版业的"最后依靠"，就要真正理解绩效和效率之间的区别，建立科学规范的绩效评估体系。

4.6.2 建立主体多元化的评估机制

要保证客观、公正、准确的绩效评估，评估参与者的组成结构一定要合理，

---

[1] 陶学荣，李剑. 论公共服务的市场化与政府职责的调整. 南昌大学法学院学报，2004年02期，600页.
[2] 帕特里夏·英格拉姆.《公共管理体制改革的模式》. 国家行政学院出版社，1998年，79页.

即执行评估的主体必然应该是广泛的，必须具有代表性，必须是多元化的取向。作为首都出版业公共服务绩效评估体系来讲，主体构成应该包括：出版行政管理者、专家或者第三部门（出版行业协会）和公众。出版行政管理者是公共服务的提供者，了解某项具体服务的发展过程，了解具体实施中的问题，对评估有发言权，但缺乏客观立场。而专家或者第三部门是连接政府和公众的桥梁，他们可以运用丰富的理论知识和对行业的深入了解，对服务中的一些问题理解得比政府或者公众更为客观，更为深刻。公众是公共服务的直接作用对象，对公众满意度的测评也是评估的目的之一，他们有着切身的体会，因此，公众是最有权利参与评估的主体。出版业公共服务体系绩效评估主体的多元化取向可以使不同评估主体互为补充，才能保证得到科学、公平的评估结果，从而成为进一步提高出版业公共服务质量的正确导向。

4.6.3 建立完善有效的评估机构

绩效评估组织是保证评估的科学性、客观性的有效机构。如美国的研究机构兰德公司和布鲁金斯研究所，近年来一直为政府和个人提供评估服务。这两个组织不仅在人事管理上独立，财政来源也多元化，即使从政府得到政策评估的经费，事先也签订合同，因而它们与政府的法律关系是雇佣合同关系，而非行政隶属关系，这样就可以在一定程度上减轻"人情评估""奉命评估""形式评估"等现象。[①]但是我国的评估组织发展几乎停滞不前，独立的政策评估机构和政策评估人员的缺失已经严重影响评估效果的科学性和客观性。具体地说，构建完善的首都出版业公共服务绩效评估机构要从两个方面进行调整。

（1）健全政府部门内部的出版绩效评估组织

目前虽然出版管理部门内有些部门有收集政策信息的职能但是没有设立明确的评估机构。我们必须设立明确的机构和具体的评估职能，改变现在政策制定和评估两者界限不清的状况。

（2）鼓励第三部门（出版行业协会）作为独立组织参与评估

第三部门（出版行业协会）地位中立，既是专家云集，又是和社会民众建立广泛联系的机构，很容易进行社会沟通，更能够保持公正、客观，具有政府部门缺乏的优势。但是，我国的出版行业协会还很难摆脱政府附属组织的命运，所以如何支持出版行业协会保持独立的地位是首要解决的问题。

---

① 王建容，我国公共政策评估存在的问题及其改进．行政论坛，2006年02期，第40页．

4.6.4 建立科学的绩效评估模式

一套完善健全的绩效考核指标体系和评估模型有利于政府对公共服务水平的客观把握，有利于政府对出版业的宏观调控。从绩效评估模式上分析，出版业公共服务绩效评估的模式是指为实现评估目的，按照系统方法构建的一系列反映评估对象各个侧面逻辑关系的系统结构，体现为相关指标的分组及不同的关联性，[①]是一种绩效考核方法的选择。由于出版公共服务的指标属于文化指标的范围，体系建设多了很多不可量化测量的因素，还在探索发展阶段。笔者结合国际上成熟的理论和实践，尝试提出几种评估模型。

(1) 平衡记分卡评估模型

平衡计分卡是由美国著名的管理大师罗伯特·卡普兰和复兴方案国际咨询企业总裁戴维·诺顿提出的战略管理绩效评价工具。就是将传统的绩效管理从人员考核和评估的工具转变为战略管理绩效评价工具。使领导者拥有了全面的统筹战略、人员、流程和执行四个关键因素，并可以平衡长期和短期、内部和外部，确保持续发展的管理工具。平衡记分卡避免了传统绩效考核中单纯效率指标的状况，平衡兼顾其他方面绩效的情况。

出版业公共服务平衡记分卡评估方法的原则（见图4.1）如下。

第一，确立所属服务事业单位使命。比如，将首都所属服务事业单位的使命确定为：以提高首都出版业公共服务总体水平为目标，提升服务质量、实现出版资源优化配置和内部管理制度的创新。

第二，将对首都公共服务绩效考核的战略总目标（一级指标）具体化为政府投入度（二级指标）、可持续发展度（二级指标）、运作机制（二级指标）、公共满意度（二级指标）等目标。在分别将二级指标细化为三级指标，即通用指标（不同行业的公共服务机构中普遍使用的绩效考核指标）和业务指标（只能出版业公共服务机构使用的绩效考核指标）。

第三，平衡记分卡评估方法的优势就是长期和短期、内在和外在的平衡。图4.1模型所注重的就是在首都出版业公共服务体系的运作过程中，一定要避免偏重财务指标的考核，重效率的片面性，体现出公众的满意程度和出版业公共服务内部机构设置与执行流程之间的平衡。具体表现在：注重政府投入度、可持续发展度、运作机制、公共满意度之间的动态平衡。

第四，在平衡记分卡方法管理方面要强调对出版业公共服务绩效考核的目标

---

① 冷溶，李景源，陈威．中国公共文化服务发展报告（2007）．社会科学文献出版社，2007年11月第一版．

和过程的可持续发展。可以考虑将绩效评估管理系统归入首都出版业每年的公共服务战略规划中，根据每年不同的战略重点，调整评估指标，形成年化绩效评估结果报告，进而准确指导下一年的工作。

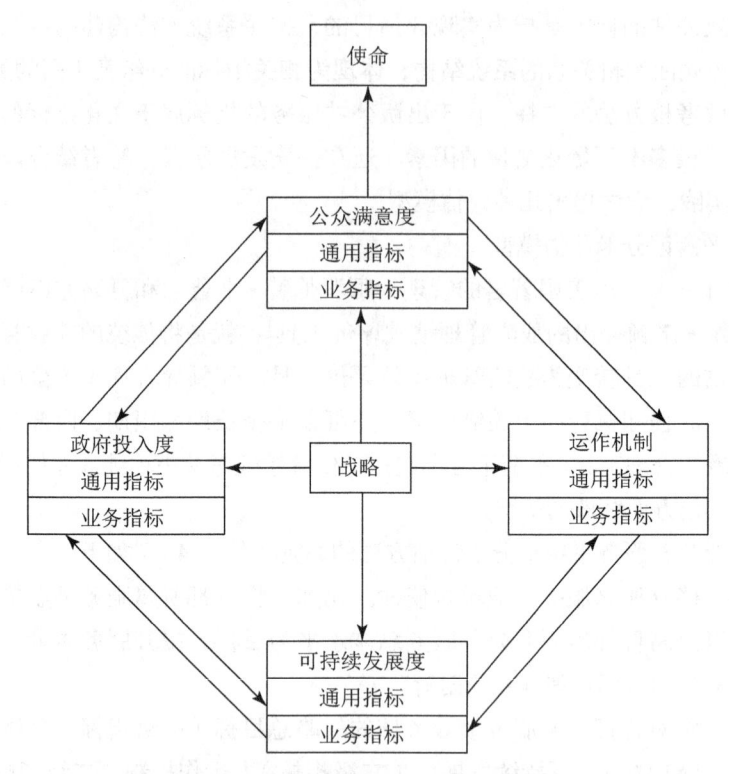

图4.1 首都出版业公共服务体系平衡记分卡评估模型

（2）360度反馈评估模型

360度反馈评估理论是由被誉为美国英特尔公司首先研究并加以实施的。指由员工自己、上司、直接部属、同事甚至顾客等全方位的各个角度来了解个人的绩效。被评估者不仅可以从自己、上司、部属、同事甚至顾客处获得多种角度的反馈，也可从这些不同的反馈清楚地知道自己的不足、长处与发展需求，使自己以后的职业发展更为顺畅。360度反馈评估理论贯彻了"公平、公正、公开"的管理精神，在《财富》杂志排名前1000位的企业中，有90%的企业在使用不同形式的360度反馈评估，包括，IBM、摩托罗拉、摩根斯坦利、诺基亚等国际知名企业。[①]

首都出版业360度反馈评估的原则如下。

---

① 于小千.公共服务绩效考核理论探索与实践经验.北京理工大学出版社，2008年7月第1版，121页.

第一，360度反馈评估体现的是公平、公正的原则，评估主体的多寡直接关系到评估结果的客观性，所以评估主体一定要尽量多元化（见图4.2）。图4.2中形象地展现了多主体评估的要求：一方面，出版公共服务评估机构、公众、第三部门、上级主管单位从不同角度和不同侧面反馈首都出版业公共服务的水平和能力；另一方面，出版公共服务提供者（根据不同的公共产品供给方式，出版公共服务提供者可以是北京市出版局、局属事业单位、出版行业协会、国有出版单位或者其他经营性出版单位）建立内部绩效评估考核机制。

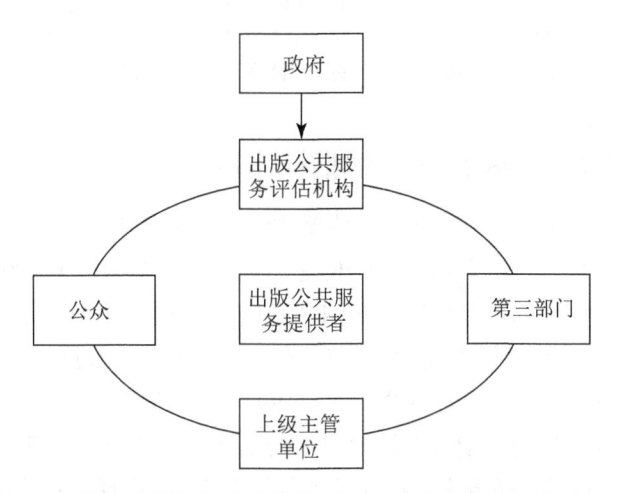

图4.2　首都出版业公共服务体系360度多元评估主体示意图

第二，在360度多元评估方法运用的过程中，不同的评估主体所倾向的侧重点有所不同：在评估过程中，北京市政府不直接参与评估，其角色和职能是监督和授权；出版业公共服务评估机构全面负责评估工作，是评估工作的组织者和实施者；第三部门是介于政府和公众之间最客观的评估主体，能反映政府和公众两面的观点和利益的兼顾融合；公众是公共服务的对象，是评估过程中最重要的主体；出版公共服务的提供者是评估过程中最主观的评估主体，其评估以定性指标为主。

第三，360度多元评估方法不但强调多元主体和公平公正的精神，主体之间还存在相互转化的关系。比如：第三部门和上级主管单位都可以随着供给模式的不同，而转化成被评估者。

第四，出版公共服务涉及出版行业各个方面和环节（见图4.3），在准备阶段信息输入要尽量全面；实施阶段要加强过程监管；反馈阶段要选择有效的方式（比如面谈），使被评估者更能全面了解自己的优缺点。

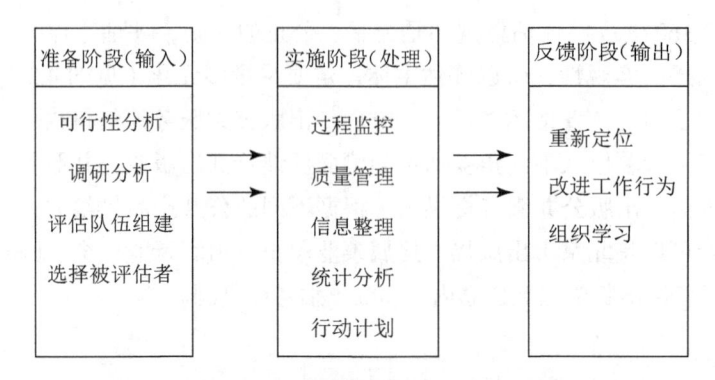

图4.3 首都出版业公共服务体系360度反馈评估模型

4.6.5 建立可行的绩效评估指标体系

（1）构建首都出版业公共服务绩效评估体系总体要素

绩效评估指标设计的总体要素是构建绩效评估体系的根本点和出发点，是绩效评估的价值和意义的抽象体现。美国学者奥斯特罗姆所著的《制度激励与可持续发展》一书中把绩效评估的总体要素归结为经济效率、通过财政平衡实现公平、再分配公平、责任、适应性等五个要素。1997年美国公共生产力研究中心出版的《地方政府绩效评估简要指南》认为评估的生产力、效果、质量、及时是四大政府绩效评估指标设计总体要素。随着评估实践的发展，出现了公共部门评估的"三E"理论，即经济、效率和效果。之后，针对传统公共管理重效率忽视公平的问题有些学者又提出了"公平"指标，称为"4E"理论。当前学术界比较公认"4E"作为政府绩效评估指标设计的总体要素。具体地说，这四个要素是：

经济。在绩效评估过程启动时，经济因素提出了"组织在既定的时间内，究竟花费了多少钱"和"是否按照法定的程序花费金钱"两个问题。就是说，经济指标要求的是用投入管理项目中尽可能低的资金或成本，来提供与维持既定数量和质量的公共产品或公共服务。

效率。效率因素要回答"组织在既定的时间内，预算投入究竟产生了什么样的结果？"这个问题。效率指标通常包括：服务水准的提供、活动的执行、服务与产品的数量、每项服务的单位成本等。效率可以分为两种类型：一是生产效率，它是指生产或提供服务的平均成本；另一类效率是配置效率，指组织所提供的产品或服务是否能够满足利害关系人的不同偏好。

效果。效果因素的问题是："情况是否得到改善"或者说服务的目的是否达到，关心的是"目标或结果"。与"效率"过于关注量化的或货币化的公共产品或服务不同，效果作为公共服务的评价指标适用于那些难以量化的公共服务。效果可以分为：现状的改变程度和行为的改变幅度。

公平。自新公共行政以来，公平问题日益受到广泛的重视。中国经济学家迟福林更将"公平"因素纳入公共部门评估体系中来，它关心的主要问题在于"接受服务的团体或个人能否都受到公平的待遇，需要特别照顾的弱势团体能否享受到更多的服务"。[1]

（2）构建首都出版业公共服务绩效评估指标体系的基本原则

科学设计首都出版业公共服务绩效评估指标体系，可以对首都出版管理部门公共服务的现状、问题进行总体评估，并对首都出版管理部门公共服务的未来发展趋势进行预测，是出版公共管理理论和实践研究的前提和基础。出版业不同于一般的商业产业，有其文化上的特殊性，所以在设计首都出版业公共服务绩效评估指标时，各项指标取值紧紧围绕首都出版服务型行政管理部门的职能要求以及出版行业价值展开设计。具体地说，在分析、设计首都出版业公共服务绩效评价指标时，笔者认为主要遵从以下原则。

第一，可操作性原则：指所设计的指标能够易于实践，可以以最低的物质成本和时间成本获得既定的效果。

第二，概括性原则：出版业公共服务绩效评估指标体系必须能够概括地反映主体要素之间的客观逻辑关系与发展规律，概括地反映出版行业和出版管理部门的发展规律。

第三，系统性原则：公共文化服务绩效评估立法研究是一项庞大的系统工程，出版业公共服务绩效评估指标要能够全面描述出版业公共服务水平，同时，公共服务的复杂性决定了其绩效评估指标体系必须是一个相对开放的、多层次的系统指标体系，每一个开放的系统可以划分为彼此相互联系的小系统，而每个小系统则由若干相互联系的评估指标构成，最后，每个指标由一项主要评估指标和几项修正指标构成。

第四，可持续发展原则：出版业公共服务绩效评估指标体系的设计不但要反映新闻出版行政目前的实际水平，还要为出版行业的持续发展提供行政绩效保证。

总而言之，提供公共文化服务的主体是政府，而消费与评价公共文化服务绩效的主体是公民。所以，对首都出版业公共服务绩效评估指标体系的设计最终要以受众的满意作为最终原则，这也是现今政府行政市场化大趋势的客观要求。

（3）首都出版业公共服务体系指标体系

总结公共服务绩效评估的实践，配合平衡记分卡和360度多元评估方法，笔

---

[1] 蒙昧.服务型政府公共服务绩效评估指标设计研究.全国优秀硕士论文库，2006年，21页.

者尝试建立首都出版业公共服务体系指标体系。大体上,将首都出版业公共服务体系指标考核体系分为三部分:一级指标、二级指标和三级指标。一级指标包含出版业公共服务效能和公众评价;出版业公共服务效能的二级指标包括政府投入度、公共服务执行度、可持续发展度、公众出版文化权利实现度;公众评价的二级指标包括政府出版财政投入满意度、出版业公共服务执行情况满意度、出版业公共服务可持续发展满意度、公众出版文化权利实现满意度。一级指标和二级指标不变,三级指标可随机变化(见表4.1)。

表4.1 首都出版业公共服务体系预选指标体系

一级指标	二级指标	三级指标
出版公共服务效能	政府投入度	政府出版财政拨款总额(定量)
		政府出版财政拨款占政府总财政支出的比重(定量)
		政府出版财政人均投入(定量)
		出版公共服务基础设施建设投资(定量)
	公共服务执行度	服务人员素质(定性)
		职责明晰(定性)
		依法服务(定性)
		应对突发(定性)
		服务承诺(定性)
		政务公开(定性)
	可持续发展度	文化资源配置情况(定性)
		公共服务人员构成(定量)
		团队建设(定性)
		人才培养(定量)
		公共服务机构内人员满意度(定性)
	公众出版文化权利实现度	公众出版文化利益诉求表达(定性)
		公众参与度(定性与定量相结合)
公众评价	政府出版财政投入满意度(定性)	通过问卷调查获得
	出版业公共服务执行情况满意度(定性)	
	出版业公共服务可持续发展满意度(定性)	
	公众出版文化权利实现满意度(定性)	

结束语

本文在理论梳理、案例研究的基础上，探讨了首都出版业公共服务体系的理论根源以及建立出版业公共服务体系的价值和意义。针对首都出版业发展程度系统地论述了首都公共服务体系构建的现状和存在的问题，最后基于以上理论的和案例的研究基础，本文提出了构建完善的首都出版业公共服务体系的对策思路。具体地说，其研究的主要结论如下。

（1）首都出版业公共服务体系的构建远远落后于首都出版产业化的进程。而这种情况会严重阻碍首都出版业的可持续、健康发展，阻碍首都最终实现成为国际大都市的目标。所以构建首都出版业服务体系是首都文化产业发展的内在要求。

（2）随着体制改革进程的推进，首都出版业公共服务体系已经初步建立，但是体系构建的主体、要素，还存在着不和谐、不完善甚至缺位的问题。

（3）基于上述论述，针对首都社会经济和出版业的发展状况，本文探索提出了一套构建完善的首都出版公共服务体系的基本思路和政策建议，尤其是探索性地提出了首都出版业绩效评估的方法和指标。以期研究结论能对出版业公共服务体系的构建有一定理论上和实践上的意义。

但由于我国出版业公共服务体系的理论和实践研究尚处于起步阶段，尤其是对出版业公共服务评估体系方面的研究更少，所以，在研究过程中可供借鉴的资料不多；另外，本文作者的研究能力有限，不仅体现在对资料的掌握、理解与挖掘能力不足，从多角度全面思考问题的能力有待提高。因而，研究结果必然有很多不足和局限。

参考文献

[1] 巫志南. 现代服务型公共文化体制创新研究. 华中师范大学学报(人文社会科学版), 2008年第04期, 110页.

[2] 乔东亮, 陈勤, 张养志. 首都出版业可持续发展模式研究. 北京：中国人民大学出版社, 2007.

[3] 蔡辉明. 新农村公共文化服务供给均等化的制度设计. 老区建设, 2008年10期, 47页.

[4] 大卫·N.海曼. 公共财政：现代理论在政策中的应用. 北京：中国财政经济出版社, 2001.

[5] 充分认识文化体制改革的重要性紧迫性. 人民日报, 2006年01月12日.

[6] 胡正荣. 21世纪初我国大众传媒发展战略研究. 北京：中国广播电视出版社, 2007.

[7] 郭道久. 第三部门公共服务供给的"二重性"及发展方向. 中国人民大学学报, 2009年02期, 93页.

[8] [美] 罗纳德·J.奥克森, 万鹏飞译. 治理地方公共经济. 北京：北京大学出版社, 2005.

[9] 宋敏. 西方国家公共服务市场化改革的成效及启示. 经济纵横, 2007年第4期, 63页.

[10] 王里. 公共政策活动的利益协调功能与和谐社会. 社科纵横（新理论版）, 2008年02期, 12页.

[11] 郝振省. 中国出版业发展报告（2006—2007）. 北京：中国书籍出版社, 2007.

[12] 柳斌杰. 落实《文化产业振兴规划》 推动新闻出版业发展, 中国经济网.

[13] 张中祥, 李和中. 公共人力资源约束:理论源流与现实途径. 学术论坛, 2007年03期, 65页.

[14] 李志堂 张志成. 中国出版业创新与发展. 印刷工业出版社, 2009.

[15] 王波, 柳斌杰.要把人才培养作为出版行业的基础性工作. 新华网.

[16] 冷溶, 李景源, 陈威. 中国公共文化服务发展报告（2007）. 北京：社会科学文献出版社, 2007.

[17] 高清奇. 全国出版基金发展现状与分析. 科技与出版, 2006年06期, 24页.

[18] 胡勤华. 新公共管理理论在政府部门绩效管理中的应用. 当代经济（下半月），2008年08期, 94页.

[19] 后毅. 新闻出版行政管理部门绩效评估指标体系的设计与测定. 全国优秀硕士论文库.

[20] 闫岩峰. 我国推行服务型政府中的问题与对策. 大众商务，２００９年２０期, 294页.

[21] 张飞岸. 公共选择理论中的"经济人"范式评析. 前沿, 2005年08期, 62页.

[22] 战建华. 农村公共产品供给的理论分析. 经济论坛, 2009年18期, 12页.

[23] 颜运秋，王继文. 公共产品供给的法律调整范式刍议. 法制研究, 2009年09期, 16页.

[24] 姜大谦，韦正富. 公共政策供给的有效性分析. 商丘师范学院学报, 2009年08期, 68页.

[25] 孙玉玲. 出版集团融资探析. 编辑之友, 2003年01期, 30页.

[26] 姚德权. 服务型与经营型出版单位的融资模式选择. 出版发行研究, 2006年02期, 23页.

[27] 吴玉宗. 服务型政府：缘起和前景. 社会科学研究, 2004年03期, 10页.

[28] 梁言顺. 三圈理论：价值、能力和支持的分析框架（上）. 学习时报网, 2008第06版.

[29] 黄先蓉. 我国出版宏观管理的现状、问题及对策研究. 出版科学, 2008年03期, 9页.

[30] 埃莉诺·奥斯特罗姆(Elinor Ostrom)等，宋全喜，任睿译. 公共服务的制度建构：都市警察服务的制度结构. 上海：上海三联书店, 2000.

[31] 黄明欣. 公共产品供给机制创新及其法律规制. 华中农业大学学报（社会科学版），2008年03期, 74页.

[32] [美]赛缪尔·亨廷顿. 变化社会中的政治秩序. 北京：生活·读者·新知三联书店. 1989.

[33] 贺剑峰. 出版企业竞争力研究. 武汉：湖北人民出版社, 2004.

[34] 刘金花. 浅谈新闻出版单位如何实施人才战略. 中北大学学报（社会科学版），2008年05期, 97页.

[35] R. 科斯. 社会成本问题. 上海：上海三联书店, 1990.

[36] 许新. 转型经济的产权改革. 北京：社会科学文献出版社, 2003.

[37] 陶学荣，李剑. 论公共服务的市场化与政府职责的调整. 南昌大学法学院学报, 2004年02期, 600页.

[38] 帕特里夏·英格拉姆. 公共管理体制改革的模式. 北京：国家行政学院出版社, 1998.

[39] 王建容. 我国公共政策评估存在的问题及其改进. 行政论坛, 2006年02期, 40页.

[40] 于小千, 公共服务绩效考核理论探索与实践经验. 北京：北京理工大学出版社, 2008.

[41] 蒙昧. 服务型政府公共服务绩效评估指标设计研究. 全国优秀硕士论文库, 2006年, 21页.

（本文作者：张楚旎）

网络文学版权开发研究

摘 要

本文以案例分析法和定性分析法相结合，对网络文学版权产业现状进行梳理分析，从传播学、经济学角度入手考量我国网络文学版权的价值。以传播学理论、无形资产评估理论为基础，分析版权价值评估的影响因素。针对衍生品的开发，文中采用长尾理论作为支撑，解释长尾理论在衍生品市场以及利基市场产生的效果。通过对版权资源的经济属性分析，得出版权资源在资产评估中相适应的版权价值评估方法。

因此，基于我国网络文学市场发展现状通过案例对衍生品市场的分析，有利于拓宽我国衍生品市场的开发路径，在关注网络文学优质版权的同时，也应注意对长尾市场的把握。同时希望国家加快邻接权相关的立法，增强版权保护的同时，完善版权交易市场。

关键词：网络文学；版权；版权开发；价值评估；衍生品

Abstract

This paper analyzed the current situation of the network literature copyright industry by combining Case analysis and Qualitative analysis, And use the theories of communication and economics study the value of network literature copyright. To analyzing the factors of copyright value assessment based on the communication and intangible asset appraisal theory. For the exploitation of derivatives, this paper use the long tail to explain the effect about derivatives and niche products. By analyzing the economic characteristic of copyright resources, learning the appropriate way to evaluate the value of copyright resources.

So, basing on the development situation of network literature and using the Case analysis, It will broaden the way of derivatives market. When pay attention to the high quality copyright resources, don't forget the long tail market. Hoping our country quicken the lawmaking about the neighboring rights, enhanced copyright protection, meanwhile perfecting the copyright trading market.

Key words: Network literature; Copyright; Copyright exploitation; Value evaluation; Derivatives

目 录　　　　　　　　　　　　　　　　　　　　　　　　CONTENTS

第一章　绪论 289
　　1.1　研究背景及意义 289
　　1.2　相关文献综述 290
　　1.3　研究方法 291
　　1.4　本文创新点 292
　　1.5　版权和版权产业相关定义及经济特性 292

第二章　当前网络文学版权开发现状 298
　　2.1　开发平台的构成 298
　　2.2　版权开发资本构成要素 299
　　2.3　传播过程中的版权开发形式 300
　　2.4　小结 309

第三章　网络文学版权开发存在的问题 310
　　3.1　内容生产环节 310
　　3.2　版权贸易环节 311
　　3.3　维权环节 312

第四章　对网络文学版权开发的建议 313
　　4.1　政策 313
　　4.2　法律 314
　　4.3　行业 315

第五章　结语 324

参考文献 325

第一章 绪论

1.1 研究背景及意义

1.1.1 研究背景

随着数字技术和移动互联网的快速普及，我国网络文学产业规模不断壮大，网络文学作品、作者以及用户数量急剧增加。据 CNNIC 统计，截至 2015 年底，各网络文学网站的签约作者约有 250 万人，每日创作作品文字量超过 1.5 亿字，国内市场份额最大的 31 家重点网络文学网站原创作品总量约 1168 万种，大量的网络文学作品被出版成图书或改编成电影、游戏、动漫，产业规模不断扩大。文化产业在国民经济中的地位不断上升，同类版权行业率先试水开展数字时代的版权经营模式。相关文件和指导性意见的相继出台，版权产业迎来了数字时代的爆发期。以此为背景，本文将发力对版权开发进行研究。

1.1.2 研究意义

当前的网络文学产业仍然存在诸多问题，譬如版权归属问题、盗版、抄袭现象仍旧频繁，版权开发的模式有待提升，版权贸易的环境不完善。版权产业的发展与以美国为首的发达国家相比，差距依然非常明显。鉴于此，本文将对网络文学的版权开发进行研究和探讨。

文中采用经济学中的长尾理论，旨在建议在版权开发的过程中，要对特定的用户群体进行培养。即使一部作品并未在大范围内为消费者所喜爱，但喜爱它的消费者往往可能带来巨大的经济效益。

在国家高度重视版权保护与开发的今天，网络文学的版权开发理应受到精心的对待。简单的跟风，粗制滥造不仅不利于优质版权的开发，反而会有损优秀作品的声誉。本文对于网络文学版权开发的研究旨在让读者认识到当前我国网络文学版权开发的现状、开发的程度，提出的版权开发价值评估方法将会帮助创作者、平台、开发商更好地评估网络文学版权的价值。

1.2 相关文献综述

1.2.1 关于网络文学版权现状及其保护的研究

随着互联网的迅速发展，网络文学作为一种文化现象正在不断崛起，在丰富人们精神文化生活的同时却不断遭受版权危机。郑延培认为网络文学作品版权有地域性模糊和专有性模糊两个特点；而对网络文学作品的侵权主要体现在传播阶段、创作阶段以及衍生作品三个方面。就对网络文学作品版权保护路径这一问题，该作者认为网络服务商，网络文学作品的作者和各级行政机关都应采取积极措施。朱文龙则认为侵犯网络文学版权主要有两种模式，即"云霄阁模式"和"百度模式"。培育公众正确的互联网精神、完善著作权保护制度、创新文学网站的盈利模式和鼓励社会组织的积极参与是保护网络文学版权的四种措施。刘晓兰对于网络文学版权保护的相关可行性措施，建议从以下四个方面进行：一是提高网络文学阅读受众盗版侵权认识；二是运用网络版权保护技术来保护网络文学版权；三是规范网络文学版权法律保护，构建网络文学合法使用渠道；四是建立网络文学权益联合体。黄霄旭在《网络文学版权保护的现状与未来——基于对盛大文学的分析考察》一文中表达了自己对网络文学维权的未来趋势的看法。他认为由单独维权向集体维权发展、由一方维权向各界维权发展、由舆论维权向诉讼维权发展是网络文学维权未来将呈现的趋势。完善网站备案登记制度，控制侵权源头和修改现行法律，畅通诉讼维权之路是走出目前网络文学维权困境的对策。

1.2.2 关于网络原创文学出版研究

尚亚鹏认为目前我国网络文学网络出版主要方式有以下两种：原创文学出版与传统出版的互动和网络原创文学的衍生产品。对网络原创文学的认识是网络原创文学的粗糙、不成熟和版权的归属问题是最为突出的问题。李静在《原创网络文学经营策略探析》一文中以起点中文网为例将出版原创网络文学过程中面临的问题归纳为以下两个方面：遭遇严重盗版问题和质量前景堪忧。呼吁整个网络文学行业应团结起来共同抵制和打击盗版；各大搜索引擎也应加强自律，自觉承担起打击盗版的责任；国家有关部门要加强法律法规建设，严厉打击网络盗版行为是解决盗版问题的良策。而针对质量问题，则应从政府加强了对网络文学的监管力度、正确看待网络文学产业化及其付费阅读制度、网络管理者及网络作者要提高自己的文化素养三方面着手。关于我国网络原创文学的发展方面，于晓辉以盛大文学的成功将其归纳为以下五个方面：内容生产、版权保护、完善产业链、政策辅助、按需出版。

1.2.3 关于网络文学版权运营研究

王潇犀在《网络文学版权运营分析——以"中文在线"为例》一文中以中文在线为例对网络原创文学的版权运营进行阐述。文章将纯销售向内容、现象级内容、热门IP改编潜力内容、IP向题材的潜力作品，是"中文在线"版权运营作品的四个挑选机制。其作品版权经营的四个步骤依次是网站签约、渠道分销、全渠道营销和IP变现。李柏瑾对我国网络文学全版权运营进行了SWOT分析，对其优势、劣势、机遇和威胁进行总结和系统分析。关于推动我国网络文学全版权的举措的观点是着力于国家政策支持、增强版权保护、打造精品IP、加强合作四方面。

1.2.4 网络文学版权开发及其相关问题的研究

《中国知识产权报》记者姜旭曾对阅文集团"白金级"网络作者耳根进行过专访，耳根就相关问题表达了自己的看法，他认为精品是网络文学版权开发的基础。对于网络文学版权的开发需要多方努力，作者、被授权方和运营方等联合起来，共同探索。网络文学创作者要专心创作以提升作品质量，而开发者要采取多元开发策略，充分释放版权价值。何凤辉认为网络文学版权开发需要遵循4P策略，即Product：提高网络原创文学作品质量，增加版权营销砝码；Price：合理定价，保障版权营销的进行；Place：多渠道扩展版权营销的途径；Promotion：多方探索版权促销方法。苏雅认为当前我国网络文学版权开发令人忧虑，主要体现在侵权盗版增加开发难度、版权价值评估体系不完善、无序开发削减版权价值等三个方面。

1.3 研究方法

1.3.1 文献法

历史文献法是一种常用的写作方法，它可以为作者提供丰富的文献资料，了解一个选题当前的研究程度，也记录了相关研究的历史推进过程，使用历史文献法能更好地让作者弄懂研究的来龙去脉，体现研究的价值。本文将通过搜集大量的文献资料，了解当前对网络文学的概念、网络文学的版权保护及版权开发现状，并对资料进行梳理，在已有的研究基础上，为网络文学版权开发相关研究添砖加瓦。

1.3.2 案例分析法

案例分析法也是一种常用的写作方法，这类研究方法往往都是从实际案例出发，一改之前的种种纸上谈兵。只有把研究与现实中鲜活的案例进行结合分析，才能更好地把握学术动向和市场动向。本文在对版权开发的研究中会对相关的案例进行分析,了解当前网络文学版权开发的现状。

1.4 本文创新点

在国内对于网络文学版权开发研究方面极度匮乏的情况下,本文通过对网络文学版权开发现状的梳理,得出了当前网络文学版权开发中存在的问题。针对当前网络文学版权贸易市场中存在的各种问题给出了相应的建议,有助于进一步完善当前中国网络文学版权贸易市场,推动整个网络文学持续健康发展。

1.5 版权和版权产业相关定义及经济特性

1.5.1 版权和版权产业

(1)网络文学的版权

版权一词,由西方copyright翻译而来,是权利人对其具有创造性的文学、艺术作品享有的专有权利。我国著作权法第五十七条规定,版权等同于著作权,这也从法律上结束了长期存在的"版权"和"著作权"称谓之争。一般认为,我国的"著作权"和"版权"称谓均来自日本。版权在英美法系国家被称为"copyright",其原意仅指"复制权",最初就是指出版商从国家那里获得的对作品特许垄断的印刷权。版权包括精神权利和经济权利,在我国也被称作人身权和财产权。作为一部作品版权的拥有者,可以自主决定将作品版权的部分或全部经济权利以许可或转让的形式授予他人行使。对于作者的精神权利能否进行转让,学界和业界比较赞同郑成思先生的观点:作者的精神权利不能在版权贸易活动中转让,但应该可以在继承活动中转移,也就是说可以被继承。

置身于版权产业中的网络文学版权,同样具有广义上的版权属性,也就意味着版权不仅包括精神权利和经济权利,还包括传播者所具有的邻接权。尽管邻接权是独立于版权之外的一种权利,但两者关系紧密,国际公约都有相关条款对二者进行保护,我国著作权法中也规定了对作品邻接权的保护。20世纪60年代从美国等国家开始出现的"版权产业"也是在对作品版权和邻接权的交易中逐渐发展起来的。

(2)版权产业

所谓版权产业,是指以版权为生产要素和营利资源,生存与发展都依赖版权的产业群。1959年,美国率先开始了一种新的产业统计和研究:以版权在国民生产总值(GNP)中所占的比重来衡量版权的经济价值。之后,以加拿大、英国、德国等为首的欧美国家也进行了一系列的调查和研究。至今，美国版权产业已先后进行了十几次调研活动，形成了十几分详尽的《美国经济中的版权产业》报告书。2001 年，美国核心版权产业产值总量为 5351 亿美元，占 GDP 的 5.24%。2002 年发表的《美国经济中的版权产业：2002 年报告》称，在过去的 24 年里，版权产业是美国经济增长的主要动因。在 21 世纪，它将是信息经济的驱动力。

对于版权产业的分类，大多都有以下两种思路：一种是按照纵向的产业链条，考察版权产品的生产、发行、管理和服务等；另一种也是大多数国家沿用的根据相关产业活动对版权的依赖程度划分。具有代表性的是 2003 年，世界知识产权组织（WIPO）发表的由多国经济学家编写的《版权相关产业经济贡献调查指南》（*Guide on Surveying the Economic Contribution of the Copyright-based Industries*）。该指南采用国际标准产业分类（International Standard Industrial Classification, ISIC）代码界定了版权产业，为采用国际标准比较各国版权产业和版权法的经济影响提供了可能，指南将版权产业分为四类。

核心版权产业（Core Copyright Industries）。指那些主要目的是受版权保护的作品或其他版权保护内容的创造、生产制造、表演、宣传、传播、展示，或者发行与销售的产业。

交叉版权产业（Interdependent Copyright Industries）。指那些生产、制造和销售其功能主要是为了促进版权作品的创造、生产或使用设备的产业。其中交叉版权产业中"核心的"主要包括电视机、收音机、各类播放机、电子游戏等设备的制造、批发和零售；交叉版权产业中"部分的"主要包括照相与摄影器材、影印机、空白录制材料以及纸张等的制造、批发和零售。

部分版权产业（Partial Copyright Industries）。指那些有部分活动关系到作品或其他版权保护内容的产业。

边缘版权产业（Non-dedicated Support Industries）。指那些主要目的是便于受版权保护的作品或其他物品的宣传、传播、分销或销售而又没有被归入核心版权产业的产业。

美国国际知识产权联盟（International Intellectual Property Alliance, 简称 IIPA）从 1990 年开始就把版权产业分为四类：核心版权产业、部分版权产业、发行业和版权相关产业。为了与国际分类标准相一致，2004 年 IIPA 也采用了国际知识产权组织界定的四种分类，这就是"总体版权产业"。

我国目前虽未对版权相关产业做专门的分类和统计，但有自己的界定文化产业方法，即 2004 年发布的《文化与相关产业分类》。它将文化产业分为"文化服务"和"相关文化服务"两部分九大类，大体囊括了 WIPO 指南中的分类。

1.5.2 版权资源的经济特性

作为知识产权的一部分，版权由于具有创造性的劳动成果属性并且可以进行许可和转让从而获利的特征，既可以进行交易，可以推定版权也可以是一种商品，具有商品的一般特征。一般将以版权为标的的交易活动称为版权贸易，是版权的有关经济权利的转让与许可。但是版权与一般的实物商品有着一定的区别，这种区别往往在交易中就能体现，版权贸易中交易的标的是一种权利，并不会物化到具体的一个实物上，举个例子，对于一个读者，去书店买到一本书，对于这部作品的版权，这位读者是不能享有的，他唯一享有的仅仅是这本书的使用权，此时这种书籍的售卖和一般的商品交易相同。但如果一个书店想要联系这部作品的版权所有人并想通过交易的形式取得这部作品的版权，这时候就和一般的商品交易区别开来了。因为，版权贸易中交易的是一种或多种权利，如复制权、改编权、翻译权等。这时候就需要双方签订版权许可或转让的合同，合同生效，对作品版权交易的相关权利才会生效。版权贸易在很多时候都是没有实物的交易，这是版权区别于一般商品的特殊性质。

经济学中把一切具备有用性、稀缺性和可选择性特征的能直接或间接地为人们所需要的生产要素称为资源。版权毫无疑问是一种资源，具体可从有用性、稀缺性、可选择性三个方面加以阐述。

首先，版权具有有用性。拥有一部网络文学作品的版权，可以对作品进行增值，如一部受欢迎的作品的版权所有人是作者，作者可以将该作品的复制权、发行权以许可或转让的形式授权给出版商，如果出版商将取得以上权利的作品复制成册并流入市场进行销售，作者可以从中获取一定的酬劳。如果出版商是买断了作品的复制权、发行权，那么出版商将可以单独行使这两项权利，这意味着出版商可以继续将这三项权利以许可或转让的形式授予他人行使。这期间不仅出版商获利，作者也可根据当时授权的合同规定收取一定的提成，作品印制成册后还会满足广大读者对这部作品的需求。假使作者再将财产权中的其他权利，如影视改编权、游戏改编权等许可或转让给他人，这时版权的价值空间又被拓宽了，从传播学角度来讲，这部作品的传播效果也大大增强。

其次，版权具有稀缺性。当前，网络文学市场规模不断扩大，网络文学作品也比比皆是，需求是固然存在的，但能入读者法眼的却是在茫茫文海中寥寥无几。虽供大于求，仍然掩盖不了优质版权稀缺的事实。信息时代虽然信息是无限的，但受众、出版商、开发商对于优质版权、富有创造力的内容的追求总是乐此不疲。

最后，版权具有可选择性。上文中阐述的版权的稀缺性表明，版权不是千篇一律的。从版权人角度来说，一部网络文学作品的全部或部分权利是转让或许可给他人行使是可以选择的，毕竟不同的版权落入不同的开发商手中带来的收益也是不同的；从权利的受让方来说，选择哪部作品的版权进行交易，或是选择哪位版权人的作品获得授权也是可以选择的，开发商有权选择更优质的作品进行开发。版权贸易的市场也是一种双向选择的机制。

由此可见，版权是一种权利，一种商品，更是一种资源。它不仅是权利人行使自己作品权利的法律保障，也是市场经济中贸易的重要组成部分，其有用性、稀缺性、可选择性，在市场的筛选下继续发展着。既然版权是一种商品，也是一种资源，在市场经济中，网络文学版权资源同样具有自己的经济特性。

（1）可共享性

信息时代，文学以一种崭新的面貌居身于互联网，具有代表性的就是网络文学。然而由于技术的便捷，使得复制的成本大大降低。这在一定程度上增加了权利人行使自己权利的难度。一部作品刚发表就会同时出现在众多大大小小网站。这不仅侵害了作者的权利，同时也侵犯了与作者合作的其他个人或法人团体的利益。

（2）权限独立性

我国著作权法规定著作权包括人身权和财产权，版权人可根据自身需求将财产权中的一项或几项权利通过许可或转让的方式授予个人或法人团体。前文也提过，这种版权许可或转让的贸易称为版权贸易，又称为版权许可证贸易。需要注意的是，有很大一批国家，传统的版权法根本不允许在版权贸易活动中转让版权（无论是全部转让还是部分转让，也无论是有期限还是无期限），他们只承认版权的许可证贸易是合法的，如苏联、捷克、奥地利、德国等。德国的版权法中，明确规定了版权只能许可，不能转让。英美法系国家则一般允许版权人可自主选择许可或转让中的任何一条贸易途径。在我国，《中华人民共和国著作权法》规定著作权人既可以许可他人行使全部或部分财产权根据约定或法律规定取得报酬，也可以全部或部分转让财产权根据约定或法律规定取得报酬。个人或法人团体在取得授权后只能享有合同中的一项或几项权利而无权行使除已签约权利之外的其他财产权。如出版商从享有版权的作者处仅取得作品的复制权和发行权，此时出版商仅仅享有复制权和发行权这两项权利而无权擅自行使这部作品版权中包含的其他财产权，如改编权、翻译权、汇编权等，否则视为侵权。此外，在版权许可的过程中，版权所有人可以选择将作品财产权的一项或多项权利以独占许可和非独占许可的方式将财产权中的一项或几项权利许可他人行使。

（3）时间性

享有版权的作品，并不是一诞生就会产生价值的，它需要在权利人和开发商之间不停地经营和传播才能挖掘出价值，如果一部作品不为人知，甚至在作者去世后也没人发现，这部作品对于作者也失去了经济价值。此外，不同的国家对于作品受版权保护的期限也有不同，甚至对版权中的精神权利和经济权利的保护期限也各有不同。大多数国家及伯尔尼公约规定经济权利保护期为"作者有生之年加死后五十年"。我国著作权法第二十条规定：作者的署名权、修改权和保护作品完整权保护期限不受限制，而把精神权利中的发表权规定为同经济权利一样的保护期，即保护期为作者终生及其死亡后五十年，截止到作者死亡后第五十年的12月31日；如果是合作作品，截止于最后死亡的作者死亡后第五十年的12月31日。而德国版权法则规定作品的版权保护期为"作者有生之年加死后七十年"。过了这个期限，作品即"进入公有领域"，可以不必取得许可，不支付报酬而使用。

（4）地域性

由于各国版权贸易环境的不同，各地区间的经济发展程度不同，必然会出现各国无论从版权法、版权保护、版权认识以及版权开发和管理都有自身的局限性。如国际条约成员国内的版权人享有的待遇就会区别于成员国之外的版权人。地域性在一定程度上也加大了各国间的版权贸易成本，交易的程序也更加烦琐，不可否认由于地域性的特点在一定程度上促进了各国、各地区间的版权贸易交流与合作，有利于各国各地区间版权从法律到行业向国际接轨。

1.5.3 版权开发

对于一部享有版权的网络文学作品，想要挖掘作品的价值必须要对其进行开发。一般而言，版权开发普遍指对一部享有版权的作品进行增值的过程。有相当一部分人认为出版商对一部作品进行出版不能算作一种开发，这其实是一种认识误区。既然是对作品价值挖掘的过程，作品的出版也是对作品版权的一种开发，只不过这只是网络文学版权开发的上游，是一种比较粗放的开发。如今数字出版已经崛起，大多数网络文学都以数字出版的形式存在于互联网。如阅文集团旗下的小说连载在网上，并通过粉丝打赏、付费阅读、付费下载等形式进行出版。这时候再说出版不是版权开发的论调，显然是站不住脚的。但不可回避的是这种开发仍处于初级阶段，对版权价值的挖掘力度是有限的。基于此，版权开发按价值的挖掘力度的不同可分为版权的初次开发和版权的后续开发。

其中初次开发是指获得作品的一项或几项权利时对作品的一次性营销，这是基于作品内容而进行的开发。如将一部网络文学作品的复制权和发行权许可或转让给出版商，出版商对这部作品进行出版发行，将作品的改编权许可或转让给电影制片公司，电影公司对作品进行电影改编。又如将一部网络文学作品的改编权许可或转让给游戏公司，游戏公司就会对这部作品进行游戏改编，以上三种都属于版权的初次开发，这些依据作品内容生产的图书、电影、游戏等都称为初次开发产品。

版权的后续开发是指权利人将作品的一项或几项权利许可或转让给个人或法人团体后在个人或法人团体生产出初次开发产品的基础上进行开发，如对改编成的电影进行版权开发，对改编成的游戏进行版权开发。在版权的后续开发中，则会不可避免地出现邻接权的开发。例如，在对电影版权开发的过程中，会不可避免地涉及表演者、录制者，甚至是影视配乐的作词人、作曲人、演唱者等相关的邻接权。邻接权是指在游戏开发中，所涉及的软件开发者、游戏运营商、游戏中角色模型的设计者等也都是版权开发过程中出现的邻接权。

第二章　当前网络文学版权开发现状

2.1　开发平台的构成

1991年4月5日，全球第一家中文电子周刊《华夏文摘》在美国诞生。同年，王笑飞创办了海外中文诗歌通讯网（chpoem-1@listserv.acsu.buffalo.edu），形成了汉语原创网络文学的最初萌芽。1993年，由遍布世界各国的中国学生学者联谊会主办的综合性中文电子杂志大量涌现，如美国的《布法罗人》《未名》，加拿大的《联谊通讯》，德国的《真言》，英国的《利兹通讯》等。1994年，第一份汉语网络文学刊物《新语丝》（http://www.xys.org）在方舟子等人的组织下创办起来。其后，大大小小的网络期刊如雨后春笋般涌现出来。此时正值互联网登陆中国大陆，汉语网络文学也开始进军本土市场。一时间，文学网站数量剧增，虽精品不多，但发布数量相当庞大，其中不乏比较成功的作品，如台湾写手蔡智恒（痞子蔡）的《第一次亲密接触》《悟空传》等，也是网上作品在线下出版的一个开端。时至今日，网络文学平台形成了以阅文集团、百度文学、阿里文学几大巨头为代表，众多文学网站并存的局面。

从表2.1中可以看出当当网男生畅销榜前十排名中阅文集团旗下签约作者就

表2.1　当当网中网络文学男生畅销榜排名（2017年10月1日访问）

排名	作品名称	作者	作者签约平台
1	余罪	常书欣	创世中文网
2	女神的妖孽保镖	伊秋枫	当当读书
3	斗破苍穹	天蚕土豆	起点中文网
4	我的郁金香小姐	超级大坦克科比	17k小说网
5	择天记	猫腻	创世中文网
6	超品相师	九灯和善	起点中文网
7	官梯	钓人的鱼	网易云阅读
8	龙王传说	唐家三少	起点中文网
9	大主宰	天蚕土豆	起点中文网
10	庆余年	猫腻	创世中文网

占七位。网络文学发展的核心是内容，丰富的内容是平台价值挖掘的源泉，这也为优质版权的产生提供了可能。图2.1为BAT（百度、阿里巴巴、腾讯）所持内容库存对比图。

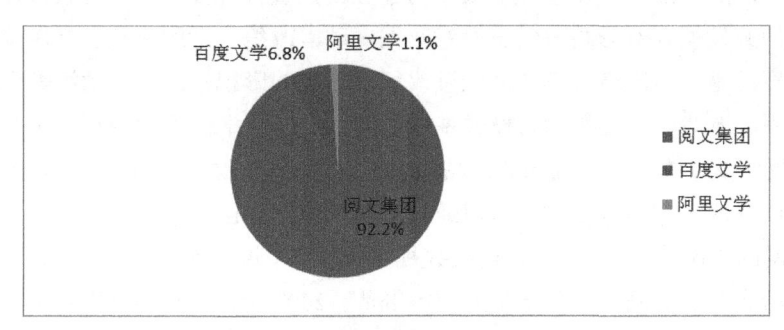

图 2.1 BAT 巨头掌握原创内容对比

2.2 版权开发资本构成要素

2.2.1 内部原创开发

内容是网络文学网站赖以生存的根基，大多文学网站在和作家签约的时候就在合同上规定作品的版权由平台全权行使，禁止作者在合同期间为其他网站供稿，也禁止作者将签约作品以各种形式发布到除本平台以外的其他网站。长期以来，文学网站积累的版权资源将会越来越多。在享有作品版权中全部经济权利的情况下，资金雄厚，经营业务广泛的平台将会选择对部分作品进行版权开发。2015年成立的阅文集团，是腾讯文学的前身，由腾讯文学和盛大文学整合成立。

2.2.2 联合出品

信息时代，大大加快了资源配置的效率，传统的版权开发，在寻求版权方、投资方、制作方都会投入高昂的成本。互联网像是一个大货架，任何需求都可以通过搜索引擎寻求帮助，不管是作者、作品、版权归属何处都能快速得到解决。近年来版权联合开发是网络文学开发的主要模式。如由企鹅影视、梦想者电影、正午阳光影业联合出品的《鬼吹灯之精绝古城》，由腾讯影业、企鹅影业、柠萌影业、柠萌悦心、芒果TV、阅文集团联合出品的古装奇幻电视剧《择天记》。

2.3 传播过程中的版权开发形式

版权开发的优势在于拥有海量的内容，可以对这些内容进行无限利用，这种对版权资源的无限利用创造经济效益的过程就是版权开发，当前，版权开发中几种常见的开发模式有影视改编、游戏改编、动漫改编、话剧改编、有声读物等。需要注意的是，当网络文学作品经过改编后形成的影视、游戏、动漫等作品与一般的影视、游戏、动漫等运营模式基本相同，所以在举例说明中没有必要纠结于是否是网络文学作品改编而来的产品。网络文学版权资源是网络文学发展的根基，拥有优质的网络文学版权往往可以通过对其开发产生巨大的经济效益。比如，起点中文网的小说《鬼吹灯》，曾连续数月高居网络小说搜索风云榜冠军，仅这一部小说便给起点中文网带来了上千万的点击量。2007年，起点中文网将《鬼吹灯》的实体出版权转让给安徽文艺出版社。短短数月，销量便突破了50万册。大家熟知的《诛仙》《盘龙》《星辰变》等作品被大量纸质出版和改编成影视、游戏、动漫作品。图2.2为当前网络文学版权开发产业链示意图[①]。

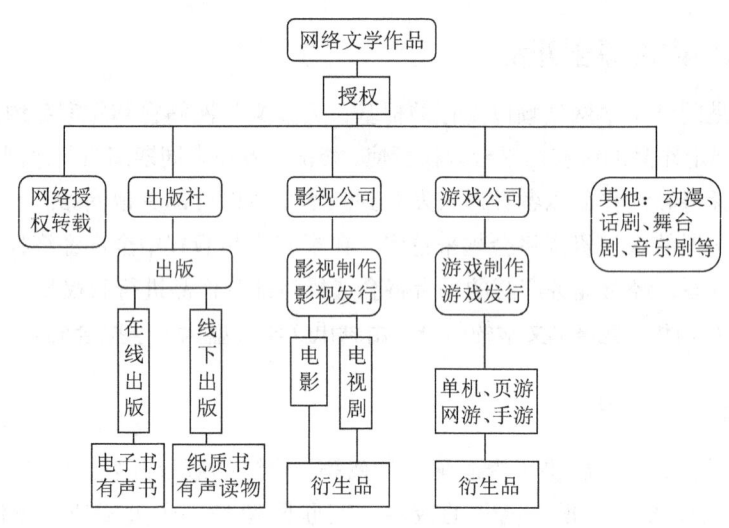

图2.2　网络文学版权开发产业链

2.3.1　影视改编

一部网络文学作品丰富的内容除了用文字来描述之外，改编成影视作品则是

---

① 图中各影视公司、游戏公司并不是相互孤立的，由于在实践中，网络文学作品在相关权利的许可时不尽相同，有的是将影视改编权、游戏改编权独家许可给一个公司，而大多数情况是仅把单项经济权利许可给某个公司。

网络文学另一种比较直观的表达。回顾历史，网络文学改编成影视作品起步较早，2004年，第一部由蔡智恒创作的网络文学《第一次亲密接触》由金国钊导演拍摄成了电影。随后，很多网络点击率高的网络文学也先后进行了影视改编，如《向天真的女生头像》《会有天使替我爱你》《恋人》等。许多网络文学改编过程中，为扩大收视率，纷纷邀请当红明星出演，吸引更多粉丝，使拓展版权价值挖掘的空间成为了可能，大大加快了网络文学作品的传播速度。表2.2为2000年以来比较热门的部分影视改编作品。

表2.2 部分被改编成影视的网络文学作品

作品名称	影视作品名称	作者	导演	上映时间
第一次亲密接触	第一次亲密接触（电影）	蔡智恒	金国钊	2000年
杜拉拉升职记	杜拉拉升职记（电影）	李可	徐静蕾	2010年
山楂树之恋	山楂树之恋（连续剧）	艾米	张艺谋	2010年
后宫甄嬛传	甄嬛传（连续剧）	流潋紫	郑晓龙	2011年
步步惊心	步步惊心（连续剧）	桐华	李国立	2011年
致我们终将逝去的青春	致我们终将逝去的青春（电影）	辛夷坞	赵薇	2013年
死亡通知单	暗黑者（连续剧）	周浩晖	周琳皓	2014年
鬼吹灯之寻龙诀	寻龙诀（电影）	天下霸唱	乌尔善	2015年
盗墓笔记	盗墓笔记（连续剧）	南派三叔	郑保瑞、罗永昌	2015年
花千骨	花千骨（连续剧）	Fresh果果	高林豹、林玉芬、梁胜权	2015年
芈月传	芈月传（连续剧）	蒋胜男	郑晓龙	2015年
琅琊榜	琅琊榜（连续剧）	海宴	孔笙、李雪	2015年
何以笙箫默	何以笙箫默（连续剧）	顾漫	刘俊杰	2015年
诛仙青云志	青云志（连续剧）	萧鼎	朱锐斌、刘国辉、周远舟、朱少杰	2016年
欢乐颂	欢乐颂1（连续剧）	阿耐	孔笙、简川訸	2016年
欢乐颂	欢乐颂2（连续剧）	阿耐	简川訸、张开宙	2017年
鬼吹灯之精绝古城	鬼吹灯之精绝古城（连续剧）	天下霸唱	孔笙	2016年
陈二狗的妖孽人生	陈二狗的妖孽人生（连续剧）	烽火戏诸侯	黄凯	2016年

续表

作品名称	影视作品名称	作者	导演	上映时间
三生三世十里桃花	三生三世十里桃花（连续剧）	唐七	林玉芬	2017年
择天记	择天记（连续剧）	猫腻	钟澍佳	2017年
11处特工皇妃	楚乔传（连续剧）	潇湘冬儿	吴锦源	2017年
悟空传	悟空传	今何在	郭子健	2017年

（1）收视率

根据 GGTAM（全球电视受众测量指南：Global Guidelines For Television Audience measurement）的定义，收视率是指根据抽样调查所估计的，某个特定时间段内收看电视人口占所有电视渗透人口的平均百分比。其中，电视渗透人口是指拥有电视收视手段或工具的人口（也指所调查空间里的所有人口）。一部网络文学作品被影视改编后，在电视节目上能够获得多大的经济效益往往会以这部影视作品的收视率来体现。

（2）票房

当一部网络文学作品改编成电影并通过国家相关审核后，票房便是这部电影经济效益的重要体现。电影作为一种具有艺术审美的精神消费产品，由于其生命周期短，受众偏好不一，使得电影成为一种体验型产品，具有高投入高风险的特性。电影产业不仅是国民经济的重要贡献力量，还是 DVD、电影点播、电影衍生品行业的主要推动力。随着国际交流的日益密切，电影的版权贸易市场也逐步拓宽。表2.3为2013—2017年跻身于中国票房年度票房前25名由网络文学改编成电影作品的票房统计。

表2.3 网络文学改编成电影作品的票房

作品	作者	影视	票房/万元	上映时间
致我们终将逝去的青春	辛夷坞	致我们终将逝去的青春	71910	2013年
西游·降魔篇	今何在、周星驰	西游·降魔篇	124699	2013年
鬼吹灯之寻龙诀	天下霸唱	寻龙诀	137391	2015年
鬼吹灯之精绝古城	天下霸唱	九层妖塔	68293	2015年
盗墓笔记	南派三叔	盗墓笔记	100439	2016年
从你的全世界路过	张嘉佳	从你的全世界路过	81417	2016年
悟空传	今何在	悟空传	69653	2017年

(3)影视作品传播过程中放映权的许可

网络文学作品一经改编成影视作品,想要获得更好的传播效果以及经济效益,则需要电影制作方、电影发行方、各播放平台进行传播渠道的拓展,电视台、视频网站以其受众数量大、传播范围广的特点,为影视作品的传播提供了良好的环境,也为影视作品更大限度地通过传播创造价值提供了可能。因此,影视作品放映权的授权便是首要的拓展途径,版权人将影视作品的放映权授权给电视台、视频网站等平台,通过签约的形式获得放映权应得的费用。这种放映权的授权所获得的收入是影视作品收入中仅次于票房的另一个重要经济来源。近年来,由于网络文学作品改编成影视作品呈现爆发式的增长。一些优质的网络文学作品在与影视公司商谈合作的时候也掌握了主动权,颠覆了过去低版权收费、高影视收入的现象。

通常一部网络文学作品改编成影视后如果电视台需要安排节目档期,则需要取得影视作品的放映权,并向版权方支付报酬,合同中还将包括放映期限,双方约定的禁止条款。如2016年4月20日慈文传媒公司下属子公司上海蜜淘影业有限公司与湖南广播电视台卫视频道签署了《电视剧中国大陆独家首轮播映权转让协议》,协议的主要内容涉及蜜淘影业作为制片方投资摄制的古代传奇题材电视剧《花千骨》中国大陆独家首轮播映权的转让事宜。

(4)广告

一个企业的产品如果需要被受众熟知并接受,首先需要将产品通过一定的渠道、媒体进行广泛传播,这种为了某种特定需求而进行的宣传手段则称为广告。第十四次修订后于2015年9月1日起施行的《中华人民共和国广告法》第一章第二条规定,在中华人民共和国境内,商品经营者或者服务提供者通过一定媒介和形式直接或者间接地介绍自己所推销的商品或者服务的商业广告活动,适用本法[①]。从规定中,可以推定商品经营者或者服务提供者通过一定媒介和形式直接或者间接地介绍自己所推销的商品或者服务的商业广告活动视为广告。而如何使广告投放有效且得到广泛传播,广告投放的渠道和平台便是广告商需要重点考虑的。一部受众比较期待的改编作品,往往都会吸引大批的广告商前来投放广告。广告的投放比较传统的是将广告放置在影视作品开头或结尾,而近年来,随着广告市场的发展,广告成本的增加,投放广告的技巧也顺"市"而生,大多广告商普遍青睐于在影视作品放映中途插入广告,一来是最大限度地确保受众能够接收到广

---

① 详见《中华人民共和国广告法》第一章第二条,http://www.gov.cn/zhengce/2015-04/25/content_2853642.htm.

告；二来也是许多广告商为了应对在片头或片尾插入广告时对某些平台的会员受众产生无效投放而采取的措施。如影视网剧《鬼吹灯》系列，《暗黑者》等都是采用中间插入广告的形式。这种广告投放方式也符合传播学中的一般规律，受众往往会把关注的重点放在自己希望看到的信息上，而将无关紧要的信息抛之脑后，极少有人去关注片头或片尾的广告，市场实践中也是如此。

（5）电影衍生品

当一部影视上映后，除了获得票房收入、放映权许可等收入外，影视公司往往不会停止掘金的脚步，下一步棋便是布局影视衍生品市场。衍生品也称为周边产品，在影视行业内，衍生品通常被称为后电影产业。对衍生品的开发可以追溯到100多年前的第一张《再生花》的海报。由于彼时经济力量薄弱，基本的市场活力仍没有释放，衍生品市场便一直处于低迷状态。时至2011年11月11日，一部投入成本不足一千万的电影《失恋33天》成为票房黑马，然而随后的经济效益却是票房不能代表的。它的成功在于电影中的道具"猫小贱"作为电影的衍生品被生产出来，瞬间蹿红，受到市场的热捧。从此，国内开始认识到衍生品市场存在着巨大商业价值潜力。事实也是如此，在海外，电影的投入产出一般采取"三三制"原则，即票房收入、电视收入和衍生品收入各占总收入的三分之一。在美国，电影衍生品的收入是电影票房收入的二至三倍，而在中国，衍生品的收入仅占票房收益的八分之一左右。

2.3.2 游戏改编

除上文阐述的影视改编外，网络文学版权开发的过程中出现的另一种主流开发形式则是对网络文学作品进行游戏改编。游戏公司在获得网络文学版权所有人许可的游戏改编权后，对网络文学作品中故事情节进行改编或一定程度的还原而制作游戏的过程称为游戏改编。据GPC、CNG、IDC联合发布的《2017年1—6月中国游戏产业报告》显示，2017年1—6月，中国游戏市场实际销售收入达到997.8亿元，同比增长26.7%。在我国，游戏改编权的权利来源不仅仅局限于对网络文学作品进行游戏改编，目前很多热门游戏都是游戏公司自主研发设计的成果。而不可否认的是，随着网络文学行业的深度整合，版权资源的快速积累，网络文学市场以其海量的版权资源正吸引着游戏公司纷纷介入进行游戏改编。目前，市场上存在的游戏按PC端和移动端分为网页游戏、网络游戏、手机游戏、电脑单机游戏、手机单机游戏。按玩法类分主要包括：竞技、竞速、角色扮演、卡牌、棋牌、策略、动作、射击、休闲益智、模拟经营、体育等。其中网页游戏是指玩家需要进入指定的网页才能体验的游戏。网络游戏一般情况下则是指比较大型的需要在电脑上进行下载安装并需要联网的游戏，在游戏中，玩家可以实时互动。据艾瑞网《2017年中国移动游戏行业研究报告》显示，2016年中国移动游戏IP改编游戏单款游戏平均流水TOP10中就有两款游戏由网络文学作品改编而来[①]。表2.4为部分近年来由网络文学作品改编成游戏的统计。

表 2.4　由网络文学作品改编成游戏

作品	作者	游戏名（类型）	游戏开发公司（备案名）
诛仙	萧鼎	诛仙系列（网游）	完美世界（北京）软件科技发展有限公司
盗墓笔记	南派三叔	盗墓笔记（页游）	上海游族信息技术有限公司
盘龙	我吃西红柿	盘龙 online（网游）	盛大游戏
花千骨	Fresh 果果	花千骨（手游）	成都天象互动科技有限公司
花千骨	Fresh 果果	花千骨（页游）	上海君游网络科技有限公司
醉玲珑	十四夜	醉玲珑（手游）	成都天象互动科技有限公司、爱奇艺游戏
后宫甄嬛传	流潋紫	后宫甄嬛传（手游）	蓝港互动集团有限公司
芈月传	蒋胜男	芈月传（手游）	蓝港互动集团有限公司
琅琊榜	海宴	琅琊榜（页游）	成都朋万科技股份有限公司
11处特工皇妃	潇湘冬儿	楚乔传（手游）	成都西山居世游科技有限公司
三生三世十里桃花	唐七	三生三世十里桃花（页游）	上海硬通网络科技有限公司

（1）下载付费

当一款游戏通过审核发行后，游戏运营公司将会对自己的游戏进行下载定价，即用户需要花费一定金额来购买该游戏的下载权，否则无法体验游戏。多数情况下，游戏运营商会采取免费下载的策略。由于国内用户对付费下载国产游戏普遍不予接受，一是由于国内游戏制作成本、游戏质量普遍偏低；二是用户尚未形成下载游戏付费的消费习惯。相反，国外则更倾向于在游戏下载环节就收取费用，手游市场IOS系统中APP Store大部分下载需要付费的均是国外的游戏，如APP Store中纪念碑谷游戏在下载时便会收取费用，费用为25元人民币，纪念碑谷2下载也需要花费18元人民币（2017年10月20日访问）。在电脑客户端游戏

---

① 艾瑞网：2017年中国移动游戏行业研究报告. http://report.iresearch.cn/report/201708/3043.shtml，2017年8月25日访问.

收费上，国外游戏下载多数也是收费的形式，如国际知名数字出版平台 Steam[①] 中 GTA5（Grand Theft Auto V）这款游戏下载需要花费 189 元人民币（2017 年 8 月 13 日访问）。这种下载付费模式其实与国外游戏的制作成本高，游戏进出口之间的版权贸易，国外的游戏消费方式等因素息息相关。

（2）游戏内增值服务

当前，无论从移动端还是 PC 端来看，游戏的种类繁多，游戏玩法也多样。从来没有不想盈利的商家，在游戏内提供增值服务便是游戏运营商的利益来源。不同的游戏，对于增值服务定价也不相同。如对战类游戏，游戏运营商往往会提供装备购买，各种道具加成的增值服务。近年来，由于饥饿营销的兴起，不少游戏运营商也纷纷效仿，给游戏内各种增值服务贴上各种各样的"限定""绝版"标签。物以稀为贵，玩家如果想在游戏里快速成长并满足自己"高人一等"的虚荣心，唯一的途径就是购买游戏内的增值服务。

由美国拳头游戏公司（Riot Games）研发的网络游戏《英雄联盟》，腾讯作为投资方获得了中国大陆的独家代理权，并在 2015 年实现了对拳头游戏公司的 100% 控股。这是一款凸显即时策略的多人对战游戏，在游戏中，有许多英雄角色供玩家选择，玩家可以自行组队体验游戏。游戏中的英雄角色最初平台只给出有限的数量，玩家如果需要得到更多英雄角色必须在游戏中积累金币购买，另外一个途径就是充值人民币购买。运营商对利益的追求还远不止于此，这款游戏中，对每个英雄角色设计出的各式各样的皮肤以及稀有头像才是游戏增值服务的核心。到 2017 年 10 月，《英雄联盟》这款游戏已经开发出了近 140 个英雄角色，每个英雄角色都至少有一款以上的皮肤，很多英雄角色的皮肤设计数量甚至达到了 6 个以上。而每个皮肤售价都在 10～199 元人民币不等，为了吸引更多玩家购买，很多皮肤都贴上了"限定"的标签，这种限定皮肤只能在一定期限内购买。玩家如果不充值则仅能通过完成特定任务得到类似节日活动的赠送皮肤，皮肤种类也非常有限。此外，为了提高皮肤销量，运营商往往会在节假日推出各种营销活动，获得皮肤的途径除了购买还可以通过活动抽奖的方式概率性地获得自己平时买不到的皮肤。很多玩家为了抽到自己想要的一款皮肤，充值抽奖的金额是不确定的，可能低至几元人民币便可抽到，也可能高达上万元，甚至很多玩家充值几万元也抽不到自己想要的那款英雄皮肤。这种靠抽奖的模式进行游戏增值服务营销的案例在很多游戏中都被广泛使用。

又如网易出品的手机游戏《阴阳师》也是如此，这款以日本和风为特色的手

---

① Steam 为国外知名数字出版平台，也是游戏销售公司，网址为：http://store.steampowered.com/。

机游戏把游戏内的角色以日本命名的方式总称为式神，玩家如果想要获取稀有的式神则需要通过抽奖的方式，游戏内系统赠送的抽奖次数是极其有限的，往往不能满足玩家对式神的多样化需求，这就给增值服务提供了获利空间。玩家可以通过充值人民币来购买更多的抽奖次数，从而获得更多式神。总而言之，对于那种下载体验时不付费购买的游戏来说，在游戏内部提供增值服务更加成为游戏获利的主要来源。

（3）线下运营

游戏运营商在游戏运营期间，为了拓展盈利途径，常常会根据游戏风格开展各种线下运营活动，上文中提到的网络游戏《英雄联盟》从诞生以来就在探索线下的发展路径，也形成了自己线下赛事经营的发展模式。至今《英雄联盟》游戏已经举办了众多大大小小的比赛，赛事覆盖了全球大多数国家。具有代表性的是从 2011 年起开始至 2017 年举办的全球性总决赛 S 系列比赛（S1，表示第一赛季，S2 表示第二赛季，以此类推）。当然，举办比赛不是游戏运营商的主要目的，通过线下赛事活动，向观众售卖现场观看的门票是线下活动的收益来源。2017 年 11 月 4 日，韩国两支队伍在鸟巢"内战"的全球总决赛落下帷幕，韩国 SSG（Samsung Galaxy）战队战胜了韩国 SKT（South Korea Telecom Team 1，简称 SKT T1 或 SKT）战队拿下了冠军。游戏的线下运营除了举办赛事外，还有举办漫展、Cosplay[①]等活动，这些活动一来可以通过售卖门票获取利润，二来也宣传和推广了游戏，对于网络文学作品改编的游戏而言，线下运营活动还可以增强网络文学作品的传播效果，扩大作品传播范围。

（4）游戏衍生品

游戏衍生品也称为游戏周边产品，是游戏运营商根据游戏的内容而设计生产的产品，这些产品的特点是几乎都能在游戏里找到原型。游戏周边产品的种类也很多，如游戏内的道具、装备、角色、画面等。在衍生品行业中，影视衍生品和游戏衍生品因其市场占有率比重较大和产品种数众多出而备受关注。《英雄联盟》这款全球热门游戏在衍生品市场进行了相关探索，运营商依据游戏内的角色进行实物创作产生了"手办"，这些"手办"往往都是低成本批量生产，随之带来的却是高收益的经济回报，"手办"有长期供货的，也有打着限时"限量"标签的。长期供货的手办价格一般在 150 元人民币起，而部分限时销售的限量款价格高达上千元，如游戏内英雄角色卡牌大师（崔斯特）的限量手办在微信公众号"英雄联

---

① Cosplay，即 Costume Play，指利用各种服装、道具对影视、游戏、动漫等作品中所出现的角色进行扮演，也称角色扮演，做出 Cosplay 这一行为的人通常被称为 Coser 或 Cosplayer。

盟周边商城"的价格是1500元人民币（2017年10月25日访问）。截至访问日期，《英雄联盟》已针对游戏在衍生品市场开发出了雕塑手办、毛绒玩偶、男女服饰、海报艺术、战队队服、邮品礼盒、月饼、文具、水杯、饰品、鼠标垫等衍生品，并且取得了不错的销售成绩。

2.3.3 动漫改编

当前，有一个普遍的现象则是将网络文学作品改编成动漫作品。动漫作品包括动画作品和漫画作品，由于很多动画都是由漫画进行改编，所以在国内，大多习惯把二者用动漫来概括称呼。将许多帧静态的画面，逐帧拍摄之后连续播放形成的动态影像称为动画，完整的动画还需包含声优的配音、动画的音乐等。漫画则是将想要表达的故事情节用各种虚构、夸张、写实、比喻、象征、假借等手法描绘出的一种静态画面，漫画与以前的国内连环画类似，通常都是由多篇画面共同组成来讲述故事情节。互联网的普及，曾经以纸质为漫画创作载体逐渐转向由电脑进行漫画创作。据北京市文化局和北京动漫游戏产业联盟统计，2016年北京动漫游戏产业产值约达521亿元，相比上一年的455亿元，增长约15%。漫画成为文化产业重要的IP源头，其创作形式、盈利模式、推广渠道、消费用户等要素正逐步发生改变[1]。表2.5为部分近年来被改编成动画或漫画作品的网络文学作品。

表2.5 被改编成动画或漫画作品的网络文学作品

作品	作者	是否改编漫画	是否改编动画
诛仙	萧鼎	是	否
盘龙	我吃西红柿	是	是
花千骨	Fresh果果	是	否
三生三世十里桃花	唐七	是	否
全职法师	乱	否	是
斗破苍穹	天蚕土豆	是	是
全职高手	蝴蝶蓝	否	是
莽荒纪	我吃西红柿	是	否
九鼎记	我吃西红柿	是	否

---

[1] 中华人民共和国文化部：http://www.mcprc.gov.cn/whzx/qgwhxxlb/beijing/201702/t20170209_490708.html，2017年3月5日访问．

（1）版权许可收费

这些被改编成动画的网络文学作品，如果视频网站或电视节目需要放映，与影视节目一样同样需要获得版权所有人的放映权许可，否则便视为侵权。对于改编成漫画的网络文学作品，如果出版社或杂志社想要出版，则需要获得版权所有人许可的复制权、发行权等。这些对电视台、视频网站、出版社等机构收取的权利许可费用也为动漫改编增添了收益来源。

（2）线下运营

近年来，由于二次元文化的快速蔓延，我国的动漫产业处于蓬勃发展中，漫展，Cosplay给市场以及受众留下了深刻的印象。漫展和Cosplay常常会一同举办，Cosply是漫展活动的一项节目，同时也是很多喜好动漫的粉丝对动漫作品的情感表达。漫展上通常也展示着动漫的相关衍生品，消费者可以在现场进行选择购买，很多粉丝也会愿意为这些衍生品买单。

2.3.4　其他改编形式

网络文学作品除了上文介绍的三种改编外，还有很多改编形式，如话剧、音乐剧、舞台剧等。通常这些改编也会有一定的时间先后，一部网络文学作品通常会首先考虑改编成影视，其次是游戏和动漫。这是因为在选择版权开发形式时，受众在一定程度上具有导向作用，而影视、游戏、动漫恰恰是当前受众范围比较广且已成为容易被消费者接受的几种形式。有了影视、游戏、动漫的改编作铺垫和市场反馈，才会有改编的后文。另外，消费者也多数将注意力集中在影视、游戏和动漫上，关注话剧、音乐剧、舞台剧的受众相比之下要少得多。

2.4　小结

网络文学自网上诞生，作为其生长家园的互联网也会以其自身的发展模式自发地培育着网络文学。作为网络文化的一部分，网络文学的版权开发也会或多或少的与互联网相适应，对于本章所阐述的网络文学作品的各种改编，也多少会跟上网络的潮流。如在衍生品开发中，除了开发出实物外，受众钟爱的表情包在互联网上也得到了衍生。一部影视作品上映，随之而来的就是铺天盖地的表情包，这也是另一种商机。再如，以前影视作品的配乐往往都伴随着影视而产生影视原声带，彼时的音乐是完全可以免费下载的。而在国家高度重视版权保护的今天，对音乐的版权保护产生了巨大的进步，消费者由原来的免费下载逐渐引导为付费下载。这不仅是提高消费者的版权意识，也是对音乐创作人版权保护力度的提高。

第三章　网络文学版权开发存在的问题

3.1　内容生产环节

内容生产环节是网络文学作品创作的环节，也是版权资源诞生的环节，在这环节中涉及平台、作者和受众等各方的协作。通过上文对当前网络文学版权开发现状的阐述会发现，当前的网络文学内容生产环节中各要素自身和各要素之间也存在一定的问题。

3.1.1　平台

平台作为众多网络文学作者的经济来源与信任依托，承担着很多的责任，包括作者享有的报酬、提成以及对作品的权利的代理。然而，随着网络文学市场规模的不断扩大，形成了很大一批网络文学平台。在竞争激烈的市场中，这些网络文学平台自身的规模也逐渐被市场区分开来，大到阅文集团，小到不知名的各种小平台。而当前的网络文学平台中，作者的分布则是，出名的作者被集中在了几家大文学网站，更多的不知名的作者往往都散布在那些小规模的平台中。这些不知名的平台由于与作者签约成本低，作者在其中往往得不到自己应得的劳动报酬，甚至会出现很多小平台拖欠作者稿费继而平台消失的现象。而规模较大的网络文学平台往往自恃有众多的签约作者、知名作者，掌握着海量的版权资源。而很多时候版权购买者不得不在这些平台中选择作品进行购买，这也使得这些网络文学平台在版权贸易的过程中恶意哄抬版权价格，从而出现版权的价格远远高于版权实际能带来的价值。

3.1.2　作者

作者是一部作品的思想源泉，作者的创作动机、创作思路往往决定着作品是否具有可读性。面对当前网络文学欣欣向荣的局面，不少作者都想涉足网络文学分一杯羹，其中不乏很多低水平、粗制滥造，甚至东抄西剽的作者。这在一定程度上扩大了网络文学作品同质化严重，质量良莠不齐的乱象。商业化吸引着商人乐此不疲地追逐着利益，网络文学市场亦是如此，很多作者为了提高自己作品数量，获得快速利润，在短时间内就草草完成一部作品，长此以往，优秀的版权永远不会出自这部分作者手中。

3.1.3 受众

一部网络文学是否受欢迎，受众最有发言权。受众决定着作品的传播范围和传播效果。如果一部作品，受众不喜欢，即便再多的营销也于事无补。受众在网络时代可以说是扮演着一双双无形的手，筛选着网络文学市场中的作品、作者、平台。平台的形成，作品的创作，版权贸易，版权的价值评估以及版权开发，受众扮演着最重要的角色，受众的真实反馈直接推动着网络文学市场中的优胜劣汰。但是，由于当前受众对于版权的认识仍然不高，意识不到自己的私心会成为网络文学市场乱象的帮凶，导致很多受众常常犯下错误，如恶意刷高低质量作品的排行、私自下载作品进行传阅等。

3.2 版权贸易环节

版权通过交易实现价值，版权贸易的过程也是网络文学作品筛选的过程，优质的版权总是会引来众多商家不惜出高价争夺，而劣质的版权往往无人问津。而当前网络文学版权贸易市场由于存在信息不对称，版权集中等现象，导致平台、商家、作者、消费者的权益或多或少地受到了侵害。

3.2.1 版权归属

一部作品，想要在市场上正常地交易和增值，必然要做到产权明晰，也就是作品的版权归属一定要明确。当前的网络文学市场，由于很多作者对于版权的认识水平有限，很多作者甚至没有弄明白作品的版权是属于自己还是平台，是全部属于自己还是部分属于自己，最终导致在签署合同后造成损失。

3.2.2 版权价值评估

我国的网络文学的版权开发较之国外仍然处于初级阶段，对版权的价值评估虽借鉴国外的评估方法和理论，但在实践中却相去甚远。当前的版权价值评估现状主要表现为专业评估机构较少，专业评估人才匮乏，评估结果有失客观和全面。甚至会出现评估结果未能满足客户的要求而以换评估机构来要挟，这样的被迫产生的评估结果显然是与市场背道而驰的，是一种对版权购买方的欺骗，更是对广大消费者的欺骗，往往给版权购买方造成巨大的经济损失。

3.2.3 经济权利的转让

版权包括精神权利和经济权利，享有版权的作者可根据自身需求对作品的经济权利进行许可和转让。经济权利的转让意味着作者将永远失去对作品经济权利的行使。很多作者最初往往注重签订合同的时候平台或商家开出的诱惑条件而忽略了作品版权的长远价值，当意识到作品版权能够带来的长远价值远远高于当初转让版权时所获得的报酬，这时候很多作者便开始反悔，甚至作者在现有版权人不知情的情况下私自开始行使作品当初已经转让的版权，版权纠纷便由此诞生了。

3.3 维权环节

由于网络文学诞生于互联网，必然会适应着互联网的规则不断发展和演变。置身于互联网中的版权也随之变化。较之过去，当前在侵权的成本大大降低，过去侵权需要投入一定的精力、纸张和印刷成本，并且冒着亏损的风险。现如今当作者苦思冥想创作出的作品这一秒发表，下一秒便可能出现在各大大小小的网站。而当前的"避风港原则"是在发现作品被侵权后告知对方，对方才会停止相关疑似侵权活动。由于网站数量不计其数，版权人不可能轻易就会发现自己的作品已被侵权，一旦发现的时候往往已经造成了巨大的损失。

第四章　对网络文学版权开发的建议

4.1　政策

近年来，随着我国新型工业化、信息化、城镇化和农业现代化进程的加快，文化创意和设计服务已贯穿在经济社会各领域各行业，呈现出多向交互融合态势。文化创意和设计服务具有高知识性、高增值性和低能耗、低污染等特征。版权产业作为文化产业的重要组成部分，必然要上升到国家的高度进行一系列的政策扶持。着力发展版权产业有利于实现由"中国制造"向"中国创造"转变，也有利于促进产品和服务创新、催生新兴业态、带动就业、满足多样化消费需求、提高人民生活质量。

4.1.1　扶持力度

现如今，中国的第一产业和第二产业已经发展到比较疲软的程度，由此国家推出了去产能、去库存、去杠杆、降成本、补短板的"三去一降一补"政策。按照世界各国的发展经验，当人均 GDP 达到 1000 美元，就进入文化消费的快速启动阶段；人均 GDP 超过 3000 美元，人们对文化的消费则进入快速增长阶段；而当人均 GDP 接近或超过 5000 美元，会出现对文化消费的"井喷"阶段。2006 年，国家统计局公布的国民经济数据显示，我国人均 GDP 首次超过了 2000 美元。截至 2016 年，我国人均 GDP 已达到了 53980 元人民币，根据同年平均汇率折算，约 8100 美元。这意味着我国经济增长的新动力将集中在文化产业及文化创意产业等领域。而版权产业作为文化创意产业的合法保证和贸易平台，其作用将会更加明显。国家在发展传统产业的基础上应继续加大对新型的，富有创造力的产业的扶持力度，为文化产业的蓬勃发展保驾护航，为新兴产业提供充足的资金扶持和政策保障。

4.1.2　全民阅读

自 2015 年年初，国务院总理李克强提出希望全民阅读能够形成一种氛围，无处不在，从那时起，全国范围内的"全民阅读"步伐加快。根据中国互联网络信息中心发布的《第39次中国互联网络发展状况统计报告》显示，截至2016年12月，我国网民规模达到7.31亿，普及率达到53.2%，其中，手机网民规模达到了6.95亿。互联网的迅速普及和网民的快速增长为网络付费阅读提供了想象空间，就人口红利而言也会带来巨大的经济潜能。

然而，想要推进全民阅读不仅仅是停留在互联网。对于偏远的农村地区，还需要国家加大对农村地区的扶持，包括教育投资，教育基础设施建设，让农村地区也能享受到互联网带来的便利。推动全民阅读的同时，网络文学作为互联网阅读的主要阵地，网络文学规模的扩大有利于在竞争中诞生更多优质的版权资源，也有利于提高全民的阅读水平和引导付费阅读的习惯，从而有利于减少版权资源信息不对称的壁垒，扩大网络文学作品的传播范围和传播效果。

4.1.3 行业规范

商机的诞生往往也会伴随着很多不正当的竞争，如垄断、价格战等。在当前以网络文学为首的版权产业，各网络文学平台都出现了并购融合的现象。这一方面有利于整合资源，形成内部竞争。而另一方面带来的可能是在版权贸易过程中故意哄抬版权价格的现象，短期可能会带来利益，但从长期来看，这也不利于版权资源的优化配置和扩大网络文学作品的传播效果。这就需要国家高度重视版权资源垄断的局面，制定相关的版权行业规范，让网络文学版权产业在市场竞争中健康有序发展。

事实上，在音乐版权行业，国家版权局于2017年9月12日约谈了包括腾讯音乐、阿里音乐、网易云音乐以及百度太合音乐几大网络音乐服务商负责人。国家版权局指出前网络音乐版权市场出现的哄抬版权授权费用、抢夺独家版权、未经许可侵权使用音乐作品等现象，不利于音乐作品的广泛传播，不利于网络音乐产业的健康发展。强调了各互联网音乐服务商在购买音乐版权应当遵循公平合理原则、符合市场规律和国际惯例，不得哄抬价格、恶性竞价，避免采购独家版权，消除影响网络音乐广泛授权和传播的不合法不合理障碍[①]。同理，网络文学作品仍然需要得到广泛传播，国家版权局的这一举措不失为一个很好的学习案例，值得与网络文学相关的版权产业思考。

4.2 法律

当一种新兴的业态诞生，无论是国家还是行业内部，都会自发地开展研究，

---

① 中华人民共和国国家版权局：http://www.ncac.gov.cn/chinacopyright/contents/518/349213.html。

并给出相应的指导性文件。与版权相关的法律法规研究,无论是国际组织还是国内,都取得了很大的进展。在国内,有《中华人民共和国著作权法》《信息网络传播权保护条例(2013年修订)》《中华人民共和国著作权法实施条例(2013年修订)》《中华人民共和国反不正当竞争法》等一系列行政法规和法律条文为版权产业的健康发展提供法律保障;在国际上,有《伯尔尼公约》、TRIPS协议(与贸易有关的知识产权协议)、《巴黎公约》等国际公约同样为我国的版权贸易提供了良好的法律环境。但是在执行层面,由于我国版权事业较之国外起步较晚,在版权法律研究、版权贸易等领域的专业人才仍然比较匮乏,从而不可避免地出现版权保护力度仍然不足、版权贸易市场无序、版权开发混乱等历史性缺陷。这需要国家加大力度培养版权领域的专业人才,补齐当前版权产业存在的有市场,少人才的短板。

在互联网诞生以前,想要侵权复制一部文学作品是一件极其吃力不讨好的事,成本包括了纸张、印刷费用等,想要出售还得冒一定的风险。然而在互联网快速普及后,那些投机取巧的商家和个人便迎来了盈利的"春天"。在互联网中,网络文学作者花了巨大的时间和精力创作的作品已经发表,下一秒便可能出现在各大大小小的网站。这是互联网带来方便的同时,也给居心叵测的组织和个人提供了盗版生存空间。对于网络文学的盗版整治用过去的方法犹如大海捞针,往往起不到任何效果。以国家版权局为首的国家部门采取了一系列的专项整治活动打击网络盗版,并取得一定的进展。如国家版权局联合公安部、工业和信息化部等部门开展打击网络侵权盗版专项治理"剑网行动"。然而,要想更加有效地治理盗版侵权问题,除了政府部门的努力外,还需要在技术研发、全民的版权意识、业界的版权经营规范等方面下功夫,网络文学的版权保护不仅是国家的责任,也是企业的责任,更是全社会的责任。只有从人自身的立场出发,才能从根本上治理盗版侵权,让不法商家和个人无机可乘。

4.3 行业

4.3.1 版权价值评估

一部网络文学作品,其版权想要得到开发和利益增值,首要条件是这部网络文学作品的版权对于需求方(投资商、开发商等)而言具有一定的开发价值。一部有价值的网络文学作品往往会得到投资商和开发商的青睐,也会受到读者的追捧。相反,如果网络文学作品满足不了无论是受众、投资商还是开发商的需求。这种网络文学作品往往就会被置之不理,产生不了价值。所以,确定一部网络文学作品的版权是否具有价值，是投资商和开发商首先需要考虑的。这时就有必要对这部网络文学作品的版权进行价值评估。对网络文学的版权价值进行评估是对作者付出创造力的智力成果予以的肯定，在评估的过程中也需要客观地进行评估。如果评估不客观，导致的后果便是优质的版权资源得不到肯定，取而代之的是那些通过不正当手段进行评估的作品占据着市场，也会使对不客观评估后的作品在开发后投入市场却无人买单的尴尬现象，从长期看也不利于网络文学的发展，埋没优质版权资源。

版权的价值评估是一个跨学科的新领域，目前主要借鉴资产评估界对无形资产评估的方法对版权进行价值评估。网络文学作品版权的价值评估由于自身的特性区别于一般的实物产权价值评估，当属无形资产评估范畴。资产评估师在对无形资产进行评估中，应当根据评估对象、评估目的、价值类型和相关文件的收集情况进行判断，决定出采用合适的评估方法。常见的资产评估方法有市场法、成本法、收益法。

市场法是指在市场中选取与被评估资产相似的已完成交易的参照物进行评估的方法，为避免出现个别交易的偶然性，参照物一般都会选取至少三个以上。市场法一般适用于完全竞争市场中同类型资产交易频繁，且实例交易资料充足的情况。由于当前的版权贸易市场不完善，交易实例单一，故市场法不适用于版权的价值评估。

成本法是指用现时的条件重置或建造一个全新状态的被评估资产所需要的全部成本，减去被评估资产已经发生的实体性贬值、功能性贬值和经济性贬值后，将得到的差额作为被评估资产价值的一种资产评估方法。该方法从成本的角度来衡量资产的价值，需要估算与评估对象完全相同或功能相同的全新资产的成本。而使用成本法的前提条件之一是被评估资产必须是随着时间的推移而逐渐贬值的资产。而版权资源特性恰好是随着时间的推移而逐渐升值的过程，因而成本法也不适合用于无形资产评估中对版权资源的价值评估。

收益法也称收益现值法或收益还原法，它是通过估测被评估资产未来预期收益并按适宜的折现率折算成现值来确定被评估资产价值的一种评估方法。收益法通常都是以资产购买者为立足点来评估资产价值的方法。通常体现着资产购买者对评估对象的能够预期获利的最低价格要求。相对于有形资产评估而言，无形资产评估具有很大的特殊性，版权资源的合理开发往往会产生巨大的收益，并且由于版权归属的日益明确，优质的版权资源总是会掌握在少数平台的手中。收益法是当前对于无形资产评估一种常用的方法。

4.3.1.1 收益法
4.3.1.1.1 收益法的基本程序和基本参数
（1）基本程序

采用收益法进行评估，其基本程序如下：

收集并验证与版权资源未来预期收益有关的数据资料，包括经营前景、财务状况、市场形势以及经营风险；分析预算版权未来的预期收益；确定折现率或资本化率；用折现率或资本化率将版权未来预期收益折算成现值；分析确定版权评估结果。

（2）收益法的基本参数

收益额

收益额是运用收益法评估资产价值的基本参数之一。在资产评估中，资产的收益额是指根据投资回报的原理，资产在正常情况下所能得到的归其产权主体的所得额。资产评估中的收益额有两个比较明确的特点：

收益额是资产未来预期收益额，而不是资产的历史收益额或现实收益额；

用于资产评估的收益额是资产的客观收益，而不是资产的实际收益。

折现率和资本化率

折现率是指将未来资金或收益换算为现值的比率，人们习惯将有限期预期收益折算成现值的比率称为折现率，将未来永续性预期收益折算成现值的比率称为资本化率。

（3）收益期限

收益期限是指资产具有获利能力的持续时间，通常以年为单位。它由评估人员根据版权资源自身效能和相关条件，以及有关法律、法规、契约、合同等加以测定。

4.3.1.1.2 评估

收益法是在版权预期收益还原思路下若干具体方法的集合。为便于理解，在此对字符作统一定义（见表4.2）。

表4.2 字符及定义

字符	定义	字符	定义
P	评估值	n	收益年期
t	年数	A	年金
P_t	未来第 t 年的评估值	B	年收益逐年递增（减）额
R_t	未来第 t 年的预期收益	s	收益逐年递增（减）比率
r	折现率或资本化率	P_n	预计第 n 年的价格

基本公式：

$$p=\sum_{t=1}^{n}\frac{R_t}{(1+r)^t}$$

由于版权资产评估时，版权未来收益和收益年期具有很大可能的变动，因此，利用收益法进行版权价值评估时也随之会出现很多演变公式，主要包括以下情形：

（1）每年收益不变，且收益年期无限；

（2）每年收益不变，且收益年期有限；

（3）年收益在n年后保持不变，且收益年期无限；

（4）年收益在t年后保持不变，且收益年期有限；

（5）年收益按等差级数变化；

年收益按等差级数递增，收益年期无限；

年收益按等差级数递增，收益年期有限；

年收益按等差级数递减，收益年期无限；

年收益按等差级数递减，收益年期有限；

（6）年收益按等比级数变化；

年收益按等比级数递增，收益年期无限；

年收益按等比级数递增，收益年期有限；

年收益按等比级数递减，收益年期无限；

年收益按等比级数递减，收益年期有限；

（7）已知未来若干年后资产价格的条件。

版权资源属无形资产评估范畴，在评估中，需要专业的评估机构和评估师客观地进行评估，如果评估不客观，将会造成版权购买方的投资"打水漂"的情况，长此以往，版权贸易市场将会形成恶性循环，对整个版权产业的发展都是极度不利的。

4.3.1.2 影响版权价值评估的因素

（1）平台

对于那些在签约环节就把作品的版权交由平台全权行使的作品来说，版权的价值评估则需要对网络文学平台进行一定的评估，包括网络文学平台的规模、市值、平台作家的构成、平台的用户数量、平台的优势、平台处理版权纠纷的能力等进行综合考量。

（2）作者

作者是影响版权机制评估的又一重要因素，阅文集团旗下起点中文网的白金作家的作品版权价值和普通的小规模网络文学平台签约作家的作品版权价值是不同的。由于作者的写作年限、行文风格、写作经验各不相同。版权评估时也需要对作者能否继续进行创作进行评估，如身体状况、完结作品的知名度、各个时期创作的作品售卖情况、政治倾向、有无违约记录等。

（3）受众

受众对于平台和作品而言也称为读者、用户或粉丝，受众对作品的喜爱程度影响着网络文学作品在平台的排行，以及受众自发地对作品进行传播。当前的网络文学作品创作的过程也是受众自主筛选的过程，粉丝的力量是不可估量的，在付费阅读普遍存在的今天，一部优秀的作品往往会收到很多粉丝的打赏，对于打赏方式，各平台的称呼也不尽相同。如起点中文网中的起点币、晋江文学城的晋江币等。当然，很多平台都会自发地进行推荐，往往读者看到的仅仅是推荐的部分。这就需要评估的时候深入挖掘平台数据，从数据上分析一部网络文学在平台的真实排名情况。还比如，通过合法的方式与频繁打赏的粉丝取得联系，调查是否存在恶意刷排行的可能。

（4）版权作品

在版权价值评估的过程中，网络文学作品本身也需要进行评估，如作品的字数，作品是否存在抄袭，作品的版权保护期，作品在评估后是否适合对其进行版权开发，作品的故事情节适合怎样的开发形式，等等。

4.3.2 内容生产环节

（1）明确的版权归属

网络文学市场想要健康有序的发展，作者的合法权益首先需要得到保障。过去由于作者的版权意识偏低且自身的版权保护能力较弱，常常会出现作品版权被全部买断，作者仅享有人身权中署名权一项，这相当于版权转让（卖绝版权）。版权资源的转让，不同的国家有着不同的规定，在我国，版权可以全部或部分转让。但并非所有国家都允许版权全部转让的。例如，突尼斯版权法（亦即世界知识产权组织所推荐的"样板法"）第17条规定，版权可以部分转让；如果全部转让，则一般视为无效（除非转让给作家协会或类似的代表作者利益的组织）。

对于网络文学作品而言，就需要作者在签订合同中就谨慎决定版权是全部转让还是部分转让，并且要明确全部转让后所带来的后果，即便版权在转让后产生了多大的经济效益都与作者无关了。就算是全部转让，在禁止精神权利转让的国家，有时候也会出现矛盾的情况，如一部网络文学作品的作者把版权转让给了平台，却又反对平台对作品进行稍加修改以便更好地投放市场，在这之中，作者是在合法地行使自己的精神权利，而平台此时将会感受到即便自己通过转让合同得到的经济权利也缺乏可靠性。所以在版权贸易的过程中，作者尽量不要将作品以全部转让的形式进行交易，减少在实践环节中造成不必要的版权纠纷和经济的损失。

（2）平台

网络文学平台汇聚着大量的网络文学作品和作者，这就需要平台对内容和作者负责。在内容审核上需要加大审核力度，推荐出更多优质的版权资源，通过内部竞争的方式培养一批优秀的网络文学作者，从人才上保障优质作品的产生。此外，平台应把读者和作者的利益放在最重要的位置，作者的权利得到保障，才会激发更多的创作潜能。读者是网络文学平台在线盈利的价值来源，倡导理性阅读，抵制恶意排行榜的恶意竞争有利于让真正有价值的作品被读者看到。平台需要具备行业素养，扩大网络文学的传播。加大对作者权益的保护，提高处理版权纠纷的效率，满足读者对优质作品的需求是网络文学平台的工作重心。只有形成健康和谐的环境，妥善处理好与作者、读者之间的关系，才有利于平台长期的发展。

（3）作者

作者创造性地写出自己的作品，往往都需要投入巨大的时间和精力，一部作品在一定程度上体现着作者的思想和意志。网络文学作者需要在提升自我写作水平的同时，树立良好的职业道德，从个人做起，减少网络文学作品同质化严重的现象。当前网络文学普遍是商业化运作，在追求商业利益的同时也不要丢失对文学的信心，如果人人都为了追求眼前的经济效益选择快速完成作品，优质的版权资源将会越来越少。

（4）消费者

当今的市场，是消费者引领的市场。从供求关系来看，需求的增加往往会影响供给量的增加。在网络文学平台中，消费者集中表现为读者和粉丝，也即传播学意义上的受众。由于网络文学平台的作品成千上万，能在页面上可供选择的总是有限的，受众不可能逐一地去阅读每一部网络文学作品，然后从个人喜好的角度出发去自发地筛选作品。这就需要受众在消费阅读时，保持理性消费，坚决抵制盲目消费，让优秀的网络文学作品得到公平的待遇。

4.3.3　开发环节

开发环节中涉及邻接权等权利的许可或转让，如出版者的邻接权、演员的邻接权、摄制者的邻接权、游戏开发人员的邻接权。需要各方在合同中明确规定，让领接权的交易更加公开透明，形成频繁交易的邻接权市场，促进行业公平竞争，也有利于促进邻接权市场的长远发展。

获得一部作品的一项或多项改编权后，需要通过对版权资源进行综合分析，不能张冠李戴，把适合改编成电影的作品改编成话剧。

在招商引资的过程中，版权所有人往往对版权价值事实过于夸大，在资产评估环节也以换成其他资产评估机构为由，要挟现有评估机构给出自己满意的评估结果。而版权购买方在版权价值评估的时候同样也希望把版权的价值尽量评估到自己能接受价格的最底线，也会采用各种手段对版权的价值进行主观评价。这种带有很强的主观色彩的评估是失败的，这样的市场也是混乱无序的。这需要版权所有人、投资商、开发商、评估机构各方共同营造良好的邻接权市场交易氛围。

4.3.4　长尾理论的应用

美国《连线》杂志主编克里斯·安德森在一次与 Ecast 公司的首席执行官范·阿迪布交流中，得知了传统的"二八定律"[①]法则在互联网上出现了一个不同的现象，即 Ecast 公司添加的曲目中，虽然大热门的流行音乐销量很高，但一些非热门的音

---

① 二八定律又名 80/20 定律、帕累托法则（Pareto principle），也叫巴莱特定律、最省力的法则、不平衡原则等，被广泛应用于社会学及企业管理学等。

乐也有需求的存在，而且随着曲目的种类和数量的增加，总销量也在不断增加，这种现象令他非常吃惊，从此克里斯·安德森开始了一系列的研究，提出了长尾理论，这种由巨大数量和种类构成的非热门市场被称为长尾市场。图4.1为长尾理论模型。

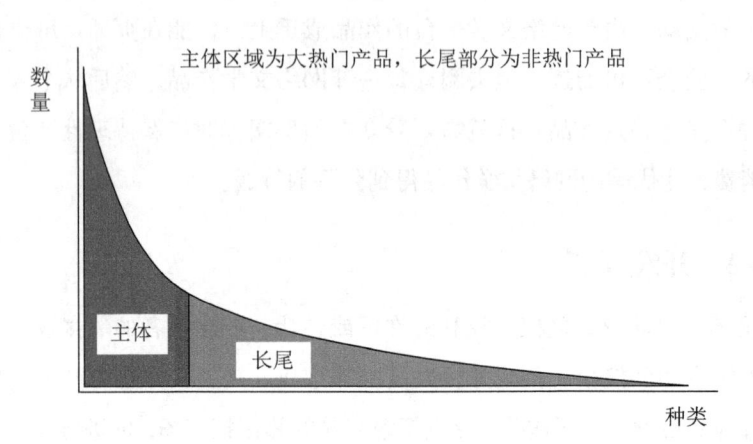

图 4.1　长尾理论模型

在互联网上，由于"货架"的无限延伸，多样化的需求，消费者不再是在传统的被推荐和筛选过后的货架上寻求自己想要的产品。与长尾市场相比，大众市场是一个过于稀疏的过滤网，那些需求规模足够大的产品（即大众产品）才有幸留在这个市场中，大量小规模需求的产品都被淘汰。互联网是一个真正的"疏而不漏"的"天网"，大量在大众市场中没有价值（无法找到消费者）的产品都能够在长尾市场中实现价值交换。再冷僻的产品都可能在一个可以无限延伸的货架上找到一席之地。以电视这种特殊的货架（时间性货架）为例，由于这种货架本身的不可延伸性（电视台的播出时间不可能超过24小时），决定了只有少数"产品"（节目）能够进入这个货架，进入"黄金段"（黄金时间）、成为"大热门"的产品更是少之又少。"大热门"产品之所以"大热"，并非因为追捧它的人出奇多，而是因为大众市场的过滤机制使得人们的选择出奇少，是因为人们不得不接受大众市场这种隐形而巨大的强制性。

事实上，长尾市场的崛起在网络文学市场外早已出现了很多优秀的案例，如阿里巴巴旗下的天猫商城，以前有限的货架被搬到了互联网上，货架和商家得以无限延伸，以往现实生活中很难买到的产品可以轻松通过搜索引擎找到并购买，其中的有些产品在很多人看来兴许永远都用不上，如与二次元相关的产品的主要消费者不会是老年人，与钻石珠宝相关的产品主要消费者不会是少年儿童。仔细观察会发现，其实长尾市场无处不在，它存在于各种行业中，也存在于某个行业的不同产品中。天猫商城里的每一种商品都会有很多卖家，而且各个卖家的价格、样式也各有差别。那些销量多，消费者购买频次多的商品汇聚起来，构成了大众市场的需求。而那些消费者由特定群体构成的产品汇聚起来，则构成了长尾市场的需求。如果说衣食住行是大众市场，那在满足了衣食住行后追求更多元的消费的必然是长尾市场。一首自己喜欢的音乐，听众不会因为这首音乐火到被广场舞大妈用来跳舞而开心，反而更愿意与在发现音乐并喜欢这首音乐的群体中产生共鸣。一件千挑万选买下的衣服，谁也不会刻意希望人人都穿着同款衣服出现在自己面前，与自己一同感受"撞衫"的尴尬。

  当前的网络文学市场，对比长尾理论，有一定的共性，即版权资源成千上万，大热门版权资源收益仍然是收益的主体，而众多的未被开发、关注度较少的作品构成了长尾市场，在经营大热门版权资源的同时，注重长尾市场的开发，长期来看将会取得巨大的收益。

第五章　结语

版权产业是当前为数不多的在经济发展下行压力中仍然以很快的速度在增长的产业，在国民经济中的比重也越来越大。只有了解网络文学版权开发的现状，对整个行业的版权资源开发利用程度有充分的了解，才能把握市场，把握网络文学在数字时代的传播规律。在我国，版权贸易市场仍然是一个体弱多病的婴儿，这急需国家、行业，乃至整个社会共同来营造健康有序的版权贸易市场。其中对于版权的价值评估是一个关键的环节，也是一个及其重要的环节，版权的价值评估是各方需要首先考虑的。版权的价值如果弄虚作假，会给出资一方带来巨大的损失，长此以往，版权贸易市场的无序将会进入恶性循环。所以，版权的价值评估尤其需要用客观、全面的态度去精心评估操作，这不仅是对版权贸易各方的考验，也是对版权评估机构和评估师的考验。

其次，衍生品开发对于版权开发而言，犹如长尾理论中的非热门市场与大热门市场，虽然在短期内热门产品仍然占据着主要地位，但从长期来看，那些追求多样化的非热门市场将会在多样性和数量上带来巨大的效益，收益总量甚至会超过大热门市场。

参考文献

[1] 郑延培. 论网络文学作品的版权保护[J]. 电子知识产权, 2016, (11):38-43.

[2] 朱文龙. 网络文学版权保护探析[J]. 北京化工大学学报(社会科学版), 2014, (01):21-24.

[3] 刘晓兰. 网络文学版权保护问题研究[J]. 现代出版, 2011, (05):25-28.

[4] 黄霄旭. 网络文学版权保护的现状与未来——基于对盛大文学的分析考察[J]. 出版科学, 2012, 20(01):61-66.

[5] 尚亚鹏. 网络原创文学出版现状及问题[J]. 新闻世界, 2011, (05):220-221.

[6] 李静. 原创网络文学出版经营策略探析[D]. 河南大学, 2012.

[7] 于晓辉. 我国网络原创文学的出版研究[D]. 南京师范大学, 2012.

[8] 王潇墀. 网络文学版权运营分析——以"中文在线"为例[J]. 新闻传播, 2016, (22):36+38.

[9] 李柏瑾. 我国网络文学的全版权运营模式研究[D]. 北京印刷学院, 2015.

[10] 姜旭. 精品是网络文学版权开发的基础[N]. 中国知识产权报, 2016-05-13(009).

[11] 何凤辉. 试析网络原创文学作品版权营销的4P策略[J]. 传播与版权, 2015, (02):185-186.

[12] 苏雅. 网络文学产业链开发与版权保护[D]. 内蒙古大学, 2016.

[13] 郑成思. 版权法[M]. 北京:社会科学文献出版社, 2015: 279.

[14] 康建辉, 郭雅明, 宋柏慧. 新兴版权产业发展中的版权保护问题研究[J]. 中国软科学, 2012(7).

[15] 张养志, 仲鑫, 张德新. 全球化视域下的中国版权贸易发展战略研究[M]. 北京：对外经济贸易大学出版社, 2013: 8-9.

[16] 郑成思. 版权公约、版权保护与版权贸易[M]. 北京:中国人民大学出版社, 1992：P149.

[17] 梁小民. 西方经济学基础教程（第二版）[M]. 北京:北京大学出版社, 2003.

[18] 欧阳友权. 网络文学概论[M]. 北京:北京大学出版社, 2008.

[19] 方维. 中国文学网站网络小说盈利模式研究[D]. 上海社会科学院, 2011.

[20] 田粟源. 电影版权评估研究[D]. 山东财经大学, 2014.

[21] 刘淑琴. 资产评估实务[M]. 成都：西南财经大学出版社, 2011.

[22] 克里斯·安德森. 长尾理论[M]. 乔江涛译, 北京：中信出版社, 2006.

（本文作者：胡永建）

我国出版企业版权管理机制研究

摘　　要

　　人类社会迈入 21 世纪的知识经济时代，其基本特征表现为经济全球化、产业知识化、信息社会化。作为以信息知识的生产、分配、交换和使用为基础的新型智能经济形态，知识经济正在给中国的社会发展注入更大的活力和带来更好的际遇。同时，知识型企业即将演变成最具价值潜力的组织形式，成为未来经济趋势的新生力量。在这种背景下，知识经济时代的出版产业也更加具备产业属性，承担着更为重要的社会经济职能。作为独立的产业体系，我国出版产业一方面要顺应 21 世纪全球化知识经济的态势，走出国门，立足于国际出版市场，另一方面要在国内深化出版企业产权改革，加强自身实力建设。版权是知识经济时代的重要生产力，它所具有的财富属性、产品属性和高附加值属性正得到日益突显。作为一个国际型出版企业，要想在国际版权市场占有一席之地，就必须认真考量自身的版权管理体系建设，学习国际先进的版权运作经验，才能彻底改变我国在世界出版格局中的弱势地位，发挥版权贸易的重大作用。在出版企业深化转型过程中，只有充分重视版权管理的转型，才能深度挖掘版权所创造的潜在经济价值，树立出版企业品牌优势，逐步走上可持续发展的经营道路。

　　因此，本文以我国出版企业版权管理为对象进行了初步探索，以弥补在这方面的研究不足。全文共分为五章，第一章为导论，主要介绍本文的研究背景、研究思路和方法、创新点与不足以及相关的文献综述；第二章为理论综述，对本文涉及的核心概念及相互关系进行了界定，同时将企业知识产权管理理论设为本文的理论框架进行了论述；第三章通过 SWOT 分析法对我国出版企业版权管理的内外部环境进行剖析，通过样本分析法总结了我国出版企业版权管理组织部门的情况和版权管理运行的现状；第四章为全文重点，笔者引入企业知识产权管理理论的四个维度，构建我国出版企业未来版权管理机制的新模式。第五章为结论，对本论文的观点进行总结归纳。

　　关键词：出版企业；知识产权管理；版权管理

Abstract

Human society enters the 21th century. The globalized economy, knowledge-based industry and socialized information indicate the knowledge economy age is approaching. The knowledge economy, namely the intelligent economy, is based on the production, distribution and use of knowledge and information. The new vital economic form is bringing more vitality and better opportunities for economic and social development in China. It also represents the economic development direction in the future. Under the macro environment, the publication industry will become independent in knowledge economy age and take more important social functions. The strategy requires the publication industry in China to go abroad. The publication enterprises have to restructure inevitably. Under such macro environment, the copyright as knowledge product is characteristic of wealth, product and high added-value more and more obviously. It contributes more significantly to social economy. Looking at the mature and normative international copyright market, the publication enterprises in China have to judge the construction of their copyright management systems and learn advanced international copyright operation experience. Thus we can change our weak position in the world publication pattern thoroughly and give full play to copyright trade.

Therefore, this paper explores copyright management of the publication enterprises in China. This paper has five chapters. The first chapter is introduction mainly on the research background, core concepts, research thoughts and methods as well as corresponding literature review. The second chapter is theoretical review on intellectual property management of enterprise, product lifecycle management, intellectual property protection theories and other theories. The third chapter generally describes the current situation of copyright management of publication enterprises in China with SWOT analytical method and summarizes the situation of copyright management organization departments of publication enterprises in China via sample analysis. The fourth chapter is the core of this paper, the writer introduces four dimensions based on intellectual property management theories of publication enterprises to construct the new model of operational security mechanism for publication enterprises to manage copyright in China in future.

Key words: Publication Enterprises; Intellectual Property Management; Copyright Management

目 录

CONTENTS

第一章 导论 332
 1.1 论题缘起 332
 1.2 研究思路和方法 334
 1.3 文献综述 335
 1.4 创新点与不足 336

第二章 出版企业版权管理的理论框架 338
 2.1 核心概念界定 338
 2.2 企业知识产权管理理论 340

第三章 我国出版企业版权管理现状评述 344
 3.1 我国出版企业版权管理建设的环境分析 344
 3.2 我国出版企业版权管理组织机构现状分析 349
 3.3 我国出版企业版权管理运行现状分析 351

第四章 我国出版企业版权管理的机制建构 353
 4.1 出版企业版权管理定位 353
 4.2 出版企业版权管理的内容和框架 355
 4.3 出版企业版权管理运行机制 356
 4.4 出版企业版权管理的效果评价 366

第五章 结论 372

参考文献 373

第一章　导论

1.1　论题缘起

人类社会迈入 21 世纪，经济全球化、产业知识化、信息社会化预示着知识经济时代的全面来临。知识经济以信息知识的生产、分配、交换和使用为基础，这种极富生命力的新型经济形态正在给中国的社会发展注入更大的活力和带来更好的际遇。[①]我国于 2008 年 6 月发布的《国家知识产权战略纲要》中明确提出，截至 2020 年我国将建设成为知识产权创造、运用、保护和管理水平较高的创新型国家。同时，信息和通信技术的蓬勃发展带来了出版能力的提高和出版物形式的多样，知识经济时代的飞速进步带来了出版观念、出版环境的变化以及整个产业结构的升级和调整。在这种时代背景下，传统出版产业由此被赋予了全新的内涵，它将成为独立的产业体系，承担着更加重要的社会经济功能。出版产业是以版权要素为核心的生产和服务产业，版权作为知识产品所具备的产品价值、财富价值及高附加价值日益突显，这种资本形式在很多层面优于传统的货币资本、实物资本、人力资本，在社会经济中的贡献价值越发显著[②]。那么，对于以版权资源为关键生产力的出版企业来说，有效的版权管理能够为其核心竞争力的打造产生巨大动力，为其实现自身可持续发展提供制胜法宝。因此，全面加强出版企业版权管理成为知识经济时代的必然要求。

1.1.1　国际版权市场需要出版企业拥有专业化的版权管理

2005 年 12 月，新闻出版总署副署长于永湛在全国新闻出版局长会上发表了题为《全面落实科学发展观，大力推动新闻出版业繁荣发展》的报告，文中提出，"十一五"时期全国新闻出版业要大力发展"走出去"战略，不断拓展我国出版物在国际市场的比重。自此，我国出版行业在世界出版领域上所面临的机遇和挑战并存。一方面，中国的国际影响力正在持续升温，国际社会渴望通过各种途径了解中华文化感悟中华文明，此时，出版物无疑存在着巨大的市场空间；另一方面，

[①] 韩振峰. 知识经济：二十一世纪的主导型经济 [J]. 瞭望新闻周刊，1998(3)：21.
[②] 金元浦，崔春虎. 10 年中国版权走出去 [J]. 中国出版传媒商报，2014(3)：1.

由于我国出版企业自身实力的欠缺，在国际化出版市场中往往不具备足够的主导权和话语权，这就对我国出版企业的发展产生了阻碍作用，从而影响我国出版企业在国际市场的竞争地位。

在我国版权贸易从无到有的20年中，通过政府的大力扶持与出版企业的日益重视，我国出版企业取得了一系列积极的成果。然而，由于起步晚、基础差，成绩仍然难掩诸多问题。其中包括：版权贸易结构不合理、版权资源合理利用率低、版权贸易的市场定位不明确、操作模式不灵活、引进与输出比例严重失衡、运营思路和手段与国际惯例相冲突、版权贸易从业人员素质偏低等[1]。为了能够直观准确地评估我国出版行业某段时期在国际范围内的整体竞争力情况，我国版权局引入了"贸易竞争力指数（Trade Competitive，TC）"进行参考。TC指数能够有效地表述某一国家进出口贸易差额占其进出口贸易总额的比重，同时能够客观地反映某一国家某种行业在国际市场上的竞争地位，即处于竞争优势或是劣势。TC指数的取值范围为[-1，1]，如果取值为0，说明该国的这一行业达到国际竞争力的平均水平；越接近1，相对竞争力就越高；相反的，越接近-1，则相对竞争力越低。根据国家版权局公布的官方数据，我们可以得到一组关于2001年至2010年我国新闻出版行业的TC指数，见表1.1。由表1.1可知，我国的新闻出版行业从2001年到2010年的TC指数始终为负值，这表示我国新闻出版行业的国际竞争力还是相对较低。

表1.1　2001—2010年图书版权TC指数

年份	2001	2002	2003	2004	2005	2006	2007	2008	2009	2010
TC指数	-0.85	-0.78	-0.88	-0.77	-0.73	-0.68	-0.60	-0.73	-0.61	-0.56

数据来源：国家版权局网站。

究其改善途径，除了宏观层面上需要政府继续大力扶持出版产业的规范化建设，建立市场化机制外，归根结底，具体的道路需要由出版企业自己来走，那么更多的是需要出版企业去认真思考，在面对成熟规范的国际化版权市场，我们怎么做才能与之合作与之谈判呢。首先，我们需要自身进行专业化的版权管理体系的建设，学习发达国家出版企业先进的版权运作经验，提升自身的版权经营水平，改变我国在世界出版格局中不利的弱势地位，发挥版权贸易的重大作用。

---

[1] 包韫慧，邓志龙.近五年版权贸易研究文献述评[J].北京印刷学院学报，2007(10)：37.

1.1.2 企业内部深化改革需要出版企业建构完善的版权管理

改制前，我国出版单位长期持有计划经济体制下的事业单位身份，主要围绕政治服务、文化教育等目的，从事传统的编、印、发业务流程，履行文化传播、科技普及、舆论导向等社会职能。事业单位的属性虽然为出版单位履行既定职能提供了制度保障，但在很大程度上造成了出版单位资源配置效率低下的不良影响。在市场经济和知识经济时代全面来临的时期，这种组织形式已经不能适应全新的时代要求。2004年，中央正式下达了出版体制改革的命令，除了仅保留人民出版社的公益型事业单位体制外，其余所有的出版社均被要求逐步转型成为经营型企业单位。[①]从国家层面来说，出版单位的转企改制能够有效提升我国文化软实力，创造全新的经济增长点，以实现文化大发展大繁荣的战略需要；从出版单位层面来说，只有挣脱传统的事业体制枷锁，才能为打造全新市场机制指明方向，从而建立起知识经济时代需要的现代企业制度。当然，面对激烈的市场经济的竞争环境，出版企业在转型过程中面临的机遇与挑战并存。其中大多数出版企业往往只考虑如何向数字化方向的业务进行转型，却忽略了管理转型这一重要方面。在管理转型中，版权管理又是重中之重，需要出版企业给予高度重视。由于传统出版体制下的出版社之间缺乏竞争，因而对版权业务的管理也相对简单。企业化转型后的出版企业，首先面临的市场化竞争就是优秀版权资源的争夺，即出版企业间在版权领域的"跑马圈地"。高度重视版权管理的出版企业，能够占领大量优秀版权资源，并经过有效运作而形成企业的版权文化，打造出版企业的品牌优势，最终获得市场竞争优势。然而大部分出版企业未能从传统版权管理模式中转变观念，缺乏全面、长远的版权战略管理，往往在版权资源争夺中遭遇一次次失败，从而造成出版企业运营的不利局面。因而，加强版权业务的有效管理成为出版企业化转型后的必然要求。

1.2 研究思路和方法

1.2.1 研究思路

本文以企业知识产权管理理论为指导，将我国出版企业版权管理设为研究对象进行了初步探索。首先，笔者放眼于国际版权市场，虽然我国近年来在版权贸易方面创造了不少佳绩，但与国际水平相较仍有明显差距。究其原因可以发现，我国出版企业长期疏于版权管理，导致其很难与规范的国外出版企业相竞争。其次，

---

① 刘灿姣，杨贤成. 浅析出版集团的体制创新 [J]. 图书情报知识，2006(3)：64.

着眼于国内近况，在出版企业转企改制过程中，众多出版企业纷纷将目光投向数字化市场的转型，而忽略了企业自身的版权管理转型。介于以上内忧外患，笔者提出了本论文的论题：我国出版企业加强自身的版权管理势在必行。随后，笔者通过 SWOT 分析法对我国出版企业版权管理的环境进行了整体扫描，并通过调查分析法重点剖析了我国出版企业版权管理部门的建构情况。最后，笔者引入企业知识产权管理理论，根据我国出版企业发展阶段特征，总结出既适应出版国际化又具有中国特色的出版企业版权管理对策。本论文的研究逻辑主线可参照图1.1。

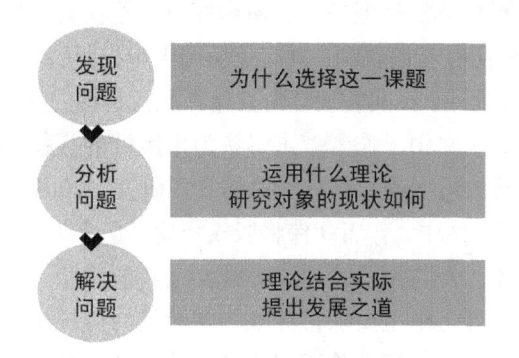

图 1.1 论文研究逻辑主线

1.2.2 研究方法

本论文将以文献研究法、调查研究法为主要研究方法，对上述提出的研究内容进行分析与论述。

（1）文献研究法

本论文通过研究国内外相关文献，力求把握版权管理相关的前沿咨询和市场脉搏，为本文的研究过程谋求创新思路。本文主要通过以下几种渠道收集文献：国内外的电子期刊数据库、专业会议内容纪要、专业网站信息搜寻等。

（2）调查研究法

笔者在对我国出版企业版权管理的现状研究过程中，以百余家出版企业的版权管理部门建构情况作为分析样本，通过访问企业网站的方式获取有效信息，并将有关数据整理为图表，力求获得直观的调查反馈结果。

1.3 文献综述

对版权管理问题的宏观背景探讨以及对出版企业版权管理的微观调查研究，共同构成了笔者对出版企业版权管理研究的文献基础。为了比较全面地掌握国内外相关状况，笔者首先对中国出版网、中国国家版权局、中国版权信息网、世界知识产权组织、国际版权在线等专业网站进行信息检索。其次，笔者选择CNKI"中国知网"全文数据库中的"中国期刊全文数据库"和"中国博士、硕士学位论文全文数据库"进行文献检索（截止到2014年10月30日）。通过"出版企业""版权管理"等关键词检索得到的有关学术论文可知，自1987年以来，出版领域的专家、学者们和从事出版实践的一线管理者们开始关注出版企业的版权管理问题。在1987年刊登在《出版工作》的《谈谈版权管理》一文中，作者马晓刚从版权的法律层面对版权管理进行了初步探讨，他认为从法律角度出发，版权管理是为了保护版权所有者的权利，并有效协调由版权而引起的各种法律关系[①]，并从司法管理、行政管理、民间管理等角度诠释版权管理的几种形式。2001年《漫说出版社版权管理》一文中，作者臧惠娟认为出版社的版权管理主要指版权贸易管理，并从版权贸易的角度进行版权资源的管理研究。2003年《对加强出版社版权管理工作的思考》一文中，作者胡伟将版权管理工作分为合同管理、作品管理、信息管理、资源管理、公共关系管理。2014年《传统出版企业转型期版权管理策略探究》一文中，作者赵彬主要探讨面临数字时代的传统出版企业面临数字版权纠纷的原因和策略。通过梳理多篇版权管理相关论文，笔者发现，目前学界对于出版企业版权管理的研究虽多，但普遍停留在版权业务和版权保护层面，真正从出版企业自身的管理角度出发的研究并不多见。为此，笔者认为，本论文在版权管理研究的立足点与目前已发表的相关论文并不相同，具备一定的研究意义与研究价值。

1.4 创新点与不足

笔者在本论文的研究过程中，主要有三个创新点。首先，从上文的文献综述中可以发现，我国出版领域的学者在近30年的版权管理研究中，大部分是从版权的法律层面或者贸易角度出发，对版权保护和版权贸易管理进行研究。笔者认为，要想让出版企业实现可持续的版权战略，那么必须建构从战略规划到机制建立再到效果评价这一整套完整有效的版权管理机制。因此，笔者认为，本论文在版权管理研究方面的立足点是目前出版学界很少涉及的，但也是非常具有研究价值的。其次，笔者在本论文的理论框架具有一定的创新性。目前，很多大型知识产权型企业都相当重视自身的知识产权管理，同时，他们累积了很多优秀的知识产权管理经验。然而，虽然版权隶属于知识产权，但是我国出版学界对于版权管理的经

---

① 王炎龙. 转型期中国出版管理法治化审视 [J]. 新闻界，2009(2)：80.

验相对薄弱，笔者认为，我们可以借鉴知识产权管理理论来指导我国出版企业版权管理的建设。

本论文关于版权管理的相关研究存在着一些不足。首先，由于出版界对于版权管理的深入研究并不多见，国外出版企业虽然在版权管理方面比较成熟完善，但可搜索到的相关内容较少，这直接导致笔者在研究过程中缺少相关内容。其次，在理论框架的建构方面，笔者应该多运用一些理论知识来支撑，但是鉴于时间和精力有限，笔者将把这部分内容的缺失作为今后努力的方向。由于笔者没有在出版企业从事过版权工作，只是通过调查研究和文献搜集来获得目前我国版权管理的有关现状，难免与现实的版权实践过程有所脱节，但笔者希望通过此文能够唤起更多出版企业管理者思考自身的版权管理，在他们纷纷把目光投向数字化市场转型的过程中，也能深度思考管理转型的重要性，进而能够整体提高我国出版企业版权业务管理水平。

第二章　出版企业版权管理的理论框架

由于我国出版企业长期处于传统的计划经济体制，因而无论是理论界还是实务界对版权管理问题的研究难免滞后于现实需要，这就造成我国出版企业在市场化竞争中出现了诸多版权相关问题。为此，面对复杂的版权竞争环境，构建相应的理论框架进行系统化研究，对于出版企业打造自身的版权管理优势具有重要的指导意义。

2.1　核心概念界定

本文以版权、出版企业、版权管理等核心概念为基础展开探讨。为此，只有清晰地认识和分析这些概念及相互关系，才能使本文在研究过程中合情合理。

（1）版权

版权亦称著作权，属于知识产权范畴，即法律上规定的个人或单位对其创作的文学、艺术和科学作品享有印刷出版和销售的一种民事权利，任何人想要复制、翻译、改编或演出等必须得到版权所有人的许可，否则就构成了对他人版权的侵犯行为。[①]

根据版权与出版行为的关系，我们可以把版权权利内容总结为以下三种：一是出版活动的核心权利，即复制权与发行权；二是与出版物有直接联系的附属权利，即报刊连载权、袖珍版、影印版、翻译权、版式设计权、汇编权、平装书版权和俱乐部版权等；三是需要对原出版作品进行加工或改编才能获得的衍生权利，即影视改编权、数字及信息网络传播权、作品形象使用权等。[②]

（2）出版企业

本文所提"出版"，指广义的"出版"活动，系出版物的编辑、复制、发行的整个过程，既包括了出版物作为物质产品所必需的生产环节，又包括了出版物作为商品所必经的流通过程。因此，本文关于"出版企业"概念的界定就建立在广义的"出版"概念基础上。

[①] 郝燕，王勇，赵长林. 寻找知识产权的楚河汉界 [J]. 软件世界，2007(5):24.

[②] 赵亚丹. 附属版权刍议 [J]. 出版广角，2008(4):53.

现代经济学理论认为，企业在本质上是"一种资源配置的机制"。根据《辞海》定义，企业即"从事生产、流通或者服务性活动的独立核算经济单位"。[①]

综上可知，出版企业专指从事出版物生产、流通等活动的独立核算的经济单位，其主要产品为图书、期刊、电子音像制品、数字出版物、网络出版物等。广义的出版企业包括出版产业链中的上游、中游、下游企业，而狭义的出版企业则专指处于出版产业链中游的内容提供商——出版社、出版集团、出版公司等。本论文的研究对象，专指国家正式批准成立的出版社、出版集团或出版公司，即狭义范围的出版企业。

（3）版权管理

本论文立足于出版企业层面的版权管理，指通过合理的管理模式和管理手段对本企业版权行使过程中涉及的版权相关行为进行宏观协调和监控管理，以保护作者、版权人、代理人以及与其他相关的出版者、表演者等作品传播者的合法权益，从而保证版权法得到切实有效的贯彻执行，维护国家法律的严肃性和完整性。

充分尊重版权所有者的知识劳动成果，帮助他们实现更多优秀创作；对版权人利益给予充分保护，对出版作品给予及时确权，有效维权；保证版权的获取、开发、保护各个环节合理合法；秉公处理版权纠纷，依法追究各类侵权行为；推动国际版权贸易，维护各个国家版权人的合法权益等等，这一切都需要依靠版权管理得以实现。[②] 有效的版权管理客观上能为出版企业的可持续发展创造极为健康的外部环境。[③]

（4）版权与出版企业

出版活动是通过著作权衍生而来的经济活动，出版产业是以版权作为核心要素，为大众提供知识产品的生产及服务的产业。[④] 因此，从本质上讲，出版企业经营的就是著作权权利。

出版企业所提供的知识产品与服务，除了满足人们的精神文化需求之外，还极具潜在的财富属性和高附加值属性。国内外相关经验表明，版权无疑是出版企业的内在生产力，合理地获取与开发版权资源，提高企业整体的版权意识，是解决出版企业粗放经营问题的有效方式；保证优秀版权资源的持有量，经过有效运作打造出版企业的品牌优势，是确保出版企业可持续发展的重要途径。

---

① 辞海编辑委员会. 辞海 [M]. 上海：上海辞书出版社，1980.

② 马晓刚. 谈谈版权管理 [J]. 出版工作，1987(8)：114.

③ 张美娟. 中外版权贸易比较研究 [M]. 北京：北京图书馆出版社，2004:12.

④ 王建辉. 出版产业是一种版权产业 [J]. 出版科学，2004(5)：卷首语.

（5）版权管理与出版企业

出版企业为获取与保持市场竞争优势，就应该从自身条件、技术环境和竞争态势出发，对版权管理工作进行总体安排和统一谋划，做出企业版权工作的整体部署。

积极有效的版权管理，能够通过专业的版权资源获取帮助出版企业降低成本；能够从企业发展高度关注版权业务，有利于出版企业版权资源的宏观调控；版权资源的科学管理，能够使企业对一些版权资源进行及时的权利转让以获取收益，以免所购买的版权合同到期而形成资源浪费。在购买版权过程中，版权管理组织机构能够提供专业的法律支持；在版权购买后，版权管理组织机构能够及时申请版权登记维护出版企业版权；在版权开发过程中，版权组织机构能够通过打击盗版等方式维护企业合法权益。同时，科学的版权管理能够为出版企业版权战略管理提供制度支持，使出版企业所有工作人员有章可循，从而促进出版企业版权工作的良性发展。

2.2 企业知识产权管理理论

知识产权是权利人在社会实践过程中通过智力劳动创造的专有权利，从本质出发，知识产权就是一种无形的财产权，它虽然在形态上具有特殊性，但我们仍然可以对无形的知识产权进行科学管理，来提高知识产权的运营及使用效益。在企业层面上，知识产权管理是依据既定战略目标将知识产权管理过程中所涉及的战略制定、制度设计、流程监控、运营实施、人才培训、创新整合等诸多要素给予合理有效的配置，从而形成科学的、有序的、稳定的系统。科学的企业知识产权管理系统能够全面提高知识产权创造的数量与质量，为知识产权维权奠定坚实的基础，为企业实现既定目标创造良好的前提。

在企业管理工作体系中，知识产权管理体系是其中一个重要分支。笔者将该体系分为三个过程，一是与企业经营策略相适应的知识产权管理策略及其制定过程，二是为实现知识产权策略而进行的知识产权价值创造、利用和整合过程，三是为实施上述过程而配置人财物组织资源和制定的组织知识产权制度与管理流程。[1] 出版企业版权管理体系亦是如此，它需要与出版企业的经营战略保持一致，建立完善的版权管理组织机构，制定有效的版权制度和管理流程，通过合理的资源配置，将版权作为产品所附带的高价值加以全面地获取、开发与保护。企业知识产权管理可以通过以下四个维度进行解析，见图2.1。

---

① 冯晓青.论企业知识产权管理体系及其保障 [J].广东社会科学，2010(1)：182-183.

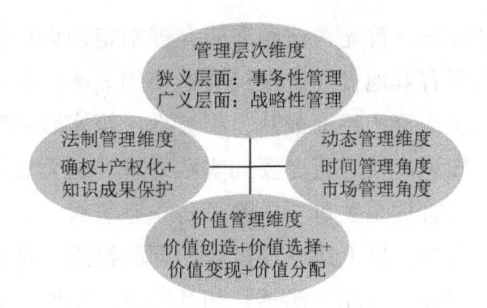

图 2.1　企业知识产权管理维度模型

（1）管理层次维度

企业知识产权管理，可以从狭义和广义两个层面进行诠释。在狭义层面上，企业知识产权管理属于事务性管理，即在稳定有序的经营环境下，侧重于常规管理活动，以阶段性经营目标为基本任务，通过调动企业内部资源，充分利用企业技术开发、市场营销、人力资源等部门力量对知识产权相关事务开展的活动。事务性管理的应变能力稍弱，缺乏灵活应对外部变化的能力。在广义层面上，企业知识产权管理上升到战略性层次，它将重点从企业内部活动转移到企业外部的市场竞争环境中，通过企业知识产权战略的规划、制定与实施，来寻求企业可持续发展的整体谋划。对于出版企业而言，笔者认为要同时兼顾事务性与战略性管理，前者往往是后者的根基和保证，而后者又是前者的最终目标和归属，两者相互依存，缺一不可。

（2）动态管理维度

企业知识产权管理可以通过动态管理维度进行解读。动态管理包括知识产权时间（过程）管理和动态市场管理这两个角度。从时间（过程）管理的角度出发，按照企业发展的时间（过程）规律，可以将知识产权管理分为企业初创阶段、成长阶段、成熟阶段这三个时间（过程）段。通过这种划分的方式，能够更有针对性地依据企业自身的成长环境实施相应的知识产权管理策略。从动态市场管理的视角出发，企业应该以知识产权的市场开发与市场占领为立足点，以国内外知识产权市场的动态变化为导向，及时调整自身的管理规划及方针。

在分析企业知识产权动态管理时，除了以上两个层面，还可以通过知识产权管理机制的视角来诠释。不少学者通过研究表明，知识产权在形成的过程中，需要企业通过合理的动态规划，使其在管理、运行、保护等一系列程序中产生杠杆效益。在规划时，随着企业部门发展的不同阶段，知识产权的维护重心也发生着变化。相关学者指出企业知识产权动态管理体系可以拆分成四个模块，分别是前端、终端、末端、激励与评估。首先,前端需要合理制定知识产权的期望指标,完成知识产权的布局,从而有效地提高研发经费的使用效率;其次,终端是知识产权管理的重点,随着知识产权的逐渐成熟,将被推广至实践环节并参与到生产、销售中,此时就需要对知识产权进行必要的实践管理和运营管理;再次,在企业获得知识产权之后,末端管理至关重要,除了防止竞争对手的侵权,同时也需要进行合法的自我保护。当然,这上述三端过程的顺利推进,都离不开激励和评估机制的贯穿。以上这四部分内容相互渗透,相互协调,不断整合,就构成了知识产权发展过程中的整体脉络。①

(3) 价值管理维度

企业的知识产权管理实质上也能归为价值管理的范畴。在价值管理的角度上,企业应该重视其合理性,知识产权是一种价值体现,同时也可以创造价值,只有运用科学的价值管理体系,才能在经营过程中将企业的知识产权发挥出最大效用。按照企业的发展,知识产权是其核心竞争力,那么要实现知识产权价值的最大化,就要用合理的、科学的方式方法进行约束和制定。企业知识产权的管理,包括了知识产权价值生产、价值流向、价值分析等方向。随着当前商品经济的发展,知识产权带来的商业附加值不断升高,这直接体现在商品价值的增长中。企业知识产权的竞争实力决定了企业的核心竞争力,知识产权的地位将随着企业的发展不断提高。国外研究学者泰艾丝指出:以前知识产权价值的体现载体只存在衍生的产品或者服务,这是传统的观念,但是知识产权的发展逐渐脱离产品和服务,成为独立的价值模块,这也为企业知识产权的管理提供了新平台和契机,那么关键任务就在于如何通过合理、科学的管理从知识产权中提升价值。②

在知识产权利益创造、价值判定以及价值变现的问题上,对于知识产权利益创造,我国的企业由于长期忽略知识产权的价值化运营以及资本化操作,因此在这个问题上有很大的漏洞。其中一个核心因素是,中国企业一直都被计划经济所制约,导致其仅注重结果,忽视了对知识产权的保护,使得企业在科研创造、研发产品以及运营时都没有在知识产权利益创造的问题上有足够的重视。根据有关数据显示,中国大部分的企业都没有自主知识产权,而其中仅百分之一的企业拥有属于自己的专利,低于百分之五十的企业拥有属于自己企业的商标③。大部分企

---

① 李蓉,萧延高,王晓明.全球化背景下我国企业的自主知识产权能力建构分析[J].电子科技大学学报,2007(1):45-49.

② Teece T. J., Capturing Value from Knowledge Assets: the New Economy, Market for Know — How and Intangible Assets, California Management Review, 1998, 40 (3).

③ 刑涛.西安高新区企业知识产权管理问题与对策研究[D].西安:西安理工大学,2007:22.

业都处于一个缺乏创造以及严重缺乏知识产权的状态。在加强有关方面的保护同时，完善企业创造知识产权价值的体系管理，是企业切实可行的对策。知识产权价值判定是在其以创造作为基础的条件上开展的知识产权绩效管理的手段。一般来说，企业的类别不一样，它们的知识产权对于其本身的利益成效以及对外运营计划都会有所不同。企业应该立足于运营目标，对企业开展管理、分类，并制订好运营计划，从而降低运营成本并对知识产权的价值进行有效的变现。立足于价值管理，知识产权的价值变现属于价值管理的根本目标，它是知识产权利用某种渠道，比如资本化、企业化等，将其变为企业经济收益的方式。在具体操作中，企业知识产权的价值变现具备很多不一样的形态。从整体来说，重点包括企业对于知识产权的投入而创造的利益、知识产权的认可、相关的投资等。

（4）法制管理维度

企业只有通过法制管理，才能有效地保护知识产权。企业内部要积极建立以知识产权为核心的法制管理系统，将国家有关的知识产权法律法规与政策措施充分落实和体现到企业内部的管理层面中。其中，在法制管理的实施环节，企业要注重三个环节，一是知识产权的确权，即明确权利归属问题，如果企业在知识成果开发过程中涉及合作开发、委托开发，那么就需要与合作方或委托方通过签订合同的方式确认权利归属等一系列问题，为后续的法制管理工作打好基础；二是知识成果的产权化，企业在运营期间，通过技术品牌打造、技术创新等过程会产生研发、商标、技术、电脑软件等能够视为知识产权的成果，此时，企业需要通过法律途径及时将这些自主知识产权予以产权化，为提升企业核心竞争力增加制胜筹码；三是知识成果保护，即对既定的企业知识产权成果进行实时有效的保护，善于并勇于通过法律途径指控与制裁侵权行为。

第三章 我国出版企业版权管理现状评述

3.1 我国出版企业版权管理建设的环境分析

掌握我国出版企业版权管理现状，首先需要对我国出版企业所处的环境因素进行全面分析。环境因素有外部因素和内部因素之分，外部环境因素包括机会因素和威胁因素，是指客观的外部环境对出版企业版权管理的发展过程造成影响的有利和不利因素。内部环境因素包括优势因素和弱势因素，它们是指出版企业自身在版权管理的发展过程中存在的积极和消极因素。为此，笔者针对目前我国出版企业版权相关的内外部环境进行了整体评述。

3.1.1 我国出版企业版权管理的外部环境

3.1.1.1 我国出版企业版权管理迎来发展机遇

我国政府宏观层面的政策制定和制度支持，为我国出版企业版权管理的规划与实施创造了良好的外部环境和发展机遇。

（1）《国家知识产权战略纲要》大力倡导我国出版企业重视版权管理

2008年6月5日，国务院正式颁布《国家知识产权战略纲要》，旨在大力提升我国知识产权的创造、应用、保护及其管理能力。自此，众多省、自治区、直辖市响应国家号召，结合地方特色和自身发展目标，纷纷制订并颁行了知识产权战略或者实施意见。作为知识产权的重要组成部分，版权的创造、运用、保护和管理必须受到同样的关注。我国出版企业需要在国家政策的号召和支持下，充分重视版权的有效管理，鼓励创作，完善制度，促进版权市场化。

（2）两会的高度关注引发社会各界重视版权问题

2010年到2011年的"两会"上，版权问题成为政协委员和人大代表持续关注的热点话题。2010年，全国政协委员提交了《关于完善著作权立法，加快著作权集体管理组织建设和发展的提案》《关于加强网络著作权保护的提案》《关于加强著作权集体管理组织建设的提案》，建议进一步完善著作权管理组织的诉讼权利主体资格；建议成立由政府主管部门、行业代表、法律界人士组成的侵权行为认定委员会，强化侵犯版权的界定，逐步建立侵权认定标准；建议司法机关降低网络侵权的立案门槛，提高侵权人的盗版成本，加大惩处力度等。2011年，全国政协委员提交了《关于修改著作权法的建议》《关于尽快修订〈著作权法〉的提案》《坚决遏制对网络文学作品侵权的建议》，强烈呼吁修改著作权法中诸多过时的条款；建议加强延伸集体管理的权利、信息网络传播权的法规细化；建议建立全国范围的版权资源公示网站，进行相对客观的界定等。持续的两会关注引发诸多企业关于知识产权管理的思考，在良好的社会推动下，出版企业的版权管理建设迎来了更多机遇。

（3）相对完备的版权法律体系和版权业务管理制度提供有力支持

1990年以来，我国积极制定版权保护领域的法律法规。目前，已经建立了比较完备的版权法律体系，能够为出版企业的版权战略管理提供制度支持。自20世纪90年代，在政府宏观政策的有力扶持下，我国的对外版权保护立法迈进了直线上升的发展时期。[①] 现阶段我国版权法律法规既包括国内版权保护和版权管理法律法规，也包括我国参加的国际公约或缔结的双边（多边）协议。

我国版权相关的机构长期以来对版权管理有关内容也进行了合理协调和有效监督，通过对版权行使流程涉及的授权、侵权、救济等行为的管理，来保护版权相关人员一系列的合法权益，维护版权法的严肃性，打造良好的出版环境。

3.1.1.2 我国出版企业版权管理遭遇两大威胁

从外部环境因素分析，我国出版企业在版权管理方面存在着一定的威胁。这些威胁主要归结为两方面，一是进军中国的国际出版大佬对版权资源领域的觊觎，二是发展迅猛的数字出版企业对版权资源的争夺。

在中国出版"走出去"过程中，正在市场化转型中的我国出版企业，在版权贸易领域面对的是国际出版诸强的强势竞争。欧美等发达国家的出版巨头，长期积累的市场化版权运作经验，使得其在同中国出版商的版权交流中占尽优势地位。这一点可以从我国长期存在版权贸易逆差中得以显示。虽然近年来经过不懈努力，版权贸易领域的版权品种逆差有所好转，但版权贸易过程中所引发的经济逆差、文化逆差仍然存在，并且将在很长一段时间影响我国出版企业的国际影响力。

出版企业版权战略的开展，除去需要面对国际版权巨头的强势竞争，也不得不面对数字出版企业这一新兴阵营在版权运营领域的竞争。数字出版企业在版权领域对传统出版企业的冲击，主要体现为对版权资源的争夺。因为数字出版企业

---

① 王志刚．涉外版权贸易法制建设研究[D]．开封：河南大学，2006：11.

虽然具有优异的技术优势以及传统出版无法比拟的传播速度,但因其发展时间所限,优秀的版权资源较为匮乏,而这恰恰是传统出版企业的优势所在。然而我们经过调查发现,长久以来,很多传统出版企业在和作者签订出版合同时往往并未考虑到数字版权内容。因此,会出现传统出版企业仅拥有纸质出版物的授权,数字版权依然在作者手里,这也就为数字出版企业谋取优秀的数字版权资源提供了空间。由此而出现的版权争夺就会导致一种作品的纸质版权和数字版权各归其主的奇特现象。当这种版权分离现象出现时,传统出版企业会丧失作品数字版权经营所产生的收益。由此可以看出,出版企业的版权战略管理,在版权资源管理方面必将面临数字出版企业的有力回应。[①]

3.1.2 我国出版企业版权管理的内部环境

3.1.2.1 我国出版企业版权管理拥有核心优势

透视我国出版企业内部条件可以发现,不乏众多核心优势,其中包括丰富优质的内容资源、作者资源和广泛的读者认知度以及素质过硬的编辑力量。这些优势的存在,能够有效地保证出版产品在编印发流程中的优品质与高效率,同时为出版企业的版权战略奠定了坚实的根基。

中华文化在上下五千年不断延续,在文明传承与知识创新的过程中,我国出版业做出了不可磨灭的贡献,同时也为企业自身积累了优质而丰富的内容资源。这些出版内容所蕴含的文化内涵及哲学思想随着时代变迁显得越发珍贵,也越来越引起版权市场的高度重视,并逐步成为出版企业潜在的战略化开发的版权资源。即使在数字出版快速发展的今天,那些拥有庞大内容资源的传统出版商依然扮演着重要的角色。

相较于新媒体出版企业而言,我国一些传统出版企业拥有了一批优秀的作者资源,而且这个队伍正在不断扩大。对于优秀作者的发现及培养,一直以来都是出版企业的重要工作。在市场经济时代下,基于经济效益的刺激与市场需求,出版企业更加重视打造有影响力的品牌。长江文艺出版集团的二月河、重庆出版集团的王立群、春风文艺的郭敬明所带来的成绩都证明了作家品牌效应的绝对号召力。而这些代表性作家与出版企业的长期合作也会进一步鼓励更多的类似作者向其集聚,为出版企业建立优秀的作家群,从而为出版企业版权资源的战略化管理提供源源不断的创作动力。

受众即市场作为传播学的理论同样适用于出版企业,这意味对读者资源的充

---

① 王志刚.出版企业版权战略管理[M].北京:社会科学文献出版社,2012:78-84.

分占有将使得出版企业在版权开发过程中会获得市场的青睐。在政府的文化工程推动下，我国出版企业长期以来不断坚持推出精品出版物，在文化意识层面获得了广大读者的普遍认同，无形中形成了广泛的读者资源。事实上，我们购买不同类型图书如教育、大众、学术等都会寻找特定的出版社，其原因就在于我们已经认同这些出版机构的能力，成为这一类图书出版机构的忠实读者。

我国出版企业在长期的出版实践中，培养了大批优秀的编辑出版工作者，尤其是培养了一批业务精湛的优秀编辑。出版企业版权业务的战略管理，在版权获取阶段需要编辑发现优秀的选题、作者；在编辑加工阶段需要重视作品的版权保护；在版权开发过程中需要编辑帮助市场开发人员明确目标市场。因而，优秀编辑队伍不仅能够保证版权产品的高质量出版，更重要的是在整个版权开发产业链过程中展现专业、负责的精神，从而为出版企业版权业务的战略化管理提供有力的智力支持。

3.1.2.2 我国出版企业版权管理存在明显不足

从目前版权业务实践来看，我国出版企业在版权管理方面存在以下不足。

（1）缺乏完善的版权管理组织机构

出版企业版权管理的顺利展开，需要一个相对成熟的版权管理组织机构。目前，我国出版企业版权组织建设尚处于低水平阶段，大部分出版企业没有建构专门的版权管理部门从事相应的管理工作，导致企业的版权相关工作缺乏系统性与规范性，不利于版权资源的深度开发与保护。

（2）缺乏科学的版权管理制度

目前，在世界范围内已有150多个国家和地区建立了版权制度。就出版企业而言，无论是微观层面的选题、编辑加工、制作等出版活动，还是宏观层面的出版、印刷与发行等出版产业链运作活动，都与版权制度息息相关。为了充分保护版权人的正当权益，有效调控版权权利内容从获取、开发到保护的流程，积极提升版权工作人员的整体水平，全面提高企业内部版权管理能力，出版企业必须建立一整套科学、完善的版权管理制度。[1] 现阶段，大多数出版企业在这个方面处于自发的阶段，远未达到自觉的程度。[2] 在版权制度建设方面，很少有出版企业出台较为详细的《企业版权业务管理办法》，关于企业版权获取、版权合同登记等细节性的版权业务管理规定更不多见。

---

[1] 胡子阳.史海钩沉话版权[J].学子(教育新理念)，2014(2):47.

[2] 胡伟，陈玲.对加强出版社版权管理工作的思考[J].出版科学，2003(11):33.

（3）缺乏立体的版权开发途径

目前，我国出版企业版权内容开发在出版实践中不容乐观：大部分出版企业在同国内原创作品作者签约的过程中，大多只重视了第一类权利——复制权和发行权，在版权合同中很少提及第二权利内容或仅提及其中一项或几项权利，所涉及的出版物附属权利内容多是翻译权、连载权和汇编权。另外，一些重视版权贸易的出版企业除了重视上述几种权利的获取外，在引进国外版权资源的过程中，还注意获得版式设计权、缩编权、平装书权和图书俱乐部版权等权利的授权。极少数的出版企业在同国内作者签订版权合同时考虑全面性地获取权利内容，在同国外版权人谈判时能够提出全面版权引进的方案。可以看出，我国出版企业在版权管理理念上并没有对此问题予以高度重视，因此在版权获取具体实践中存在着很多值得商榷之处。

（4）缺乏成熟的版权市场运营理念

近年来，随着各种媒体技术的全面升级，在知识文化产业迅速发展的态势下，传统的版权管理面临着与时俱进的时代要求。我国出版企业在转企改制的进程中，尚未从传统的计划经济体制的束缚中解脱，市场化意识较为薄弱，大多数出版企业片面地追求版权的数字化转型，而忽略了版权管理转型的重要性。对待版权资源的深度开发与运营，大多数出版企业尚不具备合适的外在与内在条件。随着20世纪90年代国内一些版权法律法规的出台以及系列国际版权公约的相继加入，版权保护渐渐提上日程，虽然任重而道远但毕竟已经开始了征程。相比而言，由于出版企业刚刚市场化转企，版权运营理念的缺失已经成为我国出版企业版权业务开发的重要短板。

（5）缺乏专业的版权管理人才

版权业务的迅猛发展，不仅是我国出版企业快速转换角色、融入国际出版市场的形势需求，也是其有效树立形象，开拓国际市场的必由之路。然而，伴随着版权业务的深入开展，诸如书刊商业运作模式尚欠规范等问题日益凸现。尤为突出且迫切需要解决的是，专业人士的严重不足，特别是既懂经营又懂出版、既善于掌握市场又了解国际惯例，能够独立运用版权知识进行版权业务的复合型人才紧缺。

通过上述分析，我们可以得出这样一个结论：竞争驱使强化版权管理，国内政策提供布局机遇。国外出版巨头在版权贸易领域的强势出击以及新兴数字出版企业在版权资源领域的激烈争夺，是出版企业在知识经济时代必然面临的竞争，也正是这种竞争压力要求出版企业练好内功坚持版权资源的有效管理[①]。而国内一系列扶持出版产业发展的政策，事实上为企业开展版权战略管理提供了良好机遇，出版企业应该发挥内容资源的优势，提升市场化运营能力，尽快制定企业版权战略并积极实施，以提升企业整体的市场竞争力。

3.2 我国出版企业版权管理组织机构现状分析

出版企业版权管理组织机构是划分、组合和协调员工活动和任务的正式框架，能够有效地实现版权管理的宗旨和目标。有了专业的版权管理部门，组织系统中的人流、物流、资金流、信息流才能得以正常流通。出版企业版权管理部门的有无及其设置是否合理，直接影响着版权制度的制定、版权文化的建设以及版权技术的完备等问题。

那么我国出版企业的版权管理组织机构设置状况到底如何呢？笔者以145家出版社作为分析样本，通过访问企业官网等方式获取有效信息，对我国出版企业版权管理部门的设置现状进行整体扫描。

通过调研可以发现，出版企业的版权管理方式一般有三种：一是设置专门版权管理部门，二是采用总编室和国际部（对外合作部）共同管理版权业务，三是沿用传统的总编室处理企业版权问题。[②]通过数据统计，我们可以得到如图3.1所示的分析样本模型，这三种版权管理方式的使用比例为1∶7∶39。

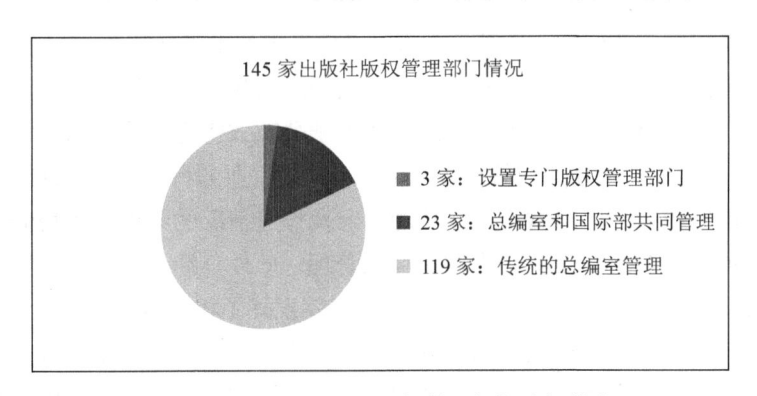

图3.1 我国出版企业版权管理部门分析样本

在所调查的145家出版社中，设置专门版权管理组织机构的仅有3家出版社。

---

① 王志刚.欧美出版企业版权战略管理对我国出版企业的启示 [J].中州大学学报，2011(10)：69.
② 黄先蓉，王志刚.从网站建设整体分析我国出版企业版权意识 [J].出版发行研究，2010(6)：12.

这三家出版企业所设置的版权部门与社内其他编辑室平级，主要负责日常版权管理涉及的各项工作。这种版权管理模式属于集中式管理，具有鲜明的直线型管理特征，版权管理机构按照企业统一的版权政策进行运作，对所有版权业务进行集中管理与运营，最大限度地保护企业的整体利益。目前，我国出版企业版权管理部门的设置，无论是在出版集团层面还是在出版社层面，都应该说没有建立严格意义上的集中式版权管理模式。有的虽然在出版集团层面建立了版权综合管理部门，但在集团下属分社并没有设置专门的版权机构或人员；有的出版社虽然设立了版权室，但这个部门却隶属于总编室（如上海人民出版社）。这样的版权管理组织建构就无法体现直线型版权管理组织的优势，无法实现企业版权信息的纵向沟通。因此，我国目前采用集中式版权管理模式的出版企业组织机构有待完善。同时，集中式版权管理模式刚性大，信息传递具有纵向的特点，无法实现企业对版权信息的充分沟通，见表3.1。

表3.1 我国出版企业版权管理部门设置情况分析

版权管理组织机构	模式类型	隶属关系	表现形式	优点	缺点
专门的版权管理部门	集中式	直属于高层管理者	法务部	1. 同企业高层信息交流畅通 2. 宜开展战略性版权活动 3. 有利于订立合同、解决纠纷	不宜直接与编辑部门接触取得相关选题市场版权信息
			版权及国际合作部		

采用总编室与国际部（对外合作部）合作管理的出版社共23家。当涉及国内版权业务开展时就由总编室进行协调，涉及国际版权贸易时则主要由国际部（对外合作部）统一负责。这类版权管理模式属于分散式管理，体现出职能型组织结构特征。这种模式可以使版权管理工作根据不同版权业务特征做到合理管理。比如，针对国内的版权业务，经常由熟悉选题内容及作者情况的总编室来协调；而涉及国外选题或版权贸易的业务则由国际部来管理；此外，涉及以合作版权形式开展联合出版业务的则由对外合作部来管理。这样就发挥了相关版权部门的专业特征，有利于在各自领域深挖版权价值。分散式版权管理模式在中小型出版企业的版权管理机构设置中较为多见，形式也更为复杂。分散式版权管理模式由于其过于专业化地固守其各自的领域，不宜与部门之间横向协调，再加上纵向信息传递的间接性，不易执行企业版权战略规划，也就无法实现企业版权业务的充分协调与开展，见表3.2。

表 3.2　我国出版企业版权管理部门设置情况分析

版权管理组织机构	模式类型	隶属关系	表现形式	优点	缺点	
总编室+国际部	分散式	隶属于中层管理者	总编室	1.熟悉企业具体选题 2.利于版权细节工作	1.无力开拓版权贸易 2.法律服务能力不足 3.不宜版权战略管理	不宜根据企业整体版权规划展开活动
			国际部 合作部	熟悉国际版权市场	1.不宜与其他部门协作 2.内部版权管理不足	

剩余的 119 家出版社仍在沿用传统的总编室管理版权业务，占总体样本的 82.07%。该类出版社没有专门的版权管理职能部门，往往由总编室的工作人员以兼职状态处理企业涉及的版权任务。这种传统的版权业务管理模式在调查中体现得尤为突出。

3.3　我国出版企业版权管理运行现状分析

近年来，随着知识文化产业迅速发展的情势，传统的版权管理方式同样面临着与时俱进的要求。综观我国出版企业版权管理现状可以看到，大部分出版企业由于转企改制不久，尚未彻底地市场化转型，未能完全激发管理层对版权重要性的深层次思考。因而在对待版权的态度上，大多数出版企业常常是不求有功但求无过，亦即尽量不侵权。至于版权的深度开发与运营，大多数出版企业的内在与外在条件似乎都还不具备。

（1）缺乏立体的版权开发途径

目前，我国出版企业版权内容开发在出版实践中不容乐观：大部分出版企业在同国内原创作品作者签约的过程中，大多只重视了第一类权利——复制权和发行权，在版权合同中很少提及第二权利内容或仅提及其中一项或几项权利，所涉及的出版物附属权利内容多是翻译权、连载权和汇编权。另外，一些重视版权贸易的出版企业除了重视上述几种权利的获取外，在引进国外版权资源的过程中，还注意获得版式设计权、缩编权、平装书权和图书俱乐部版权等权利的授权。极少数的出版企业在同国内作者签订版权合同时考虑全面性地获取权利内容，在同国外版权人谈判时能够提出全面版权引进的方案。可以看出，我国出版企业在版权管理理念上并没有对此问题予以高度重视，因此在版权获取具体实践中存在着很多值得商榷之处。

（2）缺乏成熟的版权市场运营理念

近年来，随着各种媒体技术的全面升级，在知识文化产业迅速发展的态势下，传统的版权管理面临着与时俱进的时代要求。我国出版企业在转企改制的进程中，尚未从传统的计划经济体制的束缚中解脱，市场化意识较为薄弱，大多数出版企业片面地追求版权的数字化转型，而忽略了版权管理转型的重要性。对待版权资源的深度开发与运营，大多数出版企业尚不具备合适的外在与内在条件。随着20世纪90年代国内一些版权法律法规的出台以及系列国际版权公约的相继加入，版权保护渐渐提上日程，虽然任重而道远但毕竟已经开始了征程。相比而言，由于出版企业刚刚市场化转企，版权运营理念的缺失已经成为我国出版企业版权业务开发的重要短板。

第四章 我国出版企业版权管理的机制建构

著名的波士顿咨询公司曾在一份研究报告中提到这样的观点：中国正在经历快速的经济发展与现代化的进程，知识产权对经济的强盛日益重要。中国最成功的企业是那些建立了内部能力来创造并管理宝贵的知识产权宝库的企业。[①] 通过上文分析我们可以看到，目前我国出版企业具备版权资源获取与开发的能力，然而在管理版权的过程中存在着很多需要改进之处。为此，笔者基于我国出版企业的版权管理现状，结合企业知识产权管理的相关理论，提出了我国出版企业版权管理机制的建构之道。

4.1 出版企业版权管理定位

4.1.1 版权管理成熟度定位

蓝凌管理咨询支持系统有限公司根据不同企业对知识管理的认知和运用程度，为知识管理的成熟度建构了包含5个级别的模型，分别为"初始级""认知级""重用级""协作级""优化级"。笔者将这一理念引入出版企业对于版权管理的自身成熟度分析当中，并绘制了版权管理成熟度模型，见图4.1。

知识管理成熟度的评估通常会采用调查问卷的方式。这种方式同样适用于对出版企业版权管理成熟度进行评估。笔者绘制的模型从"管理""文化""技术"三要素入手，通过企业内部员工的有效评价，来分析该企业的版权管理水平，并为其接下来的版权管理深化转型提供参考依据。

---

① 马一德. 中国企业知识产权战略研究 [M]. 北京：商务印书馆，2006：82.

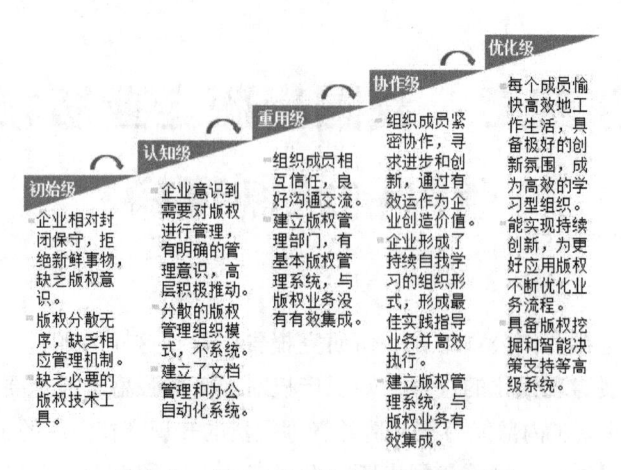

图4.1 出版企业版权管理成熟度模型

4.1.2 版权管理运作能力定位

不同类型及规模的出版企业，由于其自身所拥有的版权资源和运作能力的差别，需要选择不同的版权战略模式。为此，我国出版企业应该通过自身企业规模和版权业务水平进行自我定位，见图4.2。由模型所示的坐标可知，根据版权业务水平和企业规模的不同，我国出版企业大致归为以下四类。

图4.2 出版企业版权战略选择矩阵模型

位于A区域的出版企业，其特征是企业规模小，版权业务管理水平较高。目前，我国一些具有发展潜质的省会城市出版企业和大学出版社处于这种现状之中。这类出版企业有较为固定的版权资源，在版权市场的占有率相对稳定。

位于B区域的出版企业，其特征是企业规模大，版权业务管理水平也很高。目前，在版权市场上较为活跃的大型出版企业，尤其是已经上市的出版企业归属于这一区域。这类出版企业凭借企业规模优势和版权管理优势，积累了丰富的版权资源，拥有较强的市场竞争力。

位于 C 领域的出版企业，其特征是企业规模小，版权业务管理水平也相对较弱。由于长期将出版工作定位于教学或科研方向，很少参与市场竞争，导致我国大部分大学出版社和部分小型城市出版社出现这种情况。这类出版企业亟须根据自身情况制定合适的版权战略规划，提升版权业务能力，从而增强企业自身竞争力。

位于 D 区域的出版企业，其特征是企业规模大，版权业务管理水平较低。目前我国各省的出版集团事实上就处于这一领域。这些出版企业虽然市场化程度没有那些上市公司高，但已经具备了一定的版权业务运行能力和经验。

我国出版企业可以根据这种归类的方式进行自我定位，从而寻求相应的版权战略，才能够在激烈的版权市场竞争中有的放矢，有章可循。在下文中，笔者将针对这四类出版企业制定不同的版权战略。

4.2 出版企业版权管理的内容和框架

在寻求我国出版企业版权管理的发展之道中，笔者试图建构一个战略流程、运营流程、人员流程三者紧密结合的体系，来强调版权管理的整体性、动态性特征，见图 4.3。

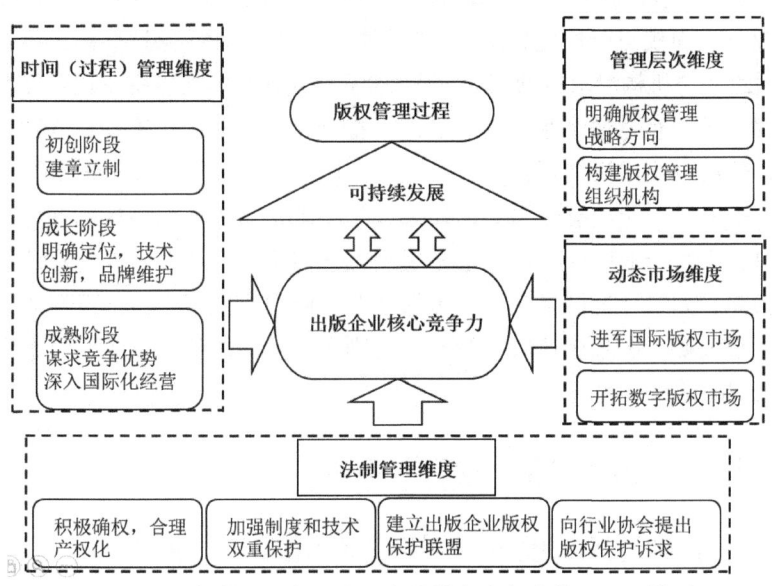

图 4.3 版权管理过程对出版企业核心竞争力作用机理模型

首先，出版企业需要对企业所处的内外部环境进行全面分析，同时，对自身版权管理的情况进行客观定位。

其次，笔者将引入第二章关于知识产权管理理论的四个维度，建构符合我国出版企业版权管理的实际情况的运行机制。在管理层次维度上，笔者认为要同时兼顾事务性与战略性管理，前者是后者的基础和保障，后者是前者的最终目标和归属。在时间（过程）管理维度角度，出版企业在版权管理的初步建构阶段，应该将重心放在建章立制之上，逐步建构版权管理制度，不断开发与积累版权资源，强化版权保护意识，建立自身的品牌优势。在版权管理的成长阶段，出版企业应该有明确的版权战略方向，找准企业品牌发展的优势与定位，强化版权价值整合和版权技术创新。在版权管理的成熟阶段，出版企业需要加大力度来强化版权的专业化管理以谋求竞争优势，并深入国际版权市场，逐步迈入国际化经营的大门。从动态管理的视角出发，首先，出版企业应该立足于知识产权的市场开拓与占领。版权权利内容的立体化开发能够实现版权价值链的延伸，而版权价值的最终体现还需要目标市场的支撑。因而从一定意义上说，要实现版权产品的价值，就必须重视目标市场的开发与拓展。从目前我国出版企业市场开发实践来看，对传统纸质图书市场开发以及国内版权产品市场开发相对熟悉，而对国际版权市场开发和数字版权市场开发能力相对不足。随着出版全球化时代的到来以及数字出版技术的飞速发展，我国出版企业必须在稳固传统版权市场的前提下，加强国际版权市场和数字版权市场的开发，以拓展目标市场的广度与深度。在法制管理维度层面，出版企业要将确权与产权化相结合，除了提升自身的版权保护意识，还要积极向社会相关组织与机构寻求帮助，以获得社会更大范围内对版权保护的关注与重视。

同时，出版企业通过版权管理的评价指标及时监测版权管理、运营、保护等状况。评价结果生成反馈报告后，出版企业版权管理部门可以根据反馈影响的具体程度，采取进一步的有效措施。如果评价结果显示版权战略目标有待进一步细化或修改，出版企业版权管理就会重新明确战略定位，从而采取针对性的版权业务实施策略；如果评价结果表明在版权战略实施中出现了一些细节性的偏差或业务方面出现失衡，出版企业版权管理部门则会针对问题纠正偏差、调整力量从而推进版权战略的整体实施。

4.3 出版企业版权管理运行机制

4.3.1 管理层次维度下的版权管理组织机构建构

从管理层次维度出发，出版企业首先需要构建版权管理组织机构，从机构设置方面实现版权的系统科学的管理。笔者对我国出版企业版权管理机构的职能要求总结以下几点，见图4.4。

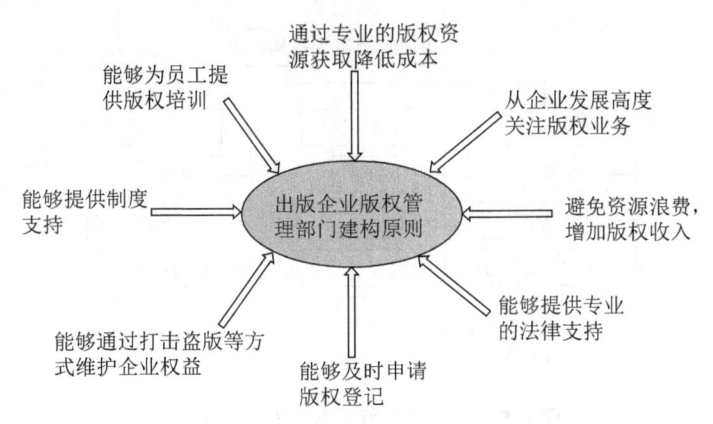

图4.4 出版企业版权管理组织机构建构要求

首先，专业的版权管理组织机构需要站在企业发展的宏观高度对待版权业务，有利于出版企业对现有的版权资源实行统一管理，优化配置，从而实现版权资源的优化与共享。其次，科学的版权管理组织机构需要为出版企业提供有效的版权管理制度支持。版权管理制度能够对企业版权管理工作的职能划分、职责规定、工作规程等进行系统科学的制度规范，使出版企业所有工作人员有章可循，从而促进出版企业版权工作的良性发展。同时，在版权的开发运营阶段，有效的版权管理组织机构需要通过专业的版权资源获取来降低成本；使企业对一些版权资源进行及时的权利转让以获取收益，以免所购买的版权合同到期而形成资源浪费；促使企业及时将版权合同予以登记，以获得版权合法拥有证明，以免出现纠纷时处于不利的举证地位，同时也能及时维护出版企业的合法权益；面对侵害版权的盗版行为，出版企业的版权管理组织机构要敢于亮剑，从而维护企业版权的整体运营。此外，完善的版权组织机构需要为出版企业员工提供版权培训。出版企业员工版权知识水平直接影响到版权资源的保护与开发，因而对企业员工进行专业版权知识培训对于提升出版企业版权业务水平至关重要。版权管理部门的设立，可以通过企业的定期培训，实现对企业员工版权知识的全面普及。

上文对集中式和分散式两者版权管理模式进行了优劣分析，那么，如何能够结合两种管理模式的优势，从而完善我国出版企业版权管理组织机构的建构呢？笔者通过研究国外一些知识产权生产企业后发现，矩阵型管理组织机构更适应未来出版产业发展对版权业务的管理需要。矩阵型版权管理模式本质上是集中式版权管理和项目负责制的组合，若干个版权项目组形成一个为完成专门任务而出现的横向系统，这个横向系统与组织机构的垂直领导就组成了一个矩阵，见图4.5。出版企业在宏观管理层面设立一个统一的、综合性的版权管理机构，负责本企业

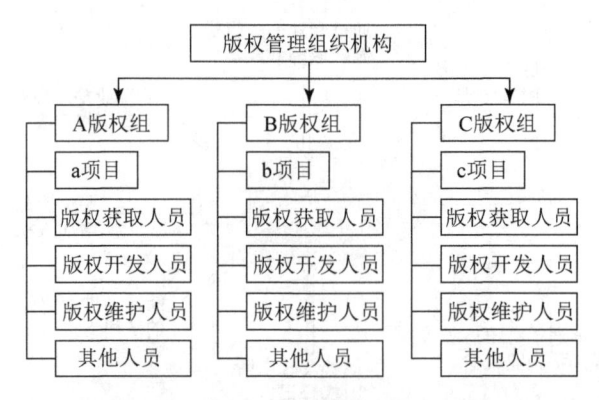

```
                    ┌─────────────────┐
                    │  版权管理组织机构  │
                    └────────┬────────┘
            ┌────────────────┼────────────────┐
         ┌──┴───┐         ┌──┴───┐         ┌──┴───┐
         │A版权组│         │B版权组│         │C版权组│
         └──┬───┘         └──┬───┘         └──┬───┘
         ┌──┴───┐         ┌──┴───┐         ┌──┴───┐
         │ a项目 │         │ b项目 │         │ c项目 │
         └──┬───┘         └──┬───┘         └──┬───┘
      ┌────┴────┐       ┌────┴────┐       ┌────┴────┐
      │版权获取人员│       │版权获取人员│       │版权获取人员│
      └────┬────┘       └────┬────┘       └────┬────┘
      ┌────┴────┐       ┌────┴────┐       ┌────┴────┐
      │版权开发人员│       │版权开发人员│       │版权开发人员│
      └────┬────┘       └────┬────┘       └────┬────┘
      ┌────┴────┐       ┌────┴────┐       ┌────┴────┐
      │版权维护人员│       │版权维护人员│       │版权维护人员│
      └────┬────┘       └────┬────┘       └────┬────┘
      ┌────┴────┐       ┌────┴────┐       ┌────┴────┐
      │ 其他人员 │       │ 其他人员 │       │ 其他人员 │
      └─────────┘       └─────────┘       └─────────┘
```

图 4.5 出版企业矩阵型管理模式模型

版权规章制度的制定，信息的储存、登记、查询，版权战略的制定，协调本企业内与版权有关的事宜，处理有关版权诉讼以及版权咨询等。由负责具体作品版权开发的项目小组来负责具体的版权管理，可以对版权从产生到应用的全过程进行有效的管理，使版权管理更具有弹性、更有效率。每个项目小组的成员可以包括编辑策划人员、市场分析人员、编辑制作人员和市场销售人员以及版权专业人员。在矩阵型版权管理模式下，一部作品从版权获取到编辑加工再到最终产品的形成，以及版权销售都会由专业的项目小组进行及时的全面管理，管理层次的减少有利于缩短信息流，增强对版权市场的不确定性的适应能力。与此同时，宏观层面的版权管理机构可以从琐碎的版权事务中解脱出来，专门从事企业长期版权战略规划的制定与决策，指导和协调各项目小组与各职能部门的版权管理工作。基于以上诸多优点，笔者认为，我国出版企业应当考虑采用这种以灵活高效的项目小组组织和企业专门的版权管理机构相结合的矩阵型组织管理模式。虽然矩阵型版权管理模式的构建相对复杂，一些中小出版企业实现起来有一定难度，但我们出版企业的领导应该明确意识到，随着企业的发展，矩阵式版权管理模式的构建能为出版企业版权业务水平的整体提升做出卓越贡献。

4.3.2 时间管理维度下的版权管理发展阶段

从时间（过程）管理维度出发，出版企业的版权管理分为初步阶段、成长阶段和成熟阶段。

在版权管理的初步建构阶段，出版企业应该将重心放在建章立制之上。结合版权业务实践来看，出版企业应建立两级版权制度体系，见图 4.6。一是企业级制度，制定《版权管理办法》，用于明确企业版权管理的宗旨，指明版权管理的地

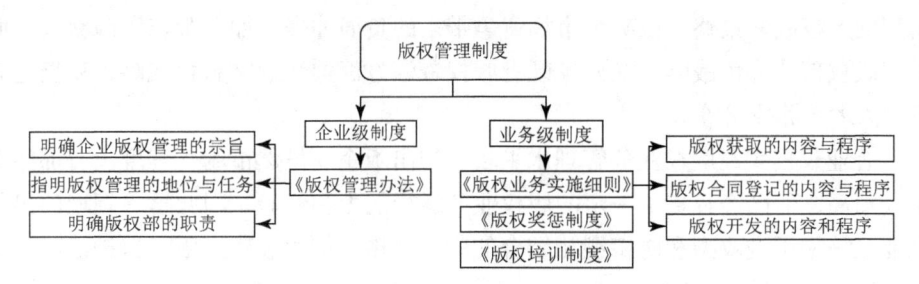

图 4.6　我国出版企业版权管理制度建构框架

位和任务，明确版权部的职责，从而规范出版企业内所有员工的活动，为版权业务在企业范围内发展提供制度层面的根本保障；二是业务级规范，如制定《版权业务实施细则》，从版权获取的内容与程序、版权合同登记的内容与程序、版权开发的内容和程序三方面进行制定；《版权奖惩制度》通过从物质和精神两方面采取一定措施来调动员工的积极性和创造性，激励企业员工在具体出版业务中重视版权保护和版权运营，推进企业内部良好的版权管理风气；《版权培训制度》通过定期安排相关课程或选派员工参加外部培训的方式，为员工解读国家颁布的有关版权法律、国际版权公约、国际出版集团的经典版权运营等内容，提高企业员工的版权意识和法律意识。

　　在版权管理的成长阶段，出版企业应该有明确的版权战略方向，找准企业品牌发展的优势与定位，强化版权价值整合和版权技术创新。在出版企业的版权开发战略的选择上，笔者认为可以借鉴知识产权的应用战略。不同类型及规模的出版企业，由于其自身所拥有的版权资源和运作能力的差别，需要选择不同的版权战略模式。[①]

　　企业规模较小，版权业务水平相对成熟的出版企业在制定版权战略方向时，应该尽量避免与大型出版企业的正面竞争，另辟渠道，积极打造自身的版权品牌，在版权市场上占据独特的市场领域。因而，这类出版企业在版权战略选择上，可以考虑版权合作或者版权交叉许可等模式。

　　企业规模大，版权业务水平高的出版企业凭借企业规模优势和版权管理优势，积累了丰富的版权资源，拥有较强的市场竞争力。那么，它们可以选择具有进攻性质的版权战略方向，采取版权独家许可、版权买断、国际版权输出等版权策略。

　　企业规模小，版权业务水平也较弱的出版企业亟须根据自身情况制定合适的版权战略规划，提升版权业务能力，从而增强企业自身竞争力。它们可以采取防

---

① 　蔡树堂.企业战略管理[M].北京：石油工业出版社，2001:53-58．

御型的版权战略策略，以减少市场竞争带来的负面冲击。如在版权资源获取方面采用版权部分许可战略，在开发既有版权资源方面加强数字版权战略，积极建立版权人才培养战略等。

企业规模大，版权业务管理水平较低的出版企业虽然市场化程度没有那些上市公司高，但已经具备了一定的版权业务运行能力和经验，因此这一领域的出版企业应该采用进攻型和防御型相结合的版权战略。如积极建立版权保护战略，实施版权合作出版战略等。

在版权管理的成熟阶段，出版企业需要加大力度来强化版权的专业化管理以谋求竞争优势，并深入国际版权市场，逐步迈入国际化经营的大门。就开拓国际版权市场而言，笔者认为其大多以版权输出、战略合作和国际组稿的形式成功进军国际版权市场。版权输出是常见的开发国际版权市场的手段，将国内版权作品的翻译权等权利销售到国际版权市场，近年来版权输出已经成为各大出版企业进军国际版权市场的重要方式。出版企业应该根据自身出版特色，结合国际目标市场需求，进行有针对性、系统性的版权输出。出版企业版权战略合作，是从内容资源到渠道资源、从日常事务工作到合作选题开发、从纸质媒体到数字媒体，全流程、多介质的紧密合作。相比较单部作品版权输出而言，中外出版企业形成版权战略合作关系在一定意义上更利于对国际版权市场的规模化开拓。出版企业通过战略合作，能够提升版权开发运作的能力，开拓国际版权市场，获取更多的版权收益。国际组稿是出版社与国际接轨的重要标志。出版企业以进军国际版权市场为目的，通过建立对外合作部、国际分部等方式，策划国际选题、选择国际作者、销售国际版权。在这种开发模式下，出版企业可以根据目标国际市场调整内容和形式，直接管理和策划版权营销方案。这是一种相当主动的版权开发模式，但也是市场化要求最高的一种模式，因为这种开拓国际版权市场的手段需要一定的企业规模、人才和资金作为后盾，对于出版企业经营实力要求较高。但从长远来看，这种充满主动性和决策性的国际版权市场开发模式必然成为出版企业的必然选择，而且这种开发模式目前已经为国内一些出版企业采用。

4.3.3 动态市场管理维度下的版权市场开发策略

从动态管理的视角出发，在数字与网络技术日益成熟的背景下，传统出版企业应该逐渐拓宽版权业务市场，以受众需求变化作为导向，寻求与新媒体的相互渗透，从而形成版权立体化开发的全新局面。笔者从版权内容的立体开发与版权市场的全面开发两个角度进行策略分析。

（1）版权内容的立体开发

在上文关于版权的定义中提到，根据版权权利内容与出版物联系紧密程度不同，将版权权利内容分为三个种类，即出版物核心权利、出版物附属权利和出版物衍生权利。按照这个分类，出版企业的版权内容开发也应考虑核心权利开发、附属权利开发和衍生权利开发这三个层面，见图4.7。

```
                    版权权利内容开发策略
            ┌──────────────┼──────────────┐
        核心版权开发      附属版权开发      衍生版权开发
            │                │                │
         自主开发        自主开发为主     版权转让和许可开发为主
                         许可开发为辅      自主开发为辅
```

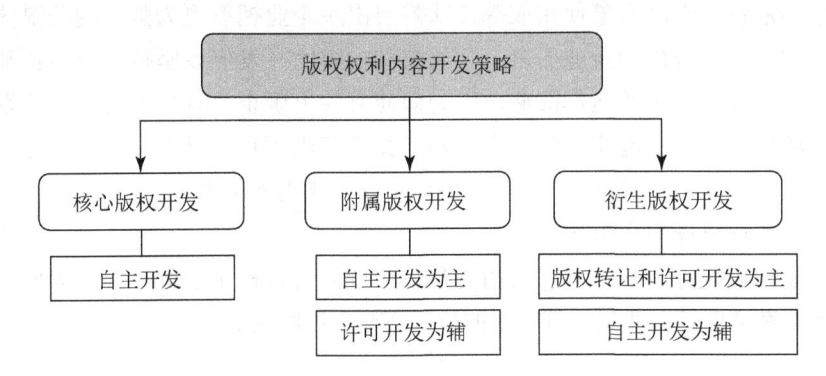

图4.7　版权权利内容的开发策略

复制权和发行权是出版活动的核心权利，坚持出版企业对版权作品复制权和发行权的主动开发与市场运作，是企业发展的根本策略。通常，出版企业在获得版权相关权利内容后，往往通过自主开发图书等方式，如在选题策划、编辑加工过程中，根据不同受众市场的需要，做出针对性的取舍，以建立出版产品在目标市场的内容影响力，然后再利用自主发行渠道或者其他发行渠道，综合使用各种市场营销手段，实现对各个销售终端的有效占领，从而无限接近目标读者并最终促进产品终端消费的完成。

随着出版企业市场化强度的提高，出版物的附属权利开发逐渐成为版权开发的重要内容。附属权利的开发主要有自主开发和许可开发两种形式。随着我国出版企业跨媒体运营能力的提高，自我开发出版物附属权利的能力也将得到不断提高，包括连载权、汇编（或缩编）权、平装书版权、图书俱乐部版权等附属权利都可以在集团内部实现整体化运营。比如，连载权可以由企业内部的报纸、网站等媒体运作，汇编权则可以由开发相关市场的出版社制作，缩编权和平装书版权则可以由定位于低端市场或专门开发袖珍读书的出版部门运作，俱乐部版的图书可以交给集团自己组建的图书俱乐部发行，等等。相对于自主开发而言，出版物附属权利的版权许可开发在专业性和灵活性等方面具备一定的优势。有些西方出版企业一般在精装书出版之前先将第一连载权授予一家具有较大发行量的报刊，把书中的一些重要情节以摘要的形式进行连载，同时指明即将出版图书的出版社名称和出版时间等；而在精装书出版之后，出版企业还可以把第二连载权授予相关报刊，既能进一步开发版权资源，又能促进精装书的市场销售，从而形成良好的市场呼应。这种灵活运用版权附属权利的许可开发的形式值得我国出版企业仔细研究并运用。

出版物衍生权利的开发是对版权深层次的挖掘，包括影视改编权、数字及信息网络传播权、作品形象使用权等，这需要出版企业拥有更为强大的跨媒体运营能力。对于大部分出版企业而言，这类权利内容的开发应该坚持版权转让和许可为主，自主开发为辅的运作战略。因为即使有些出版企业具备实力能够开发相应的数字版权产品，如能实现电子书、网络文学等出版物的开发，但在专业程度、市场开发能力等方面与一些大型数字出版企业相比仍处于劣势。

（2）版权市场的全面开发

对于出版企业而言，版权价值的最终体现需要目标市场的支撑，为此，版权市场的开发是出版企业版权管理中的重点环节，见图4.8。

```
            ┌──────────────────┐
            │ 版权市场的全面开发 │
            └──────────────────┘
         ┌──────────┼──────────┐
   ┌──────────┐ ┌──────────┐ ┌──────────┐
   │媒介融合经营模式│ │深入国际版权市场│ │开发数字出版技术│
   └──────────┘ └──────────┘ └──────────┘
```

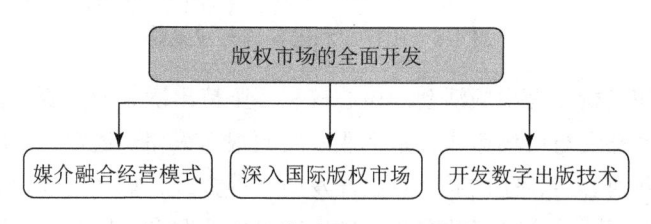

图4.8　版权市场的开发策略

首先，出版企业属于文化产业，面对当今文化产业多媒体化、技术网络化、市场一体化、业务融合化的全新局面，出版企业必须投身于这种媒介立体化传播局面之中发展理念创新。传统出版单位在以原创内容和信息增值服务为主体的深化转型进程中，在版权保护的前提下实现内容共享的最大化，媒介融合能够为传统出版企业提供良好的创新发展的契机。目前常用的媒介传播平台有网站、论坛、微博、微信、网店等。出版企业可以充分利用这些媒介，形成特色的媒介融合经营模式，打造出一个覆盖受众广泛、媒介形式全面、推广渠道便捷、接受程度简易的跨媒体出版运作新平台。比如，在官网、博客、微信的建设中，出版企业可以利用这些空间实现读者、作者、媒体、营销人员的互通交流，发布优秀文章，讨论热点话题，通过网络征集的形式向网友征询创意选题，利用读者的力量实现产品理念的推广，直接或间接地刺激出版物的营销。同时，出版企业可以通过网络销售开辟产品流通新途径。网络销售能有效降低交易成本，刺激长尾书和库存书的销售，从而降低出版企业的市场投放风险。

随着出版全球化时代的到来，我国出版企业必须在稳固传统版权市场的前提下，加强国际版权市场，以拓展目标市场的广度与深度。欧美各国兴起的汉学热为我国出版企业开发国际版权市场提供了一定的有利前提。近年来，随着我国出版产业市场化转型的不断加快，一些出版企业自发地运用，版权贸易的形式与国际出版业实现接轨。

数字出版技术在全球范围内的发展日趋成熟，在这种背景下，很多出版企业不约而同地采取了数字化战略以打造竞争新优势。纵览目前传统出版企业的数字版权市场开发模式，笔者认为，由于传统出版企业在数字出版的技术层面有局限，因此当下可以采取与数字出版商合作为主，自主开发数字平台为辅的开发策略。传统出版企业与数字出版商的合作，既利用了传统出版企业的丰富内容资源，也充分利用了数字出版商的专业数字出版技术，实现了数字版权市场开发在内容和形式方面的有机结合，也有效地开发了目标版权市场。

4.3.4 法制管理维度下的版权保护策略

在法制管理维度层面，出版企业要将确权与产权化相结合，除了提升自身的版权保护意识，还要积极向社会相关组织与机构寻求帮助，以获得社会更大范围内对版权保护的关注与重视，见图 4.9。

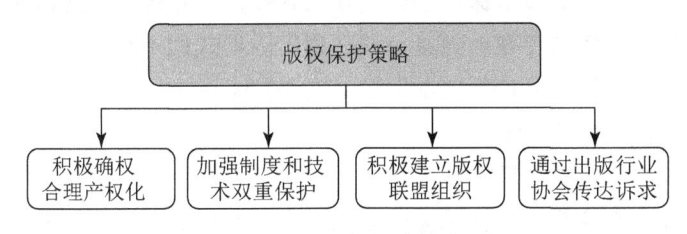

图 4.9 版权保护策略

（1）确保著作权的积极确权和合理产权化

《著作权法》中明确规定了作品的归属原则，然而关于版权的纠纷仍然频频出现。同时，由于著作权的自动获取保护模式，导致版权的确权成为时下版权保护的一大难点。《著作权法》对版权归属是这样界定的：原则上著作权属于作者；合作作品的著作权属于合作作者共享，可以分割的单独享有；汇编作品的著作权属于汇编人；影视作品的著作权属于制片人；职务作品的著作权属于作者；委托作品的著作权属于受托人等，其著作权中的经济权利可以转让和继承。[①] 在实践过

---

① 隋金波，现有法律制度框架下的著作权保护，青春岁月，2011(12):302.

程中，与作品有直接或间接利益关系的人往往不止一个，这其中就会由于法律的滞后性和众多的纠纷种类隐埋下很多空白领域，从而形成日后的版权纠纷。同时，作品一旦发表，著作权人对其作品的控制就开始减弱，极其容易面临侵权的危险。而在面临侵权的时候，如何证明著作权人对涉案作品享有著作权又变成了一大难点。为此，目前对著作权人来说，最行之有效的确权方式就是在作品完成后，立即通过国家版权保护中心进行作品登记，获取国家版权局所颁发的版权证书，通过政府的公信力获得作品合法的证据效力，作为今后积极维权的最有力武器。

从国外出版企业打击侵权的经验来看，许多出版企业在版权保护方面坚持了维权与授权相结合的原则。即在打击盗版等侵权行为的同时，根据市场需要而制定一系列的版权许可模式，给予那些盗版者或潜在盗版者以合法获取正规版权作品并获取相应市场收益的机会。这种维权与授权相结合的原则能够减低出版企业版权被侵权的风险并提高市场收益，因此从长远来看应为我国出版企业广泛采用。

（2）加强制度与技术双重保护

从国外版权保护经验来看，出版企业比较有效的具体维权手段应该坚持两个，一是制度保护，二是技术保护。制度保护是指出版企业依据版权保护法律法规，制定符合企业发展需要的版权管理制度体系，为企业版权保护提供制度支持，提升企业向各级版权管理部门、司法机关提起行政申请、法律诉讼等手段维护合法权益的版权保护能力。技术保护是通过开发版权保护系统、提升仿制成本等手段杜绝盗版等侵权行为的存在。随着各种新型出版形式的不断涌现，越来越多的出版企业热衷于对版权产品进行技术保护。这些技术保护手段，在传统纸质出版物和现在数字出版物中皆有体现。

（3）积极建立版权联盟组织

我国目前的打盗维权工作深受监测能力不足和信息渠道不通等原因的影响。在版权行政管理层面，由于我国版权行政部门管理能力相对较弱，大部分省份仅在地级市设有版权管理部门，而且其日常事务性工作相当繁杂，人力也相对有限，很难主动深入行使监测版权市场、获取盗版信息等职责。而出版企业在打盗维权工作中常常因地域、信息渠道所限，难以及时发现侵权者的违法行为，因而无法开展有针对性的版权保护工作。因此，无论是版权行政管理部门的版权市场监督，还是出版企业获取盗版侵权的信息都存在一些难以解决的问题，而这些问题的存在也给不法之徒以可乘之机。出版企业版权保护联盟的成立较好地解决了这一难题，不仅增强了监测范围和能力，而且使得来自读者等支持版权保护人士的举报信息实现了联盟共享。如版权保护联盟成员与各地版权行政管理部门建立健全信息通报机制，在防伪措施、新书上市等方面互通信息以提高执法效率，因而能够在更大程度上打盗维权。同时，出版企业版权保护联盟的组建，使其有实力与各级版权行政部门展开有针对性的合作，为积极开展关于联盟的打盗维权工作奠定基础。

国内出版企业版权保护联盟组建可以分为两种，一是以地域为核心组建，常见的如四川省版权保护协会反盗版联盟、京版十五家出版社反盗版联盟等。二是以图书种类为核心进行组建，主要围绕类似或相同的图书种类组成了版权保护联盟，开展专项打盗维权工作。对于版权保护工作而言，地域式或图书种类式的版权保护联盟组建都有其可取之处，出版企业可以根据自身出版特色去选取合适的联盟组合。而且无论是哪种形式的版权保护联盟，发展到后来在地域和图书种类方面的覆盖都将会无限扩大，而且随着版权保护工作的不断深入，各个版权保护联盟之间的紧密合作也将会不断涌现。

（4）通过出版行业协会传达诉求

在版权保护方面，出版行业协会代表的是整个产业的利益需求，其版权保护方面的影响力远远大于一个企业或联盟的作用。因而出版企业在提升自身版权保护能力和加强版权保护联盟的基础上，还需积极向出版行业协会提出相应诉求。

首先，出版行业协会在解决国际版权保护问题方面具有一定优势。随着出版全球化进程的加快，国际版权保护问题也成为一些出版企业必须面临的问题，这些问题的解决对于一家个体出版企业或一个区域版权保护联盟而言往往成为耗时耗力的棘手问题。而对于出版行业协会而言，它可以以一个国家出版产业代表的身份去为某个成员版权产品在异国遭受侵权而向当地政府、行业组织等提起申请或诉讼。鉴于其代表了一个国家的出版企业群体，即使涉案数额很小也会引起高度重视，进而促进这些国际版权保护问题的解决。不仅如此，一些出版行业协会还有能力加强与他国政府或行业协会的合作，帮助其成员顺利进入国际市场并接受严格的版权保护。

其次，出版行业协会在维护出版企业数字版权方面具有一定优势。数字技术的发展，使得版权内容传播超越了地域等传统限制，因而给出版企业在版权保护方面设置了许多技术上难以逾越的难题。出版行业协会作为整个出版商利益的代表，有能力组建相应的版权保护技术研发小组，开发需要的版权保护系统维护其会员的版权利益。类似于建立综合的版权监测网站和缔结合理的数字版权使用原则，这都不是一个出版企业或某个出版企业联盟所能实现，而出版行业协会在数字版权维护方面的工作很好地保护了出版商的利益。

我国出版行业协会虽不成熟，但也在发挥着积极的作用，而且相比一些其他组织而言，它代表一个产业的声音，因而也能获得更多社会力量的支持，也能产生更大的震慑力。

4.4 出版企业版权管理的效果评价

出版企业版权管理效果评价，是企业版权管理人员用来保持或者修正版权管理活动形式的一系列正式方法和程序的集合。这些方法和程序以特定的版权信息为基础而建立，通过比较实际结果和企业版权战略目标之间的差距来帮助管理人员适时追踪和修正企业版权战略的实施。

4.4.1 出版企业版权管理效果评价的方法

（1）定性评价

当出版企业对被评价对象所掌握的数据不够充足的情况下，比如版权制度建构程度、版权文化构建情况等，企业就可以通过定性分析的方式对管理效果进行评价。这种评价方法所需要的数据少，便于操作。为了增强评价的可操作性和评价结果的公平客观性，笔者认为，在出版企业版权管理的评价过程中可以采取以下几种定性方法。

调查评价法。调查评价法是指评价小组成员深入出版企业版权管理部门内部进行调查研究，对于取得的信息和资料进行分析、判断、总结。评价方式包括抽样调查、访问、面谈、问卷等多种形式。评价成员根据自身专业素质和丰富经验判断获得信息的数量级准确程度，决定评价效果的质量。

专家评价法。专家评价法是组织行业内有关专家进行评议，通过对汇总意见的整体评析，最终得出结论的方法[1]。这种评价方法简单易行，评价周期短，并且能够充分吸取专家的专业知识，有利于评价后的改进和提升。其缺点是如果专家选择不够科学准确，或者专家带有个人偏见，则评价结果会受到很大影响。

（2）定量评价

出版企业在版权管理过程中会产生很多数据，通过数据的量化分析，往往能够得到更为准确的评价结果。很多知识型企业通常采用以下两种定量评价方法。

客观统计法。客观统计法是通过对各项实际数据的客观统计从而得出评价结果。版权信息利用率、品牌版权数量、版权销售种类、版权收入比重、侵权纠纷数量等数据只要通过一般的市场监测和财务统计方法就可以得到。客观统计法具有简单、准确、便捷的优势，是目前最为常用的评价方法。

相关分析法。相关分析法是研究随机变量之间相互依存关系的紧密程度的方

---

[1] 蒋云尔. 企业知识管理的评估 [J]. 江苏教育学院学报（社会科学版），2004(2)：75.

法。当两个或两个以上随机变量之间直线相关时用相关系数表示，曲线相关时用相关指数表示。比如，通过版权管理，出版企业在国际版权市场的竞争力增强，竞争力的增强势必导致劳动生产力的提高和成本的降低，此时，劳动生产力与成本之间就产生了必然的联系。

4.4.2 出版企业版权管理评价指标体系建构

美国著名管理大师卡普兰和复兴方案国际咨询企业总裁诺顿共同研究的平衡记分卡评价指标体系是目前全球公认的先进评价工具。这种评价模式不再单纯地依靠传统的财务计量评价体系，而是将组织的战略目标与实现的过程有机结合，将企业当前的业绩与未来的获利能力紧密联系，从而为企业组织理念和实施的鸿沟之间搭建起了一座桥梁。[①]当版权管理在出版企业正式运行一段时间后，必然会为出版企业带来竞争优势的提升。因此，在版权管理运行效果评价中，笔者将引入这一评价指标体系，从员工视角、顾客视角、保障机制视角、竞争力视角这五个方面进行构建，形成针对出版企业版权管理的"五角平衡"评价指标体系模型，见图4.10。

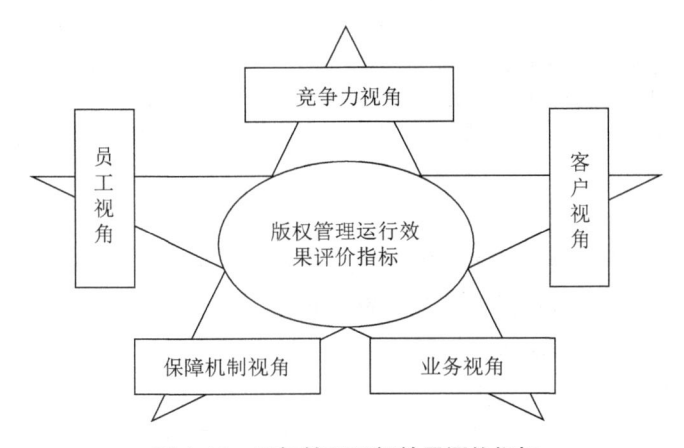

图4.10 版权管理运行效果评价指标

（1）员工视角

这里的员工包括从高层领导到普通员工在内的一切企业成员。通过上文介绍我们得知，目前出版企业正在进行全面的转企改制，面向激烈的竞争环境，人力资本逐步成为出版企业重要的制胜资本之一。员工视角的版权管理效果评价能够

---
① 陈军吟，谢立新. 平衡记分卡在绩效管理中的应用[J]. 现代商业，2009(8):187.

较好地体现出版权管理在"人"的层面中发挥的作用,因此这一视角的评价结果至关重要。具体指标参见表 4.1。

表 4.1　员工视角的出版企业版权管理效果评价指标体系

目标层次	评价内容	内容来源	评价方法
工作环节	是否认同现阶段版权管理的新模式; 是否适应目前的管理部门结构及办公环境; 是否愿意向经验丰富的企业内员工进行请教; 是否愿意与合作伙伴(作者、客户等)深入交流; 是否在管理、策划或者营销中产生创新想法; 是否乐于把新理念用于工作; 是否能够面对工作失败并勇于承担责任	企业内高层、中层管理者代表、各部门员工代表	个人面对面访谈、问卷;部门其他人评价意见;主管领导评价意见;合作伙伴评价意见
培训环节	对企业内部的培训是否满意; 对企业培训形式有什么好的想法; 是否积极参加各项培训并对培训知识进行总结; 认为企业应该加强哪方面的培训	企业内高层、中层管理者代表、各部门员工代表	个人面对面访谈、问卷;部门其他人评价意见;主管领导评价意见
激励环节	企业的激励机制是否到位; 是否享受过企业的激励; 对企业的激励有什么建议	企业内高层、中层管理者代表、各部门员工代表	个人面对面访谈、问卷;部门其他人评价意见;主管领导评价意见

(2)顾客视角

出版企业顾客主要有读者和销售客户两大类。读者是指直接购买企业出版产品的对象。这一群体可谓是出版企业的衣食父母,他们的评价视角更为直观,往往能够为出版企业提供有效的建议与良策。销售客户指各省、市、县新华书店、图书馆、专业书店、各私营书店、培训学校等零售、直销或者批发出版产品的合作伙伴。客户管理是出版企业销售管理的重要组成部分,它是连接出版企业和顾客的重要纽带,为此,客户的评价视角对改进出版企业的产品与服务,提升企业核心竞争力有很大指导意义。具体指标参见表 4.2。

表 4.2 客户视角的出版企业版权管理效果评价指标体系

目标层次	评价内容	内容来源	评价方法
销售	出版物是否畅销； 出版物装帧设计是否受读者欢迎； 出版物印制水平如何； 读者对出版物评价如何； 是否经常有退货现象； 是否经常有规律地推出新产品； 出版企业是否以最快的速度送货到位； 出版企业是否经常提供产品说明； 发行人员是否深入书店等查看出版物摆放； 发行人员是否经常进行访谈了解卖场信息； 出版企业是否提供产品销售培训； 出版企业是否参与策划卖场营销推广活动	销售客户高层、中层管理者代表、各卖场员工代表	个人访谈、问卷、数据调查和统计
读者	出版物内容评价； 出版物编辑加工质量评价； 出版物装帧设计水平评价； 出版物印制质量评价； 出版物宣传营销方式评价； 出版物购买难易程度评价； 出版物内容答疑评价； 出版物退换货方便程度评价； 出版物订购评价； 读者建议采纳评价； 编辑与读者交流状况评价	卖场读者和直销客户读者	个人访谈、问卷、数据调查统计

（3）业务视角

业务视角的版权管理评价指标体系，主要从出版企业销售部门的视角出发，了解现有的版权管理体系对于业务的开展起到怎样的效用。这一评价视角的开展很有必要，业务效率的提升，有助于提升员工对版权管理的信服度，从而间接强化企业版权管理理念，使版权管理逐渐成为出版企业的一种良好习惯。具体指标参见表 4.3。

（4）运行机制视角

运行机制能够为出版企业版权管理的可持续运行提供机制保障。版权管理能否成功运行取决于出版企业建构的运行保障机制是否健全并发挥作用。在笔者对运行机制视角的评价指标建构中，主要侧重于版权管理部门、版权制度、版权保护这三方面，通过评价来发现出版企业版权管理中的优点和不足。具体指标参见表 4.4。

表4.3 业务视角的出版企业版权管理效果评价指标体系

目标层次	评价内容	内容来源	评价方法
版权市场	版权信息利用率； 品牌版权数量； 版权来源分布； 版税支出与版权收入比； 版权销售种类； 版权销售市场分布； 版权推广费用占企业总推广费用比例； 版权收入占企业总收入比例； 固定版权收入占总版权收入比例	企业内高层、中层管理者代表、版权管理部门员工代表、财务人员	个人访谈、问卷、数据调查和统计

表4.4 运行机制视角的出版企业版权管理效果评价指标体系

目标层次	评价内容	内容来源	评价方法
版权管理	版权管理人员数量； 版权管理人员占企业员工比例； 版权业务奖励金额； 版权管理技术平台建设经费； 人均版权管理经费； 版权业务专题宣传、培训次数	企业内高层、中层管理者代表、版权管理部门员工代表、财务人员	个人访谈、问卷、数据调查和统计
版权制度	版权管理办法执行情况； 版权业务实施细则执行情况； 版权获取、版权合同登记、版权开发是否按照制度规定办理； 是否按照制度规定执行员工奖励措施； 是否按照制度规定执行员工内外部培训； 企业员工是否自觉遵守上述制度	企业内高层、中层管理者代表、版权管理部门员工代表	个人访谈、问卷
版权保护	侵权纠纷数量； 维权调查次数； 版权纠纷立案量； 侵权赔偿额； 维权收入额	企业内高层、中层管理者代表、版权管理部门员工代表、财务人员	数据调查和统计

（5）竞争力视角

竞争力视角评价主要通过市场表现、财务数据、品牌与口碑三个指标得以体现。当版权管理在出版企业运行一段时间后，就需要从竞争力视角进行一次评价，以评测版权管理阶段性目标的实现程度。通过不同时期的评价结果对照，并进行相关计算，就可以得到竞争力上升指数。随后进行相关数据分析和总结，就能够发现企业核心竞争力的变化与相关参数之间的关系，这对于调整企业内部的版权管理方式起到重要参考作用。① 具体指标参见表 4.5。

表 4.5　竞争力视角的出版企业版权管理效果评价指标体系

目标层次	评价内容	内容来源	评价方法
市场表现	图书零售市场综合排名； 图书细分市场综合排名； 政府或者行业协会的竞争力排名； 各大书城或者地区的销售排名； 当当网等网站的销售排名； 媒体采访报道指数； 单月和年度畅销书上榜数量	出版企业市场部、发行部或者总编办等信息搜集、存储部门、各媒体	数据调查
财务数据	造货码洋； 库存码洋； 季度或者年度发行码洋； 季度或者年度回款码洋； 退货率； 重版率； 平均折扣率； 季度或者年度利润； 新书增长率； 资产总额； 销售收入； 利润率	总编办、财务、发行部等	个人访谈、问卷、数据统计
品牌口碑	是否获得各种政府及协会奖项及数目； 是否有独特的品牌产品及数量； 读者对企业评价； 销售客户对企业评价； 同行评价	总编办、读者、个人访谈、问卷、销售客户、业内人士	个人访谈、问卷、抽样调查

出版企业的版权管理不是一个静止概念，对于不同类型的出版企业，可能会有不同的版权管理策略；对于出版企业发展的不同阶段，也会有不同的方案。在应用版权管理的过程中，要把版权管理自身看作是实践这一理念和方法的一部分，不断积累新的版权管理经验，总结新的方法，摸索规律，让版权管理自身不断创新和发展，成为支持出版企业走向可持续发展的良好平台。

---

① 王壮. 知识管理：知识经济时代出版企业管理模式探索 [M]. 北京：中国传媒大学出版社，2009.187-195.

第五章 结论

  目前,经济全球化、产业知识化、信息社会化预示着知识经济时代的全面来临。在这种宏观背景下,版权作为知识产品所富有的财富属性、产品属性和高附加值属性正得到日益突显,在社会经济中的贡献价值也越发显著。转企改制后的出版企业将承担着更为重要的社会经济职能,并发展成为未来经济趋势的新生力量。放眼于成熟规范的国际版权市场,我国出版企业需要不断寻找与国外出版企业的差距,认真思考自身的版权管理体系建设,学习国际先进的版权运作经验,才能彻底改变我国在世界出版格局中的弱势地位,发挥版权贸易的重大作用。

  因此,本文以我国出版企业版权管理为对象进行了初步探索。通过SWOT分析法对我国出版企业版权管理现状进行整体扫描,并通过样本分析法总结了我国出版企业版权管理组织部门的情况。随后,笔者引入企业知识产权管理的相关理论,依据企业知识产权管理的四个维度,力求构建一个能够使我国出版企业战略流程、运营流程、人员流程紧密结合的管理系统。在这个系统之中,出版企业版权业务的战略制定、运营实施和效果评价都成为重要的组成环节。

  本论文关于版权管理的相关研究,可能存在理论上的欠缺,也可能与版权业务实践存在些许误差,但笔者希望通过此文能够唤起更多出版企业管理者思考自身的版权管理,在他们纷纷把目光投向数字化市场转型的过程中,也能深度思考管理转型的重要性,进而能够整体提高我国出版企业版权业务管理水平。

参考文献

[1] 韩振峰. 知识经济：二十一世纪的主导型经济[J]. 瞭望新闻周刊, 1998(3): 21.

[2] 金元浦, 崔春虎. 10年中国版权走出去[J]. 中国出版传媒商报, 2014(3): 1.

[3] 包韫慧, 邓志龙. 近五年版权贸易研究文献述评[J]. 北京印刷学院学报, 2007(10): 37.

[4] 刘灿姣, 杨贤成. 浅析出版集团的体制创新[J]. 图书情报知识, 2006(3):64.

[5] 王炎龙. 转型期中国出版管理法治化审视[J]. 新闻界, 2009(2):80.

[6] 郝燕, 王勇, 赵长林. 寻找知识产权的楚河汉界[J]. 软件世界, 2007(5):24.

[7] 赵亚丹. 附属版权刍议[J]. 出版广角, 2008(4): 53.

[8] 辞海编辑委员会. 辞海[M]. 上海：上海辞书出版社, 1980.

[9] 王志刚. 出版企业版权战略管理[M]. 北京：社会科学文献出版社, 2012:78-84.

[10] 马晓刚. 谈谈版权管理[J]. 出版工作, 1987(8): 114.

[11] 张美娟. 中外版权贸易比较研究[M]. 北京：北京图书馆出版社, 2004:12.

[12] 王建辉. 出版产业是一种版权产业[J]. 出版科学, 2004(5): 卷首语.

[13] 冯晓青. 论企业知识产权管理体系及其保障[J]. 广东社会科学, 2010(1): 182-183.

[14] 李蓉, 萧延高, 王晓明. 全球化背景下我国企业的自主知识产权能力建构分析[J]. 电子科技大学学报, 2007(1): 45-49.

[15] Teece T. J., Capturing Value from Knowledge Assets: the New Economy, Market for Know — How and Intangible Assets, California Management Review, 1998, 40(3).

[16] 刑涛. 西安高新区企业知识产权管理问题与对策研究[D]. 西安：西安理工大学, 2007:22.

[17] 王志刚. 涉外版权贸易法制建设研究[D]. 开封：河南大学, 2006:11.

[18] 胡子阳. 史海钩沉话版权[J]. 学子(教育新理念), 2014(2):47.

[19] 胡伟, 陈玲. 对加强出版社版权管理工作的思考[J]. 出版科学, 2003(11):33.

[20] 王志刚. 欧美出版企业版权战略管理对我国出版企业的启示[J]. 中州大学学报, 2011(10): 69.

[21] 黄先蓉,王志刚. 从网站建设整体分析我国出版企业版权意识[J]. 出版发行研究, 2010(6): 12.

[22] 马一德. 中国企业知识产权战略研究[M]. 北京: 商务印书馆, 2006:82.

[23] 蔡树堂. 企业战略管理[M]. 北京: 石油工业出版社, 2001:53-58.

[24] 隋金波. 现有法律制度框架下的著作权保护. 青春岁月, 2011(12):302.

[25] 蒋云尔. 企业知识管理的评估[J]. 江苏教育学院学报(社会科学版), 2004(2):75.

[26] 陈军吟, 谢立新. 平衡记分卡在绩效管理中的应用[J]. 现代商业, 2009(8):187.

[27] 王壮. 知识管理: 知识经济时代出版企业管理模式探索[M]. 北京: 中国传媒大学出版社, 2009: 187-195.

（本文作者：史文慧）

我国网络出版的版权保护现状与对策研究

摘　　要

　　网络出版是目前出版界研究的一个热点问题，它的出现具有非常重要的意义与价值。网络出版丰富了出版形式，降低了成本，增加了发行量，目前已成为出版社新的经济增长点。作为一种新技术、新观念和新生活方式，网络出版已经给传统出版的理念、运作模式以及格局带来了巨大的冲击，也正给传统出版的转型带来发展的机遇。

　　网络出版产业的核心是版权保护。网络出版的版权保护一直是困扰版权人、传播人及广大信息使用者的一个复杂问题，随时可能影响网络出版产业的健康持续发展。因此，研究网络出版的版权保护，建构完善的网络版权保护机制，维持版权人和使用者之间的利益平衡，进而促进人类科学文化发展繁荣，既是顺应科技进步的体现，也有利于满足经济发展需要。

　　本文从网络出版的相关概念入手，立足于前人的研究成果，结合国内网络出版的版权保护发展态势，运用传播学和经济学相关理论比较系统地探讨我国网络出版的版权保护问题及出现这些问题的原因，总结国外数字版权保护的经验，提出解决我国网络出版版权保护问题的策略，希望能为我国网络出版的版权保护走向规范化和更为成熟的发展轨道提供一定的学术支持。

　　关键词：网络出版；数字版权；版权保护；对策建议

Abstract

Nowadays, online publishing is a hot issue in the publishing industry, which has important significance and value. Online publishing enriches the form of publication, reduces costs, and increases circulation. It has become a new economic growth point of publishers. As a new technology, idea and lifestyle, online publishing has a significant impact on the concept, operational mode and the pattern of traditional publishing, but it also increasingly brings enormous challenge to the traditional publishing.

The core of online publishing industry is copyright protection. The copyright protection of online publishing has always been a complex problem to the copyright owners, disseminators and users which may affect the healthy and sustainable development of the online publishing industry at any time. Therefore, we need to study the copyright protection of online publishing, construct the completed online copyright protection mechanism, maintain the balance of interests between the copyright owners and users, thus contribute to the development and prosperity of human science and culture. It is not only the embodiment adapts to scientific and technological progress, but also conducive to meet the needs of economic development.

This article starts from the relevant concepts of online publishing. It is based on the previous research findings, combined with the domestic developing trend of copyright protection of online publishing. It intends to use the related theory of communication and economy, systematically explore the copyright protection issues of our online publishing and the reasons for these problems, sum up the experience of digital copyright protection abroad, and propose solutions to the problem of copyright protection of our online publishing. Its aim is to provide some academic support to the standardized and more mature developing path of copyright protection of online publishing.

Key words: Online publishing; Digital copyrights; Copyright protection; Tactics

目 录　　　　　　　　　　　　　　　　　　　　　　　　　CONTENTS

第一章　绪言 380
　　1.1　研究背景 380
　　1.2　文献综述 381
　　1.3　研究框架 382
　　1.4　理论依据 382

第二章　网络出版概况 385
　　2.1　网络出版概念 385
　　2.2　网络出版发展历程 387
　　2.3　我国网络出版现状 388

第三章　我国网络出版版权保护问题探究 391
　　3.1　盗版侵权现象严重 391
　　3.2　版权归属模糊不清 392
　　3.3　授权存在纠纷隐患 393
　　3.4　各方利益冲突加剧 394

第四章　国内外网络出版版权保护现状对比 396
　　4.1　国外网络出版版权保护现状 396
　　4.2　我国网络出版版权保护现状 399
　　4.3　国内外网络出版版权保护现状对比分析 408

第五章　我国网络出版版权保护应对策略 409
　　5.1　加大版权保护的宣传力度 409
　　5.2　进一步健全版权法律法规 410
　　5.3　积极推动版权保护技术创新 410

5.4 规范著作权集体管理制度 411
5.5 促进网络出版产业链的完善 412

结　论 414

参考文献 416

第一章　绪言

1.1　研究背景

　　作为二十世纪最伟大的发明之一，互联网对现代社会发展和人类文明进程起着巨大的推动作用，网络已经与人们的生活、工作、学习和娱乐紧密联系在一起。某种程度上我们可以断言，网络已经成为现代社会必不可少的工具和纽带，而互联网的飞速发展，自然而然影响到了社会其他行业的发展，甚至为其打上深深的烙印。作为文化产业的一部分，出版业承担着传承文明、记录历史、传播知识、汇集信息的使命。而随着社会和经济的发展，出版业近年来也有了跨越式的发展，并面临着极好的发展机遇，同时也面临着很大的挑战。互联网发展之于出版业来说，机遇与挑战并存，最重要的一个挑战就是网络出版的出现。

　　网络出版伴随着互联网的产生而诞生，循着网络技术的发展而不断壮大，随着我国互联网及网络技术的发展，网络出版在我国快速的发展具有必然性，并对传统的出版业不可避免地产生着巨大的影响。任何出版单位如果漠视这一事实，不及时做出反应，都很可能被出版大势淘汰。当前，我国几乎所有规模化经营的出版社都建立了自己的网站，足以证明业界普遍关注和重视参与新的网络出版市场竞争。

　　随着互联网发展，内容资源在其中的作用越发突出，网络出版活动中的版权问题也越来越值得重视。一个作品要通过互联网向大众进行传播，第一步是将非数字化的作品进行数字化处理转码为数字作品，或是在计算机上直接以数字格式创作多媒体制品、数据库、计算机软件等；第二步是将这些数字化处理作品与互联网连接，并将之上传到网络上，这样，用户可以通过互联网使用这些作品。

　　多媒体作品具有完整性，计算机并没有在跨介质的"不同作品"之间转换，而是阅读一部以独创的形式，并进行了完整构思的作品。然而目前的《著作权法》不可能对每一项新技术诞生的"作品"都一一列入，因此，数字版权缺乏完善的版权制度保障。如今的世界已经越来越朝着全球化的方向发展，无论是经济还是文化都呈现出一种国际化的趋势，我们必须要尽快适应这种现实环境，进一步加快我国的出版产业发展步伐，加大数字版权的保护与管理力度，全面提升我国文化产业的竞争力和创造力。

1.2 文献综述

西方国家的信息化程度较高，对网络出版的研究更加深入，他们已经从技术、标准、管理等多方面对网络出版进行了探索，形成了自己的研究体系，为网络出版的发展和数字版权的保护奠定了基础。

国外特别是西方发达国家的版权贸易发展较早，对于版权保护的立法也较为完善。随着网络的兴起和广泛应用，发达国家在数字版权方面保护比较健全，大都制定了专门的法律加以保护，如美国的《千年数字版权法》《计算机反欺诈与滥用法》，德国《网络服务提供者责任法》《数字签名法》，日本《信息公开法》《协调法》，印度的《信息技术法》，新加坡的《电子交易法》，韩国的《信息通信网络利用促进法》等。美国的版权保护最为完善，它在《千年数字版权法》中不仅详细规定了网络复制的形式，网络服务提供者的责任，各种破坏技术保护措施的违法行为，各种破坏版权保护的侵权责任原则以及各种救济措施。欧盟是网络版权保护刑事立法的典范，它于2000年两次颁布了《网络刑事公约》，详细规定了各种网络犯罪的形式以及各种罪名，印度在这方面的立法与欧盟相似，但略有区别。此外，其他国家的立法也相应详细规定了各种数字版权保护及各种救济手段。

与发达国家相比，我国网络版权研究起步较晚，从1995年开始，我国的数字版权研究正式开始起步，最早的是冯刚的《微机的应用和开发：计算机应用基础》，其中在第九章计算机与社会中首次提及了知识产权与计算机软件这一方面，具有开创性的意义。近年来，出版社和其他机构在网上构筑网上书店，才为研究提供了一些实践经验，但是这些著作主要研究的是计算机软件的版权保护，涉及网络版权等更加先进的数字版权领域的著作很少。进入21世纪后，数字版权研究发展突飞猛进，数字版权尤其是网络版权无疑是当前学界和业界最为关心的热点问题。

在CNKI检索"网络出版"显示有1617条结果，主要研究方向集中于网络出版的概念界定，网络出版与传统出版的比较，网络出版法律方面的研究，网络出版经济方面的研究，以及对发达国家网络出版经验的介绍，等等。

在网络出版的版权保护方面，我国也有不少专家和学者对此予以关注并进行了相关研究，研究领域多集中于版权法以及技术保护层面，但是相关专著相比于期刊文章来说并不是很多，目前独立介绍网络出版和数字版权领域的专著很少，其他著作主要研究的是计算机软件的版权保护问题；另外，网络出版、数字版权的相关文章大多只是在介绍现状，研究深度不够，实践经验匮乏，对于一些更加深入和细节的问题更是鲜有涉及。

随着互联网发展和社会进步，网络版权研究的大趋势将会转向如何开发出更多的网络出版模式、怎样推动版权保护立法、如何引导出版产业向健康有效的方向发展、怎样加强数字版权的多学科交流等。我国现阶段应该着重加大对以下两方面的研究力度：首先是向国外学习先进的网络版权管理经验，"他山之石，可以攻玉"，规范国内网络版权管理。其次，系统化研究，不仅要将网络版权保护当成一个技术问题，更要当成经济、社会、法律问题来系统地、综合地研究，以期探讨出更为完善的网络版权保护模式。

1.3 研究框架

目前针对网络出版和数字版权这一主题的文章大多集中在法律和技术层面，从传播学和经济学的角度去解释并分析的文章相对较少，因此本文将运用传播学与经济学理论，尤其是经济学理论，分析网络出版的巨大前景及其存在的隐患。

本文将采取定性分析法、文献研究法、案例分析法和对比分析法相结合的研究方法，通过研究具有代表性的国内外网络出版和数字版权方面的案例，并且对比国内外的网络出版版权保护对策，批评吸收国外的网络出版版权保护经验，探索我国网络出版版权保护工作发展的出路问题。

研究重点将放在第四章与第五章，主要研究我国网络出版的版权保护问题，从各个层面分析产生这些问题的原因，总结国外数字版权的经验并探索我国网络出版的版权保护问题的解决方案，促进我国网络出版版权保护与国际接轨，走向更加成熟的发展道路。

本文的创新点在于通过对比目前国内外的网络出版版权保护的异同，批判吸收国外的版权保护经验；另外，本文还将选取几个极具代表性的国内外网络出版的版权保护方面的案例进行分析，以此来加深对我国网络出版版权保护问题的认识，并试图寻找适合我国网络出版发展的版权保护新思路和新方法。

1.4 理论依据

网络出版的出现、发展与互联网、通信、存储等多项高新技术不断进步成熟密不可分，它是网络信息传播的一种重要形式，也是信息产业的一个重要领域。因此，网络出版研究不仅要植根于传播学理论，也要着重于经济学视角，将网络出版作为一个产业，运用经济学理论对其进行分析。

传播学视角下的网络出版，是随着互联网发展而产生的一种新的传播形式。著名学者罗杰斯提出的创新扩散理论认为，创新事物具有独特性，而新事物要得到社会广泛认可需要一个传播过程。网络出版是近年来出现的新的出版形式，它的独特性表现在出版内容较之传统出版更为立体化、丰富化，内容来源较之传统出版更加广泛；网络出版的传播渠道更加便捷，传播速度与周期比传统出版快得多；网络出版的门槛极低，通过互联网，"人人都是出版者"等诸多方面。由其独特性，我们不难将其定义为一个创新事物。

罗杰斯认为，创新的扩散过程开始时一般会比较慢，而当"采用者"数量达到一定规模之后，创新事物的扩散速度会突然加快，直到接近"饱和点"，而后创新速度才会逐渐减慢下来。网络出版在我国的出现不到二十年光景，然而，随着近年来计算机技术与网络技术的飞速发展，互联网用户数量增速极快，到2012年已经突破5亿大关。这为网络出版的扩散提供了潜在的"采用者"数量。事实上，从近年来我国网络出版的营业额增长趋势来看，网络出版已经驶入了发展的"快车道"，因此我国的网络出版正处于快速上升期，对网络出版进行系统全面的研究，有利于延长这个快速上升期，提高"饱和点"，延后"饱和时间"。

网络出版作为一个新兴产业，对其发展前景的预测现在学界莫衷一是。然而，根据产业经济学的理论，网络出版的发展前景将超过传统出版，主要依据有几下几点。

第一，网络出版的崛起速度非常快，突出体现了"马太效应"。根据马太效应，强者愈强，弱者愈弱，出版产业的内部必将产生分化现象。与传统出版业相比，网络出版所占的市场份额在短期内便大幅增长，这必将对传统出版造成极大冲击，传统的出版社已经开始着手转型工作。

第二，网络出版的"网络外部性"效用远远高于传统出版。所谓网络外部性，是指随着使用同一产品的用户人数增加，消费该产品带来的效用也随之不断增长。一般而言，互联网经济活动比传统经济活动的外部性效应高得多，网络出版作为互联网经济的一种形式，自然也不例外，尤其在Web2.0时代，每个消费者都不是孤立的存在，他们可以在消费平台上自由发表意见，影响其他消费者的选择。而网络出版物的内容也可以以极低成本，根据用户反馈在极短周期内不断修正。消费者反馈既是产品改良的保证，更是有效的广告。要获得"好评如潮"的反响，传统出版物需要极长的时间，而网络出版物依赖更便捷的渠道，在短期内便可以收获集中的、指数增长的好评率。

第三，网络出版一定是"规模经济"。所谓的规模经济，即随着生产规模扩大，单位商品成本不断降低。网络出版不依赖实体纸张、油墨等，只对计算机有极少量的损耗；网络出版商在初期购买版权时花费一定成本，而随着消费者数量增加，出版物的平均成本自然越来越低，传统出版则无法做到这一点。而根据著名的"长尾理论"，网络出版物无须存储场地，出版发行渠道更加畅通，因此产品成本之于传统出版急剧下降,个人也可以进行生产,看似需求极低的产品都会销售出去,规模化经营对网络出版来说是可行的。

第四,由于我国的网络出版产业目前还处于初级发展阶段,也就是"幼稚产业",发展基础和竞争力都相对不足,但是网络出版的发展前景广阔,将来一定会迸发巨大的发展潜力,成长成为具有比较优势的新兴产业,从而达到规模经济的效益。因此,国家为了保护网络出版产业的发展,投入了大量资金技术,强化版权保护工作,以此来推动网络出版产业取得更好更快发展。

第五,网络出版的勃兴,给出版界带来了新的议题——网络出版产业链。作为出版产业的一个新领域,网络出版有着独特的个性,在从内容生产到出版再到盈利的这一系列过程中,产业链条焕然一新。传统出版的产业链,可简单描述为"出版—印刷—发行"三步走,在这个产业链条上,出版机构处于上游位置,占有了大部分出版资源。传统出版条件下,一部作品先由作者完成,再提供给出版社,出版社排版、加工后交由印刷企业进行出版实物生产,最后由发行经销商通过各种渠道卖给读者。可以说,传统出版产业链条呈现出单一性,而这种单一性是有利于对版权进行保护的。然而,由于网络出版的出版主体不再单纯是出版社等专业性的出版机构,出版主体呈现出多元化趋势,因此网络出版产业链也不再具有单一性,不同的网络出版领域有不同的产业链,例如,网络游戏产业链、电子书产业链等,并且这些产业链之间多有交叉和重叠,这样就给版权保护带来了新的难题。

第六,数字版权的时空性使得"服务贸易"在国民经济中的地位和作用日益凸显。服务贸易从广义上来说,就是服务的提供者与使用者在没有直接接触的前提下进行交易的无形活动。网络出版的出现,消弭了出版物与读者见面的时间与空间差,无论是在国内还是在国外,网络出版物都可以在第一时间与读者见面,这对版权保护造成了极大的困难,主要表现在两方面:首先,传统出版物可以第一时间通过扫描转码为数字形式,上传到网上,供用户免费取得。Web2.0技术为用户上传内容提供了许多平台,如百度文库等。其次,网络出版物可以通过各种传播形式被分享,而这种分享对出版者毫无利益可言。例如,一个用户购买了电子书,他可以无拘束地将电子书文件发送给好友,或上传到共享平台;国外的著作也可以第一时间通过网络进入国内,尽管可能国内还未购买到其版权。

根据以上的传播学和经济学理论,不难得出这样的结论:网络出版拥有难以估量的巨大发展潜质,但发展过程中也难免会有诸多问题。从现在的情况来看,网络出版的主要发展桎梏就在于网络出版市场管理缺乏有效机制,其中数字版权保护机制的完善是机制建设的重中之重。

第二章 网络出版概况

2.1 网络出版概念

"网络出版"于20世纪90年代中期传入我国。我国早期的研究者往往将网络出版与电子出版看作同一类事物，周荣庭认为"网络出版就是通过计算机网络进行信息传播的电子出版"。90年代末期，国内对网络出版的研究渐成规模，但就目前的研究成果来看，大多都是零散的、不完整的，不同的理论研究者和实践者从不同的侧面看待网络出版这个新事物。

我国对网络出版定义做出明确界定，始于2002年8月颁布的《互联网出版暂行规定》。该规定认为，所谓网络出版，是指网络信息、服务的提供者，把自己或他人创作的作品在选择、编辑加工过程后，发布在互联网上或通过互联网送达至用户端，供公共浏览、阅读、使用或者下载的在线传播行为。

这个定义比较明确地指出了网络出版的主体和出版过程，并将网络出版看作传统出版的一个延伸，从传播学理论角度来看，这一规定不仅将网络出版看作是一种传播过程，也是一个传播的系统，它明确指出了网络出版必备的几个要素，具有框架意义。然而，网络出版是一个新事物，这一规定出台已过去十年有余，而十年来网络出版无论从出版形式还是出版内容上都呈现飞速发展的趋势，因此其可参考性值得商榷。

笔者认为，要对网络出版进行定义就只能先从出版上进行界定。《世界版权公约》中对出版是这样定义的：出版是"指对某一作品以一定的形式进行复制，并在公众中发行，以供览阅或观赏"的行为。从这个概念我们可以看出，网络出版也是一种出版形式，只是在出版物的形式上、复制的过程上和发表的方式上和传统出版存在一些差异。学界对网络出版的定义多种多样，大致可归纳为以下两类观点。

（1）从狭义的角度出发，将网络出版看作传统出版流程的延续

该类观点以上文提到的《互联网出版暂行规定》中的规定最具代表性。而出版研究学界，持这一观点的学者，对网络出版做出过如下有代表性的定义："网络出版就是具有合法出版资格的出版机构，以互联网载体和流通渠道，出版并销售数字出版物的行为。"这一定义着重强调，网络出版行为必须满足两大特点：

首先，出版主体要有合法性；其次，出版的流通渠道是互联网。

对网络出版主体合法性进行限定，在当前国情下并不适当。首先，我国的出版法律法规很不完善，还在不断地修订，因而出版主体是否合法也可能随着法律变化而不断变化。其次，网络出版主体获得授权的门槛较高，至今为止，获得新闻出版总署授权的网络出版机构仅仅 50 家，绝大部分网络出版机构并没有任何授权，如果仅仅将这 50 家机构作为网络出版主体，很明显是荒谬的。

除此之外，这种由传统出版概念衍生出来的网络出版概念，还有以下几点值得商榷：其一，这种观点将网络出版看成是传统出版的翻版，而对网络出版作为一种新的出版形态的自身的本质和特征并没有进行明确的说明和界定；其二，网络出版无论是从内涵还是从外延的角度来说都与传统出版有着本质的差异，简单地将网络出版看成是传统出版在互联网时代的延伸未免有牵强之嫌。互联网时代，传播主体和传播形式正发生着剧烈变化，这使得网络出版的异军突起现象远远超越了传统出版产业延伸的范畴，它毫无疑问是一场出版界的"革命"。

（2）从广义的角度出发，将网络出版看作网络信息传播的一种形式

持这种观点的学者从传播学的角度认为，出版是一个信息传播的过程，因此凡是以互联网为载体和技术手段进行的信息传播都属于网络出版的范畴，换言之，网络出版只不过是网络信息传播从出版视角出发做出的同质性表述。对此，谢新洲做出的定义最具代表性，"信息通过互联网向大众传播的过程就叫网络出版"。因此网络出版只是网络信息传播的一种形式，但在"大出版"概念范围内和特定的传播效果研究视角上，网络出版和网络传播又是一致的。

从着眼于推动新事物的发展来看，这种"泛网络出版"的概念界定方式虽然在一定程度上存在使概念外延过于宽泛的弊病，但是总体说来具有前面两种所不具备的前瞻性，有助于推动网络出版的实践丰富和快速发展。

无论从第一种还是第二种角度对网络出版进行界定，网络出版概念的基本要素都是一致的：以互联网为载体和手段；经过选择和加工过程的数字化内容和作品；传播的交互性和个性化。基于以上三点，本文针对网络出版，采用的是赵东晓在《网络出版及其影响》一书中所提出的概念："与传统出版（主要是纸质出版物出版）相对应，以数字技术为支撑，以互联网为平台，进行内容选择并传播、发行的著作物出版。"

全面理解网络出版，需要我们以发展的眼光，从多个角度切入研究。从技术角度来讲，网络出版是以计算机网络技术为基础的一种出版形式。从产业角度讲，网络出版是出版产业新出现的一个热点。从媒介的角度讲，网络出版的主要作品形式是网络出版物。从出版角度来说，网络出版主要依托互联网，包括作品上传、

用户推送等多种出版方式。

目前，网络出版大约有5种类型。第一种模式是国外较为流行的"自出版"，个人就是网络出版商。第二种模式是以网络公司为主体，谋求出版商服务权或代理权，出版电子图书并销售，提供给出版商提成版税。第三种模式是出版商自行出版发行电子图书。第四种方式是POD模式，这种模式在美国比较成熟，主要进行绝版书和小批量书的出版发行。第五种模式是开发智能终端系统的阅读软件，比较典型的是微软公司开发的e-Book。

2.2 网络出版发展历程

技术是推动出版向前发展的决定力量，网络出版的兴起与发展也正是依赖于先进的网络技术，互联网技术为网络出版提供了全新的出版环境和平台，大大提高了信息资源的挖掘能力和应用效率。从世界范围来看，网络出版的产生溯源于20世纪70年代，其标志主要有两个：一是计算机主导出版物的编辑业务和印刷工艺，二是在线数据库服务。1971年谷登堡计划最早开始在互联网上出版免费电子书；1972年，Dialog成为第一个提供在线服务的商业数据库，到1988年，1732个数据库和576项在线服务提供3893个在线数据库。20世纪80年代末，全息技术取得了革命性的成果，美国Adobe公司把数字文档照相系统引入报刊的编辑。90年代以后，随着网络技术的成熟，大批出版商进入网络市场。

国外网络出版的发展早于我国，同时加上经济发展因素，其网络出版已经比较繁荣，尤其是在美国、法国、日本等国家更是突出，它们已经在整个网络出版市场上占据了领先地位。网络出版最早出现在美国，美国凭借其先进的计算机技术和比较高的网络普及率，在网络出版方面引领了时代潮流。从最初对网上书店的尝试，到后来的网络在线出版，美国在技术和方法上都处于网络出版的最前沿。据统计，2002年1月，美国的电子书市场销售额为21.1万美元；2003年1月，增长到330万美元，增长率高达1464%，增长势头之强劲可见一斑。到2006年，美国大约有800家出版社开展网络出版业务，已出版各类电子书近6万种，市场销售的电子书阅读器有3款。以上数据说明，美国读者对于通过网络阅读电子书的兴趣在迅速增长。法国和日本的网络出版也发展较快，由于它们的经济发展水平较高，因而计算机也比较普及，从而增加了读者群人数，以此推动了网络出版的发展。

与国外相比，我国网络出版起步较晚但发展很快。我国的网络出版始于1995年的1月，以神州学生杂志在互联网上推出电子版，成为中国第一份中国网络杂志为标志。经过十多年的发展，中国的网络出版产业取得了长足的进步。目前已有很多出版社和众多科技期刊建立了自己的网站，建成了几百种期刊全文集中文网服务机构，形成了书报刊上网的大好局面。2000年9月1日，辽宁出版集团推出了我国第一代电子图书。紧接着，北大方正、博库、超星数字图书馆、中国数字图书馆、书生科技有限公司等相继投入巨大人力、物力、财力，开发生产电子图书及相关产品。

截至2002年底，我国已有200家出版社进入网络出版，出版各种电子图书2万种，生产电子书阅读器的厂商已达3家，45万读者从网上下载了100万册电子书。从市场销量来看，我国出版类网站2005年互联网出版业务总收入77亿多元，净利润14亿多元。从以上的数据看，网络出版近年来毫无疑问处于"指数增长期"，其发展势头之强劲契合了罗杰斯的"创新扩散"理论，即新事物在诞生初期会进入飞速发展阶段。

但从市场销售的总体来看，网络出版远远落后于传统出版。我国传统图书一年销售额大约为1000亿元人民币，而网络出版的销售额只有100亿，只及传统图书的1/10。因此，在相当长的时期内，传统出版在我国仍然会占主导地位。从总体来看，我国网络出版呈现出惊人的发展速度，但仍处于初级发展阶段，产业缺乏成熟度，在技术、网络安全、版权保护等很多方面都存在问题。以上几个因素，是制约网络出版走向"成熟期"的主要桎梏，从经济学角度讲，一个产业要充分发展，必须有配套的技术、政策作为支持，因此这些隐患值得重视。

2.3 我国网络出版现状

近年来，随着技术的发展和政策环境的完善，以报刊电子版、电子出版物、网络出版物为代表的网络出版形式已进入产业化发展阶段，"5W出版"将从真正意义上成为可能，与传统出版相比，很明显网络出版的前景更加广阔。

2007年7月，在国家版权局、世界知识产权组织主办的"2007国际版权论坛"上，新闻出版总署音像电子和网络出版管理司副司长寇晓伟发表《中国网络出版发展状况及政策》报告称，中国的网络出版随着互联网的发展和应用普及，目前已覆盖传统出版的所有领域。"在全国现有的80多万个网站中，涉及出版的网站占25%，这些网站的编辑量超过了总编辑量的40%左右，从业人数超过了4万人。2004年中国网络出版总销售收入超过了130亿元人民币，并带动相关产业增加产值1500亿元左右。"

据2007年上海书展上发布的一份研究报告预测：2008年，中国50%以上的网上书店销售电子图书；2010年，90%以上的出版社会出版电子图书；2015年，中国电子图书的销售会达到100亿元，利润贡献将达到50%。另据国际权威人士预测：2020年，电子图书的销售额将达到全球出版业总销售额的50%，而到2030

年，这一比例将达到 90%，传统出版业与网络出版的并存和相互促进，将为网络出版提供发展机遇和内容。不论这种预测是否准确，都可以说明网络出版正呈现出惊人的发展速度，其前景无疑是光明的，在可预见的未来，出版业将出现网络出版与传统出版平分秋色的局面。

从网络出版的主体来看，出现了多元化的趋势。目前涉足网络出版的单位不仅有传统出版社，还有网络公司和门户网站。在网络出版的主体投资者中，营利性网站以非传统出版单位为主，非营利性网站中有 78% 是传统出版单位。非传统出版单位中，也有 1/4 的单位是非经营性运营，这一部分主要是由兴趣爱好而自建的社区类、健康类型网站。在我国，拥有了自己的网站的有数十家出版社和科技期刊，并且已经建成了几百种期刊全文集中上网服务机构，形成了"书报刊上网"的大好局面。图 2.1 是截至 2006 年我国主要的网络数据库的期刊收录情况。

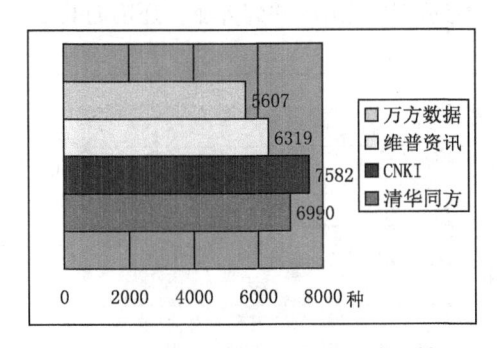

图 2.1 我国网络数据库的期刊收录情况

从网络出版的营利方式来看，主要是依靠广告。从网络出版的类型来看，出版最多的是文学、计算机、综合类图书，市场销售最多的图书要数语言、政治法律、经济类图书。医药、教辅、军事、少儿、社会科学以及各种专业书市场需求也很大。网络出版以广告为主的盈利方式，与传统出版有很大不同，传统出版业的盈利，除杂志外，极少依赖广告。根据传媒经济学理论，"二次售卖"是传媒业区别于其他产业的重要特点，而网络出版或许做得到比某些传媒业更"完美"的二次售卖，这是因为：电子书、数据库近年来受认可度越来越高，许多电子出版商能通过内容实现一定的盈利，而传媒业中的纸质报业、杂志业已经走向"厚报时代"，内容非但无法盈利，反而趋向亏损；数字出版的广告形式多为植入性，这有别于商业杂志和报纸，它们往往为广告提供专门的版面。

从目前国内情况来看，网络出版还处在一个发展的低位阶段。网络出版的发展需要传统出版做出努力。在我国的出版社中，除少数出版社确立了较为明确和具体的网络出版开发策略、方案外，大多数出版社对如何发展网络出版的认识还很模糊，这其中还包括了一些已经启动数字出版和网络出版项目的出版社。许多出版社对网络出版采取的是密切跟踪、审慎跟进策略，因而主要由技术提供商组织推动、不需太多投入与承担太大风险的电子书出版成为出版社试水网络出版的第一选择。

在我国，当前的网络出版主要集中在学术文献出版和大众消费出版，这其中还包括了占很大比重的网络游戏。

图2.2是从2004年到2012年近十年间我国网络游戏产业的市场销售收入情况，近年来我国大大加快了网络游戏海外拓展步伐，网络游戏企业整体运营能力大幅度提高，国产网络游戏市场占有率已超越进口网络游戏，国际竞争力稳步提升，已经成为了互联网出版产业的领军力量。但是在其他方面，网络出版还需要全面扩大出版范围，真正做到与传统出版并驾齐驱，还需时日。

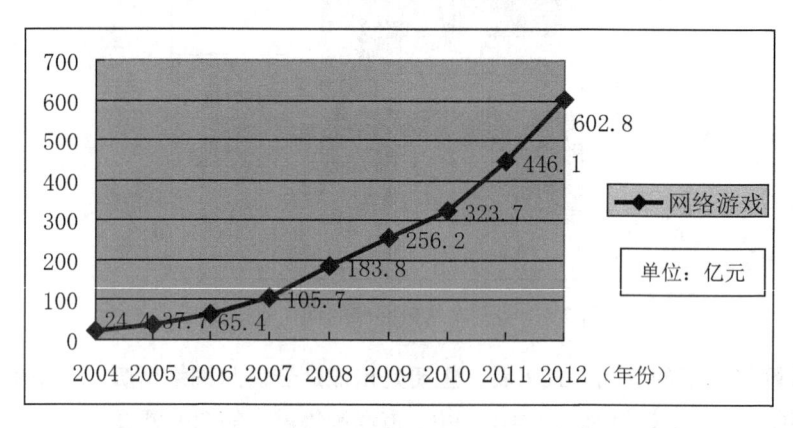

图2.2　2004—2012年我国网络游戏产业的市场销售额

尽管网络出版在很多方面还存在许多问题，但从长远角度看，这些问题并不能掩盖其巨大的发展潜力。随着互联网网站数量的迅速增长，网络出版的发展正极大丰富着互联网知识和信息传播。这些网站都可以成为网络出版的发展平台，在这些平台上，网络出版物以极低的成本被生产，而网民也能以便捷的渠道和低廉的成本获得满足。此外，随着社会文明程度的提高，网络领域的法制不断健全，网络出版物的质量必然呈现逐步提高的局面。随着网民上网时间增多，网民对网络出版的态度也正发生着极大变化，网络出版将出现灿烂的天空，传统出版不再是出版领域主旋律，传统出版一枝独秀的地位将被打破，出版界将出现网络出版与传统出版平分秋色的局面。

第三章 我国网络出版版权保护问题探究

网络出版产业是一个蕴藏巨大发展潜力的朝阳产业，它对于信息的沟通和文明的保存来说具有非常明显的意义，但其发展具有动态性，当前的web2.0以及今后的用户时代在推动网络出版发展的同时，也为数字版权的保护工作带来了越来越复杂的困境。可以说，经济学中的"外部性"理论尽管在网络出版领域体现得淋漓尽致，但其经济意义因大量的网络侵权行为大打折扣。所谓侵犯版权，对于一般出版物而言是指未经著作权人许可，擅自将出版物的内容进行直接或变相传播，以用于牟取不当利益的行为。在互联网迅速发展、信息极速流通的时代，网络侵权事件频频发生且呈现多样的类型，这无疑加大了网络版权保护工作的难度。

国家新闻出版总署署长、国家版权局局长柳斌杰对此是这样描述的："数字技术的发展使得网络版权的保护问题增大。数字化的作品或者是传送形式的作品，更易被侵害。加上网站无限制的纵容，网络侵权就有无国界、盈利性等特点。侵权行为难以被确认，侵权的证据难以搜集，客观上增大了网络版权保护的难度。"

3.1 盗版侵权现象严重

网络出版侵权行为在业内是十分普遍的状况，许多著名的公共网站、个人主页为了增加访问量，提高点击率，扩大影响力，达到自身的商业目的，在没有经过作者或出版者授权的情况下，将某些公众喜爱的作品在网络上进行传播，可以任由他人下载、阅读，或者向其他网站提供链接，这些做法都是公开的侵权行为，却几乎没有受到法律的约束，使用者也难以认识到这样使用他人作品资源是违法行为，其中，谷歌的"版权门"事件是典型的例子。

2009年10月，谷歌"版权门"事件闹得满城风雨，谷歌在没有取得权利人授权的情况下擅自将中国的570位版权人的17922部作品非法扫描上传，这一切都是源于谷歌近年来在全球推行的数字图书馆计划。谷歌宣称将向公众免费提供其数字图书馆内近千万种图书的使用权，但是这一计划并没有得到包括作者本人或出版社在内的数字版权所有者的授权，各国纷纷爆发了反对谷歌图书馆的纠纷，因为未经授权，谷歌非法扫描上传作品并免费向读者提供内容浏览的行为，实际上就是一种数字版权侵权行为。

盛大文学总裁，吴文辉曾在上海的一个以"数字网络环境下的版权保护"为主题的高峰论坛上表示，"网络出版盗版侵权现象在目前来看是十分严峻的，据统计，文学盗版网站数量约为53万家，一个网站的建设成本只需数万元，而盗版市场的总规模却达到了50多亿元，盗版者的利益空间巨大。"

网络出版具有许多传统出版所没有的特点，其中即时性与传播广泛性使得网络著作权人的权益更易受到侵犯，同时网络的便捷性也为侵权盗版行为提供可能。从传播学角度看，交互充分的传播方式模糊了传播界限，在这种模式下，传播系统的效率更高、传播速度更快，"共享"在传播系统里成为一种潮流，而这却与版权保护相互冲突。互联网具有自由性和开放性等特点，任何人都可以公开发表共享自己的信息同时使用其他人的信息资源，但大多数的网络出版行为都没有经过授权，遑论版权保护。由于网络出版还处于起步阶段，不论是技术还是经验都相对不成熟，许多盗版者利用先进的技术手段盗取他人作品谋取利益，使得网络版权保护的技术难度更加增加，因此，网络出版侵权盗版行为易发生、难制止。

3.2 版权归属模糊不清

2011年6月，数字版权第一案——中华书局起诉汉王科技案尘埃落定，最终法院判决汉王科技胜诉。事件起源于2009年10月底，汉王科技未经中华书局允许就在其制作发行的4款汉王电纸书（国学版）中收录中华书局的点校史籍，中华书局向法院起诉并索赔400余万元。法院终审判决认为，国学网先于汉王科技在网络上销售点校史籍，汉王科技的点校史籍版本也是从国学网中收录的，但之前中华书局并未追究国学网的责任，说明他们并不反对点校史籍的侵权行为，因此中华书局在汉王科技推出电纸书之后提出的起诉不能成立，汉王科技对中华书局不造成侵权。然而从本质上来说，这场诉讼案中的任何一方都没有获益，二者之间的官司只是万千数字版权争议乱象中的一个例子，其背后所反映出来的数字版权交易状况仍然令人担忧。

印刷出版物的著作权在《著作权法》中都有明确详细的规定，各项权利的界限径渭分明，不易混淆，而网络出版物的著作权由于在《著作权法》中没有做出相应的规定，人们在参照现有《著作权法》对其试图做出解释时，各项权利的界限往往变得模糊不清，也就是说，现有的《著作权法》不能对网络出版物著作权人的各项权利做出正确、有效的界定和划分。

网络传播速度快、传播范围广的这些特点，已经彻底打破了传统版权的观念，版权人和公众使用者都不清楚如何该保护和行使自己的权益。版权究竟属于谁？现在有很多网站转载了作品，却不知该把数字版税给谁。"实际上，版权天然属于作品作者；而在出版商与作者交易之后，版权同时又存在这样几种归属：传统出版社、网络文学网站、电子书厂商等。"现在网络和手机等新媒体上出现的各种作品有的直接来自作者，也有的直接来自传统的出版物，还有的来自网络原创等，这些都应该根据不同情况，细分数字版权的归属问题。"传受不分"的混沌态在Web2.0时代尽管无可避免成为潮流，但这种混沌态在网络出版领域绝不能放任，否则，"去商业化"的网络出版必将失去动力，陷入危机。

3.3 授权存在纠纷隐患

2011年初，著名作家贾平凹的长篇小说《古炉》电子书在网易上线，这件事本身是传统作家进行网络出版的一次尝试，但是却将《古炉》的数字版权纷争引向高峰。这是由于《古炉》一书之前在人民文学出版社出版，人文社宣称拥有该书的数字版权，但是贾平凹却将该书的数字版权授予网易公司，于是人文社就认为贾平凹"一书两卖"重复授权，将网易诉至法院，索赔200万元。这场纠纷明显暴露出作家、出版社和网络三者之间的数字版权授权混乱现象，《古炉》的数字版权归属问题不明，主要是因为作者、出版社和网络提供商之间在版权授权环节存在很多"误读"，彼此对数字版权的概念也没有达成一致。

中国文字著作权协会总干事张洪波认为："数字出版商获取数字版权的方式主要有三种，即同作者、出版社一对一签约、同文著协这样的著作权集体管理组织'一揽子'签约、与版权代理机构购买版权。由于产业链环节处于割裂状态，'一对一'授权难度大、代理机构欠发达等原因导致授权环节存在很多纠纷隐患，而新兴的著作权集体管理组织不被重视。"

数字版权授权环节的纠纷一般存在以下几种隐患：1. 超期限使用。2. 出版方与著作方对数字版权所有权理解的偏差。3. 数字版权授权链条不完整、不规范。这些数字版权纠纷隐患体现在网络出版过程中，便是层出不穷的授权乱象，例如网络出版商未经授权擅自使用作品；作者和出版社对同一作品重复授权；作者和出版社所签订的出版协议对数字版权的概念和适应条款规定不清；授权通道不畅，作家和出版社与数字出版商作为市场的双方对接难，缺少数字版权交易平台，海量授权难以解决等。

《古炉》一案所反映出的问题只是海量数字版权授权隐患的一个缩影，由于以前作者在和出版社签订出版协议时一般不会考虑数字版权方面的问题，所以现在，如果网络出版商要进行网络出版就必须找原作者授权，因为出版社并没有作品数字版权方面的授权，但是为了简化烦琐的程序，网络出版商就会默认出版社有授权并且直接找出版社购买，出版社为了自身利益也会配合网络出版商的合作要求。然而，据中国文字著作权协会的不完全统计，"在580多家出版社中，真正做数字出版的很多，但是出版社拥有数字版权的比例平均在20%左右，有的出版集团才10%"。所以，出版社与网络出版商的这种合作授权模式存在很大的侵权风险。

总之，我国的数字版权授权环节问题颇多，很多网络出版商肆意妄为，在没有任何规定的约束下任意使用版权人的作品牟利，严重违背了数字版权"先授权，后使用"的基本原则，这既从一定程度上造成了数字版权的归属不明，另外也使得数字版权各方的利益冲突加剧，矛盾一触即发，版权纠纷不断。

3.4 各方利益冲突加剧

在现今发展迅速的数字时代，网络技术的增强使得信息在传播时不再受到数量和空间的限制，这使得信息传播变得十分便捷，同时也为侵权行为提供了滋生的温床，对版权人的利益造成严重损害。为了维护自己的权益，版权人试图通过相关的数字版权保护技术和法律途径来防止和打击侵权盗版行为的发生，但同时，这种"过度保护"也使得公众的信息利用范围越来越小，造成版权各方利益的严重失衡和冲突。过度保护实质上是一种"传播障碍"，它阻碍了网络出版物的流通渠道，增加了阅读者获取出版内容的成本，这必然导致产业的社会认同度受到影响。尤其在我国，互联网发展初期这种障碍几乎不存在，而随着网络出版的商业潜力迅速增加，版权保护行为必然会迅速增多，这种急速剧增的保护行为导致出版主体间、出版传受者间摩擦越来越多。

2011年3月15日，50位作家联名公开发布《三一五中国作家讨百度书》，指责百度文库的忽略版权允许百度用户自由上传非原创作品的经营方式严重侵犯了广大著作权人的合法权益，严重破坏了市场竞争秩序，严重破坏了法律秩序和公民的版权意识，属于损害社会公共利益的行为。一时之间，舆论全部倒向了作家一边，一致认定百度文库对用户上传的内容监管不力，在这种情况下，百度只得公开向作家们道歉并承诺3天之内彻底搜查并删除没有获得数字版权授权的作品。

互联网专家、中国电子商务协会政策法律委员会委员于国富认为："百度与权利人之间之所以会发生这么多的冲突，根本原因在于利益没有均衡。如果双方（作家和出版商）能心平气和地坐下来协商，在各自坚持的要求方面适当做一些让步，找到双方都能接受的方案，那么就完全有可能化解矛盾，实现互利共赢。"

我国现有的版权法律与条例将作者、传播者及其代理商称为版权人，赋予版权人以网络信息传播权保护作品的作者和传播者的利益，与此同时，维护版权人与公众的利益平衡。一方面，保护创作者的利益有助于激发他们的创作热情和积极性；另一方面，公众也有正常知悉和使用信息的权利，二者在传统的出版环境下还能保持相对平衡。但在数字环境下，网络的传播速度和方式都发生了翻天覆地的变化，传播者的位置显得更加重要，双方原有的利益平衡难以为继。

张大伟认为："目前对数字版权的保护在更多时候成为传播者之间生存的一种利益博弈，公众的利益仍然处于弱势地位。作者的'垄断权'与公众的'共享权'在版权领域始终是一对矛盾，协调、解决、规范这一矛盾的基本原则只能是'动态的利益平衡'。"

网络出版的版权利益冲突更加严重，尤其是我国的网络出版产业刚刚起步，还不能与发达国家相抗衡，在这种情况下，我们除了要保护创作者的正当利益外，还要防止对版权人的"过度保护"，必须要兼顾传播者和社会公众的利益，而且要尽量多得满足公众的利益需要，以期促进我国的网络出版产业获得良性发展。

第四章　国内外网络出版版权保护现状对比

随着内容资源在互联网发展中的作用越来越突出，网络出版活动中的版权问题也受到了世界各国的重视。但总体而言，无论是网络出版的发展还是数字版权的保护工作，我国都明显落后于发达国家，通过对比分析找出我国在此领域的不足，同时借鉴它国的数字版权保护措施，批判吸收，为我所用，是我国数字版权保护工作的必由之路。

4.1　国外网络出版版权保护现状

与我国相比，许多国家的数字出版起步更早、发展更为成熟，国与国之间还形成了网络版权保护的国际法框架，因此在数字版权保护上，他们也已经采取了许多值得借鉴的措施，累积了一些宝贵经验，关于数字版权保护的制度更加完善，颁布的各项法律法规实践性较强，技术创新性更高等。

4.1.1　各国关于网络版权的法律法规

从国际角度看，在版权纠纷中，网络出版的版权保护一直是当代世界各国立法和执法的焦点，其涉及的网络著作权利人、互联网服务提供商、广大网络用户利益等也一直是社会广泛关注的热点问题。

网络版权的国际保护，既涉及版权国际保护的一般性条约，也涉及专门针对互联网上版权问题而达成的版权条约。前者包括《保护文学艺术作品伯尔尼公约》《保护表演者、录音制品制作者与广播组织罗马公约》《录音制品日内瓦公约》《印刷字体的保护及其国际保存维也纳协定》《布鲁塞尔卫星公约》等。后者包括《世界知识产权组织版权条约》（WCT）和《世界知识产权组织表演和录音制品条约》（WPPT），这二者常被统称为"互联网条约"。

《与贸易有关的知识产权协定》（以下简称 TRIPS 协定），在序言中指出，知识产权属于私权，并在第 7 条中明确指出，知识产权的保护与权利行使，目的应在于促进技术的革新、转让和传播，以有利于社会经济福利的方式促进技术知识生产者和使用者互利，促进权利和义务的平衡。这充分体现了该协定对新出版技术的重视。

WCT第8条规定："文学和艺术作品的创作者享受专有权,对授权将其作品以有线或无线的方式向公众传播,包括将其作品向公众提供,使公众的成员在其个人选定的地点和时间就可以获得这些作品。"这一规定确立了网络出版时代下,"向公众传播权"才是版权保护的核心内容,也为各国制定自己的有关数字版权法律法规提供了指导方向。

在版权保护的国际法框架下,数字版权保护越来越受到重视,国际法框架作为国际版权保护的一个指导性法规,其规定不断与时俱进,推动各国越来越重视对数字版权的立法工作。为了实施WCT第8条"向公众传播权",各成员国根据自己的法律传统和国情采取了不同的保护方式:

美国在保留原有权利划分体系基础上,通过扩大传统的发行权、表演权、展览权等权利的调整范围实现对网络环境下版权人的保护。美国的版权法具有弹性和前瞻性,在一定程度上能够包容新发展起来的传播方式,不至于因网络出版出现导致无法可依,著作权人现有的发行权、公开表演权、公开展示权就足以覆盖这种新的传播方式。澳大利亚在2001年3月4日颁布《数字日程法》,新增了"向公众传播权",在该权利项下又分为"向公众在线提供作品权"以及"电子传输权"。欧盟、日本等也纷纷将"向公众传播权"列入法律法规之中,由此,大部分国家确认了数字版权是版权的一种形式,需要法律保护。

在具体的数字版权保护措施方面,欧美许多国家都有专门的规定:法国在《知识产权法典》在第三编预防、程序及处罚中做出了多项数字版权保护的规定,其中比较有代表性的是第三章第三节中的第二小节,这一小节提出"鼓励发展对用于提供在线公共通信服务的电子通信网络上合法和非法使用具有著作权或邻接权的作品和制品的监控及合法供应的任务",具体措施包括两方面,第一是授权与审查,即高级公署应对在线通信服务的供应商及在线作品提供者进行授权和审查,通过技术推进这项工作;第二是对具有著作权或邻接权的作品制品进行保护的任务,主要通过专门的网络行业协会及数字版权保护技术程序的开发这两大方式。英国的《版权设计与专利法案》在第一章中就明确提出,数据库是受版权保护的一个部分,并且将网络出版的保护范围归纳在了广播(又译为传播)范畴内,即只要是电子传输的合法作品都在版权法保护范畴内;此外,英国的版权法还界定了网络侵权行为,归纳在了"向公共传播之侵权"部分中。

4.1.2 国外的网络版权保护技术创新

数字版权保护技术是一种通过技术限制非法行为的有效手段,也是版权保护中的核心手段。在数字传播环境下，尤其是网络出版领域，数字版权保护技术越来越重要，成为保护版权权利相关人合法利益的重要手段。

在数字版权保护方面，国际主流化措施是 DRM，全称 Digital Right Management，即数字版权管理技术。这其中，国外的几大软件公司开发的 DRM 软件被广泛应用。

在电子书版权保护方面，美国的微软公司推出了自己的 DRM 系统，在服务器端，它有 DAS server，在客户端，有 Microsoft reader。微软的 DRM 技术是一个非常紧密的集成，在世界范围内被广泛使用。此外，电子书巨头 Adobe 公司也推出了自己的 DRM 系统——Adobe Content Server，该系统是为电子书版权保护和图书发行而开发的软件，是一种保障电子书销售安全的易用集成系统。

对于电子文档的 DRM，国外主流的是微软的 RMS 版权保护系统，该系统分为服务器和客户端两部分，是针对企业数字内容管理的解决方案，主要用于存放并维护由企业确定的信任实体数据库。

目前，在全球范围内移动 DRM 已成为移动业务研究的热点之一。这是因为，随着移动数据增值业务的迅猛发展，内容提供商传播的数字内容越来越多，将 DRM 技术引入移动增值业务，可以确保数字内容在移动网内传播，保证内容提供商的利益。国际上针对移动 DRM 开展了大量的研究工作。其中，对象管理体系结构（Object Management Architecture，缩写为 OMA）制定的移动 DRM 标准得到了广泛的支持和认同。当前，已经出现了支持 OMA DRM 的移动设备，但是就目前的下载速度和下载费用而言，移动 DRM 产品的普及使用还存在一定的困难。随着 3G 移动技术以及 OMA DRM 的发展，DRM 在移动领域的应用研究将更进一步，市场上将会出现更多的移动 DRM 系统和产品。

4.1.3　国外的著作权集体管理模式

著作权集体管理是指版权人授权集体管理组织管理他们的作品。随着经济的迅猛发展，网络世界的日新月异，文艺作品的增多以及随之而来的作品使用形式的多元化，著作权集体管理已经成为现代版权制度下越来越重要的课题，尤其是在网络出版领域，上文所提到的版权归属不明、授权环节存在隐患有很大一部分原因都该去追究著作权集体管理方面的问题。因此，完善著作权集体管理，保护著作权人和与著作权有关的权利人行使权利，显得越来越紧迫。放眼世界，目前世界各国采用的著作权集体管理模式共分为三类。

第一类以意大利、乌拉圭等国家为代表，该模式的特点是对同类作品只有一个统一管理的机构，具有较浓的行政色彩，机构权力很大，典型的代表便是意大利作者出版协会。通常来说，该模式适用于国土较小的国家，高度集中的管理机制便于制定统一标准并执行，以维护权利人权益，当然，与之俱来的便是无法消除的一些弊端，例如权力集中带来的权力滥用等。

第二类以美国和我国的台湾省为代表。该模式鼓励私营机构对著作权进行管理，各机构之间业务范围交叉、重合，活跃地竞争着。例如，美国在音乐作品著作权方面的集体管理组织有三家：分别为美国音乐广播公司、美国作曲者作者出版者协会与欧洲戏剧作者作曲者协会。这种模式为权利人带来更多选择，但这种模式也会带来管理混乱，办事效率低，纠纷多发等弊端，美国和中国台湾已有许多这样的案例。

第三类以德国、法国等国家为代表，这种模式"根据作品形式和利用权利形式的不同，采用多种协会体制，但在同一个作品形式或利用权利形式范畴内，只存在一个全国性集体管理组织"。如在法国主要有6个著作权集体管理机构，分别对作曲、戏剧、文学等多种作品形式与利用权力进行管理。实践证明，这种模式存在许多弊端，单一机构主导某领域著作权集体管理工作，但这些机构的性质毕竟不是行政组织，而是社会化团体，这可能会导致权力过于集中，由此埋下权力滥用的隐患，损害相关权利人的利益；另外，也很难保证一个自治的社会化组织能有序地统领一个特定领域内的著作权集体管理工作。

无论哪种著作权集体管理模式，都是各国根据本国国情所采取的最适合自己的模式，并没有好坏之分，只存在适合与否的问题。我国的著作权集体管理目前所采用的是第三种模式，但是在实践中，由于这种模式本身的弊端，已经给我国网络出版的版权保护带来了很多问题，这一点将在下面的章节中进行详细阐述。

4.2 我国网络出版版权保护现状

技术、内容、资金、渠道、资源的整合能力将会决定企业的成败。因此，我国大力扶持文化产业，高度重视网络出版产业的发展，在政策、法律法规、市场和互联网基础设施等软硬件条件上，政府从国家信息战略的高度出发，将提供良好的产业发展环境作为第一要务。然而，我国长期的计划经济所限，市场经济体制还未完全建立，体现在出版行业便是原有的出版管理体制与运行机制并没有跟上时代的发展脚步，加之著作权法律制度的保护起步较晚，旧制度的弊端日益显现，越来越制约着网络出版业的发展，在数字版权保护的意识、习惯、利益分配等方面都面临压力。

4.2.1 我国保护网络版权的宏观战略

近几年来，我国的网络出版产业得到了长足发展，产业的大力发展得到了国家和各级地方政府的高度重视和大力支持。《国家"十一五"时期文化发展规划纲要》《国家"十二五"时期文化改革发展规划纲要》均把以网络出版为代表的数字出版和数字版权列入了重点科技创新项目。

《国家"十一五"时期文化发展纲要》中明确指出，"大力发展以数字化内容、数字化生产和网络化传播为主要特征的新兴文化产业，加快发展民族动漫产业，大幅提高国产动漫产品的数量和质量，积极发展网络文化产业，鼓励扶持民族原创的健康向上的互联网文化产品的创作和研发，拓展民族网络文化发展的空间"。

《国家"十二五"时期文化改革发展规划纲要》强调，"加大知识产权保护力度，积极开展版权保护及相关服务，维护著作权人合法权益。加强版权行政执法和司法保护的有效衔接，严厉打击各类侵权盗版行为，增强全社会的版权保护意识。发展版权相关产业"。

新闻出版总署于2010年8月下发的《关于加快我国数字出版产业发展的若干意见》提出了加快数字出版产业发展的22条意见。其中第18条是"加强版权保护"专项条款，提出"要加大版权保护宣传力度，强化版权保护意识；加大对数字版权侵权盗版行为的打击力度，切实保障著作权人合法权益；加快技术创新和标准制定，为版权保护提供有效的技术手段；积极建立以司法、行政、技术和标准相结合的版权保护体系"。

新闻出版总署积极倡导并推动网络出版产业的发展，出台了相关规定明确新闻出版总署的职责是组织和实施出版规划和布局，制定出版管理的方针、政策和规章，对互联网出版机构进行前置审批，颁发互联网出版许可证，对出版境外著作权人的互联网出版物实行审批，对违法违规行为实施处罚。为加强对网络出版活动的管理，保障网络出版机构的合法权益，促进我国的网络出版健康有序发展，新闻出版总署根据《出版管理条例》和《互联网信息服务管理办法》制定了《互联网出版管理暂行规定》。此外，在调研的基础上，新闻出版总署还颁布了网络文学、网络游戏、网络杂志等网络热点领域的规章，以提高对这些网络媒体进行审批的及时性、有效性。国家对网络出版产业的高度重视和强有力的政策支持，为网络出版产业的发展提供了可靠保障。

2007年9月29日，国家版权局宣布成立"国家版权局反盗版举报中心"，并公布了全国统一的反盗版举报电话12390。同时为加大对损害公共利益的各种侵权盗版行为的打击力度，根据国务院保护知识产权工作组的要求，国家版权局在财政部的支持下设立了"打击侵权盗版举报、查处奖励资金",重点奖励举报及查处重大侵权盗版行为的有功单位和个人。为保证奖励工作有效展开,国家版权局制定了《举报、查处侵权盗版行为奖励暂行办法》。根据这一暂行办法,新成立的"反盗版举报中心"将具体承担奖励举报及查处重大侵权盗版行为有功单位及个人的有关工作。

新闻出版总署奖励举报及查处重大侵权盗版行为的有功单位及个人的举措,是版权管理部门打击侵权盗版的一个有力手段,有利于调动政府和公众双方的积极性,打击各种侵权盗版行为,从而为我国版权保护工作提供良好的社会环境,这充分体现了我国政府打击侵权盗版的坚定决心和不懈努力。另外,我国已初步形成国家版权局、省级版权局和地方版权局的三级著作权行政管理体系。各省、自治区、直辖市政府不断加强版权行政管理部门的力量,使版权行政管理与行政执法体系不断健全和完善。

"十二五"将是我国网络出版产业发展的黄金期,在"十二五"期间,国家及各级地方政府将会进一步加大网络出版产业发展的政策扶持力度,为网络出版产业的发展提供一个更加良好的政策与制度环境,从而保证网络出版产业健康、稳定地向前发展。

4.2.2 我国的网络版权法律法规

我国于1990年颁布的《著作权法》是我国版权保护方面的唯一大法,但是由于当时的网络出版才刚刚开始萌芽,因此并没有涉及网络出版和数字版权保护的问题。随着网络传播技术的不断更新,网络出版的成本继续降低,这对部分版权保护与收费资源造成了巨大冲击,传统的版权保护法已经无法针对新型的数字作品进行保护了。因此,到了2001年,《著作权法》在其第一次修订中增加了"信息网络传播权"这个概念。然而,因为互联网的技术与功能具有多样性,《著作权法》中关于保护信息网络传播权的规定过于泛泛,对互联网信息服务提供者承担法律责任的条件规定也不够明确,因此,这一规定无法对执法产生指导性意义。

2005年5月30日开始实施的《互联网著作权行政保护管理办法》,这一法规有利于著作权行政管理部门进行网络版权保护管理,在一定程度上规范和保障了互联网传播中的版权保护,并为之后国务院《信息网络传播权保护条例》的制定出台打下了基础。

2006年,国务院为规范互联网出版,专门颁布了《信息网络传播权保护条例》,该条例共27条,对信息网络传播权的权利保护、权利限制、网络服务提供者责任免除等做了比较详细的规定,并制定完善了明确的法律责任。如条例的第二条规定,"权利人享有的信息网络传播权受法律保护。任何组织或者个人将他人的作品、表演、录音录像制品通过信息网络向公众提供,应当取得权利人许可,并支付报酬。"第四条规定,"为了保护信息网络传播权,权利人可以采取技术措施。"这一行政法规的出台,是对我国初步建立的网络环境下著作权保护制度的延承和发展。

然而,我国在网络出版方面的立法还不完善,在侵权界定、处罚种类等问题上都没有明确的规定。有关数字版权保护的法律条文非常之少,现行的著作权法与著作权实施条例中还没有网络出版物著作权保护的条款。此外,我国的网络出版现有法律法规还存在原则性指导过多、可操作性不强的问题,这给在实践中正确处理数字版权纠纷案件带了巨大的困难。

2012年3月,国家版权局制定的《著作权法》(修改草案)发布,并向社会公开征询意见,新著作权法对临时复制、网络传播权、版权集中代理等制度做了修正,使修正后的法案更加适应数字出版与网络技术发展的需要。但是很明显,这些修改对于现在我国的数字版权保护现状来说,还是远远不够的,其中有三个特别有争议性的问题急需尽快解决。

第一,"避风港"原则。它是一条当今世界通用的网络版权纠纷处理原则,出自美国于1998年制定的《数字千年版权法案》,其中第三、第五款规定:"在发生著作权侵权案件时,当网络服务提供商只提供空间服务,并不制作网页内容,如果被告知侵权,在得到通知后自动删除则可免责,否则就被视为侵权。"

我国在《信息网络传播权保护条例》中对其进行了吸收、采用,核心是明知则侵权,反之,不明知则可以豁免。然而,由于规范的笼统、模糊,不同主体对其的理解不同,这样就造成"避风港"原则在适用上产生了较大的争议。因为对于网站到底是明知还是不明知,缺乏一定的判断方法、取证难,所以在具体的司法实践中可操作性不强。个别网站还将该规则作为发布未经授权影视作品的保护伞,逃避主动审核的责任,在百度文库侵权事件中,百度一直以"避风港"原则作为自己免责的理由。实际上,百度文库作为一个专业的文档分享平台,必然拥有相对完备的文档上传审查机制,对于用户上传的信息是否侵权肯定心知肚明却仍任其传播,在版权人发出声明之后还不予删除,很明显百度文库的这种行为是在以"避风港"原则为借口来逃避侵权责任。

第二,"默示许可制度"。著作权的"默示许可制度"是指著作权人没有使用明示形式对作品的使用进行许可时,可以从著作权人实施的某种行为推定其同意他人对作品进行有偿使用。"默示许可制度"目前还没有在法律上得以确认,但在网络实践中,搜索引擎一直在使用"默示许可制度"。如果一个网站不希望被复制和搜索，往往会在它的网站上出现"内部使用"或"请勿转载"之类的声明；如果网站没有此类声明，搜索引擎服务商就假设它的网站是"默示许可"被复制进搜索数据库。谷歌数字图书馆计划之所以引发全球规模的反抗浪潮，就是因为谷歌在构建这一计划时也打算引入"默示许可制度"，像往常复制网站一样把大量的书籍复制进它的数字图书馆，从而引发了出版人的强烈抗议，所以这一条相关的法律法规必须尽快明确并提出有效的解决方案。

第三，"三振出局"警慑。这条规则最早来源于棒球比赛，即击球手若三次都未击中投球手所投的球，必须出局，也就是中国常说的"事不过三"。体现在数字版权的保护方面，尤以法国的 Hadopi 法案最为典型。2009 年 9 月 12 日，法国 Hadopi 法案（《促进互联网创造保护及传播法》）通过，将"三振出局"应用到知识产权保护领域，即相关机构发现网络用户侵权行为后，会对其发出三次警告，如果用户仍不停止侵权，则会受到相应处罚。这条规则经常在实际操作中被触及，但是我国的法律目前还未对此做出明确界定，我们应该清醒地认识到，此类问题必须及早解决，对于网络侵权的个人和组织的惩处力度必须加大。

4.2.3　我国的网络版权保护技术

现阶段，我国广泛使用的版权保护技术有数字水印技术、数字加密技术、数字指纹技术、基于数字水印和内容加密之上的 DRM 技术、电子签名技术与认证技术等数字出版版权保护技术，其中比较成熟且使用最多的是 DRM 技术。我国目前的数字版权保护技术还处于不断研发的过程之中，市场上处主导地位的主要是以下几种。

以电子书为例，方正的 Apabi 数字版权保护技术一直走在国内前列，且已经形成一个完整的系统。在 Apabi 系统中，主要有四种支柱型产品：Apabi Maker、Apabi Rights Server、Apabi Retail Server 和 Apabi Reader。另一个能与方正 Apabi 并驾齐驱的 DRM 技术厂商是书生公司的 SureDRM 版权保护系统，作为一套整体解决方案，SureDRM 提供不同安全级别，不同粒度，不同形式的版权管理机制。

在电子文档的 DRM 保护方面，国外有微软的 RMS 系统，国内有书生的 SEP 系统。书生 SEP 保护系统通过文档的集中管理，在应用传统的存储加密、传输加密技术的基础上，采用书生自有知识产权的数字权限管理技术，可实现细粒度、多层次的权限设置，从而达到在保证信息安全的前提下实现信息的最大限度的共享。

在移动 DRM 领域，我国做得不错的是掌上书院。掌上书院是目前使用最为广泛的手机电子书阅读软件之一，它使用的电子书格式为UMD，这种格式的压缩比很高，更加支持DRM版权保护。

但是，由于数字化产品及技术更新换代快、无统一加密标准、费用高昂，以及影响用户正常使用等一系列问题的困扰，致使我国的数字版权保护长期处于被动状态，我国的版权保护技术整体水平比较落后，版权保护的关键技术有待提高。

在网络出版领域，与产品相关的硬件、软件、文件交换格式及数字内容整合等均缺乏行业乃至国家标准，不同网络出版企业的数字作品使用不一致数字内容标准、元数据标准、版权描述和封装等标准，这导致不同的DRM系统各自独立，无法实现各个系统之间的交互操作，给网络出版的版权保护带来了极大的困难。就电子书的格式而言，目前市面上已经出版的网络读物存储格式多种多样，比如Adobe的PDF格式、方正的CEB格式、知网的CAJ格式等都有自己的一套格式，功能差别很大且互不兼容。用户只要选择了一方的网络读物，就必须使用与之匹配的阅读器，但是这款配套阅读器的操作体验不一定能满足用户的所有需求，因此如果用户想要享受比较全面的服务就必须安装多个阅读器，造成了信息资源的荒置和浪费。

除此之外，我国当前采用的数字版权技术还存在不能适应新型应用系统的问题，如P2P（对等网络）环境、移动环境等，这些新型的应用系统都需要设计与之相适应的新的版权保护模式，如何解决互联网、手机等新技术背景下的版权保护问题是当前最关键的问题。

4.2.4 我国的著作权集体管理制度

随着我国市场经济的迅猛发展，网络世界的日新月异，文艺作品的增多以及随之而来的作品使用形式的多元化，著作权的管理成为现代版权制度下越来越重要的课题。2005年3月1日，我国的《著作权集体管理条例》开始实施，这为我国的著作权集体管理提供了法律依据，对于著作权集体管理规范化、保护著作权人和与著作权有关的权利人合法权益具有重要意义。

目前一些社会团体、维权组织，例如中国版权协会、中国音乐著作权协会、中文"在线反盗版联盟"等，也正在重视对网络版权的保护工作，这些团体组织的成员主要是相关知识产权的权利人，其宗旨主要是协调会员间的关系，提供法律咨询、收集侵权证据、为权利人开展司法保护、协助行政机关执法等。这些团体或组织把所有的权利人联合在一起，通过专业的方式和专业的机构，以专业流程进行保护，集结社会力量进行反盗版工作，这对在全社会范围发扬维护正版、反对盗版、促进网络版权保护的氛围起到了非常重要的作用。但是相对于发达国家来说，我国的著作权集体管理组织的发展还是比较滞后，在实际操作上给网络出版产业的发展制造了巨大困难。

我国著作权集体管理体系自1992年中国音乐著作权协会成立才开始建立，2010年国家版权局正式对外宣布该体系基本建立，目前共有5家著作权集体管理组织。这些不同领域的著作权集体管理组织肩负着我国著作权集体管理机制的具体实施活动。

前面提到目前世界范围内著作权集体管理模式主要分为三类，我国所采用的正是第三种，即以德国、法国等国家为代表的"根据作品形式和利用权利形式的不同，采用多种协会体制，但在同一个作品形式或利用权利形式范畴内，只存在一个全国性集体管理组织"的这种著作权集体管理模式。在实践中，由于这种模式本身的弊端，给我国的数字版权保护带来了很多问题，因此对我国是否该使用此模式，学界掀起了一场争论。反对者认为，著作权管理组织的垄断地位可能导致其要求权利人将全部权利委托给自己行使，从而强化其行业垄断地位；缺少有力监督的垄断可能导致效能低下，权利人行使权利成本增加，损害权利人利益；权利人在与管理机构博弈的过程中始终处于劣势地位，难以达到理想中的"帕累托效应"。

支持者的观点可以归纳为以下几点：一是让著作权集体管理组织处于垄断地位，可以更好地保护著作权人的利益，在与使用者的谈判中，使其拥有无可比拟的优势地位，授权使用的费用标准会较高。二是具有一定垄断性的集体管理组织可避免多家私营机构的盲目竞争和恶性竞争，有利于著作权集体管理组织在全国范围内统一有效地管理权利人的相关权利，避免管理上的混乱。三是对于使用者而言，未必完全反对著作权集体管理组织拥有垄断地位。使用者认为两家以上集体管理组织的存在给版权授权谈判带来麻烦——它不得不向两个以上机构支付管理成本。

关于哪种模式更适合，以及这种模式是否适合我国，这个问题很难得出一个确定的结论，但笔者认为，在我国当前国情下，我国刚刚摆脱计划经济的阴影，各项工作和建设尚未完全调整到市场的层面上来，如果采取第一种模式将会与市场经济的理论相违背；若是采取第二种模式，又有悖于《条例》规定的管理机构非营利性质，在市场机制未成熟之前必然造成混乱，因此，综合上述考虑，目前的模式在我国现阶段是合理的选择，但这不代表它没有可以改进之处。

比如，2012年3月，新修《著作权法》草案规定了"延伸性集体管理"，即"对于具有广泛代表性的著作权集体管理组织，国务院著作权行政管理部门可以许可其代表非会员开展延伸性著作权集体管理业务"。这一规定一出台就引发了很大争议：支持观点认为，著作权集体管理组织对非会员进行延伸管理，将有利于更好地维护著作权人难以行使或无法控制的财产权,解决网络时代的海量授权难题,但不少业内人士则指责这两项条款绑架了权利人的利益,自身的权利将会"被代表",也就是说这条规定表面看虽然方便了广大使用者,但实质上却给版权人带来了巨大了侵害。

4.2.5 我国网络出版的用户概况

网络具有开放性特点,这就使得所有网络用户都成为了网络出版的潜在消费者。随着网民数量的爆炸性增长,网络出版的发展正在拥有越来越大的市场基础。青年人已经成为网络出版物的潜在消费者,网民年龄低龄化趋势从2001年年初开始出现,其后一直在缓慢增加。互联网向低龄化发展的趋势,说明上网正在成为未成年网民生活中的重要内容,而随着时间推移,他们都会成为网络出版的忠诚用户与核心读者群。根据服务贸易理论,服务的提供者与使用者在没有直接接触的前提下进行交易的无形活动,这恰恰契合了网络交易的特点。网民作为潜在的消费者群体,数量越来越大,且对网络的依赖越来越高,这为网络出版的发展提供着越来越大的市场。

2011年7月19日,中国互联网络信息中心发布了《第28次中国互联网发展状况统计报告》。该报告显示,截至2011年底,我国的网民规模已达到5.13亿(见图4.1),手机网民3.1768亿。手机网民在总体网民中的比例达65.5%,成为中国网民的重要组成部分。微博用户数量以高达208.9%的增幅从2010年年底的6311万爆发式增长到1.95亿,成为用户增长最快的互联网应用模式。

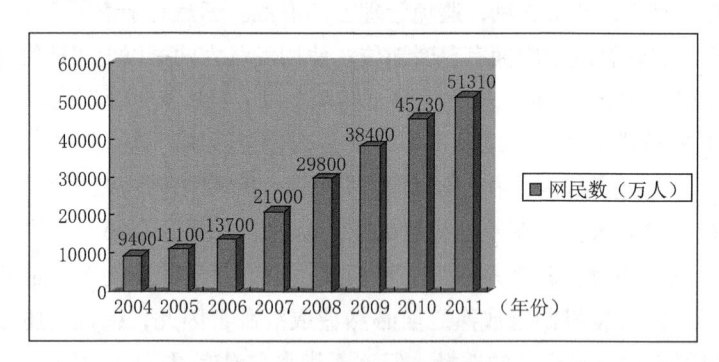

图4.1 我国的网民规模

网民数量大幅增长时,网民对电子图书及网络出版的需求也呈现旺盛之态。网络出版具有出版数字化、传播网络化和交易电子化等特点,从而改变了出版物的阅读和交易方式,作品在网络上出版的同时其实也已经实现了传统意义上的发行。无论是在网页上提供内容，还是将内容制作为文件发送给别人或下载，通过超链接、E-mail和搜索引擎，网络出版实际上已经达到了将"出版物"在第一时间公开的目的，所以网络出版的即时性备受网民尤其是青年网民喜爱。

种种迹象表明，网民的主要成分完全满足网络出版潜在消费者的各项要求，网络出版具有良好的市场发展前景。互联网环境的不断完善和快速覆盖、读者消费方式和阅读习惯的转变，这两者的有机结合也为我国网络出版产业的发展创造了良好的社会环境，也意味着我国网络出版已经具备了快速发展的客观条件。

但是我们还是应该看到，尽管我国的网络出版产业发展虽然迅猛，但是许多网络出版企业的经营者和管理者却没有真正意识到版权保护的重要性，缺乏自我保护和维护他人版权的意识，在企业的日常管理过程中忽视了版权保护的重要地位。这些问题在一定程度上对网络出版企业造成了损失，进而影响了整个网络出版产业的发展进程。

从读者的角度看，人们对无形财产的私有性质认识不足，大众的版权保护意识淡薄。在我国，长期享受免费午餐的观念深入人心，很多人已经习惯了免费下载各种数字资源，并认为这是理所当然的，这种情况相当普遍。另外，"网络免费"观念的盛行也对网络出版产生了一定的影响。由于长期享用免费午餐，许多网站不懂得珍惜资源，不去对资源进行筛选，导致大量的重复、雷同的信息不断出现，人们也习惯了免费使用，如果收费将会流失很大一部分读者。

由中国出版科学研究所组织的第4次全国国民阅读调查首次设置了关于版权问题的内容。受访者对于文字作品等生活中比较常见的几种版权作品有所了解，而对于商标专利这些比较专业的版权作品知之甚少，大部分受访者对版权作品的类型只是一知半解，还有很多人甚至不知道版权的具体类型。从总体上来说，当前我国的社会公众对版权的认知度有限，只是初步了解版权的概念和分类等问题。图4.2所示为我国公众对于版权作品所包含的具体类型的认知情况。

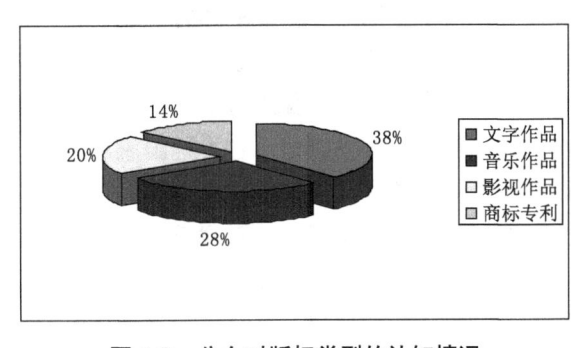

图4.2 公众对版权类型的认知情况

柳斌杰说："经过20多年的努力，应该说我国全民版权意识大大提高了，不然的话，就没有这么多大学开设知识产权保护课，没有这么多优秀大学生研究版权问题，但是比起发达国家我们还有很大差距。向广大公民普及法律知识，提高版权意识，是加强版权工作的重要基础工作。"

柳斌杰的一席话很好地总结了当前我国的全民版权保护水平，版权保护离不开在全社会范围内形成良好的版权文化氛围。作为网络出版物的消费者，公众对于网络作品的消费选择都将直接影响到网络出版企业的生产甚至是整个出版产业的发展。

4.3 国内外网络出版版权保护现状对比分析

通过上文的对比，很明显我国的数字版权保护现状不容乐观，与发达国家相比还存在较大差距，具体说来，主要表现在以下几个方面。

第一，版权意识方面。我国的版权概念是从西方国家引进并发展起来的，版权在西方国家社会根源好，公众的认同感强。相比之下，我国对版权方面的意识就相对淡薄，对版权知识相对缺乏，尤其是随着互联网的快速发展，作品数字化以后，侵权盗版的情况更容易发生。

第二，法律法规方面。发达国家已根据数字版权的国际法框架形成了适合本国国情的法律体系，而且在数字版权的具体保护措施上都有专门规定；而我国的版权保护法律体系极不完善，现行的著作权法与著作权实施条例中关于数字版权的条文非常少，而且在侵权界定、处罚种类等问题上都没有明确的规定。

第三，技术应用方面。发达国家掌握着版权保护的核心技术，而且紧跟网络出版的发展脚步，数字版权保护技术更新换代很快；而我国在这一领域还处于研发阶段，迟迟不能推出本国独创的核心技术，很多网络出版企业采用的还是从国外引进的高端防盗版技术。

第四，制度规范方面。整体看来世界各国都根据本国国情采取了最适合自己的著作权集体管理模式，但是我国的著作权集体管理制度在实践中问题很多，并不能惠及所有的版权人和作品，而且还存在权利集中和管理混乱的问题。

综上所述，我国在网络出版的版权保护方面虽然取得了很大进步，但是与发达国家相比还存在很大不足，我国也应该借鉴发达国家的做法，提高用户意识，健全版权法律法规，研发保护技术，规范版权管理。但是我国在借鉴的同时，也必须认识到各国国情有所不同，发达国家特别注重信息产业的发展，产业链比较完善，因此特别强调对版权人的保护，而如同我国在内的众多发展中国家仍然大多需要引进先进技术、资料，加强交流，提高科技水平，因此，必须注意防止过度的版权保护阻碍本国的科技发展和信息自由化。

第五章 我国网络出版版权保护应对策略

我国的网络出版版权保护在实践中存在着诸多问题，要想解决这些问题就必须从根源上去寻找版权问题产生的原因，从我国目前的网络出版发展环境看，版权保护意识淡薄、法律保护体系滞后、政府监管不力、数字版权保护技术和专业人才匮乏等，都是阻碍我国网络出版产业发展的重要因素。因此，我们必须转变观念，培养版权人才，完善法律法规，发展版权保护技术，完善版权贸易产业链，建立适合网络出版发展的专业版权管理机构，以引导网络出版行为，推动网络出版活动的发展。

5.1 加大版权保护的宣传力度

尽管经过这么多年的努力，我国民众的版权意识有所提高，但是免费午餐的观念已经深入人心，要想彻底转变这种观念，还需要付出极大的努力，必须从国家、企业、公众等各个层面继续加强版权保护工作的力度，提高社会整体的版权保护意识。

第一，公众的版权认知水平是衡量和评价国家的版权保护工作的重要参考，因此，我国要继续加大数字版权保护的工作力度，增强社会公众的版权意识，营造良好的版权文化氛围，使其对出版产业的发展产生推动作用，对国家的经济和社会发展做出贡献。

第二，网络出版企业应该致力网络出版的发展，树立现代化出版理念，不仅要增强保护他人版权的意识，也要增强保护自身版权的意识；同时，要时刻关注网络环境中受众的新变化，将新技术与新思想引入网络出版，促进网络出版的飞跃，促进传统出版向网络出版转型。

第三，对现有网络出版从业人员进行培训，强化他们的版权意识。建议有关管理部门尽快组织对网络出版专门人才的培训，进一步完善网络出版人才的培育机制；同时，面对越来越激烈的国际出版竞争环境，应该培养外向型的国际人才，学习国际最新的网络出版技术、数字版权保护技术和网络出版管理知识。

第四，深入高校，加强版权保护教育。设立网络出版专业，加强多媒体技术、网络出版技术、数字版权保护应用方面的教育，培养网络出版复合型人才；同时，多开展一些版权保护方面的讲座或其他活动,邀请业内的专家深入校园直接面向学生,提高他们的版权保护意识,加深他们对网络出版行业的了解。

5.2 进一步健全版权法律法规

在网络出版的版权保护领域,与发达国家相比,我国目前的法律法规相对滞后,而且相关规定不够明确,难以解决实践中出现的许多新问题新情况,因此有关部门在下一步的工作中应该把健全法律法规放在首位,从以下几个方面积极对现行体系进行完善。

第一,根据网络环境的变化及时更新版权保护制度,不断完善和丰富现有的法律法规,细化其中的各项规定,集中解决实际操作中面临的许多问题,为网络出版提供良好的出版环境和安全的出版市场。如修改"避风港"原则,制定更加详细的判断方法和处罚规定来指导调查取证工作和法院判决;颁布专门的法案禁止搜索引擎继续使用"默示许可制度";增加"三振出局"警戒,对屡次涉案的个人或组织进行严惩。

第二,仿效发达国家的司法保护体系,以法律法规的形式确认数字版权这种特殊的版权形式,并且针对数字版权的具体保护措施,制定专门的规定。如效仿韩国的《出版及印刷振兴基本法》《电影振兴法》《广播法》等,对每一种出版形式都颁布专门的法律法规,在网络出版方面,应该尽快出台《网络出版法》,尽快制定专门的网络版权保护法律法规,其中应该明确规定版权人、使用者与网络运营商的范围和责任。

第三,应设立由政府主管部门、行业代表、法律界人士组成侵权行为认定委员会,并建立一套完整、清晰、严格的网络侵权标准。立法机构应该深入基层,倾听基层第一线出版机构、出版者的意见和建议,同时参考国际上互联网知识产权法律法规的保障条款,切实制定出一套保护网络出版作者、出版者和读者各方利益的法律法规。

5.3 积极推动版权保护技术创新

我国目前的数字版权保护技术处于过渡状态,尚不能像传统版权保护机制一样完善实行,在很多核心领域还要依赖国外的先进技术,难以适应快速发展的网络数字新环境,因此,我国的网络版权技术若要真正发挥出其应有的作用,必须首先解决以下几个方面的问题。

第一,针对网络出版领域的需要,统一数字版权保护涉及的相关标准,政府有关部门应该充分考虑网络出版的专业特点，在此基础上依据国际标准，制定和完善网络出版业的各项标准，尽快出台《网络出版物质量评价标准》，通过建立互操作体系来兼容现有各种数字版权保护技术，使不同标准体系之间能够高效互通，以促进行业发展，利于国际交流。

第二，从当前的数字版权保护现状来看，由于我国的版权保护水平滞后、产业模式不合理，很多网络出版企业采用的都是从国外引进的高端防盗版技术，成本高、可推广性不强，这急需国内企业积极自主开发更实用、更经济的防盗版技术，聚合多方力量研发一系列关键核心系统。

第三，要建立国家数字版权管理平台，通过先进的技术措施，将权利人的信息、版权的信息以及交易认证信息等都汇集到这个平台上，使内容资源充分流动和共享，从而建立数字版权保护技术的整体解决方案、资源共享和调配体系，探索网络环境下的新型数字内容服务体系及灵活的数字出版商业模式。

5.4 规范著作权集体管理制度

网络环境下，著作权集体管理更加具有必要性，现行的著作权集体管理模式相对来说比较适应我国当前的国情，但是其中的某些条款必须修改，否则将给版权人和使用者都带来巨大的困扰，具体说来主要有以下几点。

第一，修改《著作权集体管理条例》第二十条。此条款规定："权利人与著作权集体管理组织订立著作权集体管理合同后，不得在合同约定期限内自己行使或者许可他人行使合同约定的由著作权集体管理组织行使的权利。"这个规定实际上剥夺了著作权人非专有许可使用权，权利人的利益可能受到极大损害。因此，要提高著作权管理机构的公信力，这条规定必须修改。著作权的集体管理应更充分考虑权利人的切身利益，这样才能得到权利人的认可，其中允许著作权人行使非专有许可权是保障权利人利益的重中之重。

第二，著作权集体管理组织应针对非会员，设立更细化的纠纷解决机制。《著作权集体管理条例》中只有关于对著作权集体管理组织同会员入会行为以及对作品使用者授权行为出现问题的规范，对于非会员著作权人的作品被侵权使用的情况产生的著作权人同作品使用者以及著作权集体管理组织之间的纠纷没有一个相应的解决机制，使得非会员著作权人不得不通过诉讼途径来维护权益。《著作权法》"延伸性集体管理"规定的出台，虽然一定程度上提出了非会员与管理机构产生纠纷时的解决办法，但是其一刀切色彩严重，争议较大，因此，还是要从法律以外的途径入手，权利人与集体管理机构在经过科学分析，平等协商的前提下，完善纠纷解决机制。

5.5 促进网络出版产业链的完善

网络出版产业链与网络版权保护是相辅相成的关系。混乱的产业链会导致出版主体界定困难、出版市场混乱无章，侵权现象在乱局中会获得更大的生存空间。以网络小说为例，如果一个网络写手创作了一篇在线文学作品，在无序混乱的产业链环境中，这部作品可能被多家网站免费转发，创作者利益难以得到保障，而拥有该作品商业使用权的在线平台会遭受巨大损失。因此，我国现阶段构建网络出版产业链的任务十分紧迫。笔者认为，应该在以下几个方向进行努力。

第一，营造和谐的竞争机制。政府部门和外部风险投资者要进行有效的沟通协作，通过风险投资鼓励内容创作实力强的传统出版机构进入网络出版领域；另外，还要进一步开放电信竞争市场，向广电类企业和各种所有制的网络出版企业开放相关的电信服务领域，以此为网络出版产业链提供更充足的电信资源。资金和渠道上的开放，有利于网络出版产业链的各个环节更高效有序运作，并能提高产业整体的抵御风险能力。

第二，沟通网络出版的产学研有效协作。要发挥第三方组织的信息沟通和传播功能，完善和加强网络出版领域产学研协同关系。这方面，需要借鉴传统出版领域的经验，例如，北京开卷公司等评价经营机构推出的图书营销排行榜评价体系，出版社、作者、销售者按排行榜显示的市场行情，灵活地制定和调整投资策略。因此，这类评价机构也能辅助网络出版产业链产学研机制运行，为其提供更完备的数据支持。社会评价经营机构可对包括网络出版物的消费情况、网络出版企业资本策略、人力资源策略、技术创新在内的综合指标进行分析，展示数据，并得出相应的结论。之后，评价机构以固定周期为时间节点，定期向社会公布最新的评价信息。产业管理者、经营者、高等院校可从评价信息中了解到诸如市场走向变化情况，从而及时调整或改变自己的管理和经营策略。

第三，开拓新的市场空间，实现产业链内部差异化竞争的目标。作为一个正在发展的产业，网络出版产业链互有交叉，产业链组合形式在不断发展进步，因此网络出版要按照规模经济理论制定产业目标，进行差异化竞争，将网络出版产业链向新的市场空间延伸无疑是实现规模经济发展的必由之路。具体来说，要做到以下两点。

首先，建构网状战略联盟。网络出版产业链是一种开放的产业链模式，要建构网状战略联盟，不仅要着眼网络出版企业之间合作，还要大力发展与非网络出版企业的合作关系，以此既能拓展线上、线下两个领域，为消费者提供更好的消费体验，也能增强网络出版机构的社会影响力及风险抵御能力。例如，百事公司就和苹果公司在美国掀起过一场"iTunes 音乐风暴"。苹果公司先将 iTunes 音乐下载信息印制在百事公司饮料的外包装上，然后再由百事公司通过其分销渠道进行销售。在消费者选择了这些饮料后，苹果公司的音乐市场份额也得到了增长的机会。

其次，借助 3G、4G 平台争取更大发展空间。3G 技术走上成熟、4G 开始走向市场给了网络出版更好的发展契机，而以智能手机客户端为主要标志的移动互联网的普及，也无疑为网络出版提供了极大的市场，网络出版机构要与移动电信机构及移动设备制造厂商加强合作关系，通过绑定流量及客户端等形式，为自身谋取更大的发展空间。

结　论

出版行业在当今网络化、数字化发展大潮中迎来了前所未有的挑战，挑战中却也潜藏着巨大的发展潜力。世界范围内的出版业正在转型中，网络出版物以其低廉的成本、丰富的内容、便利的流通渠道，成为出版业在未来最具潜力的发展领域。网络出版作为一种创新事物，处在高速发展阶段，它完美契合了经济学中的"外部性"理论、服务贸易理论，其发展将呈现"规模经济"形态。我国紧随全球出版变革大潮，网络出版已登上舞台，但网络出版的内容相当的局限，主要集中于学术文献与大众消费出版，这其中还包括了一部分网络游戏。网络出版要扩大出版种类及范围，真正与传统出版"并驾齐驱"仍需要时间来发展。

在我国网络出版发展过程中遇到的一系列问题中，数字版权保护问题在当前传统出版业数字化转型这一时期显得尤为突出。Web2.0为网络出版提供了良好的发展平台，也给版权管理工作带来了全新课题。数字版权管理工作极具复杂性，资本、技术和人才等各方面都需要很大的投入力度。因此，建立专业的管理机构，实行规范化、专业化管理，合理配置版权资源，把握数字版权管理整体规律，明确版权管理主体，最终建立起创新型的版权管理模式是解决这一问题的必由之路。

加大数字版权保护工作的力度，在当前应当做到以下几点。首先，必须加大执法的力度，严厉惩戒和打击各地区、各行业盗版作品与行为；其次，为版权保护提供司法保障，建立和完善知识产权审判制度，更好地监督知识产权侵权案件的审理工作；最后，要增强权利人的法律意识，将"尊重他人的版权，保护自己版权"铭记于心而非仅仅当成一句宣传语，具体来讲，版权所有者、经营者与使用者都要树立起版权保护意识，善于运用技术手段预防侵权，敢于积极合理运用法律手段打击侵权。

我国的网络出版行业还处在初级发展阶段，需要解决的问题还有许多，譬如网络出版的版权问题日益凸显，网络出版的市场还需要进一步扩大等，但是我们必须意识到，作为一种全新的出版方式，网络出版是21世纪出版发展的重要方向和必然趋势，是我国出版业实现跨越式发展的难得机遇。出版社必须紧随潮流，抓住机遇，积极参与到网络出版大潮中，依托新技术作为推动力，迅速适应、变革，才能更好地发展自己，服务读者。

我们要有直面挑战的勇气，并制定和实施科学合理的网络出版人才培养战略，以适应网络出版的飞速发展大势及日益激烈的出版业国际竞争，以人才的力量占据竞争高地；在网络版权的保护上，要加大研究力度，注重技术创新，利用各种手段促进研究成果更快地进行市场化转化，抢占技术专利权、提升国际市场份额，增强我国出版业在国际上的竞争力；以网络出版作为平台，推进文化传播事业，加快普及网络出版物，促进我国网络出版产业健康发展，推动文化事业更快进步，从而全面提高人们的文化生活质量。

参考文献

[1] 周荣庭. 网络出版[M]. 北京：科学出版社, 2004: 5.

[2] 中华人民共和国新闻出版总署, 中华人民共和国信息产业部. 互联网出版管理暂行规定[Z]. 2002-08-01.

[3] 谢新洲. 数字出版技术[M]. 北京：北京大学出版社, 2002: 16.

[4] 刘绪衡. 网络出版概念综述[J]. 民族论坛, 2010: 38-39.

[5] 黄孝章, 张志林, 陈丹. 数字出版产业发展研究[M]. 北京：知识产权出版社, 2011: 9.

[6] 熊燕舞. 国内网络出版的发展现状与趋势[J]. 办公自动化杂志, 2005(5): 1-6.

[7] 黄科舫. 关于网络出版的几个问题[J]. 出版发行理论与实践, 2002(2).

[8] 赵东晓. 网络出版及其影响[M]. 北京：中国人民大学出版社, 2008: 28.

[9] 杨晓农. 中外网络出版的比较研究[J]. 现代情报, 2006(11): 216-219.

[10] 张守荣. 从国内外现状看网络出版的发展趋势[J]. 出版与印刷, 2008(3): 16-18.

[11] 寇晓伟. 中国网络出版发展状况及政策[EB/OL]. (20070718). http://media.people.com.cn/GB/40606/6003899.html.

[12] 数字出版课题组. 我国数字出版发展规模[J]. 出版与发行, 2006(12): 42.

[13] 孟云. 网络出版——未来的出版主流[J]. 科技信息, 2006(11): 170.

[14] 刘绪衡. 网络出版发展综述[J]. 商业文化, 2008(1): 289-290.

[15] 丁晖. 网络出版：出版社新的经济增长点[J]. 出版与印刷, 2005(3): 41.

[16] 璩静, 马嘉骊. 新闻出版总署：国产网络游戏市场占有率超越进口网络游戏[EB/OL]. (20110119). http://news.xinhuanet.com/politics/2011-01/19/c_121000718.htm.

[17] 沙莹. 浅谈网络出版中的版权问题[J]. 新闻世界, 2009(8): 171-172.

[18] 柳斌杰. 中国政府高度重视网络版权保护工作[EB/OL]. (20070718).

http://news3. xinhuanet. com/zgjx/2007-07/18/content-6393340. htm20070718.

[19] 姜小玲. 数字版权归属模糊和盗版严重成最突出问题[EB/OL]. (20100818). http://news. sina. com. cn/m/2010-08-18/082820922172. shtml.

[20] 郭佳佳. 数字出版的版权问题探讨[J]. 新闻世界, 2012(3): 151-152.

[21] 李松. 数字版权纠纷缘何频发[EB/OL]. (20120213). http://news. sohu. com/20120213/n334546524. shtml.

[22] 小新. 数字版权纠纷缘何频发[EB/OL]. (20111117) . http://www. cnipr. com/2010/news/rdph/201111/t20111117_138475. html.

[23] 张中江. 张洪波谈版权保护：数字出版产业发展的基础[EB/OL]. (20110406). http://www. chinanews. com/cul/2011/04-06/2954704. shtml.

[24] 祝文明, 刘仁. 百度文库为何人人喊打？ [EB/OL]. (20110331). http://www. sipo. gov. cn/mtjj/2011/201103/t20110331_593052. html.

[25] 张大伟. 数字版权：互联网精神和版权管理制度[J] . 国际新闻界, 2009(9): 63-66.

[26] 吕炳斌. 网络时代版权制度的变革与创新[M]. 北京：中国民主法制出版社, 2012.

[27] 薛红. 数字技术的知识产权保护[M]. 北京：知识产权出版社, 2002: 90.

[28] 湛益祥. 论著作权集体管理[J]. 法学, 2001(9) : 42-47.

[29] 黄孝章, 张志林, 陈丹. 数字出版产业发展模式研究[M]. 北京: 知识产权出版社, 2012: 36.

[30] 黄先蓉, 李晶晶. 中外数字版权法律制度盘点[J]. 科技与出版, 2013(1): 14-26.

[31] 杨惠明. 数字出版企业版权问题研究[D]. 开封: 河南大学, 2012.

[32] 王莎莎, 刘晓灵. 浅析"避风港"原则[J]. 法制与经济, 2012(7): 56.

[33] 郑鲁英. 刍议我国著作权集体管理机制的未来发展[J]. 未来与发展, 2012(10): 6-10.

[34] 湛益祥. 论著作权集体管理[J]. 法学, 2001(9) : 42-47.

[35] 王琴, 曾若溪. 浅析我国延伸性集体管理[J]. 商业文化, 2012(4): 282.

[36] 我国公众版权意识提升[EB/OL]. (20060426). http://www.gapp.gov.cn/contents/1327/87403.html.

[37] 王大庆. 提高版权意识, 保护创新发展[EB/OL]. (20080426). http://www.gmw.cn/01gmrb/2008-04/26/content_766817.htm

[38] 中华人民共和国国务院. 著作权集体管理条例[Z]. 2005-03-01.

（本文作者：傅春晓）

"传媒经济理论与出版产业转型研究"系列丛书

Chuban
Chanye Zhuanxing Yanjiu

出版产业转型研究

下

张养志 ◎ 主编

文化发展出版社
Cultural Development Press

内容提要

本书收录了以"出版产业转型研究"为论题的硕士论文16篇,内容涉及出版业产权改革研究、出版产业研究、版权研究、出版生产、经营和消费研究、新媒体及传播研究等多个维度,这些研究成果都是作者依据学术研究的规范,在学研相关理论的基础上进行的探索性思考,对出版产业从业人员具有一定的参考价值。

图书在版编目(CIP)数据

出版产业转型研究 / 张养志主编. — 北京:文化发展出版社,2020.4
ISBN 978-7-5142-2958-5

Ⅰ. ①出… Ⅱ. ①张… Ⅲ. ①出版业-产业发展-研究-中国 Ⅳ. ①G239.2

中国版本图书馆CIP数据核字(2020)第032365号

出版产业转型研究

主　　编:张养志

责任编辑:魏　欣	责任校对:岳智勇
责任印制:邓辉明	责任设计:侯　铮

出版发行:文化发展出版社(北京市翠微路2号 邮编:100036)
网　　址:www.wenhuafazhan.com
经　　销:各地新华书店
印　　刷:北京建宏印刷有限公司
开　　本:787mm×1092mm　1/16
字　　数:900千字
印　　张:51.25
印　　次:2020年6月第1版　2020年6月第1次印刷
定　　价:128元(上、下册)
ＩＳＢＮ:978-7-5142-2958-5

◆ 如发现任何质量问题请与我社发行部联系。发行部电话:010-88275710

贝塔斯曼集团经营管理与企业战略研究

摘　　要

大多数中国人了解和熟悉贝塔斯曼集团是通过其"中国书友会"。作为国际上最为成功的跨国传媒集团之一，贝塔斯曼集团拥有雄厚的经济实力，其业务范围涉及广播电视、出版、发行、印刷和服务等多个领域。这个从德国小镇走出来的家族式企业虽然已有近180年历史，但真正进军世界传媒领域，成为大型跨国传媒集团只有30多年时间。在这一阶段，贝塔斯曼集团凭借其制度设计上的优势获得了快速发展。目前，我国传媒产业也正处在一个发展和转型的特殊时期，贝塔斯曼集团的经验能为我国提供很好的借鉴。

本文以新制度经济学中的企业制度理论为工具，从制度层面对贝塔斯曼集团的产权结构、治理结构和企业战略进行研究，通过与目前中国传媒产业中存在的问题进行对比，对我国发展中的传媒集团提出建议。

论文分为四个部分进行论述。

第一章主要介绍了选题目的、文献综述以及本论文的研究思路及方法；

第二章着重介绍贝塔斯曼的历史沿革和运营现状；

第三章选取新制度经济学中的企业制度理论为研究框架，对贝塔斯曼产权、治理、战略三个维度进行研究；

第四章主要论述我国传媒产业以及传媒集团的发展现状及趋势，得出贝塔斯曼能够给我国发展中的传媒集团带来哪些有益启示。

关键词：贝塔斯曼；企业制度理论；制度；启示

Abstract

Most Chinese are familiar with the Bertelsmann group, through its "China book club". As one of the successful international media groups, Bertelsmann has strong economic strength, its scope of business involves a number of broadcast television, publishing, distribution, printing and services. It has a history of nearly 180 years, which become a large multinational media group only 30 years time. At this stage, the Bertelsmann by virtue of the advantages of the system design has obtained the fast development. At present, the Chinese media industry is in a special period of development, the Bertelsmann group experience can provide a very good reference for China.

Based on new institutional economics theory of the firm as a tool, the Bertelsmann property right structure, governance structure and corporate strategy conducts the research separately from a system perspective.

The thesis is divided into four parts:

The first chapter mainly introduces the research purpose and literature review, this thesis research ideas and methods. The second chapter is mainly introduce the history and status of Bertelsmann's operation. The third chapter selects in new institutional economics theory of enterprise as the research frame, research of property right, governance, Bertelsmann three strategic directions. Finally focuses on China's media industry and the media group's development status and trend, discusses the Bertelsmann can bring to the development of China's media group which beneficial enlightenment.

Key words: Bertelsmann; Enterprise theory; System; Enlightenment

目 录　　CONTENTS

第一章　绪论 423
  1.1　选题目的 423
  1.2　文献综述 424
  1.3　研究思路及研究方法 425
  1.4　论文创新点 427

第二章　贝塔斯曼集团经营管理现状分析 428
  2.1　贝塔斯曼集团历史沿革 428
  2.2　贝塔斯曼集团管理结构分析 429
  2.3　贝塔斯曼集团经营现状分析 431

第三章　贝塔斯曼集团企业制度与发展战略的制度经济学研究 434
  3.1　集团产权研究 435
  3.2　集团治理结构研究 438
  3.3　集团发展战略研究 442

第四章　贝塔斯曼集团对我国传媒集团发展的启示 445
  4.1　国际传媒集团企业制度和发展战略优势分析 445
  4.2　我国传媒产业集团发展现状及趋势分析 447
  4.3　贝塔斯曼集团对我国传媒集团发展的启示 450

第五章　结语 458

参考文献 459

第一章 绪论

1.1 选题目的

本研究的选定主要基于以下三个方面考虑。

第一，2008年7月，贝塔斯曼集团宣布全面退出在华图书销售业务，在国内学界引起轩然大波。作为国际最著名的传媒集团之一，贝塔斯曼在全球五十多个国家和地区开展了广播电视、图书及杂志等业务，具有深厚的文化内涵和雄厚的经济实力。自从20世纪90年代进入中国市场，贝塔斯曼集团在中国尽管经历过短暂成功，但总体看来在十三年的时间里始终未能为德国总部创造利润，失败原因包括其在华经营策略、营销方式及受到电子商务冲击等。

笔者在搜集文献的过程中发现，从2008年至今，贝塔斯曼依然是学界研究的热点之一，但目前国内诸多文献将注意力过多集中在其退出中国市场的原因分析以及由此引发的种种影响上。诚然，世界传媒巨头贝塔斯曼集团"败退"中国的原因值得深思，但同样不能忽视作为国际上最成功的传媒集团之一，其在经营管理与发展战略上的过人之处。因为贝塔斯曼集团在经营机制上的经验和取得的成绩，对于我国尚处于发展中的传媒与出版市场来说更为重要。

第二，我国的传媒体制改革始终以对传媒事业产业化转型为重点，在近些年的改革历程中，国家以建立现代企业制度为目标，大力进行传媒集团的重组建设和传媒产业转制，取得了丰硕成果。但产业制度的变迁，决不能仅依靠行政命令和宏观政策作为推动力量，过程也并非一蹴而就。在传媒改革的前期阶段，政策引导可以提高改革速度，但同时也可能留下改革后劲不足，依赖固有体制的弊端。目前我国传媒与出版市场正处于改制转型期内，而转型与改革的实质就是制度的变迁和创新。基于这点考虑，本文采用新制度经济学的相关研究方法，研究制度因素在经济组织运行过程中不可替代的作用。

第三，目前国内对传媒和出版集团研究方法主要采用媒介经济学的相关理论。包括对传媒集团市场结构与业绩、集团盈利模式、媒介监督管理体制等方面进行分析和研究，而缺乏从微观层面将传媒集团还原成为一般经济组织，对组织制度及制度影响进行考察的相关研究报告。贝塔斯曼集团凭借其制度优势，可以为组织制度研究提供较好的范例。

综上所述，本文希望从新制度经济学的角度出发，通过对贝塔斯曼集团企业制度理论的探讨，找到其成功经营机制的制度学原因，对我国正处于发展期的传媒市场有所帮助。

1.2 文献综述

根据对中国期刊数据库 CNKI、万方等科技文献数据库，和 Google、百度等搜索引擎的查询统计，从 2009 年至 2013 年期间，国内公开发表有关贝塔斯曼集团的文献数量，包括期刊、报纸、硕博士论文共 360 余篇。

从文献搜索的总体结果看，国内外传媒、出版集团的研究文献呈逐年递增趋势，可见目前对我国传媒集团的相关研究热度仍在上升。但研究重点主要集中在对国内传媒和相关问题的探讨，包括我国传媒集团的并购对策研究、运作结构模式研究、公司治理研究等。涉及国外传媒集团的研究，主要是从宏观角度对跨国集团的市场环境和运行机制进行分析，结合国内实际提出对策的文献相对较少，也缺乏对于大型传媒集团的系统分析。相对来讲国外的相关资料较为翔实，通过对传媒集团的年报、年度财务报表等以及出版发达国家行业协会年鉴进行查阅，可以获得研究对象近年来经营情况、收入构成及全球业务分布等第一手资料，进而对跨国传媒集团的一般特征进行总结分析。

目前国内对贝塔斯曼集团的研究重心主要集中在其退出中国的原因分析之上，系统阐释原因的论文主要有以下三篇。一是山东大学李晓丽的《贝塔斯曼败退中国的原因及启示》，成文于 2009 年。文章从我国政策领域的限制、贝塔斯曼书友会的失败、商业模式僵化以及电子商务的冲击等几个方面对贝塔斯曼退出中国市场进行了全面分析。二是河南大学邵挺的《贝塔斯曼退出中国研究》，成文于 2006 年。文章将退出原因归结为内外因共同作用的结果，尤其强调了我国出版市场这一外部因素对贝塔斯曼的影响，包括我国图书产业迅猛发展带来的冲击，图书销售网站的低价挤压以及我国盗版书市场较为猖獗等因素，最后提出了对国内出版体制改革的建议。三是中南大学林易寒的《贝塔斯曼中国书友会案例分析及其启示》，成文于 2009 年。文章对贝塔斯曼中国书友会事件进行了全面梳理，使用 PEST 分析和 SWOT 分析对贝塔斯曼所面临的各种宏观因素，包括技术、政治、经济和社会文化等因素。

以新制度经济学为工具，对传媒集团进行分析的文献目前在我国相对较少。通过对相关文献进行梳理发现，新制度经济学涉及的研究领域十分宽泛，包括教育、税收、金融、各行业监管等许多能够运用制度分析的方面。采用的理论主要有交易费用理论、产权理论、企业理论、制度理论等。具有代表性的文献有武汉大学倪庆华的《新制度学视角下我国出版业转企改制研究》，成文于 2011 年。文章使用新制度经济学中交易费用理论作为分析工具，阐述了出版业后转制时期所出现问题的原因，提出了以下主要观点："出版业转企改制的新制度经济学实质是从社会组织变成经济组织，是建立新的出版业体系构架，是出版行业和企业的制度创新，是出版资源的重新配置，是出版企业产权制度的创新安排。"文章以新制度经济学中的特定理论为工具分析经济现象，对同类研究具有较高的借鉴价值。

基于新制度经济学在分析经济现象和经济组织时的广泛适用性，本文希望以之为工具，为贝塔斯曼集团建立一个制度层面上的总体构架，对其竞争优势进行系统分析，尤其是对贝塔斯曼产权结构、公司治理结构、企业发展战略研究做深入研究。

1.3 研究思路及研究方法

1.3.1 研究思路

一个经济组织的发展要受到多种因素的影响，其中组织制度的作用至关重要。本文以贝塔斯曼集团为对象，通过以下四个部分对其制度优势进行实证分析。

第一章绪论部分主要介绍了选题目的、国内外关于贝塔斯曼集团的研究现状以及已取得的成果，同时介绍论文的研究思路及方法。

第二章为贝塔斯曼集团经营管理现状分析，首先对集团历史、发展现状、各子公司基本情况做简要介绍；其次通过对集团近五年内的财务指标进行分析，对其经营状况得到一个可量化的评价，并对集团未来的经营趋势做出预测。同时回答制度为何对于经济组织的发展至关重要的问题，阐释贝塔斯曼制度发展的重要价值。

第三章为贝塔斯曼集团企业制度研究。这一章选取新制度经济学中的企业制度理论为研究框架，从三个角度对贝塔斯曼进行制度研究（图 1.1）。

一是贝塔斯曼集团产权研究。产权理论是企业制度理论的重要组成部分，也是新制度经济学中研究组织制度最基本的理论，即首先需要明确企业归"谁"所有的问题。贝塔斯曼属于一家股份两合制公司，这样的公司形式目前在我国还不存在，但这种产权类型对传媒产业中经济组织的发展能够起到巨大的推动作用。本章通过对贝塔斯曼产权结构进行分析，得到适合传媒产业发展的产权一般性规律。

二是贝塔斯曼集团公司治理研究。在明确了集团产权所属之后，就涉及现代公司制度中的委托—代理模式，即企业的治理结构模式。本章首先对现代企业制度下的治理结构做简要分析，再与贝塔斯曼部分特殊的治理制度进行对比，阐明集团在公司治理方面的成功经验。

三是贝塔斯曼集团发展战略研究。发展战略关系到企业发展的可持续性，所以现代企业在进行制度设计中都很注重对战略制度的设计。随着数字化传媒时代的到来，贝塔斯曼的传统核心业务面临来自数字传播方式的强烈冲击，如何顺应技术发展潮流保证集团各项业务实现持续稳定增长，是贝塔斯曼在制度设计时需要重点考虑的内容之一。

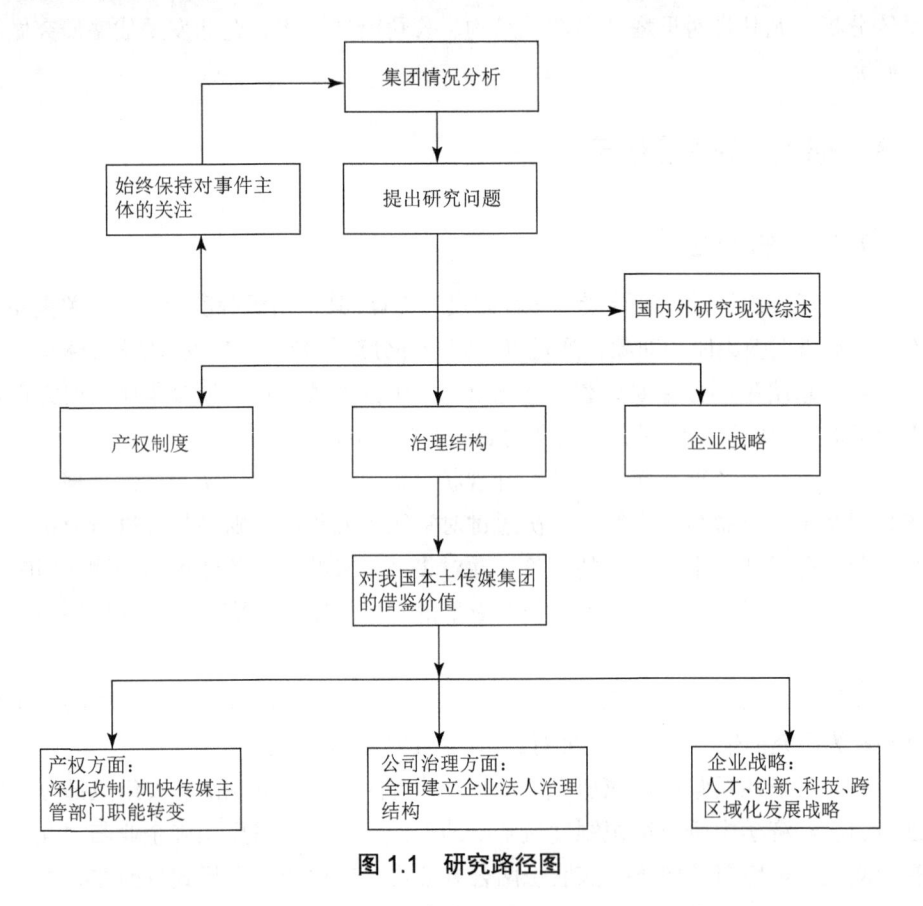

图 1.1　研究路径图

第四章是贝塔斯曼集团对我国传媒集团发展的启示。主要介绍了我国传媒产业以及传媒集团的发展现状及趋势，针对目前存在的问题，从制度范畴给出优化建议。

1.3.2 研究方法

本文以具体经济组织为研究对象，首先以经验和观察为研究依据，采取实证分析的方法进行研究。论文是在新制度经济学视角下进行的研究，制度分析方法也是主要分析方法之一。

此外，还采取了文献分析法、归纳演绎法、案例分析法等。

（1）文献分析法。本文在充分吸取学界关于传媒经济学和新制度经济学成果的基础上开展，通过查阅跨国传媒集团和贝塔斯曼集团相关资料，分析得出结论。同时注重对第一手资料的收集，通过对贝塔斯曼集团年报和国外有关文献的翻译整理工作，得到集团最新动态和数据。

（2）归纳法与演绎法。以贝塔斯曼为切入点进行归纳和演绎分析。从案例分析得到传媒集团的一般制度特征，再通过对一般特征的分析，为我国发展中的传媒市场提出建议。

（3）定量与定性相结合的研究方法。本文借助贝塔斯曼集团的财务报表，包括资产负债表和损益表当中的各项指标，对数据进行加工整理，进而就集团经营状况得出定量分析结论。同时结合定性研究方法，使用搜集得到的集团延续状况的信息资料，预测集团的发展变化的趋势。

1.4 论文创新点

本研究的创新点主要体现在以下两个方面。

首先是研究资料的选定上。因为目前国内对贝塔斯曼集团的研究角度比较单一，主要集中在其图书销售业务退出中国市场的原因分析上，对贝塔斯曼经营管理和企业战略的研究相对来说比较匮乏，所以本研究中用到的资料和数据主要是通过对贝塔斯曼年报和部分国外研究的翻译得到。第一手资料的数据较新，也更为准确，可以使研究更具有针对性。

其次是研究工具的选择上。以往新闻传播类型研究，主要使用传媒经济学作为研究工具，对传媒现象进行分析。本研究试图将传媒集团贝塔斯曼还原为一般性的经济组织，以新制度经济学为工具，对其进行经营管理和发展战略的制度性研究，进而总结归纳出现代传媒集团的一般性制度特征，对我国正处在发展过程中的传媒集团有所启示。

第二章 贝塔斯曼集团经营管理现状分析

贝塔斯曼集团是欧洲最大的传媒集团，同时也是仅次于时代华纳（Time Warner Inc.）和华特迪斯尼（The Walt Disney Company）的世界第三大传媒集团。1835年，家族企业的第一代领导人卡尔·贝塔斯曼在德国北莱茵—维斯特法伦州的一座小镇上建立了这艘传媒航母的雏形———家小型石印作坊。早期的贝塔斯曼只进行一些简单的印刷业务，后来才开始涉足图书经营销售领域。经过近180年的发展，目前已成为业务遍及全球近五十多个国家的跨国传媒集团，它的核心业务主要是媒体经营和服务，旗下子集团包括RTL、企鹅兰登书屋、古纳雅尔、欧唯特和Be Printers，分别经营广播电视、期刊杂志、图书出版、外包服务和印刷等业务。目前集团的主要地域市场包括西欧地区和美国，同时也在加快进入中国、巴西和印度等新兴经济体。

2.1 贝塔斯曼集团历史沿革

（1）从小镇走向世界（1835—1945）

贝塔斯曼集团的历史可以追溯到19世纪上半叶，起初它只是个规模不大的印刷厂，后来逐步开始出版如圣经一类的神学类书籍。这个家族企业的第二代领导人开始有意识地扩大出版范围，涉及教科书、儿童读物、历史题材的小说等。1921年贝塔斯曼开始出版娱乐类文学作品，使用了全新的广告形式和营销策略，在出版市场上获得了很大成功，员工由创立之初的几十人发展到400多人。第二次世界大战爆发后贝塔斯曼曾经有过一段不光彩的历史，与纳粹德国合作印刷了大量战争宣传品。后来在一次英国空军的袭击中，公司几乎毁于一旦。

（2）重组公司并创造新的经营理念（1946—1969）

1946年，贝塔斯曼史上最重要的缔造者莱茵哈德·摩恩接手几近没落的家族产业，并于次年着手对公司进行重组。莱茵哈德大胆引进家族以外的资本，确立以图书为主要业务的企业战略，拿出可观的利润红利在公司员工内部进行分享，刺激员工的工作热情。他提出"分权管理，权责分明，自由创新，遵章守规"的经营理念被称作贝塔斯曼模式，时至今日仍然在企业内部沿用。20世纪50年代起，贝塔斯曼进入了快速发展通道，并最终从一个德国中等水平的印刷出版企业成为世界级传媒巨头。

（3）从家族企业成功迈向跨国公司（1970—1999）

贝塔斯曼集团在这一阶段取得了一系列重大成就，最终走上了跨国经营的道路。1971年，摩恩采取措施在短时间内完成改制，将贝塔斯曼从一个传统家族式企业转变为一个具有现代气质的股份制企业。同时合并旗下全部出版社，对企业资本进行整合，成立出版集团。在这三十年间，贝塔斯曼成为古纳雅尔的最大股东，收购了兰登书屋和斯普林格，集团规模一再扩大。进入20世纪90年代以后，德国本土的图书市场走向低迷，欧洲其他国家市场也不容乐观。经过战略思考后，贝塔斯曼把注意力聚焦在经济高速发展的美国和新兴的亚洲市场上，采取了"稳定欧洲市场，扩大美国市场，进军亚洲市场"的策略。也就是在这一时期贝塔斯曼在北京、上海、香港等地建立机构，正式进入中国市场。到1999年，集团年度收入达到128亿美元，利润超过4.8亿美元，排名《财富》全球企业500强的第341位。

（4）打造国际化传媒集团（2000至今）

这一阶段贝塔斯曼集团的经营历程可以总结为以下几点：全面扩张的战略，更大规模的并购，更广范围的扩展，以及进军互联网市场和跨媒体的经营策略。经过重要的外部和内部成长过程，贝塔斯曼积累了丰富的关键性资源，形成了我们今天看到的国际化传媒集团。

2.2 贝塔斯曼集团管理结构分析

作为跨国公司，贝塔斯曼集团在全球五十多个国家和地区设有分支机构，其经营利润主要来自五大子集团（见图2.1）。

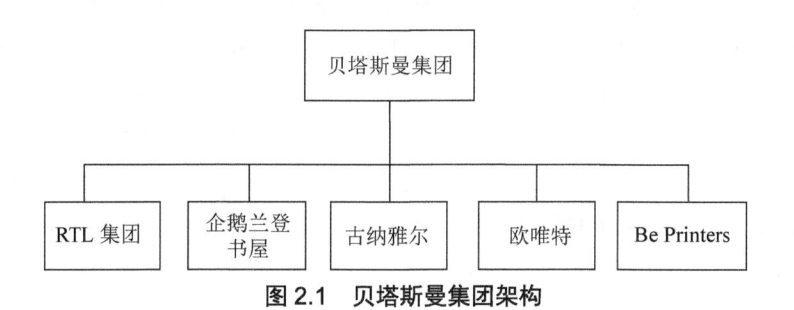

图2.1 贝塔斯曼集团架构

（1）RTL集团

RTL集团，全称卢森堡广播电视公司。作为欧洲最大的广电集团，在全球范围内拥有广泛受众。RTL拥有员工12000人，持有全球54个电视频道和29家广播电台的股份，每年创作节目时长可达1万小时。集团主要业务包括电视频道经营、广播电台和广电领域的节目制作。RTL电视频道由德国、法国、荷兰等地区的众多节目频道组成，致力于提供新闻、娱乐以及题材严肃向上的影视剧节目；RTL广播电台拥有悠久的历史，至今仍然是欧洲一流热门电台，贝塔斯曼每年约有两成的收入由RTL集团创造。

RTL集团在欧洲建立了有效的经营模式和组织架构。首先它在欧洲许多国家设立分部，与总部之间建立高效快速的沟通网络。总部制作新闻、体育等基本节目输送给各分部，分部负责制作地方性和区域性节目反向输送。这样RTL可以避免重复性制作，整合各类节目后有针对性地覆盖了德国以及其他欧洲国家。

（2）企鹅兰登书屋

2012年10月，贝塔斯曼集团宣布旗下兰登书屋与培生集团旗下企鹅书屋合并，合并后的公司命名为企鹅兰登书屋。贝塔斯曼持有五成以上的股份并对新公司拥有管理权，全面整合两大公司过去在全球十五个国家的各项出版业务。毫无疑问，强强联合后的企鹅兰登书屋已经成为世界上最大的图书出版公司，拥有员工近10000名，年收入预计将达到30万亿欧元。

在纸质图书出版业生态正在逐步为苹果、谷歌、亚马逊所改造的今天，企鹅兰登书屋的出现更像是一种传统出版方式的自我救赎之路。新成立的公司能够在库房、分销、印刷等方面分摊生产成本，形成规模效应，进而对出版内容进行持续投入，探索电子出版新模式。相信这样的合并很可能引起国际传媒业的新一轮并购浪潮。

（3）古纳雅尔

古纳雅尔在全球三十多个国家和地区从事近五百种媒介相关业务、期刊杂志和数字内容出版业务。它的主要出版物具有鲜明的跨地区色彩，包括 *GEO*（德、西、法）、*CAPITAL*（德、法）、*GALA*（德、法、波兰）、*ELTERN*（中、德、西）、*the P.M. suite*、*STERN*、*BRIGITTE*、*ESSEN & TRINKEN*（德）和 *NATIONAL GEOGRAPHIC*（德、法、荷兰）。2006年，古纳雅尔正式入股我国女性时尚杂志《瑞丽》，是其开拓中国市场的重要一步。2012年，古纳雅尔总收入达到22.2亿欧元，其中在德国境外销售额占总收入的55%，使古纳雅尔成为全球最为国际化的出版集团之一。

（4）欧唯特

欧唯特，全球商务流程外包（Business Process Outsourcing）服务供应商，总部设在德国Gütersloh，其业务范围遍及近40个国家，旗下有四大业务分支：服务、印刷、数码服务和信息系统。它通过承包其他公司商务流程中的某些非核心部分，使得客户公司能将有限的资源从非核心业务中解放出来，集中到核心业务上并提高商务流程的自动化的能力。涉及领域包括媒介、电商、金融、保险等多种行业。

（5）Be Printers

Be Printers 是贝塔斯曼集团向出版下游进行业务拓展的重要实践，是高技术国际印刷集团。主要从事凹版印刷、卷筒纸、单张纸平版印刷以及数字印刷等业务。它的核心市场经营业务主要是在欧洲，在欧美五个国家设有 12 个生产基地，有 4600 名员工。

2.3 贝塔斯曼集团经营现状分析

（1）集团经营现状

从表 2.1 中可以看出，贝塔斯曼集团近 5 年经营状况基本稳定。各项主要指标呈现稳中有升的趋势。2011 年，贝塔斯曼销售收入比 2010 年增长 2%，达到 154 亿欧元。2012 年得益于兰登书屋出版集团畅销书的良好销售势头和德国本土地区电视业务的发展，集团在欧洲经济形势普遍低迷的大背景下依然实现了 160.6 亿欧元的总收入，同比增长 4.5%。集团有机增长率为 3.1%。息税前经营利润达 13.3 亿欧元，接近上年同期最高水平，这主要得益于各子集团稳定的业绩表现；受到印刷、内容销售业务以及欧洲的媒体服务等项目整体结构性下滑的影响，集团利润增速放缓，增长绝对值为 700 万欧元。其他指标，集团连续三年保持两位数的销售回报率，2012 年达到 10.8%，表明贝塔斯曼仍保持了较高的盈利水平。在上年度欧洲地区经济下行压力普遍增大的形势下，这一成绩来之不易。

表 2.1 贝塔斯曼集团近 5 年内经营收入对比 [①]

单位：亿欧元

	2009 年	2010 年	2011 年	2012 年	2013 年（上半年度）
销售收入	153.64	150.65	153.68	160.65	74.31
集团利润	0.35	6.56	6.12	6.19	4.19
息税前营业利润	14.24	18.25	14.33	13.3	8.12
销售回报率／百分比	9.3	12.1	11.4	10.8	—

---

① 数据来源：贝塔斯曼集团 2009—2012 年年度报告，2013 年半年年报．网址：http://www.bertelsmann.com/common/search/?query=report#/?query=report。

（2）各子集团经营状况分析（见图2.2）

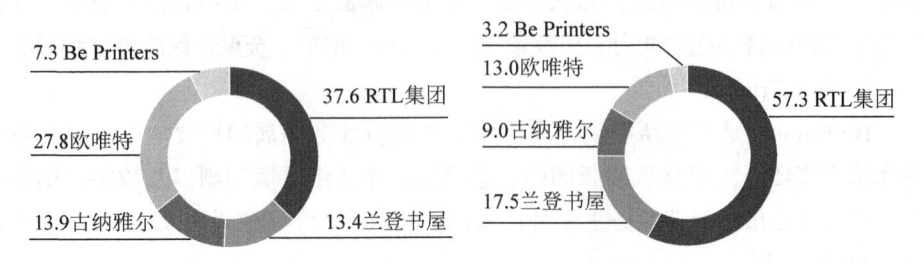

图2.2　2012年子集团收入总额和经营利润比例[①]

①RTL集团。2012年RTL集团受到欧洲经济环境不景气的影响，电视广告业务在主要业务国家都出现了不同程度下滑。RTL集团收入总额60亿欧元，较2011年58亿欧元同比增长3.2%，但息税前利润却同比呈现出小幅下降趋势，销售回报率同比下降1.6%。总体看来，收入总额增长的主要原因是由子公司推动完成的，上年度创作公司FremantleMedia和德国本土有线电视都取得了优秀业绩，RTL德国市场息税前经营利润增长幅度较大，弥补了其他地区业务水平降低带来的影响。

②兰登企鹅书屋。兰登企鹅书屋在2012年获得巨大成功，一系列畅销书的大卖获得了历史最好销售业绩，收入总额达到21亿欧元，较上年度同期增长22.5%；息税前利润达到3.25亿欧元，较上年度同期增长75.7%。强劲的增长势头是贝塔斯曼集团能在欧洲经济颓势中保持增长的重要原因。为应对来自电子出版市场的强烈冲击，贝塔斯曼集团和培生集团签约，宣布合并各自旗下图书出版公司兰登书屋和企鹅出版集团在全球范围内的业务，强强联合之下集团将成为全球最大的图书出版公司，发展前景依旧为外界广泛看好。目前集团利润点依然是图书销售，E.L.詹姆斯的《五十度灰》《五十度暗色》《五十度解脱》牢牢占据美国畅销书排行榜前列，截至2012年底三部曲的图书音像作品在兰登企鹅书屋全球各出版部门累计销售7000件以上，成为集团历史上销售最快的系列畅销书。去年兰登企鹅书屋有250部作品登上《纽约时报》畅销书排行榜，其中包括三十余本销售排名第一的图书。公司英国部门出版的多部作品也被《星期日泰晤士报》评为年度最佳，其中排名第一位的依然是《五十度》三部曲。德国部门平装书市场业务实现增长，进而拉动销售总额的增长。2013年上半年，兰登企鹅书屋保持了强劲增长势头，实现所有区域收入总额的环比上涨。

---

① 数据来源：贝塔斯曼集团2012年年度报告．网址：http://www.bertelsmann.com/common/search/?query=report#/?query=report&page=9。

③古纳雅尔。2012年度广告市场下行趋势明显，杂志出版业公司不同程度出现了盈利能力下降的现象。古纳雅尔经营利润同比下降4.3%，至22亿欧元；息税前经营利润下降了30%，至1.68亿欧元；销售回报率是7.5%，同比下降2.6个百分点。除了受到市场结构性变化的影响，下降原因还包括集团在数字化转型过程中出现的波动。

④欧唯特与Be Printers。2012年贝塔斯曼进行了印刷相关业务的集团重组，将欧唯特的主要印刷业务分离出去成立Be Printers。以这次改组为契机，贝塔斯曼对欧维特的传统业务运营进行了重组，着眼高增长行业的服务需求，在主要增长市场和行业显著提高了自身地位，并在此基础上实现了集团收入额的稳定增长。去年欧唯特实现了各项收入的均衡增长，达到44亿欧元，同比增长5.9%。息税前经营利润略有下降，为2.41亿欧元。销售利润率为5.4%，基本与去年持平。Be Printers作为最新成立的公司，去年收入12亿欧元，实现了平稳过渡。

第三章　贝塔斯曼集团企业制度与发展战略的制度经济学研究

制度，就是要求人们共同遵守的行为准则。简而言之，制度即约束人类行为的规范，表现为法令、标准或是礼俗。人类社会发展到今天，制度可谓无处不在，科学的制度可以促进生产力发展，有效地配置资源和协调社会关系；而不科学的制度同样也能为组织乃至社会带来巨大的负面影响。1950年美国兰德公司提出了著名的"囚徒困境"模型，完美阐释了博弈论经典理论。参与博弈的双方作为"理性的经济人"，虽然明知合作能够为彼此都带来经济增量，但为了避免不确定性带来损失的可能，依旧会选择不合作。约翰·福布斯·纳什（John Forbes Nash Jr）在其非合作均衡里也证明了这一事实，证明在一次博弈中不合作均衡是更容易达到的均衡。而当人们面临重复的多次博弈时，会逐渐认识到不合作带来的收益远小于相互合作带来的收益。那么应该如何规范博弈各方行为，鉴于道德约束的非强制性，人类发明了制度。

制度渗透在人类生活的方方面面，保证合作社会的运转。它是人类在长期管理实践中形成的智慧结晶，承担起延续文明成果的重要责任。具体在经济社会领域，制度可以被理解为是一种游戏规则，是调整经济组织内部和外部关系，以促成合作为最终目的的准则。制约经济发展的要素包括很多，如资金、劳动力、土地、技术等，但新制度经济学认为制度短缺或制度供给滞后会在更大程度上影响经济的发展。

因为制度在经济领域的重要作用，以其为研究对象的经济学科不断涌现。新制度经济学（New Institutional Economics），是20世纪60年代兴起的一个经济学分支，代表人物有罗纳德·哈里·科斯（Ronald Harry Coase）和道格拉斯·C.诺斯（Douglass Cecil North）。它是使用经济学相关理论和方法去研究制度的经济学。与近代制度经济学反对古典理论的观点不同，新制度经济学主张用古典经济理论和正统理论进行研究[①]，它注重研究人、制度和经济活动之间的相互关系。经过几十年的发展，新制度经济学逐渐成熟，已经在社会的各个领域得到了广泛应用。

---

① ［美］埃里克·弗鲁波顿、［德］鲁道夫·芮切特.新制度经济学———个交易费用分析方式.上海三联书店，2012年版，第37页.

贝塔斯曼集团运营上取得的成功，与其制度优势密不可分。在经济全球化时代，企业与企业之间的竞争很大程度上是不同制度间的相互竞争，谁占有制度优势，人才、技术和资金等资源就会流向那里。一个经济组织或企业的制度是一个复合体，由多种制度共同构成。就像社会制度是由市场制度、法律制度、政府制度以及企业制度构成一样，企业制度也不是单一的，而是由不同功能的制度聚合而成。新制度经济学企业制度理论认为，一种完整有效的企业制度应当是一种结构，主要由以下三种制度构成：产权制度、公司治理以及企业战略。以下各节将以企业制度理论为切入点，分别对贝塔斯曼集团各项制度进行研究。

3.1 集团产权研究

3.1.1 产权理论

（1）产权概念

产权，又称为财产所有权，是经济学上所有制关系的法律表现形式。产权问题是研究经济组织面对的最根本问题，是研究企业制度运行的基础。

界定产权的概念应该首先明确两点，一是区别于物权的概念。产权是人们对物使用时所引发的彼此之间的联系，是一种人与人之间的基本关系；而物权是指权利人依法对特定物享有的直接支配和排他权利，是指人对物的关系。菲吕博腾和配杰威齐在1972年发表的一篇论文中对产权有过经典的论述，他们认为产权不是人对物的拥有关系，而是一种由物的存在引起的人与人之间互相产生的行为关系。所以一般在新制度经济学范畴中，产权更多被理解为一种调整人们彼此之间相互关系的行为规范。二是区别于法学中的概念。法学与经济学中对于产权的理解并不相同。法律中产权边界是确定和明晰的，出于保护目的法律定义的产权是可以界定的明确权利。商品在法律范畴通常被定义为只具有一种属性的同质实体，单维的产权要么被拥有，要么不被拥有，不会存在一种所有权中间状态。而经济学尤其是新制度经济学者则认为产权是多维度的"权利束"。美国制度经济学家巴泽尔认为，用于交易的商品不只拥有单一属性。以冰箱销售时所有权的转移为例[①]，论述了产权的不完全界定性以及限制产权的重要意义。电冰箱在销售给消费者以后，其产权并没有完全转移给消费者，冰箱厂家仍然保留了一部分诸如保修这样的责任，而厂家保有这部分责任明显比转移给消费者更有效率。所以消费者在买到冰箱后，并没有获得冰箱在经济学意义上的全部产权属性。再加上实际工

---

① [美]Y. 巴泽尔. 产权的经济分析. 上海三联书店，1997年版，第16页.

作中权利的界定需要消耗大量精力和资源，必要性不大，所以新制度经济学范畴内的产权是不能够完全界定的。

综上所述，产权是指由物的存在及关于它们的使用所引起的人们之间相互认可的行为关系，是一种社会制度。

（2）产权的基本分类

从不同角度可以对产权进行不同划分，一般来讲，新制度经济学按照产权的排他性程度将其分为私有产权、集体共有产权和国有产权[1]三类。

①私有产权（private property rights）。私有产权是指产权完全界定给个人实施的一种形式，私人权利的所有者有权排除他人行使的权利。一方面，私有产权并非是指物品的多种属性都不可分割地掌握在私人手里，它具有可分离性和可让渡性。另一方面，私有产权并不意味着所有权利都由一人掌握，它可以拥有两个或者更多的权利所有者。私有产权区别于集体共有产权的最明显之处，在于同一物品权利的多个所有者所拥有的权利彼此互不重合，也就是说行使权利的决策可以由个人在不受他人影响的情况下做出并独立承担由此产生的后果。目前世界上比较有影响力的传媒集团几乎都是私有产权集团，与公有传媒集团所不同的是它们在服务公众和传播价值观的同时，把盈利作为组织的主要目标，组织运转主要源于商业经营性收入。

②集体共有产权（communal property rights）。组织成员共同享有的产权，也就是说组织内部的某一成员行使权利时，并不排斥其他人享有同样权利。相比私人产权，社团产权在组织内部成员之间完全重合。组织成员可以使用资产却不能声明拥有资产。由于这种产权特性，这类产权的资产在使用过程中不可避免会出现负外部性。例如，市政公用设施由市民共同使用，却不会有个人为公用设施损耗负责。

③国有产权（state-owned property rights）。以国家为整体名义所享有的产权，是国家对经济组织以不同形式进行投入而形成的权利。通常国有产权可以通过立法和政治途径来实现，具有一定强制性。国有产权意味着权利只能由国家通过行政命令或规定来决定权利归属，其他人无权擅自使用。

目前世界各国产权类型不外乎私有产权、集体产权和国有产权三类，各类产权形态间又相互组合形成了复杂的产权体系。

3.1.2 贝塔斯曼集团产权结构

贝塔斯曼集团是一家由私人控股的股份两合公司。贝塔斯曼股份两合公司中

---

[1] 卢现祥，朱巧玲. 新制度经济学（第二版）. 北京大学出版社，2012年版，第117页.

80.9% 的资本股由三大基金会（包括贝塔斯曼基金会、莱茵哈德·摩恩基金会和 BVG 基金会）间接持有，另外的 19.1% 则由贝塔斯曼创立者摩恩家族间接持有。另外，集团专门成立贝塔斯曼管理公司（BVG），负责管理股东大会所有投票权，确保股东利益得到保障。贝塔斯曼集团产权结构如图 3.1 所示。

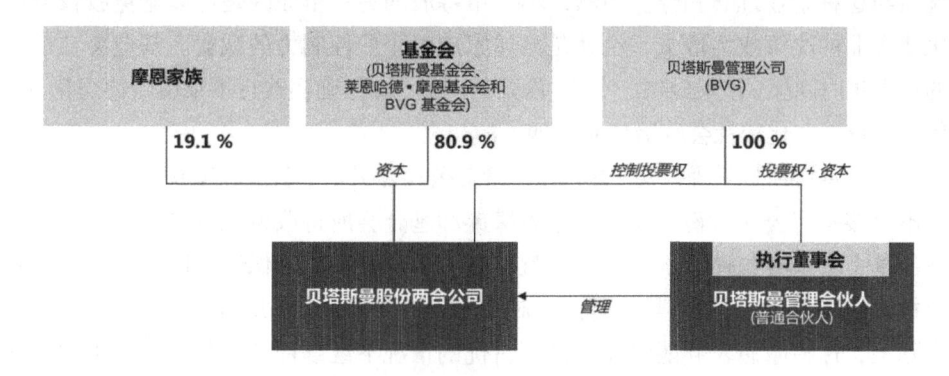

图 3.1　贝塔斯曼集团产权结构示意图

所谓股份两合公司，是指由无限责任股东和有限责任股东共同出资组成的公司形式，是一种介于无限责任公司和股份有限公司之间的股份公司。其中无限责任股东对公司的经营活动进行管理，对公司债务承担无限连带清偿责任；有限责任股东一般情况下不参与公司日常经营管理，对公司债务以其出资额为限负有责任。两合公司制度是德国、法国和日本等大陆法系国家的一项特殊公司制度，起源可追溯到 15 世纪的欧洲。贝塔斯曼集团按照德国《股份法》和德国《商法典》建立股份两合公司。其中《商法典》第 161 条至 177 条对两合公司做了明确规定，《股份法》第 278 条至 290 条规定了股份制两合公司。

贝塔斯曼集团属于没有上市的股份公司，完全由财团和家族进行控制。这主要是其经营结构和所处市场结构决定的。长久以来，图书出版一直是其主营业务，不完全依赖于印刷服务和广播电视业务，所以资金流较为充足，不急于通过上市来募集资金。集团所有者包括以下几部分。

（1）摩恩家族。摩恩家族创立了贝塔斯曼集团，并且主动将这个家族企业改制成为股份制公司，适应现代企业制度要求。从 1835 年贝塔斯曼第一代领导人建立以自己名字命名的图书印刷公司到今天，贝塔斯曼经历了摩恩家族五代人领导，贝塔斯曼也逐步走向成功。1993 年，莱茵哈德·摩恩看到传统家族式企业已经难以适应经济发展趋势，于是成立贝塔斯曼基金会，并将大部分股份转移进去，以此实现了对集团的改组。现在，摩恩家族依旧持有集团股份的 19.1%。

（2）贝塔斯曼基金会。1977年，莱茵成立基金会，转移公司80.1%的股份完成企业改制。他将贝塔斯曼基金会定义为独立的不以盈利为目的的组织，莱茵认为企业不应该仅仅为资本回报率操心，更应该把回报社会和公共福利放在首位。也正是以此为由，贝塔斯曼始终未进入证券交易市场，因为证券市场逐利的特质显然与这种企业理念相悖。当然，不上市募股的另一个原因是可以避免股权分散化使企业的决策权力散失，也就是摩恩家族对企业控制力的减弱。基金会在成立的三十年时间里，涉足经济、传媒、医药等不同领域，确实践行了莱茵哈德当年"以促进教育、文化和社会政治事业发展"的初衷。

（3）贝塔斯曼管理公司（BVG）。管理公司是贝塔斯曼股权架构的重要一环，它不直接持有公司股份，而是对摩恩家族和基金会所持股份进行管理。因为贝塔斯曼基金会持有集团大部分股权，且不具有盈利性质。为保证集团企业文化以及公司股权集中性，贝塔斯曼管理公司对集团年度全体大会的所有投票权进行管理。实际上，保持摩恩家族能够在股份不占优的情况下继续保持对集团决策影响的连续性也是设置BVG的重要作用。

贝塔斯曼集团的产权结构，使其兼容了无限责任公司与有限责任公司的双重结构。一方面能够使人才与资金在最大限度上获得结合，有利于取得更好的经营效果，同时由于股东出资不能够随意转让，公司信用程度较好。另一方面股权集中度较高，无限责任股东也更容易对公司运营情况进行监控。由于同时具有人合公司与资合公司的双重特点，贝塔斯曼集团既可以使用公司资本和资产条件作为其信用基础，又能以股东个人条件作为信用基础。这样的集团形式也具有了以下特点：一是能够适合不同投资者的需要；二是股东的责任分工明确；三是筹集资本简单。

3.2 集团治理结构研究

3.2.1 公司治理理论

大到一个国家，小到一个手工作坊，治理行为都发挥着至关重要的作用。20世纪30年代，贝利和米恩斯在《现代公司与私有产权》一书中曾经就公司治理结构发展得出结论，认为现代公司已经发生"所有与控制分离"的现象。伴随着资本市场的不断发展，公司出现了规模扩大、业务复杂和股东分散化程度增高的趋势，公司的所有者已经很难对公司事务事必躬亲，随之出现的是拥有专业管理知识并垄断专门经营信息的经理阶层。所有权与经营权的"两权分离"已经是现代企业的重要特征之一，但经理层并不一定会完全按照所有者的意愿进行决策，比如尽量寻求自己的利益最大化。这就需要一套制度实现所有者对代理者的有效约束。另外，上市公司、股份公司的出现，使得企业拥有了规模庞大的所有者，且具有流动性。如何把众多所有者的意志统一起来，需要股东大会制度保证。还有就是解决企业长期决策问题，即需要董事会将股东层和经理层联系起来，对企业长期目标做出决策。

经理层、股东大会、董事会的设置以及它们之间的相互关系被称为公司治理结构。治理结构有多种形式，不同结构直接导致了企业生产效率的差别。一种效率偏低的公司治理结构，会导致经理人与股东之间缺乏信任，不能共同达成企业目标。如果股东对经理人的限制过多，企业就会僵化死板，缺乏创造力；倘若限制过少，经理人又有可能以自己的利益为导向进行决策，损害股东权益。上一节中通过对贝塔斯曼产权结构的分析，已经明确了企业的委托人和代理人关系。在给定委托人和代理人的基础上，通过新制度经济学中的契约理论进行分析，研究委托人对代理人进行激励和控制的最优契约安排，进入贝塔斯曼集团公司治理层面。

3.2.2 委托—代理契约论

公司治理结构即经济组织内部权利的分配结构，公司产权所有者以契约形式将组织营运的权利委托给经理层。按照不同的产权类型，传媒集团治理形式可分为国营、共有私营、私有商营等不同模式，但就其本质来说都是不同类型委托主体采用的委托代理形式。这里就涉及新制度经济学的一个基本理论：委托—代理契约论，或称为合同理论。

契约理论是西方社会建立政治和经济制度最基本的理论体系。新古典契约理论认为，交易活动是建立在交易者完全理性、完全交易信息基础上，在完全竞争的市场中进行。在实际的市场交易活动中，这样理想化的状态显然是不可能存在的。因为订立契约的双方在追求自身利益最大化的情况下，难以做到完全按照理性进行决策，同时信息不对称以及有偿交易成本都决定了市场中不存在所谓的完全契约。在研究公司治理委托—代理契约的订立时，首先要明确这是一种不完全契约。

（1）委托—代理契约论基本假设

新制度经济学在研究不完全契约理论时，将信息不对称作为理论假设，这个理论首先认为代理人相比较于委托人具有专业和信息资源上的优势。信息不对称理论于20世纪70年代首次被提出，是指在各类经济活动中，不同参与者对有关信息的了解存在差异。对信息掌握较为充分的人员，在交易过程中一般处于有利地位，而信息掌握匮乏的参与者，相对则处于不利位置。

信息不对称一般可分为事前信息不对称和事后信息不对称两种类型。事后信息不对称也称为道德风险模型（moral hazard），是指人们享有自己行为收益的同时将交易成本转嫁给他人，从而使他人蒙受损失的行为。如果委托人不能完全监督代理人行为，代理人就倾向于不会像委托人期望的那样努力。道德风险指代理人形式不适当或"不道德"行为的风险或"危险"，在这种情况下委托人要试图通过各种方法鼓励代理人更好地履行职责；事前信息不对称也称为逆向选择（adverse selection），是指卖者对所出售物品的特征了解得比买者多的市场问题，物品质量差的可能性都是由买者来承担的。所以从信息匮乏买者的角度看，这种"选择"就转变为逆向。简而言之，交易过程中信息优势的一方总是倾向于做有利于自己的决策，从而造成质量差的商品将质量好的商品驱逐出市场的现象。

在明确了信息不对称现象后，可以发现公司治理过程中存在着诸多可能影响合同结果的因素。这就需要预先从制度上设计多种手段来保证契约有效完成，避免具有机会主义倾向的一方利用信息不对称转嫁和逃避风险，损害他人正当利益。在公司治理过程中表现为避免代理人的目标偏离委托人初衷，使委托人利益受损的情况发生。这种手段在现代企业制度中一般表现为激励—约束机制。

（2）激励—约束机制

公司治理结构的核心是解决代理人的激励约束问题。为降低企业的代理成本，最大限度使委托人的目的得以实现，现代企业制度中普遍将针对代理人的激励—约束机制作为治理的重要内容。设计一个高效率的激励—约束机制必须充分考虑到委托人和代理人双方的利益，激励—约束机制设计的基本原则是：在考虑机制设立成本的前提下，依据代理人对风险所持有的态度，设计使委托人预期效用最优的契约形式。一般而言，现代企业制度中激励机制主要分为物质激励和精神激励两种，约束方式主要包括企业内部约束、市场约束、法律约束、银行约束等。

3.2.3 贝塔斯曼集团公司治理结构的组织体系

（1）公司治理结构的一般组织形式

一个公司采取何种形式的治理结构，是由其产权类型决定的。就传媒集团而言，为求生产效率最大化，不同所有制形式的传媒集团会采取不同治理形式。

①股东大会。股东大会由公司全体股东组成，是公司最高权力机构，负责对影响公司发展的重大事项做出决策。股东大会既可以被看作是一种定期或临时举行的由企业全部股东出席的会议，又可以看作是股东作为企业所有者，对企业行

使财产管理权的非常设机构。股东大会选举产生集团的其他重要机构,董事会与监事会对股东大会负责。股东大会对公司各项业务的所有方面拥有决定权,包括:决定集团的投资方针和经营计划;决定董事和监事的任免及待遇;对监事会报告进行审议,审议批准集团年度财务预、决算方案。

②董事会。股东大会通过选举产生董事会作为股东大会常设机构,对内管理公司日常事务、对外代表公司做出决策,是集团实际的管理和执行机构。董事会与股东大会都对公司发展拥有决策权,但董事会决议不能够随意做出,需在征得股东大会的同意之下做出。

③监事会。与美国的公司治理结构不同,欧洲公司一般专门设有监事会作为内部监督管理机构。监事会以企业出资人代表身份行使各项监督职权。由于在现代企业股权结构具有股东分散特征,股东大会难以保证对董事会和经理层的绝对控制,为防止其滥用职权损害公司利益,需要选出专门的监督机构代表股东大会行使监督权力。其职权包括:检查公司财务;纠正公司高层违反公司章程的不当决定。监事会的监督形式包括会计监督和业务监督两种。

④经理层。现代企业中,董事会一般要委托一些人去执行已经做出的经营举措以及对公司进行日常管理。这些人组成经理层,他们是公司业务的实际开展者,受雇于公司董事会,代理开展公司业务。

(2)贝塔斯曼集团公司治理结构和管理理念

贝塔斯曼集团属于没有上市募集资金的股份公司,它的公司治理结构并不完全具有一些现代企业公司治理结构的基本特征,但由于传媒产业特殊的产业结构,其相对灵活、高效的运转方式更适合于产业发展。贝塔斯曼十分注重法律合规性评价,集团的各项制度都参照《德国企业治理准则》制定。

由于集团股份两合的法律形式,其法定团体由年度全体大会、监事会和普通合伙人组成,其中普通合伙人作为股份两合公司的代表管理者,承担个人责任。在贝塔斯曼中,普通合伙人是贝塔斯曼管理 SE 公司(Bertelsmann Management SE,以下简称管理 SE 公司)。管理 SE 公司是由集团执行董事会负责管理的独立股份制公司,它的主要职责是对集团事务进行管理。管理 SE 公司拥有独立的监事会,同时也要受贝塔斯曼集团监事会的监督和检查。

①企业管理框架。贝塔斯曼企业设计管理框架时,把决策流程反应速度放在首位,与大多数跨国集团不同,贝塔斯曼施行执行董事会和监事会对集团的双重管理制度。执行董事会作为 SE 管理公司的最高权力机构,对集团所有日常工作进行管理。依照公司章程,它的主要任务是制定集团发展战略、确立每年的集团盈利目标以及集团融资等具有重大影响的业务。另外,为能及时掌握执行董事会的

履职情况，贝塔斯曼以固定制度的形式规定了执行董事会向监事会定期进行报告的内容，主要包括：集团业务进展情况、长期企业战略实施状况、销售业务盈亏分析以及风险管理的相关事宜，监事会在听取报告后对执行董事会的工作进行科学评估，确保集团运营方向不偏离企业战略以及不违背法律规定。执行董事会与监事会负责人要定期会晤，确保双方的未尽事宜。贝塔斯曼十分注重企业创新带给集团发展的动力，就企业发展专门成立智囊团——集团管理委员会（GMC），主要由执行委员会成员和各地区的高管组成，专门就设计企业发展重大问题以及应对市场变化的重大决策提出意见，目前管理委员会有十五名成员。监事会是贝塔斯曼的另一个重要的管理部门，因为负有监督管理 SE 公司的重要职能，所以对公司营运的一切相关信息都拥有知晓权。在涉及集团发展等重大问题上，依照规定负有向执行董事会进行建议的责任。贝塔斯曼联席会议中，执行董事会为集团发展做出的决策只有在获得批准之后才能生效。为了提高监管效率和监事会的专业咨询能力，监事会负责将任务委派给专家委员会。

集团同时致力于建立专门性委员会针对不同业务问题提出意见。管理 SE 公司的监事会已经建立了人事委员会，其主要任务是在年度全体大会期间向监事会推荐人才，以及通过设计适当的薪酬政策为集团进一步留住人才。为应对跨国集团烦琐的各项日常业务，集团先后组建了战略与投资委员会、审计与财务委员会和职工代表委员会。这些委员会向监事会负责并在监事会举行全体会议时针对各自权责范畴做出汇报。实际上，这一举措的实质是将监事会的决策权转移并细化到各专门委员会，以提高监事会办事效率。

②多元化管理理念。作为国际知名跨国传媒集团，贝塔斯曼在经营管理过程中充分注重了多元化企业管理理念对集团经济效益的推动作用。比如，集团管理委员会，成员共来自7个不同国家，同时注重女性成员在管理层中所占比例。此外，贝塔斯曼还在积极将这种多元化拓展下去，在员工层推广多元化组织理念。企业工会作为代表员工意见和利益的组织也进行了细分，包括管理人员代表委员会、代表残疾员工的委员会及贝塔斯曼管理代表委员会（BMRC）。为保证不同声音能够及时反馈到集团总部，贝塔斯曼建立了一些如秋季峰会等促进董事会和企业工会接触的固定机制。

3.3 集团发展战略研究

3.3.1 企业战略管理理论

企业战略这一概念最早是由美国人在20世纪60年代最先提出并引入企业管

理实践中。随着公司规模的日渐扩大，企业战略的地位越来越为经济学界所重视。近年来，企业战略在我国已经成为企业发展的最热词汇之一，不同性质、规模的企业纷纷将企业战略作为宣传的重要手段和企业文化的主要组成部分。研究企业战略管理，首先应对企业战略有清晰的认识，目前西方战略管理文献中尚未对企业战略的定义达成一个共识，不同学者由于自身的认识角度不同，赋予企业战略的含义也存在不同程度的差异。一般来说，企业战略分为广义企业战略和狭义企业战略。

（1）广义企业战略

这里可以借鉴哈佛大学商学院教授安德鲁斯对企业战略的定义，他认为企业战略是一种能够体现企业目标和发展方向的决策模式，这种模式决定了企业性质。也就是说，企业战略应该是一种可控模式，任务是确保一个组织的主要目的、活动与政策按照一定次序稳步完成，并对组织短期活动起到纠偏和约束的作用。

（2）狭义企业战略

狭义企业战略是指与产品、市场和企业经营相关的一系列计划，它决定着目前企业所从事或者计划要从事的基本业务经营性质。企业战略应该是企业的发展蓝图，以长期目标形式制约着企业经营管理的所有具体活动，应该具有长期性和可操作性。

3.3.2 贝塔斯曼集团企业战略管理

贝塔斯曼集团发展战略包括互相平行的四个方面：强化核心业务、推进数字化转型、搭建增长平台和重视区域增长。

（1）强化核心业务

集团近年来业务发展水平保持了较为强劲的增长势头：占据领先市场地位，拥有可观经营利润。为保持这种增长势头，贝塔斯曼制定了一系列旨在保护和奖励员工创新能力的政策。在全球性经济危机中率先回暖的各个产业形态，无一例外都是以创新作为驱动，进而带动产业升级。所以创新已经由过去的一个概念确确实实变成了推动产业进步的生产力。目前贝塔斯曼业务涉及电视、广播、图书、杂志、数字业务和服务等多个领域，强化集团核心业务意味着在各个领域增强其创新能力。

（2）推进数字化转型

依靠新技术在数字化媒体领域内获得成功的传媒公司如雨后春笋，增长势头十分迅猛。在这样的背景之下传统以生产优质内容为重点的贝塔斯曼必须应对来自数字化的挑战，寻求内容与技术相融合的新路径，并优化自身服务与管理体系。

贝塔斯曼集团各子集团都在加快数字化转型进程。RTL集团正在稳步拓展其按需视频服务，并注重开拓多平台的广播电视服务，抢占移动智能终端市场，拓宽销售渠道。兰登企鹅书屋以内容优势为依托，也在广泛开展数字化业务。现在电子书业务已经占到其全球业务的22%，总收入的1/4即来自该业务。

（3）搭建增长平台

在保持传统业务领域上的优势以外，贝塔斯曼还在搭建新的增长平台积极寻求发展。例如20世纪末，在网络经济兴起的新市场环境下，贝塔斯曼首席执行官托米斯·米德尔霍夫敏锐地觉察到信息技术正使得产业边际日趋模糊化，信息产业向文化产业渗透出巨大商机，领导贝塔斯曼集团实施了"跨媒体战略"。

"跨媒体战略"的目标是将贝塔斯曼从一个传统出版企业推向现代传媒集团的新业务平台，而这一平台也成功让贝塔斯曼的电子商务业务在当时登上了全球第二的位置。近年来贝塔斯曼有针对性地确立了一系列增长平台；这些现有和全新业务范围可以成为国际性传媒和服务公司产品与服务组合的有效补充，因而在集团进一步发展中蕴含着巨大的潜力。这些增长平台拥有一个共同特点：满足集团必要投资标准，特别是应当具有经过全球验证的数字化商业模型，必须在具有极大增长潜力的市场中运营，不具有显著周期性，且可以扩展，也就是说其回报应当随着其规模扩大而增加。

（4）重视区域增长

作为全球著名跨国传媒集团，贝塔斯曼始终坚持业务的全球扩展。近年来集团除了巩固在欧洲和美国的核心业务以外，还将战略中心逐步向印度、巴西和中国三个战略重心进行转移。试图在全球建立更为庞大的媒体网络。目前，贝塔斯曼已经在三个国家建立了集团总部，并在南美拥有3300名员工，在印度有1150名员工，在中国有5000余名员工。RTL已经在印度推出了电视频道Big RTL Thrill；企鹅兰登书屋在2012年底收购了兰登书屋Mondadori公司全部所有权，为向拉美图书市场拓展创造了有利条件。虽然图书业务整体退出中国，但贝塔斯曼显然对于退出消费潜力如此巨大的市场并不甘心，古纳雅尔积极进军中国消费品出版、企业印刷和市场营销等多个方面，并且在纸质和数字出版物领域都获得了发展；欧唯特也在中国建立了比较完善的服务网络。此外，集团设立了贝塔斯曼亚洲投资基金（BAI）等投资机构，在中国寻找有潜力的公司进行注资作为其重返中国市场的重要举措，自2008年以来，累计投资了二十多家与贝塔斯曼业务密切的新兴公司。

第四章　贝塔斯曼集团对我国传媒集团发展的启示

传媒产业是一个较为宽泛的概念，包括广播电视传媒、图书出版传媒、期刊传媒等多个方面。我国目前拥有的二十九家出版集团、二十四家国有发行集团、四家期刊集团等属于传媒产业集团。客观来讲，经过数十年改革之路，我国传媒集团发挥了较充分的产业化功能，传媒产业也为国民经济快速发展做出了很大贡献。但依旧不能忽视问题的存在，这其中既有传统体制上的遗留问题，也有全球数字化浪潮中碰到的新困难和挑战。在"十二五"规划中，国家强调要进一步加快转变经济发展方式，推动文化大发展大繁荣，提升国家文化软实力。在这样的大背景下，贝塔斯曼凭借其制度优势取得的成绩，完全可以带给我国正处在发展中的传媒集团一些有益启发。

上一章已经在企业制度理论框架下对贝塔斯曼集团的经营管理与企业战略进行了具体分析，可以看出制度优势是它成功经营发展的必要条件。本章中首先对贝塔斯曼的制度特征进行总结，进而得出现代国际传媒集团的一般性制度特征，与我国传媒集团目前的发展现状做比较分析，针对二者目前存在的差距提出具体建议。

4.1　国际传媒集团企业制度和发展战略优势分析

一个现代国际传媒集团应该具有什么样的制度特征，或者可以说它的经营管理和企业战略优势究竟在什么地方。以贝塔斯曼集团为例，可以从宏观和微观两个方面进行概括。

现代国际传媒集团的制度优势，从宏观方面包括以下特征（见图4.1）。

（1）多元并且清晰的产权制度

建立"产权明晰"的企业始终是我国现代企业制度改革最为重要的目标之一，这也造成了我国部分传媒集团虽然产权足够清晰明确，但存在着国有产权"一股独大"的局限。实际上，传媒产业的特殊性决定了这种产权结构不仅应该是清晰的，而且应该是多元化的。贝塔斯曼所采取的产权组织形式，首先保证了集团符合股份制经济基本形式，同时通过多元化的产权安排为建立现代公司治理结构提供了必要条件。可以说，清晰明确的传媒产权决定了传媒企业制度这幢大楼的高度，而多元化的传媒产权结构布局则决定了这幢建筑占地的广度。

（2）权责分明和相互制衡的公司治理结构设计

公司治理结构的形式多种多样，依照产权组织的不同类型、法律的要求甚至是国家的传统都可以分为不同类型。以贝塔斯曼为例，董事会和监事会共同管理的形式就不是现代公司治理的一般模式。但无论是何种传媒治理结构，其设计原则都是共通的：权责分明和相互制衡。其中，权责分明是公司治理的基础，相互制衡形成了传媒集团公司治理结构的系统。

（3）秉承企业核心竞争力的企业战略

企业战略决定了企业未来的发展方向，贝塔斯曼集团企业战略分别涉及了今后的业务发展，区域性业务拓展，针对数字化营销环境要做的转变以及保持核心竞争力四个方面。其中，企业核心竞争力应该是传媒集团设计企业战略的出发点，以贝塔斯曼来讲，它始终把生产有针对性的优质内容作为核心竞争力。在这样的企业战略指导下，贝塔斯曼集团可以出售不以出版大众类图书见长的斯普林格，也可以在亚马逊和苹果主导的数字阅读市场迅速依靠内容占有一席之地。

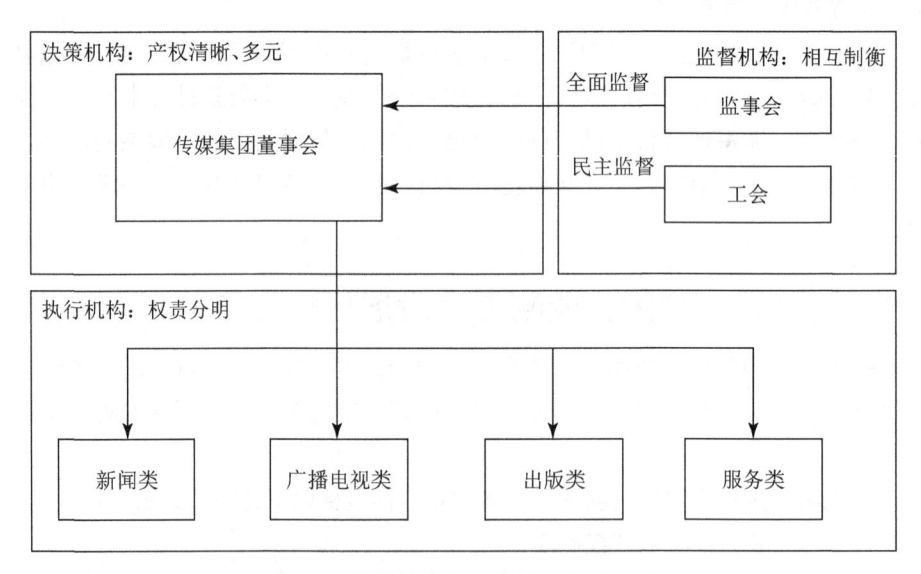

图 4.1 传媒集团治理结构及权力关系

国际传媒集团成功的原因还包括众多具体的制度设计，从微观上讲，这样的制度体系具有以下特征（见表 4.1）。

表 4.1 传媒集团一般性制度特征 [1]

名称	基本内容	特征分析
传媒集团企业法人制度	对传媒集团的资产、债权债务进行界定，评估对集团法人财产进行登记，确定集团法人财产权	确定公司的企业法人资格，实现企业拥有法人财产权，即对法人财产的经营权（管理权、控制权等）
传媒集团组织制度	按照现代企业组织制度的法律规范，区分集团的不同情况，完善集团体制或其他的组织形式，主要是建立合适的传媒集团运行方式及组织结构	以法人治理结构为前提，结合自身的具体要求，确定集团组织结构
传媒集团人事管理制度	打破组织内部的人员层级制度，实行全员劳动合同，进行双向选择，并根据实际情况决定工作资金、分配，建立激励机制	以"人力资源要素"为核心，建立适合集团体制的制度体系，包括人员招聘制度、薪金制度及一般性的管理制度
传媒集团会计制度	使用国际规范化会计制度，包括通用的会计元素、会计恒等式、会计原则、会计报表等，用于企业盈亏核算，作为集团财务管理的工具	以"资本要素"为核心，建立一系列资本管理制度，即包括公司内部的资本管理制度，也包括企业外部的资本管理制度
传媒集团信息管理制度	为提高集团管理效率及保证生产经营活动协调进行，运用现代化的科技管理工具，保证组织内部和外部信息能通畅流动	将"信息"作为一种要素，建立信息管理系统及制度，结合现代化的工具，保证信息交换所带来的成本达到最低的状态

4.2 我国传媒产业集团发展现状及趋势分析

4.2.1 中国传媒产业现状分析

2013年，我国的传媒产业依旧处于平稳发展阶段。全国出版、印刷和发行服务实现营业收入18246.4亿元，较2012年增加1611.1亿元，增长9.7%；利润总额1440.2亿元，较2012年增加122.8亿元，增长9.3%，反映出新闻出版产业仍继续保持了相对较强的发展能力，如图4.2所示。伴随着市场规模的扩大，所有收入板块实现了不同程度的增长。[2]

与此同时，受众消费分析却显示我国受众媒介消费即将进入一个发展平台期。具体来看，从2005年至2010年，受众分配在传统媒体上的时间消费总体呈现下滑趋势，从250.37分钟/天降至212.80分钟/天，而对互联网的接触时间从47.70分钟/天上升至97.69分钟/天，翻了一番。传媒集团大多数还是依靠传统媒介形

---

[1] 王文峰、肖华等.传媒经济论.中国书籍出版社，2013年版，第123页.

[2] 数据来源：2013年新闻出版产业分析报告.中国新闻出版研究院，2014年7月.

式获利,传统媒介的本质是一种注意力经济,体现在受众媒介时间消费上,即受众平均每天对媒介的接触时间。受众一天接触某种媒介的时间越长,与该媒介的接触程度就越高。这一指标常常可以被用来分析媒介未来的发展趋势,反映出受众媒介消费偏好的转变。2011年我国受众媒介时间消费共310.61分钟/天,较上年虽有小幅上涨,但总体看来随着涨幅逐年下降,我国传媒产业的发展必将放缓。所以可以预见传媒集团在对受众媒介时间消费的争夺上将变得愈加激烈。

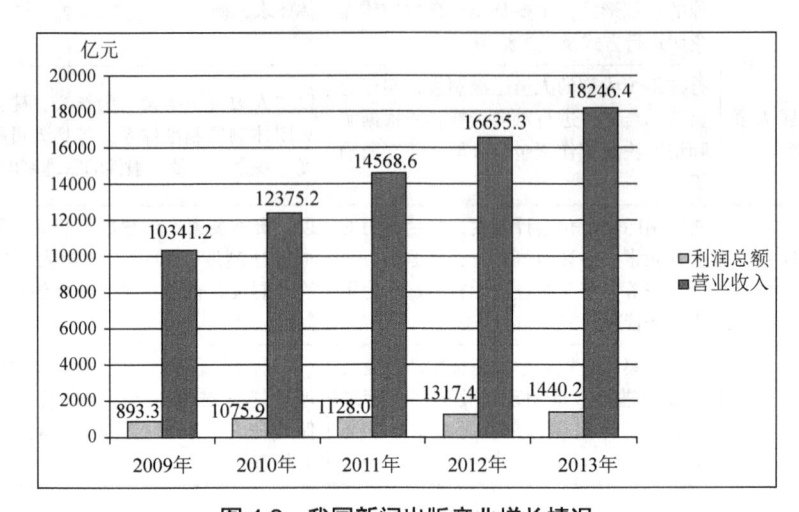

图 4.2 我国新闻出版产业增长情况

4.2.2 中国传媒产业集团的现状及发展趋势分析

依照创立和发展过程进行划分,我国的传媒集团基本上可以分为两种不同性质的企业:一类是传媒事业集团。2005年1月国家广电总局明确指出不再建立广播电视事业集团,并对现有的事业性质集团进行转企改制;2007年6月国家新闻出版总署也明确将对事业型报业集团和期刊集团进行改造,使之逐步转变成为传媒产业集团。另一类是传媒产业集团。比较有代表价值的是1999年成立的牡丹江传媒产业广电集团,这一类产业集团在营运过程中逐步获得了有关主管部门和社会的认可,也在很大程度上代表了我国传媒集团的发展方向。现在,我国的传媒集团总体上是通过对传媒事业集团进行转企改造,逐步发展成为传媒产业集团。

目前我国拥有的传媒集团包括47家报业集团、32家出版集团、27家国有发行集团以及12家印刷集团。其中新闻出版企业在境内外上市的已有41家,并有十多家报业集团正在积极准备上市。118家集团2013年主营业务收入增长

13.3%，在全国书报刊出版与出版物发行主营业务收入中所占比重提高 3.7 个百分点；资产总额增长 14.1%，提高 3.4 个百分点；所有者权益增长 11.6%，提高 2.5 个百分点；利润总额增长 16.2%，提高 4.9 个百分点。[①]

从长远来看，我国传媒集团产业化的发展趋势不会改变。因为从事业单位的性质上讲，事业活动是无须进行经营的。像学校、图书馆这样的机构，它的活动经费应该由国家全额支付，并向社会提供公共服务。事业单位无须组建集团，因为其本身就是一个具有特定运行机制的整体，不需要产业化运营机制介入。这显然与市场经济下传媒产业发展思路背道而驰。所以，我国市场经济发展要求作为信息产业重要组成的传媒必须走向集团化，我国传媒集团也必将以市场为先导，继续向服务化、一体化、产业化道路继续发展。

4.2.3 中国传传媒集团面临的问题和挑战

我国现行传媒体制是在几十年的发展中逐步形成的，在传媒事业发展过程中起到了积极促进作用，但是随着经济体制不断完善，行政管理体制和文化制度改革不断深入，现行体制的不适应性正在逐步显现，这也对出版集团的发展造成了一定影响。

（1）产权制度不完善

主要体现在两个方面。第一，产权归属不清，国家资产主要通过管理者行使所有权，出资人由多个部门承担，使得资产管理者与管人、管事等环节脱钩，结果形成了各个部门只有权力和利益，没有责任与风险的不利局面。在这样的局面下，很难有机构和个人对国有资产做到真正负责。第二，产权主体单一化严重，部分传媒集团存在"一股独大"现象，传媒主要依靠国家财政投入，广泛的社会资本没能参与进来。

（2）垄断体制下集团发展动力不足

我国的现行传媒体制是一种"国家所有、政府主办、管办结合"的体制。具体来说，各级政府的广播电视主管部门一方面承担着报社、电视台等媒体的建立职能，同时又是这些媒体的监管者，既是运动员又是裁判员。这样的体制能够保证媒体传播内容的质量和传媒公共性特征，但也会在客观上造成垄断出现，留下政府干预产业的弊病。

主导市场经济的应该是竞争，现行体制之下的垄断是靠行政制度而非竞争造成的。这从另一个角度说明，这个产业的实体——传媒集团的实力还不够强大，

---

① 数据来源：喻国明主编《中国传媒发展指数报告》，中国人民大学出版社，第 7-10 页。

不能够在竞争激烈的市场中生存，一旦国家政策有所变化，传媒集团今天的成果很可能难以在今后复制。同时，传媒产业内部由行政制度划分的界限不利于我国传媒企业向产业的上下游进行业务拓展，形成像贝塔斯曼集团一样集出版、广电、印刷、服务为一体的产业链，限制了规模经济的发展。

（3）集团内部缺乏科学的组织设计

由于一些改制后的传媒集团依然沿用过去行政治理与公司治理相结合的业务管理方式，造成了人力资源配置上的混乱。企业也缺乏必要激励机制，员工工作效率不高。对于管理层，由于过去事业单位遵循集体决策机制，现实中传媒内部治理又缺乏监督和约束，就容易造成领导者以集体名义做出不适当决策现象的发生，产生逆向选择和道德风险。

（4）亟待健全数字化发展战略

面对向数字化转型的传媒市场，世界各国的传媒集团都在试图积极做出应变。2013 年，我国数字出版成绩显著，实现营业收入 2540.4 亿元，较 2012 年增长 31.3%；利润总额 199.4 亿元，增长 31.2%。但不能忽视高速增长之下所掩盖的问题：数字出版物文化价值不高、相关数字标准缺失以及数字版权侵权现象严重等。这就需要传媒集团立足自身优势，对现有数字出版战略做进一步完善，使得这项重要的企业战略从一个时髦概念转变为企业日常理念，真正落在实处。

4.3 贝塔斯曼集团对我国传媒集团发展的启示

自从 1996 年我国成立了第一家传媒产业集团——广州日报报业集团开始，全国各省市纷纷开始探索自己的传媒集团创建之路。至今已经建立起众多的传媒集团，投入了大量的人力物力，其中不少规模已经具备成为国际传媒集团的潜力。但实际中却并无一家具有国际影响力的集团出现。究其原因，是管理制度和发展战略没能达到国际水准。近年来国家高度重视中华文化的输出，希望打造能够代表中国的跨国传媒企业积极参与全球文化竞争。这一过程当然不是一蹴而就的，按照新制度经济学企业理论的三个层面，贝塔斯曼集团成熟的制度设计和战略可以给中国当今的传媒发展一些有价值的启示。

4.3.1 传媒集团产权层面改革措施

产权层面主要目标和措施包括：进一步深化我国传媒单位改制，加快转变传媒主管部门职能职责转变，促进现代企业产权制度全面形成。我国传媒单位几十年发展变迁史，几乎是一部改制和改革的发展史。从起初的时髦概念到今天通过实践取得的成绩，传媒事业向传媒产业的转变都是由改制为起点。但传媒单位的改制，不应该只是为了改制而改，要有明确、切实可行的目标。传媒集团改制的目的只有一个，就是通过对产权制度的清晰化，建立起规范健全的现代企业制度。目前，我国的改制已经取得了重大的成果，主要传媒集团已经基本完成了向股份制的转变，不少集团实现了上市，通过探索取得了一系列具有我国市场经济特色的成功模式。

贝塔斯曼集团在发展过程中同样面对过产权体制跟不上产业发展的脚步，从而制约企业进一步发展的尴尬。面对问题，摩恩家族所做的是果断转移企业大部分股份到贝塔斯曼基金会名下，通过资本转移和权力下放完成企业向现代化企业制度的改制。在下一阶段，我国传媒产业的主要任务是进一步深化传媒业改制工作，打破旧体制惯性和处理好新体制带来的新情况、新问题。一方面在新制度的设计中注意旧体制的衔接和平稳，另一方面加强思想政治工作，促进企业全体成员的观念改变。在今后的工作中，要以建立明晰产权为突破口的现代传媒产权制度作为改革目标。

（1）实现资本所有权和集团经营权的分离。目前，国有资本出资人机构受到国家委托，作为传媒集团股东承担出资人的权利和义务。传媒转制后应当实现国有资产的授权经营，明晰传媒产权，使得传媒集团拥有完整的法人财产权，出资人机构不得越权对集团各项经营业务进行干预。

尽管产业内部对于两权分离呼声很高，但目前为止尚未出台相关具体的政策法规，缺乏制度层面上对经营权赋予的保障。这里可以借鉴贝塔斯曼集团的赋权准则，以权力清晰、职责明确作为原则，将资产担保权、收益处置权、投资决策权赋予集团的经营管理层。为保证国有性质传媒集团运作的活力，还可以将产权转让权一并赋予，以法律法规形式确认被授权机构的各项权利义务关系。

（2）进一步推动实现国有资产管理机构和传媒主管部门职能分开。我国的传媒主管部门，应当履行公共服务功能，在行使公共权力的时候应当刻意与国资部门保持区别，传媒主管部门不应该过多干预国有资产管理，这一权力应该由国资部门统一行使。

目前，传媒资产的管理仍然比较混乱，有的属于当地国资部门管辖，也有的归当地政府领导，这样的现象既不利于传媒集团进行资源整合，实现规模经营，也可能因为多头管理造成国有传媒资产的流失。较为可取的方法是应该成立统一的管理部门，如成立统一的管理委员会作为当地传媒集团最高管理部门，履行出资人职责，对传媒集团的经营性资产和非经营性资产全面履行相关义务并行使相关权利。

（3）在产权改制基本已经实现的基础上，我国传媒产业现在最需要的是要积极转变政府职能，将当前改革成果制度化，以主管部门的正确履职为传媒集团改制保驾护航。传媒集团转制的根本目的已经十分明确，但我国现有的传媒体制还在很大程度上限制了企业真正成为市场上的竞争主体，以独立法人资格进行市场经营活动并参与竞争。下一阶段，传媒主管部门要积极履行宏观上对企业政策指导和进行服务的职责，把企业的各项经营权利切实归还给传媒集团，防止产权改制的结果流于表面。

4.3.2 传媒集团公司治理结构层面改革措施

公司治理层面的主要目标及措施包括：全面建立传媒集团的企业法人治理结构，建立健全传媒集团决策、监督、管理机制。

（1）传媒集团公司治理结构转型升级的相关模型

产权明晰是企业运营的基础，而公司治理结构则是企业运营的核心，直接决定了一个经济组织的盈利水平。治理结构是一个复杂的体系，尤其是大型传媒集团事务庞杂，管理结构也是错综复杂，治理结构的改革对企业可以说是牵一发而动全身，改革成本十分高昂。这样的形式下首先需要对传媒集团的公司治理结构改革做必要性分析。

传媒集团的转型过程可以按照"启、承、转、合"四个阶段进行划分，如图4.3所示。第一步，首先明确我国传媒集团转变管理组织形式的必要性，需要从内部和外部环境共同进行评估。外部环境，国家产权改革之下对组织制度改制的要求，新媒体转型的技术环境要求等；内部环境，产业发展对组织精细度、业务拓展对组织广度的要求等。第二步是转型承接部分，即立足组织目标和现有制度的基础上，建立转型远景目标。第三步是转型实际操作部分，通过目标重塑、制度创新、流程再造、技术革新、结构转型分步进行，促成组织转型。第四步是新组织形态的成型和评价阶段，当组织的文化和市场对经济效益的要求契合时，即可评价为科学有效的传媒集团公司治理结构。

（2）传媒集团公司治理结构转型的具体措施

针对现在众多传媒集团依然在延续过去那种带有行政体制色彩管理制度的现象，应该加快推动集团所有权和经营权相分离，建立健全企业法人治理结构，以清晰的权利分配流程实现企业管理。主要是严格依照产权归属设立股东大会、董事会、监事会以及经理层，完善相关制度以确保各集团的决策机构、监督机构和执行机构能够各司其职，在集团内部形成有效制衡机制。

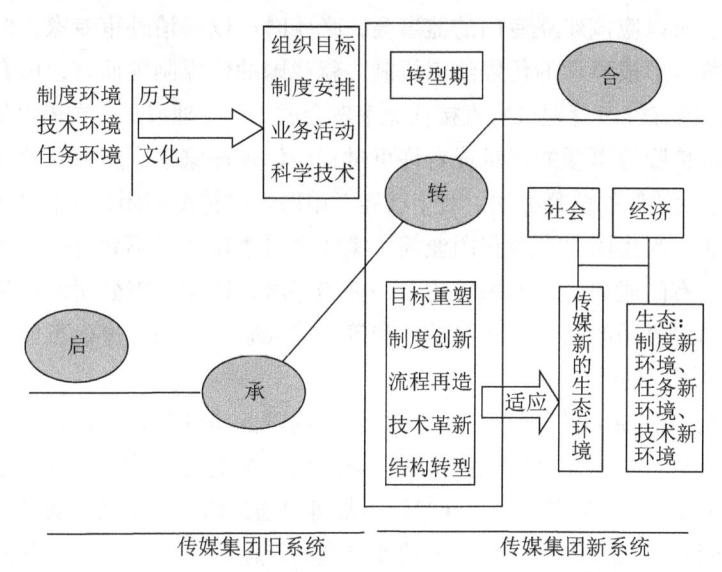

图 4.3　传媒集团公司治理结构转型流程图[①]

①决策机构。决策机制是公司治理的核心，我国传媒集团可以参考贝塔斯曼集团对决策机构进行整合的经验，成立决策委员会。具体措施有：第一，为使决策的做出不脱离实际生产经营工作，应引入经营管理人员进入决策委员会；第二，可以适当引入外部管理人员，使决策更加多元化。在涉及法律和财务等专业性较高的工作领域，可以对外聘请专业律师和会计师；第三，在决策委员会下设各类专业委员会，以解决工作中各类具体问题，包括：战略和投资规划委员会、薪酬委员会以及提名与考核委员会等。

传媒集团决策委员会的主要职责是决定全集团的经营方针、发展规划以及投资计划；决定重要人事任免和报酬等事项；审议和批准集团下属单位的年度财务预算方案、决算方案、利润分配方案以及弥补亏损等相关方案等；对全集团重要的改革方案和管理制度进行指定和修改；对单位性质的变更、合并、分立、重组、解散和清算等事项做出决议；以及其他需要提交决策委员会进行集体审议的重大事项。

②监督机构。目前我国很多传媒集团还没有建立专门的监事会，由集团的审计部门、党委监察等监督机构与外部审计共同形成监督体系对集团运营进行监督。集体负责可以做到全面监督，但也可能造成"集体不负责"的局面，特别是在集团战略决策层面，现在我国的传媒集团缺乏对企业决策进行合规性评价并实施监

---

① 傅平．中国传媒集团组织转型研究．复旦大学，第 225 页．

督的机制。所以应该建立专门的监事会，必要时可以聘请外审专家，对集团进行全方面监督，形成科学的传媒约束机制。就我国的传媒制度而言，国有成分占据支配地位。国有资产管理机构直接任免董事会成员、经理成员，在传媒集团合并、扩展、增资扩股等事项的审批或者许可过程中体现国家这个所有者的意志，这是一种"用手投票"的监督办法。对于已经上市融资的传媒集团，还有"用脚投票"的约束办法，当集团股东对集团业绩不满或者对集团前景不看好时，他们可以抛售手中所持有的股票，当抛售转化为一种趋势时，这家上市公司的股价就会大幅下跌，从而对集团的商誉、产品销售和筹资造成恶劣影响，进而可能造成对集团董事会和经理层的改组。

监事会的监控由三部分组成：一是传媒内部的审计监督，比如财务状况和经营成果的日常监控；二是传媒内部职工通过监事会监督经营者行为；三是传媒的外部治理主体，如社区群众、中介组织等都可以通过监视会对传媒集团进行约束，以防止经营者的机会主义行为，如渎职和道德风险。此外，还要加强对监事会的监督，若监事会已经发生渎职行为或是在工作中违反集团相关规定致使集团利益受到损失，则应当按照规定承担相应责任。轻者受到董事会的警告和处分，造成严重后果的将被解除职务并赔偿集团损失。

同时，参考贝塔斯曼集团考核制度建立科学的母公司考核机制，加强对各子公司（出版社）的业绩考核。主要考核内容应该包括以下几个方面，子公司经营绩效评估；董事会绩效评估；总经理（社长）绩效评估；委派人员的绩效评估；等等。另外，还要建立专门审计控制制度，集团母公司必须对业务单元的审计进行有效控制，保证各项经营数据真实可信。

③经营管理机构。目前管理层在我国传媒集团所面临的问题主要是缺乏科学合理的经营者约束激励机制。集团的负责人存在"干好干坏都一样"的惰性思维。一方面，在企业取得业绩时缺乏对管理者的奖励制度；另一方面是经营者常常以集体的名义做出决定，一旦出现经营失误，也没有一套完善的集团内部追责机制将责任明确到人。因此，建立科学的经营者激励机制十分必要。这套机制应分为对集团层面管理层和对子公司管理者进行激励两个方面。因为传媒集团属于文化产业的一部分，属意识形态范畴，有着自己的独特性。所以相关政策的制定应该建立精神激励和物质奖励并重，长期激励和短期激励相结合的机制。

对经营层的激励约束机制设计，应当将传媒经理人的收入与集团宣传效果、经营业绩挂钩，而不应当是固定的合同支付。"经理人作为企业的经营成员，他对企业的日常经营决策拥有自然的控制，从而在经理人行动难以监督和不能写入合同时，他必须有剩余分享权以促进其努力工作。"[1] 传媒集团的薪酬和激励机制设计应当包括以下两个方面。

第一，物质激励。主要支付给经理层货币收入，这种收入水平应当与效率挂钩。因为在竞争性的劳务市场上，劳动报酬的最低限度是由劳动力再生产的供给成本来决定的，而劳动的现实市场价格取决于其边际生产力。传媒集团如果以市场出清工资雇佣劳动者，该名劳动者很有可能偷懒，因为他在市场上任何一家传媒公司都能够拿到同样的收入。如果为了使劳动者不偷懒并且不主动离开工作岗位，集团就只能付给他比市场出清高的工资。这样的话，劳动者主动离职就会造成收入水平的下降，从而激发其高效率投入工作。

另外，支付绩效工资是对经营管理者进行激励的关键，让人力资本作为生产要素进入分配，按照指示贡献大小，让经营者分享部分经营索取权，激发其努力创造的动力。可以在年薪制基础上施行长期激励的办法，将管理层行为与传媒集团的长期利益相结合，给付期权的方式更能激励经营管理者与集团的长期发展相联系。

第二，精神奖励。主要包括经营者个人职位晋升、名誉鼓励和职务消费等。职务消费是经营管理者因为职务享有的各种非物质优惠待遇，一般包括对权利的行使、舒适的办公环境等。

由于合同具有的不完备性，仅仅基于传媒业绩的物质和精神奖励并不能够有效激励经理层，最佳的传媒激励机制应当是各种激励形式的最优组合，同时能具有激励相容功效，即代理人在追求个人利益的同时，其客观效果能更好实现委托人想要达到的目的。

4.3.3 传媒集团企业战略层面

传媒集团应该着重打造以企业文化为核心的长期企业战略，细化人才、创新、科技、跨区域化发展战略。传媒集团的企业战略，涉及长期、全面、原则性并以定性为主的长远发展问题，决定了一个集团能否长期稳定发展进步。在媒体数字化转型速度迅猛的今天，我国传媒集团应该以企业文化为核心打造战略，并根据市场的变化对长期战略进行细分，使其具备可操作性。

（1）人才战略

重视员工价值，制订科学的人力资源管理计划。一个经济组织运行的好坏，归根结底取决于这个企业的组成细胞——"人"是否能发挥出其最大价值，而这

---

[1] 张维迎.产权、激励与公司治理.北京：经济科学出版社，2005年版，第3页.

是依靠制度因素来保证的。对于贝塔斯曼这样的跨国集团，控制全球众多复杂业务绝非易事，最为关键的是发挥员工的积极性和创造性，通过员工、管理层、股东的共同努力来把企业做好。早在20世纪50年代仅仅拥有员工两千余人时，贝塔斯曼就提出让员工参加公司盈利分成的政策。时至今日，贝塔斯曼依然有近三成的股票是由集团员工所掌握。此外，还需要对员工进行职业再培训，以此作为业务的增长点。倡导积极的企业文化，重视团队精神，在企业内部建立科学的人员评估体系，建立健全相关奖惩制度，做到奖惩分明、赏罚有度。

（2）创新战略

无论是一种制度还是一个企业，都无法一成不变地存活百年。贝塔斯曼的优胜之处就在于它能随着环境变化不断进行创新，这种创新有内容、制度、传播方式多个方面，通过满足受众的需求始终在行业内保持领先地位。目前我国媒介受众的总消费时间已经增长乏力，但这并不意味着受众对媒介的时间消费已经达到饱和，它只是反映出受众对大众化、共性的信息内容消费已经趋于饱和。而事实是我国的传媒企业在个性化、小众化、圈子化的创新型内容信息上还不能做到有效供给，因而无法继续增加受众对媒体的消费总时间。随着我国物质生活水平不断提高，全国核心受众规模也随之增大，2006年至2011年的数据表明，我国的核心受众一直保持10%以上的高增长速度（见图4.4）。

核心受众[①]因高学历、高收入以及年龄结构偏中、青年的特征优势，具有较强的社会行为影响力。而在传统传播方式对他们已经不再具有吸引力的今天，进行市场细分，采取创新型的传播方式，分众化的传播策略将为我国传媒集团赢取更大的市场。

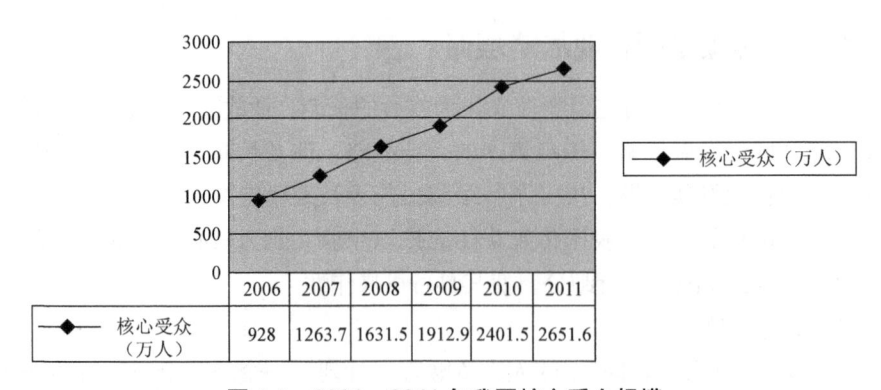

	2006	2007	2008	2009	2010	2011
核心受众（万人）	928	1263.7	1631.5	1912.9	2401.5	2651.6

图4.4 2006—2011年我国核心受众规模

---

① 核心受众：月平均收入超过全国平均水平2000元以上，25～45岁，大专以上学历等符合性特征构成的受众群（数据来源：《中国传媒发展指数报告》）。

（3）科技与内容并重的发展战略

数字化新媒体时代的到来，对于全球的传媒内容提供商来说既是机遇又是挑战。我国目前数字化转型已经建立了成熟的战略发展体系，取得了不小的成绩。贝塔斯曼在这一点上可以为我们提供借鉴的是它不仅仅注重技术上的转型和创新，而是始终把生产优质内容作为其数字化战略的核心。因为无论信息载体和传播方式产生怎样的技术革新，受众消费购买的依然是基于内容的精神体验。以内容为核心竞争力打造数字化战略，探寻一条"内容与技术"相融合的新路径，对于解决我国数字化过程中面临的一系列问题价值很大。

（4）跨地区、多业务领域的规模效应

在全球经济一体化的今天，跨国公司唯有保持庞大的生产规模才能大幅度降低成本。贝塔斯曼的业务领域十分宽泛，垂直层面上看从光盘制作、印刷业务一直到发行、出版零售和物流，从水平方向上看涵盖期刊、图书、报纸、广播电视服务几乎所有的传媒形式，而且在各个领域均处于世界领先地位；从集团跨地域的特征来看已经涵盖了四个大洲，其收入结构也反映出国际化特点，本国占1/3，美国1/3，其他地区1/3。这一成就，贝塔斯曼基本上是通过并购完成的。目前而言我国传媒集团的资本规模还达不到这个程度，但是传媒企业通过并购方式纵向横向扩展的形式很有借鉴价值。通过并购、合资、合作的方式可以使企业在相对陌生的领域里迅速获得经验和资源，取得协同合作。同时，还可以将企业原先的经营方法、理念、品牌效应迅速扩散，使企业的无形资产得到增值。

第五章　结语

  新制度经济学的一个主要任务是从制度层面研究为什么一些公司会优于另一些公司。本研究以贝塔斯曼集团为对象，采用新制度经济学中企业制度理论对它的经营管理和企业战略进行深入剖析，试图挖掘其成功经营的制度层面原因。目前在整个欧洲经济下行压力依然严峻的形势下，贝塔斯曼集团依然能够连续三年实现两位数的销售回报率。制度上的主要原因可以总结如下：清晰并且多元化的产权制度，在保证集团符合股份制经济基本形式的基础上，为建立现代公司治理结构提供了必要条件；科学的公司治理结构，通过设计权责分明的组织架构体系，获得最大化的经济效益；围绕核心竞争力打造企业战略，以生产优质内容为核心建立集团的远景计划，同时兼顾规模经济效益、数字化转型趋势以及不断创造新的效益增长点。现在我国传媒集团依然走在制度改革的道路上，产权结构不够清晰带来的系列问题依然存在。在这样的情况下，我国的传媒集团可以参照贝塔斯曼集团设计各项现代企业制度，从制度层面完善我国的体制改革。

  本论文在许多方面还存在着不足。由于笔者传播学学科背景的限制，在许多涉及经济学和管理学的理论领域上研究深度不足；第一手资料中很多介绍性的内容，翻译后的语言也稍显生硬。在下一步的研究中，可以继续对贝塔斯曼集团的外部制度优势进行深挖，尤其是从国家法律、行政制度层面进行研究。也希望本论文不会是对贝塔斯曼集团研究的终点，对后来者能够起到抛砖引玉的作用。

参考文献

[1] [美]曼昆. 经济学原理（微观经济学）[M]. 北京：北京大学出版社, 2012.

[2] [美]Y. 巴泽尔. 产权的经济分析[M]. 上海：上海三联书店, 1997.

[3] [美]埃里克·弗鲁波顿, [德]鲁道夫·芮切特. 新制度经济学——一个交易费用分析方式[M]. 上海：上海三联书店, 2012.

[4] [美]道格拉斯·C. 诺斯. 制度、制度变迁与经济绩效[M]. 上海：上海三联书店, 2005.

[5] 卢现祥, 朱巧玲. 新制度经济学（第二版）[M]. 北京：北京大学出版社, 2012.

[6] 于敏. 出版集团研究[M]. 北京：中国书籍出版社, 2001.

[7] 陈亮. 出版企业战略与管理发展[M]. 上海：上海古籍出版社, 2012.

[8] 林易寒. 贝塔斯曼中国书友会案例分析及其启示. 中南大学, 2009.

[9] 邵挺. 贝塔斯曼退出中国研究. 河南大学, 2009.

[10] 李晓丽. 贝塔斯曼败退中国的原因及启示. 山东大学, 2009.

[11] 吴飞. 大众传媒经济学[M]. 杭州：浙江大学出版社, 2003.

[12] 宋培义, 卜彦芳, 杨强. 媒体组织战略管理[M]. 北京：中国广播电视出版社, 2010.

[13] 赵曙光, 史宇鹏. 媒介经济学[M]. 长沙：湖南人民出版社, 2002.

[14] 马德永. 国际传媒集团的成长与变革. 复旦大学, 2011.

[15] 朱栋. 贝塔斯曼退出中国的启示. 企业研究, 2009.

[16] 吴亮芳. 破解我国出版业并购难题——贝塔斯曼给我们的启示. 中国出版, 2011.

[17] 李琳. 贝塔斯曼在中国市场扩张的启示. 出版与印刷, 2003.

[18] 阮月梅. 基于新制度经济学的中国国有企业资本结构研究. 集美大学, 2013.

[19] 陈钊. 新制度经济学方法论剖析. 中央民族大学, 2005.

[20] 王学成. 全球化时代的跨国传媒集团. 复旦大学, 2003.

[21] 傅平. 中国传媒集团组织转型研究. 复旦大学, 2005.

[22] 刘宛晨. 新制度经济学视角下的公有产权变革公平与效率问题研究. 湖南大学, 2005.

[23] 丁小强. 中国国有企业产权制度设计研究. 武汉大学, 2004.

[24] 姚明霞. 西方理论福利经济学研究. 中国人民大学, 2001.
[25] 曹玉贵. 企业产权交易定价研究. 天津大学, 2006.
[26] 孙园. 我国税收管理制度研究. 厦门大学, 2007.
[27] 何华梁. 我国集体企业产权制度改革研究. 武汉理工大学, 2007.
[28] 李芸达. 产权制度、投资——现金流敏感性与投资效率. 南京大学, 2011.
[29] 吴卉. 产权制度对企业并购影响的比较研究. 湖南大学, 2012.
[30] 姬建敏. 对贝塔斯曼淡出中国的理性思考——从媒介管理学出发. 韶关学院学报, 2010.
[31] 蔡晓睿. 企业文化与贝塔斯曼的经营战略. 出版发行研究, 2003.
[32] 张曼玲, 彭媛. 贝塔斯曼对我国传媒品牌化的启示. 传媒观察, 2007.
[33] 林晓芳. 贝塔斯曼战略调整, 我们该借鉴什么. 出版参考, 2008.
[34] 崔保国. 传媒经济学研究的理论范式. 新闻与传播研究, 2012.
[35] 党东耀. 传媒经济学的交叉跨度与学科范式研究. 中国传媒大学, 2009.
[36] 余显仲. 关于"传媒经济学"的思考. 新闻知识, 2006.

（本文作者：李慕）

我国民营图书零售业的困境与出路

摘　　要

近年来，我国民营图书零售业由于历史条件、科技发展、自身经营管理等因素的影响，导致其发展陷入困境。本文针对我国民营图书零售业发展中所存在的现实问题，将经济学的相关理论引入对这一问题的研究中来，并从宏观和微观视角，通过对其外部的政策、竞争环境和内部的图书市场结构进行全面分析，解读其存在的"内忧"和"外患"，并试图找出较为科学、合理的解决对策。

本文的研究思路是以经济学理论中的市场结构理论、供给与需求理论、营销理论为基础，结合国内外民营图书零售业的发展现状，就我国民营图书零售业所处的困境提出宏观和微观层面的对策和建议。由于本文研究的需要及篇幅所限，本文关于民营图书零售业微观层面的研究对象仅限定为实体书店、网络书店。

本文章节分布为：第一章分析了研究的背景和意义，界定了研究对象，对国内外研究现状进行了梳理和述评，并阐述了论文的基本思路、研究方法、研究目的和创新点，最后梳理了国内外民营图书零售业的发展历史、现状与趋势；第二章是本论文的理论支撑部分，界定了经济学中的市场结构理论、供给与需求理论和营销理论，结合图书零售业市场的现状，分析了理论分析所提供的现实意义与价值；第三章在第二章理论综述的基础上，着重剖析了我国民营图书零售业在宏观层面和微观层面所存在的问题，并详尽地分析了其所处困境的原因；第四章在前述分析的基础上又分别从宏观层面和微观层面上提出了推动我国民营图书零售业走出困境、持续健康发展的对策和建议。

关键词：民营；图书零售业；市场结构；实体书店；网络书店

Abstract

Due to the historical conditions, the technological development, the limited management and other factors, the development of private book retailing is in trouble. In the view of the private book retailing development, this article combines the relevant theories of economics with the research of private book retailing development. And through the comprehensive analysis of our country's private book retailing external policy and the competition environment, we are trying to find out a more scientific and reasonable countermeasure by analyzing the existing "domestic strife" and "foreign agression" from a macro and a micro perspective.

The research idea of this thesis is under the basis of market structure theory, marketing theory, supply-demand theory in economics. It combines the current development of domestic and foreign private book retailing to give macro and micro countermeasures and suggestions on how to deal with the difficulties of our private book retailing. As the limited study need and space, the research object of this paper about private book retail on the microcosmic level is only limited to the entity bookstore, network bookstore.

The distribution of this paper is as follows: the first chapter analyzes the research background and significance, defines the research object combing the research status at home and abroad, and explains the basic ideas, research methods, research purposes and innovation of this thesis. At last, the thesis reviews the history of private book retailing; the second chapter is the supporting theory of this paper. It defines the economics of market structure theory, supply and demand theory and marketing theory. Combining with the present situation of the retail market, this paper analyzes the practical significance and value of the theoretical analysis; the third chapter analyzes the existing problems of our private book retailing in the macro and micro level and thoroughly analyzes the cause of the trouble which based on the theoretical review in the second chapter; the fourth chapter put forward the countermeasures and suggestions to help the country's private book retail out and develop continuously and healthy on the basis of the foregoing analysis from a macro and a micro level respectively.

Key words: Private; Book retailing; Market structure; Entity bookstore; Online bookstore

目录

CONTENTS

第一章 绪 论 466
 1.1 研究背景与研究意义 466
 1.2 核心概念的界定 469
 1.3 研究文献综述 473
 1.4 研究思路与研究方法 480
 1.5 本文创新点和不足之处 481
 1.6 国内外图书零售业发展状况 483

第二章 经济学视角下民营图书零售业的理论分析 488
 2.1 民营图书零售业的市场结构现状分析 488
 2.2 民营图书零售业的供给需求理论分析 493
 2.3 民营图书零售业的营销理论分析 496
 2.4 理论分析的意义总结 497

第三章 我国民营图书零售业的困境分析 499
 3.1 民营图书零售业的整体困境分析 499
 3.2 实体书店的困境分析 503
 3.3 网络书店的困境分析 508

第四章 我国民营图书零售业的出路 512
 4.1 民营图书零售业整体出路 512
 4.2 实体书店的出路 515
 4.3 网络书店的出路 522

第五章 结语 524

参考文献 525

第一章　绪　论

1.1　研究背景与研究意义

1.1.1　研究背景

随着社会经济的不断发展和居民生活水平的不断提高，文化产业的地位日趋上升，图书出版产业作为文化产业的重要组成部分也得到了突飞猛进的发展。图书零售业，作为图书出版产业链中的终点，实现着图书的"惊险一跳"，对于图书出版产业的发展起着重要的作用。近年来民营图书出版零售业的迅猛发展给我国出版产业发展带来了不容忽视的推动力。

从 1980 年算起，民营书业的发展一路筚路蓝缕，40 余万从业者经过不懈的努力和积累，开辟出我国出版业的一片崭新天地。作为其下游环节，民营图书零售业经历了起步、发展和提高三个发展阶段后逐渐壮大，给社会发展带来巨大贡献。从市场体制方面，民营图书发行渠道的出现，打破了原来新华书店一统天下的局面，引入了市场竞争机制，激活了整个图书市场，并且推动了新华书店体系的改革，从整体上提高了中国图书出版业的发展水平；在经营管理方面，在其发展实践过程中，逐渐摆脱了家庭式经营，树立了现在企业制度，并且随着民营发行网点逐年递增，培育了众多优秀的从业人员；在文化建设方面，民营图书零售业满足了人们日益增长的精神需求，推动了社会主义精神文明建设。

但是，自诞生之日起，民营图书零售业因其自身实力单薄，受政策、资金等外部环境影响大，一直靠着自身的不断调整与变革维持发展，首先，从产业整体来看，我国图书发行市场结构存在不合理性，外部政策性垄断特征强，且进入和退出的行政壁垒较高，严重阻碍市场竞争主体经济作用的发挥，资源得不到高效的配置，阻碍产业的快速发展。其次，内部市场结构不够完善，由于市场竞争格局过于分散，产业集中度相当低，产业规模化程度远远小于西方发达国家，是典型的垄断竞争阶段的原子型市场结构，远未达到低集中寡头的标准，并且集中化趋势发展不明显，难以产生规模效益。再次，与竞争对手相比，民营图书零售业无法与新华书店发行体系和外资企业相抗衡。新华书店在各地方政府的政策支持下，无论资金来源、分销渠道、地理位置、店面规模、存货品种等各方面都具有其他发行市场主体望尘莫及的优势。况且，近年来新华书店发行体系持续的内部体制改革，资源得到更为有效的配置，大幅度提高其综合业务水平，显示了国有企业的雄厚实力，而加强与主渠道的业务合作也逐渐成为出版商们的经营战略之一。入世之后，从2004年12月1日起，我国图书批发正式向外资敞开，外资企业进入中国图书市场拥有雄厚的资金实力、先进的经验和技术、国外优秀的图书资源等优势条件，其市场竞争力也不容忽视。所以本身融资困难且整体经营管理水平较为落后的民营图书零售业，市场份额变得更小。

再从民营图书零售业内部的经营情况来看，随着数字和网络技术的发展和房租涨价等影响，实体书店开始进入"严冬"季节。2010年1月20日，全国最大的民营书店——第三极书局宣布停业；2011年6月，经历16年风雨的学术书店风入松停业；2011年9月，广州仅存的两家三联书店也倒闭；2011年11月，全国最大的民营连锁书店光合作用书房也宣布破产，一时震惊学界。2008以来，个体民营的图书零售网点每年关闭千余家，2007—2009年，实体书店大大小小共倒闭1万多家。2010至今，实体书店的数量仍然在呈下降趋势。经营成本的上升、网络书店的排挤、人们阅读方式的改变、自身经营管理不善、国家政策的"不给力"等，这些都是导致民营实体书店生存艰难的原因，严重制约实体书店的健康有序发展。另一方面，网络书店是网络时代对传统发行渠道的补充，更是未来图书销售的重要方向。网络书店给图书出版带来了巨大的变化，提升了图书销售的总体服务质量，改善了图书发行的整体环境。但是目前我国的网络书店，虽然数量较多，规模较大的只有当当网和卓越网，规模普遍较小。并且，我国的网络书店还没有摆脱传统商业运作模式的束缚，并对电子商务缺乏深刻理解，仅涉足于电子商务和网站建设，对网络的特性并没有充分地加以利用，存在信息不畅、物流配送能力不足、资金匮乏、电子商务法律法规和专业的经营管理人才缺乏等问题。这就要求网络书店的经营管理者要进一步思考，调整经营策略，充分利用网络的特性制定图书营销策略，健全完善网络书店的销售市场。

从上述分析来看，我国民营图书零售业存在着"内忧"和"外患"，这些问题都是阻碍民营图书零售业健康有序发展的重要因素。因此，民营图书零售业即将迎来发展的"寒冬期"，面临整体不合理的市场结构、强大的竞争对手、经济主体经营不善等问题，是选择"冬眠"还是选择"苏醒"，关键在于变革。探寻民营图书零售业走出困境的路径是其经营管理者，更是图书出版业的政策制定者的当务之急。

1.1.2 研究意义

（1）理论意义

关于民营图书零售业的困境与出路这一问题的研究，国内外学者已经取得了一些成果，但由于种种原因，这些问题的研究并不系统、全面。国内一些学者、出版从业者尝试从经济学角度探讨现阶段我国民营图书零售业发展中遇到的问题，但大多都局限于提出问题，静态孤立地进行分析，只注重对现有的具体问题提出应对策略，缺乏从理论层面进行的系统论证和分析。还有一些研究人员意识到了解决这一问题的理论研究的重要作用，但仅将其中的某个问题运用某一个理论进行独立的研究，缺乏多个经济原理相结合的理论探讨，并缺乏从整个出版产业的角度来研究民营图书零售业的发展困境对中国图书出版产业的发展产生的巨大影响。本课题将尝试在这些方面进行力所能及的研究。本文旨在比较系统地阐述论述我国民营图书零售业的内涵、外延，以及总体情况与发展趋势，再在理论分析的基础上，通过实证对比分析，提出较为科学、合理、全面的对策和建议。

本文研究的理论意义包括三个方面。

第一，本文在民营图书零售业中存在的问题研究中引入了经济学相关理论，具体包括市场结构理论、供给与需求理论、营销理论，市场结构理论主要是从宏观的层面针对我国民营图书市场的结构性问题进行讨论，供给与需求理论和营销理论主要是从微观层面针对不同类型的图书和图书销售过程中的问题进行探讨，从经济学相关理论入手进行探讨，有助于弥补以往对此问题研究中理论支撑不足的缺陷。

第二，本文以图书零售业为主线，分别对市场结构理论、供给与需求理论、营销理论等经济学原理进行了较为全面的梳理。市场结构理论从理论的内涵、外延、影响因素、发展阶段、衡量标准等几个方面阐述，并结合我国图书市场得出市场结构发展阶段的结论；供给与需求理论也从理论本身入手，分别针对大众类图书和教材类图书的不同分析供给与需求的特点；营销理论是梳理理论发展过程中所提出的不同侧重点，并结合图书市场的特殊性，制定适合于图书市场的营销策略，为民营图书销售问题的实证研究提供了理论依据。

第三，本文对民营图书零售业这一含义做了客观的界定，从零售的概念介入，逐渐深入地分析了零售业、图书零售业、民营图书零售业，较为全面地界定这一含义，有助于建立一个直观清晰的研究模型，从一个全面、系统的视角分析问题。

（2）实践意义

本文研究的实践意义包括以下三个方面。

第一，本文对图书零售业的宏观层面的研究可为决策者在制定或调整政策时提供参考。这些研究包括我国图书销售市场结构的宏观分析，指出我国图书零售业市场结构目前处于外部垄断内部竞争的状态，结构较为不成熟，市场主体不明确，市场化运作程度低，需要市场化手段进行调整重组；从国际图书零售业的发展现状及国内外图书零售业发展状况的对比分析来看，全球图书零售业发展遇到瓶颈，且我国发展处于较为初级的阶段，这也可以说明我国图书零售业未来的趋势，即顺应图书出版业市场化、产业化、数字化的发展趋势才能顺势而上。

第二，本文从微观层面具体对实体书店和网络书店发展中遇到的问题和解决的对策进行系统的探讨，例如民营实体书店受到数字出版、网络书店、新华书店、外资图书的冲击，并在确立产权、资金筹措、经营管理等方面存在困难，本文在针对实体书店加快确立市场主体、市场拓展、数字网络应用、经营管理模式等方面进行对策性的研究；网络书店因发展速度较快但在硬件设施、营销策略、人才、法律法规各方面不完善，本文也提出了相应的对策。希望能为解决当前民营图书零售业在陷入发展困境后如何找到出路的问题提供咨询和建议。

第三，本文微观层面的分析中还有一点，在分析了实体书店和网络书店两方面的优势和劣势之后，二者分别将对方作为竞争与合作的对象，在相互对比、互补、借鉴中实现民营图书零售业市场的双赢，例如实体书店要加强网络化运作，网络书店可以重点营销大众类图书，而实体书店则可以侧重于教材教辅类图书等，二者互补分析为双方提供有力的政策支持。

1.2 核心概念的界定

1.2.1 民营

"民营"一词，主要有三种解释，在《经济学词典》中的解释为：国有经济以外的集体经济、合作经济、民间持股的股份经济、个体经济、私营经济等经济成分的统称。[①]《经济词典》中解释为：民营是指所有的非公有制企业，除国有独资、国有控股外，其他类型的企业只要没有国有资本，均属民营企业。[②] 互动百科的解释为：民营一是指民间经营；二是指一种企业经营模式，指非由国家直接管理经营的企业的一种经营模式。[③]

---

① [法] 克洛德·热叙阿，克里斯蒂昂·拉布鲁斯，达尼埃尔·维特里，达米安·戈蒙.经济学词典[M].北京：社会科学文献出版社，2012年第1版，第354页.

② 大众财经图书中心.经济词典[M].北京：中国法制出版社，2012年第1版，第156页.

③ 互动百科：http://www.baike.com/wiki/%E6%B0%91%E8%90%A5&prd=button_doc_jinru.

总结可得，民营经济是指除了国有和国有控股企业以外的多种所有制经济的统称，包括国有民营经济、集体所有制经济、个体经济、私营经济、外商经济和港澳台经济、混合所有民营经济和民营科技企业等类型。民营经济是具有中国特色的一种经济概念和经济形式。民营经济曾一度在中国消失，在中国经济体制改革和社会主义市场经济渐进发展中，民营经济得以复兴，成为中国经济高速发展的生力军。民营经济具有明晰的产权、灵活的经营机制、较强的创新能力、强大的动力机制、功能的互补性等特点。但也有起点较低、发展环境不够宽、经营管理模式落后、融资渠道不畅、科技含量偏低等不足。所以，发展我国的民营经济，必须要加强民营企业自身的治理、完善金融企业信贷管理机制、建立和完善民营企业的融资担保体系、充分发挥政府对促进民营经济发展的职能作用等方面的努力。

民营经济、私营经济、非公有制经济三者为易混淆的词语。《经济词典》中的解释为："私营企业是指由自然人投资设立或由自然人控股，以雇佣劳动为基础的营利性经济组织。"[①] 民营或民营经济，不是一个所有制概念，而是从经营层面上说的，指的是以民为经营主体的经济，与民营或民营经济相对应的概念是国营或官营。因此，只要不是国有国营或官办的经济，全都是民营或民营经济，既包括全部私有制经济，也包括除了国有国营以外的其他公有制经济，例如乡镇企业，合作社经济，以及社区所有制经济，社团所有制经济，基金会所有制经济，等等。私营是从产权说的，受到相关法律保护，而民营是从经营机制上说的，只是存在于学术理论上的说法。而非公有制经济是相对于公有制经济而产生的一个名词，它是我国现阶段除了公有制经济形式以外的所有经济结构形式，也是社会主义市场经济的重要组成部分。非公有制经济主要包括个体经济、私营经济、外资经济等。单就民营经济与非公有制经济的概念范畴来看，两者有相互交叉包含的经济类型，又有各自不同的经济成分。

1.2.2 零售业

（1）零售

首先，什么是零售？在迈克尔·利维（Michael Levy）和巴顿 A. 韦茨（Barton A.Weitz）的《零售学精要》一书中，作者明确提出：零售是将产品和服务出售给消费者，供其个人或家庭使用，从而增加产品和服务的价值的一种商业活动。这里重点指出了一点，人们通常认为零售只是在商店中出售产品，其实零售业包括

---

① 大众财经图书中心.经济词典[M].北京：中国法治出版社，2012年第1版，第214页.

出售服务，比如汽车旅馆提供的住宿、医生为病人进行的诊治、理发、租赁录像带或是将比萨饼送货上门。①

《零售学》一书的解释为："零售"即为"批发"的对称。商品经营者或生产者把商品卖给个人消费者或社会团体消费者的交易活动。其特点是：每笔商品交易的数量比较少，交易次数频繁；出卖的商品是消费资料，个人或社会团体购买后用于生活消费；交易结束后商品即离开流通领域，进入消费领域。②

"零售"可以总结为：指向最终消费者个人或社会集团出售生活消费品及相关服务，以供其最终消费之用的全部活动。包括以下四点：一是零售是将商品及相关服务提供给消费者作为最终消费之用的活动；二是零售活动不仅向最终消费者出售商品，同时也提供相关服务；三是零售活动不一定非在零售店铺中进行，也可以利用一些使顾客便利的设施及方式，如上门推销、邮购、自动售货机、网络销售等，无论商品以何种方式出售或在何地出售，都不会改变零售的实质；四是零售的顾客不限于个别的消费者，非生产性购买的社会集团也可能是零售顾客，在中国，社会集团购买的零售额平均达10%左右。

（2）零售业

零售业是指通过买卖形式将工农业生产者生产的产品直接售给居民作为生活消费用或售给社会集团供公共消费用的商品销售行业。"零售业"目前没有一个统一定义。目前比较主流的定义分为两种，一种是营销学角度的定义：认为零售业是任何一个处于从事由生产者到消费者的产品营销活动的个人或公司，他们从批发商、中间商或者制造商处购买商品，并直接销售给消费者。这种定义在近三十年的营销学的文献中非常普遍；另一种是美国商务部的定义：零售贸易业包括所有把较少数量商品销售给普通公众的实体。他们不改变商品的形式，由此产生的服务也仅限于商品的销售。零售贸易板块不仅包括了店铺零售商而且包括了无店铺零售商。

零售是我们日常生活的一个组成部分，零售业是我们社会中最重要的产业之一。零售业中的三个核心要素为：竞争；环境的变化，包括变化中的消费人口统计、生活方式和技术的发展；零售顾客的需求、欲望和购买程序；道德和法律问题也是很重要的。零售业的核心是顾客、竞争对手和他们所处的环境。成功的零售商必须了解其顾客所需要的是什么，然后提供满足这些顾客所需要的商品和服务。但是成功的零售商必须是有实力的竞争对手，只是简单地满足顾客的要求并不能

---

① ［美］迈克尔·利维，巴顿 A. 韦茨. 零售学精要 [M]. 北京：机械工业出版社，2000 年第 1 版，第 9 页.

② 李俊阳. 零售学 [M]. 北京：科学出版社，2009 年第 1 版，第 12 页.

实现很高的经营业绩。他们必须密切关注并确保竞争对手没有能吸引其顾客的注意。最后，零售商还需要了解新的顾客需求、刚刚出现的竞争对手和各种新的技术。因此，零售商需要做出一系列复杂的决策：包括发展战略、商店选址、选定提供什么样的商品和服务，以及如何定价、促销和布置商店等。在过度竞争和迅速变化的零售环境中做出这些复杂的决策是极具挑战性和刺激性的，因为抓住机遇就会赢得巨额的资金报酬。

零售业有若干区别于其他行业的特征。主要的三大特征分别是：零售商平均每笔销售量比制造商少得多；最终消费者常常无计划购买，而旨在售货制造产品或开展经营而购买的购物者更有计划性，他们事先已安排了采购计划；多数零售顾客一定会受商店位置的吸引前去购物，而推销员通常要拜访制造商、批发商和其他公司。发掘交易机会，最终达成交易。

1.2.3 图书零售业

罗紫初的《图书发行教程》一书中，将图书零售定义为：图书经营者直接向图书市场消费者（包括个人或团体读者）销售图书的业务活动，将图书零售网点按照不同标准划分成不同的类型：按网点的经营范围，可分为专营网点和兼营网点；按经济成分，可分为国营、集体、私营及多种经济成分联合经营的网点；按网点经营成分，可分为门市网点、供团体服务和教材发行的网点、邮购书店、网络书店、流动书摊、书贩等；按经营网点规模，分为大、中、小三种，如独立书店与连锁书店、大型图书超市等。[①]

刘吉波的《出版物市场营销》一书中做了更加系统的整理，根据五种标准来划分和界定民营图书零售业：一是根据经营品种的专门化程度，可分为综合书店和专业书店；二是根据对图书价格的态度，可分为一般书店、特价书店；三是按照图书零售业务的地位，可分为书店和销售网点；四是按图书所有权关系不同，可分为独立书店、连锁书店；五是按照有无店铺，可分为书店及各种销售网点、读者俱乐部、网上书店等。[②]

综上，民营图书零售业是一个比较特殊的概念，主要相对于国有制图书发行体系而言。它不同于以新华书店为主体的国有书店系统，也不同于以外资投资为主体的外资书店。从民营资本参与和经营的方式来看，图书零售业主要以中盘下线的客户——零售商为主，业态特点直接面向读者销售，在店堂卖书，在固定场所、

---

① 罗紫初. 图书发行教程 [M]. 沈阳：辽宁教育出版社，1995年第1版，第65页.
② 刘吉波. 出版物市场营销 [M]. 北京：中国书籍出版社，2010年第1版，第128页.

门店，直接向零售店主或读者推荐其从上游出版社或民营文化公司、工作室赊进或购进的图书。

1.3 研究文献综述

1.3.1 著作方面

经检索，目前还没有业内专门以"民营图书零售业"或"图书零售业"为研究对象的著作，所以研究的数据和资料从学者、出版从业者与之相关的研究中获取，本文主要参考的文献包括以下内容。

(1)民营书业发展背景研究方面：余敏的《2004中国民营书业发展研究报告》、余敏的《中国民营书业发行概览》、郝振省的《中国新闻出版业改革开放30年》《2007中国民营书业发展研究报告》《2010—2011中国出版业发展报告》、王益和刘杲的《中国书业思考》等。

余敏的《中国民营书业发行概览》，收纳全国各省、自治区、直辖市民营书业企业及相关行业企业近万家，并对其企业规模、经营及发展状况给予简要介绍。另外还有全国主要出版社、期刊社、市级以上新华书店和有出版发行专业的院校名单，并选登了国家在出版发行方面的法律、法规、政策以及图书出版发行方面的相关知识。郝振省的《中国新闻出版业改革开放30年》，从整体上回顾30年来我国新闻出版业出版体制、经济政策、图书出版、报纸出版、电子出版、出版物发行、出版教育等情况，但主要是针对新华书店系统出版物发行而阐述。但是这两本书对近几年的民营发行的研究没有涉及，且仅限于整个民营图书业发展的概况进行宏观的总结，并未进行深入的理论探讨。

王益和刘杲的《中国书业思考》主要纵览了我国书业改革的问题与建议，梳理了书业现状与发展，以及书业营销策略方面的问题、拷问图书发行与连锁的出路。在其分析过程中，有数据分析、理论指导、现状探讨，给业内人士研究中国书业其中的某一问题提供了启发和指导。但此书未提及民营图书零售业现阶段发展中的问题，也就没有相应的对策分析和理论分析。[1]

(2)概念梳理和发展状况研究方面：王勇的《我国图书出版产业的市场竞争与创新战略》、王燕梅和邓媛媛等的《出版发行产业链研究》、罗紫初的《图书发行教程》、方卿的《图书营销学》、赵晓东的《出版营销学》、李琛和吴秋琴的《图书市场营销》、刘拥军的《现代图书营销学》、刘吉波的《出版物市场营销》、陈颖

---

[1] 王益，刘杲，陈昕等.中国书业思考[M].辽宁：辽宁人民出版社，2002年第1版.

的《网络书店经营的理论与实务》、大卫·科尔的《图书营销全攻略》等。这些著作主要分别从图书出版产业宏观发展状态、市场竞争模式、传统营销渠道、实体书店和网络书店的经营模式等不同的角度论述了关于民营图书零售业的发展问题,有理论分析,有实证研究,也有个案分析。

王勇的《我国图书出版产业的市场竞争与创新战略》是针对图书出版产业的创新问题,从宏观和微观两个层面展开研究。在宏观产业层面,本书收集了近年来我国图书出版产业在市场竞争结构方面的第一手数据,发现了图书出版产业的市场结构外部垄断、内部松散且壁垒高的特征,属于垄断竞争型市场结构。基于他的对图书市场结构的分析,对我国政府和各个出版社提出了发展建议。[①] 王燕梅和邓媛媛等的《出版发行产业链研究》以论文集的形式,针对出版发行产业中的问题进行阐述,包括图书的产销分析、消费趋势、零售业态、数字出版的冲击力、报纸和期刊的业态分析等。其中图书零售业一章分别介绍了超级书店、专业书店、连锁书店、独立书店、网上书店,另外阐述了未来图书零售业的发展趋势,针对现阶段发展中遇到的问题提出了对策。[②] 罗紫初的《图书发行教程》、方卿的《图书营销学》等关于图书营销方面的著作很多,主要是理论介绍和营销策略的研究。由于大部分是从营销学的角度来写,其中也简单提到了图书零售业的一些基本的常识性知识。陈颖《网络书店经营的理论与实务》结合组织行为学、营销学和发行学的基本理论和网络书店的具体发展实践,对网络书店经营的流程进行了阐述和分析,对中国网络书店的发展现状和发展对策提出了分析和建议。系统阐释了网络书店的概念、发行体制对网络书店的影响、网络书店的现状及发展对策,并详细介绍了网络书店组织的构建、客户交易界面的设计、进货库存管理、营销策略、物流配送等方面的建议,其中网络书店的营销策略中作者提到了提高服务质量、经营自身特色品牌、合理制定图书价格与折扣以及多种促销的手段等。[③]

(3)民营书店业内的案例分析方面:郝振省的《出版六十年——书店的故事》、薛原和西海固的《独立书店,你好!》、钱晓华的《先锋书店——大地上的异乡者》、曾孜荣的《卖书记》、田园和西海固的《书店之美》、杨华的《在书店》、李欣频的《诚品副作用》、钟芳玲的《书店风景》、徐冲的《做书店:转型期中国书业的终端记录(增订版)》、黄海龙《电子商务帝国:亚马逊网络书店传奇》等。这些著作是以案例分析为主,以现阶段书店发展的状况与特色为基础,引发对实体书店和网

---

① 王勇.我国图书出版产业的市场竞争与创新战略[M].北京:经济科学出版社,2011年第1版.
② 王燕海,邓媛媛,曹晓宽.出版发行产业链研究[M].北京:中国经济出版社,2009年第1版.
③ 陈颖.网络书店经营的理论与实务[M].长沙:湖南大学出版社,2007年第1版.

络书店的经营管理模式的思考。

郝振省的《出版六十年——书店的故事》，以历史时间为线索，第一阶段从抗日战争时期到"文化大革命"结束的《开创·探索·坚守》时期，记录了以抗战为背景的新华书店相继成立的情况；第二阶段是20世纪80年代到21世纪初《改革·创新·繁荣》时期，记录了新华书店的改革和发展；第三阶段是21世纪以来《开拓·品味·梦想》时期，以介绍特色的民营书店为主，如实体书店的三味书屋、席殊书屋、风入松书店、国林风书店、第三极致书局、西西弗书店、大众书局、龙之媒、光合作用等，网络书店的当当网、卓越亚马逊、孔夫子旧书网等。分别介绍了其发展历程、经营特色以及经验教训。[①] 徐冲的《做书店：转型期中国书业的终端记录（增订版）》首先个案分析了浙江图书大厦从筹划到创建的发展过程和理念，从而引出了微观层面的具体怎样做好书店的经营理念，详细介绍了书店经营中理念、资金、需求、选书、经营管理等方面的经验，之后谈到超级书店卖场、连锁书店的经营模式，以及出版社经营自身品牌的策略等。其中最值得参考的是作者提出了在创建和维持书店的运营时，着重体现书店自身特色、发展多元化运营，并加强书店人才培养与建设是较为重要的策略。[②] 薛原和西海固的《独立书店，你好！》、田园和西海固的《书店之美》、钟芳玲的《书店风景》等全面描述中国，甚至是世界各地的人文书店（含人文书吧），即文人笔下的中国人文书店风景。由各地的作家学者以他们的亲身体会和多年观察来描绘和展现各地人文书店的生存状态。书店被称为反映一座城市人文风景的窗口，也是体现一座城市文化内涵的缩影，有什么样的城市，就有什么样的书店，从书店的生存状态也可以反映当代中国的文化形态。书里涉及了二十余个城市的独立书店。在独立书店的式微已经不可避免的时刻，这种关注独立书店的梦想、实践与信念非常值得赞赏。钱晓华的《先锋书店——大地上的异乡者》则单以南京的先锋书店的经营特色在人文感受，来强调从读者的角度来做书店，把书店作为文化家园提供给读者，做出自己的特色。这一类图书主要从某一个独立书店的经营状况进行阐述，并未站在产业的宏观角度进行总结性分析，更没有上升到理论层面进行探讨，只能提供个案的分析。

这些著作都从不同的切入点来讨论图书零售业，但是目前缺乏系统的分析，即从宏观到微观的整体分析，且没有结合经济学原理来探讨此问题的文章，对于民营图书零售业的分析，缺乏理论支撑。

---

① 郝振省.出版六十年——书店的故事[M].北京：中国书籍出版社，2009年第1版.
② 徐冲.做书店：转型期中国书业的终端记录(增订版)[M].桂林：广西师范大学出版社，2007年第1版.

1.3.2　学术论文方面

学术论文方面，在"中国知网"搜索"民营图书零售业"，没有一篇专门、系统研究的文章，只有相关性的论文，这些相关研究的文章大致分为三类：一类是宏观上研究图书零售业（包括国有与民营）的发展状况的文章，另外两类专门研究实体书店或者网络书店的文章。

（1）图书零售业

搜索"图书零售业"，相关论文有一百余篇，其中较有代表性的文章和观点有：

丁群的《图书零售业态的细分和创新》围绕图书零售业的内涵和外延展开讨论。"长期以来主流的图书零售业态形成于新华书店广泛分布的门市网点，后来又相继发展出专业书店、（社办）读者服务部、读者俱乐部、超级书店、折扣书店、古旧书店、网络书店等。"图书零售业态的分类标准主要有读者（目标读者定位、读者来店和购买频率）、店铺（有无店铺、店铺选址和面积大小）、图书（图书品种、规模和价格）。本文还提到的是，随着时间的推移，图书零售业态也在不断发展和创新，这有利于及时调整业态的不足，改善经营；更好地满足读者的需求，拉动图书销售；有利于实现我国图书零售格局的合理化。那么如何推动图书零售业态的创新，本文提到三点：一要关注读者的需求变化，对需求的多层次性应有细致的考虑；二是对业态的要素适当的微调改进现有不足，且各种业态之间可以相互借鉴有效的经营方式；三是不要拘泥于图书零售的一般标准，要结合自身特点适时灵活调整。[①] 季苏园的《浅谈国内图书零售业的经营之术》，作者以图书零售大卖场为基础，以图书销售为目的，从业人员、购书中的服务、非购书时间的服务三个角度阐述我国图书零售业在经营和服务方面存在的问题，并试图结合图书零售业的具体特点，并借鉴其他行业的零售企业经管经验，总结出适合我国的图书零售业发展策略。文中在论述提高从业人员的素质中提到，卖场的工作人员需要具备爱书和懂书两个基本素质，而经营管理人员需要具备熟悉图书行业特点和具备专业技术知识和经验。在"购书过程中的全方位服务"中讲到要创造良好的购物环境、具备的导购服务、便利快捷的结算送货等服务，而"非购书时间的多样化服务"则要为读者提供缺书找寻服务、对读者跟踪服务、建立书友俱乐部等。[②] 孙庆国的《图书零售市场的变局与选择》主要谈到了近年来图书零售业的市场竞争程度加剧，具体是由于重复开店、大卖场激增、降价打折成风，而资金流告急、退货与库存猛涨更加剧了市场环境的恶化，但是图书零售业也有前所未有的机遇：

[①] 丁群.图书零售业态的细分和创新 [J].出版经济，2003.6.

[②] 季苏园.浅谈国内图书零售业的经营之术 [J].中国出版，2002.8.

利用外资大规模进入的时间差；上游生产产品种类和数量增多，使其对下游零售的依赖程度加强；批发放开的新市场使得零售得到更大的服务空间；作者还预言现有政策之下必将重新上演"书商现象"[①]，真正为大家所认可的则是一批有品牌效应的特色书店。同时，作者还分国有大店做强、中小店和大多数民营店做专做精两方面着重阐述了做大零售业这一课题。其中国有大店应该放弃批发商的梦想，转向零售的战略，要与时俱进，强化资本、地域、人脉优势；大多数的中小型书店应该抓住机制优势，控制成本的能力并且发挥专业书店的人才优势，做精做专；两者细分市场、各得其所，以专业化的服务参与市场竞争，共同涵养书香社会，做大书业蛋糕。[②] 李树茂的《加入WTO对我国图书零售业发展的影响和对策》，以入世为背景阐述我国图书零售业面临的机遇与挑战。外资注入速度和对市场的侵入加快，对我国民营企业的经营管理产生严峻的挑战，激烈的市场竞争会使图书零售企业面临优胜劣汰的两极分化，同时人才需求加大，专业人才争夺日益激烈。中国图书零售业应如何应对呢？文中谈到六点：转变观念，提高企业整体素质和竞争能力；兼并联合，向一体化、连锁经营方向转化；建立图书配送中心，不断提高配送水平；改变传统单一图书经营模式，走多元化发展道路；积极开拓新市场，尤其是跨越城乡架构拓展农村市场；重视企业文化建设等。[③] 郑曼的《金融危机对我国图书零售业内在影响探析》，则是以金融危机为大背景，探讨图书零售业的影响及应对策略。经过同比数据显示，在金融危机的影响下，我国图书零售业虽出现市场萎缩、销量下降的现象，但是危机的冲击力不大，影响有限，并未出现实质性的威胁。[④] 另外，文章还从细分图书种类和图书价格的角度来分析了行业的变化。其他还有如《图书零售市场——民营书店挑战新华阵营》《图书零售业——越凋零越绽放》《文化主题商场——我国图书零售业的一个走向》《我国大型图书零售企业困境与管理模式研究》《中国图书零售市场凸显稳健期特征》等文章则是从图书零售业的某一侧面进行阐述。总体看来，分析整个图书零售业产业发展状况的文章较少，且大都缺乏经济学理论性的研究，本文正是从这一切入点入手，运用经济学理论探讨民营图书零售业的产业发展问题和对策。

---

① "书商现象"：20世纪80年代，书业开放，允许成立民营书店，主管部门由于书业流通业效益不佳而希望更多的书商参与进来，搞活发行市场，然而进入这一行业的一批又一批从业者进入了上游生产——做内容——做书的环节．

② 孙庆国．图书零售市场的变局与选择 [N]．中国图书商报，2005.1.28，第 1 版．

③ 李树茂．加入 WTO 对我国图书零售业发展的影响和对策 [J]．江苏商论，2002.12．

④ 郑曼．金融危机对我国图书零售业内在影响探析 [J]．河北大学成人教育学院学报，2010.3．

（2）实体书店

分析"实体书店"的学术论文有两百余篇，可见学者、出版从业者对此问题的关切和问题的棘手程度。主要分为历史回顾、现状分析、对策性研究、政策解读、地方性研究、国外发展现状研究等。

肖东发教授的《把实体书店留住》一文，主要分析了现阶段我国实体书店面临的困境，批判了价格战的恶劣影响，同时提出政府部门的财政政策支持，如优惠信贷、减免税收等，是帮助目前实体书店走出困境的一把钥匙。[1] 吴建中的《传统实体书店突出重围的营销策略初探》以广州三联书店、第三极书局、席殊书屋的倒闭引发了传统实体书店经营困窘的成因的分析，主要有网络书店的冲击、国民阅读习惯的改变、阅读率的下降、经营成本高，自身故步自封等因素，并提出了突出重围的营销策略，走复合经营之路、开拓线上业务、发挥社区书屋优势，加强协作与交流等。[2] 杨梦的《对实体书店发展的思考》则是对实体书店进行了SWOT分析，指出了实体书店人文气息浓、互动模式活、品质服务好等优势，经营成本高、配送服务差、书目检索慢等劣势，潜在的威胁有网络书店、阅读方式改变，而存在国家政策扶持、营销模式创新、市民收入提高等发展机遇。[3] 鲍红的《民营书店——救与自救》和《民营书店批量死亡的背后》则着重强调"他救"需要政府的财政政策的大力扶持，如减免税收、房租补贴等，同时提倡民营书店"自救"，鼓励书店向西西弗学习，文化与商业相结合，走多元化发展道路，丰富了经营业务的同时，解决了资金问题。作者还列举了韩国、法国、加拿大、英国等西方发达国家对扶持民营书店所做的贡献，供政策制定者参考。[4][5] 刘璐的《新经济时代下实体书店经营新模式探索》分析新经济时代实体书店的经营困境有利润空间小、通货膨胀影响大、网络冲击力强、出版与发行相互倾轧等问题，需要从根本上转变经营理念、拓展特色经营、与网络书店并举经营、加大政府扶持力度等方式上打开未来发展之路。花培娟的《论实体书店的发展与未来》首先回顾了从古代到现代的书店模式的发展历史，再从调查中发现实体书店的优劣势，从而提供了实体书店未来发展的方向，如提高空间利用价值、为顾客提供出版产业链上的价值等。[6] 杜辉的《变革与生存——当前民营书店生存状况剖析》一文的参考价

---

[1] 肖东发. 把实体书店留住 [J]. 出版广角，2012.3.

[2] 吴建中. 传统实体书店突出重围的营销策略初探 [J]. 市场营销，2011.9.

[3] 杨梦. 对实体书店发展的思考 [J]. 中国对外贸易，2012.6.

[4] 鲍红. 民营书店——救与自救 [J]. 出版广角，2011.12.

[5] 鲍红. 民营书店批量死亡的背后 [J]. 出版广角，2011.3.

[6] 花培娟. 论实体书店的发展与未来 [J]. 神州民俗，2012.3.

值在于，作者以前期调研为基础，提出了较为合理的图书市场的未来经营模式，利用网络和数字技术，找到了实体书店与网络书店共赢的发展模式。[1]洪九来和蔡菁的《"活着还是死去"：拷问实体书店的生与死》则呼吁人们"拯救书店"，从涵养书香社会的角度提出，面对数字化进程，需要尊重文化产业自身的发展规律，理性地看待实体书店的倒闭现象，用历史的眼光与客观分析问题，找到出路。[2]另外，《建国五十年来北京书店业的发展与回顾》《北京图书零售业进入"战国时代"》《广州民营书店龙之媒被迫结业》《湖南图书城——把现代商业营销手段引入图书零售业》《探访青岛民营书店》《香港的图书零售业》《郑州市图书市场分销渠道冲突的成因与对策》《逝去的西安"四川文轩"书店》等文章则以各地民营图书零售业为主题探讨地方发展策略。《美国的图书零售业》《透视美国最大的超级连锁书店——巴诺》《2010年：背运的世界图书零售业巨头》《国外图书零售业种种》等论文探讨西方发达国家的图书零售业发展现状及经验。

（3）网络书店

分析"网络书店"的学术论文相当丰富。主要集中在研究网络书店发展现状、经营模式、营销策略上。程新晓的《我国网络书店的发展困境与对策》一文综述了我国网络书店发展的现状，总结出商业基础设施建设不完善、融资与税收有挑战、电子商务法律法规不健全、专业人才欠缺等发展困境，并针对这四点提出了相应的发展对策。[3]陈蓉和徐红的《我国网络书店的现状及制约因素浅析》从我国网民数量和读者网上购书情况解读了网络书店越来越明了的快速发展现状，并指出了信息流、资金流和物流三方面阻碍网络书店快速发展的因素，也是今后解决问题的方向。邓丹《我国网络书店的经营模式与发展前景》，介绍了我国网络书店发展简况，并分别介绍了出版社网站、图书销售型、信息服务型三种类型和BtoB、BtoC、BBC三种经营模式。[4]万里鹏和肖红的《国内网络书店的现状与评述》，综述了七方面的内容，分别是国内网络书店的数量、经营规模、信息服务类型、读者工作、对读者的费用优惠、支付方式和配送方式。[5]苏广利的《我国网络书店的六大发展策略》，综述了西方国家和我国网络书店的发展历程和概况，指出我国网络书店存在的信用机制、网上支付、物流配送等问题，并提出了品牌化、规范化、

---

[1] 杜辉.变革与生存——当前民营书店生存状况剖析[J].出版参考，2011.2.
[2] 洪九来，蔡菁.活着还是死去——拷问实体书店的生与死[J].编辑学刊，2012.1.
[3] 程新晓.网络书店对出版产业链的影响及作用[J].新闻爱好者，2010.7.
[4] 邓丹.我国网络书店的经营模式与发展前景[J].企业家天地，2007.4.
[5] 万里鹏，肖红.国内网络书店的现状与评述[J].全国信息导报，2000.3.

纵深化、多元化、区域化等一系列发展策略。[①]焦铭和刘辉的《网上书店的优势、不足及其解决方案》一文，具体分析了网络书店的优势：挤压盗版空间、浓缩图书库存空间、信息传播成本低、可选择多种营销策略。现有不足：配送体系不健全、在线支付困难、信息流不畅通、技术安全问题不过硬、网络识别语言的欠缺。而解决方案也是解决响应的不足之处。[②]李梦莹的《新媒体环境下网络书店的营销管理——以当当网为例》一文以个案分析研究方法，运用SWOT分析法和波特五力模型分析了当当网的竞争能力和营销策略。另外还有一系列文章，例如《网络书店价格战对出版业的影响》《网络书店对出版产业链的影响及作用》《网络书店转型网络商城之后》《网络书店营销策略初探》《小议数字出版时代的新型网络书店》《专业图书网络营销的现状与对策》《网络书店经营成功策略分析——以当当网为个案》等，分别从图书定价、多元化经营、数字出版、专业化发展等某一具体方面进行阐述。

综上所述，关于民营图书零售业的研究主要集中在零售业态的分析、营销策略、实践分析，以及专门对实体书店或网络书店的探讨等方面，相关文献主要针对其发展中存在的某一具体问题进行分析，对这一问题的全面系统的阐述和运用经济学理论的分析并没有进行全面探讨，而本文试图解决这一问题，深化对这一问题的研究。

1.4 研究思路与研究方法

1.4.1 研究思路

本文研究的思路是以经济学理论中的市场结构理论、营销理论、供给与需求理论为基础，结合国内外民营图书零售业的发展现状，就我国民营图书零售业所处的困境提出宏观和微观层面的对策和建议。由于本文研究的需要及篇幅所限，本文关于民营图书零售业微观层面的研究对象仅限定为实体书店、网络书店。

本文章节分布为：第一章分析了研究的背景和意义，界定了研究对象，对国内外研究现状进行了梳理和述评，并阐述了论文的基本思路、研究方法、研究目的和创新点，最后梳理了国内外民营图书零售业的发展历史、现状与趋势；第二章是本论文的理论支撑部分，界定了经济学中的市场结构理论、营销理论和攻击与需求理论，结合图书零售业市场的现状，分析了理论分析所提供的现实意义与

---

① 苏广利. 我国网络书店的六大发展策略 [J]. 图书情报工作，2001.11.
② 焦铭，刘辉. 网上书店的优势、不足及其解决方案 [J]. 福建电脑，2004.11.

价值；第三章结合第二章的理论综述，着重剖析了我国民营图书零售业在宏观层面和微观层面所处的困境与存在的问题，并详尽地分析了其原因；第四章在前述分析的基础上在宏观层面和微观层面分别提出了推动我国民营图书零售业未来发展的经营对策和建议。

1.4.2 研究方法

本文的研究主要采取两种方法。一是定量和定性分析相结合的方法。通过对近年来我国图书销售市场的有关数据的采集和整理，结合定性分析，对我国民营图书零售业的发展现状进行分析和评价。二是文献研究和内容分析相结合，运用类比、归纳、演绎的方法，对我国民营图书零售业的未来发展之路进行分析和探讨。

本文的研究旨在达到以下目的：一是将经济学的相关理论引入民营图书零售业发展问题的研究中，从中总结出我国民营图书零售业的理论依据；二是对我国民营图书零售业外部政策和竞争环境、内部图书市场结构进行全面分析，通过实证研究，对我国民营图书零售业发展现状做出总体评价；三是在上述分析研究的基础上，提出促进我国民营图书零售业未来发展的对策和建议。

1.5 本文创新点和不足之处

1.5.1 创新点

结合国内外研究的现状，本文的创新点主要有以下几个方面。

（1）将经济学相关理论引入我国民营图书零售业发展问题的研究分析中，通过对理论的系统梳理与总结，为问题的研究提供理论上的支撑。具体包括市场结构理论、供给与需求理论、营销理论。市场结构理论主要是从宏观的层面针对我国民营图书市场的结构性问题进行讨论，供给与需求理论和营销理论主要是从微观层面针对不同类型的图书和图书销售过程中的问题进行探讨，从经济学相关理论入手进行分析，有助于弥补以往对此问题研究中理论支撑不足的缺陷。

（2）本文以图书零售业为主线，分别对市场结构理论、供给与需求理论、营销理论等经济学原理进行了较为全面的梳理。市场结构理论从理论的内涵、外延、影响因素、发展阶段、衡量标准等几个方面阐述，并结合我国图书市场得出市场结构发展阶段的结论；供给与需求理论也从理论本身入手，分别针对大众类图书和教材类图书的不同分析供给与需求的特点；营销理论是梳理理论发展过程中所提出的不同侧重点，并结合图书市场的特殊性，制定适合于图书市场的营销策略，为民营图书销售问题的实证研究提供了理论依据。

（3）本文构建出一个图书销售市场的整体考察框架，较为系统地从宏观和微观两个层面对此问题进行考察。对图书零售业的宏观层面的研究可为决策者在制定或调整政策时提供参考。这些研究包括我国图书销售市场结构的宏观分析，指出我国图书零售业市场结构目前处于外部垄断内部竞争的状态，结构较为不成熟，市场主体不明确，市场化运作程度低，需要市场化手段进行调整重组；从国际图书零售业的发展现状及国内外图书零售业发展状况的对比分析来看，全球图书零售业发展遇到瓶颈，且我国发展处于较为初级的阶段，这也可以说明我国图书零售业未来的趋势，即顺应图书出版业市场化、产业化、数字化的发展趋势才能顺势而上。从微观层面具体对实体书店和网络书店发展中遇到的问题和解决的对策进行系统的探讨，例如民营实体书店受到数字出版、网络书店、新华书店、外资图书的冲击，并在确立产权、资金筹措、经营管理等方面存在困难，本文在针对实体书店加快确立市场主体、市场拓展、数字网络应用、经营管理模式等方面进行对策性的研究；网络书店发展速度较快但在硬件设施、营销策略、人才、法律法规各方面还不完善，本文也提出了相应的对策。希望能为解决当前民营图书零售业在陷入发展困境后如何找到出路的问题提供咨询和建议。

（4）从实体书店和网络书店两者取长补短、相互借鉴的角度，在微观层面上整理出经营管理者可供借鉴的发展路径。在分析了实体书店和网络书店两方面的优势和劣势之后，二者分别将对方作为竞争与合作的对象，在相互对比、互补、借鉴中实现民营图书零售业市场的双赢，例如实体书店要加强网络化运作，网络书店可以重点营销大众类图书，而实体书店则可以侧重于教材教辅类图书等，二者互补分析为双方提供有力的政策支持。

（5）对研究国内外民营图书零售业发展情况的研究成果进行较为系统全面的收集整理。本文还对民营图书零售业这一含义做了客观的界定，从零售的概念介入，逐渐深入地分析了零售业、图书零售业、民营图书零售业，较为全面地界定这一含义，有助于建立一个直观清晰的研究模型，从一个全面、系统的视角分析问题。

1.5.2　不足之处

本文在写作过程中也存在一些不足之处，包括两方面：第一，本文尽管试图从宏观和微观多种角度对民营图书零售业进行分析，但由于篇幅所限，只从实体书店和网络书店两个方面对此问题进行探讨，对于其他图书零售业类型的经营问题，本文并未详加考察；第二，本文尽管力图从多个经济学理论视角对我国民营图书零售业发展中的问题做出研究分析，但由于相关知识的欠缺，掌握材料有限，论述未详尽，尚需进一步深入探讨。

1.6 国内外图书零售业发展状况

1.6.1 我国图书零售业的历史回顾

新中国成立以前，我国的出版业以民营性质为主。新中国成立之后，没收官僚资本性质的出版机构，对私营出版机构进行社会主义改造，从此建立起国有出版体系。直到1980年之前，国有经济成分一统整个书业。十一届三中全会以来，随着国民经济改革开放，民营零售业经济迅猛发展，伴随着出版领域的相关政策，大致经历了三个发展阶段。[①]

（1）1982—1987年，起步阶段

由于新华书店发行网点远远不能满足图书的市场需求，为了缓解新华书店的压力，解决计划经济体制下买书卖书难的问题，用市场机制激活图书市场，以集体、个体为主的民营书店大批量诞生。1980年12月2日，国家版权局发出了关于《建议有计划有步骤地发展集体所有制和个体所有制的书店、书亭、书摊和书贩》的通知，提出了在全国范围内有计划、有步骤地发展集体、个体所有制的书店、书亭、书摊和书贩，解决新华书店网点和发行力不足的问题，从此开启了民营资本进入图书发行领域的大门。1982年7月，文化部发出了《关于图书发行体制改革工作的通知》，目标定位于"在全国组成一个以国营新华书店为主体的，多种经济成分，多条流通渠道，多种购销形式，少流转环节的图书发行网"，简称"一主三多一少"。要求各地落实集体、个体书店的发展规划；打破了新华书店垄断发行的局面，扩大了出版社的自主权，调动了民营书店的积极性，并缓解了出版社与零售商之间的矛盾，为建立健康高效的图书发行市场奠定基础，此方案的提出是图书发行业制度性改革的里程碑。1983年，国务院颁布了《关于加强出版工作的决定》，用法规的形式肯定了集体、个体书店的存在，民营经济进入图书发行业合法化。1986年9月，国家版权局颁布《关于发展集体、个体书店和加强管理的原则规定》，建议"要大力发展集体、个体书店，组成以新华书店为主体、多种所有制形式为补充的星罗棋布的图书发行网"，为民营发行提供了政策保证。

实践证明，由于文化产业的双重属性，要想真正实现货畅其流、书尽其用，

---

① 陈真.改革开放以来中国政府对民营书业的规制研究.安徽大学，2011.4.

最大限度满足人民的精神文化需求，必须发挥市场作用进行综合治理，转变政府与企业的职能，给企业以自主权，实现图书发行体制的全面改革。

(2) 1988—2000年，发展阶段

这一阶段仍为民营图书零售业发展的积累阶段，但已在市场上成为新华书店的竞争对手与合作伙伴。民营书店拥有了二级批发权，涌现出一批规模较大、实力较强的文化地标性书店，如北京的国林风书店、风入松书店、南京的先锋书店、厦门的光合作用书店、广州的学而优书店等，逐渐成为业界关注的焦点。1988年5月6日，新闻出版署颁布《关于当前图书发行体制改革的若干意见》，提出新的发行体制改革目标是"建立和发展开放式的效率高的充满活力的图书发行体制"，"放权承包，搞活国营书店；放开发行渠道，搞活图书市场；放开购销形式和折扣，搞活购销机制；推动横向联合，发展各种出版发行企业群体和企业集团"，即推进"三放一联"，进一步放开、搞活图书发行市场，这是对"一主三多一少"的发展，更是对发展经验的总结。1996年，新闻出版署发布了《关于培育和规范图书市场的若干意见》，提出建大型批发市场和批销中心，建立新型购销关系，建立和完善市场规则，转变出版社自办发行的观念和机制，转变国有书店经营机制，简称"三建一转"，明确了建立全国统一、开放、竞争、有序的大市场的发展目标。1997年，十五大会议上确认了"私营经济是社会主义市场经济的重要组成部分"，到1999年写进宪法，民营零售商受到法律的保护。

这一时期，图书发行体制的改革以开放和搞活为主线，从早期微观的内部机制调整发展到政企分离、社店职能转变、企业自主权扩大、图书市场培育、市场主体充分建立等中观和宏观层面的体制改革层面，大大激活了图书市场。

(3) 2001年至今，提高阶段

民营书店发展规模日益壮大，逐渐形成规模经营、联合经营的模式，开拓出更加广阔的市场空间。2003年7月24日，新闻出版总署颁发了《出版物市场管理规定》，首次取消出版物总发行单位、批发单位的所有制限制，降低出版物零售单位的准入门槛，实现彻底的准入平等，民营图书零售商摆脱了"二渠道"，这是对发行体制最彻底的改革，标志着我国出版发行业进入了全面开放的时代。2004年，宪法修正案明确提出了"国家保护个体经济、私营经济等非公有经济的合法权利和利益，鼓励、支持和引导非公有制经济的发展，并对非公有制经济依法实行监督和管理"。2005年2月，国务院发布《关于鼓励支持和引导个体私营等非公有制经济发展的若干意见》，提出"毫不动摇地鼓励、支持和引导非公有制经济发展"，这是我国第一份以平等准入、公平待遇为原则，促进非公有制经济发展为核心的中央政府文件。同年6月，国家发展改革委、新闻出版总署、教育部联合发布了《关于印发〈中小学教材出版招标投标试点实施办法（修订）〉和〈中小学教材发行招标投标试点实施办法（修订）〉的通知》，规定具有总发行权的民营发行单位可参与中小学教材发行的招投标。2009年4月，新闻出版总署发布了《关于进一步推进新闻出版体制改革的指导意见》，指出"引导非公有出版工作室健康发展，发展新兴出版生产力。积极引导，择优整合，加强管理，将非公有出版工作室作为新闻出版产业的重要组成部分，纳入行业规划和管理，引导和规范非公有出版工作室的经营行为，探索非公有出版工作室参与出版的通道问题，开展国有民营联合运作的试点工作，逐步做到在特定的出版资源配置平台上，为非公有出版工作室在图书策划、组稿、编辑等方面提供服务"。2009年7月，国务院颁布《文化产业振兴规划》，提出"要降低准入门槛，积极吸收社会资本和外资进入政策允许的文化产业领域，参与国有文化企业股份制改造，形成公有制为主体、多种所有制共同发展的文化产业格局"。进一步奠定非公有制资本进入文化领域的基础，对民营资本政策的逐步放宽，给民营资本带来无限的发展希望。

经过30多年的不懈努力与积累，民营图书零售业已经取得了可观的成绩。激活了整个图书市场，发行网点逐年递增，培育了众多优秀的从业人员，满足了人们日益增长的精神需求。新闻出版总署关于图书发行网点数量的统计数据显示（见表1.1），截止到2008年，全国总计出版物发行网点161256处，集体和个体零售网点105563处，占到了60%以上，成为数量最多的图书发行网点，而国营网点只有10302处。经过三十年的发展，我国民营图书零售业已经成为出版发行业的主力军。

表1.1　2004—2008年全国发行机构数量、结构变动表[①]

年份	总计	国有书店和国有发行网点	供销社售书网点	出版社自办发行	文化、教育、广电、邮政系统	二级民营批发店	集个体零售网点
2004	139150	11665	4265	549	13718	4687	104266
2005	159508	11897	3200	585	30529	5103	108130
2006	159706	11041	2431	561	29883	5137	110562
2007	167254	10726	2103	562	32061	5946	114965
2008	161256	10302	1868	534	37516	5454	105563

---

① 数据资料来源：根据历年来新闻出版总署计财司《中国新闻出版统计资料汇编》汇总。

1.6.2 西方发达国家图书零售业的现状

民营图书零售业的发展困境是全球性的，民营书店的退场也是全球的趋势。西方发达国家图书零售业目前整体呈现出业绩萧条，收缩分店，解聘员工，抱团取暖的特征。2010 年 10 月，德国书业杂志《图书报告》（Buch report）发布了全球书商巨头排行榜。报告认为，除了极少数例外，世界上大多数图书零售业巨头都处于困难期。自 2008 年全球金融危机以来，各国实行严厉的节约概念政策，人们收入不断减少，极大影响了图书产品的消费，同时在线商业与网络书店日益强大，它们加速完善、积极扩张的态势几乎击碎了传统书业赖以维持的全部链条。2011 年 2 月，美国第二大连锁书店——鲍德斯集团（Borders Group）由于无法偿还银行 10 亿美元的债务，根据破产法第十一章正式申请破产保护，重整债务。根据鲍德斯的破产计划，它将关闭 30% 的连锁书店。鲍德斯目前在全美开设 642 家连锁店，预计将关闭 200 家。传统出版强国英国从 2005 年至今，民营书店已有 2000 多家关闭，是全部书店的一半之多。法国最大的连锁书店法雅客（Fnac，属于 PPR 商业集团，是欧洲大陆最主要的电器、图书、音像制品零售商。PPR 主要销售豪华高档商品。）尽管还保持着良好的销售状态，但 PPR 的首席执行官再次表示愿意尽快出售法雅客，标价至少 20 亿欧元。这一数目比他前一次的卖价提高了将近一倍。7 月间，法雅客决定关闭它在希腊已经运行 5 年的多家书店。俄罗斯最大的图书零售连锁企业"Top-book"公司也成为这场金融危机和它自己急剧扩张政策的牺牲品。在年度亏损 21% 以后，公司被迫急刹车，关闭了近 100 家零售书店，出售了 5 家位于乌克兰的书店。爱尔兰的连锁书店 Eason's，由于财政方面的原因遭到工会纠缠损失了 2100 万欧元。因此，这家公司创造了业绩下滑的最高纪录 -50%。眼下这家公司同样被迫执行缩减职工工资、停发奖金和 13 个月工资的节约政策。现在图书零售企业的经营品种已经不是从前那样的单一，大多数企业都把非图书产品也纳入了自己的供应计划，从图书零售商变为像法雅客和英国 WH 史密斯（WH Smith）一类包括音像制品在内的经销商，经营范围不但有图书，而且包括音像制品、办公用品和书写用品等，众多书店开始向非图书产品贴近，努力寻找摆脱陷入资金周转问题的出路。当前，西方图书零售业都在议论寻找与 E-book 合作的战略问题。德国出版商 Holtzbrinck 与 Bertelsmann 创建了 E-book 销售的共同平台，这样的联盟一样会出现在图书零售企业中。2010 年 7 月，意大利的 Feltrinelli、Messagerie 和 RCS 就共同发起成立了 E-book 销售的共同平台，平台称为 Edigita，秋季以来，各家出版商已经把 2000 个图书品种置于这一平台上。

1.6.3 我国民营图书零售业的现状及发展趋势

有调查显示过去 10 年里有近五成的民营书店倒闭，最近几年全国倒闭的书店就有 1 万多家，而业内知名的民营光合作用书店、季风书店、沪文书店、第三极书局、上海思考乐书局、北京人文学术书店"风入松"以及广州最后两家三联书店都相继悄然落幕，行业内不少人提出"民营书店将亡"的论点，事实上随着房租、人工成本的上升，网络书店的疯狂降价促销，"破产、倒闭、艰难经营"早已成为当前民营图书零售业的符号标志，其发展前景令人担忧。而网络书店的发展也面临着信息不畅、物流配送能力不足、资金匮乏、电子商务法律法规和专业的经营管理人才缺乏等问题，这也给网络书店的经营管理者提出了更高的要求。

总之，根据我国图书发行业历史、当前零售业现状以及西方发达国家图书零售业现状来看，由于经济环境的不景气以及在线电子商务和网络图书销售的日益壮大，世界传统图书零售业整体呈现下滑势头，传统图书零售业不得不寻求新的业务发展模式以寻求新的利润增长点维持经营，如果因循守旧，随着新兴数字出版技术和产业模式日益完善，传统的图书零售业将很难有立足之地，而其内部也在市场经济的作用下激烈竞争，市场格局处于不断变化之中，其发展前景不明。

第二章 经济学视角下民营图书零售业的理论分析

关于民营图书零售业的困境与出路这一问题的研究，国内外学者已经取得了一些成果，但缺乏从经济学相关理论的层面进行的系统论证和分析，尤其是缺乏多个经济原理相结合的深入探讨。本章将尝试从市场结构理论、供给与需求理论、营销理论对民营图书零售业进行系统分析，并在此分析的基础上，通过实证对比分析，提出较为科学、合理、全面的对策和建议。

2.1 民营图书零售业的市场结构现状分析

2.1.1 市场结构理论

市场结构，狭义是指买方构成市场，卖方构成行业。广义是指一个行业内部买方和卖方的数量及其规模分布、产品差别的程度和新企业进入该行业的难易程度的综合状态，也可以说是某一市场中各种要素之间的内在联系及其特征，包括市场供给者之间、需求者之间、供给和需求者之间及市场上现有的供给者、需求者与正在进入该市场的供给者、需求者之间的关系。市场结构对市场主体利润、消费者利益以及资源的使用率具有较大的影响。从理论上讲，市场结构可以简单划分为四种类型：完全竞争的市场结构、完全垄断的市场结构、少数垄断的市场结构和垄断竞争的市场结构。市场结构与市场主体的数量有着紧密的联系，在完全竞争市场之中市场主体数量很多，相互竞争异常激烈，每一家企业也无法决定市场价格，只能根据接受市场价格，称其为价格接受者，而与之对应的完全垄断市场则是另一个极端，这个市场上只有一家企业，没有竞争，垄断厂商有力量界定市场价格；而寡头市场和垄断竞争市场则属于不完全竞争市场结构的范畴，垄断竞争市场商同样有数量颇多的企业，其竞争程度与完全竞争程度类似，不同的是垄断市场商的产品略有差异性，市场主体往往通过广告等手段加强品牌凸显产品差异获得市场竞争主动地位，寡头市场结构中往往只有几十个企业，数量较少，企业间相互密切关注，往往单个企业的行为会引起其他企业的报复或者协同达到市场竞争的平衡（见表2.1）。

表2.1 市场结构的四种类型及其特征[①]

类型 因素	完全竞争	垄断竞争	寡头竞争	完全垄断
厂商数目	数目众多	颇多	为数不多	一家厂商
产品性质	同质	有差异但很小	产品差异较大	只有一种产品
进出市场	容易	容易	进入困难	几乎无法进入
价格控制力	没有	少许控制	有控制力，但有遭到同行价格报复的危险	有控制力

决定市场结构的重要因素包括：产业集中度、产品差异化、进入壁垒等方面，这三个因素是决定市场结构最重要因素。

产业集中度是衡量产业竞争程度的重要指标，同时也是衡量产业是否存在规模经济的重要指标。常规的衡量方法是产业前若干企业在生产或市场上所占的份额。

$$CRn = \sum X_n / \sum X_N$$

n通常取4或8，该指标也称为4家或8家的企业集中度，N表示行业的企业总数。集中度反映了行业内前几位大企业的分布状况与规模，体现出这个市场中的垄断竞争程度。

根据产业经济学的理论阐述，判断一个行业的市场结构类型，若卖方市场集中度（CR4）小于10%，且企业数量众多、产品差异化很小或较小、无明显的规模经济、自由进入的行业，被认定为完全竞争市场结构；若卖方市场集中度介于10%～50%之间，且企业数量相对较少、存在较明显的规模经济、产品差异中等或较大、有一定的进入壁垒的行业，被认定为垄断竞争市场结构；若卖方市场集中度大于50%，且明显的规模经济、产品差异大、有较高的进入壁垒的行业，被认定为寡头垄断的市场结构（见表2.2）。但是由于集中度反映的是前几位企业总体规模和分布，不能反映个体企业的规模而导致对行业的竞争程度判断有所偏差。[②]

[①] 根据李悦，李平，孔令丞所著《产业经济学》一书中《市场结构》一章整理．

[②] 同上．

表 2.2　产业集中度 CRn 的指标

中集中寡占型	高度集中寡占型
CR4 在 35%～65% CR8 在 45%～85%	CR4 大于 65% CR8 大于 85%
低集中寡占型	原子型
CR4 在 30%～35% CR8 在 40%～45%	CR4 在 30% 以下 CR8 在 40% 以下

产品差异化是决定市场力量大小的重要因素，是形成企业特色和品牌优势和非价格壁垒的重要因素。当市场上出售同质产品时，价格就成为消费者考虑的主要因素，当大量消费者存在时，每一家就成了价格接受者，而在牛奶市场上来自内蒙古的牛奶取名蒙牛以区别其他地区的牛奶时，寡头市场就产生了。

进入壁垒同样也是影响市场结构的关键因素，其中包括各种阻止新企业进入市场的要素。这种壁垒可以是法律或者政府的保护措施，也可能是某些企业具有某种特殊的生产技术。

在传统行业中市场上的供需关系决定了企业的生产方式，从而决定了企业的规模大小。在完全竞争市场结构下需求没有弹性，价格相对稳定，由于企业众多，企业必须选择合适的生产量来获取最大利润，所以导致企业规模普遍较小。而垄断市场中，随着价格的降低，需求增加，企业为了获得最大利润，必然改变生产方式、扩大企业规模、降低生产成本，导致对市场的绝对控制（见图 2.1）。不完全竞争市场结构中，由于市场对产品需求多样化，市场需求供需关系介于垄断竞争和完全竞争之间，企业必须通过提高产品的质量同时降低成本，通过强化自身品牌来占有市场，在市场竞争中必然走向寡头竞争。①

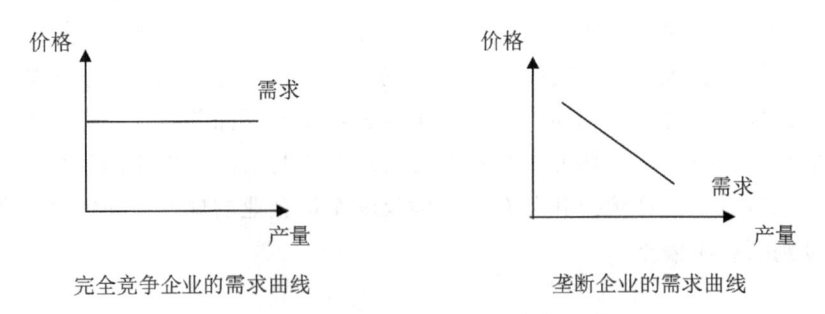

图 2.1　完全竞争企业和垄断企业的需求曲线图

---

① 李悦，李平，孔令丞. 产业经济学 [M]. 大连：东北财经大学出版社，2008 年第 2 版.

2.1.2 我国图书销售市场结构分析

（1）我国图书销售市场外部表现出垄断性特征

垄断一般是由法律和政府保护以及超低成本的生产方式造成。我国图书发行市场外部表现出垄断性特征，这是我国图书发行市场在特定的市场环境中的表现。因为图书发行市场一直处在政府保护之下，在图书市场的分割中，新华书店在政府支持下，建立了在各省市内相对完整的图书发行体系，大大垄断了图书发行市场，这些保护政策使民营图书发行一开始就处于劣势地位。在我国图书发行市场中，新华书店系统约占70%的市场份额，其他或集体或个体的发行商的销售额要远远低于国营新华书店，对市场集中度没有太大的影响。

（2）我国图书销售市场还处于垄断竞争阶段

而各省市新华书店依赖于本地政策保护占据着垄断地位，造成了异地图书发行市场的"高门槛"。但是自身的竞争压力不足以使其成为真正的市场主体——自主决策、自担风险，很难靠市场占有额的优势形成实际的"高门槛"，因此这就给众多个体、集体图书发行商留下了较大的市场操作空间，从而促使了垄断外衣下的分散竞争。所以我国图书发行市场内部表现出原子化的市场结构状态，企业主体规模较小，市场集中度不高，竞争力不强，难以参与国际竞争。①

①垄断竞争市场结构的特征

不完全竞争市场是指介于完全竞争和垄断之间的市场，该市场有两家以上的企业而且彼此之间有竞争，但竞争不像完全竞争那么激烈。垄断竞争属于不完全竞争中的一种，其特征主要为企业数目颇多，规模不大、市场进去容易，但是产品质量之间略有差异。垄断竞争市场与完全竞争市场非常类似，不同之处在于完全竞争市场由于生产同质产品，企业可以通过扩大规模，改进技术来降低成本，而垄断竞争市场中的企业不但要降低成本，而且必须使产品与他人产品略有差异才能生存，垄断竞争市场产品差异化的要求有利于扩大消费者的选择空间。

②我国图书销售市场产业集中度偏低、规模较小

我国的图书发行市场状况由表2.3和表2.4可知，CR4=12.28，CR8=18.35%，CR20=30.82%，按照之前产业集中度的理论分析标准，我国图书销售市场表现为垄断竞争市场结构，是典型的原子型产业，集中化程度低，远未达到低集中寡头的标准，而且集中化趋势尚不明显，在发展中难以产生规模效益。从各年的CR4、CR8、CR20值看，有明显的递减趋势，说明我国图书发行市场的分散性竞

---

① 封延阳.我国图书市场结构研究[J].出版发行研究，2002.9.

争日益加剧，市场日趋分化。根据上面两个方面的论述，我国图书发行市场是垄断与过度分散性竞争并存。

③教材与大众类图书

由于国营新华书店拥有教材的独家发行权，而教材的发行量占到各省级新华书店销售总额的 50%～90%，而教材又当仁不让地占据了整个图书销售市场的半壁江山，所以，从教材发行的角度看，市场还是垄断的；而靠市场运作取胜的大众图书所占市场的份额远小于教材，市场集中度低，所以，从一般图书的发行看，市场还是过度分散型竞争。

表 2.3　1993—2010 年我国出版社数量表（不含副牌社）[①]

年份	数量/家	年份	数量/家	年份	数量/家
1993	505	1999	529	2005	539
1994	514	2000	528	2006	539
1995	527	2001	525	2007	544
1996	528	2002	532	2008	545
1997	528	2003	535	2009	545
1998	530	2004	537	2010	545

表 2.4　我国图书出版业最大 4、8、20 出版社占销售收入的份额表[②]

年份	出版社（不含副牌社）	行业生产码洋总量 总数/亿元	最大 4 家出版社 所占比重/%	最大 8 家出版社 所占比重/%	最大 20 家出版社 所占比重/%
2001	525	221.81	9.66	14.93	27.09
2002	532	246.29	10.11	14.78	25.74
2003	535	253.77	9.65	15.80	27.12
2004	538	272.28	10.24	16.36	28.64
2005	539	234.05	9.66	15.21	27.16
2006	539	232.19	12.28	18.35	30.82

---

①　数据资料来源：《中国出版年鉴 2011》。

②　数据资料来源：《中国出版年鉴 2011》。

2.2 民营图书零售业的供给需求理论分析

图书产品虽然是具有物质和精神双重属性的特殊商品,但其在市场流通中仍受到经济规律的制约,从经济学角度分析影响图书产品流通的因素有助于为当前图书零售业面临的困境找出解决之道。

2.2.1 图书产品的属性分析

图书作为一种商品与其他产品一样具有价值和使用价值,需要通过市场交换实现自身价值,但是图书具有传播文化、积累文明的特殊功能,是文化内容的承载体,所以图书又是精神产品,它的这双重属性决定了图书作为一种产品有其自身的特点。首先,图书既产生经济效益又产生非常重要的社会效益。作为商品追求利润是其重要目标,但是由于图书文化产品,是一种公共产品,具有外部性,图书产品的出版和销售将进一步产生非常重要的社会效益。其次,图书由于是文化产品,文化的多样性以及读者文化消费需求的差异决定了其产品品种的多样化,各种类型图书需求的差异化,图书的这种特点也促使出版单位不断根据市场需求推出新产品,而图书销售者则必须根据读者的需求不断调整图书供应的品种结构以满足主体客户群体的需求。再次,图书属于较弱的非必需品,其需求会随着居民收入水平提高而不断增加。在以往的研究中发现,当我国人均收入大幅增加时,教材的增长曲线比较平坦,而大众类图书的增长曲线随着收入增长率的变动而不断变化,这表明教材有必需品的特征,而大众类图书具有超必需品的特征。美国的一些学者研究发现大众类图书的收入弹性为1.44,明显大于1,进一步说明了图书产品会随着收入水平的浮动而产生正相关变化。

2.2.2 图书市场的供给与需求分析

图书作为产品,其供需关系必然受到价格的影响,但由于图书本身的特殊属性,大众类图书和教材分别表现出非必需品和必需品的特点,我们在分析其供给需求关系时需要将两者区别开来进行分析,由于图片在图书中所占比例较小,在这里我们暂不做讨论。表2.5列出了1988—2000年大众类图书和教材总印数变化。

(1)大众类图书的供给需求分析

当大众类图书价格上涨时,根据供给定理,供应量会增加,但是大众类图书的非必需品特点决定了图书的供应量不可能无限增加,一旦供大于求,就会出现滞销产生大量库存,大众类图书的供应量进而会减缓,甚至出现减少状况,使其与市场需求保持在一定平衡上。同时由于我国的书业资金流转周期较长,市场诚信体系并不完善，业内经常出现拖欠货款、盗版侵权等现象，一定程度上也影响了大众类图书供应量的增加。在我国图书出版又处于行政垄断状态，市场进入门槛较高，且出版单位数量相对较少，这些因素使得大众类图书的供给曲线较为陡峭。

表 2.5　1988—2000 年大众类图书、教材总印数变化表

年份	书价年增长率 / %	教材总印数 / 亿册	大众类图书总印数 / 亿册
1988	14.3	26.7	30.8
1989	34.7	27.1	28.49
1990	6.4	27.1	26.9
1991	8.5	27.8	31.5
1992	11.2	29.4	32.5
1993	24.5	29	29.6
1994	24.6	29.8	29.7
1995	31.6	31.2	31.6
1996	24.7	36	35.1
1997	6.7	38.6	34.1
1998	8.1	36.8	35.2
1999	7.7	38.8	34.6
2000	16.6	35.6	26.7

如图 2.2 所示，需求曲线 D 表示我国读者的图书需求。我国改革开放以来，国家经济迅速发展，居民收入水平不断增加，大众类图书作为精神产品，需求量也不断增加。在图 2.2 中可以看到大众类图书市场均衡点在 B 点，均衡价格为 P2。但是从历史数据中可以看到，1979—1997 年，全国物价总水平上涨 3 倍多，而同期书价上涨 8 倍多。据原国家新闻出版署统计，1993—1997 年，图书定价平均每印张从 0.46 元涨到了 1.01 元，大众类图书的价格涨幅远大于居民收入水平的增长水平，同时随着数字出版的兴起，低廉便捷的阅读方式吸引了不少读者开始进行数字阅读，网络游戏等消遣方式也降低了书籍的市场需求，这时需求曲线开始向左移动，在 A 点达到新的平衡，均衡价格为 P1。但是，由于大众类图书供给需要有充足资金支付日益增长的稿费、纸张费、加工费等，经营中资金周转周期长，且优质出版资源稀缺，使得大众类图书的供给曲线价格弹性较小，供给曲线比较陡峭。因此，在需求曲线发生变动时，大众类图书价格变动的幅度远远大于书籍供给数量变动幅度。

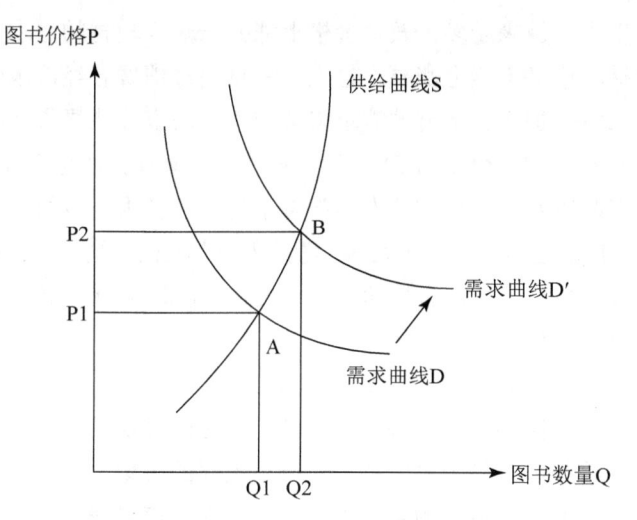

图 2.2 大众类图书供给需求曲线

（2）教材的供给需求分析

当教材价格上升时，按照供给定理教材的供应量会增大，同时由于教材具有必需品的特征，发行量高，出版利润较大，这些因素本来应该使得供给曲线较为平缓，但是由于教材需求的季节性强、发行渠道相对较窄、退货率连年增加、教材教辅市场混乱无序、出版成本日益增加、回款周期加长等因素使得随着价格的增长教材供给并未呈现预期的大幅度增长，供给曲线显得略微陡峭。

如图 2.3 所示，曲线 D 表示我国教材的需求曲线。由于教材具有必需品的特征，

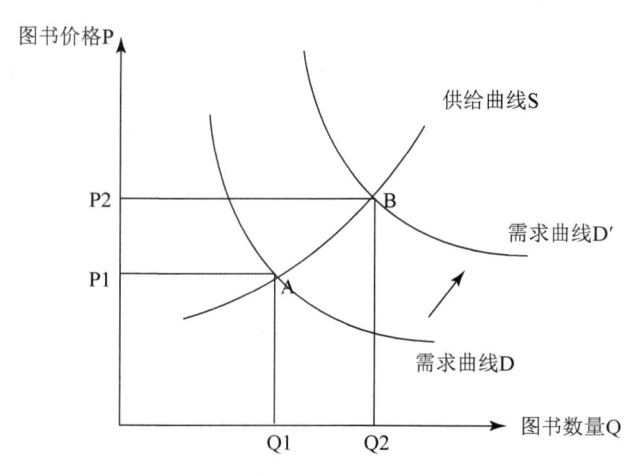

图 2.3 教材供给需求曲线

而我国的在校生人数越来越多，教材价格上涨并未减少教材的需求，需求曲线呈现正斜率，教材价格又不能上涨幅度过大，一旦超过消费者经济承受能力，则教材的替代品需求将会加大，教材的需求将会减小，需求曲线显得陡峭，这时教材市场均衡点在 A 点，均衡价格为 P1。近年来，随着我国职业资格制度的完善、职业培训市场的兴起以及其他形式的专项教育市场规模扩大，教材的需求较以往有大幅度增加，尤其是近年来日益庞大的"考试大军"又极大增加了教材的需求量，这时教材的需求曲线 D 开始向右移动，形成新的需求曲线 D'，教材市场在 B 点达到均衡，均衡价格为 P2。

（3）图书零售业在图书市场供需关系中的地位

图书零售市场是图书价值实现的关键环节，是图书供给与需求双方进行价值交换的场所，供给与需求是否对位是零售市场生存的关键因素。图书零售业一方面需要与产品供应商保持良好的合作关系，保证双方信息畅通，能及时掌握未来的出版动向，配合供应商做好市场推广工作，认真履行与供应商签订的供销合同，另一方面还需要清楚了解顾客的真实需求，及时收集市场信息向供应商进行反馈，在反馈同时也必须掌握所经营图书供需关系的特点，不断调整店内图书品种结构，真正做到适销对路。

2.3 民营图书零售业的营销理论分析

1960年，美国市场营销专家麦卡锡（E. J. Macarthy）教授在营销实践的基础上，提出了著名的4P营销策略组合理论，即产品（Product）、定价（Price）、地点（Place）、促销（Promotion）。

1990年美国市场学家罗伯特·劳特伯恩教授提出了4C理论，即顾客（Customer）、成本（Cost）、便利（Convenience）和沟通（Communication）。该理论针对产品策略，提出应更关注顾客的需求与欲望；针对价格策略，提出应重点考虑顾客为得到某项商品或服务所愿意付出的代价；并强调促销过程应用是一个与顾客保持双向沟通的过程。4C营销理论的思想基础是以消费者为中心，强调企业的营销活动应围绕消费者的所求、所欲、所能来进行。

20世纪90年代末，信息技术和知识经济迅猛发展，消费者的生活节奏越来越快，市场竞争空前的激烈，消费者对产品的忠诚度和信任度在不断下降。人们开始认识到建立企业与顾客之间的战略协作关系十分重要。于是，整合传播营销理论的创始人美国学者唐·舒尔茨在4C营销理论的基础上，提出了4R营销新理论，即关联（Relativity）、反应（Reaction）、关系（Relation）和回报（Retribution），以关系营销为核心，重在建立顾客忠诚。

在新经济时代，培育、保持和提高核心竞争能力是企业经营管理活动的中心，也成为企业市场营销活动的着眼点。4V理论正是在这种需求下应运而生的。4V营销组合观，是指差异化（Variation）、功能化（Versatility）、附加价值（Value）、共鸣（Vibration）。差异化营销就是企业凭借自身的技术优势和管理优势，生产出性能上和质量上优于市场上现有水平的产品，或是在销售方面，通过有特色的宣传活动、灵活的推销手段、周到的售后服务，在消费者心目中树立起不同一般的良好形象。[1]

4P、4C、4R、4V营销理论都有其理解的出发点和侧重点，均会在不同的企业中有不同的运用。4P以满足市场需求为目标，4C以追求顾客满意为目标，4R以建立顾客忠诚为目标，4V以构建企业核心竞争力为目标。在实际应用中，不可把它们割裂开来甚至对立起来，而要根据企业的实际，把它们结合起来，作为企业的营销模式，扬长避短，指导营销实践，唯有如此，才能在激烈的市场竞争中立于不败之地。[2]

2.4 理论分析的意义总结

回顾本章，通过对市场结构理论、供需理论和营销理论进行系统梳理，结合图书零售业的特点，我们对民营图书零售业的市场特征做出如下总结。

（1）市场结构

从产业整体来看，我国图书发行市场结构存在不合理性，外部政策性垄断特征强，且进入和退出的行政壁垒较高，严重阻碍市场竞争主体经济作用的发挥，资源得不到高效的配置，阻碍产业的快速发展；内部市场结构不够完善，由于市场竞争格局过于分散，产业集中度相当低，产业规模化程度远远小于西方发达国家，是典型的原子型市场结构，即目前还处于垄断竞争阶段，远未达到低集中寡头的标准，并且集中化趋势不明显，难以产生规模效益。所以，要想从根本上转变图书零售业的命运，必须加强产权改革，加快市场化运作步伐，通过兼并融合等手段提高产业集中度，从局部到整体逐步实现图书零售业市场的规模化发展。

（2）供需理论

图书的文化产品的双重属性，使得图书销售者则必须根据读者的需求不断调整图书供应的品种结构以满足主体客户群体的需求。并且，图书属于较弱的非必

---

[1] 赵东晓. 出版营销学[M]. 北京：中国人民大学出版社，2010年第1版.

[2] 方卿，姚永春. 图书营销学教程[M]. 长沙：湖南大学出版社，2008年第1版.

需品，其需求会随着居民收入水平提高而不断增加。而大众类图书与教材又有区别，大众类图书具有非必需品的特征，而教材有必需品的特征。在销售过程中需要采取不同的策略。图书零售市场是图书价值实现的关键环节，是图书供给与需求双方进行价值交换的场所，供给与需求是否对位是零售市场生存的关键因素。图书零售业需要与产品供应商保持良好的合作关系，保证双方信息畅通，能及时掌握未来的出版动向，配合供应商做好市场推广工作，认真履行与供应商签订的供销合同，另外还需要清楚了解顾客的真实需求，及时收集市场信息向供应商进行反馈，在反馈同时也必须掌握所经营图书供需关系的特点，不断调整店内图书品种结构，真正做到适销对路。

（3）营销理论

每个营销理论都有其理解的出发点和侧重点，均会在不同的企业中有不同的运用，运用得当在图书销售的过程中可以发挥事半功倍的效果。根据企业的实际，把不同的营销策略结合起来，作为企业的营销模式，扬长避短，指导营销实践，唯有如此，才能在激烈的市场竞争中立于不败之地。

第三章 我国民营图书零售业的困境分析

2004年4月,在世纪天鸿获得图书总发行权召开的新闻发布会上,当当网总裁李国庆以"一盘散沙、半壁江山、与狼共舞、鹤立鸡群"描述了民营书业的目前面貌。近几年,地面民营实体书店纷纷破产倒闭,例如风入松书店、广州三联书店、光合作用书店、第三极书局、上海思考乐连锁书局等这些曾经作为文化地标的民营书店悄然离场,存活下来民营书店也是惨淡经营,例如北京三联韬奋中心、北京万圣书园、上海季风、广州学而优、杭州晓风等一批民营人文学术书店,被迫缩减营业面积、关闭分店,或者迁离城市的中心地带。我国民营图书零售业的发展陷入一片困境,大部分民营书店的老板普遍反映"图书的利润很低,生意一年不如一年"。而网络书店的发展也面临着信息不畅、物流配送能力不足、资金匮乏、电子商务法律法规和专业的经营管理人才缺乏等问题,这也给网络书店的经营管理者提出了更高的要求。要找出当前困境的出路,首先需要对产生当前困境的原因进行分析。

3.1 民营图书零售业的整体困境分析

3.1.1 图书销售市场结构不合理

由第二章中图书销售市场结构分析一节中我们可以看出,我国图书销售市场的竞争格局是不合理的,结构存在很大的缺陷。我国图书销售市场的特点是由于政策倾向等原因,外部呈现垄断性,没有让市场主体真正发挥市场作用,资源配置没有达到最大限度的优化;而又因为市场发展不够成熟,属于垄断竞争的市场结构,但内部竞争过度分散,产业呈现原子型的发展状态,且有加剧分散的趋势。在世界范围看,20世纪中期以后,印刷技术的进一步发展,同时伴随着西方逐渐放松了对出版业严格的规制,发达国家的出版产业在各国经济中的地位上升,出版公司间并购活动频繁,出版业日益被主要的国际传媒公司控制,中小型出版公司数目较少,市场垄断趋势加剧,出版产业的总产值大幅提高,综合竞争实力直线上升。而我国的市场结构经过30多年的发展仍然表现为分散的原子状态，因此竞争格局在整体上是不合理，需要通过明确市场主体的地位，加快市场运作，发挥市场经济的能动作用，最大限度地优化资源配置，并通过兼并融合等市场运作手段，提高产业集中度和运作效率。政府也要围绕做大、做强出版发行产业出台相应的政策，营造良好的市场竞争环境。

3.1.2　经营规模小，管理水平低

2011年10月，全国最大的民营连锁书店——光合作用连锁书店宣布倒闭，有业内人士分析其破产的原因，除了刚才提到的"租金之殇"的问题之外，更重要的是由于其较为盲目的、高速的业务扩张和试图多元化经营的投资失败所导致的现金流断裂，同时它又缺乏后续资金的保障来抵御最后的风险，还要支付图书供应方大量的货款，其"猝死"也不足为奇。[①]

光合作用连锁书店反映的不只是其自身的问题，大部分的实体书店在其走上较为稳定的发展之路后，大都开始盲目地追求规模化经营，以实现更大的利润，其经营的图书品种甚至上千种，涉及的供货方有几十家、上百家。这样，图书零售商只看到了图书销售流通速度的不断加快，业务量的不断增加，但是其自身的很多基础性服务工作都做得相当不到位。有些图书在民营书商手里差不多两周卖不动就要下架退货，这时，新华书店与网络书店所具有的"长尾优势"在这里反而变成了其短板与软肋。因此，民营书店与上游出版商的业务合作就停留在了流水账一般的浅层次上，丝毫深入细致不了，这在一个方面也会引起出版社的不满，觉得零售书店不重视出版社的图书，久而久之，这种运作模式与合作态度必然会导致业务效量的不断走低。

同时，目前我国的民营图书零售企业90%以上都是中小企业。在经营规模上，民营书店大多是由"家族式"个体资本发展而来，决定了其类似于一家一户的散户经营形式，很难形成合作，在管理水平上，经营者大都是出资者，企业的发展全凭出资者的个人能力，管理者们也大多不是专业出身，没有建立现代企业管理的制度概念，不擅长对企业进行经营管理，完全市场经济制度下的职业经理人制度，以及所有权和经营权的分离根本无法实现，经营管理随意性强、规范性差。一旦书店开始扩大经营规模，就容易产生各种问题。

另外，现在国内大多数零售书店没有基于自身发展特点与优势的思考的准确定位，店内几乎任何类型的书都可以看到，所以图书杂而不精，失去了自身经营

---

① 丁梦.光合作用关张民营书店之殇[J].中国民营科技与经济，2011.11.

特色与品牌，一方面读者在查找图书的时候就会很费劲，造成消费者看书、挑书、选书的困扰，另一方面，书店满足不了消费者的购买需求，顺理成章地也就必然是书店经营业绩不佳。北京市海淀区图书城的一家特色书店——九章数学书店，专门销售数学类图书，其他种类一本都没有，但是九章数学书店每天门庭若市，前来购书的学子、家长、学术研究者络绎不绝。

3.1.3 经营成本高且融资困难

新闻出版总署署长柳斌杰曾提道："一个产业、一个行业，如果没有资本进来，做大做强就是一句空话。"我国民营图书零售业就长期处于资本匮乏的状态。一般情况下，民营书店只要有存货囤积，资金就很难周转，并且融资相当困难。零售商们也试图开展规模经营，也是由于资金匮乏和经营水平有限导致无法进行。资金不足导致网点小、品种少，对消费者不具有吸引力，对于出版社而言民营书店也是散兵游勇，造成了其旧书囤积、新书不进，严重影响销售。

就实体书店而言，近年来随着地价上涨，大都有"租金之殇"。就以国营性质的三联韬奋书店为例，其经营面积约为 1400m^2，以每天每平方米 8 元的房租计算，一年的房租大概有 400 万元，而在免其房租的基础上，2009 年三联韬奋书店的营业总额仅为 1000 万元，可见，高昂的房租成本已经占到全年营业总额的一半。后书店负责人决定将门面的二楼租给"雕刻时光"经营咖啡以后，书店才勉强挽回亏损的局面。拥有 16 年历史的著名学术书店风入松书店由于销售额持续下滑，难以承担每个月 5 万元的房租，只能大幅缩小其经营面积，离开地价较高的地段，另寻新址安身。而新华书店体系则不同，它们拥有自己的地产，又有地方政府的保护政策，不但不用为高额的房租成本发愁，反而还愈来愈受益于地产涨价所带来的巨大收益，这些优势是民营实体书店望尘莫及的。[①]

就网络书店而言，目前正处于市场的开拓期，需要大量的资金来源来支持市场的开拓。并且，我国绝大多数网络书店都属于民营性质，随着国家出版发行政策的逐渐放宽，网络书店也逐渐进入了新一轮的发展机遇期，投资活动日趋活跃。但同时也面临了融资困难的现象，除网络书店申请获得银行贷款比较困难以外，且同行之间的拆借也难以实现。另外，网络书店还在税收方面存在问题。在网络书店这一新兴的电子商务运营方式作用下，传统的商业经济管理模式和运作方式不再合时宜，特别是现行的税收制度、税收管理模式受到了巨大的打击。虽然目前我国的电子商务活动仍然处于初级阶段，一些商业基础设施仍在建设和完善中，

---

① 郝振省.2009 中国民营书业发展研究报告 [M]. 北京：中国书籍出版社，2010 年第 1 版.

但在民营网络书店这类 B to C 或 C to C 商业模式中，在线支付平台的交易数额虽然还较少但已经出现，并且将成为未来网上购物支付的一个趋势，而相应的诸多有关这方面的税收问题尚未解决，是一个值得在实践中不断摸索、积累和探讨的问题。①

总体来说，民营书店在开源方面，由于创办初期就缺乏资本积累，且多以传统经营方式为主，资金的筹措本身就是一个难题。再加上国家对民营书店的政策就是只提供短期贷款，无形中又增加了民营书店的贷款利息，加重了负担；在节流方面，民营书店在房租、员工、水电、物流配送渠道等各方面的支出都不能与新华书店同日而语，没有受到任何的，比如减免税收、补贴房租等方面的政策支持。不管是实体书店还是网络书店，在资金的开源和节流上都存在较大的问题，民营图书零售业的资金已经成为发展中遇到的最大的问题。

3.1.4　新华书店的制约

从图书销售市场分析中可看出，传统图书的销售市场中，民营图书零售业的主要竞争对手为新华书店系统。首先，两者本身在资源和起点上就处在了不公平的竞争状态。新华书店系统在政府的保护下，在政策、资金、资源等方面一直拥有得天独厚的优势，利润最大的中小学教材的发行，由新华书店独揽。从 1994 年开始，我国各大城市纷纷兴建大型购书中心，其面积都在一万平方米左右，相比较民营书店经营商还属于中小型。据 2010 年广东省调研数据显示，广东书刊发行网点 1.7 万个，其中国营网点只有 440 个，只占全部网点的 3% 左右，而一年的销售码洋却高达 40 个亿，占到整个书刊市场的半壁江山。其次，新华书店系统的房地产、物业优势不得不提。近年来，民营实体书店因房租持续上涨造成销售成本大幅上升，经营压力十分大，许多书店就是因为入不敷出而选择关门。而新华书店不但不必担心房租问题，近年来许多地方政府利用优惠政策，选择繁华地段给其建大楼，除了少数楼层用作书店，大部分空间用来出租盈利。再次，近年来新华书店调整发展思路，连续进行体制改革，逐渐发起市场反击，在基础业务、经营管理、分销渠道、信息网络等多个方面加强建设，使更多的资源得到有效配置，与之前相比综合业务水平得到大幅度提升。②

例如，从 2009 年开始，新华书店围绕市场需求的变化，提出"改变销售结构比例、推进经营结构优化升级"的发展战略，并开办其自己的网络书店，经营图

---

① 程新晓.我国网络书店的发展困境与对策 [J].信阳农业高等专科学校学报，2010.6.

② 郝振省.2009 中国民营书业发展研究报告 [M].北京：中国书籍出版社，2010 年第 1 版.

书种类齐全，且面向全国的读者并针对网上盗版图书泛滥的问题，新华书店利用其品牌优势保证其图书质量。在改制基础上使本来的优势明显发挥出来，抢占更多的民营图书销售的市场份额，逐渐显示出了国有企业雄厚的实力，而越来越多的上游出版商也选择加强与主渠道的业务合作，使得民营图书销售渠道的市场份额逐渐降低，之前的市场优势在新华系统面前已体现得不突出了。

3.1.5 外资涌入的冲击

2003年5月1日，我国图书零售业市场向外资开放，2004年12月1日我国对外资全面开放了图书发行市场。2005年2月，第一家港资图书发行公司——广东联合图书有限公在北京宣告成立。该公司是香港联合出版集团全资拥有的附属机构。其经营范围包括：经销内地版图书、报纸、期刊、电子出版物的批发、零售（含网上）业务。这是自中国加入世贸组织三年开放图书批发市场以后，第一家获得批准进入内地的图书发行企业。图书发行市场对外资开放已经有8余年的时间，外资在国内图书发行领域直接与国有主渠道和民营书业同场竞技，使图书发行市场竞争处于前所未有的激烈竞争阶段，民营图书零售业面临双重压迫——国营新华书店和外资发行企业。

外资发行企业依托国外出版集团强大的图书资源和经济实力，积极地把集团和海外的优秀图书的版权引进中国内地，利用他们多年来在海外图书市场积累的先进经营管理经验，结合中国内地图书市场的具体情况，充分发挥了内地的人才优势，按照现代企业制度的要求和标准，把公司建设成一流的图书发行企业，成为中国图书发行界内民营图书零售业的又一大劲敌。而不论从我国图书发行行业的主管部门还是整合行业来讲，都没有对图书发行市场的开放做好充分的准备。图书销售业不但没有一批实力雄厚、规模产出的国有企业，也缺少富有市场经验和竞争力的民营企业，因此，民营图书零售业在面对国外强大的出版集团在资金雄厚、经营理念新、营销手段活、管理方法先进的竞争对手时，市场份额明显减少。

3.2 实体书店的困境分析

3.2.1 网络书店的冲击

目前上网买书已经成为最实惠、便捷的购买方式，有数据调查显示，2009年当当网的图书销量超过20亿元码洋，占到整个图书销售市场的10%～15%。由

表3.1中的数据可知,"直接在实体书店购买图书"的消费者占总量的36%,比重最大,加上占总量18%的"在网上找好信息再去实体书店购买图书"的消费者,实体书店消费者占总量的54%;而"直接在网络书店购买图书"的消费者占总量的22%,比重也较大,加上"在实体书店找好信息再去网络书店购买图书"的消费者占总量的16%,网络书店的消费者总量为38%。可见,习惯于在实体书店购书的消费者还是占大多数,而网络书店显然已成为与实体书店抢滩分羹的强大竞争对手,发展势头十分强劲。[①]

表3.1 图书消费群体的习惯性购买行为[②]

习惯性购买行为	所占比重/%
直接在实体书店购买	36
在网上找好信息再去实体书店购买	18
直接在网络书店购买	22
在实体书店找好信息再去网络书店购买	16
去图书馆或向身边的人借阅	7
网络阅读(电子书)	1

(1)基于技术服务的力量

当今数字和网络技术的发展,传播方式正在发生巨大变革,深刻地改变着社会文化生产、消费、组织结构方式。数字出版与网络书店的兴起既是技术变革的结果,又推动着文化价值与形态的重新构建,使得以传统出版为基础的民营图书零售业式微。1995年7月亚马逊网络书店开张,从此,以卓越网、当当网为代表的网络书店以技术为前提,以优质的服务为基础,以低廉的价格为策略迅速地占据了图书发行业的市场份额,使得本在新华书店体系挤压下的利润空间变得更加狭小。因此,网络书店的冲击是实体书店批量死亡的主要因素。据中国互联网信息中心的数据,中国网民约有1.23亿人,其中约56%的网民会选择网上购书的方式,从2000年到2011年,网上图书销售增长率高达30%,卓越、亚马逊已连续多年实现高于100%的增长。网络书店经过十余年的发展,拥有完善的书目查询系统和支付系统,使消费者挑书、订书、买书足不出户、方便快捷,且购买的图书会及时送货上门、服务到家;网络书店无须门面,经营费用少,无须支付高昂的房租、员工、水电等费用,经营成本大大降低,使其具有强劲的竞争力。另外,

---

① 数据资料来源:根据杨梦的《实体书店发展的思考》整理而来。

② 同①。

网络书店与其他渠道不同，在获取市场利润的同时还能获得大量消费者的基本资料、消费偏好、浏览习惯等重要信息，这就使得买卖双方产生了一种"消费黏性"，再加上网站的实时更新、优质推荐、折扣促销、周到便捷的配送服务，使网络书店在较短时间内获取较高的顾客忠诚度。而实体书店是不具备这些以数字技术为基础的优势的，再加上实体书店以往对服务也并不重视，因而长此以往也就很难与之对抗。①

（2）价格战的影响

在整个产业链条中利润日益减少。一个图书零售店通常有两个进货渠道：出版社、中盘商。对于书籍，出版社的发行折扣范围在 5.0～6.5 折，大多数书店做过测算进货折扣平均在 5.5 折左右，如果无法从出版社进到货源，则中盘商会加码洋的 5%～8% 批发给民营书店，当然对于一些畅销书，中盘商为了增加营业流水会加 3% 以现金买断形式批发给民营书店，这样一来，民营书店的平均进货折扣在 6.0～6.3 折，如果以全价销售，毛利润则是图书码洋的 37%～40%，这种情况当然只是书店销售理想状况。

我国近年来网络书店盛行，发展速度较快，低价优质的服务吸引了大量读者，以网络销售图书起家的当当网经过十数年的发展成功在美国上市，亚马逊网络书店、京东商城、苏宁易购、新华书店网上书城等大型网络书店一进入网购市场就以超低价优质服务又吸引了大批读者，这对于与价格密切相关的书籍市场形成了致命冲击，网络书店不需要实体经营场所，图书经营品种没有物理空间限制，由于客流量较大，供应商给网店的发行折扣往往低于地面店的发行折扣，于是经常出现网络书店的销售价格是地面书店的进货价格的情况。2011 年是网络书店"价格战之年"，影响巨大。5 月 16 日，京东商城打出"全部少儿图书四折封顶"的促销广告。5 月 18 日，《中国新闻出版报》和《北京日报》分别刊登《24 家少儿出版社联合抵制京东低价促销》和《网络书店价格战惹恼出版商》的文章，指出京东商城、卓越网、当当网的打折行为"涉嫌不正当竞争"和"扰乱市场"。10 月 31 日，苏宁易购图书频道正式上线，并推出"0 元售书 72 小时"的活动，再次掀起网络书店新一轮的打折潮，使网络书店竞争白热化，多个出版商向网店提出抗议。愈演愈烈的价格战挤压了原本利润微乎其微的实体书店。实体书店为了争取顾客，不得不降价销售图书，优惠幅度从开始的 9.5 折销售，下调至 8.8 折、8 折，一度有书店降至 7.5 折销售，这样一开始 37%～40% 的理论利润已不存在，变成了只有大概 15% 的实际利润，对于要承担实体房租、店员等各种费用的实体书店，

---

① 邓丹. 我国网上书店的经营模式与发展前景 [J]. 企业家天地，2007.4.

15%的毛利显然无法支撑其正常运行。因此，受到最直接、最严重的打击的还是实体书店。①

3.2.2 阅读方式的改变

多媒体时代，传播媒介日趋丰富，读者分流现象日趋明显。2011年，中国新闻出版研究院关于"全国国民阅读调查"中，有一组专门调查"人们对不同媒介的依赖程度"的数据（见表3.2）。电视、报纸、网络三个媒体在了解新闻资讯、工作学习信息、生活资讯、休闲娱乐等各方面功能都很突出，而作为主要功能是"了解与工作学习有关的信息"的图书，在这一点上却也仅占到3.62%，而电视（41.50%）、报纸（13.95%）、互联网（8.27%）的作用也远远超过图书。特别是我们在第二章里面分析到，作为民营图书零售业的主要经营对象的大众社科类图书呈现非必需品的消费特征，其被替代性较教育、少儿类图书更强。这种总体状况不得不引起业内人士的担忧。

表3.2 我国国民满足不同需求时的媒体选择②

功能 媒介	了解国内外新闻时事	了解国内外观点和思潮	了解与工作学习有关的信息	了解生活消费咨询	了解时尚、流行趋势	休闲、娱乐
报纸	17.30	15.37	13.95	13.58	11.59	11.50
杂志	1.93	2.89	3.05	4048	5.48	4.09
电视	55.40	50.91	41.50	47.08	43.77	46.85
广播	5.36	5.03	4.62	4.99	4.36	4.46
图书	0.50	0.65	3.62	0.91	0.71	0.72
互联网	6.14	60.46	8.27	7.52	8.33	8.54
音像出版物	0.21	0.20	0.31	0.28	0.33	1.36
电子出版物	0.05	0.04	0.06	0.03	0.08	0.26

我国从"十一五"以来，数字出版的发展势头相当强劲，其产业收入从2006年的213亿元增长到2010年的1050亿元，并首次超过了传统出版的总产值，其中手机出版、网络游戏出版产值均超过300亿元。在过去的5年，随着网络普及率的提高、宽带和手机网民的增加，数字阅读逐渐成为人们获取文化知识的重要方式，电子阅读终端以轻便易携、超大容量、多功能阅读的优势越来越受到大众

---

① 郝振省，魏玉山.2010—2011中国出版业发展报告[M].北京：中国书籍出版社，2011年第1版.
② 数据资料来源：鲍红《民营书店批量死亡的背后》。

的喜爱，电子书、数字期刊、网络文学、电子书包等数字产品已经逐渐成为纸质书的又一替代品，数字出版的发展对传统出版业产生严峻的挑战。另外，现代生活节奏加快，城市生活的人们感受到越来越大的生活压力，人们没有更多的精力和时间来深入阅读，阅读习惯向碎片化的简短阅读和浅阅读发展。伟大的未来学家阿尔温·托夫勒在其著作《第三次浪潮》一书中提到"这是一个碎片化的时代"。手机、PAD、PC等阅读终端恰好满足了读者这一碎片化、浅阅读的需求，且在不久的未来将成为人们主要的阅读方式。有数据调查发现，2009年我国电子阅读器的销量达到69.3万台，2010年则达到了210万台。电子阅读终端的出现，在某种意义上使它们成为了纸质图书的替代品，抢占实体书店的大量市场份额。[①]

3.2.3 图书的质量与价格影响消费需求

我国民营零售店大多经营书籍类产品，虽然有不少书店也经营教材类产品，但是教材比重较小，而且大多集中在教辅部分，由于上面我们分析大众社科类图书属于非必需品，其需求状况受价格影响较大，所以很大程度上民营书店的销售状况跟图书价格有密切关系。近年来，由于图书生产成本的不断提高，我国图书价格也不断上涨，而大众类图书的价格上升幅度也大大超过了居民收入水平增长程度，居民的书籍需求则受到影响，一定程度上减少了对于图书产品，特别是大众社科类图书的消费，所以民营书店的销售整体下滑与其经营的产品特点有关。

我国近年来图书出版速度加快，2000年我国出版图书143376种，其中新书84235种，2010年出版图书328387种，新书189295种，经过10年发展，图书出版的总品种和新书品种已经翻了两倍以上。[②]在图书品种大量增加的同时，却出现了大量同质、质量低下的图书，当书店不断上架涌入的新品时，读者往往觉得无所适从，大多书看来，名字相似，内容雷同，有的甚至还有不少错别字和病句，印刷质量也并不尽如人意，有不少读者在准备消费时，常常由于无法对图书价值做出判断或者图书本身未达到其消费预期而减少了其对于图书的消费，这无疑又给经营规模不大，品种可选择范围较小的民营零售店泼上了一瓢冷水。

除了上述较为重要的原因之外，另外还有一些影响较小，但又不能忽视的原因，例如受到特价书店的影响。在一些大型书店关门的同时，我们会经常看到越来越多的特价书店的身影，特别是在一些城市较为繁华的地段。例如，这些书店

---

① 鲍红.民营书店批量死亡的背后[J].出版广角，2011.3.
② 郝振省.2005中国民营书业发展研究报告[M].北京：中国书籍出版社，2006年第1版.

的经营者通常是"5元一册"进行统一销售，吸引众多购买人群。但在实际上，这些图书大都以定价的1折进货，比如一本定价在25元的书，2.5元可以进货，然后5元销售，其中有50%的利润，这样是可以维持其经营的。有些大型的民营零售书店也会销售特价图书来提高利润率，但由于一些特价图书质量差，销售情况并不好，反而会影响店面的整体品位，从而影响顾客群的光顾，所以大型的民营零售实体书店一般很少销售特价图书。但是特价书店相反可以摆放一些民营实体书店销售的图书，以提高其品位，提高其销售额。但总体上说，特价书店的存在，对普通民营实体书店的市场还是有一定影响的。再加上近年来图书馆配送也成为一个图书发行的重要渠道。而一般图书馆采购的书，大都源自特价书店，折扣可以降到一几折，如此低的折扣，普通实体书店根本无法与之竞争。虽然这会存在大量灰色操作，图书的质量也不能保证，但这无形中抢占了民营实体书店的市场份额，同时也正给民营实体书店一个反思的机会。

3.3 网络书店的困境分析

网络环境给图书发行业带来了巨大的变革，网络书店不仅是对传统图书发行渠道的补充和发展，同时也是数字化时代未来图书销售的发展方向。在开放的网络环境下，纸质书与电子书、实体书店与网络书店之间既有竞争又有融合，使得图书发行渠道更加多样化、便捷化。经过十余年的发展，我国已拥有数量不少的网络书店，如当当网、卓越网、京东商城等，且其各自又有不同的特点和优势，如当当网的价格和品种优势明显、卓越网创造能力极强、京东商城网点多且覆盖广。

但就目前发展的总体状况而言，我国的网络书店对互联网的研究和利用程度还不够，对网络的及时性、个性服务以及跨时间、空间等特性没有充分的开发和利用，尚未摆脱传统商业运作模式的束缚。且大都仅涉足于电子商务和网站建设，对电子商务也缺乏深入的理解和操作，普遍存在信息不通畅、缺乏资金支撑、相关的法律法规和专业的经营管理人才缺失、物流配送能力不足等一系列发展中的问题。这就给出版发行的从业者们，特别是网络书店的经营管理者们提出了更高的要求，在利用网络制定图书销售策略时，应充分挖掘互联网的特性，使其更好地服务于图书销售。

3.3.1 图书价格的市场秩序

2010年底，当当网和京东商城的价格战格外引人关注，并延续到了2011年3月，两家企业又开始了第二轮价格战。2010年11月，京东商城图书频道上线，与手机数码、电脑办公商品等并列于京东产品大分类。京东网图书频道开业不久就发起了与当当网的价格战。2010年12月，就在当当网刚刚赴美国上市后，京东商城CEO刘强东在其微博发文称京东新兴起的图书业务遭当当"封杀"，并率先降价促销。该网站宣布从12月14日开始，京东网的每本书价格都会比对手要便宜20%。京东网正式实施降价措施后宣布，京东还会在24小时内继续降价，"确保便宜20%以上，直至价格降到零"。当当网随后号称斥资上千万展开促销予以反击。随后当当网宣布斥资4000万进行3C、百货、图书等产品的大幅降价，数小时后京东则宣布开展8000万元的促销活动。双方的价格大战异常"惨烈"。当当网回应称，当当有价格指数调查，目前当当网的图书是全网最低价。当当网甚至表示，"我们对一切价格战的竞争者都会采取报复性的还击"。[①]

如此"惨烈"的厮杀是业界都不愿看到的。无序的恶性竞争对整个市场秩序会产生极为恶劣的影响。这也让业界理解了制定《图书公平交易规则》的初衷。这种竞争显然已经超出了价格底线。各供货方与出版社表示：网络书店在现有价格基础上再进行幅度不小的下调，可能不仅赚不到钱还会亏损。可见这是超出了正常秩序的不正常的低价赔本竞争。整个行业显然不赞同不计成本的恶性竞争。这种竞争会严重扰乱供应商的共赢体系，影响整个供应商渠道的价格政策执行，最终造成多方受损。两家网站的价格战引起了出版管理部门的关注，新闻出版总署的有关部门与京东商城和当当网都进行了沟通。这场价格战的第一轮以新闻出版总署的介入而终止，但是并没有彻底地解决图书价格的市场秩序问题，以致在2011年3月双方又开始了第二轮价格战。从行业的发展来看，维护市场秩序仍然是长期的课题。

3.3.2　基础设施建设问题

人们利用虚拟的网络平台开展具体的商业活动时，需要实体人力和物力的介入与配合，网络书店的发展亦是如此，离不开电子商务环境的配套支持。但是，从目前的状况来看，我国的电子商务，尤其表现在网络书店对电子商务和互联网的利用上，与西方发达国家相比还是存在很大差距的。具体体现在支付方式和物流配送问题上。[②]

（1）关于消费支付问题

目前，我国的网络支付手段主要是通过银行卡和支付平台共同完成，第三方

---

① 郝振省，魏玉山.2010—2011中国出版业发展报告[M].北京：中国书籍出版社，2011年第1版.
② 程新晓.我国网络书店的发展困境与对策[J].信阳农业高等专科学校学报，2010.6.

支付平台能够代理多个传统的银行业务，该平台是除买卖双方——消费者和网络书店——之外的第三方，同时为双方提供交易过程中资金流通的信用担保。当消费者有意购买某一商品并愿意支付货款时，第三方平台才将先前消费者已经存放在平台上的货款发送给网络书店。第三方支付平台的优势是联系多家银行业务，解决了传统银行卡孤立的各自为政的问题，但作为读者与书店信用的中介方，第三方支付平台本身也存在着诸多问题。例如，由第三方平台之间的激烈竞争引起的利润过低的问题，因网络迟缓造成的消费者划款后的资金沉淀问题，以及第三方支付平台运营商的信用度问题等。

（2）关于物流配送问题

网络书店中，如各种付费软件、电子出版物、信息咨询等的无形商品和服务，能够利用互联网进行直接的传输，商品的物流在线完成；而对于目前还处于重头戏的纸质书刊、音像等实体商品的物流配送依旧要经过物理方式的传输。这方面，我国的网络书店一般只提供普通邮寄、特快专递和送货上门等送货方式，普遍缺乏高效的图书配送体系。另外，有些网络书店因急于求成或是盲目地扩大规模，建立起自己的书库和配送人员，搭建属于自己的物流配送系统，不与其他经营者合作，这样配送渠道的利用率十分低，资源浪费十分严重，且不利于未来网络书店之间、与传统实体书店之间的兼并与合作，从而不利于产业的集中化发展，实现规模效益。所以，配送渠道问题是网络书店所要面临的大问题，也是急需调整进步的。并且，现行的网络书店经营成本也在不断提高，导致一本书从网络书店购买的价格与实体书店的价格持平，图书一下就没有了价格的优势。笔者建议网络书店可以跟物流公司保持长期的合作关系，降低经营成本，达到双赢效果。

3.3.3　电子商务法律法规的缺失

从20世纪90年代中期开始，西方发达国家就都在制定其电子商务的法律法规，用以填补电子商务中法律缺失的问题，例如，承认电子合同的法律效力、承认电子文件的法律证据力、电子签名的有效性、交易认证制度的制定与完善等这些措施，在商业交易的过程中有力地维护了电子商务的有序发展，也为电子商务的交易安全问题提供保障。但是目前，我国在没有制定电子商务的相关法律法规的情况下，电子商务活动就已经广泛地发展起来，而没有法律法规的支持，业内相关的诉讼已经初露端倪，如不尽快制定有关电子商务的法律法规，未来这些问题将会大大影响电子商务活动的开展，也就会影响到网络书店的未来发展之路。

3.3.4 专业人才的匮乏

图书是以文字或图像等手段，记录或描述知识，以达到一定目的的物质载体。而实体书店则是以出售图书来传播知识，同时获取盈利达到经营的目的。[1] 所以，图书出版行业的网络书店有别于传统的流通业，它属高科技产业，要求从事图书发行的从业者既要略懂图书出版发行的基本理论，又要精通于网络经济和网络营销的内容、方法和应用。同时，还要掌握信息加工和处理的基本理论，以及网络技术和现代通信的运用。即不仅要爱书懂书，而且要掌握互联网技术，既是专家又是杂家。因此，网络书店的经营管理者必须要求是图书编辑、营销人员、计算机技术人才、数据库维护人员的综合体，特别需要精通网络经营管理的电子商务专业。只有这样才能在理解图书文化的基础之上，深层次挖掘互联网的优势和特点，做大做强网络书店。但是我国在这一方面的人才却是十分匮乏的，加之在现有的网络书店经营管理队伍中，员工知识结构不合理、观念陈旧较普遍，给网络书店造成了诸多不便。[2]

---

[1]　吴平.图书学新论[M].太原：山西经济出版社，2001年版，第19页.
[2]　程新晓.我国网络书店的发展困境与对策[J].信阳农业高等专科学校学报，2010.6.

第四章 我国民营图书零售业的出路

民营书店的批量倒闭被很多人认为是民营图书零售业逐渐"消亡"的信号，虽然我们对于是否会真的"消亡"不敢妄下定论，但如果民营图书零售业不转型恐怕在未来的发展中将举步维艰，以下是对其转型方向提出的对策和建议。

4.1 民营图书零售业整体出路

4.1.1 寻求政策支持

从第一章民营图书零售业的发展历程中可以清晰地看到，民营书业的发展是我国政府改革开放以来政策变革的硕果之一，并伴随着国家各方面的政策支持不断壮大。所以，在民营图书零售业进入寒冬期时，也需要国家政策的再次扶持。扶持民营图书零售业的重新繁荣，政府可以做什么？民营书店发展困难是一个世界性的问题，韩国政府提供百亿韩元给出版业者融资，且韩国出版物的零售价格有最低价格的限定，为保护著作者利益，韩国明文规定书的售价固定，不能低于书价九折销售；法国政府每年从连锁书业企业上缴的税金中，提出资金来扶持和保护小书店的生存和发展；加拿大政府规定，每个加拿大书店在购买和装配电脑设备时，政府将为其支付总费用的一半，最高资助额为1万加元，这一计划由加拿大书商协会来具体负责实施；英国政府对出版物不征收增值税，图书"零税"政策已执行了100余年。目前，我国也有一些地方政府已经出台了关于扶持民营书店的相关具体政策。例如，2012年2月21日，杭州出台了《关于扶持民营书店健康发展的暂行办法》，文件规定："自2012年起，单独设立民营书店专项扶持资金，每年安排300万元，以资助、贴息、奖励等方式，扶持民营书店健康持续发展"；2月28日，上海市新闻出版局宣布，将每年投入1500万元资金，支持出版物发行网点建设，其中500万元用于定向支持各类实体书店，尤其是形成专业定位和品牌影响的民营实体书店。新闻出版总署署长柳斌杰在今年的全国两会上透露，预计在2012年年底前出台扶持民营书店发展的减税、减房租政策。今后还要将国有书店的建设纳入城市规划建设之中，所有城市的繁华街道和新建社区必须给书店预留位置。具体政策建议如下。

（1）减免税收

国家应该出台相应的政策，减免所有民营书店的税收，尤其是对大众社科类书店的保护。据有关数据分析，全国书店免税最多也就20亿元，对于整个国家或者行业的财政收入来说是十分微不足道的，但是对于每个民营书店来说却是救命的稻草。书店资金压力小，民营图书零售业搞活，不但可以繁荣文化产业的发展，还能够促进国民阅读的整体进步，以涵养书香社会。[1]书店搞活，文化产业受益众多，首先可以减轻实体书店的生存压力，增加销售网点，推动产业发展。能够将更多的精力放在提高整体品质和扩大经营规模上，还能够鼓励更多的商家投资开书店，为出版产业的发展注入更多新生力量；其次，有利于保证销售的利益，并且能够做大中盘。构建大中盘，要有足够的销售利润为基础，目前图书零售业的利润太薄。就新华书店跨省开店而言，离开了本省的教材发行支持和物业优势，也是很难单单靠销售图书就能盈利的，就更不用说民营书店了。减免书店的税收，让图书销售产生更大的利润，有利于推动图书大中盘的形成，从而促进产业规模化和集中化发展，使其由过度分散的竞争结构发展为集中程度较高的产业类型，从根本上合理、科学地调整产业结构。同时，书店繁荣发展，利润空间变大后，也能够在出版的下游环节反过来影响上游环节，即促进出版企业的繁荣。原因是，民营书店的回款一直是困扰出版商的大问题，书店因利润薄、压力大，导致回款慢，已经发货出去的图书要等较长的周期才能回款到位，并且出版公司的发行人员向书店催款十分困难，时间一长逐渐成为行业内的"潜规则"，周而复始地在资金不能及时到位的情况下，出版公司的创意和发展受到严重的制约。本来要靠出版公司的产品生存的书店，因资金不宽裕导致拖延回款，如果能够减免其税收，销售渠道的生存压力大大降低，保证下游给上游的回款，或许还可以给出版公司再放宽折扣率，也可以使出版公司的发展获得较为宽松的氛围，激发更多的创意灵感和热情，这是这个产业繁荣的基础。

（2）信贷优惠

在现代企业创建和发展过程中，仅仅依靠内部的资金积累很难满足企业发展的需求，必须通过外部融资，才能保证资金运作顺畅。资金的筹集，除了面向非金融机构，主要还是靠向银行借贷。我国的民营书店中，绝大多数为中小型企业，普遍存在贷款担保难的问题。因此，民营书店在融资问题上，需要政府发挥财政作用。比如，政府可以采取贷款贴息，即对民营书店的贷款利息进行财政补贴；还可以优惠面向民营书店的贷款政策，可以专门设立民营企业长期低息贷款专项

---

[1] 鲍红.民营书店——救与自救[J].出版广角，2011.12.

资金或建立专门的政府贷款机构，对符合要求的民营书店直接发放贷款。从根本上优惠民营书店的贷款，从而更好地帮助其解决融资难题。

（3）房租补贴

如今图书本身就是薄利润的行业，而房租已经高到民营书店不足以支付的地步，书商或缩减营业面积，或与其他商家合作，共同分担租金，或直接宣布关闭。所以，国家对民营书店进行房租补贴是必然的，也是必需的。这一方面有利于在相当大的程度上减轻民营书店的压力，另一方面还可以使民营书店在书店选址上有更多的选择，使得书店可以更好地融入更多的商圈，对形成综合的文化 mall 有重要的帮助。同时，国民接触书店机会多，对于提高国民的阅读率和阅读水平、涵养书香社会有重大的影响。[①]

4.1.2　加快产权改革，实现规模化发展

（1）建立现代企业制度

越来越多的民营图书零售商意识到，家族式的经营管理模式不利于企业的持续发展，需要建立现代企业制度，这样才能扩大企业规模、拓宽资金来源，实现规模效益。伴随着民营图书零售业的规模不断壮大，许多零售商也在逐渐完善其企业制度，积极探索科学管理的出路。其主要内容包括以下几个方面。

①建立公司治理结构：完成从个人所有制到公司制的转变，能够有效解决资金匮乏、融资困难和企业规范化管理的难题。

②确立公司组织架构：明确股东会、董事会和管理团队的不同职责，三者权责明晰。

③完善股份制结构：调动现有股东和职业经理人持股的股份制模式，这能充分调动职业经理人的工作积极性，发挥专业的经营管理优势。

④筹措发展资金：拓展多渠道引资模式，更加科学合理使用资金。

⑤建构动力机制：探索薪资、奖金、期权共同发挥作用的激励机制，吸纳优秀的专业人才加入团队。

⑥拓展市场空间：在建立现在企业制度的基础上，实现产权明晰、权责明确、政企分开、管理科学的经营管理模式，规范企业的运营方式和经营者的行为，给企业发展带来持续的推动力，从而提高市场竞争力和市场份额。

（2）加强交流与合作，实现规模化发展

伴随着国家政策环境的逐渐放宽和完善，一批优秀的民营企业经过长期的积

---

① 肖东发．把实体书店留住[J]．出版广角，2012.3．

累，已经形成一定的规模。中小型的书店虽有灵活、便民的优势，但很难做成规模，抵御市场风险的能力较差。越来越多的民营书店意识到，走联合经营之路，或与国有新华书店合作，或者是实现民营零售商之间的联合，或引进外资创办大型书店或者是连锁书店、特色专业书店等。只有强强联手，才能真正扩大经营规模，提升经营水平，塑造品牌形象，吸引消费者和出版社，从而占有更大的市场份额。[①]

①民营与国有联姻，民营渠道突破政策控制的发展瓶颈，可以获取渠道的优势资源，实现持续发展。例如，"王迈迈"英语与长江出版传媒集团合作成立湖北尚文出版传媒股份有限公司，实现了身份的合法化，同时实行董事会管理模式，有效地打破过去家族式企业的治理结构，而长江出版集团也能在销售上实现新的突破。[②]

②民营资本之间相互参股也是民营零售业的拓展之路。民营书店相互参股、控股，在采购、配送、销售、管理等各个环节逐步加强合作，节约经营成本，提高市场运作效率，最终达到规模经济效益，逐步提高竞争能力。

③民营资本还可以积极探寻与外资的合作。2003 年，北京二十一世纪锦绣图书连锁有限公司与贝塔斯曼书友会合作，提高了市场定位的精准度，以更加通达的物流系统向读者提供更加优质的产品与服务，实现了真正的资本整合与渠道整合。

随着民营发行体制改革和发展的步伐，国家正逐步放开对各民营发行渠道的限制条件，民营企业应抓住发展时机，充分利用政策优势，对优质的发行资源聚拢、整合，为我所用，创新民营图书零售业的发展模式，聚集各种资源加以充分利用，并通过多种途径转化成民营企业自身的资源优势。

4.2 实体书店的出路

4.2.1 细化市场需求，走小而专的特色之路

由 2011 年实体书店和网络书店的零售市场图书种类的细分可得，不同种类的图书的销售额在不同的渠道中所占的比例有明显的不同，同时表现出不同的渠道在拉动不同种类的图书销售时各自的优势。例如，教辅教材类图书在实体书店的销售结构中还是占有绝对的优势的，远远高于网络书店；相反，社科、文学等类型的图书则在网络书店的销售结构中表现比较突出。如表 4.1 所示。

---

① 陈真. 改革开放以来中国政府对民营书业的规制研究. 合肥：安徽大学，2011.4.

② 鲍红. http://blog.sina.com.cn/s/blog_5941d93d0100o1c1.html.

表 4.1 实体书店与网络书店零售市场图书类型细分构成比较 [①]

图书类型	实体书店	网络书店
教辅教材	23.30	2.31
社科	20.58	29.41
少儿	14.21	12.95
科技	10.24	13.92
文学	10.31	20.26
语言	8.34	5.95
生活	5.47	6.15
艺术	4.52	4.64
传记	1.78	3.94

再由细分图书零售市场 2010—2012 年的同期成长性比较中可以看出，近三年教辅教材、少儿、艺术、文学都保持着较快的增长速度，发展较为平稳，但其他种类的图书分别在不同的时期出现过负增长的现象，如表 4.2 所示。例如，传记类图书在 2011 年、2012 年连续增长率都在 25% 以上，增长势头十分快，但在 2010 年却有过近 10% 的负增长率；生活休闲类、语言类、科技类图书则连续三年呈现或零增长或负增长的状态，说明这一类型图书的市场增长乏力；另外，根据其他调研数据显示，成人绘本漫画的增长率在 14.08%，少儿卡通、卡片挂图等在 10% 以上，小说 9.72%，社科类图书中仅马列类为正增长。

表 4.2 细分类市场 2010—2012 年成长性 [②]

图书种类	同比增长率/%
传记	27.86
教辅教材	9.46
少儿	4.60
艺术	6.88
社科	-6.98
文学	4.20
语言	-3.65
科技	-9.27
生活休闲	-3.67
整体市场	0.75

---

① 数据资料来源：根据罗梅《2012 年 1—5 月中国图书零售市场简报数据分析》整理而来。

② 同上。

由上述两组数据可以看出，图书零售市场的受众需求越来越细化，不同类型的图书的零售情况也大相径庭，所以在选择经营图书种类时要注意市场销售变化情况，选择销售前景较好的图书类型，而不是顾全每一种图书。因此，放弃"大而不全"的经营思路，走"小而专"的发展道路是较为科学的选择。从目前看来，昂贵的租金、较低的利润空间、越来越少的客源不利于中等规模以上的书店发展，小而专的发展道路似乎更适合现状。"小"抵御了租金涨跌的风险，而"专"则保证了有效的客源，同时由于"专"往往体现在经营类似专业图书、教辅、工具类刚性需求的图书，从而确保其有较大的利润空间。选址准确、专精深做是这类书店能否成功的关键因素。所以，民营图书零售商应调整企业经营理念，适当地控制企业规模，根据自身特色理性地选择优质出版品种，从"大而全"转变为"小而专"的经营模式，淘汰劣质的、增强优质的出版物，使得销售业务更加深入，提高销量来获取更大的利润。例如，北京海淀区图书城的九章数学书屋，专营数学书籍，地理位置虽偏却每日顾客爆满，九章数学书屋依靠专业化细分的销售定位赢得了顾客与效益。

如何才能准确地把握市场定位，走好"小而专"发展之路呢？笔者提以下两点建议。

（1）发挥"注意力经济"，书店整体个性化经营

网络环境之下，海量信息的瞬时爆炸，改变了人们的社会生活和思维方式，注意力的稀缺尤为凸显。图书信息俯拾即是，图书消费者面对每年30多万种出版物，注意力严重不足，并出现了普遍的"选择困难"现象。如何抓住顾客的注意力，把注意力转化为书店的利润，是实体书店走好"小而专"成败的关键。"注意力经济"引入实体书店，包括两个方面的内容：一是合理分配顾客的注意力，即通过挖掘和激发顾客内在的需求，引发其购买图书的行为；二是有效吸引顾客的注意力，即从以顾客为中心转为以顾客的注意力为中心，实体书店形成顾客对书店特色资源的注意力。南京先锋书店不迷信畅销书，从创店开始就在专营学术类、人文社科类图书，目前先锋书店已发展成顾客购买学术书、专业书的理想场所。除图书区域外，咖啡馆、主题沙龙、画廊等也被整合进来，提升了书店的整体品位，同时从店内的设计到服务，都实现了差异化的经营。这个被称为"南大第二图书馆"的实体书店曾创造过一天销售10万码洋的成绩。因此，实体书店从书店选址、店面设计、进货种类、营销策略等多个方面突出其个性化经营是吸引顾客注意力最有效的手段，做出特色，将实体书店打造成契合读者阅读需求，并充满文化气息的交流平台，实现实体书店可持续发展。

（2）为顾客选书，提高单店辐射力

实体书店经营者应关注消费者的需求，开展有针对性的、系统的消费者信息

调查，分析消费者的差异化需求，针对这些需求来进货或营销，真正帮助消费者挑选到他们需要的图书，从而切实提高了销售服务质量，给提高利润效益提供可能性。同时，书店要完善书目管理信息系统，建立图书销售数据库，方便顾客选书检索，还可以建立优质顾客群的资料库，细化他们的需求，定期向其发布相关新书的信息，促进图书的销售。

4.2.2 由零售商转为服务商——4C 营销理论的运用

在第二章介绍营销理论中，由罗伯特·劳特伯恩教授提出的 4C 理论，即顾客（Customer）、成本（Cost）、便利（Convenience）和沟通（Communication）尤为适用于图书零售的营销。4C 理论提出营销应更关注顾客的需求与欲望，重点考虑顾客为得到某项商品或服务所愿意付出的代价，并强调促销过程应该是一个与顾客保持双向沟通的过程。4C 营销理论的思想基础是以消费者为中心，强调企业的营销活动应围绕消费者的所求、所欲、所能来进行。

以 4C 营销理论为基础提出的微笑曲线理论（见图 4.1），提出产业链条中产业的附加值两端最高，利润空间最大，两端分别为产品的设计研发以及产品的品牌、服务，对于当前处于困境的民营图书零售业来说，需要有向服务商转变的意识。服务商的意识是指不是简单的产品销售，而是通过向顾客提供不同形式的服务来达到使得销售过程价值增值，从而获得较高的收益。

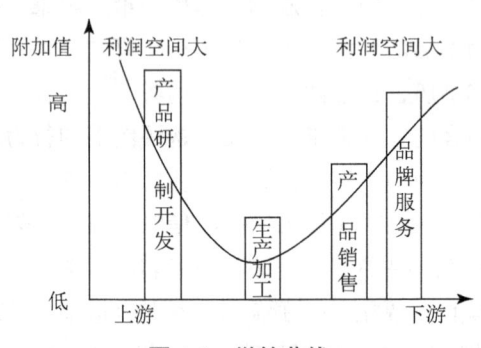

图 4.1 微笑曲线

一方面民营书店可以选择较为稳定服务区域和服务对象，除了通过为顾客提供书刊定向采购、送货上门，并且根据顾客需求定期向目标客户提供新书目录供客户选择等常规销售服务外，还可以增加图书礼品包装、代顾客邮发图书、代购文化相关产品等与文化相关的扩展服务，这样一来，既可以收取部分服务费用，也可以通过增值服务原价销售图书，扩大图书的销售利润。

另一方面，购物学的研究表明，消费者在商店里逗留时间越久其消费行为发生的可能性就会越大，而消费者在商店里花费的时间长短往往取决于购物经历是否舒适惬意，这一点在大型超市和商场得到了明确的验证。台湾李欣频在《诚品副作用》一书中写道："诚品（书店）之于我，与其说是一间书店，不如说是一种态度，一种事件，一种耽溺，一种自恋，一种性格，一种过瘾，一种感染，一种必要。"[①] 书店之所以具有文化的属性，主要源于其销售对象自身的文化属性，同时书店内文化氛围还表现在其陈设、环境、服务等方面。书店可以在店内设置咖啡室、茶室、提供无线上网、复印打字等相关服务，这样一来既有利于打造浓厚的文化氛围，也有利于形成自己独特的品牌，正如光合作用书店的咖啡厅、万圣书园的醒客咖啡、三味书屋的茶室等都已经成为读者耳熟能详的品牌，这时不仅能吸引大量客流而且通过经营咖啡厅、茶室所得利润可以反哺图书主业。当然也有其他一些方式，例如纸老虎休闲广场，把餐饮业与图书"混搭"经营，既用书店吸引了用餐的客流，又用用餐的客流吸引了不少读者，二者相结合使得纸老虎书店做得有声有色。[②]

同时，书店可以充分提高空间利用价值，为读者能够利用书店完成文化方面的娱乐休闲，提供一个静谧的环境。把书店空间打造成文艺休闲中心，为顾客提供出版产业链上的价值，为书店开辟一些创新服务。

4.2.3 文化与商业结合，打造多元文化产业

实体书店试图得到突破性的发展，必须要打破传统的经营理念与模式，走复合式经营之路。由自身的品牌奠定基础，再带动书店、商场等的复合式经营，文化与商业相结合，打造多元文化产业。成功的案例有许多，诸如台湾诚品书店，它不仅仅是一个卖书的店铺，更是一个包罗书店：一家图书、家具、画廊、花店、瓷器、珠宝、餐厅等的复合经营者。诚品书店创办22年，在台湾建立53家分店，另外还有9家儿童馆、文具馆、音乐馆，并正式挺进大陆市场。思路决定出路，诚品的成功正说明了这一点。在众多的实体书店倒闭的同时，西西弗可谓进行了高调的扩张。许多民营书店因房租高而难以支撑，而西西弗按其图书销售额的比例向开发商支付房租，大大减轻其资金压力。虽然书店的利润很低，对于开发商而言赚不到钱，但西西弗的品牌和口碑相当好，且商圈需要影院、书店等文化气息较为浓厚的业态来丰富其商业内涵，这是文化与商业结合的典

---

① 李欣频.诚品副作用[M].北京：电子工业出版社，2008.
② 李芳，李璇.书吧——传统实体书店转型新模式[J].新闻世界，2012.4.

型案例。[1]

(1) 发展文化创意产业

文化创意产业是世界经济进入知识经济时代这一背景下发展起来的一门推动创新、推崇个人创造力、强调文化艺术对经济的支持与推动的新兴产业。斯坦福大学著名经济学家保罗·罗默（Paul Romer）就曾撰文指出，新创意会衍生出无穷的新产品、新市场和财富创造的新机会，所以新创意才是推动一国经济成长的原动力。出版行业内有人提出未来的民营书店可以是一个经营艺术品的地方，图书只是其一个文化符号，要做好不挣钱的准备。这一观点暗含两层意思，一是如果因循守旧按老办法销售图书可能面临生存困境，二是图书作为文化符号的代表，书店可以通过引入文化创意的概念改变经营思路，而非单纯经营图书。在全国民营书店一片萧条时，2011年11月25日方所"逆风"开业，方所位于广州太古汇商场M U 35号，总空间近2000平方米，它是一个特殊的文化组合空间，包括书店、服饰设计、美学生活、咖啡等，方所的经营创意是"一开始就把美学放在重要的方面，所以艺术和设计作为书店最核心的东西。从美学出发，再着眼文学和人文"。据《人民日报》报道，在开业的前两天方所营业额已经达到30万元，当然不全是图书销售的业绩，但把图书作为重要元素融入文化创意和文化经营中，这种经营模式无疑为民营书店的发展提供了一种新的尝试。当然是否可以尝试主题书店运营，例如专门经营漫画类图书，同时引入动漫影视相关纪念品、原版书、影碟等衍生产品，同时增加儿童动漫乐园以及原创动漫作品寄卖等服务，这未尝不是一种经营文化的创意之举。

(2) 文化购物中心和大型书城

"文化Mall"是近两年图书市场的新名词。Mall一词特指规模巨大、连成一体、包罗众多专卖店和商铺，文化Mall可以解释为文化购物中心，是文化与商业结合的典型代表，即书店与大的开发商合作，通过丰富商圈业态，一方面使书店获得优惠的房租，另一方面提高消费者聚集度，从而提高书店的营业额。2010年，建设文化购物中心构成了各地新华书店集团发展的新理念，意在打造"书业＋多元化业态＋营销活动"的文化商圈，进行跨行业和异业结盟的经营模式创新和探索。各地的大型书城建设也继续在紧锣密鼓地进行。2010年一年内，浙江新华相继开办了上海博库书城曹家渡店、常州博库书城、开封三毛书城、沈阳诚大博库书城、沈阳国奥书城五家大书城，卖场面积近3万平方米。凤凰新华也分别在1月开始建设12.9万平方米的南通文化综合体，于11月建成了凤凰徐州书城，经营面积1.2

---

[1] 季苏园. 浅谈国内图书零售业的经营之术 [J]. 中国出版，2002.8.

万平方米，图书销售面积为 6000 平方米左右，另一半的卖场面积属于其他业态，与图书主业的经营面积比为 1∶1。[①]

4.2.4 拓展经营渠道，开展线上特色业务

实体书店为什么不能像网络书店一样开展线上业务呢？目前已有一些实体书店开展网上销售且收效明显。既然线上购书已经成为一种潮流，书店积极利用互联网开展线上经营也是大势所趋。具体来说：

（1）书店可以利用自身经营的优势在线经营一些富有特色的线上书店，例如专门的医药类书店、音乐类书店、设计类书店、外版书书店等。通过对某一领域深入整合优势货源，提供较为齐全的图书产品，不断提高服务质量，有利于在茫茫网购中脱颖而出获得稳定而庞大的客源，为书店获得新的利润增长点。因此，关注一切新兴的经营渠道，结合自身经营特点，不断开拓经营渠道，有利于获得范围经济。

（2）实体书店可以为读者提供阅读体验，但是针对只看不买或在看好之后在网络书店购买的读者，完全可以开通与实体书店相应的网络书店，既吸引了这一部分消费者，又拓宽了销售渠道。

（3）网络书店还能够与读者互动，帮助实体书店了解读者需求，来挖掘潜在的长尾市场份额，吸引不同需求的读者。同时，网络书店通过推荐销售相关性图书，书友的交流互动等可以促进图书购买，减少实体书店的库存。

（4）实体书店的体验式阅读加上网络书店的价格优惠、送货服务，将会吸引更广泛的顾客，并且联合经营还会降低经营成本。实体书店应当立足自身多品种图书，完善其服务，建立特色品牌，而后创建延续其特色的网络书店。一些小型的实体书店可能资源有限，但可以多家书店联合起来共同创建一个网络书店，达到资源共享的目的。[②]

英国著名图书批发商加德内尔联合 350 家独立书店，共同启动了一家名为 Hive 的网络书店，直接针对读者需求销售独立书店的图书。根据其合作协议，若消费者在该网上购书并选择送货上门的配送方式，离送货地址最近的实体书店要提供送货服务，并可以获得购书金额的 5% 作为返点。同时，该网站鼓励消费者到实体书店并下单，这样实体书店可以享受 10% ～ 25% 的返点。目前该网站提供免运费服务，为每家实体书店提供一个单独的主页。实体书店可以登录并上传营

---

① 郝振省，魏玉山.2010—2011 中国出版业发展报告 [M]. 北京：中国书籍出版社，2011 年第 1 版．
② 吴建中. 传统实体书店突出重围的营销策略初探 [J]. 市场营销，2011.9.

业时间、地点、促销活动等信息。如此成功的案例可以让中国的实体书店来借鉴，同一城市或地区的实体书店可以联合起来，共同开发搭建大的网络平台，让实体书店通过网络形成合力，打响书店品牌，提高服务水平，实现效益共赢。[①]

4.3 网络书店的出路

4.3.1 走特色化发展道路

近年来随着网络书店数量的增多，其内部竞争自然也加剧，因此，网络书店也需要特色化。网络书店能够特色化方式包括细分市场，为特定的人群提供某一类图书。另外，可以从图书的种类、网页的设计、版块的设置、服务的质量等方面，做到与目标消费者的需求一致，也需要与网络书店传达的理念一致。让消费者从视觉到内容再到服务来肯定书店，并与其他店区分开来。另外，网络书店还可以利用自身特有资源增加与读者文化交流与互动，如建立读书论坛、引入读书沙龙等，为志同道合的读者提供一个文化交流的平台，使其获得归属感。现在许多网络书店还增加了个性化的服务，比如台湾的新丝路网络书店，为读者提供 POD 随选即印服务，爱好写作的读者可以借助先进的技术出版个人专著，使读者个人出版的梦想成真；同在台湾的金石堂网络书店为读者提供的服务是，读者可在金石堂任意挑选 30 本书作为个人书店中的藏书，让读者在网络书店里面轻松拥有体现个人独特品位的小书店。[②]

4.3.2 完善基础设施建设

针对目前网络书店中遇到的消费支付问题，网络发行部门应呼吁中国银监会组织相关银行人员，建立类似支付平台的集成式，开展网络银行信用担保服务；在物流方面，网络书店可以考虑做自己的物流，完善物流通道，增加可服务区域，除了能够保证在本地及大城市的送货上门以外，也可以在异地开展连锁经营服务，特别是物流公司尚未能到达的小城市和乡村地区，由连锁店负责采取就近配送的方式，尽量扩大送货上门的范围，同时加快图书投递的速度。在构建自身的物流配送网络之后，还要充分利用第三方物流，逐步完善网络书店的物流配送体系。

---

① 郝振省，魏玉山. 2010—2011 中国出版业发展报告 [M]. 北京：中国书籍出版社，2011 年第 1 版.
② 何国军. 我国网络书店的发展类型及路径 [J]. 新闻爱好者，2012.5.

4.3.3　健全相关法律法规

借鉴国外先进的立法经验和相关的法律法规，适时制定适合我国的电子商务类法律法规，为网络书店的发展提供法律保护，并在实践过程中不断完善。同时，还应当加强对网上购物的监管工作，对电子商务交易过程中出现的问题应当给予及时解决，保证网络书店的正常运营秩序。

4.3.4　加强专业人才培养

国家应当通过创办专门学校或增设专业等途径，为培养现代图书发行管理人才提供保障，培养懂技术、图书、管理的全方位人才。同时，应当搞好继续教育，在传统的出版教育中，开设网络书店经营管理的相关课程，拓宽出版发行行业的研究领域，为网络书店的经营管理培养更多的专业对口人才。

第五章 结语

全面、客观、公正地总结和评价民营图书零售业，不仅是对过去发展的经验教训的总结和积淀，更能对未来的发展指明进步的方向，也是为了探讨创新图书发行产业模式带来先行的尝试。当前民营图书零售业的发展，既有前所未有的发展机遇，也面临着史无前例的严峻挑战。运用狄更斯的一句名言：这是一个最好的时期，也是一个最坏的时期，这正是我国民营图书零售业现阶段发展的真实写照。

民营图书零售业的兴起与发展是改革开放政策下的产物，随着文化产业地位的逐步上升，国家也越来越重视民营图书零售业的发展状况。虽然当前我国民营图书零售业处于较为艰难的发展阶段，但从长远来看其发展前景不可估量。民营图书零售业走出困境的关键还是在于抓住发展的时机，充分发挥机制灵活的优势，坚持创新和变革，转变传统发展理念，转换经营管理思路，不断扩大经营规模，提高产业集中度，实现规模经济，充分利用各种资源做大做强；加强企业化管理，提高经营管理水平，加强行业自律，推动图书出版产业的规模化发展；同时，针对民营图书零售行业内部不同业态企业不同的优势制定相应的生存策略，并加强相互之间的融合与借鉴，拓宽发行渠道并使其更加特色化、多元化；另外，国家应当以更为开放的眼光看待民营图书零售业的发展，给予其政治、经济、文化等方面的政策支持以及应有的社会地位，提供更加宽松的良性竞争的市场环境，从而进一步引导民营图书零售业合法化的经营，繁荣我国的文化事业。相信在不久的将来，通过"救"与"自救"，民营图书零售业将会迎来更为广阔的发展空间。

参考文献

[1] 王勇. 我国图书出版产业的市场竞争与创新战略[M]. 北京：经济科学出版社, 2011.

[2] 余敏. 2004中国民营书业发展研究报告[M]. 北京：中国书籍出版社, 2005.

[3] 郝振省. 2005中国民营书业发展研究报告[M]. 北京：中国书籍出版社, 2006.

[4] 郝振省. 2007中国民营书业发展研究报告[M]. 北京：中国书籍出版社, 2008.

[5] 郝振省. 2009中国民营书业发展研究报告[M]. 北京：中国书籍出版社, 2010.

[6] 郝振省, 魏玉山. 2010—2011中国出版业发展报告[M]. 北京：中国书籍出版社, 2011.

[7] 王益, 刘杲, 陈昕等. 中国书业思考[M]. 沈阳：辽宁人民出版社, 2002.

[8] 王燕海, 邓媛媛, 曹晓宽. 出版发行产业链研究[M]北京：中国经济出版社, 2009.

[9] 张养志, 吴亮. 首都文化创意产业发展中的版权贸易研究[M]. 上海:华东师范大学出版社, 2009. 8.

[10] 吴平. 图书学新论[M]. 太原：山西经济出版社, 2001.

[11] 肖东发. 中国编辑出版史(上)[M]. 沈阳：辽海出版社, 2003.

[12] 高信成. 中国图书发行史[M]. 上海：复旦大学出版社, 2005.

[13] [美]迈克尔·利维, 巴顿A. 韦茨. 零售学精要[M]. 北京：机械工业出版社, 2000.

[14] [美]罗宾·刘易斯, 迈克尔·达特. 零售业的新规则[M]. 北京：中信出版社, 2012.

[15] [美] 昂德希尔. 顾客为什么买东西[M]. 北京：中信出版社, 2004.

[16] 高鸿业. 西方经济学（微观部分）[M]. 北京：中国人民大学出版社, 2007.

[17] 高鸿业. 西方经济学（宏观部分）[M]. 北京：中国人民大学出版社, 2007.

[18] 李悦, 李平, 孔令丞. 产业经济学[M]. 大连：东北财经大学出版社, 2008.

[19] 罗紫初. 图书发行教程[M]. 沈阳：辽宁教育出版社, 1995.

[20] 刘拥军. 现代图书营销学[M]. 苏州：苏州大学出版社, 2003.

[21] 方卿, 姚永春. 图书营销学教程[M]. 长沙：湖南大学出版社, 2008.

[22] 方卿, 姚永春. 图书营销学[M]. 太原：山西经济出版社, 1998.

[23] 刘吉波. 出版物市场营销[M]. 北京：中国书籍出版社, 2010.
[24] 赵晓东. 出版营销学[M]. 北京：中国人民大学出版社, 2010.
[25] [美]大卫·科尔. 图书营销全攻略[M]. 北京：中国人民大学出版社, 2010.
[26] 李琛, 吴秋琴. 图书市场营销[M]. 北京：清华大学出版社, 2004.
[27] 刘向晖. 网络营销导论[M]. 北京：清华大学出版社, 2009.
[28] 文硕, 张志刚. 网络运"盈"[M]. 北京：中华工商联合出版社, 2000.
[29] 郝振省. 出版六十年——书店的故事[M]. 北京：中国书籍出版社, 2009.
[30] 薛原, 西海固. 独立书店, 你好![M]. 北京：金城出版社, 2011.
[31] 曾孜荣. 卖书记[M]. 北京：金城出版社, 2012.
[32] 田园, 西海固. 书店之美[M]. 北京：新星出版社, 2010.
[33] 钱晓华. 先锋书店——大地上的异乡者[M]. 桂林：广西师范大学出版社, 2005.
[34] 李欣频. 诚品副作用[M]. 北京：电子工业出版社, 2008.
[35] 杨华. 在书店[M]. 济南：山东美术出版社, 2011.
[36] 钟芳玲. 书店风景[M]. 北京：中央编译出版社, 2012.
[37] 徐冲. 做书店:转型期中国书业的终端记录（增订版）[M]. 桂林：广西师范大学出版社, 2007.
[38] 陈颖. 网络书店经营的理论与实务[M]. 长沙：湖南大学出版社, 2007.

（本文作者：杜琳琳）

我国少儿图书市场消费需求影响因素分析

摘　　要

2012年，十八大首次将"开展全民阅读活动"纳入我国社会主义文化强国建设。阅读已经开始受到全国上下各阶层人民的关注，尤其是少年儿童是国家的希望，社会的未来，中国还拥有着数量庞大的少年儿童，因此少儿图书尤其受到重视。

在这样的背景下，本文选取了"我国少儿图书市场消费需求影响因素"为题目，目的是通过阐述我国少儿图书的现状，实证分析影响我国少儿图书市场的消费需求影响因素，为少儿图书市场的健康发展提出自己的意见。

本文第一部分首先对选题意义及背景、研究方法以及研究内容进行了介绍；第二部分对相关理论进行了整理，包括微观经济学中影响消费需求的因素以及文献综述；第三部分是对少儿图书市场消费状况的分析，包括少儿图书的销量、价格、供给、消费者以及宏观环境的分析；第四部分是对影响少儿图书市场消费需求影响因素的分析，包括对少儿图书价格、消费者收入、替代品和消费者对于价格的预期以及包括人口和教育两大政策的政策因素的分析；第五部分选取图书销量、少儿图书价格和消费者收入作为变量，建立模型进行了实证分析；第六部分分析了模型，给出了结论，并提出了建议与本文的不足。

通过以上的分析，本文得出的结论为价格不是影响少儿图书市场消费需求的主要因素，家长及少年儿童在选取图书时最看重的是图书的内容；随着收入的增加，少儿图书的销量也不一定是增加的，这主要和少年儿童的阅读兴趣有关系；在政策方面，人口政策并不一定影响少儿图书市场的消费需求，教育政策则一定会影响，所以要想少儿图书市场取得长远健康的发展，还是需要国家、出版商以及家长注重教育政策、注意图书内容以及提高我国少年儿童对于读书的兴趣。

关键词：少儿图书；影响因素；消费需求

Abstract

In 2012, the eighteenth People's Congress for the first time to carry out the reading activities into the power of socialist culture construction in our country. Reading has been attracting the attention of the whole country of all levels' people, especially the children is the hope of country and society in the future, China also has a large number of young children, so children's books are particularly valued.

In this context, this article selects the influencing factors of children's book market consumer demand in China for the subject, the purpose is through the present situation of our children's books, the empirical analysis influence consumer demand factors affecting children's book market in our country, for the healthy development of children's book market put forward their own opinions.

The first part of this article, first of all, the selected topic significance and the background, research methods and research content are introduced; The second part on the related theory, including the factors that affect consumer demand in microeconomics and literature review; The third part is the analysis of children's book market consumption, including the children's book sales, price, supply, consumers and the analysis of the macro environment; The fourth part is about the analysis of the affecting factors affect children's book market consumption demand, including price, consumer income, substitutes for children's books and consumers for price expectations, and include population and education policies of factors analysis; The fifth part selected book sales price and consumer income, children's books as a variable, make an empirical analysis of the model. The sixth is divided into advice and the shortage of this article.

Through the above analysis, we concluded that affect children's book market price is not a major factor in consumer demand, parents and children select books for children in the most important is the content of the book; as incomes increase, sales of children's books also not necessarily increase, mainly children's interest in reading and have a relationship; policy aspects of population policy and the impact of consumer demand certain market children's books, educational policy is certainly affected. So in order to achieve long-term children's book market is still healthy development needs of the country, focusing on education policy publishers and parents, pay attention to the book content and improve our children's interest in reading.

Key words: Children; Affecting factors; Consumer demand

目　录

CONTENTS

第一章　绪言 533
 1.1　选题背景及选题意义 533
 1.2　研究方法 534
 1.3　研究内容 535

第二章　相关理论 536
 2.1　微观经济学中影响消费需求的因素 536
 2.2　基本概念 537
 2.3　文献综述 538

第三章　少儿图书市场消费状况分析 541
 3.1　少儿图书销量分析 541
 3.2　少儿图书价格 542
 3.3　少儿图书供给 545
 3.4　少儿图书消费者 546
 3.5　图书消费的宏观环境 549

第四章　影响少儿图书市场消费需求的影响因素探讨 551
 4.1　图书价格 551
 4.2　消费者收入 554
 4.3　替代品和消费者对于价格的预期 556
 4.4　政策因素 556

第五章　建立模型 559
 5.1　函数表达式 559
 5.2　消费函数变量选择 559
 5.3　协整分析和检验 559

  5.4 数据来源和数据处理过程 560

第六章 模型解释、建议与本文的不足 565
  6.1 模型解释 565
  6.2 分析结论 566
  6.3 建议 566
  6.4 本文的不足之处 567

参考文献 569

第一章 绪言

1.1 选题背景及选题意义

1.1.1 选题背景

要爱读书、善读书、读好书，这是习近平总书记对领导班子提出的要求。其实对于少年儿童来说更是该如此要求。要做到爱读书、善读书、读好书是因为少年儿童是否爱读书不仅关系着我国少年儿童的学习能力、思想状况和道德状况，更加关系着我国的未来，关系着中华民族未来整体的素质。作为出版行业近些年的"领头羊"，少儿图书出版业发展得好坏还关系到整个出版行业的发展前景。

综上我们可以看到，少儿图书不仅仅关系到少儿本身，它还关系到整个产业的未来，关系到国家的未来。因此，少儿出版历来受到各个国家、地区以及组织的重视。

联合国教科文组织在 1994 年提出了"养成并强化儿童早期的阅读习惯"。世界上的很多国家，例如美国、英国、日本等国家早在 20 世纪末便启动了一系列旨在提高儿童阅读能力的举措。比如英国的"阅读起跑线"计划。而在中国，也有越来越多的家长、老师以及相关研究领域的专家学者对少儿图书发展的重要性有了越来越深的认知。少儿图书也越来越受到党和国家领导人的高度重视。在他们的关注和支持下，经过新中国成立以来，尤其是改革开放以来的发展，我国的少儿图书出版事业取得了巨大的进步。这是本文研究的背景。

生产决定消费的水平和质量，消费又促进了生产的升级和发展，而西方经济学又为我们提供了影响需求的几大因素。这又为本文提供了现实依据与理论依据，基于此本文将实证研究我国少儿图书市场的消费，并为少儿图书市场提供建议。

1.1.2 选题意义

（1）我国拥有庞大的少儿数量

按照有关规定，我国于 2010 年开展了全国第六次人口普查，并于 2011 年公布数据。数据显示，截至 2010 年 11 月 1 日 0 时，在我国有 299,668,269 的人口为

0～18岁的少年儿童，而我国总人口数为1,332,810,869人。这意味着少年儿童占我国总人口的22.48%。在这些儿童中，有209,403,522人处于6～18岁并已经接受过小学或者小学以上的教育，这又占据着占0～18岁的少年儿童总数的69%。但是除了这些已经接受教育的少年儿童外，还有很多没有接受教育但是具有阅读能力的少年儿童，因为这些孩子已经上过了幼儿园或者接受了初步的家庭教育。这些数量庞大的孩子构成了我国少儿图书庞大的消费群体。与此同时，作为少儿教育中重要的一个组成部分，大部分家长也越来越意识到图书对于孩子的重要性。

（2）少儿图书受到了国家政府的重视

通过观察我们不难发现，近些年我国少儿图书已经成为整个出版业当中发展最为抢眼的新星。最有活力、最有成长性、最具稳定性，这些都是少儿图书强势发展的原因，少儿出版领跑着整个出版业。原新闻出版总署也提到要由少儿图书出版大国向出版强国转变的目标。但想要很好地实现这一个目标并不容易，它需要国家、政府和几代广大少儿图书出版人的共同努力。

第十七届六中全会的文件指出，建设社会主义文化强国，就是要着力推动社会主义先进文化更加深入人心。十八大也提出扎实推进社会主义文化强国建设的战略决策。文化是民族的血脉精髓，也是人民的精神家园。而少儿图书不仅仅是会议中所指出的应受到重视的文化建设重要组成部分，它还是影响着下一代的教育，关系着祖国未来，少年强则中国强，少年荣光则中国荣光，因此必须保证少儿图书出版质量来保证少年儿童的阅读质量。

综上所述，基于我国有着庞大的人口数量，所以少儿阅读是一项不可忽视的重要事情，再加上我国少儿图书是我国图书出版业的重中之重，所以如何引领少儿图书及少儿阅读健康发展是一项浩大的工程。本文将运用微观经济学中消费需求的影响因素来探讨我国少儿图书的消费需求影响因素，希望通过这样的角度来回答少儿图书市场到底需要怎样做才能发展得更好的问题。

1.2　研究方法

本文首先采用图表分析了少儿图书消费市场的现状及可能影响消费需求的消费者收入、图书价格等，并从理论上分析了替代品、对价格的预期以及政策等对少儿图书消费需求造成的影响。然后从这些因素中选取有意义的、可量化的因素进行量化、建模实证分析。

1.3 研究内容

本文共分为六部分。第一部分首先对选题意义及背景、研究方法以及研究内容进行了介绍；第二部分介绍了微观经济学关于需求的相关理论及文献综述；第三部分分别从少儿图书销量、少儿图书价格、少儿图书供给、少儿图书消费者、少儿图书消费宏观环境介绍了少儿图书市场的消费状况；第四部分分别介绍了价格、消费者收入、政策等对少儿图书消费市场的影响；第五部分选取了价格和消费者收入影响因素构建了模型；第六部分分析了模型，给出了结论，并对完善我国少儿图书市场提出了建议，然后从三个方面分析了本文的不足。

第二章 相关理论

2.1 微观经济学中影响消费需求的因素

一种商品的需求是指在一定时期内在各种可能的价格水平愿意而且能够购买的该商品的数量。根据以上的定义，如果消费者并没有足够的购买某一种商品的能力，而仅是想购买这件商品，对这件商品有购买的欲望，这种情况就不能被算作需求。所谓需求，就必须指消费者不仅要有购买这件商品的欲望，还要有足够的能力去购买，这才被叫作有效的需求。

当然，一般情况下，消费者对于某种商品的需求数量并不是由一种因素决定的，还要包括许多其他的因素，比如该商品的价格、消费者的收入水平、相关商品的价格、消费者的偏好和消费者对该商品的价格预期等。然后需求的影响因素将由这些因素共同决定。

2.1.1 商品的自身价格

一般来说，商品的自身价格与商品的需求量是成反比关系的，这代表着，在其他条件相同不变的情况下，同一种商品的价格越高，其需求量就会越小；价格越低，其需求量就越大。

2.1.2 消费者的收入

商品分为两种：正常品和劣等品。在其他条件不变的情况下，消费者收入的变化对于这两种商品的需求的变化是不同的。当商品为正常品时，随着消费者收入提高，会导致商品需求量增加；当商品为劣等品时，随着消费者收入的提高反而会导致商品的需求量减少。

2.1.3 消费者的偏好

在其他条件不变的前提下，消费者的偏好对于某种商品的影响是正面的。这是很容易理解的一个因素。当消费者喜欢某种商品，并且这种偏好在增加时，那么他一定会更加愿意去购买这种商品。反过来说，当消费者不喜欢某种商品，并且这种不喜欢与日俱增，也就是对这种商品的偏好减弱时，他对这种商品的需求自然就会减少。而对于某种商品的喜欢及偏好程度则一般取决于人们所在地的社会风俗习惯以及社会环境等。

2.1.4 相关商品的价格

当其他条件不变时，相关商品的价格对于某种商品的影响分成两种。一种叫作替代品，另外一种叫作互补品。替代品，顾名思义，就是指某种商品可以替代被考察商品，那么它们互为替代品。如苹果之于梨，如果苹果的价格上升，而梨的价格没有变化，消费者可能更愿意去购买梨，梨的销量就会上升；反之如果苹果的价格下降，而梨的价格没有变化，那么消费者就会更加愿意去购买梨。此时，梨和苹果在消费者心中是可以互相被替换的。互补品也很好理解。从字面上的意思来看，所谓的互补品就是说某种商品和被考察商品是互补的。一般情况下，它们必须相互结合才可以使用。比如汽油和汽车就是一对互补品，如果汽车的价格提高，那么买汽车的需求少了，一定会导致汽油需求量的减少。由于它们必须结合才能满足消费者的某种消费欲望，所以当某种商品的价格上升导致需求减少时，它的互补品的需求也是减少的，反之亦然。

2.1.5 消费者对商品价格的预期

消费者对于商品价格的预期与商品的需求量是成同方向变动的。当消费者对于未来某种商品的价格判断为上涨时，就会在现在提前购买这类商品。导致这种商品的需求量增加，而相反的是，如果消费者对于未来某种商品的价格判断为下跌时，那么他就会将现在的需求留到未来，导致现在这种商品的需求量减少。

除了以上提到的各种因素，还有很多其他因素如人口的结构及变化，人口数量的多少、人口的年龄以及政府的政策等很多因素都会影响到商品的需求。

2.2 基本概念

对于少儿划分标准，不同的地区、组织有着不同的定义。按照联合国《儿童权利公约》的规定，儿童是指18周岁以下的任何人。而在中国，少儿一般是指7～17岁的人群。而在中国的年龄分段一般指 7～17 岁为少儿。但是根据中国新闻出版统计网的规定：少年儿童读物是指供初中以及初中以下少年儿童阅读的书籍（不包括九年义务制教育的课本及其补充读物），符合要求的书籍根据中图法 I28 系列和 Z228.1 归入少儿读物。本文参考的数据基本来自中国新闻出版统计，为保持口径一致，除特殊说明外，本文所指少儿为包括初中生在内的少年儿童，所指少儿图书及少年儿童读物是指供初中及初中以下少年儿童阅读的书籍（不包括九年义务制教育的课本及其补充读物）。

2.3 文献综述

目前国内研究少儿图书的文献主要分为以下五大类：第一大类是少儿图书出版现状研究，第二大类是少儿图书影响因素分析，第三大类是少儿图书出版产业研究，第四大类是少儿图书生产研究，第五大类是少儿图书定价研究。

第一大类的文章主要研究少儿图书出版现状，而这一类的文章又可以分为三小类。第一小类的文章是研究海外少儿图书出版现状，并介绍成功经验，如李春成的《英国少儿图书的出版营销策略》就是介绍了英国少儿图书市场的特点、转变与发展，又从出版、销售与促销等方面介绍了经验；蔡宝妹的《中法少儿图书出版比较》则是在提出我国少儿图书存在的缺点的同时，介绍了法国在面对同样的问题时是怎样解决问题的；范听悦的《俄罗斯少儿图书出版现状与分析》则是在介绍了俄罗斯少儿图书出版存在的问题后提出了解决方案；类似的文章还有谭旭东的《香港少儿图书出版状况》等。

第二小类的文章是研究国内的少儿图书出版市场。这类文章主要是在分析了市场表现和竞争情况的基础上，预测少儿图书市场未来的发展。徐凤梅的《少儿出版的竞争走向与优势》就是在对少儿图书交易会进行思考的基础上，提出了一系列措施来帮助少儿图书出版找到竞争优势；陈苗苗的《对少儿图书营销的思考》通过举例的方式说明了相较于成人图书，少儿图书的营销更加需要技巧，并对少儿图书的营销提出了建议；孙建江的《从市场终端数据看少儿图书出版》是在分析了少儿图书在图书市场的码洋占有率的基础上，分析了少儿图书的细分市场及竞争态势，最后提出了建议。

第三小类的文章主要通过研究少儿图书出版的现状，提出少儿图书市场存在的问题。比如，张桂枝的《城乡少儿读物市场反差探析》是从我国少儿图书的城乡反差的表现、反差的原因做出了分析，最后提出了解决途径；谭旭东的《少儿出版要为儿童塑造良好的阅读文化》就是在抨击少儿图书出版市场不好的现象，如娱乐化等；祝柯杨的《把握脉搏——关于青少年图书选题创新的思考》主要是在分析少儿图书市场在向着好的方向发展的同时也面临着一些问题，而在分析了这些问题后，作者提出创新才是解决问题的关键；李凌芳的《中国少儿图书出版发展研究》是在分析了少儿图书出版的发展历史后，又对出版的规模、结构、版权贸易、竞争等进行了研究，总结了问题并提出建议；朱艳的《关于少儿图书市场开发之研究》是在分析提出了少儿图书不同的划分方法的基础上分析了少儿图书的发展历史及现状，从而发现问题并提出建议；李婷的《少儿阅读视角下文学类少儿图书的出版对策研究》首先从宏观微观的角度对我国少年儿童阅读情况进行了分析并提出问题，在找出案例后，结合对案例的分析提出了解决措施；李春曼的《我国少儿图书出版现状及对策研究》在数据统计的基础上对少儿图书的现状进行了研究，这具有一定的实证性。此类文章还有很多，李蓉梅的《2004少儿图书出版综述》将少儿图书分为原创、重版与红色读物、引进版以及各类细分市场，分析了2004年中国少儿图书出版业的状况；周艳琴的《中国少儿图书出版问题与对策研究》是通过案例分析、实际观察等说明了少儿图书市场的现状及存在的问题，并提出了一系列的解决措施。

第二大类文章是研究少儿图书的图书需求影响因素。这类文章则多是从宏观的方面分析了什么是影响少儿图书需求的因素。如吴璇的《少儿图书的需求分析与品牌取向》说明了少年儿童对于图书品牌的看重；周翼的《少儿图书市场知多少——少儿图书市场特点及其影响因素分析》一文则在分析少儿图书的特点的基础上，分析了影响地区少儿图书需求的因素有哪些。

第三大类的文章主要研究少儿图书产业，这也是一个热点问题。黄萃的《中国少儿图书出版产业发展研究》则从少儿图书出版产业的市场结构也就是集中度、产品差异化、进入壁垒以及价格和非价格的市场行为、市场绩效几个方面对我国少儿图书出版产业进行了分析，根据SCP范式分析结果提出了一些建议；孟昌的《基于SWOT分析的我国少儿图书出版的发展战略研究》一文为少儿图书的研究提供了新思路，他利用SWOT分析法，对少儿图书出版的发展战略进行了系统分析。

第四大类文章主要是针对少儿图书生产研究进行研究。如研究少儿图书的选题以及包装等。程彬、鲁金华的《浅谈少儿图书选题策划的四个取向》主要讲了选题策划要有读者取向、内容取向、市场取向、品牌取向共四个取向；在《近十年少儿引进版图书研究》中魏东晓主要是在对少年儿童读物中引进图书的调查分析的基础上，讨论了引进图书对于出版业的影响，并提出了引进图书存在的一些问题以及解决措施；吴璇的《少儿图书的需求分析与品牌取向》在分析了图书的特殊性质后，对少儿图书的需求进行了分析，并提出少儿图书具有自己的品牌很重要；杨鹏的《2007年少儿畅销书揭秘》则分析了2007年的畅销书如杨红樱系列、《哈利·波特》等为什么会畅销等，为出版社在选题策划等方面提供借鉴；王莹的《湖北少儿社低幼图书叩开欧美大门》就通过湖北少年儿童出版社的一个系列的图书成功打进西班牙市场为例，说明了少儿图书出版想"走出去"要整合资源、深度合作，同时要做好内容策划、装帧设计等方面的工作；杜晓燕的《少儿出版社发展的途径》给专业少儿出版社提出了建议，包括树立图书品牌、调整结构、转变发行方式等；杨为民的《少儿社：你的增长点在哪里》是用举例的方法说明了少儿出版社要在选题、发行、多元化等实质性的方面下功夫。

第五大类文章主要研究了少儿图书的定价，这类文章以王曦为代表，王曦在《少儿图书价格的经济学评述》中通过观察发现少儿图书的定价逐年增高，通过实证模型分析了价格高涨的原因。

综上所述，理论界对于少儿图书市场的研究大部分都是宏观方面的，如政策、体制以及问题、策略等，也有少量学者开始关注少儿图书出版的产业研究和定价研究。而通过具体的数据及实证来分析少儿图书市场的消费需求影响因素是空白的，这也是本文即将研究的问题。

第三章 少儿图书市场消费状况分析

3.1 少儿图书销量分析

少儿图书作为近年来图书出版的领头羊，已成为整个出版行业中最具稳定性的出版板块，成为图书出版业的"一枝独秀"。图 3.1 和图 3.2 分别为我国少儿图书 1996—2009 年和 2010—2014 年年总销量数据。

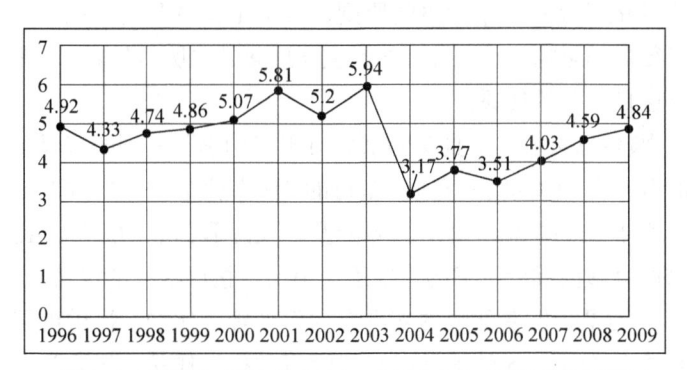

图 3.1 我国少儿图书 1996—2009 年年总销量（亿册）

注：数据来源《新闻出版统计资料汇编》。

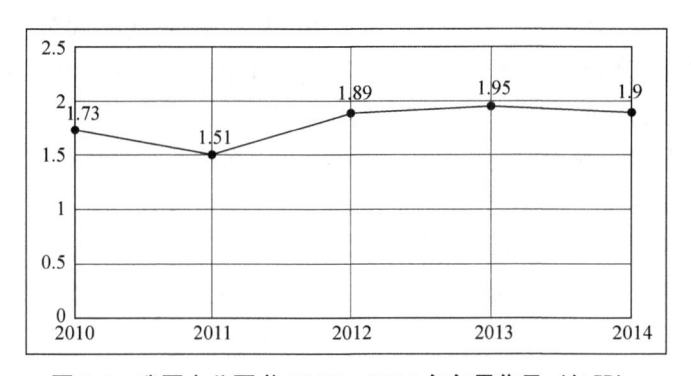

图 3.2 我国少儿图书 2010—2014 年年零售量（亿册）

注：1. 数据来源《新闻出版统计资料汇编》。

2. 由于 2010 年之前《新闻出版统计资料汇编》统计的是少儿图书的总销量，而 2010 年后统计的是少儿图书的零售销量，所以分两张图分析。

从图 3.1 和图 3.2 可以看到，1996 年到 2003 年，我国少儿图书的总销量一直保持着增长的态势。之后 2004 年少儿图书的销量忽然出现大幅下滑，从 2003 年的 5.94 亿册下滑到 2004 年的 3.17 亿册，但从 2004 年之后到 2009 年，虽然增长的趋势不明显，但总体上少儿图书的销量还是在上升的。2010 年开始，由于统计口径的变化，笔者没有查找到少儿图书总销量的有关数据，但是从零售数据来看，和 2004 年到 2009 年的情况一样，从 2010 年到 2014 年，少儿图书的零售销量增长趋势依旧不明显，但总体保持在稳中有升的状态。

而 2004 年销量忽然大幅下滑的原因，应该是和当时图书销售的大环境分不开的。《2004—2005 中国出版业发展报告》中提到，2004 年图书出版的突出问题之一是"伪书"现象特别严重，"伪书"现象的出现导致的后果就是严重扰乱和破坏了我国出版产业的秩序和公平竞争的原则，扰乱了作者和出版社的知识产权，在国内外造成了很坏的影响，质次价高的严重同质化的"伪书"排挤了中外原创书，形成"劣币驱逐良币"的现象。

"伪书"，顾名思义就是不真实的书。对于"伪书"一词的解释是来自几位法律和出版界的专家在《中国图书商报》举行的"伪书沙龙"中提出的。他们认为"伪书"首先是一个非法的概念，是出版界涉及各类虚假信息的总称。比如，图书作者虚假、图书内容虚假或者图书的营销手段虚假。按照这样的定义，"伪书"可以分为三类。第一类是指伪造外国本来没有的作者等。比如，提供虚假信息，将某本书说成是根本就查无此人的国外某高等学府教授的作品，然后为了营销，还要虚造各类媒体、各个知名人物对于这本书的评价。第二类就是使用国外真的已经上市的畅销书，书名及荣誉等相关信息均为盗用，但是内容与国外的这本知名图书没有任何联系，完全是自己编写的。第三类就是冒充中国某位知名作家出版图书，如冒充散文家周国平。"而图书的单本印数持续走低，图书出版出现泡沫和低俗化倾向也是 2004 年面临的一大问题。2004 年，经济管理、青春文学、少年儿童等热门板块的超级畅销书光芒四射，大小书讯、各类排行榜都频现它们的踪影，书业的繁荣仿佛写在这些畅销书的喧嚣上。2004 年出版的 20.8 万种图书，其大部分的寂寂无声和表面上的热气腾腾形成了强烈的反差。为了迎合大众口味，在市场上争得一席之地，出版商大量推出新书，不断地把图书低俗化，图书出版业越来越泡沫化，这样的情况迟早会造成出版市场因"泡沫"破灭而"崩溃"。

3.2 少儿图书价格

虽然图书的定价和普通的商品一样，也要遵循供求情况，但是图书定价时有它作为文化产品特殊的地方。

以现在的情况来看，图书一般采用两种定价方式。第一种就是完全将图书当作普通的商品，书店作为图书的最终销售者可以随便自主地确定图书的价格。虽然某些国家会有图书的建议零售价，但是这也是属于自由定价的一种。另一种定价方式就是固定价格，这种方式就是说，当图书被出版商出版了之后，就已经确定了图书的销售价格，而书店作为最终销售商，是没有权利更改图书的销售价格的，必须按照规定的价格来销售。

采用定价制图书的国家主要考虑了以下两个方面的因素。

第一，图书是一种特殊的商品。这是由1962年的英国反限制竞争法庭所提出来的观点。首先，对于社会上许许多多的出版社来说，它们缺乏的是向读者宣传自己所出版的出版物的机会和资金；其次，如果读者在购买图书前没有提前翻阅图书的内容，那么他将很难做出是否购买这本图书的决定；最后，因为每年都有大量的图书在出版，所以图书并不适合做大量广告和宣传。由于图书具有以上所说的特殊性，如果将图书的定价权完全交给市场，那么将不能完全保证书店对于多样图书的陈列热情，这种情况不利于图书的销售，会给图书的生产以及销售带去不好的影响，进而损坏消费者的利益。

第二，图书的文化以及公共的角度。定价制可以有效地避免过度折扣，保证了中小书店的生存，也保证了即便在离城市很远的山区和农村，读者也可以有很多很好的图书去阅读，保证人人平等阅读的机会。

我国的图书定价制度是由社会主义市场经济改革所决定的，主要可以分为四个时期。新中国成立初期，我国图书的价格采用的是成本、利润、税收相加的模式，主要由出版社决定定价。1956年到1970年左右，我国采用价格管制与低定价的统一定价标准。1984年11月，文化部发出《关于调整图书定价的通知》，1988年，原新闻出版总署又转发了《同意印数在3000册以下学术著作和专业著作可参照成本定价的通知》和《关于改革书刊定价办法的意见》，这意味着从80年代开始，我国将图书的定价权进一步交给了出版社，已实现从计划经济向市场调节的相对平稳过渡。1993年，我国再次启动图书价格改革，除了中小学课本外，其余图书定价以及折扣的权利一律交给出版社，这意味着我国图书的定价正式进入了市场化的阶段。所以，总体而言，我国的图书价格制度采用的是固定价格制度。

图3.3所示为我国少儿图书1996—2014年印张平均每张价格的变化。我们可以选取两种方法来表示图书价格的变化方式，一种是图书单册定价，另一种是图书印张定价，但是考虑到不同的图书的页数不同、薄厚也不同，成本不同，所以在考虑图书的价格变化的时候，印张价格是一个相较而言较好的指标。

图 3.3 我国少儿图书 1996—2014 年印张平均每张价格（元）

注：数据来源《1996—2014 各年新闻出版统计资料汇编》。

由图 3.3 可以看出，除了个别年份有些回落外，从 1996 年的 1.44 元到 2009 年的 2.32 元，总体上看少儿图书平均每印张价格是在逐步上升的。少儿图书价格和 CPI 的关系可以通过表 3.1 来分析。

表 3.1 少儿图书平均每印张价格、涨幅及 CPI 的各项数据

平均每印张价格/元	CPI（1978—100）	CPI（1996—100）	平均每印张价格的涨幅	CPI 增幅
1.44	429.9	——	——	——
1.63	441.9	1.027913	13.19%	2.79%
1.67	438.4	1.019772	15.97%	1.98%
1.82	432.2	1.00535	26.39%	0.54%
1.89	434	1.009537	31.25%	0.95%
2.01	437	1.016515	39.58%	1.65%
2.17	433.5	1.008374	50.69%	0.84%
2.11	438.7	1.02047	46.53%	2.05%
2.14	455.8	1.060247	48.61%	6.02%
1.91	464.0	1.079321	32.64%	7.93%
1.85	471	1.095604	28.47%	9.56%
2.11	493.6	1.148174	46.53%	14.82%
2.16	522.7	1.215864	50.00%	21.59%
2.32	519.0	1.207258	61.11%	20.73%

注：1. 数据来源：国家统计局。

2. CPI（1996—100）是使用国家统计局网数据换算而来。

为了更加清晰，我们将少儿图书平均每印张价格的涨幅以及 CPI 的涨幅绘成折线图，如图 3.4 所示。

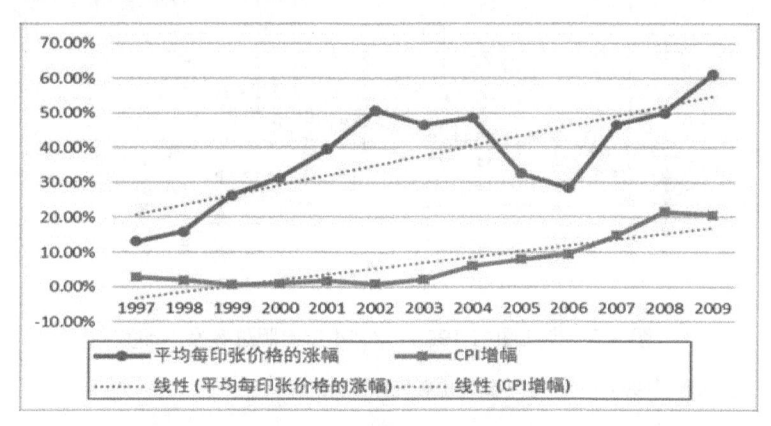

图 3.4 少儿图书平均每印张价格的涨幅及 CPI 涨幅折线图

从图 3.4 中我们可以看出，少儿图书的平均每印张价格的涨幅远远高于同期 CPI 的涨幅，这表明图书价格的上涨幅度要高于同期消费品整体价格的上涨幅度，也就是说，对于有定价权的出版方来说图书的价格弹性是远小于 1 的，因此，上调价格是出版方的最优选择。

3.3 少儿图书供给

虽然文化产品也是一种产品，但是它与普通商品还是有很大区别的。最大的区别就是，在凯恩斯之后经济学认为普通商品是先有需求后，才会产生供给。但是文化产品一定是先有产品也就是内容，后有消费。图书作为文化产品的一种也是如此。我们采用少儿图书的出版种数及总印数来分析少儿图书供给现状。

由图 3.5 我们可以得知，1996 年时少儿图书的种数仅有 3.05 千种，1997 年就增长到了 5.77 千种，此后除了 1999 年略有回落，从 1998 年的 6.29 千种降到 1999 年的 6.11 千种外，基本保持增长，2008 年开始了高速的增长，从 2007 年的 10.46 千种增长到了 13.52 千种，2012 年更是出现了"井喷式"的增长，从 2011 年的 22.06 千种增长到了 2012 年的 30.97 千种。从 1996 年的 3.05 千种，到 2014 年的 32.71 千种，短短十几年，少儿图书的种数就翻了将近十倍。

少儿图书的总印数虽然在某些年份出现了下降，如从 1999 年的 2.15 亿册降到了 2000 年的 1.69 亿册。但从总体上来说，是稳中有升的，从 1996 年的 1.44 亿册，增长到了 2014 年的 4.97 亿册。

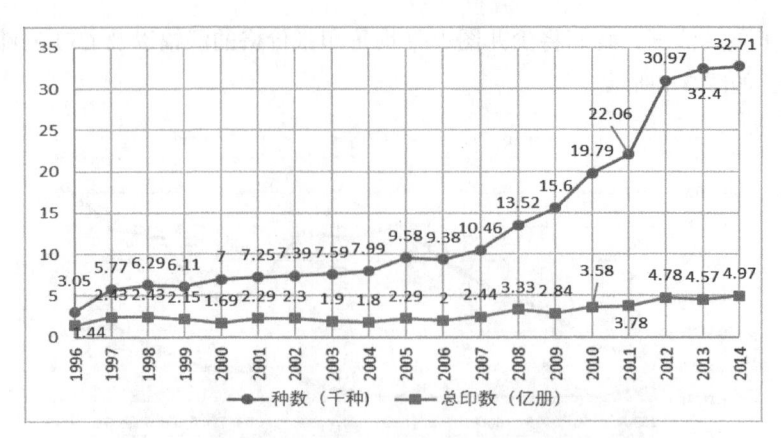

图 3.5　少儿图书 1996—2014 年出版总数及总印数

注：数据来源《1996—2014 各年新闻出版统计资料汇编》。

我们还可以注意到在少儿图书的种数出现明显增长的两年，少儿图书的总印数也出现了大幅增长，分别从 2007 年的 2.44 亿册和 2011 年的 3.78 亿册增长到了 2008 年的 3.33 亿册，2012 年的 4.78 亿册，这两年的涨幅就都接近 1 亿册。当然，这是因为少儿图书的种数和总印数是存在某种关系，相互影响的。

近些年少儿图书供给的大幅增加和国家的各类政策倾斜是分不开的。近些年，我国对于少儿图书给予了包括书号资源配置在内的一系列倾斜。在出版物评奖（例如"三个一百"原创出版工程表彰活动）、出版基金资助等方面也制定了一系列的政策，加强了对少儿图书出版物及其出版单位的支持，保证其做大、做好，做出更多的原创作品。

3.4　少儿图书消费者

少儿图书的消费者是少年儿童，已经有不少的专家开始意识到少儿图书出版热并不等于少儿图书阅读强，但是分析少儿图书消费者的现状无疑是复杂的，因此在这里采用直接有效的方式对少儿图书消费者的现状加以说明，即分析 0～17 岁我国少年儿童对于图书的喜好程度。

由表 3.2 我们可以得知，2010 年有 31.60% 的 0～8 岁儿童的家长认为自己的孩子是很喜欢读书的，35.70% 的家长认为自己的孩子比较喜欢读书。而其余有 18.30% 的家长认为自己的孩子对于阅读的兴趣是一般，有 5.40% 的家长认为自己的孩子比较不喜欢读书，有 8.90% 的家长认为自己的孩子非常不喜欢读书，其余有 0.10% 的家长表示不清楚。

表 3.2　2010 年我国 0～8 周岁儿童阅读兴趣

喜欢程度	比例
很喜欢	31.60%
比较喜欢	35.70%
一般	18.30%
比较不喜欢	5.40%
非常不喜欢	8.90%
不太清楚	0.10%

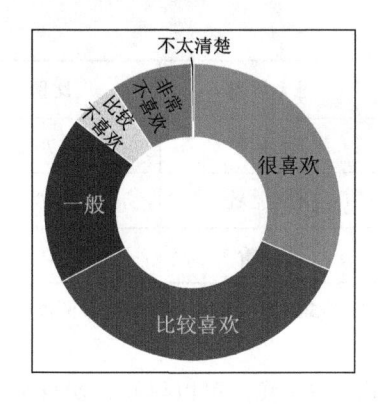

注：数据来源《2010 年全国国民阅读调查报告》。

由表 3.3 我们可以得知，2011 年有 52.00% 的 0～8 岁儿童的家长认为自己的孩子是经常看书的，比 2009 年的 67.3% 下降了一成多。36.20% 的家长认为自己的孩子不经常读书，有 6.30% 的家长认为自己的孩子基本不看，有 5.50% 的家长表示不清楚。

表 3.3　2011 年我国 0～8 周岁儿童阅读兴趣

喜欢程度	比例
经常看	52.00%
不经常看	36.20%
基本不看	6.30%
说不清	5.50%

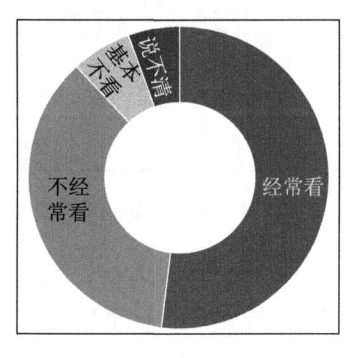

注：数据来源《2011 年全国国民阅读调查报告》。

由表 3.4 我们可以得知，2010 年仅有六成的 9～13 岁的少年儿童会经常看书，接近三成的 9～13 岁少年儿童表示自己不经常看，甚至还有一成的 9～13 岁少年儿童表示自己很少看书。

表 3.4 2010 年 9～13 岁少年儿童对阅读的喜爱程度

喜欢程度	比例
经常看	61.70%
不经常看	27.20%
很少看	11.10%

注：数据来源《2010 年全国国民阅读调查报告》。

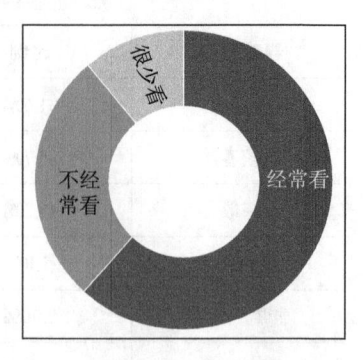

由表 3.5 我们可以得知，2011 年仅有 57.00% 的 9～13 岁的少年儿童会经常看书，其余的接近 35.10% 的 9～13 岁少年儿童表示自己不经常看，甚至还有 6.90% 的 9～13 岁少年儿童表示自己很少看书。

表 3.5 2011 年 9～13 岁少年儿童对阅读的喜爱程度

喜欢程度	比例
经常看	57.00%
不经常看	35.10%
很少看	6.90%
说不清	1.00%

注：数据来源《2011 年全国国民阅读调查报告》。

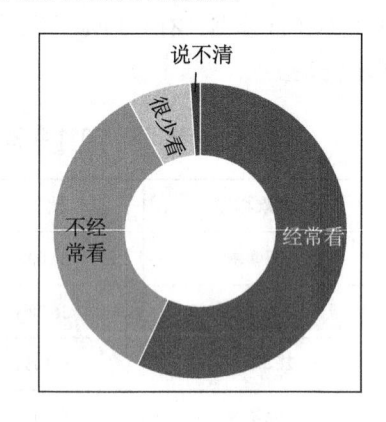

从表 3.6 我们可以看出，无论是在 2010 年还是 2011 年当中，14～17 岁的少年儿童不读书的理由比重最大的为因功课而没有时间读书，此选项 2010 年占到 39.00%，2011 年占到 31.50%。紧随其后的就是没有读书的习惯或者不喜欢读书，2010 年和 2011 年分别占到了 32.20% 及 28.30%，甚至在 2010 年及 2011 年分别有 2.30% 及 5.50% 的 14～17 岁的少年儿童认为读书没有用。

根据以上分析我们还可以看到，经常看书的少年儿童的比例有所下降，在对 14～17 岁的少年儿童不喜欢读书的调查当中，认为读书没有用的孩子的比例有所上升。

表 3.6 2010 年、2011 年 14～17 岁少年儿童不爱读书的原因

不读书的原因	2010 年	2011 年
因功课而没时间读书	39.00%	31.50%
没有读书的习惯/不喜欢读书	32.20%	28.30%
找不到感兴趣的书	14.70%	12.20%
不知道该读什么	13.60%	6.00%
因上网/玩游戏等而没时间读书	10.40%	22.00%
缺少读书氛围	8.00%	0.90%
因看电视而没有时间读书	7.40%	6.60%
父母不允许读课本以外的书	5.60%	11.60%
没有看书的地方	4.50%	4.20%
读书没用	2.30%	5.50%
书价过高买不起	1.00%	5.40%
其他	0.40%	0.20%

注：数据来源《2011 年全国国民阅读调查报告》。

因此，以上的分析中我们可以得到两个结论，一是在我国不喜欢读书或者不经常读书的 0～17 岁少年儿童占了很大的比重；二是似乎中国的少年儿童越来越不喜欢读书。

3.5　图书消费的宏观环境

联合国教科文组织在 1995 年时，提出了"让世界上每一个角落的每一个人都可以读到书"的口号，并且将每年的 4 月 23 日确定为"世界读书日"。十多年后，"全面阅读"在中国悄然诞生。它是在 2006 年，由原国家新闻出版总署在借鉴了国际很多国家和地区的经验后提出了一个全新的理念。由此，"全民阅读"第一次被人们所认识。自 2006 年，共 11 个部门（包括原新闻出版总署及中宣部等）共同发出《关于开展全民阅读活动的倡议书》后，在国家接近十年的大力推动下，全民阅读开始从星星之火，形成燎原之势，"全民阅读"这个当初新鲜的名词也开始被越来越多的人所熟知。

2011 年对于全民阅读来说是极为重要的一年。这年党的十七届六中全会顺利召开，并且首次在全会决议中写入要"开展全民阅读活动"。

2012 年召开的十八大又首次将"开展全民阅读活动"纳入我国社会主义文化强国建设。

2013年3月,国家新闻出版广电总局宣布开始组织和起草《全民阅读促进条例》。《全民阅读促进条例》先后被列入了国务院2013年、2014年立法计划和中宣部文化立法相关规划;各个省市也在起草实施利于"全民阅读"推广的法律条例,比如2013年1月1日,江苏省人大常委会通过的《关于促进全民阅读的决定》开始实施,2013年3月1日,湖北省也开始正式实施《湖北省关于促进全民阅读的决定》。

2014年、2015年连续两年"全民阅读"都被写进了《政府工作报告》中。

中央还多次下发文件对全民阅读提出明确要求。这些要求包括文化改革、公共文化服务等。

此外,国家也在致力于打造如"书香中国"等多项阅读品牌。经过多年的发展,也有了"书香中国"全民阅读电视晚会、全国的"书香之家"等多项国家力推的活动。"书香中国"已经成为一个被全国民众所熟知的阅读品牌。另外,"大众喜爱的50种图书"、向青少年推荐百种优秀图书、计划覆盖全国范围内的60多万个村的"农村书屋"工程、城乡阅报栏等工程也都是国家打造的知名品牌。

全民阅读活动也已经在全国范围内大规模地推广开来,江苏省积极创建了"书香江苏",上海也有了自己的阅读品牌"书香上海"、深圳的"深圳读书月"以及"书香荆楚""三湘读书月""天山读书节"等。这些活动通常会举办很长的时间,也会有范围很广的群众被覆盖,并且子项目种类、数量繁多。这为国家的阅读政策的推动、民众阅读兴趣的提升等众多阅读环节的推动提供了有效的环境,在很大程度上让阅读服务的个性环节也得到了极快的发展。最为典型的案例要属"因阅读而被人尊重"的深圳市了。深圳在2013年被联合国教科文组织授予"全球全民阅读示范城市"称号。

我们的党和国家领导人都热爱读书,也为我们做出良好的示范。他们总是在各种各样的场合提醒我们一定要读书、读好书,并且亲自推荐自己阅读的好书。比如习近平总书记就经常谈到阅读的问题,不论是在国内还是国外。

国家针对少儿图书及其出版也制定了一系列的政策,比如自"八五"规划开始,未成年出版物都会作为出版子计划出现在原新闻出版总署的每个五年规划中。而每年向全国青少年推荐100种优秀的图书也是原新闻出版总署于2004年就开始推广的活动。2014年开展的"百社千校书香童年"阅读活动,已经在31个省(区、市)3800多所学校捐赠了各类图书多达200万册,并成功地举办各类大大小小的读书活动共3000多场次。共有360多万名学生参与了此类活动。

从以上的分析中可以看出,国家近些年在推广图书阅读方面做了很多的努力,保证包括少儿图书在内的图书消费的宏观环境向着健康良好的方面发展。

第四章 影响少儿图书市场消费需求的影响因素探讨

本章将以微观经济学中影响消费需求的主要因素为基础，分析探讨影响我国少儿图书市场消费需求的影响因素。将选取某些可以量化、有完整而标准的数据，且有很强的相关性或特殊性的影响因素应用下一章的模型来进行定量分析。而有些因素虽然可能也具有很强的相关性，但是由于无法量化或数据的缺失，更加适用于定性分析。

4.1 图书价格

新闻出版研究院调研出版的《全国国民阅读调查报告》中有关于少年儿童及其家长选择少儿图书考虑因素影响的调查，为了更好更直观地看到少年儿童及其家长在选择图书时主要考虑的因素是不是价格，我们将数据做成以下的图表。

从图4.1我们可以看到，2010年0～8岁少年儿童及其家长在选择少儿图书时首先要考虑的就是孩子喜欢，其次是朋友、老师或者幼儿园的推荐，第三要考虑图书内容，第四是封面设计及外观，第五才是价格。

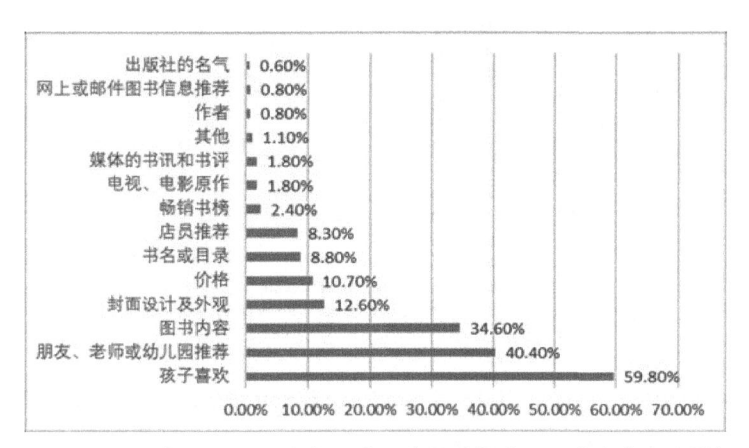

考虑因素	百分比
出版社的名气	0.60%
网上或邮件图书信息推荐	0.80%
作者	0.80%
其他	1.10%
媒体的书讯和书评	1.80%
电视、电影原作	1.80%
畅销书榜	2.40%
店员推荐	8.30%
书名或目录	8.80%
价格	10.70%
封面设计及外观	12.60%
图书内容	34.60%
朋友、老师或幼儿园推荐	40.40%
孩子喜欢	59.80%

图4.1 2010年0～8岁少年儿童及家长选择少儿图书考虑因素排行

注：数据来源《2010年全国国民阅读调查报告》。

从图 4.2 我们可以看到，2010 年 9～13 岁的少年儿童及其家长在选择少儿图书时要考虑的因素价格仅仅排在第四位，它仍然不是主要的影响因素，排在前三的分别是学校或老师推荐、孩子喜欢、图书内容简介。

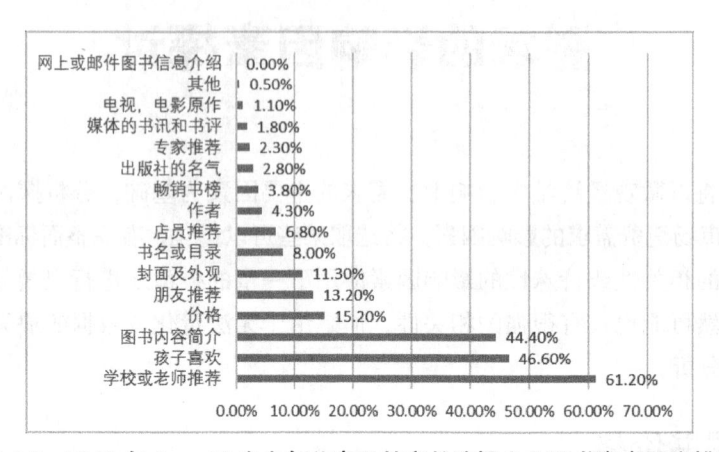

因素	百分比
网上或邮件图书信息介绍	0.00%
其他	0.50%
电视、电影原作	1.10%
媒体的书讯和书评	1.80%
专家推荐	2.30%
出版社的名气	2.80%
畅销书榜	3.80%
作者	4.30%
店员推荐	6.80%
书名或目录	8.00%
封面及外观	11.30%
朋友推荐	13.20%
价格	15.20%
图书内容简介	44.40%
孩子喜欢	46.60%
学校或老师推荐	61.20%

图 4.2　2010 年 9～13 岁少年儿童及其家长选择少儿图书考虑因素排行

注：数据来源《2010 年全国国民阅读调查报告》。

从图 4.3 我们可以看到，和 2010 年 9～13 岁的少年儿童及其家长一样，14～17 岁的少年儿童及其家长在选择少儿图书时要考虑的因素价格依然仅仅排在第四位。排在前三的分别是老师或学校推荐、图书内容简介、书名或目录。

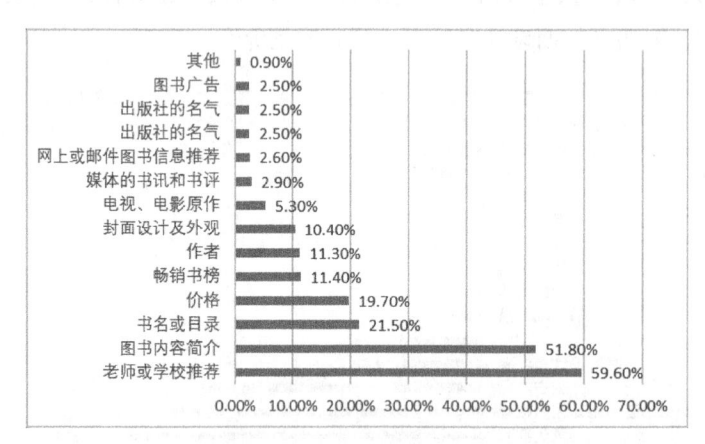

因素	百分比
其他	0.90%
图书广告	2.50%
出版社的名气	2.50%
出版社的名气	2.50%
网上或邮件图书信息推荐	2.60%
媒体的书讯和书评	2.90%
电视、电影原作	5.30%
封面设计及外观	10.40%
作者	11.30%
畅销书榜	11.40%
价格	19.70%
书名或目录	21.50%
图书内容简介	51.80%
老师或学校推荐	59.60%

图 4.3　2010 年 14～17 岁少年儿童及其家长选择少儿图书考虑因素排行

注：数据来源《2010 年全国国民阅读调查报告》。

从图 4.4 我们可以看到，2011 年 0～8 岁的少年儿童及其家长在选择少儿图书时要考虑的因素价格仅仅排在第四位，它仍然不是主要的影响因素，排在前三的分别是孩子喜欢、老师或学校推荐、图书内容喜欢。

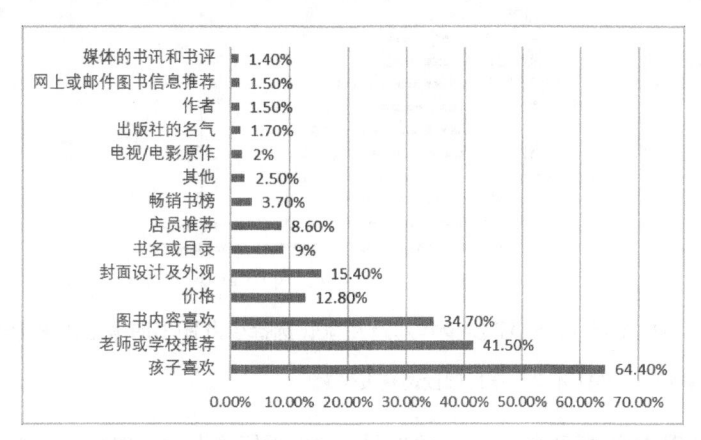

因素	百分比
媒体的书讯和书评	1.40%
网上或邮件图书信息推荐	1.50%
作者	1.50%
出版社的名气	1.70%
电视/电影原作	2%
其他	2.50%
畅销书榜	3.70%
店员推荐	8.60%
书名或目录	9%
封面设计及外观	15.40%
价格	12.80%
图书内容喜欢	34.70%
老师或学校推荐	41.50%
孩子喜欢	64.40%

图 4.4　2011 年 0～8 岁少年儿童及家长选择少儿图书考虑因素影响排行

注：数据来源《2011 年全国国民阅读调查报告》。

从图 4.5 我们可以看到，2011 年 9～13 岁的少年儿童及其家长在选择少儿图书时要考虑的因素前几名分别是孩子喜欢、老师或学校推荐、图书内容喜欢、朋友推荐、价格。价格排在第五位。

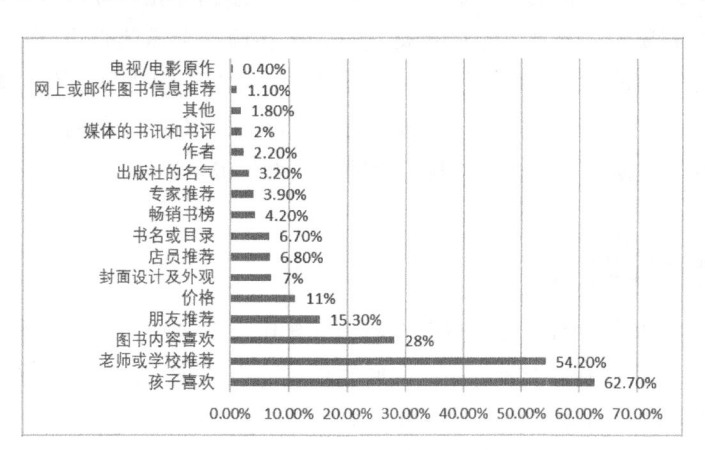

因素	百分比
电视/电影原作	0.40%
网上或邮件图书信息推荐	1.10%
其他	1.80%
媒体的书讯和书评	2%
作者	2.20%
出版社的名气	3.20%
专家推荐	3.90%
畅销书榜	4.20%
书名或目录	6.70%
店员推荐	6.80%
封面设计及外观	7%
价格	11%
朋友推荐	15.30%
图书内容喜欢	28%
老师或学校推荐	54.20%
孩子喜欢	62.70%

图 4.5　2011 年 9～13 岁少年儿童及家长选择少儿图书考虑因素影响排行

注：数据来源《2011 年全国国民阅读调查报告》。

从图 4.6 我们可以看到，2011 年 14～17 岁的少年儿童及其家长在选择少儿图书时要考虑的因素价格排在第三位。排在它前面的是老师或学校推荐及图书内

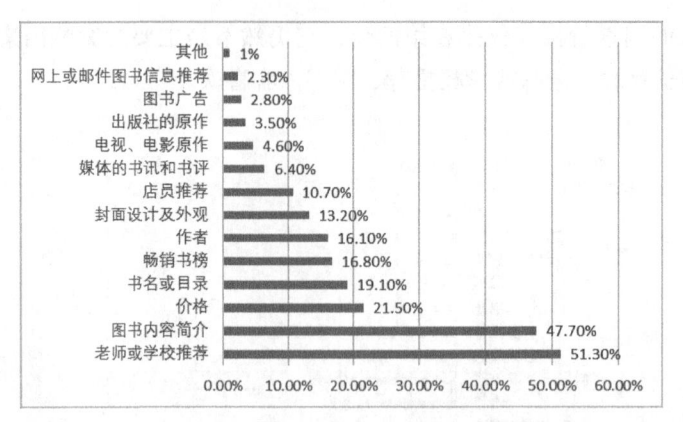

图4.6 2011年14～17岁少年儿童及家长选择少儿图书时考虑因素影响排行

注：数据来源《2011年全国国民阅读调查报告》。

因素	比例
其他	1%
网上或邮件图书信息推荐	2.30%
图书广告	2.80%
出版社的原作	3.50%
电视、电影原作	4.60%
媒体的书讯和书评	6.40%
店员推荐	10.70%
封面设计及外观	13.20%
作者	16.10%
畅销书榜	16.80%
书名或目录	19.10%
价格	21.50%
图书内容简介	47.70%
老师或学校推荐	51.30%

容简介。从以上分析可以看出，无论是在2010年还是在2011年，相较于价格，家长和孩子在购买少儿图书时最看重的是两点，一是孩子是否喜欢，二是本书是否是学校或老师推荐。价格并不是一个主要的影响因素。甚至我们可以猜测和其他商品不同的是，由于出于对学校和老师的完全信任，很大一部分家长或少年儿童不会考虑图书的价格，并且由于在购买前缺乏对于图书内容的了解，在内容简介等方面大致相当的情况下，家长或少年儿童宁愿选择相对贵一些的图书来保证图书的内容和质量。有些文章中也提到过，很多商家会借此心理提高价格，来促进自己图书的销量。因此我们可以进一步推测，价格对于少儿图书的销量并不敏感，两者之间不会存在很强的关联，甚至不是必然联系。对此，我们在下一章会将价格选入自变量建模，来印证检验我们的推测是否正确。

4.2 消费者收入

消费者收入会对商品的销量存在较大的影响。少儿图书属于一种文化商品，一般来说文化商品不属于廉价品，因此当消费者收入增加时，少儿图书的消费需求应该增加。但是调查数据表明，情况并不是这样。

从表4.1中我们可以看到，当家长的个人收入增加时，少年儿童的图书拥有量并不是像预期的一样一定增加。无论是2010年还是2011年，当家长的个人收入达到一定标准以上后，孩子拥有的图书量无一例外地下降了。并且我们可以看到2010年当家长收入达到5000元以上时，孩子平均拥有的图书大幅下降，只有8.77本，仅仅比同年无收入的家庭的孩子多1本不到。

表 4.1　0～8 周岁家长收入与少年儿童图书拥有量的差异

家长收入	2010	2011
无收入	7.99 本	8.74 本
500 元以下	10.15 本	6.07 本
501～1000 元	8.88 本	9.23 本
1001～1500 元	16.17 本	14.16 本
1501～2000 元	13.59 本	14.59 本
2001～3000 元	24.22 本	14.44 本
3001～4000 元	19.37 本	18.76 本
4001～5000 元	29.64 本	
5001～6000 元	8.77 本	
6001～7000 元		23.46 本
7001～8000 元	——	
8000～10000 元		23.09 本

注：数据来源《2010、2011 年全国国民阅读调查报告》。

从表 4.2 中我们可以看到，当家长的个人收入增加时，图书购买金额并不是如预想的一样一定增加。根据 2010 年的统计，当家长收入达到 4000 元以上时，

表 4.2　9～13 岁家长收入与少年儿童图书购买金额的差异

家长收入	2010	2011
无收入	51.24 元	58.69 元
500 元以下	42.9 元	59.4 元
501～1000 元	44.29 元	44.88 元
1001～1500 元	50.18 元	63.29 元
1501～2000 元	55.61 元	62.91 元
2001～3000 元	62.03 元	70.64 元
3001～4000 元	74.15 元	67.43 元
4001～5000 元	66.23 元	
5001～6000 元	57 元	
6001～7000 元	51.44 元	85.71 元
7001～8000 元	——	
8001～10000 元		41.98 元

注：数据来源《2010、2011 年全国国民阅读调查报告》。

孩子的图书购买金额就开始下滑。2011年当家长的个人收入达到3000元，图书购买金额也出现了下降趋势，虽然在之后的5001～8000元收入区间又有所回升，但是当达到8001～10000元区间后又出现了大幅下滑，仅仅达到了家长收入区间为501～1000元的水平。因此，是否当收入超过一定水平时，少儿图书的销量会随着家长的收入的增加而递减呢？我们也将消费者收入选为自变量建模，来研究收入对于少儿图书销量的影响。

由于统计情况不同，0～8岁的孩子我们选用的数据是图书平均拥有量，9～13岁我们选取的数据是图书购买金额。

4.3 替代品和消费者对于价格的预期

图书是没有替代品的，而且由于一本图书的价格相较于整个家庭的收入而言并不占很大的比重，因此图书也并不存在"消费者对于价格的预期"这项影响因素。比如李治堂教授就曾提到过由于图书消费具有个性化特点，基本不存在对其直接替代的商品，因此替代品价格变化对图书市场需求影响不大。另外，图书消费在家庭消费支出中比重较小，单位价值较小，价格预期因素对图书市场的需求的影响应该不会太大。少儿图书更是如此，由于在用途方面对少年儿童的成长教育起着至关重要的作用，同时，家长对教育的重视程度越来越高，少儿图书的消费已经成为每个家庭必不可少的投入。而且由于这也是少儿图书作为商品特殊的地方，因此在建模的时候我们将不予考虑替代品和消费者对于价格的预期的影响。

4.4 政策因素

政策是影响少儿图书需求的一个主要的因素。虽然政策属于定性的因素而不能量化，但是不能否认的是一些政策的制定和实施，对少儿图书的市场的发展和少儿图书市场消费需求有着深刻的影响。所以，虽然并不能将政策很好地量化，从而引进模型加以分析，也有必要将政策因素给予陈述。

4.4.1 人口因素

人口因素是影响少儿图书消费需求的最直接的影响因素，因为它直接影响了消费者的数量。无论是消费什么产品，我们必须承认的是首先要有的是具有消费能力的人，就是我们所说的消费者。当一个国家的人口众多时，由于基数大，藏在这众多人口中具有消费能力的人也多。少儿图书也是这样，并且由于面对的是少年儿童，所以国家的人口政策导致的出生率的升降等对于少儿图书的消费需求影响更为明显。而我国的生育政策，原型是从 1970 年开始实施的计划生育政策，经过多年的调整，经过了一对夫妻只能生一胎，到农村一对夫妻最多生两胎，再到所谓的"双独二胎"、"单独二胎"以及最近的"全面二胎"，形成了目前我国实行的人口政策。几十年来，这项国策基本起到了其预想的作用，严格控制了人口的增长，"优生优育"提高了人口素质，起到了重要的作用，取得了很大的成就。

虽然人口因素是影响消费需求的一个重要的、不可忽视的因素，但是众多的经济学家们在人口和经济增速的问题上都同意这样一个说法，那就是它对经济增长的方向到底是怎样、是正面的效果还是负面的效果是不知道的。并且，人口因素的影响也常常会和许多其他的影响因素后增长条件一起来发生作用，并不是独立的。从而我们可以知道，虽然人口政策及人口数量的多少对于少儿图书消费是一定存在影响的，但这种影响是未知且是和其他因素一起发生作用的。

4.4.2 教育政策

教育政策也是我国少儿图书消费需求的重要影响因素之一，这主要是因为影响了居民的文化素质，而居民文化素质水平的高低会影响他们是否愿意满足孩子的阅读需求，是否能够意识到少儿阅读的重要性，是否愿意相信图书对于少儿教育的重要意义，进而影响少儿图书的消费需求。

至于家长教育程度到底会对少儿图书的消费需求造成怎样的影响，我们可以根据以下的统计资料加以说明。由于统计情况不同，所以 9～13 岁使用的变量为图书购买金额，0～8 岁使用的图书拥有量，显然，这两个指标均可以反映图书消费需求。

表 4.3 表明，在对 2010 年 0～8 岁少年儿童图书拥有量的调查中，家长学历为博士研究生的少年儿童平均拥有的图书最多，达到了 100 本，家长学历为初中的少

表 4.3　0～8 岁少年儿童图书拥有量与家长教育程度的关系

家长学历	2010 年	2011 年
小学及以下	10.98 本	6.21 本
初中	9.16 本	9.11 本
高中	14.16 本	13.03 本
大专	47.92 本	17.47 本
本科	19.06 本	21.99 本
硕士研究生	25.44 本	32.29 本
博士研究生	100 本	21.77 本

注：数据来源《2010 年全国国民阅读调查报告》。

年儿童拥有的图书量最少，为9.16本。在对2011年0～8岁少年儿童图书拥有量的调查中，家长学历为硕士研究生的少年儿童平均拥有的图书最多，达到了32.29本，家长学历为小学及以下的少年儿童拥有的图书量最少，为6.21本，虽然总体上家长受教育程度越高，2011年0～8岁的少年儿童平均拥有的图书数量越多，但是家长学历为博士研究生的情况是例外，仅有21.77本。

表4.4表明，2010年9～13岁的少年儿童家长受教育程度为博士研究生的平均为孩子购买图书的金额最多，达到了100元，而学历为小学及以下的最少，为44.22元。2011年家长受教育程度为硕士研究生的少年儿童的家长平均为孩子购买图书的金额最多，达到了100元，而家长学历为小学及以下的最少，为45.53元。除了家长受教育程度为博士研究生的家长情况比较特殊外，总体上是符合家长受教育程度越高，对少儿图书的消费需求就越大的情况的。

表4.4　9～13岁少年儿童图书购买金额与家长教育程度的关系

家长学历	2010年	2011年
小学及以下	44.22元	45.53元
初中	47.82元	57.68元
高中	50.92元	64.47元
大专	65.92元	76.81元
本科	65.76元	80.98元
硕士研究生	90.97元	100元
博士研究生	100元	64.78元

注：数据来源《2010年全国国民阅读调查报告》。

从以上分析中，我们可以看到家长的受教育程度确实会影响少儿图书的消费需求，并且总体符合家长的受教育程度越高，对少儿图书的消费需求越大的规律，但是也会有极个别的例子出现，这也许是因为家长对于现在我国少儿图书的内容及质量不信任造成的。

教育政策会影响少儿图书的消费需求的另一个原因是因为在文化消费中，教育支出占了很大的一个比重，教育事业发展水平的高低会影响孩子自己的阅读需求，进而影响家庭的教育支出，这是因为文化产品的价值只有在"人们与审美对象（消费对象）的共鸣共振中获得"。

第五章 建立模型

5.1 函数表达式

现在要建立的模型要表达各个影响因素与消费量之间的关系，一般情况下，其可以表示为：

$$C=f(X_1,X_2,\cdots,X_n)$$

在这个公式中，C 表示的就是消费量；X_1，X_2，…，X_n 表示影响消费的影响因素。

接下来就要选择函数的形式。一般情况下，我们会选择线性函数的对数形式，即 $\ln C=a_0+a_1\ln X_1+a_2\ln X_2+\cdots a_n\ln X_n$。如果选择线性的消费函数 $C=a_0+a_1X_1+a_2X_2+a_3X_3+\cdots a_nX_n$，会存在异方差的情况。而将它变成对数形式，不仅会消除异方差性，而且会使数据变得平滑。

5.2 消费函数变量选择

我们将选择我国少儿图书的 1996—2009 年的销量作为因变量。由于统计口径的变化，2009 年之后的统计数据变为了零售销量，所以在变量选择时只能选择 1996—2009 年。从上一章的分析中我们可以看到，影响少儿图书消费需求的影响因素分为四大类，政策不能量化，不存在替代品，也不存在消费者对价格的预期，我们只选取两个变量来作为模型自变量。

消费者收入方面，选取了全国城镇居民可支配收入和农村居民纯收入。少儿图书价格方面，选取了平均每印张的定价。

5.3 协整分析和检验

在我们经常使用的传统回归法中，一般假定时间序列一定是平稳的，但是，在现实生活中，很多经济学中的变量不一定是平稳的。但是如果所使用的序列并非是平稳的，我们所做的回归就会成为一种伪回归，如果此时对数据先进行差分变换后再做回归，又可能会存在丢失信息的问题。此时，我们就需要用到协整理论来解决上述问题。作为动态经济学分析方法之一，协整理论可以在有效地处理非平稳时间序列的同时，克服差分变化的不足。

5.4 数据来源和数据处理过程

5.4.1 数据来源

中国新闻出版统计资料汇编（1996—2009）和国家统计局网站，原始数据如表 5.1 所示。

表 5.1 原始数据

年份	Yxl	X_1jg	X_2cz	X_3nc
1996	4.92	1.44	301.60	418.10
1997	4.33	1.63	311.90	437.30
1998	4.74	1.67	329.90	456.10
1999	4.86	1.82	360.60	473.50
2000	5.07	1.89	383.70	483.40
2001	5.81	2.01	416.30	503.70
2002	5.20	2.17	472.10	527.90
2003	5.94	2.11	514.60	550.60
2004	3.17	2.14	554.20	588.00
2005	3.77	1.91	607.40	624.50
2006	3.51	1.85	670.70	670.70
2007	4.03	2.11	752.50	734.40
2008	4.59	2.16	815.70	793.20
2009	4.84	2.32	895.40	860.60

5.4.2 数据处理过程

设：Yxl＝我国少儿图书销量（单位：亿册）

X_1jg＝我国城镇居民人均可支配收入（单位：元）

X_2cz＝我国农村居民人均纯收入（单位：元）

X_3nc＝我国少儿图书平均每印张价格（单位：元）

为了使数据平滑，同时消除异方差，我们将原始数据对数化处理。处理结果如表 5.2 所示。

我国少儿图书市场消费需求影响因素分析

表 5.2 对数化处理后的数据

年份	lnYxl	lnX$_1$jg	lnX$_2$cz	lnX$_3$nc
1996	1.593308531	0.364643	5.709102	6.035721
1997	1.465567542	0.48858	5.742683	6.080619
1998	1.556037136	0.512824	5.79879	6.122712
1999	1.581038438	0.598837	5.887769	6.160152
2000	1.623340818	0.636577	5.949861	6.180844
2001	1.759580571	0.698135	6.031406	6.221981
2002	1.648658626	0.774727	6.157191	6.268907
2003	1.781709133	0.746688	6.24339	6.311009
2004	1.153731588	0.760806	6.317526	6.376727
2005	1.327075001	0.647103	6.409188	6.436951
2006	1.255616037	0.615186	6.508322	6.508322
2007	1.393766376	0.746688	6.623401	6.599054
2008	1.523880024	0.770108	6.704047	6.676075
2009	1.576914721	0.841567	6.797271	6.75763

5.4.3 单整检验

在将数据对数化处理后，我们首先要检验变量的单整性，然后才能检验变量的协整关系。因此，我们首先要使用 Eviews5.0 对 1996—2009 年各个变量分别进行 ADF 检验。

首先，我们对四个变量进行无差分的 ADF 检验，检验结果如表 5.3 所示。

表 5.3 ADF 检验结果

截距及时间趋势项	变量	DW 值	ADF 值	10% 临界值	5% 临界值	1% 临界值	伴随概率
有截距无时间趋势	lnYxl	2.048753	−2.297427	−2.701103	−3.11991	−4.05791	0.1864
	lnX$_1$jg	1.774169	−2.112399	−2.701103	−3.11991	−4.05791	0.2431
	lnX$_2$cz	1.681307	0.9995	−2.701103	−3.11991	−4.05791	0.9995
	lnX$_3$nc	2.04668	5.755170	−2.701103	−3.11991	−4.05791	1.0000
有截距有时间趋势	lnYxl	2.675192	−2.38432	−3.42003	−3.933364	−5.124875	0.3658
	lnX$_1$jg	1.674384	−2.193297	−3.362984	−3.828975	−4.886426	0.4542
	lnX$_2$cz	2.264202	−2.664899	−3.42003	−3.933364	−5.124875	0.2659
	lnX$_3$nc	2.003236	0.593128	−3.362984	−3.828975	−4.886426	0.9980

续表

截距及时间趋势项	变量	DW 值	ADF 值	10% 临界值	5% 临界值	1% 临界值	伴随概率
无截距无时间趋势	lnYxl	2.769125	-0.255479	-1.603693	-1.970978	-2.754993	0.5744
	lnX_1jg	1.610067	1.495072	-1.603693	-1.970978	-2.754993	0.9579
	lnX_2cz	1.424001	13.74235	-1.603693	-1.970978	-2.754993	0.9999
	lnX_3nc	2.513061	1.319641	-1.602922	-1.974028	-2.771926	0.9424

通过检验我们发现，无论是在有截距无时间趋势、有截距有时间趋势，还是无截距无时间趋势的情况下，所有变量的 ADF 值均大于显著性水平 5% 的临界值，说明在这种条件下，原始序列接受原假设，存在单位根，序列是非平稳序列。因此，我们对原数据一阶差分再做检验，具体检验结果见表 5.4。

表 5.4　一阶差分数据 ADF 检验结果

截距及时间趋势项	变量	DW 值	ADF 值	10% 临界值	5% 临界值	1% 临界值	伴随概率
有截距无时间趋势	lnYxl	1.796702	-4.965518	-4.965518	-3.14492	-4.12199	0.0026
	lnX_1jg	1.923856	-3.176689	-2.713751	-3.14492	-4.12199	0.0475
	lnX_2cz	2.335844	-3.224403	-2.713751	-3.14492	-4.12199	0.0439
	lnX_3nc	2.561912	-1.011162	-2.713751	-3.14492	-4.12199	0.7125
有截距有时间趋势	lnYxl	1.793124	-4.714819	-3.38833	-3.875302	-4.992279	0.0149
	lnX_1jg	1.894084	-2.876884	-3.38833	-3.875302	-4.992279	0.2029
	lnX_2cz	1.853874	-3.518551	-3.42003	-3.933364	-5.124875	0.0880
	lnX_3nc	1.981896	-4.658271	-3.460791	-4.008157	-5.295384	0.0219
无截距无时间趋势	lnYxl	1.792219	-5.20967	-1.602922	-1.974028	-2.771926	0.0001
	lnX_1jg	2.004993	-2.86703	-1.603693	-1.974028	-2.771926	0.0082
	lnX_2cz	2.004137	0.664158	-1.601144	-1.982344	-2.81674	0.8420
	lnX_3nc	1.31655	1.684708	-1.601144	-1.982344	-2.81674	0.9670

将数据做了一阶差分后我们发现，lnYxl 无论是在有截距无时间趋势、有截距有时间趋势，还是无截距无时间趋势的情况下，其 ADF 值都小于显著性水平 5% 的临界值。lnX$_1$jg 在有截距无时间趋势和无截距无时间趋势的情况下的 ADF 值小于显著性水平 5% 的临界值。lnX$_2$cz 在有截距无时间趋势项的情况时，其 ADF 值为 -3.224403，小于显著性水平为 5% 的临界值 -3.14492。lnX$_3$nc 在有截距有时间趋势项的情况下，其 ADF 值为 -4.658271，小于显著性水平 5% 的临界值 -4.008157。四个变量的 ADF 值都可以小于显著性水平 5% 的临界值，且 DW 值接近 2，这表明四个变量的一次差分序列都是平稳的。四个变量的一次差分序列都具有一阶单整性。接下来我们进行协整检验。

5.4.4 协整检验

非平稳变量具有协整关系才可以直接用普通最小二乘法回归分析，否则是伪回归。

而根据单整分析，数据完全符合做协整检验的三点要求。第一，具有四个变量，符合大于或等于两个变量的要求。第二，被解释变量的单阶整数为一，小于等于解释变量的单阶整数。第三，三个解释变量的单整阶数相同，都为一。

四个变量的协整检验结果如表 5.5 所示。

表 5.5　协整检验结果

Series: LNX1JG LNX2CZ LNX3NC LNYXL

Lags interval (in first differences): 1 to 1

Unrestricted Cointegration Rank Test (Trace)

Hypothesized No.of CE(s)	Eigenvalue	Trace Statistic	0.05 Critical Value	Prob.**
None*	0.923148	63.72461	40.17493	0.0001
At most 1*	0.793519	32.93407	24.27596	0.0032
At most 2*	0.543558	14.00352	12.32090	0.0259
At most 3*	0.317960	4.592000	4.129906	0.0381

Trace test indicates 4 cointegrating eqn(s) at the 0.05 level

* denotes rejection of the hypothesis at the 0.05 level

**MacKinnon-Haug-Michelis (1999) p-values

Unrestricted Cointegration Rank Tesk (Maximum Eigenvalue)

Hypothesized No.of CE(s)	Eigenvalue	Max-Eigen Statistic	0.05 Critical Value	Prob.**
None*	0.923148	30.79054	24.15921	0.0055
At most 1*	0.793519	18.93058	17.79730	0.0336
At most 2*	0.543558	9.411516	11.22480	0.1025
At most 3*	0.317960	4.592000	4.129906	0.0381

Max-eigenvalue test indicates 2 cointegrating eqn(s) at the 0.05 level

* denotes rejection of the hypothesis at the 0.05 level

**MacKinnon-Haug-Michelis (1999) p-values

从以上的检验结果我们可以看到，63.72461 大于 40.17493，且伴随概率 0.0001 小于 0.05，30.79054 大于 24.15921，且伴随概率 0.0055 小于 0.05。这说明 $lnYxl$、lnX_1jg、lnX_2cz、lnX_3nc 四个变量存在协整关系。因此我们接下来使用最小二乘法来建立回归模型。

5.4.5 建立回归模型

四个变量之间的关系可以表达为以下函数式：

$lnYxl=1.066194lnX_1jg-1.242279lnX_2cz+1.254592lnX_3nc+0.573530$

方程的拟合度（R^2）为 0.33，F 检验的值为 1.63。

方程的拟合度并不高，由于能力所限，在做了很多工作后，依然只能维持现状。但是从现有的方程来看，随着少儿图书价格的上升，少儿图书的销量是上升的；随着城镇居民收入的上升，少儿图书的销量是下降的；随着农村居民收入的上升，少儿图书的销量是上升的。

第六章 模型解释、建议与本文的不足

6.1 模型解释

虽然方程的拟合度不高,但从现有方程看,随着少儿图书价格的上升,少儿图书的销量是上升的,这似乎是不符合常理的,但是恰好符合了我们前面所分析的那样,少儿图书的价格和少儿图书的销量之间存在着微弱的,甚至是不符合常理的联系。这也印证了少年儿童及其家长在选择图书的时候,价格并不是其要考虑的主要因素,内容才是,并且也和在现状中分析到的少儿图书是缺乏价格弹性商品,所以出版商总是会选择提高图书价格不谋而合。因为提高价格并不影响销量。

随着我国城镇居民收入的上升,少儿图书的销量是减少的,这也是不符合一般规律的情况。图书属于精神消费品,所以按道理而言,应该是随着收入的上升,需求量是上升的。但是根据我们的分析,我国占很大比例的少年儿童不喜欢读书,读书的目的性太强,缺乏以读书为乐的前提,所以当家长的收入达到一定的水平时,少年儿童对于图书的需求却没有出现相应的提高,甚至由于吸引力下降和饱和而出现收入增加而下降的趋势。

而随着我国农村居民纯收入的上升,少儿图书的销量是增加的,这也许是因为两方面的原因,一是农村居民的收入水平并没有城镇居民的高,少年儿童对于图书的需求还没有达到饱和的状态,二是由于国家2005年前后就开始在我国广大的农村地区推行"农家书屋"政策。

至今为止,"农家书屋"已经不仅仅是解决农民"买书难、借书难、看书难"的问题的一所小屋了,为了在农民间形成良好且浓厚的读书氛围,国家还借此机会开展了一系列丰富多彩的活动,通过一系列行之有效的做法来引导农民群众读书、用书。比如,各地纷纷开展"农民读书节",通过宣传和表彰农民在读书、用书中涌现出来的典型人物和先进事例,进一步激发农民读书热情;再比如开展"对我帮助最大的一本书"读书征文活动和知识竞赛、演讲比赛等。农民的读书兴趣提高了,愿意用多出来的收入来购买图书丰富自己的生活,显然少儿图书的销售也是受益者之一。

6.2 分析结论

通过上文所有的分析，我们可以得出结论：价格不是影响少儿图书市场消费需求的主要因素，家长及少年儿童在选取图书时最看重的是图书的内容；随着收入的增加，少儿图书的销量也不一定是增加的，这主要和少年儿童的阅读兴趣有关系；政策方面人口政策并不一定影响少儿图书市场的消费需求，教育政策则一定会影响。

6.3 建议

通过以上分析，我们对少儿图书出版市场健康发展提出以下三条建议。

6.3.1 从国家角度而言，要继续推行阅读政策及教育政策

由于居民整体对于阅读兴趣的缺乏，国家开始越来越重视居民的阅读问题，除了2004年就开始的农家书屋，近些年陆续开展各式各样的"全民阅读"活动，对于少儿图书更是如此。

中宣部、新闻出版总署于2009年4月5日联合印发了《关于进一步推动做好全民阅读的通知》，为了提高少儿出版与少儿阅读，通知中有一系列关于少儿图书和少儿阅读的活动与要求，包括"与孩子一起阅读""让我们在阅读中一起成长"等全国范围内的少年儿童阅读主题系列活动。对于乡村的青少年，将组织流动的图书车直接开到西部的贫困地区去，不然当地的青少年会出现无书可看的情况。另外，国家将继续开展已经运作很成熟的向全国青少年推荐百种优秀读物的活动。但是现在我们看到的现象是，少年儿童对于阅读的兴趣依旧不大，这就需要国家继续做积极的引导，在政策上继续为少年儿童阅读保驾护航。

教育也是影响图书消费的重要影响因素。想要让更多的少年儿童阅读少儿图书、消费少儿图书，国家的教育政策也必须给予有力的保障。

6.3.2 从出版社来看，要注意图书的内容

从前文的分析来看，家长及少年儿童对于图书的价格并不敏感，他们真正关心的是图书是否是由老师或者学校推荐，以及图书的内容简介如何。所以图书的内容问题是一个值得关注的大问题。

有好的故事，有好的图画，具有健康向上积极的内容，才是少儿图书至关重要的事情，这是我们最不应该忘记的事情，否则无论首先去关注什么都将是本末倒置。艾格蒙特出版社营销总监麦克·理查德说过："为什么孩子喜欢图书呢，那

必然是由于图书中有相当好的内容。资深童书出版人马特·洛克认为，必须要依靠好的内容，才能让出版社或者经销商真实有效地抓住读者的心。

毕竟少儿图书，内容为王。

6.3.3 从家长的层面来看，要为少儿创造良好的阅读氛围

少儿图书出版发展得是否良好并不仅仅是国家以及出版商的事，家长意识到，少儿图书出版物是自己孩子的精神食粮，少儿图书出版市场发展好了，孩子才能真正从读书中受益。从前文的分析来看，家长最主要要做的，就是提高孩子的阅读兴趣。

这是一项巨大的工程，并非短时间内就可以完成的。有了国家的政策保证，有了出版社和经销商的好内容，想要让孩子喜欢上阅读，家长也要为少儿创造良好的阅读氛围。

打铁还需自身硬，想要让自己的孩子真正喜欢上阅读，首先家长要做的就是意识到阅读对于孩子的一生来说，都是一件重要的事情，培养阅读兴趣是一件特别重要的事情，好的阅读体验将会影响孩子的一生，而少儿时期是培养孩子的阅读兴趣和学习习惯的关键阶段。好的阅读体验和阅读习惯将会为孩子一生的学习生活奠定基础。其次，就是家长要首先为孩子做出表率，多读书，读好书，为孩子树立一个良好的榜样形象，带动自己孩子对于阅读的兴趣。

如果全体家长都积极地行动起来，去关注和重视对于自己孩子阅读习惯和能力的培养，并且为自己的孩子营造良好的读书环境，那么我相信，受益的将不仅仅是中国少儿图书出版以及少年儿童本身。

6.4 本文的不足之处

少儿图书的消费需求研究是一个繁杂，但是具有研究意义和价值的研究课题，随着国家和人们的重视，一定会有越来越多的人加入这个研究中来。但是，由于本人能力有限，仅从本文来看，还有许多不足，值得继续探讨。

一是变量的量化，由于政策等因素不能找到很好的量化的办法，所以只能遗憾地仅仅从文字上分析，而不能将其引用到模型中来，但是政策因素又的确实实在在地影响了少儿图书的消费需求。

二是数据的搜集，还是需要从多方面多角度去搜集数据。在了解到搜寻可以使用的、有效的数据是多么有难度的一件事情之后，笔者已经做好了充分的思想准备，在搜集数据的时候也下了很多功夫，花费了大量的时间和精力，从很多渠

道搜集数据，但是由于客观条件所限，如统计口径的变化等，导致数据的关联性不好，样本不足。

三是理论上还有待于继续创新，在本篇论文中，我们仅仅是基于经典的微观经济学理论建立对我国少儿图书消费需求影响因素进行分析，并对其中的影响因素进行量化分析，但这样做是远远不够的，其中的一个后果就是模型的拟合度不高，拟合度不高也许是由于缺乏了关键变量，但是由于能力有限，在做了大量的工作后，依然只能维持现状，并且对其中的一些现象的解释也仅仅停留于猜测阶段。

笔者意识到，要想研究透彻我国少儿图书消费需求的影响因素这个复杂的课题，还有许多的工作需要去做。

参考文献

[1] 高鸿业. 西方经济学[M]. 北京: 中国人民大学出版社, 2010.

[2] 李春成. 英国少儿图书的出版营销策略[J]. 出版经济, 2003(7): 47-49.

[3] 蔡宝妹. 中法少儿图书出版比较[J]. 编辑学刊, 2004(6): 77-80.

[4] 范听悦. 俄罗斯少儿图书出版现状与分析[J]. 出版参考, 2008(16): 35.

[5] 谭旭东. 香港少儿图书出版状况[J]. 出版广角, 2006(7): 52-53.

[6] 徐凤梅. 香港少儿图书出版状况[J]. 出版参考, 2007(30): 13.

[7] 陈苗苗. 对少儿图书营销的思考[J]. 中国出版, 2007(2): 27-29.

[8] 孙建江. 从市场终端数据看少儿图书出版[J]. 中国出版, 2008(6): 8-12.

[9] 张桂枝. 城乡少儿读物市场反差探析[J]. 中国出版, 2008(5): 37-39.

[10] 谭旭东. 少儿出版要为儿童塑造良好的阅读文化[J]. 出版发行研究, 2007(4): 17-19.

[11] 祝柯杨. 把握脉搏——关于青少年图书选题创新的思考[J]. 浙江青年专修学院学报, 2003(1): 11-12.

[12] 李凌芳. 中国少儿图书出版发展研究[D]. 武汉大学, 2005.

[13] 朱艳. 关于少儿图书市场开发之研究 [D]. 陕西师范大学, 2008.

[14] 李婷. 少儿阅读视角下文学类少儿图书的出版对策研究 [D]. 北京印刷学院, 2013.

[15] 李春曼. 我国少儿图书出版现状及对策研究[D]. 北京印刷学院, 2013.

[16] 李蓉梅. 2004少儿图书出版综述 [J]. 湖南科技学院学报, 2005(10): 77-80.

[17] 周艳琴. 中国少儿图书出版问题与对策研究[D]. 兰州大学, 2009.

[18] 吴璇. 少儿图书的需求分析与品牌取向[J]. 辽宁经济职业技术学院学报, 2014(1): 27-28.

[19] 周翼. 少儿图书市场知多少——少儿图书市场特点及其影响因素分析[J]. 出版广角, 2012(11):54-55.

[20] 黄萃. 中国少儿图书出版产业发展研究 [D]. 陕西师范大学, 2010.

[21] 孟昌. 基于SWOT分析的我国少儿图书出版的发展战略研究[D]. 湖南师范大学, 2008.

[22] 程彬, 鲁金华. 浅谈少儿图书选题策划的四个取向 [J]. 中国出版, 2008(6): 17-19.

[23] 魏东晓. 近十年少儿引进版图书研究[D]. 河南大学, 2008.
[24] 吴璇. 少儿图书的需求分析与品牌取向 [J]. 辽宁职业技术学院学报, 2007(4)：17-19.
[25] 杨鹏. 2007年少儿畅销书揭秘 [J]. 出版广角, 2008(1)：25-29.
[26] 王莹. 湖北少儿社低幼图书叩开欧美大门 [N]. 中国新闻出版报, 2007.12.17.
[27] 杜晓燕. 少儿出版社发展的途径[J]. 出版发行研究, 2009(2)：25-26.
[28] 杨为民. 少儿社:你的增长点在哪里[N]. 中国新闻出版报, 2002.02.04.
[29] 王曦. 少儿图书价格的经济学评述 [J]. 出版发行研究, 2006(12):41-44
[30] 郝振省. 2004—2005中国出版业发展报告 [M]. 北京：中国书籍出版社, 2005.
[31] 冯祎. 北京市城镇居民文化消费实证分析 [D]. 北京交通大学, 2012.
[32] 李治堂, 张志诚. 我国图书市场需求的实证分析 [J]. 现代情报, 2004(1):27-32.
[33] 曼昆. 经济学原理微观经济学分册 [M]. 北京:北京大学出版社, 2010.
[34] 王化兵. 少儿图书市场分析[J]. 出版参考, 2009(6):3
[35] 丁希如. 图书定价制度比较研究[J]. 中国出版, 2011(2):43-45.
[36] 孙建江. 从市场终端数据看少儿图书出版[J]. 中国出版, 2008(6).
[37] 陈苗苗. 2008年少儿出版：互动式营销反向构造产品结构[J]. 出版广角, 2009(3):20-24.

（本文作者：陈尼佳）

"O2O"商业模式中的从众行为研究

摘　　要

互联网的出现与发展对个人的生活习惯与消费形态产生了巨大的影响，同时对社会经济的发展也产生了重要影响。基于互联网的发展，O2O商业模式作为一种新兴的商业模式在我国发展迅速。这种利用互联网平台，将线上受众带至线下消费的模式，近年来十分受消费者的喜爱。目前国内各领域学者对O2O模式的研究主要从O2O模式的现状、运营方式、发展中存在的问题及发展趋势等方面进行，较少对该模式中受众的从众行为进行实证研究。

本文以我国O2O模式中的受众作为研究对象，以问卷的形式进行数据收集，将收集到的217名受众的信息作为实证研究的研究数据，通过SPSS软件对数据进行统计学分析，对O2O模式中受众的从众行为进行了多因素分析。

实证研究结果发现：

1.影响从众行为的个人特性主要有四个因子，分别是"高度自我监控"、"自信"、"公众自我意识"和"顺从性"。经单因素分析结果显示，受测人群中男性比女性从众行为程度更明显；各年龄段人群从众行为没有显著性差异；自信程度越高、越懂得自我反省的受测者从众程度越高。

2.受众的群体性特性对从众行为的影响主要受"群体综合特性"这一个因子影响。经过LSD事后检定，说明从众行为程度在群体综合特性的因子上都存在差异，且从众行为程度越高的，在群体综合特性因子上的得分越高，说明群体综合特性越强，从众行为程度越高，所以群体特性对从众行为程度有显著影响。

3.通过回归方程证实，从众行为程度中的指标"我曾听从别人意见购买某样'O2O'产品，并感到满意"对受众的购买行为发生频率会产生影响。

针对研究结论，笔者提出了相应的研究建议，这其中包括引导受众根据自身实际需求进行O2O消费；增强受众在参与O2O活动时的自信；降低吸引性对受众的影响。

关键词：O2O商业模式；个体特性；群体特性；从众行为

Abstract

The emergence and development of the Internet has huge impact on personal habits and consumption patterns, as well as social and economic development. As a new business model, O2O business model has developed rapidly in our country based on the development of the Internet. This kind of Internet platform has been very popular among consumers in recent years, which brings the online audience to offline consumption. Domestic research scholars study O2O model mainly from aspects of the status quo O2O mode, operating mode, the development problems and trends, however few empirical studies are carried out about herd behavior of this model.

This paper uses the audience in O2O model as the research object, carries out data collection in the form of questionnaire, uses the collected information of 217 audiences as research data of empirical study, and conducts statistical analysis by SPSS software and multivariate analysis of herd behavior of the audience in O2O model.

Empirical study results show that:

1.There are four main factors that affect personal characteristics of herd behavior, including "high self-monitoring," "confidence," "public self-consciousness" and "compliance". Then, the single factor analysis shows than among all the audiences, herd behavior of male is more obvious that of female; there are no significant differences in herd behavior between different age groups; there is higher extent of herd behavior among people who are more confident and self-reflective.

2.Audience herd behavior affected by the population characteristics is mainly caused by one factor of "group integrated nature". LSD test afterwards indicates that there are differences between the degrees of herd behavior because of factors of integrated group natures: the higher degree of herd behavior, the higher scores of factors of integrated group and the stronger comprehensive group characteristics which leads to the higher degree of herd behavior. So the population characteristics have a significant influence on the degree of herd behavior.

3.The regression equation confirms that, the index of the degree of herd behavior, "I once bought O2O product according to other's opinion and I felt satisfied", will affect frequency of buying behavior of the audience. The proposed research conclusions are: guiding audiences in O2O consumption according to their actual needs; enhancing audiences' confidence in participation of O2O activities; reducing the impact of attraction on audiences.

Key words: O2O business model; Individual characteristics; Population characteristics; Herd behavior

目 录   CONTENTS

第一章　绪论 577
　　1.1　研究背景 577
　　1.2　研究意义 578
　　1.3　研究对象 579
　　1.4　研究方法 579
　　1.5　研究内容 580

第二章　文献综述 582
　　2.1　O2O 模式 582
　　2.2　从众行为 584

第三章　研究架构与假设 589
　　3.1　研究架构 589
　　3.2　研究假设 589
　　3.3　问卷设计 589
　　3.4　研究样本 590

第四章　实证分析 591
　　4.1　信度分析 591
　　4.2　描述性统计 592
　　4.3　个人特性与从众行为程度分析 595
　　4.4　群体特性与从众行为程度分析 601
　　4.5　个人特性和群体特性对受众从众行为单因素分析 604
　　4.6　从众行为程度对受众 O2O 网络购买行为的影响分析 609

第五章　研究结论与建议 611
　　5.1　研究结论 611

5.2 研究建议 612
5.3 研究创新点 613
5.4 研究局限与未来展望 613

参考文献 614

第一章 绪论

1.1 研究背景

互联网的普及使得人们获取信息变得更加迅速、便捷，这不仅影响到个人生活的变化，甚至使整个社会都发生了很大的变化。得益于互联网的支持，使我们每个人都能快捷地获得我们需要的信息，同时使个体与个体间的沟通更加方便。全世界每个角落的人都能够会聚于同一个网络社区进行交流、讨论。在互联网上，人们可以分享文字、视频、图片等多种信息。

互联网作为一种新媒体比历史上任何一种媒体的发展速度都要快。根据中国互联网信息中心（INNIC）的统计显示，截至2013年12月，中国网民规模达到6.18亿，占全国总人口的45.8%[1]。相对于欧美发达国家73%的互联网普及率，中国的互联网普及率还会进一步提高。这对于基于互联网发展起来的O2O商业模式来说是一个利好消息。

一般而言，O2O商业模式，是利用互联网作为媒介平台，将互联网上的受众带至线下的实体店进行消费活动的过程。这种商业模式的特点是在互联网上付款或预约后，根据商家提供的消费凭证到线下的实体店完成体验式的消费行为。O2O模式与同样在线上进行付款消费的B2C模式的不同点在于，B2C模式的消费产品往往是一个实体物件，商家可以通过快递的方式将商品邮寄给受众；O2O产品多是一种体验式的消费活动，需要受众在线下的实体店完成消费活动。

速途研究院《2013年中国O2O市场分析报告》显示出，2013年国内O2O市场规模同比增长108.6%达到987亿元[2]。从投资市场的情况来看，投资者一直以来重视移动互联网市场，尤其是O2O模式的相关企业。对O2O企业的投资方向主要集中在团购网站、旅游消费网站、本地服务类网站。

中国当前的互联网发展速度与电子商务环境呈现出良好的状态，笔者认为O2O商业模式目前在中国具有发展潜力。主要原因有以下几点：第一，中国网民基数大，截至2013年12月，中国网民规模已突破6.18亿，其中超过半成的网民参与网络购物，

---

[1] 中国互联网信息中心. 第33次中国互联网络发展状况统计报告，2014年1月，第15页.
[2] 速途研究院. 2013年中国O2O市场分析报告，2014年2月.

网络购物人数达到3.1亿人。第二，O2O市场经过两年多的发展，发展规模日趋成熟，得到了资本市场的关注并获得大量注资。第三，O2O模式作为一种新的商业模式，吸引了大量的消费者参与购买，目前已培养了一大批成熟的消费者。

网络平台的开放性与便捷性使得O2O购买更加容易，受众通过网络能够不受空间限制把握线下的购买信息。在购买过程中，从众心理是人们热衷于购买O2O产品的深层原因。在选购O2O产品时，消费者往往更容易选择购买人数多的产品。对于购买人数少的产品，消费者通常是持观望态度。同时，购买者的评论与消费者之间的相互沟通也是影响购买的因素。消费者在购买过程中体现出来的是一种"从众行为"。互联网的全方位覆盖使得网络环境形成了大大小小的网络社区，网络社区形成了一种虚拟的社会群体，群体的意见与评论影响着受众的购买行为，值得深入探讨研究。

目前，学者对我国的O2O商业模式的研究尚处于起步阶段，一部分学者将O2O模式的研究重点放在O2O模式的解释、O2O模式现状的阐述、O2O模式发展过程中存在的问题等方面；一部分学者侧重于研究例如商家信用、信任等影响因素对消费者购买行为的影响。对受众购买过程中的从众行为研究较少，受众的个人特性和群体性特性对从众行为具有影响，从而影响购买行为。对于受众从众行为的研究有利于清晰地了解O2O购买过程中的购买动机，对引导受众消费和促进O2O行业的发展具有理论意义和现实意义。

1.2 研究意义

伴随着信息技术的发展，人们对互联网的使用越来越频繁。数据显示，2013年我国O2O商业模式的市场规模已达到986亿元[①]。O2O商业模式广阔的市场前景吸引了各大互联网、传媒集团纷纷加入其中，国内知名互联网公司诸如百度、阿里巴巴、腾讯都已在O2O市场排兵布阵，抢占有效的市场份额。

O2O商业模式在中国的快速发展给了我们更多的了解该商业模式的机会。通过对O2O商业活动的观察与研究，笔者发现，由于互联网上的O2O消费平台一般是第三方平台，在产品购买过程中消费者不能直接接触到提供产品的商家，无法就产品的问题与商家进行沟通；同时，由于O2O产品是线下体验类的服务产品，消费者在互联网上不能直接接触产品。因此，消费者在互联网上购买O2O产品通常会以其他消费者的购买决策作为参考标准，在购买过程中从众行为对购买决策产生了重要影响。

---

① 速途研究院. 2013年中国O2O市场分析报告，2014年2月.

本论文通过研究O2O市场中从众行为对消费者购买的影响程度,能够对消费者的购买行为起到理性指导的作用。消费者在购买O2O产品过程中,考量商家提供的产品信息、参考以往消费者的购买信息后做出决策,能够从一定程度上降低购买的风险。从众行为能够帮助消费者在购买O2O产品时做出有效的决策,然而目前我国的O2O市场仍然处于起步阶段,互联网平台对产品质量的把控能力相对缺失,这也是近期新闻报道频频出现O2O消费者购买到劣质产品的原因之一。因此,本论文也希望消费者能够理性看待从众现象,从而减少在O2O产品购买过程中的盲目从众带来的损失。同时,对消费者从众行为的研究也给商家在营销环节采用何种方式吸引消费者提供了一些参考,使得商家注意到消费者的从众行为对购买决策的影响,关注那些引起从众行为的因素,通过合理布局,优化这些因素从而提高消费者的购买意愿。

1.3 研究对象

本论文主要从O2O模式受众的个人特性和群体特性探讨从众行为的主要因素,因此,本论文将选取一些O2O商业活动中的受众作为研究对象。

本论文的研究目的是在O2O商业模式下,考量受众的个人特性和群体性特性对从众行为的影响。通过对现有文献的梳理发现,对受众从众行为的影响因素主要包括个人特性、群体特性、情景效应和品牌效应[1]。国内有学者研究认为,O2O购买环境下受众的个人特性(受众自我意识、高度自我监控、自信、顺从性、认知澄清度)对受众从众行为影响显著。受众在进行O2O购买活动时,受众的"受众自我意识"、"高度自我监控"与"顺从性"越具有正向性,或者"自信"与"认知澄清度"越具有负向性时,受众在做出购买决策时越容易趋向于从众。同时,群体性特性(群体综合特性)对受众O2O购买活动中的从众行为影响显著。在受众的O2O购买活动中,受众的"群体综合特性"越具有正向性,受众在做出购买决策时越容易趋向于从众。所以,本论文主要研究参与O2O购买活动受众的个人特性与群体性特性对从众行为的影响。

1.4 研究方法

本论文使用了传播学研究方法中的演绎法对研究问题进行研究分析,以学术前辈提出的成熟理论作为研究依据,根据本研究的研究内容提出假设,继而采用

---

[1] Lascu, N. D., Zinklian G. Consumer Conformity: Review and Application for Marketing Theory and Practice [J]. Journal of Marketing, 1999, 7(3).

实证研究方法，对假设的成立与否进行检验。本论文研究思路为提出问题、分析问题、实证研究解决问题。在具体的研究过程中，本论文使用了如下几种研究方法。

第一，文献分析法。研究过程中，通过广泛阅读国内外相关领域的文献资料，对以往学者研究受众从众行为的研究方法和结论做了总结，以以往学者的研究成果为基础，借鉴前人的研究方法，构建出本论文的理论框架，设计出本研究的假设模型，使得本论文在理论支撑方面得到保障。

第二，实证研究法。通过阅读以往学者成熟的量表后设计出本论文的调查问卷，问卷主要对受众基本信息、个人特性、群体性特性及从众程度做了测量。在保证问卷信度的基础上，利用SPSS18.0统计软件对搜集到的数据进行了分析验证。

第三，归纳分析法。本论文在结合理论研究，实证分析的基础上，利用传播学研究方法中的归纳法归纳分析出本论文的研究结论。

1.5 研究内容

本论文分为五个章节，其中第二章节到第五章节为本论文的主体部分，结构如下。

第一章：绪论。本章节主要对论文的研究背景、研究意义进行系统阐述；对论文的研究对象、研究内容和研究方法等方面进行了介绍，用图表的形式描述了论文的框架结构。

第二章：文献综述。本章由两部分组成，第一部分对O2O商业模式的文献进行了概括和分析；第二部分对从众行为的文献进行整理分析。

第三章：研究架构与假设。本章节根据O2O商业模式的特点结合从众行为理论构建了受众从众行为模型，同时提出了相应的假设；对问卷设计做了详细的说明，介绍了样本的选择和样本的采集情况。

第四章：实证分析。该章节运用SPSS18.0对收集到的数据进行处理，对数据的信度做了测量；对采集到的样本的个人基本情况做了描述性统计；运用Bartlett球形检定和KMO检定技术对受众个人特性与群体性特性做了因子分析；运用Logistic回归方程对受众从众行为程度进行了测量分析。

第五章：研究结论与建议。本章节对第三章提出的研究假设进行了论证分析并进行了讨论；根据研究结论提出了相应的研究建议。同时指出了本论文在研究过程中的不足，希望在后续的研究过程中能够克服困难，取得更理想的研究结果。

本论文的研究框架，如图1.1所示。

```
┌──────────────────┐
│ 研究背景与研究意义 │
└────────┬─────────┘
         ↓
   ┌──────────┐
   │ 文献综述 │
   └────┬─────┘
    ┌───┴───┐
    ↓       ↓
┌─────────┐ ┌────────┐
│O2O商业模式│ │从众行为│
└────┬────┘ └───┬────┘
     └────┬─────┘
          ↓
  ┌──────────────┐
  │ 研究架构与假设 │
  └──────┬───────┘
         ↓
    ┌─────────┐
    │ 样本采集 │
    └────┬────┘
         ↓
    ┌─────────┐
    │ 实证分析 │
    └────┬────┘
         ↓
  ┌──────────────┐
  │ 研究结论与建议 │
  └──────────────┘
```

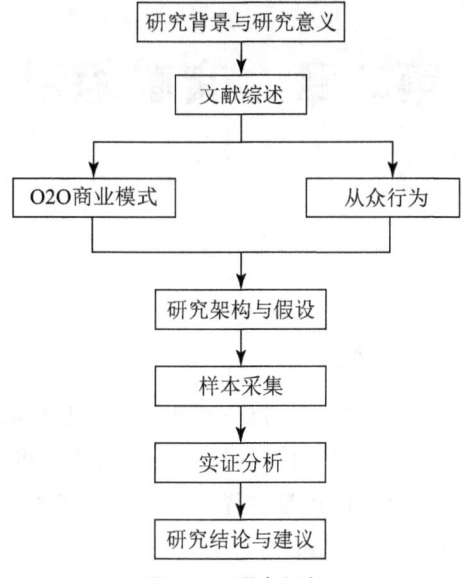

图 1.1　研究框架

第二章 文献综述

2.1 O2O 模式

2.1.1 O2O 模式的概念

伴随着互联网信息技术的快速发展，现实生活与互联网之间的互动越来越频繁，网络成为人们生活越来越重要的信息平台，生活服务不断向移动互联网化迈进。基于互联网的支持，互联网上的虚拟世界与线下的现实生活之间的互动形成了一种新的商业模式，即 O2O 商业模式。

O2O 这一概念最早由美国人 Alex Rampell 提出。10 岁就已经开始运营公司的 Alex Rampell 一直专注于互联网销售，2006 年他创办了新公司 TrialPay，该公司以向受众提供免费的虚拟商品获得受众的信息，从而向受众推送 GAP、NETFLIX 等购物网站的广告，受众通过广告链接进入购物网站购买商品后，TrialPay 会获得相应的佣金[①]。截至 2012 年底，TrialPay 的收入超过 5000 万美元，该公司目前拥有 130 名员工。

2010 年，美国当时非常火的团购网站 Groupon 引起了 Alex Rampell 的注意，他在分析了 Groupon 的运营模式和盈利模式后，发现这是一种全新的商业模式，经过不断地研究探索，Alex Rampell 于同年 8 月提出了 O2O 的概念。Alex Rampell 认为，这种全新的商业模式很好地让线下市场与线上受众对接，形成了一个从线上到线下的商务模式，因此 Alex Rampell 将这种模式定义为"线上—线下"商业模式（Online to Offline），简称"O2O"模式。

O2O 模式将线下的商业机会与互联网有机结合到了一起，互联网在 O2O 模式中扮演着广告平台和交易平台的角色。线下的产品或服务通过互联网进行传播，受众可以更加轻松、快捷地筛选产品服务。同时，成交结算可以在互联网上完成，使得这一商业模式的规模很快得到扩大。

Alex Rampel 所定义的 O2O 商业模式的核心在于：在线上的网民中寻找潜在消费人群，完成预先的支付或预约后，将他们带至线下真实的商店中。基于这种

---

① 董宇轩. 浅析电子商务 O2O 模式发展问题及对策 [J]. 科技资讯，2014(16): 14-15.

消费付款的方式，每一笔O2O的成交订单都是可计量的，这样一种在线支付的方式对企业量化业绩和完成交易带来了帮助。

随着O2O商业模式近几年的持续发展，O2O商业模式已经不单纯是原来"线上—线下"（Online to Offline）的单一模式，目前增加了"线下—线上"（Offline to Online）、"线上—线下—线上"（Online to Offline to Oline）、"线下—线上—线下"（Offline to Online to Offline）这几种新的方向。但是，O2O商业模式的本质是面向本地化的生活服务领域，实际上是本地生活消费移动互联网化的过程，就这一点而言，以上几种新模式没有改变O2O的本质。这种将本地生活消费移动网络化的过程，使得原有的消费行为发生了改变，从而改变了消费者的消费习惯。

O2O市场在中国的发展起源于网络团购的出现。2010年，效仿美国Groupon的团购网站出现在国内市场，之后国内团购网站形成了井喷的局面。团购网站在2011年前后出现数量剧增的局面，2010年第三季度，国内的团购网站总数有400余家，但这个数字到了2011年第二季度被刷新至5000家，10个月内以10倍的速度规模迅速壮大[①]。由于媒体的持续关注，资本市场大量资金注入网络团购市场，各大型团购网站将业务覆盖至了所有的一二线城市，三四线城市也相继出现了为数众多的小型团购网站。

2.1.2 O2O模式的传播特点

O2O作为一种新型的模式，以互联网络作为中间平台，具有明显的特点，具体表现在：

（1）传播模式简单而且清晰，网站是受众和商家的传播媒介。

（2）O2O模式以网络传播为平台，网站作为中介，通过网站为媒介发布信息，很大程度上解决了传统模式下受众和传播者信息不对称的状况。

（3）鼓励受众采取人际传播的方式，分享产品信息，并提供相应的传播工具。受众为了达到目的（买到质优价廉的产品），利用传播媒介（微博、微信、社区网站）和新媒介传播平台（如手机视频等）进行信息（产品）的交流，从而产生了虚拟社会网络的人际传播效果，体现了社会性网络服务（SNS）口碑营销的魅力，实现了整合营销。

2.1.3 O2O模式当前研究综述

我国O2O商业模式发展尚属刚刚起步阶段，研究O2O商业模式的著作较少，

---

① 武汉大学媒体发展研究中心.中国媒体发展研究报告，2010年11月．

且主要以介绍该模式的发展现状与运营策略为主。张波在《O2O：移动互联网时代的商业革命》一书中对O2O商业模式中对企业的运营流程做了介绍；同为其所著的《O2O实战：二维码全渠道营销》一书则以案例的形式对O2O商业模式中的营销策略进行实证分析，为学术界研究O2O商业模式提供了依据[①]。

笔者通过知网数据库对目前国内O2O商业模式的研究文献进行了梳理，发现目前国内学者对我国O2O商业模式的研究大多从该模式发展现状与存在的问题方向入手进行研究，相关文献多以介绍性内容为主。

王娜在《电子商务中的O2O模式》一文中，介绍了O2O商业模式交易流程，同时以案例分析的形式介绍了国内O2O商业活动的成功案例[②]。

赵天唯在《电子商务O2O模式发展对策》一文中对目前我国O2O商业模式中存在的问题进行对策分析，认为应该进一步健全O2O企业的诚信机制，从而提高消费者黏度[③]。

李巧丹在《O2O体验式营销模式探索》一文中认为将来O2O商业模式的核心竞争力在于对本地化服务的运营能力上，因此在大数据时代对消费者的消费偏好进行分析统计，使企业的用户定位更加准确是O2O企业发展的关键[④]。

由于O2O商业活动主要以本地化服务类体验式消费为主，因此目前尚没有国外学者对我国的O2O商业模式进行研究。笔者对相关研究文献梳理分析后认为，对于O2O商业模式的研究应该从更深层面挖掘，例如本论文将结合经济学、社会学、传播学等相关学科理论，分析从众行为对O2O商业模式的影响。

2.2 从众行为

2.2.1 从众行为的定义

当人们在完成自己的任务或做自己的事情的时候，经常会以他人作为模仿对象，参照他人的行为完成自己的事情，这种现象即被认为是从众现象。从众现象普遍存在于个人或群体对某些问题的决策环节当中。20世纪30年代美国心理学家谢里夫和阿施发现这一心理现象，谢里夫和阿施通过反复试验证实了从众心理的

---

① 张波. O2O：移动互联网时代的商业革命，O2O实战：二维码全渠道营销[M]. 机械工业出版社，2013年2月第一版.

② 王娜. 电子商务中的O2O模式[J]. 山东行政学院学报，2012年5月，第76-78页.

③ 赵天唯，盖营. 电子商务O2O模式发展对策[J]. 现代交际，2013年3月，第139页.

④ 李巧丹. O2O体验式营销模式探索[J]. 电子商务，2012年9月，第28-29页.

存在，之后大批学者对谢里夫和阿施的实验进行研究，证实从众行为的缘由与动机。20世纪50年代之后，一些学者将从众行为的定义扩展到了社会学、营销学等领域，研究从众行为的影响因素，即个人因素、群体因素、品牌特征、情境特征对从众行为的影响。

20世纪50年代以来，国内外学者纷纷对从众行为做出了定义，笔者梳理如下（见表2.1）。

表2.1 国内外学者对从众行为的定义

作者	年份	定义
所罗门·阿施	1953	从众是面对错误的群体主张，个体仍然服从群体的意见
艾伦	1965	从众是在群体的压力下产生的一种现象，个人会受到群体成员的影响
克斯勒	1968	个体在群体的压力下，会改变自己的决策以保持和群体的一致性
Seharfstein &Stein	1990	投资人将自己掌握的信息忽略，只做大多数都做的事情
维克尔	1994	消费者在购买过程中，为了保持与群体成员的一致性，改变原有的购买意愿而做出与群体一致的购买决策
阿隆索	2002	个人或群体的压力改变了个体的行为或选择
张胜康	1999	在群体的压力下，放弃自己原有的想法和群体保持一致
曹虹剑	2003	消费者以多数人的消费决策为参考，使自己的消费行为与多数人趋于一致
宋官东	2006	主体受到客体的影响而做出与客体一致的行为

2.2.2 社会心理学相关理论

在社会影响当中，个体因受到的影响程度不同，所体现出不同的受影响层次，主要分为三个层次。第一，个体为了避免社会惩罚或得到社会报酬，在公开的社会场合中表现出对别人的顺从，但在私下里仍然坚持自己的想法；第二，个体受到群体的吸引，在群体吸引持续存在的情况下，个体会将自己的行为与群体保持一致；第三，群体从理性层面说服个体，在这种情况下，个体会持续保持与群体的一致性[1]。

从众行为根据社会影响程度的不同分为以下三类，从众、顺从和服从。从众是指个体维持或改变原有的行为标准，使个体的行为与群体相一致；顺从是指个

---

[1] Kemlman, H. C.(1958). Compliance, Identification, and Internalization:Three Process of Attitude Change. Journal of Conflict Resolution,2,51-60.

体在行为上表现出与群体的一致性，但在思想上并未发生改变；服从是指个体从行为和思想上追求与群体的一致性[1]。

群体对个体的影响分为两种形式，信息性影响和规范性影响。信息性影响是指个体在群体活动中接收他人的真实信息，从而对个体的行为产生影响。信息性影响的产生与群体的专业化程度密不可分，在此过程中，群体的专业水平越高时，即群体中的专业人士越多，群体对个体越具有信息性影响；规范性影响是指个体屈从于群体的意见。规范性影响在产生过程受到群体人数多少的影响，即群体人数越众多，对个体越具有规范性影响。

2.2.3 从众行为的相关文献

在我们的日常生活当中，很容易出现从众现象，这也为各领域的学者研究从众行为创造了条件。

在群体活动中，个体与其他群体成员的接触过程，难免受到其他群体成员的影响从而在思想和行为上有所改变。从众行为根据程度的不同分为两个层次，即私下接纳与顺从舆论。私下接纳是指个体的思想受到群体的影响，从而从思想和行为上保持与群体的一致性；顺从舆论则是指个体在行为上表现出与群体选择的一致性，但思想上没有改变其原有的想法。

对从众行为的研究最早是从社会心理学领域展开的。心理学家通过实验研究从众行为的形成过程，从而揭示出从众行为产生的原因。由于从众行为在社会各领域都普遍存在，对从众行为的研究很快拓展到了社会中的其他领域，包括社会学、经济学、营销学领域的学者，分别从自身领域对从众行为进行实证研究。各领域对从众行为的研究由于研究侧重点不同而存在一定的差异性。

在研究从众行为的过程中，社会学家更注重研究个体在群体性活动中，受到来自群体的压力或影响而改变自己的行为、想法，从而使个体的行为、思想与群体趋于一致。所以，社会学领域认为从众行为是一种社会影响下的表现形式，从众行为来源于群体活动中群体对个体的影响。

在经济学领域，学者们认为产生从众行为的原因是在信息不对称的情况下，个体即使掌握了一定的信息，但由于躲避风险等原因，在行为上会做出与群体成员相一致的行为决策，这样做一定程度上能够降低决策风险。

营销学者比较重视研究从众行为对消费者购买决策的影响，消费者在购买产品的过程中，为了获得群体的认可，在决策过程中往往会选择与群体决策保持一致。

---

[1] Lippa, R. A.(1990). Introduction to Social Psychology, California: Wadsworth, Inc 521-545.

受众在 O2O 购买过程中，不仅具有一般传播模式的受众特点，而且是存在购买动机的消费者。因此，本论文以从众行为理论为依据，将 O2O 受众作为研究对象，研究受众在 O2O 购买活动中的从众行为。

2.2.4 解释从众行为的理论

以往学者主要用三种理论解释从众行为，即社会角色理论、认知失衡理论与归因理论。笔者通过文献的搜集与梳理将这三种理论概括如下：

（1）社会角色理论

社会角色理论是指在群体生活中，个体在群体中扮演着不同的角色，各种角色的行为往往根据社会地位的差别，表现出群体所期待的特定行为。该理论经常探讨诸如性别、职业的不同，对各角色的社会行为有何影响。社会角色理论强调的是群体对个体的社会角色的设定，对个体的行为和思想产生了深刻的影响。在社会活动中，个体往往被群体设定成为特定的角色，同时期待个体的行为与角色趋于一致，个体在社会活动中为了获得群体的认同，往往会选择群体期待的角色进行社会活动。如果个体在这个过程中表现出"顺从"，那么在群体中就较容易产生从众行为。

（2）认知失衡理论

认知失衡理论指的是在群体社会中，个体在某些时刻会产生思想与行为的不一致性，这种不一致性表现出的是一种矛盾性，当这种矛盾产生时，个体无法忍受这种思想与行为的不一致，会采取一些行动改变这种不一致性，使个体的思想与行为趋于一致。

在群体社会中，群体对个体有着一定的吸引力和约束力，当群体的某种思想或行为与个体不一致时，个体即会产生认知失衡感。个体为了获得群体的支持，成为群体的一员，就可能会认可群体的思想与行为，从而改变自己原有的思想与行为和群体保持一致性，在这个过程中就产生了从众行为[1]。

（3）归因理论

在社会生活中，个人经常会对自身或他人的行为原因进行推断或解释，这个过程被称为归因。在推断的过程中，个人会将该行为发生的原因归为内在归因和外在归因两部分。内在归因指的是个人行为的产生是出于个人意愿；外在归因指的是个人行为的产生是由个人之外的外部因素影响所致。归因理论在日常生活中经常出现，例如个人在购买某一件产品时，也许是出于自身

---

[1] Heider, F.(1958). The Psychology of Interpersonal Relations, New York:John Wiley.

对该产品的需求因素（内在归因），或是因为被该产品广告吸引导致购买（外在归因）。

个人在参与群体活动的过程中，如果将群体行为归结为内在归因，就比较容易产生从众行为。这是内在归因与个人的思想和行为具有一致性，将群体行为做内在归因理解，可以降低因反对群体而给个体带来的风险。

第三章 研究架构与假设

3.1 研究架构

以往学者的研究成果发现，从众行为主要受到个人特性、群体特性、情境特性和品牌特性的影响。由于O2O模式不仅是一种传播模式，同时也是一种消费行为，所以受众群体不仅具有传播受众的特征，同时也具有自己的独特特征。受O2O模式特点的影响，O2O受众在购买过程中主要受个人特性和群体性特性的影响，因此本研究主要从个人特性与群体性特性两方面对受众的购买活动进行分析，探究哪些因素对从众行为产生影响，各影响因素对从众行为的影响程度如何，研究结构如图3.1所示。

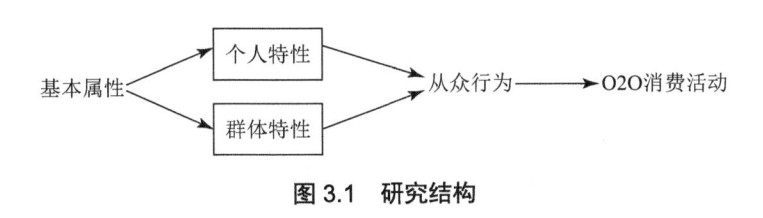

图 3.1 研究结构

3.2 研究假设

本论文主要探讨O2O模式下，受众的个人属性对从众行为的影响，同时探讨O2O购买过程中，从众行为受个人特性与群体特性中的哪些因素影响。根据研究目的，笔者提出了以下研究假设。

假设1：受众的个人特性对受众从众行为有显著的影响。
假设2：受众的群体特性对受众从众行为有显著的影响。
假设3：从众行为对受众的购买行为有显著影响。

3.3 问卷设计

本论文在问卷设计上采用封闭结构，对受测人群采用不记名的形式进行问卷测量。

在问卷开展的前期阶段，笔者发放了少量问卷进行测试，根据测试结果对原有问卷进行了修改，保证了问卷的完整性。正式问卷分为四个模块，第一模块测量了 O2O 受众的个人基本信息。第二模块对 O2O 受众的个人特性同意程度进行了测量。第三模块测量了 O2O 受众的群体属性及是否对 O2O 购买行为产生影响。第四模块测量了 O2O 受众从众行为的程度。

量表尺度采用了李克特五点衡量尺寸，即 1 代表"非常不同意"；2 代表"不同意"；3 代表"不确定"；4 代表"同意"；5 代表"非常同意"。数值越高，表示同意程度越高。

3.4 研究样本

本论文以参与过 O2O 购买活动的受众作为研究样本。为了保证样本结构的多样性，本问卷调查工作在互联网上进行，将问卷调查发布到访问人数众多的问卷调查网站进行资料收集。问卷收集工作持续 3 个月，从 2014 年 7 月 2 日到 2014 年 10 月 6 日。问卷收集环节共收集问卷 366 份，剔除其中的无效问卷 149 份，共获得 217 份有效问卷。

第四章 实证分析

4.1 信度分析

问卷调查结果分析中,对调查结果进行各项指标的分析之前首先要检测调查结果的信度,信度在可接受的范围能够证明该问卷调查样本的可靠性。

本研究采用克朗巴赫(信度)系数(Cronbach's α)对样本的可靠性进行分析。克朗巴赫系数(Cronbach's α)是学者李·克朗巴赫在1951年提出的,该信度分析方法广泛应用在社会科学领域,被认为是一种可靠的分析方法(见表4.1)。学者李·克朗巴赫认为,Cronbach's α 数值达到0.70以上可以认为信度是可接受的范围;Cronbach's α 数值介于0.70~0.98直接被认为是高信度;Cronbach's α 数值低于0.35被认为是低信度,数据结果必须予以拒绝。

表4.1 信度标准

Cronbach's Alpha 数值	标准
Cronbach's a<=0.30	不可信
0.30<Cronbach's a<=0.40	初步研究,勉强可信
0.40<Cronbach's a<=0.50	稍微可信
0.50<Cronbach's a<=0.70	可信
0.70<Cronbach's a<=0.90	很可信
Cronbach's a>0.90	十分可信

本研究通过SPSS18.0对样本的Cronbach's α 数值分析结果表明,量表的总体Cronbach's α 数值为0.913,其中个人特性Cronbach's α 数值为0.859,群体特性Cronbach's α 数值为0.827,从众行为Cronbach's α 数值为0.745,如表4.2和表4.3所示。

根据测量结果可以看出,本研究量表的各变量问题一致性和稳定性较高,总体信度和各部分信度介于可信与十分可信之间,表明本次研究样本具有较高的信度水平。

表 4.2　总体信度表

可靠性统计量		
	Cronbach's Alpha	项数
总体信度	0.913	28

表 4.3　各部分信度

可靠性统计量		
	Cronbach's Alpha	项数
个人特性	0.859	18
群体特性	0.827	6
从众行为	0.745	4

4.2　描述性统计

本研究调查对象为16～60岁人群，其中包括中学生、本科生、研究生、企业职员、自由职业者。问卷对研究对象性别、年龄、教育程度、职业、月收入情况、使用互联网时间、平均每天上网时间、一年内购买O2O产品次数、一年内花费在O2O产品上的金额做了统计。统计结果如表4.4所示。

表 4.4　O2O受众基本资料分析

项目	资料分布	人数/人	百分比/%
性别	男	102	47.22
	女	114	52.78
	合计	216	100.00
年龄	20岁以下	6	2.78
	21～30岁	94	43.52
	31～40岁	92	42.59
	41～50岁	20	9.26
	51岁以上	4	1.85
	合计	216	100.00
教育程度	小学以下	0	0.00
	初高中	8	3.70
	大学（专科本科）	186	86.11
	研究生及以上	22	10.19
	合计	216	100.00

续表

项目	资料分布	人数/人	百分比/%
职业	学生	23	10.65
	企业员工及管理人员	156	72.22
	自由职业者	18	8.33
	无业	0	0.00
	其他	19	8.80
	合计	216	100.00
月收入	1000元以下	16	7.41
	1000~3000元	42	19.44
	3000~5000元	77	35.65
	5000~10000元	65	30.09
	10000元以上	16	7.41
	合计	216	100.00
网龄	1年以内	0	0.00
	1~3年	13	6.02
	3~5年	38	17.59
	5年以上	165	76.39
	合计	216	100.00
平均每天上网时间	少于1小时	0	0.00
	1~3小时	44	20.37
	3~5小时	78	36.11
	5~9小时	81	37.5
	9小时以上	13	6.02
	合计	216	100.00
最近一年购买"O2O"产品次数	1次	11	5.09
	2次	26	12.04
	3次	38	17.59
	4次	11	5.09
	5次以上	130	60.19
	合计	216	100.00
最近一年花在"O2O"产品上的金额	2000元以下	82	37.96
	2001~4000元	60	27.78
	4001~6000元	28	12.96
	6001~8000元	18	8.33
	8001~10000元	18	8.33
	10000元以上	10	4.63
	合计	216	100.00

在性别结构上,男性人群有 102 人,占总调查人数的 47.22%;女性人群有 114 人,占总调查人数的 52.78%。由此结果可以看出本次调查受众里面女性更倾向于参与 O2O 的购买活动。

年龄结构统计方面,21~30 岁人群与 31~40 岁人群所占人数最多,分别占 94 人与 92 人,分别占总人数的 43.52% 与 42.59%;其次是 41~50 岁人群,有 20 人,占总人数的 9.26%;20 岁以下人群有 6 人,占总人数的 2.78%;51 岁以上人群有 4 人,占总人数的 1.85%。根据参与者的年龄结构分布情况可以看出,参与 O2O 购买活动的人群主要集中在 20~40 岁,占总人数的 86.11%。可以看出参与 O2O 消费的人群主要是有一定消费能力的青年人、中年人。

从教育程度的统计结果看,参与问卷的受测者中有 186 人是大学(专科本科)文化程度,占总人数的 86.11%;研究生及以上学历的人群有 22 人,占总人数的 10.19%;初高中受测者有 8 人,占总人数的 3.70%;小学以下人数为 0。从教育水平的统计结果可以看出,参与 O2O 活动的受众都具有较高的文化水平。

职业分布情况,企业职员及管理人员所占人数最多,有 156 人,占总人数的 72.22%;其次是学生人群,有 23 人,占总人数的 10.65%;自由职业者有 18 人,占总人数的 8.33%;其他人群有 19 人,占总人数的 8.80%。说明本次调查的 O2O 受众大部分是有稳定收入的人群。

月收入情况,月收入在 3000~5000 元人数最多,有 77 人,占总人数的 35.65%;其次是收入在 5000~10000 元的人群,有 65 人,占总人数的 30.09%;1000~3000 元的人数有 42 人,占总人数的 19.44%;受测者中收入在 1000 元以下与 10000 元以上的人数最少,均为 16 人,分别占总人数的 7.41%。说明本次调查的 O2O 受众大多具有一定的经济购买能力。

网龄情况,受测者中有 165 人使用互联网的时间在 5 年以上,占总人数的 76.39%;网龄在 3~5 年的人群有 38 人,占总人数的 17.59%;网龄在 1~3 年的人群有 13 人,占总人数的 6.02%;1 年以下网龄的人数为 0。说明本次调查的受众均具有较长的网龄,对互联网较为熟悉。

每天上网时长分布情况,受测者中每天上网时长在 5~9 小时的有 81 人,占总人数的 37.5%;3~5 小时的人数有 78 人,占总人数的 36.11%;9 小时以上的人数最少,共 13 人,占总人数的 6.02%。说明本次调查的受众中大部分每天都花费一定时间上网。

近一年间购买 O2O 产品次数的统计结果显示,受测者中有 130 人一年间购买次数在 5 次以上,占总人数的 60.19%;其次是一年间购买过 3 次 O2O 产品的人群,有 38 人,占总人数的 17.59%;购买次数在 2 次的人群有 26 人,占总人数

12.04%;购买次数为 1 次与 4 次的人数均为 11 人,分别占总人数的 5.09%。说明本次调查的大部分 O2O 受众,O2O 购买行为频率较高。

从近一年间花费在 O2O 产品上金额的统计结果来看,花费在 2000 元以下的人数最多,有 82 人,占人数的 37.96%;其次是花费在 2001~4000 元的人群,有 60 人,占总人数的 27.78%;花费在 4001~6000 元的人数为 28 人,占总人数的 12.96%;花费在 6001~8000 元与 8001~10000 元的人数均为 18 人,分别占总人数的 8.33%;花费在 10000 元以上的人数最少,有 10 人,占总人数的 4.63%。消费区间最多的是 6000 元及以下,这可能与 O2O 购买的产品种类有关。

根据上述 O2O 受众的购买行为的统计分析结果,可以简要归纳出参与 O2O 购买的受众具有以下特点。

(1) 参与 O2O 购买活动的人群中女性比男性的比例大,占到 52.78%。

(2) O2O 购买活动的主力人群为 20~40 岁,该群体占 O2O 购买活动人数的 86.11%。

(3) 参与 O2O 购买活动的人群学历层次较高,大学以上文化程度的人群占购买总人数的 96.3%。

(4) 参与 O2O 购买活动的人群大多具有固定的职业,有 72.22% 的受测人群来自企事业单位。

(5) 参与 O2O 购买活动的人群大多具有稳定的收入,受测者有能力支配自己的收入参与到 O2O 购买活动中来。

(6) 参与 O2O 购买活动的人群网龄在 5 年及以上的有 76.39%,说明该受众群体对网络中的商业购买行为都比较了解。

(7) 参与 O2O 购买活动的人群,最近一年购买次数达到 5 次及 5 次以上有 60.19%,说明该受众群体的购买行为频率较高。

(8) 参与 O2O 购买活动的人群,最近一年 O2O 购买消费区间集中分布在 6000 元及以下,这可能与 O2O 购买行为的产品有关,说明目前 O2O 购买行为的消费额还有上升空间。

4.3 个人特性与从众行为程度分析

4.3.1 受众个人特性的基本描述

从众行为的个人特性分析部分共有 18 个变量,各变量用"李克特五点尺度"来进行计量,含义为 1(非常不同意),2(不同意),3(不确定),4(同意),5(非常同意),其中分数越高,表示同意程度越强。

研究结果显示，本次调查的受众对个人特性中的"只要努力做一件事，我就能做好"（4.20）最为同意，然后依次是"我对自己很有信心"（4.06）、"我觉得我是一个有主见的人"（4.02）、"我做事前会考虑自己的行为对他人的影响"（4.00）、"当我与他人意见不同时，我会说出自己的想法"（3.89）、"我觉得我自己是一个很聪明的人"（3.83）、"我常常自我反省"（3.83）等七项个人特性较为同意（见表4.5）。由此七项个人特性来看，本次调查的受众具有较高的自我反省和自信的特征，能够独立判断分析，这可能与本次调查的受众网龄较大、受教育水平较高有关，对互联网商业购买行为较为熟悉，具有一定的判断能力。

表4.5　个人特性描述统计量

个人特性描述	N	极小值	极大值	均值	标准差
当我要购买"O2O"产品时，我会先收集资料	216	1	5	3.75	0.844
有不明白的事情我会多问别人	216	1	5	3.81	0.795
我对自己很有信心	216	1	5	4.06	0.732
只要努力做一件事，我就能做好	216	1	5	4.20	0.697
我觉得我是一个有主见的人	216	1	5	4.02	0.807
我觉得我自己是一个很聪明的人	216	1	5	3.83	0.826
我表达意见时很在乎他人的反应	216	1	5	3.77	0.807
我很在乎他人对我的不好评价	216	1	5	3.70	0.838
我很在乎他人眼中的自己	216	1	5	3.73	0.827
我会常常留意他人的行为或表情	216	1	5	3.74	0.852
我常常自我反省	216	1	5	3.83	0.768
我做事前会考虑自己的行为对他人的影响	216	1	5	4.00	0.692
我常常问自己这样做对吗？	216	1	5	3.75	0.755
我会经常问自己：我今天做了哪些事？	216	1	5	3.53	0.914
我经常顺从别人的意见	216	1	5	3.14	0.974
为了避免别人对我不满，我会改变自己的想法而顺从他们	216	1	5	3.08	0.980
当我与他人意见不同时，我会说出自己的想法	216	1	5	3.89	0.739
在"O2O"用户群体中我常常表达自己的意见	216	1	5	3.80	0.761

注：1（非常不同意），2（不同意），3（不确定），4（同意），5（非常同意）。

4.3.2 受众个人特性的因子分析

受众个人特性的 18 项指标，相互之间存在一定的关联，为了简化分析，拟通过因子分析从 18 项指标中提取公因子，缩减指标数量，从而有利于进一步深入分析个人特性对从众行为的影响。

Bartlett 球形检验和 KMO 检验是通过统计学方法判断各因素之间是否存在相关性，是否适合进行因子分析的指标。

KMO 是 Kaiser-Meyer-Olkin 的抽样适当性量数，当 KMO 值越大时，表示双项间的共同因子越多，越适合进行因子分析。如果 KMO 值小于 0.5 时，不适合进行因子分析。而表 4.6 说明个人特性部分的 KMO 系数值为 0.853，Bartlett 球形度检验的 p 值小于 0.05，提示 18 道个人特性问题具有相关性，适合进行因子分析。

表 4.6 KMO 和 Bartlett 检验表

Bartlett 球形度检验	近似卡方	1390.434
	df	153
	sig	0.000
取样足够度的 Kaiser-Meyer-Olkin 度量		0.853

针对 18 个条目采用主成分分析法选取公因子，选取特征值大于 1 的前几个主成分的贡献率累计占总方差的 50% 以上者，后面的因子省略；同时取最大方差法旋转，使各因子间差异性变大，向 0 和 1 分化，并具有较好的解释能力。由表 4.7 的结果可知前 4 个因子的特征值都大于 1，累计贡献率达到 57.998%。这个贡献率具有研究意义，因此选择这 4 个公因子代替 18 道指标来描述个人特性，从而进一步分析个人特性对从众行为程度的影响。

表 4.7 各成分方差贡献率和累计贡献率表

成分	初始特征值			旋转平方和载入		
	合计	方差率 / %	累积贡献率 / %	合计	方差率 / %	累计贡献率 /%
1	5.551	30.838	30.838	3.035	16.861	16.861
2	2.484	13.802	44.639	2.926	16.254	33.115
3	1.345	7.472	52.111	2.448	13.602	46.717
4	1.060	5.887	57.998	2.031	11.281	57.998
5	.877	4.870	62.868			
6	.851	4.730	67.598			

续表

成分	初始特征值			旋转平方和载入		
	合计	方差率 / %	累积贡献率 / %	合计	方差率 / %	累积贡献率 / %
7	0.765	4.250	71.848			
8	0.728	4.046	75.894			
9	0.641	3.563	79.457			
10	0.581	3.226	82.683			
11	0.539	2.993	85.677			
12	0.472	2.620	88.297			
13	0.440	2.447	90.743			
14	0.426	2.366	93.109			
15	0.376	2.091	95.200			
16	0.344	1.913	97.113			
17	0.286	1.587	98.700			
18	0.234	1.300	100.000			

提取方法：主成分分析

为了使因子载荷矩阵中的系数向 0 和 1 分化，对初始因子载荷矩阵进行了方差最大法旋转，旋转后的因子载荷矩阵如表 4.8 所示。

表 4.8 各成分得分系数矩阵

个人特性描述	成分			
	1	2	3	4
1. 当我要购买"O2O"产品时，我会先收集资料	0.002	0.750	0.007	0.224
2. 有不明白的事情我会多问别人	0.192	0.528	-0.038	0.331
3. 我对自己很有信心	0.273	0.652	0.064	-0.130
4. 只要努力做一件事，我就能做好	0.198	0.684	0.154	-0.207
5. 我觉得我是一个有主见的人	0.413	0.627	0.013	-0.153
6. 我觉得我自己是一个很聪明的人	0.201	0.536	0.165	0.014
7. 我表达意见时很在乎他人的反应	0.061	0.322	0.664	0.145
8. 我很在乎他人对我的不好评价	0.119	-0.014	0.844	0.067
9. 我很在乎他人眼中的自己	0.210	0.007	0.836	0.205

续表

个人特性描述	成分			
	1	2	3	4
10. 我会常常留意他人的行为或表情	0.438	0.130	0.492	0.248
11. 我常常自我反省	0.701	0.099	0.224	0.158
12. 我做事前会考虑自己的行为对他人的影响	0.535	0.195	0.261	0.145
13. 我常常问自己这样做对吗?	0.585	0.339	0.085	0.346
14. 我会经常问自己：我今天做了哪些事？	0.619	0.121	-0.049	0.430
15. 我经常顺从别人的意见	0.141	-0.062	0.285	0.758
16. 为了避免别人对我不满，我会改变自己的想法而顺从他们	0.070	-0.042	0.232	0.830
17. 当我与他人意见不同时，我会说出自己的想法	0.693	0.267	0.099	-0.054
18. 在"O2O"用户群体中我常常表达自己的意见	0.642	0.370	0.160	-0.204

提取方法：主成分分析法
旋转法：具有 Kaiser 标准化的正交旋转法

旋转后，发现各公因子都向 0 和 1 分化，18 个个人特性指标可以缩减成 4 个公因子，将各公因子命名如下。

（1）因子 1：高度自我监控

在"我常常自我反省、我做事前会考虑自己的行为对他人的影响、我常常问自己这样做对吗？、我会经常问自己：我今天做了哪些事？、当我与他人意见不同时，我会说出自己的想法、在'O2O'用户群体中我常常表达自己的意见"等项目上负荷较大，反映了受众自我反省这个特点，因此将这个因子定义为"高度自我监控"。

（2）因子 2：自信

在"当我要购买'O2O'产品时，我会先收集资料、有不明白的事情我会多问别人、我对自己很有信心、只要努力做一件事，我就能做好、我觉得我是一个有主见的人、我觉得我自己是一个很聪明的人"等项目上负荷较大，这些变量都和团购受众对自己的信心有关，对自己的信心强弱会影响到是否做出从众购买的行为，因此将这个因子定义为"自信"。

(3)因子3：公众自我意识

在项目"我表达意见时很在乎他人的反应、我很在乎他人对我的不好评价、我很在乎他人眼中的自己、我会常常留意他人的行为或表情"上负荷较大，都是在乎自我的表现及他人的反应，因此将这个因子定义为"公众自我意识"。

(4)因子4：顺从性

在项目"我经常顺从别人的意见、为了避免别人对我不满，我会改变自己的想法而顺从他们"上负荷较大，这些变量都和是否改变自己意见顺从别人有关，因此将这个因子定义为"顺从性"。

所以，个人特性的18个条目可以缩减成四个公因子来表示，分别是"高度自我监控""自信""公众自我意识""顺从性"。

4.3.3 受众个人特性单因素分析

此部分主要检验受众的性别、年龄、网络团购次数、网络团购金额这几项基本属性中对个人特性是否有影响。本研究采用t检验和F检验进行分析，若存有差异，则继续以LSD分析法，做事后多重检验（post—Hoc）探讨组内的差异。两独立样本t检验发现，在受众基本属性中，"性别"中的从众行为个人特性"自信"有差异，且差异有统计学意义；各"年龄"的个人特性没有差异；"最近一年网络团购金额"中的"自信"有统计学差异；"最近一年网络团购次数"中的"自信"和"高度自我监控"有统计学差异存在（见表4.9）。而组内的差异经LSD事后检验（见表4.10）发现，在"最近一年网络团购金额"中差异无统计学意义；在"最近一年网络团购次数"中，累计团购次数"4次"的比"1次"的同意"高度自我监控"，也就是更懂得自我反省；而累计团购次数"5次以上"的又比"1次"的同意"自信"，也就是对自己的信心更强，从而发生O2O购买行为的频率越高。

表4.9 基本属性对个人特性的单因素分析

		个人特性			
		高度自我监控	自信	公众自我意识	顺从性
性别	t检验	1.123	2.097	−0.782	1.553
	显著性	0.263	0.037*（男性得分高于女性）	0.435	0.122
最近一年花费在"O2O"产品上的金额	F检验	1.984	2.703	1.369	1.315
	显著性	0.082	0.022*	0.237	0.259

续表

		个人特性			
		高度自我监控	自信	公众自我意识	顺从性
您最近一年购买"O2O"产品的次数	F检验	2.433	3.351	1.185	1.876
	显著性	0.049*	0.011*	0.318	0.116

注：1. * 表示 $p<0.05$；

2. 性别之间的检验是两独立样本的 t 检验。

表 4.10　基本属性对个人特性的事后检验

	(I)	(J)	平均数差异 (I-J)	P 值	LSD 事后检验
	\multicolumn{5}{c}{高度自我监控}
您最近一年购买"O2O"产品的次数	1（a）	4(b)	−2.82	0.041	a<b
	2（a）	4(b)	−2.63	0.024	a<b
	2（a）	5(b)	−1.62	0.020	a<b
	\multicolumn{5}{c}{自信}
	2（a）	4(b)	−3.01	0.008	a<b
	2（a）	5(b)	−1.99	0.003	a<b
	3（a）	4(b)	−2.14	0.045	a<b

注：1（非常不同意），2（不同意），3（不确定），4（同意），5（非常同意）。

4.4　群体特性与从众行为程度分析

4.4.1　群体特性基本描述

　　研究结果显示，本次调查的受众对群体特性中的"我经常和别人讨论'O2O'产品的信息"（3.81）最为同意，然后依次是"其他'O2O'用户介绍的产品，对我有很大吸引力"（3.69）、"大多数'O2O'用户喜欢的产品，我也喜欢"（3.68）、"'O2O'产品购买过程中，'O2O'用户们的话是可信的"（3.61）等平均值都分布在"不确定"到"同意"之间（见表4.11）。由此四项群体特性来看，受众在购买时会重视其他人的意见和好评，容易受到他人意见的吸引，对他人意见有所依赖，易受到其他人的影响而做出从众行为，所以群体特性是另一个重要影响因素。

表 4.11　群体特性基本描述统计量

	N	极小值	极大值	均值	标准差
我经常和别人讨论"O2O"产品的信息	216	1	5	3.81	0.827
购买"O2O"产品时我喜欢询问他人的意见	216	1	5	3.5	0.841
"O2O"产品购买过程中,"O2O"用户们的话是可信的	216	1	5	3.61	0.788
我很相信"O2O"用户们的话	216	1	5	3.5	0.807
大多数"O2O"用户喜欢的产品,我也喜欢	216	1	5	3.68	0.828
其他"O2O"用户介绍的产品,对我有很大吸引力	216	1	5	3.69	0.753

注:1(非常不同意),2(不同意),3(不确定),4(同意),5(非常同意)。

4.4.2　受众群体特性的因子分析

受众群体特性的 6 项指标相互之间存在一定的关联,为了简化分析,拟通过因子分析从 6 项指标中提取公因子,缩减指标数量,从而有利于进一步深入分析群体特性对从众行为的影响。

Bartlett 球形检验和 KMO 检验是通过统计学方法判断各因素之间是否存在相关性,是否适合进行因子分析的指标。

KMO 是 Kaiser-Meyer-Olkin 的抽样适当性量数,KMO 值越大,表示双项间的共同因子越多,越适合进行因子分析。KMO 值小于 0.5,不适合进行因子分析。而表 4.12 说明个人特性部分的 KMO 系数值为 0.815,Bartlett 球形度检验的 p 值小于 0.05,提示 6 项群体特性问题具有相关性,适合进行因子分析。

表 4.12　群体特性的因子分析

Bartlett 球形度检验	近似卡方	443.213
	df	15
	sig	P<0.001
取样足够度的 Kaiser-Meyer-Olkin 度量		0.815

针对 6 个条目采用主成分分析法选取共同性的因子,选取特征值大于 1 的前几个主成分的贡献率累计占总方差的 50% 以上者,后面的因子省略;同时用最大方差法旋转,使各因子间差异性变大,并具有较好的解释能力。从表 4.13 的结果可知只有 1 个因子的特征值大于 1,累计贡献率达到 54.136%。这个贡献率具有研究意义,因此选择这个公因子来描述群体特性对从众行为的影响情况。由

于一个公因子就可以描述这 6 项群体特性,所以将这个公因子命名为"群体综合特性"。

表 4.13　各成分方差贡献率和累计贡献率

成分	初始特征值			提取平方和载入		
	合计	方差率 /%	累积贡献率 /%	合计	方差率 /%	累积贡献率 /%
1	3.248	54.136	54.136	3.248	54.136	54.136
2	0.796	13.258	67.394			
3	0.714	11.902	79.296			
4	0.516	8.608	87.905			
5	0.405	6.747	94.652			
6	0.321	5.348	100.000			

提取方法:主成分分析

为了使因子载荷矩阵中的系数向 0 和 1 分化,对初始因子载荷矩阵进行了方差最大法旋转,旋转后的因子载荷矩阵如表 4.14 所示。从表 4.14 可以看出,1 因子与 6 个变量的相关性都很好,佐证了主成分分析法得到的结果,每个指标在公因子上都得到了较好的解释。说明用量表的总分来综合反映该受众的群体特性是合理的。

表 4.14　各成分得分系数矩阵

个人特性描述	成分
1. 我经常和别人讨论"O2O"产品的信息	0.633
2. 购买"O2O"产品时我喜欢询问他人的意见	0.655
3. "O2O"产品购买过程中,"O2O"用户们的话是可信的	0.777
4. 我很相信"O2O"用户们的话	0.792
5. 大多数"O2O"用户喜欢的产品,我也喜欢	0.750
6. 其他"O2O"用户介绍的产品,对我有很大吸引力	0.790

提取方法:主成分分析法

4.4.3　受众基本属性对群体特性的单因素分析

以两独立样本 t 检验与 F 检验分析发现,受众基本属性中,发现最近一年花费在"O2O"产品上的金额、您最近一年购买"O2O"产品的次数两项基本属性,在群体特性综合上存在差异,且有统计学意义(见表 4.15)。

表 4.15　基本属性对群体特性的单因素分析表

		群体特性综合
性别	t 检验	1.318
	显著性	0.189
最近一年花费在"O2O"产品上的金额	F 检验	3.307
	显著性	0.007*
您最近一年购买"O2O"产品的次数	F 检验	2.460
	显著性	0.047*

注：1.* 表示 p<0.05；
　　2.性别之间的检验是两独立样本的 t 检验。

组内差异的 LSD 事后检验（见表 4.16），说明在"您最近一年购买'O2O'产品的次数"这一指标上，购买行为在 4 次及以上的受众相比 2 次的受众的群体特性得分更高，差异有统计学意义，说明他们的群体综合特性更强。群体综合特性越强，那么"O2O"购买行为频率越高，提示群体特性与"O2O"购买行为频率之间存在关联。

表 4.16　基本属性对群体特性的事后检验表

	(I)	(J)	平均数差异 (I-J)	P 值	LSD 事后检验
您最近一年购买"O2O"产品的次数	群体特性综合				
	2（a）	4(b)	−3.1469	0.013	a<b
	2（a）	5(b)	−1.8231	0.016	a<b

4.5　个人特性和群体特性对受众从众行为单因素分析

4.5.1　受众从众行为程度基本描述

研究结果显示（见表 4.17），受众对从众行为中的"我曾听从别人意见购买某样'O2O'产品，并感到满意"（3.74）最为同意，然后依次是"很多人觉得好的产品我也觉得好"（3.68）、"我选择'O2O'产品会受他人的影响"（3.56）、"很多人买的'O2O'产品我也跟着买"（3.51）。由此四项从众行为来看，受众在"O2O"购买时会很在乎购买产品的人数和他人对产品的评价，而且很容易根据购买人数的多少和他人的意见而做出从众购买行为。

表 4.17 从众行为描述统计量

	N	极小值	极大值	均值	标准差
我曾听从别人意见购买某样"O2O"产品,并感到满意	216	1	5	3.74	0.675
很多人觉得好的产品我也觉得好	216	1	5	3.68	0.75
很多人买的"O2O"产品我也跟着买	216	1	5	3.51	0.9
我选择"O2O"产品会受他人的影响	216	1	5	3.56	0.86

注：1（非常不同意），2（不同意），3（不确定），4（同意），5（非常同意）。

4.5.2 个人特性各因素对从众行为程度的单因素分析

单因素分析提示（见表 4.18），"我曾听从别人意见购买某样'O2O'产品,并感到满意"和"很多人买的'O2O'产品我也跟着买"这两项从众行为指标上,在个人特性的四项公共因子上都存在差异,且差异有统计学意义。

表 4.18 个人特性各因子对从众行为的单因素分析

		个人特性			
		高度自我监控	自信	公众自我意识	顺从性
我曾听从别人意见购买某样"O2O"产品,并感到满意	F 检验	15.984	11.904	8.925	4.600
	显著性	P<0.001*	P<0.001*	P<0.001*	0.004*
很多人买的"O2O"产品我也跟着买	F 检验	7.799	3.215	8.905	8.953
	显著性	P<0.001*	0.014*	P<0.001*	P<0.001*

经过 LSD 事后检验（见表 4.19），除了"很多人买的'O2O'产品我也跟着买"在"高度自我监控"这一个人特性维度上的"不确定"和"同意"两项条目之间呈现个人特性低从众行为程度高外,其他条目之间都说明从众行为程度在个人特性的四个公共因子上都存在差异,且从众行为程度越高的,在个人特性的四个公共因子上的得分越高,说明个人特性的"高度自我监控""自信""公众自我意识""顺从性"越强,从众行为程度越高,所以个人特性对从众行为程度有影响。

表 4.19　个人特性各因子对从众行为的事后检验

	(I)	(J)	平均数差异 (I-J)	P 值	LSD 事后检验
	\multicolumn{5}{c}{高度自我监控}				
我曾听从别人意见购买某样"O2O"产品，并感到满意	2（a）	3(b)	-2.71	0.006	a<b
	2（a）	4(b)	-4.11	<0.001	a<b
	2（a）	5(b)	-7.11	<0.001	a<b
	3（a）	4(b)	-1.41	0.004	a<b
	3（a）	5(b)	-4.41	<0.001	a<b
	4（a）	5(b)	-3.00	<0.001	a<b
	\multicolumn{5}{c}{自信}				
	2（a）	4(b)	-2.57	0.006	a<b
	2（a）	5(b)	-5.02	<0.001	a<b
	3（a）	4(b)	-1.80	<0.001	a<b
	3（a）	5(b)	-4.24	<0.001	a<b
	4（a）	5(b)	-2.45	0.001	a<b
	\multicolumn{5}{c}{公众自我意识}				
	2（a）	5(b)	-4.11	<0.001	a<b
	3（a）	4(b)	-0.91	0.024	a<b
	3（a）	5(b)	-3.12	<0.001	a<b
	4（a）	5(b)	-2.21	0.001	a<b
	\multicolumn{5}{c}{顺从性}				
	2（a）	5(b)	-1.89	0.06	a<b
	3（a）	5(b)	-1.69	0.01	a<b
	4（a）	5(b)	-1.56	0.01	a<b
很多人买的"O2O"产品我也跟着买	\multicolumn{5}{c}{高度自我监控}				
	1（a）	4(b)	-3.90	0.032	a<b
	1（a）	5(b)	-6.46	0.01	a<b
	2（a）	4(b)	-1.58	0.024	a<b
	2（a）	5(b)	-4.14	<0.001	a<b
	3（a）	5(b)	-3.05	<0.001	a<b
	4（a）	5(b)	-2.56	<0.001	a<b

续表

(I)	(J)	平均数差异 (I-J)	P 值	LSD 事后检验
自信				
2（a）	4(b)	-1.40	0.049	a<b
2（a）	5(b)	-2.63	0.003	a<b
3（a）	5(b)	-2.01	0.005	a<b
公众自我意识				
1（a）	4(b)	-3.27	0.022	a<b
1（a）	5(b)	-5.00	0.001	a<b
2（a）	4(b)	-1.51	0.006	a<b
2（a）	5(b)	-3.24	<0.001	a<b
3（a）	4(b)	0.94	0.014	a>b
3（a）	5(b)	-2.67	<0.001	a<b
4（a）	5(b)	-1.73	0.002	a<b
顺从性				
1（a）	4（b）	-2.42	0.015	a<b
1（a）	5（b）	-3.69	<0.001	a<b
2（a）	4（b）	-0.90	0.019	a<b
2（a）	5（b）	-2.17	<0.001	a<b
3（a）	4（b）	-0.62	0.019	a<b
3（a）	5（b）	-1.90	<0.001	a<b
4（a）	5（b）	-1.28	0.001	a<b

（左侧合并单元格："很多人买的'O2O'产品我也跟着买"）

注：1（非常不同意），2（不同意），3（不确定），4（同意），5（非常同意）。

4.5.3 群体特性对从众行为程度的单因素分析

经过因子分析，提取公因子，发现只有一个公因子"群体综合特性"，所以本研究在分析群体特性对从众行为程度的影响时，只用"群体综合特性"这一公因子指标来分析对从众行为程度的影响。单因素分析提示（见表4.20），"我曾听从别人意见购买某样'O2O'产品，并感到满意"和"很多人买的'O2O'产品我也跟着买"这两项从众行为指标上，在群体综合特性的因子上都存在差异，且差异有统计学意义。

经过 LSD 事后检验（见表4.19），说明从众行为程度在群体综合特性的因子上都存在差异,且从众行为程度越高的,在群体综合特性因子上的得分越高,说明群体综合特性越强,从众行为程度越高,所以群体特性对从众行为程度有影响。

表 4.20 群体特性对从众行为程度单因素分析

	(I)	(J)	平均数差异 (I-J)	P 值	LSD 事后检验
	\multicolumn{5}{c|}{高度自我监控}
	2（a）	3(b)	-2.71	0.006	a<b
	2（a）	4(b)	-4.11	<0.001	a<b
	2（a）	5(b)	-7.11	<0.001	a<b
	3（a）	4(b)	-1.41	0.004	a<b
	3（a）	5(b)	-4.41	<0.001	a<b
	4（a）	5(b)	-3.00	<0.001	a<b
	\multicolumn{5}{c|}{自信}
我曾听从别人意见购买某样"O2O"产品,并感到满意	2（a）	4(b)	-2.57	0.006	a<b
	2（a）	5(b)	-5.02	<0.001	a<b
	3（a）	4(b)	-1.80	<0.001	a<b
	3（a）	5(b)	-4.24	<0.001	a<b
	4（a）	5(b)	-2.45	0.001	a<b
	\multicolumn{5}{c|}{公众自我意识}
	2（a）	5(b)	-4.11	<0.001	a<b
	3（a）	4(b)	-0.91	0.024	a<b
	3（a）	5(b)	-3.12	<0.001	a<b
	4（a）	5(b)	-2.21	0.001	a<b
	\multicolumn{5}{c|}{顺从性}
	2（a）	5(b)	-1.89	0.06	a<b
	3（a）	5(b)	-1.69	0.01	a<b
	4（a）	5(b)	-1.56	0.01	a<b
	\multicolumn{5}{c|}{高度自我监控}
很多人买的"O2O"产品我也跟着买	1（a）	4(b)	-3.90	0.032	a<b
	1（a）	5(b)	-6.46	0.01	a<b
	2（a）	4(b)	-1.58	0.024	a<b
	2（a）	5(b)	-4.14	<0.001	a<b
	3（a）	5(b)	-3.05	<0.001	a<b
	4（a）	5(b)	-2.56	<0.001	a<b

续表

(I)	(J)	平均数差异 (I-J)	P 值	LSD 事后检验
自信					
2（a）	4(b)	-1.40	0.049	a<b
2（a）	5(b)	-2.63	0.003	a<b
3（a）	5(b)	-2.01	0.005	a<b
公众自我意识					
1（a）	4(b)	-3.27	0.022	a<b
1（a）	5(b)	-5.00	0.001	a<b
2（a）	4(b)	-1.51	0.006	a<b
2（a）	5(b)	-3.24	<0.001	a<b
3（a）	4(b)	0.94	0.014	a>b
3（a）	5(b)	-2.67	<0.001	a<b
4（a）	5(b)	-1.73	0.002	a<b
顺从性					
1（a）	4（b）	-2.42	0.015	a<b
1（a）	5（b）	-3.69	<0.001	a<b
2（a）	4（b）	-0.90	0.019	a<b
2（a）	5（b）	-2.17	<0.001	a<b
3（a）	4（b）	-0.62	0.019	a<b
3（a）	5（b）	-1.90	<0.001	a<b
4（a）	5（b）	-1.28	0.001	a<b

（I）列标题左侧："很多人买的"O2O"产品我也跟着买"

注：1（非常不同意），2（不同意），3（不确定），4（同意），5（非常同意）。

4.6 从众行为程度对受众 O2O 网络购买行为的影响分析

将年购买行为多于或等于 5 次的编码为 1，视为购买频率高；将年购买行为少于 5 次的编码为 0，视为购买频率低。将购买频率作为因变量 Y，从众行为程度各指标作为自变量 X，纳入 Logistic 回归方程进行分析，运用逐步法筛选变量，得到如下结果（见表 4.21 和表 4.22）。

表 4.21　O2O 购买行为的 Logistic 逐步回归方程分析表

方程中的变量	系数（B）	标准差	Wals	自由度	P 值	Exp (B)	EXP(B) 的 95% C.I. 下限	EXP(B) 的 95% C.I. 上限
我曾听从别人意见购买某样"O2O"产品，并感到满意	0.975	0.234	17.384	1	0.000*	2.651	1.677	4.193
常量	-3.202	0.877	13.342	1	0.000*	0.041		

注：* 表示 p<0.05。

表 4.22　Logistic 回归方程预测分析表

已观测		已预测 购买行为多少 0	已预测 购买行为多少 1	校正百分比 /%
购买行为多少	0	40	46	46.5
	1	23	107	82.3
总计百分比				68.1

注：通过表中数据可以发现，回归方程的预测正确率达到 68.1%。

Logistic 回归方程：

Logit（高频率购买行为 / 低频率购买行为）= -3.202+0.975（我曾听从别人意见购买某样"O2O"产品，并感到满意）

表中 p 值小于 0.05，说明系数是有意义的。Exp（B）是 Logistic 回归方程中的 OR 值，表 4.21 中值为 2.651，说明"我曾听从别人意见购买某样'O2O'产品，并感到满意"是购买行为的促进因素。

通过 Logistic 回归方程，可以发现从众行为程度中的"我曾听从别人意见购买某样'O2O'产品，并感到满意"会对"O2O"购买行为产生促进影响，系数值为 0.975，OR 值是 2.651，表示当这一从众行为程度增加一个单位时，其购买行为的频率增加 2.65 倍，检验回归方程的预测率，发现预测正确率达到 68.1%，说明该回归方程的整体解释性较好，从众行为程度中的指标"我曾听从别人意见购买某样'O2O'产品，并感到满意"对受众的购买行为发生频率会产生影响。

第五章　研究结论与建议

5.1　研究结论

5.1.1　受众的个人特性对 O2O 购买从众行为有显著的影响，假设 1 成立

对受测者个人特性的统计学分析结果表明，O2O 受众都很在乎自己的表现，同时也很在意他人的意见，通过因子分析可以将受众个人特性的 18 项归为四个因子，累计贡献率达到 57.998%，具有研究意义。四个因子分别为：①"高度自我监控"，这与我常常反省自己、我会考虑自己行为对别人的影响、我经常问自己做事的对与错、经常问自己今天做的事、与他人意见有分歧时我会说出自己的想法、在 O2O 用户群体中我经常表达自己的意见等 6 项内省问题有关；②"自信"，这与在 O2O 购买活动前收集相关资料、面对不清楚的事情我会咨询他人、我认为自己是很有信心的人、只要努力就能做好一件事、我认为自己是有主见的人、我认为自己很聪明等 6 项个人自信心的问题有关；③"公众自我意识"，多与在意别人对自己的看法、表达意见时在意别人的举动、在意别人的评价等有关；④"顺从性"，与我经常顺从他人的意见、为避免别人对自己的不满，我会顺从别人的意见等 2 项是否改变自己的态度顺从于他人的问题有关。

提取公因子之后，笔者采用 t 检验和 F 检验的分析方法，检验受众的不同性别、年龄、网络团购次数、网络团购金额这几项基本属性中对个人特性是否有显著性影响，若存有显著性差异，则继续以 LSD 分析法，做事后多重检验（post-Hoc）探讨组内的差异。检测结果显示，受测人群中男性比女性从众行为程度更明显；各年龄段人群从众行为没有显著性差异；自信程度越高、越懂得自我反省的受测者从众程度越高。

5.1.2　受众的群体特性对 O2O 从众行为具有显著的影响，假设 2 成立

对于受测者的群体性特性，因子分析将群体特性归为一个因子，累计贡献率

达到 54.136%。这个贡献率具有研究意义，因此选择这个公因子来描述群体特性对从众行为的影响情况。由于一个公因子就可以描述这 6 项群体特性，所以将这个公因子命名为"群体综合特性"。单因素分析提示，"我曾听从别人意见购买某样'O2O'产品，并感到满意"和"很多人买的'O2O'产品我也跟着买"这两项从众行为指标上，在群体综合特性的因子上都存在差异，且差异有统计学意义。

经过 LSD 事后检验，说明从众行为程度在群体综合特性的因子上都存在差异，且从众行为程度越高的，在群体综合特性因子上的得分越高，说明群体综合特性越强，从众行为程度越高，所以群体特性对从众行为程度有影响。

5.1.3　从众行为对 O2O 购买行为影响显著，假设 3 成立

通过回归方程，可以发现从众行为程度中的"我曾听从别人意见购买某样'O2O'产品，并感到满意"会对"O2O"购买行为产生促进影响，统计结果显示当这一从众行为程度增加一个单位时，其购买行为的频率增加 2.65 倍，检验回归方程的预测率，发现预测正确率达到 68.1%，说明该回归方程的整体解释性较好，从众行为程度中的指标"我曾听从别人意见购买某样'O2O'产品，并感到满意"对受众的购买行为发生频率会产生影响。

5.2　研究建议

5.2.1　引导受众根据自身实际需求进行 O2O 消费

受群体性特性的影响，参与 O2O 购买活动的受众在消费过程中经常会出现非计划性购买行为。根据调查结果显示，59.72% 的受测者购买 O2O 产品都是非计划性的，这种非计划性的购买行为会持续使从众行为不断加剧，影响到受众对自身的分辨能力。同时，大量的非需求性购买也会造成社会资源的极大浪费。因此，笔者建议 O2O 受众在参与 O2O 购买活动时，应增强对自身实际需求的判断，进行合理消费。

5.2.2　增强受众在参与 O2O 活动时的自信

从众购买行为的出现，很大一部分原因是受众面对陌生的购买环境，在决策过程中往往采取一种降低风险办法，即购买一种大多数人都购买的产品，这种现象的出现是因为受众缺乏对产品的自信。因此，在参与 O2O 活动时，受众应该多收集产品的相关信息，对产品有充分了解的同时增加自信，从而进行理性消费。

5.2.3 降低吸引性对受众的影响

O2O商家在产品销售过程中，通常会借助从众行为的影响增加产品的吸引性，从而使更多的受众产生从众消费行为。通过调查数据可以看出，吸引性是促使受众参与购买活动的重要因素，导致从众行为的产生。笔者建议媒体应该通过舆论引导的功能指导受众不要对O2O产品进行跟风购买，应该倡导按实际需求进行购买，树立理性的消费观念。

5.3 研究创新点

目前，我国学者对O2O商业模式的研究主要从现象分析、运营模式、存在的问题、发展前景等方面入手进行论述，并没有从受众角度对O2O商业模式的从众行为进行实证研究。本研究将O2O商业模式中的受众作为研究样本，对O2O受众从众行为进行研究论证，对目前O2O模式的发展形势具有研究意义。

本论文通过问卷调查的形式收集O2O受众的数据，根据从众行为理论，基于从众行为理论原理形成研究架构，通过实证分析证明了个人特性和群体特性对O2O受众从众行为产生影响。

结合研究结论提出研究建议，为O2O模式的研究提供理论与实证依据，对今后学者研究O2O模式具有现实意义。同时，本研究对O2O受众的从众心理进行实证分析，有效论证O2O购买活动中受众存在从众购买行为，这对O2O商家营销策略的制定与调整提供了依据，能够更好地促进O2O商业模式的发展。

5.4 研究局限与未来展望

由于笔者人力、能力和时间有限，同时在实际执行过程中受一些其他不可控制的因素限制，所以本研究仍存在不足之处和一定的局限。笔者根据研究过程中存在的研究限制提出研究建议，有望在今后的研究中予以克服，得到更完善的研究结果。1.研究内容方面，由于研究能力有限，本研究仅从从众行为理论中的四个特性中选取了两个，即个人特性与群体性特性，后续研究可以根据研究对象的不同将研究范围延伸，从而更加深入地研究。2.研究样本抽取方面，由于受时间、人力、财力所限，本研究的样本主要通过互联网进行抽取，受测人群主要以经常上网的大学生、企业职员等为主，年龄集中在20～40岁，样本没能覆盖所有类型的O2O受众。后续研究中有待扩充样本的类型，使得结论更具有普遍适用性。3.问卷设计方面，在个人特性和群体特性问卷的设计上，一些变量的关联性不够紧密，导致在因子分析过程中对因子的抽取带来了一定的困难。后续研究中需要完善问卷设计，使收集到的数据更加可靠。

参考文献

[1] 中国互联网信息中心. 第34次中国互联网络发展状况统计报告, 2014年7月21日.

[2] 速途研究院. 2013年中国O2O市场分析报告, 2013年11月21日.

[3] 艾瑞咨询. 2012年度中国O2O市场研究报告, 2013年2月1日.

[4] Lascu, N. D., Zinklian G. Consumer Conformity: Review and Application for Marketing Theory and Practice [J]. Journal of Marketing, 1999, 7(3).

[5] 董宇轩. 浅析电子商务O2O模式发展问题及对策[J]. 科技资讯, 2014(16): 14-15.

[6] 武汉大学媒体发展研究中心.《中国媒体发展研究报告》, 2010年11月.

[7] Kelman, H. C. (1958). Compliance, Identification, and Internalization : Three Process of Attitude Change. Journal of Conflict Resolution. 2. 51-60.

[8] Lippa, R. A. (1990). Introduction to Social Psychology. California:Wadsworth. Inc 521-545.

[9] Heider, F. (1958). The Psychology of Interpersonal Relations, New York:John Wiley.

[10] 梁良. 从众[M]. 北京：东方出版中心, 2007.

[11] 刘世定. 经济社会学[M]. 北京：北京大学出版社, 2011.

[12] 余金华. O2O进化论[M]. 北京：中信出版社, 2014.

[13] 张波. O2O:移动互联网时代的商业革命[M]. 北京：机械工业出版社, 2013.

[14] 张波. O2O实战：二维码全渠道营销[M].北京：机械工业出版社, 2013.

[15] 王娜. 电子商务中的O2O模式[J]. 山东行政学院学报, 2012, 05:76-78.

[16] 杨诚, 孟晓丽. 我国O2O电子商务模式探究[J]. 网友世界, 2013, 23:88+90.

[17] 赵天唯, 盖营. 电子商务O2O模式发展对策[J]. 现代交际, 2013, 03:139.

[18] 李巧丹. O2O体验式营销模式探索[J]. 电子商务, 2012, 09:28-29.

[19] 王彦增. O2O模式下的分析型CRM研究[D]. 浙江理工大学, 2013.

[20] 史春佳. M公司O2O营销模式研究[D]. 电子科技大学, 2013.

[21] 蒋晓敏. 基于O2O视角的银泰百货连锁经营商业模式的研究[D]. 浙江理工大学. 2014.

[22] 葛夏芷. O2O产品的用户体验研究[D]. 武汉理工大学, 2013.

[23] 胡桂珍. O2O模式在我国餐饮企业中的应用研究[J]. 中国商贸, 2013, 07:128-129.

[24] 余思琴, 王明宇, 刘淑贞. O2O模式对移动电子商务带来的机遇与挑战探析[J]. 中国商贸, 2013, 09:84-85.

[25] 孙悦, 郭醒, 徐欣欣. O2O电子商务模式剖析[J]. 电子商务, 2013, 11:5+12.

[26] 王召义. O2O模式与B2C模式比较研究[J]. 安徽商贸职业技术学院学报(社会科学版), 2013, 03:28-31.

[27] 焦汉明. O2O商业模式——电子商务进入一个新阶段[J]. 信息与电脑, 2012, 09:35-36.

[28] 马红春. O2O电子商务模式在我国的应用现状分析[J]. 科技视界, 2012, 26:244-245+432.

[29] 吴瑾. 移动互联网浪潮下O2O模式发展浅析[J]. 市场周刊(理论研究), 2014, 05:58-59.

[30] 姜奇平. O2O商业模式剖析[J]. 互联网周刊, 2011, 19:20-23.

[31] 高秀峰. 网络团购从众行为研究[D]. 北京邮电大学, 2011.

[32] Kauffman, R. J. and Wang, B. New buyers' arrival under dynamic pricing market micostructure: The case of group-buying discounts on the Internet[J]. Journal of Management Information Systems, 2001, 18(2):157-188.

[33] KauffMan, R. J. and Wang, B-Bid together, buy together: On the efficacy of group-buying busines models in Internet-based selling. In RB. Lowry, J. O. Cherrington, and RR. Watson(Eds.), Handbook of Electronic Commerce in Business and Society[M]. Boca Raton, FL:CRC Press, 2002, 99-137.

[34] Keynes, J. M. The Genenral Theory of Employment, Interest, and Money. New York: Harcourt, Brace and Co. 1936.

[35] Asch, S. E. Effect of Group Pressure Upon the Modification and Distortion of Judgment. Journal of Marketing Research. 1951 (16):394-400.

[36] Kiesler, C. A. and Kiesler, S. B. Conformity, MA:Addison-Wesley. 1969(7).

[37] Wilkie, W. L. Consumer Behavior. New York:John Wiley and Sons Inc, 380-381.

[38] Knight, F. Risk, uncertainty and profit[M]. Beard Book Inc. 2002.

[39] Eagly, A. H. (1978). Sex Differences in Influenceability. Psyehologieal Bulletin. 86-116.

[40] Festinger, L. (1957). A Theory of Cognitive Dissonace. CA:Standford University Press. 13.
[41] 赖华伍. 群体规模对从众行为影响研究[D]. 西南财经大学, 2013.
[42] 李云捷, 伍永亮, 张同航. 从众行为的心理探析[J]. 山东省青年管理干部学院学报, 2008, 01:75-76.
[43] 刘江, 朱庆华, 吴克文, 赵宇翔. 网购用户从众行为影响因素实证研究[J]. 图书情报工作, 2012, 12:138-143+147.
[44] 田甜. 消费者知识对大学生从众行为影响的实证研究[D]. 西南财经大学, 2011.
[45] 倪倩. 网络团购情景下消费者的个体特性和群体特性对从众行为的影响[D]. 西南财经大学, 2012.
[46] 宋官东. 对从众行为的再认识[J]. 心理科学, 2002, 02:202-204+193-255.
[47] 李朔. 从众行为的心理分析及应用[J]. 辽宁行政学院学报, 2002, 01:33-34.
[48] 朱洲. 中国C2C市场的从众行为研究[D]. 南京大学, 2011.
[49] 戴维·迈尔斯. 社会心理学[M]. 北京：人民邮电出版社, 2006年1月第一版.
[50] 邓铸, 朱晓红. 心理统计学与SPSS应用[M]. 上海：华东师范大学出版社, 2009.
[51] 时立文. SPSS 19.0统计分析从入门到精通[M]. 北京：清华大学出版社, 2012.

（本文作者：郑中翔）

《创业家》期刊转型的个案分析

摘　　要

　　《创业家》期刊在市场化的基础上于2008年创刊。随着媒体转型的深入，《创业家》逐渐跳出了传统期刊的经营方式，根据自身特点整合资源，以用户需求为核心在创业服务产业链上拓展业务，运营创业黑马社群，逐渐发展成为针对创业者的全面整合服务机构——创业黑马集团。创业黑马集团以创业资讯为流量入口吸引用户，线下活动和会员服务沉淀用户，创业辅导培训和公关服务培养忠实用户，建立了多层次的创业服务体系。本文在梳理《创业家》的发展历程和现状的基础上，对其转型的基本过程进行概述，并运用效果逻辑理论的相关模型对《创业家》期刊转型的条件、原因、转型层次和转型路径进行分析。与此同时，本文基于群体认同理论对创业黑马社群成员进行了访谈，总结了《创业家》转型路径中社群经济的突出特点。在文章末尾，对社群经济可能在未来传统媒体转型中的地位和影响进行了趋势判断和展望。本文期望通过《创业家》转型个案的分析，丰富媒介融合进程中传统媒体转型的案例研究。

　　关键词：《创业家》；创业黑马集团；社群；媒体转型

Abstract

"THE FOUNDER " magazine was founded on the basis of marketization in 2008, in business transformation gradually out of the traditional journals of the business, to abandon "THE FOUNDER", according to their own characteristics of integration of resources to user needs as the core business services industry Chain, business start dark horse club, information for traffic entrance, offline activities and membership services retained users, business counseling training and public relations services to cultivate the depth of users, the establishment of multi-level entrepreneurial service system, and ultimately developed into business of the full integration of service agencies - Entrepreneurs dark horse Group. On the basis of combing the development course and current situation of "THE FOUNDER", this paper summarizes the basic process of its transformation and uses the relevant model of effectuation to analyze the conditions, causes, transition level and transformation path of "THE FOUNDER". At the same time, this paper based on the group identity theory to the members of the dark horse community interviews, summed up the "THE FOUNDER" in the transition path of the prominent features of community business. At the end of the article, the tendency and the prospect of community commerce in the future status and influence of traditional media transformation are analyzed. This paper intends to enrich the case studies on the transformation of traditional media in the context of media convergence and Internet shock through the analysis of the case of "THE FOUNDER" transformation.

Key words: THE FOUNDER; DARK HORSE GROUP; Community; Media transformation

目 录

CONTENTS

第一章 绪论 621
    1.1 研究背景 621
    1.2 个案选择原因 622
    1.3 研究方法 623
    1.4 研究内容 623
    1.5 创新点及不足 624

第二章 文献综述 625
    2.1 期刊 625
    2.2 期刊转型 626
    2.3 社群及社群经济 627

第三章 《创业家》期刊转型过程概述 630
    3.1 从《创业家》期刊到创业黑马集团的发展历程 630
    3.2 创业黑马集团的发展现状 632

第四章 《创业家》期刊转型的初始条件及原因 638
    4.1 《创业家》期刊转型的初始条件 638
    4.2 《创业家》期刊转型的原因 641

第五章 《创业家》期刊的转型路径 644
    5.1 《创业家》期刊转型的层次 645
    5.2 《创业家》期刊转型的路径总结 648

第六章 《创业家》转型路径中的社群经济特征 651
    6.1 创业黑马社群概况 651
    6.2 社群经济在《创业家》转型中的体现 653
    6.3 创业黑马社群成员认同感访谈 656

结 语 662

参考文献 664

第一章 绪论

1.1 研究背景

相关数据显示，近年来我国期刊市场缩水，整体平均销量呈现下降态势，大部分传统期刊亟待转型，谋求新的发展出路。

伴随互联网的发展和市场化程度的加深，以往的生产、分配、交换、消费各个环节均发生了变化，与变化相适应的"互联网思维"被热议，许多商业人士从不同角度提出了创新观点和新发展路径，这些世界观和方法论对处于整体转型中的传媒业有重要意义。与此同时，国家层面政策支持"大众创业，万众创新"，积极强调创业创新在我国接下来经济发展中的重要作用，颁布出台了一系列有利于创业的政策法规，掀起人们参与创业的又一波热潮。社交网络的不断发展不仅为社群经济的发展提供了有力工具，而且重构了传媒市场格局，以微博、微信为联系工具的社群化经营方式崭露头角，在实践方面，小米、罗辑思维等社群经济案例的成功更是引起了学界、业界的热议和反思。

大众期刊作为纸媒时代的重要媒介形式，面对互联网冲击也在寻求转型和发展，与此同时，在不同类型期刊的转型中存在着多种路径的选择。其中《创业家》期刊在市场化的基础上以创业者姿态于2008年创刊，以报道创业创富为重要内容。"黑马"最早是《创业家》期刊开设的专栏，报道创业公司和创业者。《创业家》在经营中不断进取，主动转型，逐渐跳出了传统期刊的二次售卖的方式（卖期刊、卖广告），根据自身的内容特点迅速整合前期资源，以用户导向为核心组建社群，以社群资源为核心拓展业务范围，指导发展方向，到了2015年，创业黑马集团已经发展成为拥有多项关联业务的全面整合创业服务机构。2015年年底的创业社群大会上，创业家杂志正式更名为"创业黑马集团"，并于2015年底终止了《创业家》期刊业务。至此，这家传统杂志出身的媒体完成了向创业服务机构的转型。本选题着眼于这一转型发展路径，以《创业家》为案例，从其转型发展的实践出发，纵向分析其发展历程和现状，对其转型的原因、特征、路径等各个层面进行总结梳理，并对社群在传统媒体转型路径的选择和转型过程中发挥的作用做出展望。

1.2 个案选择原因

本文将《创业家》期刊的转型作为研究样本，原因包括以下几个方面。

一是《创业家》期刊规模适中，体量方面具有代表性。《创业家》期刊转型前的工作人员数量在 100 人左右，"2008—2010 年，《创业家》平均每期认证总发行量 140850 份，其中付费发行量 93726 份，赠阅发行量 47124 份[①]"。我国期刊市场一方面总体销量不断下滑，另一方面市场集中度较高，几个优势类别中排名在前的优势媒体相对集中，大多数案例研究也将这些优势期刊作为研究对象，比如比较出名的《时尚》《家庭》《读者》《财经》等。这些知名期刊的转型固然值得关注，但对于期刊市场中的"大多数"或许并不适用，大部分期刊的实力和影响力尚不足以构成复合型传媒集团，而这些期刊又恰恰是市场缩水最严重、最需要转型的，案例研究却对这个"大多数"关注较少。本文一定程度上弥补了这方面的不足，丰富了媒体转型研究的案例成果。

二是《创业家》期刊的业务变化紧跟时代，在转型中呈现出比较鲜明的社群经济特点。社群经济是在企业经营中对用户价值重新审视，在实践领域涌现小米、罗辑思维等成功案例，使社群经济成为企业可选择的新的发展途径，有许多传统媒体在转型中也借鉴和利用了社群经济模式，但在学术研究领域对期刊转型中有关社群的构建和发展的内容研究却并不多见。《创业家》转向创业服务正是顺应社会潮流，把握潜在市场机会，充分发挥"互联网思维"发展社群经济的结果。本文选择《创业家》转型案例进行分析，期望把期刊转型中的社群经济作为研究重点，突出社群在传统媒体转型中的重要作用。

三是《创业家》转型比较彻底，转型后各项发展数据比较理想，证明其转型取得了一定成绩，值得研究和思考。转型后的黑马创业集团在创业服务行业中表现良好，营业收入稳步增长；黑马创业社群和黑马大赛覆盖的创业者较多、影响力较大；其创业辅导培训导师阵容强大、市场占有率较高，在创投领域具有一定影响力。

除此之外，《创业家》转型发展的脉络比较清晰，资料相对完善，也是本文选择这家期刊的原因。《创业家》具有社群经济特色的转型路径对于传统媒体以及面临重新创业的传媒人有一定的参考意义，研究这个案例对于传统媒体的多元化转型有一定的理论和实践价值。

---

① 《创业家》刊例 2012，百度文库，2012 年 2 月 8 日，http://wenku.baidu.com/link?url=_BKKCwacRpdDGTQqlou9vc_KZkJnEdpLHV-kVYbEiWkSDobk-rYK6XF2KZYurDT_uknOlbXj0O_lCpg1_3eZgoGZgwDWw3WCKbRuEvbGZEq.

1.3 研究方法

　　本文主要研究方法为案例研究法，在定性分析框架的基础上以事实和数据为论证依据进行研究。案例分析是对单一事物进行观察分析而进行的研究，Robert K. Yin 在其《案例研究：设计与方法》一书中提到，案例分析法适合于研究发生在当下但是各种因素不可控制的对象，各类案例研究往往都希望做出决策的过程。案例分析法适用于关于某一企业转型问题的研究，在 Robert K. Yin 另外一本《案例研究方法的应用》中有专门的企业转型案例分析，该研究方法与本文主题契合度较高。本文使用案例研究法对整个文章进行把握，在具体证据收集和分析中辅助以文献资料法、访谈法等研究方法。本文论证材料包括定量数据和定性资料，来源包括《创业家》刊载的文章，创业黑马公司官方披露的数据、其他相关人员对创业黑马的评论文章以及创业黑马创始人牛文文公开发表的观点和文章等，在论证时与现状观察相结合，并辅之以访谈等方法进行研究。

　　在理论选取方面，本选题拟根据效果逻辑理论、群体认同和社会认同的相关理论对黑马社群成员进行半结构化访谈，结合实践数据分析黑马社群状况、总结分析《创业家》转型情况。

1.4 研究内容

　　面对互联网的冲击，几乎所有传统媒体都面临转型发展问题。面对问题，各家媒体根据自身具体情况选择不同路径。期刊相较于其他传统媒体内容和读者细分程度更高，且向来比较重视读者服务，发展社群拥有一定基础和优势。《创业家》期刊从经济角度而言是一个企业，是独立的市场主体，以追求利润为最终经营目的。其创始人牛文文是原《中国企业家》的总编，2008 年离开《中国企业家》创办《创业家》，经过一系列调整实现转型发展，2015 年 12 月《创业家》杂志所属公司更名为创业黑马集团，定位为中国当下"最大最活跃的创业社群"，标志着其转型取得了比较重大的阶段性成果，成为一个创业整合服务集团。本文将《创业家》作为研究对象，对这一转型过程进行个案分析。

　　本文的内容结构分为四个部分。第一部分是第一章绪论和第二章文献综述，包括研究背景、研究意义和可行性、研究方法以及创新点和不足，并总结梳理前人在相关领域的研究成果。本部分主要对为何选择这一论文题目以及如何完成这一题目的研究进行论述，并将前人对期刊转型、社群和社群经济这些关键概念的研究成果整理出来，以期"站在巨人肩上"完成本文的写作。第二部分是第三章，对《创业家》的转型发展历程进行阶段化梳理，纵向梳理《创业家》期刊从创立到停刊，转变为创业服务公司的历程，对其发展历史和现状进行概述。不做过多分析。第三部分是第四、第五、第六章，是本文的核心部分，这一部分内容将对《创业家》的转型进行分析，包括转型的原因、转型路径，以及这一路径中呈现出的社群特征。第四部分是结语，对社群在传统媒体转型路径的选择和转型过程中发挥的作用进行了展望。

1.5 创新点及不足

《创业家》从期刊定位的读者群需求出发，进行资源整合，向垂直方向发展自身业务经营范围，成为向这一社群成员提供不仅限于信息的全面整合服务商。本文以《创业家》为例所做的期刊转型个案分析，一定程度上丰富了这一领域的研究内容。选题的重点在于通过案例不同层面的横纵分析，总结《创业家》转型的路径，进而探索在媒介融合，互联网冲击背景下传统大众期刊的未来发展可能性。

本选题的创新点有二：一是选择了一个新的传统媒体转型案例，二是将其转型过程中的社群建构和发展放在转型路径的重要位置上进行分析。

传媒是社群形成的基础条件之一，同时传播媒介的发展也会促进社群形态的进化。麦克卢汉的媒介理论指出：每一种新媒介的产生，都改变了人们感知和认识世界的方式，也改变了人和人之间的关系，创造出新的社会行为，从而推动社会的变革发展。网络时代传播形态发生了巨大变化，《创业家》转型的案例是传媒产业转型大背景下传统媒体重新寻找其价值的摸索，建构、发展社群也是商业逻辑的回归。因此以社群经济为重要特点的期刊转型路径对于未来传统媒体转型也有一定参考意义。

本文主要从经济、社会、传播方面对《创业家》期刊媒体转型进行分析，主要参考了社会学有关社会群体和社会认同的理论以及传播学中群体传播和组织传播的相关理论，研究视角和理论支撑具有一定的片面性，内容分析存在不到位、不全面的情况；由于渠道所限，在资料搜集方面无法取得相当数量的创业黑马社群内部研究样本，致使研究结果数据支撑不够充分，在调查分析方面有一定欠缺；本文只是针对单一媒体转型的个案研究，在分析上难免出现就事论事，重现象表述轻内涵分析的缺陷。这些不足需要在今后的学习、研究过程中不断改进。

第二章 文献综述

知网主题搜索"《创业家》杂志"结果169,几乎都来源于报纸期刊,无学位论文。主题搜索"黑马 创业"结果415,多数来自《创业家》杂志本身,几乎无学术论文研究。专业检索中输入检索式"SU=('期刊'+'杂志')*'社群'",得到结果82条,输入检索式"SU=('期刊'+'杂志')*('路径'+'模式')*'转型'"结果840条,本部分文献价值较大。

本文的主要文献类型包括三种,专著、论文以及网络数据,内容主要包括传统媒体转型路径方面的研究,《创业家》的各方面资料和分析文献,社会群体及社群理论研究,社群经济相关资料,以及创业理论及创业服务研究等。

2.1 期刊

《新闻传播百科全书》中将期刊定义为:有固定刊名、刊期基本固定的成册连续出版物。期刊的发展,与政治、经济、文化和科学技术水平有密切关系。通常被分为综合性期刊、专业期刊、学术期刊和信息与文摘类期刊。[①]

《中国大百科全书(新闻出版)》中提到有关期刊的分类。包括面向普通大众的大众期刊和面向专业人员的专业期刊两种。本文研究的《创业家》期刊属于前一种,大众期刊。通常来说,大众期刊市场化、产业化程度较高。

从以上解释中我们可以看到,从形式上看,期刊具有相对固定的名称和一定的出版周期,并且具有连续性,这样的固定重复和时间跨度使得期刊具有媒体品牌特征。从内容上看,虽然有综合性的期刊,但总体而言期刊具有一定的侧重和专业化倾向,从长期来看,没有自身内容侧重和独特风格的期刊是难以生存的。

我国主要的期刊分类方法有中图法期刊分类表和《中文核心期刊要目总览》,但这两个分类标准比较适用于学术期刊、专业期刊,对于大众期刊来说并不常用。根据龙源期刊、博看杂志等网站的分类,大众期刊主要分为时政新闻、商业财经、文学文摘、家庭健康、时尚生活、教育教学、体育、军事、母婴、旅游等类别。从内容看,《创业家》可以归为商业财经这一类型的大众期刊的范畴,期刊在内容方面的专注、读者群上的深度覆盖和其媒体品牌特征为《创业家》的转型和黑马社群的形成提供了有利条件。

---

① 邱沛篁,吴信训,向纯武. 新闻传播百科全书[M].成都:四川人民出版社,1998.

2.2 期刊转型

国外传统期刊媒体面对互联网挑战，在实践方面积极进行数字化转型，把内容搬到线上并直接收取费用。另外，在 PC 和移动端注重开发其客户端，把单一的文字、图片内容多媒体化，丰富传播内容的形式。积极拥抱新媒体，及时放弃经营困难的业务板块，发掘新增长点，从各个方面进行传统期刊的转型探索。伦纳德在其《期刊经营》（2004）一书中，从编辑实务、工作流程、广告与发行等方面对新形势下的新型期刊经营进行了论述，是比较全面、实用的期刊经营文献。

国内对于大众期刊转型发展的研究主要包括全媒体化、拓展发行渠道、增加附加价值，组建传媒集团等方面，其中也有一些代表性的个案研究。严利华在其《"+互联网"与"互联网+"：行业性期刊转型策略研究》（2015）一文中，认为媒体融合大环境下行业性期刊转型可以从两条路径考虑，其一是进行媒体范围内的融合，其二是联系行业性媒体与其所属产业的融合。第一种是将传统媒体整个转型为新媒体，依旧靠用户的注意力获利，第二种是"互联网+"，与所属行业深度融合，而不仅仅是在媒体业务范围内进行转型，最终要实现的是在所属产业内找到立足点和发展机会，分享行业发展带来的机遇与利益。《创业家》的转型就是属于媒体与产业相融合的转型模式。

《中国传媒产业发展报告》（2015）指出，2014 年我国期刊行业内部结构调整有序进行，增长幅度逐渐放缓；数字技术推动期刊内容生产的变革；新媒体期刊订阅与数字报刊亭逐渐兴起；期刊内容优势和品牌效应凸显。在《报告》中，对我国未来期刊业发展趋势提出四点预测：大数据开发、纯数字化期刊出版的吸引力逐渐增强（信息数据库）；适应公众阅读习惯变化，多种媒体平台互动营销；跨界合作，利用新媒体创新销售渠道成为新时尚（电商和微店）；注重开发移动终端的营销手段（APP）。[①]

当前期刊转型大致有两种思路，一是传统模式，从一本杂志做到几本杂志，组成专业期刊集团，主要靠广告运营。另一种则是把期刊做成推广平台和营销手段，通过卖服务、软件和数据库等挖掘内在价值。

《中国期刊产业发展报告 No.1：市场分析与方法求索》（李频）中提出期刊产业化模式和阶段包括品牌扩展和资本扩展，从产品线把期刊集团化模式分为专业化的期刊集团、传媒集团和混合型集团。[②]

---

① 孙宝文. 互联网经济：中国经济发展的新形态 [M]. 北京：经济科学出版社，2014:70-74.

② 李频. 中国期刊产业发展报告 No.1：市场分析与方法求索 [M]. 北京：社会科学文献出版社，2005:99-101.

2.3 社群及社群经济

"社群"是由人组成的，最早作为专有名词被德国社会学家 Toimie 提出，也是用来描述人与人之间的关系。"社群"和"社区"的英文都是 Community，"传播"的英文是 Communication，三个词具有相同的词根，体现了三个概念的同源性。由此可见，传媒与社群本身有天然的联系。

美国社会学家伊恩·罗伯逊将社会群体定义为：以彼此行为的共同要求为基础，并以一种有规则的方式相互发生作用的人们所组成的集体。[1] 这个表述强调了组成社会群体的两个要素，一是有共同的利益基础，二是有一定规则的互动行为。

依据一定的标准，研究者们将社会群体划分为不同的种类。比如，内群体和外群体，初级群体和次级群体等。伴随着传媒的发展，社会群体的类型也在不断进化和发展，人类最早因地缘和血缘为纽带而结成社群，典型的比如原始社会的部落，随着社会经济和媒介技术的发展，出现了不以地域为限制的业缘性社会群体和其他类型的社群。

业缘群体指"在社会分工的基础上，因从事共同的或相关的职业而发生相互作用结合的社会群体。在专业、能力、性格等方面形成功能互补、动态调节的开放性结构，是业缘群体优化的标志"[2]。对业缘群体进行研究对于提高资源配置效率有重要意义。《创业家》属于深覆盖的行业性媒体，在经营社群方面相较传统大众传媒有一定的优势，创业黑马社群有业缘社群的一些特性，但相对于传统的业缘群体而言，网络时代的创业黑马社群已经出现了许多新特征。郑志勇在《网络社会群体研究》一文中提到，互联网时代的社会由信息构成，社会中的个体也不再只是工业化生产机器上的一个零件，而是以"全息化"的个体把世界所联结起来。也就是说网络社会结构的形成性因素，已经不再是单纯血缘、地缘、业缘这种简单分类所能解释的了。[3]

而后研究者们提出了"消费社群"的概念，当这类关系社群因某一品牌而统一时便成为了品牌社群。互联网的发展壮大催生了新的一类社群，即虚拟基础上的网络社群。Kozinets（2002）指出虚拟品牌社群形成的基础首先是共同的目标、纲领，其次是传播工具，新媒介新技术的发展更有利于人群的联系，最后是一致行动，一致行动能够促进社群的稳定。

---

[1] [美] 伊恩·罗伯逊. 现代西方社会学 [M]. 赵明华等，译. 郑州：河南人民出版社，1988：213.
[2] 袁世全，丁乐飞，郝维奇，王书峰等. 公共关系词典 [M]. 上海：汉语大词典出版社，2003.
[3] 郑志勇. 网络社会群体研究 [C].2006 中国传播学论坛论文集（Ⅱ），2006:679.

社会学家瑞格尔德（Howard Rheingold）提出了"虚拟社区/社群（Virtual Community）"的概念，即通过互联网连接起来的突破地域限制的人们彼此交流沟通、分享信息与知识，形成相近兴趣爱好和情感共鸣的特殊关系网络。[1]刘胜枝认为新媒体的发展为基层普通民众成立职业自组织提供了空间和条件、为组织集聚力量提供平台，改变了原先传统职业自组织的状态。[2]

李雪娟在《社群经济发展策略研究》中指出，社交需求带来人群聚集，人群聚集带来市场。早期的大部分社群缺乏紧密的连接管道，很少有人通过社群获得经济方面的成功。新媒体的出现打通了连接管道，当社群活动范围加大后，广泛的商业活动与社会联系，成为了一种经济行为。

社群经济，是发现和利用社群成员之间的相互关系和共同利益建构业务体系。媒体发展社群经济需要遵循围绕用户、服务用户、利用用户的核心逻辑，树立具有凝聚力的社群，价值在于运营，根本在于高质量的内容流量入口。[3]

速途研究院发布的《2015互联网社群发展研究报告》中把我国主流社群分成电商、体育、科技、娱乐、文化、社会六类，这六类占比97%，其余占3%。未来基于"互联网思维"催生下的对社群价值的重新重视，关于媒体发展中的社群化路径研究将会更加全面，研究范围会继续扩大，2015年已出版的《产品型社群》《引爆社群》《社群经济》等多本社群经济方面的书籍热销，可以看出未来基于社群的传媒经济、企业管理方面的研究成果将越来越丰富。

金韶和倪宁将互联网时代社群的传播特征归纳为三个方面："聚合力和裂变效应是社群的外在传播特征；情感价值是社群的内在传播特征；自组织传播和协作是社群运行和发展的核心逻辑。这三方面相辅相成，构成社群经济区别于传统经济形态的全新特征。"[4]

在互联网时代，社群经济的发展模式十分引人注目，媒体从业人员具有敏感社会触觉，更应该跟上时代发展，主动利用这一模式寻求自身角色的转型。郭全中则认为"社群经济是传统媒体互联网转型的重要补充。利用现有平台实施的转型路径不能承担起业务的彻底转型，因此传统媒体的社群经济是补充但不可能是主体。"[5]

---

[1] Howard Rheingold（1993）.The Virtual Community: Homesteading on the Electronic Frontier. Reading, Mass: Addition-Wesley.5.

[2] 秦静. 2014年中国新媒体研究综述[J]. 新媒体与社会，2015(1):161.

[3] 施遥. 社群经济下传统媒体的发展策略[J]. 新闻研究导刊，2015(18):181.

[4] 金韶，倪宁."社群经济"的传播特征和商业模式[J]. 现代传播，2016(4):115.

[5] 郭全中，胡洁. 传统媒体的社群经济运作[J]. 青年记者，2016(10):11-12.

创业黑马社群的核心成员是有一定社会经验的创业者,虽然在人数上不占优势,但是创业社群拥有很强的社群势能和活跃度。《创业家》的转型也在很大程度上依赖于社群的建设和开发,国内对这一具体领域的关注度逐渐升温,对于传统媒体转型中社群的作用也逐渐重视,为本文提供了重要的文献参考。

第三章 《创业家》期刊转型过程概述

《创业家》从一本传统期刊最终转变为全面整合的创业服务机构经历了初创、转型和发展三个阶段。本章将对《创业家》创刊至今的发展转型历程进行纵向梳理分析，按照时间顺序罗列其转型中的主要事件，并着重对转型后创业黑马的发展现状进行介绍，为后三章转型路径分析奠定基础。

3.1 从《创业家》期刊到创业黑马集团的发展历程

从《创业家》期刊发展到创业黑马集团的历程包括三个阶段：第一阶段2008年至2009年，这一阶段是初创期，主营业务是《创业家》期刊，经营方式以传统媒体的二次售卖为主；第二阶段2010年至2012年，是媒体业务转向时期，在这一阶段中，《创业家》已经拥有了比较稳定的读者群，但期刊经营处于亏损状态，因此《创业家》开始向创业黑马转型，改变主营业务方向；第三阶段2013年至今是新业务全面发展的高速增长时期，在抛弃了传统期刊经营方式之后，创业黑马集团的业务范围不断扩展，首先是传统媒体转向新媒体，建立创业资讯提供平台，然后以社群运营为中心，延伸出公关、创业辅导培训等业务。

3.1.1 传统期刊媒体时期：2008—2009年

《创业家》2008年9月创刊，由原《中国企业家》杂志总编牛文文率领团队创办，是一本以中小企业和创业者为核心内容的大众性月刊。核心团队成员包括：《创业家》杂志运营总经理郭海峰、杂志副主编周一、副主编刘涛、市场总经理齐妙、杂志执行主编申音（后与罗振宇共同发起《罗辑思维》项目的出品人）、杂志社社长牛文文。

牛文文自述"相较于远大的目标规划，更加注重的是自己当下的资源和机会"。在2008年和2009年举办的创业家年会中，牛文文积极利用在《中国企业家》积累的资源，用已经成功的企业家的影响力和号召力吸引创业者，2009年，《创业家》成立创始人俱乐部。

《创业家》从创刊起就抱有强烈的为创业者服务的意识，但从经营模式看，本阶段仍是传统大众期刊经营模式。在这一阶段，《创业家》仍然没有超越传统杂志的二次售卖的经营方式，即将杂志卖给读者，把读者卖给广告商，把品牌卖给全社会，第一次售卖获得杂志本身的收入，第二次获得广告收入，另外通过自己的知名度和品牌举行活动、成立组织。

3.1.2 媒体业务转向时期：2010—2012 年

伴随互联网媒体崛起，传统期刊生存空间不断被挤压，《创业家》的管理人员同样也在积极反思传统期刊的发展路径，认为只有创新发展思路才能摆脱困境，在创业培训、新媒体平台等一系列新业务开展之后，《创业家》逐渐淡出了期刊的初期定位。

2010 年 10 月，《创业家》成立了黑马（成长）营，开启班级式的创业培训，2011 年 6 月，组织第一届黑马大赛。2011 年 11 月 16 日成立创业黑马（北京）科技股份有限公司，法定代表人牛文文，此后开始用股权激励管理团队，2012 年年底实行"合伙人制度"。

2012 年 7 月，创业黑马被认定为首批中关村国家自主创新示范区创新型孵化器。这时的创业黑马已经改变了传统媒体的性质，运营《创业家》杂志的团队也已经实现了身份标签的转变。同年，i 黑马网上线，这是"黑马事业"的线上平台。"2012 年，创业家媒体开始做整合营销。在创业家四五十人的媒体业务团队里，做新媒体的人数今年已经超过了一半。①" 2013 年后随着国家大力支持创新创业的发展，创业黑马相关的创业辅导培训业务出现爆发式增长。

3.1.3 新业务高速增长时期：2013 年—现在

2013 年，期刊业务逐渐边缘化，《创业家》关闭了广告部和发行部。"在牛文文看来，广告部的营业额已经不需要了，每年花三四百万元做发行也是浪费。②"与此同时，《创业家》的"副业"培训、整合营销等业务收入增长很快。"《创业家》已经远离了传统意义上的媒体，2013 年只有 1/4 的收入来自纸媒广告，六成以上来自黑马系列，其他来自基于新媒体的整合营销。③""与 2012 年相比，2013 年《创业家》的服务内容已经包含了筛选、培训、投融资服务及推广，是一个完整的孵化链条④"。2013 年，创业黑马的创业辅导培训业务得到政策支持，出现大幅增长。

2013 年黑马会成立，创业社群组织逐渐形成。

---

① 龙源期刊网. 杂志只剩背影. http://www.qikan.com.cn/article/dycj20135012.html.

② 传送门. 人物专访"黑马"圈创业教父牛文文："不承认死，就无法想到生". http://chuansong.me/n/298059.

③ 同①.

④ 和讯网. 创业故事：他们生于 2008. http://bschool.hexun.com/2013-12-27/160959626.html.

这一时期创业黑马联系创业者和投资人的媒介机制已趋于成熟，在创业服务产业链上继续拓展，开始涉足投资领域。2014年，黑马基金（包括会员基金、社群基金和产业基金）成立。2015年12月8日上午，创业者投资的黑马社群基金正式发布，旨在帮助早期创业者。2014年牛投网成立，运营模式是联合投资制的股权众筹，内核同样是对社群资源的运用。2014年12月黑马学院成立，同年开始举办黑马运动会，这是运用互联网思维通过众筹等方式进行的社群成员活动。

2015年成立i代言，这是《创业家》传媒旗下视频节目，给创始人一个展现真实产品与情怀的舞台，同时也是营销宣传的一种渠道。2015年12月，宣布成立创业黑马集团。2016年4月，创业黑马集团递交了招股说明书，拟登陆创业板。

3.2 创业黑马集团的发展现状

发展至今，《创业家》期刊已经成为了集创业资讯、会员服务、创业辅导培训、公关等多样化业务体系于一身的综合性创业服务平台——创业黑马集团，未来创业黑马的发展目标是创业服务全产业链的业务拓展。

"创业黑马当前的主营业务为创业服务，具体为通过线上线下相结合的商业模式，向创业相关人群提供包含创业资讯、会员服务、创业辅导培训、公关等综合性创业服务。[1]"当前公司的发展规划是"内容产品化、产品服务化、服务众包化、众包平台化"。在产品方面，创业黑马集团针对不同阶段的创业者提供不同的个性化创业服务，以创业资讯吸引用户，通过线下活动和会员服务沉淀用户，再通过创业辅导培训和公关服务培养忠实用户，形成了多层次的创业服务体系，具体情况见图3.1和图3.2。

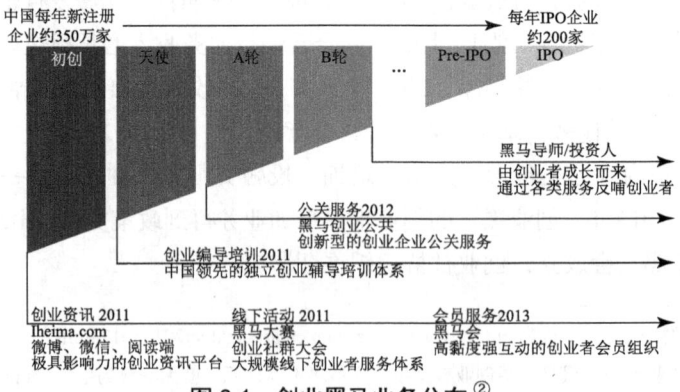

图3.1 创业黑马业务分布[2]

---

[1] 创业黑马（北京）科技股份有限公司创业板首次公开发行股票招股说明书，2016.
[2] 同[1]。

《创业家》期刊转型的个案分析

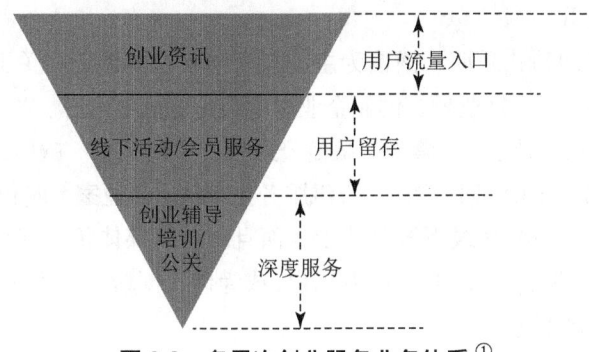

```
        创业资讯          用户流量入口
     线下活动/会员服务      用户留存
        创业辅导
         培训/         深度服务
          公关
```

图 3.2　多层次创业服务业务体系[①]

创业黑马集团首先通过内容吸引用户，正是因为公司是从《创业家》期刊转型而来，内容产品是其竞争优势，再通过社群运营，聚合创业企业、创业者、国内创新型上市公司、成功企业家、投资人、孵化器等资源，构建可自循环发展的创业成长生态系统。[②]

具体来说，创业黑马集团的各个产品及其服务对象和收费方式见表 3.1。

表 3.1　创业黑马产品、服务对象及收费方式[③]

服务类型	具体产品/服务	服务对象	收费方式
创业资讯服务	i黑马网 "i黑马"新浪微博 "i黑马"微信公众号 "创业家传媒"新浪微博 "创业家"微信公众号等	创业者 投资人 创业服务从业人员	创业资讯服务免费，但作为线上媒体平台，与线下活动相结合，承担了公关服务的职能，参见公关服务
线下活动服务	黑马大赛 黑马运动会 创业社群大会 定制活动	创业者 投资人 知名企业 政府园区	创业者免费参会，政府园区、品牌厂商等第三方付费，具体见公关
会员服务	"黑马会"	创业者 投资人	会员费
创业辅导培训	长期辅导培训项目 短期辅导培训项目 国际游学项目	创业者	课程费
公关服务	品牌公关 产品推广 创意营销	创业公司 知名企业 政府园区	公关服务费

---

① 创业黑马（北京）科技股份有限公司创业板首次公开发行股票招股说明书，2016.

② 同①。

③ 同①。

(1) 创业资讯

公司通过以网站、微博、微信为主的互联网平台向创业相关群体提供创新创业领域前沿新闻资讯、创业者、创业企业深度报道等优质内容。[1] 创业黑马打造了由 i 黑马网、新浪微博、"i 黑马"微信公众号、"创业家"微信公众号等构成的线上媒体平台，由表3.1可以看出，资讯服务内容从《创业家》期刊业务脱胎而来，不仅仅将传统期刊内容从线下搬到线上，而且结合新媒体传播特征增加许多新的内容。"截至2015年底，获取超500万用户，成为创业创新领域领先的资讯平台。[2]"

(2) 线下活动服务

线下活动服务是指创业黑马集团根据创业者群体的需求，策划组织的产品、融资发布会、创业沙龙、创业比赛、创业者竞技等系列活动。通过线下活动，公司的品牌、产品和服务深度影响创业者，有效提升用户黏性，构建创业者社群，从而实现创业资讯服务导流后的用户沉淀。目前线下活动服务分为"自有品牌活动"，以及"定制活动"两类。其中，"自有品牌活动"均由创业黑马作为主要发起方，包括黑马大赛、创业社群大会、黑马运动会等，旨在向创业者提供融资对接、学习培训、经验交流等服务；"定制活动"是根据各地高新园区、各级政府机构，以及知名品牌企业、高成长性创业企业的特定需求而策划、实施的各类创业活动。

(3) 创业辅导培训服务

创业黑马集团邀请知名企业家、投资人、专家担任创业导师，招收创始人作为学员，通过多样化的创业辅导，帮助创业者解决知识、经营等方面的困惑。针对创业者在创业过程中面临的关键挑战，创业黑马逐步形成了具有实战特色的案例化创业课程体系。基于创业资讯服务及创业者社群上的优势，甄选当前最具代表性的创新企业进行解构，创业黑马构建了国内领先的创业案例库，在此基础上向创业者提供长期培训、短期培训以及国际游学等辅导培训项目（见表3.2和表3.3）。

创业辅导培训业务，其核心竞争力之一是丰富的导师资源。公司的创业辅导培训导师来源有两种：一是公司依托人脉关系积累的导师资源，另一种是从公司创业者社群中转化而来的培训导师。创业黑马自主研发的一套完整的创业辅导培训产品和服务体系，包括创业辅导培训的方法、经验、课程设置、课件及相关材料等，这也是创业黑马辅导业务的核心竞争力之一。[3]

---

[1] 创业黑马（北京）科技股份有限公司创业板首次公开发行股票招股说明书，2016
[2] 同[1]。
[3] 同[1]。

表 3.2　创业黑马长期培训项目[①]

项目类型	项目简介
黑马成长营	是公司开设最早、最具市场影响力的培训项目；由创始人成长、产品与模式、融资实务、组织与团队、社群与营销等课程模块组成；学习期为一年，每年招收两期学员，迄今已招生十三期，累计培养近千名学员
黑马连营	2015年底启动的创新型学习项目；以社群明星创业者为导师，解构创业企业成长方法论；学习期为半年，计划每年招收四期学员，每期挂牌导师五至六人，招收学员100～120人
黑马导师营	2015年底启动的创新型学习项目；以知名企业家和投资人等为导师，深度解构一个特定的行业或主题，实行小班制，每名导师在半年学习期内辅导10～15名学员；计划滚动招生，每年服务学员200～300人

表 3.3　创业黑马短期培训项目[②]

项目类型	项目简介
黑马腾讯特训营	与腾讯公司联合开发的培训项目；针对TMT行业及寻求互联网转型的传统企业创始人；借鉴腾讯公司产品研发思路、企业文化、人才观，对创业者进行互联网思维培训
黑马京东特训营	与京东公司联合开发的培训项目；面向电商、物流、智能硬件、金融理财、大数据行业创业者；由导师带领学员参访京东，全面学习京东电商逻辑
黑马华为特训营	解构华为公司管理经验与教训的培训项目；由创始人班、管理研讨班、人力资源管理班、供应链管理班等项目组成

（4）公关服务

创业黑马的公关服务主要包括品牌传播、产品推广、创意营销等（见表3.4）。主要客户有两种，一种是把黑马创业社群作为被公关对象的企业和公共机构，二是黑马社群的创业企业。

创业黑马的公关服务采取线上线下融合的方式、利用社群进行传播。线上媒体平台包括公司自有线上媒体平台以及上千家外部合作的线上媒体和自媒体资源。线下活动系列由黑马大赛、黑马运动会、创业社群大会、定制活动等构成。以黑马会为核心的创业者社群覆盖全国25个创业热点城市和13个创新活跃产业，成员比较活跃，联结紧密。

---

① 创业黑马（北京）科技股份有限公司创业板首次公开发行股票招股说明书，2016：83.
② 创业黑马（北京）科技股份有限公司创业板首次公开发行股票招股说明书，2016：84.

表 3.4　创业黑马公关服务 [①]

服务类型	服务内容	服务说明
品牌公关	市场公关策略制定	根据企业市场阶段及行业环境制定市场策略
	CEO 形象包装	明确 CEO 形象定位，安排媒体专访，活动出席、演讲等提升公众形象的机会
	企业品牌展现	在公司举办的各种相关大赛、沙龙活动体现品牌 logo，展示产品
	媒体关系管理	与相关媒体、自媒体人建立良好关系，掌握选题动向
	媒体沟通	不定期组织媒体沟通会，建立畅通沟通渠道
	日常传播	撰写企业、产品相关稿件
	粉丝运营	组织粉丝活动
产品推广	活动策划	根据活动内容设计活动主题及流程
	活动文案	邀请函、新闻通稿、主持串词、QA 等文案撰写
	场地提供	提供路演场地，含 LED、茶歇等
	场地布置及执行	包括签到区、体验区、主场地的布置及活动执行
	媒体邀请	邀请媒体到场，并在活动后期跟踪传播
	专访安排	与相关媒体、自媒体人建立良好关系，掌握选题动向
	人员支持	嘉宾、主持人
创意营销	创意策划	根据客户需求进行创意策划，并制订计划
	资源组织	根据创意组织相关黑马及媒体资源
	前期预热	通过新闻媒体、自媒体发布稿件进行预热
	H5 传播推广	设计并制作 H5 页面，通过微博、微信等渠道扩散，内容外翻
	活动执行	以 H5 吸引到的报名用户组织线下活动沙龙，自媒体同步直播，实时互动
	总结定论	安排专访为活动定标
	定制服务	根据客户需求提供定制化服务
	广告发布	通过自身媒体或采购媒体为客户发布宣传广告

在盈利和营销方面，创业黑马经过转型，其主要经营业务逐渐脱离杂志，盈利也不依赖于杂志经营。主要运营《创业家》内容、发行等相关业务的北京创业未来有限公司与其挂靠的人大书报中心于 2015 年签署《终止协议》，停止与人大

[①] 创业黑马（北京）科技股份有限公司创业板首次公开发行股票招股说明书，2016：85-86.

书报中心关于杂志业务的合作。①

创业黑马集团主要通过提供创业辅导培训服务、公关服务和会员服务获取收入，公司主营业务收入的构成及占比情况如表3.5所示。

表3.5 创业黑马主营业务收入的构成及占比②

单位：万元、%

项目	2015年度 金额	2015年度 比例	2014年度 金额	2014年度 比例	2013年度 金额	2013年度 比例
创业辅导培训服务	8482.45	51.86	5089.24	48.27	1605.12	33.4
公关服务	7141.56	43.66	5127.47	48.64	2947.98	61.34
会员服务	724.03	4.43	257.19	2.44	58.18	1.21
其他	9.49	0.06	68.51	0.65	195.06	4.06
合计	16357.53	100	10542.41	100	4806.33	100

创业黑马从上到下倒三角的"垂直式"运营，到末尾需要一个出口，建立创业者的反哺机制，正是使创业社群经济实现"生态"的闭环，使得整个创业社群有机循环起来，源源不断为创业者提供优质的、时效性强的知识和经验，形成"创业生态系统"。值得注意的是，黑马社群是创业黑马的核心生产力，不仅是战略导向和利润来源，而且也是销售渠道，社群成员的推荐和宣传是拓展会员、增加培训公关等业务的重要渠道之一。因此本文提出这样一个假设：《创业家》期刊的转型路径是以构建、运营、发展社群为特征的，针对这一假设，本文将在后面的分析中引用材料，通过对《创业家》转型路径的相关分析尝试证明。

---

① 创业黑马（北京）科技股份有限公司创业板首次公开发行股票招股说明书，2016.
② 同①。

第四章 《创业家》期刊转型的初始条件及原因

本文运用效果逻辑理论模型作为转型路径的分析工具，因此分析起点是转型的初始条件和原因。《创业家》期刊的转型是在传播工具转变为互联网，媒体亟须变革的背景下进行的，个人、企业和背景三个层面为《创业家》的转型提供了初始条件，牛文文个人的知识、经历和社会关系网引导《创业家》转型的方向，《创业家》期刊的读者基础、经营基础、业务基础和人员基础为其转型创造了可能，而宏观经济环境、政策支持、传媒产业变革和创业服务业兴起等因素为《创业家》的转型提供了市场保障和市场机会，以上这些使得《创业家》拥有了足以开展业务转型的初始条件，与之相关联的宏观政策的推动、中观产业层面的变化和《创业家》本身的经营状态则是其转型的原因。

4.1 《创业家》期刊转型的初始条件

4.1.1 牛文文个人条件

牛文文生于1966年，陕西神木人，是《创业家》和创业黑马的创始人，现任创业黑马董事长、总经理；北京创业未来董事长、经理；爱代言执行董事、经理；创润信息执行董事、经理；南京创业未来董事长；佳沃世纪董事长、经理；原投时创执行董事、经理；创业嘉乐执行事务合伙人；黑马创投执行董事、经理；黑马拓新执行事务合伙人委派代表；牛投科技执行董事等，这一系列的头衔背后透露着他的身份——创业黑马集团的灵魂人物。作为企业的核心领导者，其个人的教育背景、知识结构、社会经历和社会关系网络为《创业家》的转型提供了重要的资源和条件。

牛文文是中国人民大学经济学学士，中共中央党校政治经济学硕士，长江商学院EMBA。经济学、政治经济学和管理学的学科背景使得牛文文在经济形势判断、市场机会挖掘、政策环境利用和经营管理等方面具备系统化的知识，在领导《创业家》转型时有科学的理论和知识指导。

在经历方面，牛文文曾任中共中央党校办公厅职员；经济日报社记者、编辑；

中国企业家杂志社总编辑,并在《中国企业家》执笔《观察家》专栏,《中国企业家》属于体制内媒体,牛文文属于副局级干部。牛文文在创办《创业家》之前一直在体制内工作,对政策资源了解程度高,同时拥有一些相关政治资源。牛文文长期从事财经类传媒相关工作,具有丰富的传媒行业资源和经验,对中小微企业创业者需求、投资人需求有深刻理解,因此在创业服务业尚不完善的时候布局《创业家》业务转型能够抓住重点,整合细分市场。

在社会关系网络方面,牛文文从求学到就业再到创业一直在与经济相关的圈子中活动,同学的资源、同事的资源以及与企业相关的社会资源十分丰富。尤其是他在《中国企业家》担任主编时,积累了大量的人脉资源和企业资源,优秀的企业家是创业家的"偶像"和学习的典范,因此《创业家》能够联系到知名的企业家,如王石、史玉柱、俞敏洪、柳传志等,迅速在创业者中建立了口碑和信任。

另外,牛文文个人也拥有一定的个人魅力和凝聚力,具有领导者的特质。一方面,作为陕西人的他非常豪爽,高兴的时候喜欢和大家喝酒,口才很好,演讲有感染力,另一方面,他也有创业者的坚持和孤独,王国安评价:"他是一个敢于放下自己、寻求内心的人。"

牛文文从《中国企业家》出走,创办《创业家》,可能一开始就并不满足于"做一本好杂志",《创业家》在创刊时就提出了自己的期刊定位:"以弘扬创业家精神、发现创新商业模式、关注阳光创富为使命,在投资家、高新产业园、商学院、银行、咨询公司等服务机构与高成长企业之间,搭建一个价值发现、共同成长的舞台。[①]"从《创业家》的定位的后半句中可以看出,牛文文对《创业家》的规划从创刊以来就不只是报道创业圈,而是作为桥梁联系创业圈的各种资源,事实上《创业家》后来的转型路径也正是遵循这种理念进行的。牛文文后来提出"内容产品化、产品服务化、服务众包化"和"重度垂直"的思路,从某种意义上也指引着《创业家》的转型道路。管理者的眼界和品位直接影响着企业资源的流向和业务的走向,从而影响《创业家》转型的方向和路径。

4.1.2 《创业家》期刊的企业条件

通过第三章《创业家》发展历程概述可以看出,《创业家》2008年创刊,2010年开始转型,在转型前的第一阶段是以传统经营方式开展业务的一本传统商业财经类期刊。转型前的期刊内容方面,以报道创业和再创业者以及高成长性企

---

① 百度百科:创业家 http://baike.baidu.com/link?url=3WBkrzqBTfzUjPXBWx5xQatiV99iNjBY0TtD7AexP6ypT68kyOcTXihsCzltsBOVYwlaSrP-D2V-ySjOJ7mU_zlGGPJ7tSXR8C9tOgEiEzrf96zvt4ZVxebh47WELErK.

业为核心，在前几期实际操作中与其宣扬的期刊定位有一定差距，比如创刊号的封面就是汇源而不是初创企业。在商业模式方面仍以传统媒体经营方式为主，利润主要来自销售期刊收入和广告收入。《创业家》的主办方是人大书报资料中心，业务主要由创业未来有限公司运营，管理团队大部分都曾是传统媒体的管理者，员工主要是记者、编辑、发行等传统期刊人员。从前面提到的《创业家》主创团队构成中可以看出，成员基本都是传统媒体资深的管理和专业人员，在创办《创业家》之前已经具备一定的商界和媒体资源。

另外，《创业家》经营一段时间之后，逐渐树立起自己的媒体品牌并积累了一定规模的读者群，这是转型的重要资源，为之后创业黑马继续整合内外资源进行垂直社群经营，深耕社群资源提供了核心保障。

《创业家》在企业方面拥有一定的发行量基础和读者群基础，以及比较优秀的管理团队和比较丰富的商业资源和社会资本，这些条件为《创业家》的转型提供了企业层面的初始条件。

4.1.3 转型的环境条件

（1）宏观经济环境方面。《创业家》期刊创办是在2008年，当时正值中国改革开放30年，30年来中国经济经历了高速增长的辉煌时期，在30周年这一节点上遭遇了经济寒冬。自2008年之后，我国经济进入了调整转型期，市场机制继续完善，产业结构转型升级。我国宏观经济环境的变化使得创新创业成为中国经济发展的重要驱动力，经济形势的变化为创业提供了新的机会，刺激了创业者队伍的扩大和创业需求的增加，与创业相关的创业服务产业也受到了影响。我国的创业孵化和支持体系并不完善，因此创业活动的增加为与创业相关的产业链发展提供了机遇。

（2）在国家政策方面。创新创业的政策支持对于《创业家》的创办、经营和转型也产生了直接的影响。在国家层面，国务院、发改委、工信部、科技部等部门都出台了推进"大众创业、万众创新"的相关"双创"文件，比如《国务院办公厅关于发展众创空间推进大众创新创业的指导意见》《国务院关于大力推进大众创业万众创新若干政策措施的意见》《国务院关于加快构建大众创业万众创新支撑平台的指导意见》《国家科技企业孵化器"十二五"发展规划》《关于促进以创业带动就业工作指导意见的通知》等，这些为《创业家》的转型提供了政策保障。

（3）在传媒产业层面，传统媒体转型，新媒体高速发展。当下正处于传媒产业重新洗牌的变革时期，传统媒体式微，市场已经淘汰了许多传统期刊，余下的大部分期刊销量也处于下滑状态。传统媒体纷纷寻求变化发展，根据自身特征、优势和资源选择适合自己的路径进行转型，形成了整个行业普遍探索实践转型的氛围和潮流。

另外，互联网为信息运载提供了全新的工具，逐渐代替纸媒介，互联网本身天然变革了媒介传播载体和传播方式，移动互联网的高速发展更是为传统纸媒转型提供了技术条件。

（4）在市场机会层面，创业服务业兴起。创业服务业是紧密联系创业者和初创企业的服务集群，为创业者创业过程各个环节提供通过完整服务，整合与创业相关的人力、信息、资金等资源，提高创业效率、降低创业成本。在现代市场经济体制中，对推动产业结构升级、优化创业市场资源配置、增强经济活力、促进创业创新等方面有积极的推动作用。

创业环境良好，创业生态不断完善，为创业服务带来巨大的市场空间。与创业创新密切相关的创业服务产业快速发展壮大，市场上涌现出36氪、创业邦、创新工场、3w咖啡等区别于传统创业孵化器的新型创业服务机构，为创业者们提供信息资源、金融资源、场地资源等方面的服务。

《创业家》从创刊起就与创业圈密切相关，从报道创业者、创新企业到服务创业，与"双创"有分不开的联系。由于较早关注到这一领域，创业黑马在创业服务市场中掌握了先机，加之构建了比较稳定的创业社群，因此在转型为创业服务机构后发展比较迅速，取得了比较理想的效果。自成立以来，黑马会融资的金额已经"占全国创投市场融资总额的10%以上，成为中国第一大创业社群[①]"。

4.2 《创业家》期刊转型的原因

4.2.1 宏观：经济转型调整期，"双创"政策利好

自2008年之后，我国经济进入了调整期，经济增速放缓，发展动力和发展方式转型升级，产业结构调整，市场化程度不断加深，第三产业将成为中国经济的支柱，创新创业成为中国经济发展的重要驱动力。国家多个部门都出台了支持"双创"的政策文件。一系列政策释放的红利不仅为创业活动提供了政治保障，而且扩大了创业相关市场，促进了创业活动的开展，为《创业家》的发展和转型提供了政策支持。与此同时，政策带来的财政方面的支持也在《创业家》的转型经营

---

① 百度百家. 牛文文：创业家和黑马的时代来了. 2016.http://guoqingjian.baijia.baidu.com/article/169212.

中发挥了非常重要的作用。从招股说明书披露的数据来看，转型后的创业黑马集团最近3年分别从不同渠道获得政府补贴总额超过600万元，具体在2013年获得补贴130万元、2014年获得补贴301.8万元、2015年获得补贴171.62万元。[①] 这些资金为《创业家》转型发展中的业务开展提供了支持，但也存在一些问题，政策性风险较大，如果切断这部分收入对企业来说可能会导致经营困难，同时由于政府补贴的一些要求，会一定程度上影响经营者的决策。

4.2.2 中观：传统媒体市场缩水，创业服务方兴未艾

以互联网为基础的新媒体高速发展，瓜分传统期刊媒体市场份额。有许多微博大V，微信大号的传播和影响力已经超过了一些组织严密的传统报纸、杂志或电台、电视台。一些网络原生的自媒体的发展状况也颇为显眼，代表性的比如《罗辑思维》、咪蒙、《飞碟说》等。值得注意的是，很多自媒体背后的运营者都有传统媒体的工作经历，比如罗振宇曾是中央电视台栏目策划人，咪蒙曾是南方都市报编辑，这说明了传统媒体的衰落并不否定传统媒体人的价值。《创业家》从期刊脱胎为创业黑马集团，期刊的编辑发行等从业人员也实现了角色的转型。传统媒体中有许多具有互联网思维的人才，他们在市场变化中能够准确把握机会。

牛文文从《中国企业家》出走，选择在2008年创办《创业家》，正是瞄准了危机过后下一阶段中国创业产业的市场。"生在冬天"的《创业家》期刊的报道对象定位具有高成长性的企业、企业家和具有发展潜力的初创企业、创业家，其读者群也是创业者、投资人或是对创业感兴趣的相关人群。牛文文曾自己说"大家知道中国经济发展20多年后会掀起第二轮的创业潮，成为一个创业大国，创业已经是中国各个阶层最大的公约数，大家都觉得应该创业，创业是好的，但是还没有一本以创业、创新为主要定位的主流财经商业杂志。"[②] 这段话表明了牛文文基于宏观经济环境对创业市场的判断是他创办《创业家》的原因。而后《创业家》的转型也正是由于创业市场的扩大带动创业服务业的需求增加而进行的，基于创业者在创业过程中的资源和知识需求，《创业家》依托自身资源转型成为为创业者提供指导和帮助、减少创业风险、降低创业成本的服务企业。

在中观层面，传统媒体产业的衰落和新兴创业产业的崛起，两个行业截然不同的发展状态促使《创业家》期刊脱离发展艰难的传统媒体产业进入方兴未艾的创业服务产业。

---

① 创业黑马（北京）科技股份有限公司创业板首次公开发行股票招股说明书，2016；212.

② 中华职业教育社编.全球创业型经济论坛文集：创业创新就业与科学发展[M].北京：中央广播电视大学出版社，2009:127.

4.2.3 微观：杂志经营亏损，顺应用户需求进行转型

《创业家》从传统期刊转向创业服务机构的内部直接原因是由于《创业家》纸媒受到互联网等新媒体的冲击，也面临着纸媒衰落的危机，传统纸媒成本高、收益低，经营亏损，因此转型势在必行。

创业黑马集团与杂志相关的业务在2013年至2015年均处于亏损状态，盈利情况一直不尽如人意，因此最终选择在2015年年底停刊。从表4.1的数据中可以看出，2013年到2015年，《创业家》杂志的成本和收入均是逐年减少的，亏损金额也逐年减少，从中可以看出创业黑马集团在杂志业务方面是不断收缩的。

表4.1 《创业家》收入和利润情况（万元）[①]

项目	2015年	2014年	2013年
成本	176.59	262.50	520.79
收入	9.49	68.51	195.06
毛利	-167.09	-194.00	-325.74

纸媒投入成本高，而相较于互联网产品效率较低，与企业经营效率最大化的原则相违背，因此放弃纸媒，转向其他业务是许多期刊的共同选择。虽然招股说明书未披露《创业家》自创刊以来的所有营收情况，但其描述中措辞为"始终处于亏损状态"，可以推测出《创业家》杂志的经营数据并不理想。创业的最终目的也许不是为了追逐利润，但盈利绝对是创业的重要目的，创业与创富是相互联系的，因此《创业家》盈利能力的不足是导致其转型的最直接的内部原因。

另外，管理者对用户需求的洞察，顺应需求推动改革也是《创业家》期刊转型的内部原因。《创业家》的管理者早已意识到转型的必要性，但对于具体转型的方向，是基于已有的资源和对创业者需求的洞察确定的。《创业家》期刊本着为用户服务的理念，从用户需求出发推进业务转型。《创业家》在转型过程中逐步构建了传统媒体与互联网新媒体相结合的全媒体平台，为创业者、投资人提供高质量的创新创业领域资讯信息，在创投圈子中形成了良好的口碑，继而将业务延伸至公关服务、创业辅导培训服务、创业者社群会员增值服务等方面。从创业黑马的业务布局中可以发现，目前创业黑马的各项业务与创业社群的各项需求均是一一对应的，当前的创业资讯和培训辅导业务是为了满足创业者对于创业经验以及创业知识的需求，公关业务是针对创业公司的宣传推广营销需求，而社群经营是满足创业者的资源交换对接和情感需求。对接创业者需求，为创业人群服务是《创业家》转型战略的核心理念。

---

① 创业黑马（北京）科技股份有限公司创业板首次公开发行股票招股说明书，2016:54.

第五章 《创业家》期刊的转型路径

《创业家》媒体转型路径包含两个大方向：一是对于消费者而言，是从读者到用户的转型，二是对于《创业家》期刊而言，是从内容到服务的转型，如图5.1所示。

图 5.1 《创业家》转型方向

对于消费者而言，《创业家》的转型也是受众从读者到用户的转型，称谓改变，背后是传统"受传者"角色和地位的转变。在互联网时代，受众的主体地位得以显现，媒体更加注重受众的个体差异，尊重个体价值。

传统商业体系最重要的角色分工，就是生产者和消费者，二者界限分明、各司其责。而社群经济时代，消费者、传播者和生产者三者角色重合。"产消合一经济"的时代已经到来。用户基于社群互动进行表达分享、创意贡献、协作生产、口碑传播和主动消费，体现着积极的"生产者"、热心的"传播者"、忠实的"消费者"三种身份的融合。[1] 因此从读者到用户的转型首先是读者角色的转变，传统媒体的读者没有具体的形象，只是媒体的"假设和想象"，并不是一个个鲜活的人，而用户则是具体的、生动的；除此之外，读者的传播地位也发生了变化，从前的读者是传媒产品的消费者，但对产品本身并没有决定权，读者转变为用户也是其传播地位从被动到主动，从下游到上游的转变。媒体从用户需求出发，用户是媒体产品形态和内容的决定者；另外，用户的消费形式也发生了变化，读者是单一的消费者，而用户不仅仅消费媒体产品，还往往通过媒体平台进行二次生产，大量用户生成的产品同样成为了媒体的资源，比如网易新闻中的"跟帖文化"，一半人看新闻，另一半人是冲着跟帖去的，这体现了用户原创内容（UGC）的价值。现在的"用户"是黑马创业社群的成员，也是公司生态圈的核心环节，在"服务众包化"和未来的"众包平台化"中，社群成员将发挥更为重要的作用。

---

[1] 金韶，倪宁."社群经济"的传播特征和商业模式[J]. 现代传播，2016（4）:116.

另外,对于《创业家》期刊自身而言,主要是从内容平台到服务平台的转型,如图 5.2 所示。

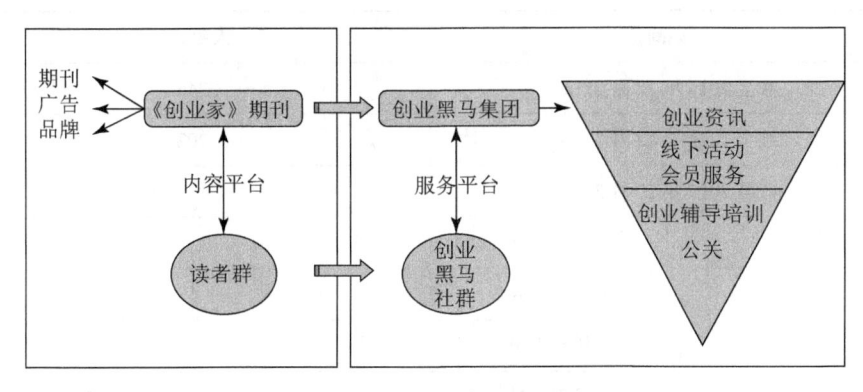

图 5.2 《创业家》转型图示

转型前的《创业家》期刊生产内容产品,经营方式也遵循传统媒体的路径,服务创业者的形式是相对间接的,对于创业者来说最直接的效用可能只是宣传渠道的一种。而转型后的产品形态、付费方式和企业运营的核心逻辑均发生了变化,企业与用户的联系变得更为直接和紧密,创业黑马直接为创业者提供辅导、公关等服务,满足创业者投融资、交易等实际需求,并直接向用户收费,这显然与传统媒体内容平台的产品和经营方式是截然不同的。

5.1 《创业家》期刊转型的层次

具体来讲,《创业家》期刊的转型体现在组织管理、产品、市场营销以及盈利方式等四个层次。

5.1.1 组织管理的转型

转型前的《创业家》期刊《创业家》的主办方是人大书报资料中心,业务主要由创业未来有限公司运营,管理体系主要还是传统期刊的编辑部、发行部、广告部等组成,而转型后的创业黑马集团是一家聚焦于帮助创新创业企业成长的综合性创业服务提供商,将创业未来以及创业创媒等公司进行资产重组整合组成的,创业未来到创业黑马,企业性质从有限责任公司变为股份有限公司,其组织和管理系统也随之发生变化。创业黑马建立了现代公司治理结构。当前的组织框架体系包括培训事业部、公关事业部、社群事业部、移动事业部、内容事业部、运营中心、董事会办公室等,与此同时还完善了人力资源政策,建立了内部审计机构。

截至 2015 年 12 月 31 日，创业黑马员工人数为 246 人，员工结构如表 5.1 所示。

表 5.1　创业黑马员工数量及结构[①]

期间	人数 / 人	
截至 2015 年 12 月 31 日	246	
截至 2014 年 12 月 31 日	202	
截至 2013 年 12 月 31 日	137	
分类方式	分类标准	员工人数 / 人	占比
岗位构成	业务运营人员	150	61%
	销售人员	47	19%
	管理人员	25	10%
	研发及技术人员	9	4%
	其他	15	6%
人数合计		246	

伴随媒体转型和公司业务的变化，媒体从业人员的角色也在变化，从传统的编辑、记者、发行成为围绕创业者的组织和服务人员。

5.1.2　产品的转型

对于《创业家》个案而言，其生产的产品主要经历了从内容到服务的转型。互联网时代几乎都依赖于电子媒介，信息传播的载体和方式发生了转变。对于《创业家》而言，其媒介形式同样发生了变化，从单一的纸质媒介转向多样化。与此同时，媒介形式会在一定程度上影响媒体所传播的具体内容，网络时代的微信、微博、网站的内容样式与纸媒相比已经有了很大差别。对于《创业家》个案而言，牛文文在媒介产品方面提出了"内容产品化"的口号，即期刊内容倾向于可重复化。媒体生产每篇报道、评论都是独一无二的，从一定程度上来说每写一篇报道、策划一个专栏都是在进行新的生产活动，因此导致高成本、低效率。牛文文将内容产品化，就是在降低媒体生产成本，追求互联网的规模效应，《创业家》期刊的具体做法就是搞榜单，把内容产品流程化。

从内容到服务，并不是完全抛弃了内容，而是把媒体性质和功能转型为服务

---

① 创业黑马（北京）科技股份有限公司创业板首次公开发行股票招股说明书，2016:74。

平台中的一部分。《创业家》媒体的功能从单一的提供资讯转向多样化，产品形态和内容都相应地发生变化。

5.1.3 市场营销的转型

转型前的《创业家》靠邮局订阅、广告部、发行部等传统手段进行市场营销，加上一些活动树立品牌形象，以及赠阅等方式打开销售渠道。

创业黑马的创业辅导培训业务采用直接销售与渠道销售相结合的销售方式。一方面成立专门的学员招募团队，通过媒体平台推广、参加行业论坛、峰会等方式宣传公司创业辅导培训课程吸引创业者接受培训服务；另一方面创业黑马还与招生代理机构签署合作协议，由代理机构负责学员的招募工作。此外，由于创业黑马在创业者群体中尤其是黑马社群中具有良好的品牌形象，社群成员自发向其他成员推荐逐渐成为公司培训业务获取订单的重要方式。随着创业社群的不断发展壮大，基于社群的口碑传播成为创业黑马拓展培训业务的首要方式。

创业黑马的公关业务主要采取直接销售方式，经过多年的发展，形成一支经验丰富的公关业务销售团队，负责整体公关业务的市场拓展，是公关业务订单的主要来源。同时，社群成员相互推荐逐渐成为公关业务订单的重要来源之一。创业黑马的会员服务业务的销售主要体现在"黑马会"会员拓展方面，目前"黑马会"会员主要来源于黑马社群中成员的自愿推荐。总而言之，转型后创业黑马的市场营销最大特色就是社群作用的凸显，无论是培训业务、公关业务还是会员业务的销售，社群成员均发挥了重要的作用。

5.1.4 盈利方式的转型

转型前的《创业家》期刊的主要盈利方式是卖杂志和卖读者。而转型之后的创业黑马集团，主营业务中主要收入来源于创业辅导培训、公关，还有会员服务等。未来，创业黑马公司将基于创业社群，不断开发新产品，发掘新的盈利方式。关于创业黑马盈利的具体数据在第三章中已经提到，不再赘述。值得注意的是《创业家》转型中社群经济的现象，"社群经济中存在一个'双重产品'的现象。社群管理者向社群销售产品，其次社群本身也是一个产品，被管理者向外兜售[①]"。事实上，第二重产品价值实现的原理正是社群经济的外溢效应，即将社群内部的活动通过宣传扩大其影响范围，超越社群的范畴，从而在外界提高社群的知名度，

---

① 胡泳，郝亚洲．社群经济与组织社群化 [J]．IT 经济世界，2014(393)：86．

引起广泛关注，使得社群本身具有了商业价值。从创业黑马的业务中我们也可以看出，创业培训服务和会员服务是公司向社群成员兜售的"内部产品"，又将整个社群作为产品参与进其公关业务当中，基于社群的"双重产品"是现在创业黑马的主营业务重要特征之一。

5.2 《创业家》期刊转型的路径总结

在前文分析了《创业家》期刊转型的概况、转型的原因和特征后，本章将对《创业家》转型的路径进行总结。由于牛文文离开《中国企业家》创办《创业家》本身也是在创业，因此在总结这一转型路径时，本章将引入基于效果逻辑理论的创业过程模型和转型公司逻辑模型。效果逻辑理论是美国学者Sarasvathy提出的一种基于效果逻辑的决策理论，被广泛应用于创业研究。效果逻辑理论强调以现有的手段和方法为出发点来进行决策，确定发展目标，而不是在有一整套严密的商业规划之后按图索骥，牛文文曾提到的"先想自己有什么"正是这一思维的体现；强调把用户当作学习和共同成长的伙伴，并且将产品直接卖给他们；强调寻找合作伙伴的重要性，通过寻找利益相关者，从联盟构成出发确立发展目标；强调构建市场而不是发现市场，确定初始产品和领域后通过新产品开发和合作整合细分市场。效果逻辑理论是基于市场和决策的不确定性研究创业过程，与《创业家》的转型有比较高的契合度，因此本文尝试利用这一理论框架描述《创业家》的转型路径。

《创业家》在转型中十分注重资本扩展。《创业家》期刊在转型的同时通过融资、兼并收购等方式扩大了资本规模，进而进一步整合资源，实现了多向扩展。《创业家》媒体转型一方面是突破期刊行业限制的多元化扩展，另一方面是针对用户社群的产业链扩展。有特定内容的媒体涉及媒体产业本身和其报道对象所在的产业。据此产生了两个发展方向，一是从期刊行业本身出发，进行产业化经营，二是跳到报道对象的一面，在自己所报道的行业领域进行发展。《创业家》转型进行的资本扩展就是针对后一种发展方向的，跳出媒体行业转入创业服务行业，逐渐淡出期刊业务，在创业服务产业链上谋求发展。

从转型时机看，《创业家》是在其杂志经营亏损的情况下进行的，属于劣势转型，是为了摆脱传统期刊经营的困境，重新定位、寻找价值的跨行业转型。从转型路径而言，《创业家》的转型属于内部发展型，即有目的地在其他业务领域培育新项目，经过一段时间的发展，新项目发展成长为企业的新的主营业务。

通过以上几章内容对《创业家》转型过程、转型初始条件、原因以及转型的各个层面的分析，结合效果逻辑理论指导下的创业过程模型和转型企业模型，将《创业家》期刊的转型路径总结如图 5.3 所示。

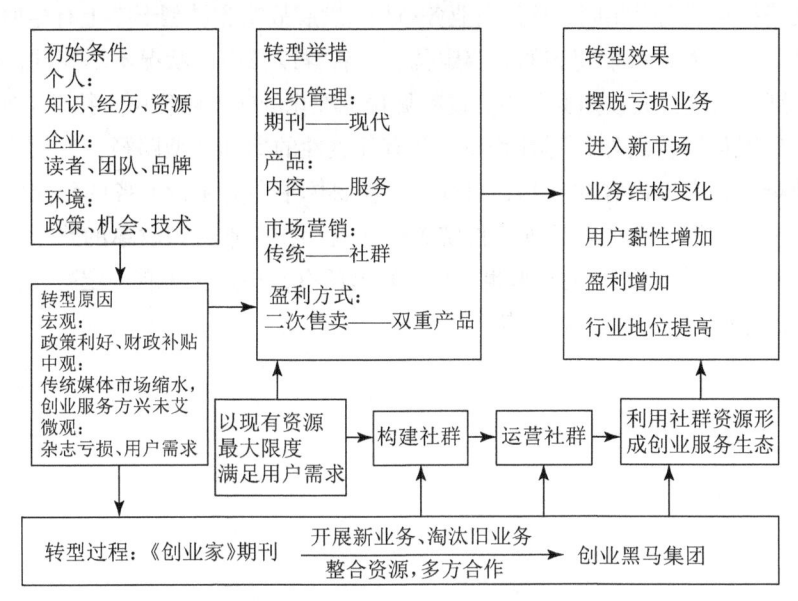

```
┌─────────────────┐   ┌─────────────────┐   ┌─────────────────┐
│ 初始条件        │   │ 转型举措        │   │ 转型效果        │
│ 个人：          │   │ 组织管理：      │   │ 摆脱亏损业务    │
│ 知识、经历、资源│   │ 期刊——现代      │   │ 进入新市场      │
│ 企业：          │   │ 产品：          │   │ 业务结构变化    │
│ 读者、团队、品牌│──▶│ 内容——服务      │──▶│ 用户黏性增加    │
│ 环境：          │   │ 市场营销：      │   │ 盈利增加        │
│ 政策、机会、技术│   │ 传统——社群      │   │ 行业地位提高    │
└────────┬────────┘   │ 盈利方式：      │   └─────────────────┘
         │            │ 二次售卖——双重产品│
┌────────▼────────┐   └────────▲────────┘
│ 转型原因        │            │
│ 宏观：          │            │
│ 政策利好、财政补贴│          │
│ 中观：          │   ┌────────┴────────┐   ┌──────┐   ┌──────┐   ┌──────────────┐
│ 传统媒体市场缩水，│─▶│ 以现有资源      │──▶│构建社群│──▶│运营社群│──▶│ 利用社群资源形 │
│ 创业服务方兴未艾│   │ 最大限度        │   └──────┘   └──────┘   │ 成创业服务生态│
│ 微观：          │   │ 满足用户需求    │                        └──────────────┘
│ 杂志亏损、用户需求│  └────────▲────────┘                                ▲
└────────┬────────┘            │                                         │
         │            ┌────────┴──────────────────────────────┐          │
         └───────────▶│ 转型过程：《创业家》期刊  开展新业务、淘汰旧业务  创业黑马集团│
                      │                        ─────────────────────────▶│
                      │                          整合资源，多方合作      │
                      └───────────────────────────────────────┘
```

图 5.3　《创业家》期刊转型路径

个人、企业组织、环境三个层次的初始条件以及宏观、中观、微观三个层次的原因促使《创业家》开始进行以用户导向和为创业者服务为主题的转型，在经营管理、产品、市场营销和盈利方式四个层面采取措施，最终达到了抛弃旧业务、进入新市场等一些列效果。在由《创业家》期刊转型为创业黑马集团的过程中，社群经济特征突出，通过构建社群、服务社群、利用社群资源形成了创业生态，这也是核心逻辑。以现有资源最大限度满足用户需求是创业黑马经营的核心宗旨。先有需求后有生产，生产必然是为了满足需求的，因此以用户需求为核心不仅是运营社群经济的原则，更是经济本源的回归。由于媒体行业的精神文化属性，原来受政治等宏观因素影响较大，往往不注重"按需生产"，现在我国的大部分媒体受市场因素影响更多，现在媒体成为了市场经济的主体参与交易，这意味着媒体要遵守市场经济的原则和规范，因此大众传播时代的传受关系也必然会发生变革。无论媒体选择怎样的转型路径，最终都是为了满足一定的需求，在互联网时代谋求生存和发展。

传统期刊的转型路径具有多样性，具有代表性的如时尚集团以资本运作为核心，建设期刊群，拓展品牌实现跨界经营的集团化转型路径，与之相似的期刊组成现代期刊集团还有《家庭》《知音》和《瑞丽》等，需要注意的是每个期刊集团化发展路径并不完全相同，只是在业务布局、发展战略和转型形态上有相似之处，因而被归为一类。每本期刊的内容定位、读者群以及经营状况不尽相同，因此对期刊转型路径进行大致归类并不是说有哪种标准化的转型路径可直接"拿来"。除了进行集团化经营之外，还有其他一些有代表性的期刊转型路径，比如《壹读》从传统杂志转为以内容为产品，以视频、新媒体平台为主营业务的传媒机构的全媒体转型路径等。在产业层面，传统媒体普遍都在探索转型改革的路径，在这种行业背景下，《创业家》的转型也是期刊转型的有益探索，具有一定的独特性，在社群经济方面呈现出突出的特点。

第六章 《创业家》转型路径中的社群经济特征

《创业家》转型路径的一个突出特点是贯穿其中的社群经济,以用户为中心,通过建立创业社群实现垂直领域用户价值最大化。《创业家》的转型注重在服务的过程中强化与用户的互动,以此为基础推动创业者相互连接,形成联系紧密的用户社群。社群中的社交关系大大增加了用户的转移成本,并同时激发用户相互服务的动力与创造力。这一特性在提升用户黏性的同时,帮助创业黑马保持对用户需求的敏感性与灵活性。创业黑马所构建的创业者社群在国内比较少见,其转型路径中呈现出的突出的社群经济特点,也成为了创业黑马的核心竞争力之一。

6.1 创业黑马社群概况

《创业家》2008年创刊,自创刊起就开始积累读者群,伴随业务改革逐渐形成新的创业社群,以社群需求为核心进行全面业务改革。《创业家》期刊的读者群与黑马创业社群的性质不同,并且读者群体作为传播活动的受众群,在能动性、参与度等方面与现在的黑马创业社群相比有巨大差距。现在黑马社群的自身定位是"中国最活跃的创始人成长社群","现有用户数100万名,付费用户2万名"[1]。在创业黑马的社群体系中最为明确的组织是2013年8月成立的黑马会,"2015年全国会员数量已超过20000人,依据地方、行业、企业发展规模划分出立体交叉网状结构,现有13大行业社群、25个地方社群、5种轮次融资规模社群[2]"。各个分会都有一定的层级结构,基本包括会长、副会长、秘书长、执行委员和普通会员等,每个分会的具体架构由各个分会自己制定,具有一定的灵活性。除了黑马会之外,黑马创业社群成员还包括创业导师、投资人以及创业黑马集团从事社群运营的工作人员等。

在黑马会方面,创业者可以通过网站注册、微信申请、现场填报的方式加入。

---

[1] 每经网.一年融资609.63亿元,黑马社群到底是个啥样的社群?.2015年12月11日,http://www.nbd.com.cn/articles/2015-12-11/969420.html.

[2] 360doc.中国最具活力的创始人社群——黑马会.2015年10月5日,http://www.360doc.com/content/15/1005/22/27414281_503500341.shtml.

加入后，公司通过定期或不定期地举办线上（微信群分享等）、线下活动（包括沙龙、分享会等形式）向创业者提供会员服务。①

黑马会要求入会者必须是公司创始人或是联合创始人，愿意通过黑马会学习成长并且拥有互联网升级需求的企业，或者有升级成为投资人需求的创始人均可申请入会；自愿加入后需履行会员义务、遵守规章制度。黑马会会员权益包括获得黑马身份证、黑马徽章；获赠"万马在线"线上课程；获得"学吧"产品体验机会；获得"黑马速融"资格；获得《黑马黄页》每年1～2本；参与黑马开放日；等等。

从上述描述中可以看出，加入黑马会的创业者可以获得在创业学习、投融资、资源对接等多方面的便利和服务。黑马会会员每年的会费是3000元，其中1000元给地方分会，1000元给行业分会，用于支持会员活动。

黑马创业社群不仅仅指黑马会会员，黑马会在创业黑马集团自己制定的创业服务业务体系中处于中间一层，是通过用户付费入会来达到留存和沉淀用户的目的。一些社群成员会参与到创业黑马的创业辅导培训或公关业务中，在成为社群活跃成员的同时成为创业黑马的主要利润来源。读者群是媒体传播的受众，也是最初黑马社群成员的入口，整个围绕用户群体的业务运作是创业黑马集团的核心生产力，《创业家》媒体的服务对象经历了从读者到用户再到社群成员的深化过程，这一不断深化的过程被创业黑马的创始人牛文文称为"重度垂直"。最终深化到一定程度的社群成员反过来通过创业黑马平台反哺和服务更多创业者，形成了用户的完整的流动机制，如图6.1所示。

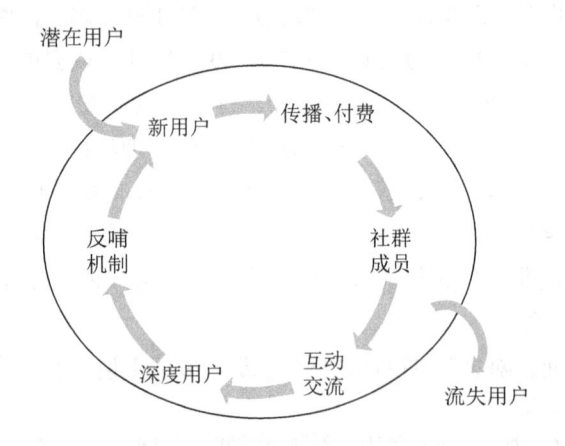

图6.1 黑马社群成员流动机制

---

① 创业黑马（北京）科技股份有限公司创业板首次公开发行股票招股说明书，2016：88.

"网络社会存在着无数由社会个体发挥自身能动性而结成的群体。网络社会的群体形成是人们以某一个兴趣或利益为指归互相寻求的结果。"[1] 人们总是基于某一方面的需求而结成互动的群体。业缘群体是伴随着社会分工和工业时代来临而产生的，是不同的人因从事共同或相关的职业而发生相互作用结合的社会群体。现在又有人将社会群体分为产品型社群、兴趣型社群、工具型社群、知识型社群和品牌型社群，其中兴趣型社群类似于前一种分类中的趣缘群体[2]，将创业类社群划分为兴趣型社群，本文认为创业社群应归类为业缘型群体。首先创业者的创业即他们的职业，从事创业活动，他们共同的身份是"创业者"；其次在创业社群内部有大量的商业合作往来，同行或跨界的商业合作并不基于某一种固定的兴趣，而是基于不同种类的"工作"或"职业"需求。但这种新型业缘群体已经大大超出了原来业缘群体的所指范畴。由于网络社会的社群形成更多的是通过媒介而不是传统的现实地缘、血缘和业缘关系，伴随网络社会的到来，兴趣与职业的联系具备了更多可能性，尤其是创业者，其中不少人的创业是始于自己的兴趣爱好，因此创业社群的"趣缘"属性越来越强，具备了许多工业时代业缘群体不具备的趣缘特征和媒体文化属性。互联网对传统业缘关系的发展向前推进了一步，缩小了时空限制，密切了人际联系。对于黑马创业社群而言，其独特的"新业缘群体"的社群需求决定了创业黑马集团的业务发展和经营战略。

6.2 社群经济在《创业家》转型中的体现

有人总结互联网时代的社群经济是内容+社群+商业，内容是媒体属性，用来吸引用户，做流量的入口；社群是关系属性，用来沉淀流量，增加转移成本；商业是交易属性，实现通过流量盈利。通过上几章的论述可以发现，《创业家》转型路径的运作模式与社群经济有高度的相似性，第一步通过创业资讯服务吸引创业者的注意力，《创业家》的转型是杂志脱离了传统媒体的传播方式和经营方式，但并没有失去媒体属性，互联网社群时代更需要优质的内容，媒体经营社群更需要用优质内容来吸引用户，保持其社群入口的畅通。第二步是通过构建和运营社群来培养创业者的忠诚度，沉淀用户。在创业黑马社群成员间建立完善的沟通机制，让创业者共同学习和成长，培养社群认同感和社群文化归属感，并通过独特的社

---

[1] 郑志勇.网络社会群体研究[C].2006中国传播学论坛论文集（Ⅱ），2006:682.
[2] 互联网洞察.商业揭秘：你懂得社群的分类么？2016年9月18日，https://baijiahao.baidu.com/s?id=1542918276213333&wfr=spider&for=pc.

群运营方式培养成员的使用习惯。第三步通过极致的产品直接向用户收费，实现交易。在交易的同时增加转移成本使成员长期留在黑马社群中，持续消费创业黑马集团的产品。

具体而言，社群经济在《创业家》转型路径中体现在以下几个方面。

（1）《创业家》期刊的转型与创业社群的建立是同时启动的。《创业家》的管理人员开始琢磨期刊转型的时间大约从2009年开始，在活动方面就已经开始建立"创始人俱乐部"等组织，这相当于构建后来创业社群的一种"实验"。2010年《创业家》开始转型，同年也建立了黑马营并开始举办黑马大赛，事实上这些新业务正是构建社群的具体措施，同时也是期刊转型的具体表现。

（2）社群成员的各项具体需求是《创业家》转型中拓展具体业务的依据和动力。转型前的《创业家》作为一家媒体，满足的是读者获取信息的需求，此时的读者群还不能称为社群，但《创业家》的读者群中有一部分人也是创业者，与后来的创业社群有密切联系。随着创业市场的扩大，创业者增多，知识、融资、合作、营销等需求变得更加迫切，出于为创业者服务的根本理念，为了满足创业者的多种实际需求，创业黑马开始建构创业社群，并根据社群成员的具体需求在不同方向上拓展业务，针对不同需求发展创业辅导培训、公关等业务。社群经济最重要的原则就是围绕用户、服务用户和利用用户，体现在《创业家》转型中就是创业者的具体需求对业务转型的导向作用，对于《创业家》而言，创业者的融资、知识、情感等需求是其业务变革和拓展的依据和动力，精准对接社群需求的各项服务使得用户成为了真正的"产消者"。

（3）创业社群的成熟度影响转型进程。社群运营是一种范围经济而不是规模经济，在建立社群时规模是重要的，但并不是越大越好，当社群人数超过一定规模时，会出现边际效应递减的情况，因此黑马会的机构设置是分散式的，有行业分会和地区分会，将每个小组织的人数控制在能够有效传播的范围内。当社群成员形成一定规模并具有了一定忠诚度时，需要深耕社群资源，范围经济发挥主要作用，即一定范围内品种越多越经济，因此我们可以看到创业黑马不仅仅涉足创业资讯或是创业培训某一方面，而是极力在创业服务全产业链上拓展业务。社群在《创业家》转型中的一系列作用和影响使得创业黑马形成了以社群为基础的用户服务体系以及"内容产品化、产品服务化、服务众包化、众包平台化"的服务模式。[①]

（4）社群是创业黑马的主要利润来源和重要营销渠道。社群经济以价值认同

---

① 创业黑马（北京）科技股份有限公司创业板首次公开发行股票招股说明书，2016：106.

为基础，利用成员间的关系和利益链条实现价值增值。《创业家》杂志的核心服务对象是创业者，大部分创业者为自己的工作投入大量精力，能动性很强，因此组成的社群活跃性和商业潜力比较大。转型之后创业黑马大部分业务都是针对社群成员的，社群成员成为了创业黑马利润的主要来源，实现利润的过程也是人际关系和利益关系转化为商业活动的过程，从生产到销售各环节均受到社群的影响。具体来说，创业黑马与社群中的一些创业者以及创业者之间有直接的业务往来，这些都是基于社群关系直接促成的交易，包括创业黑马设立的社群基金等也是基于社群成员间的联系直接产生的新价值；另外，对于创业黑马而言，社群也是创业黑马各项服务重要的销售渠道，上文中曾提到过，目前扩展黑马会会员规模主要依靠成员的内部推荐，未来基于社群的口碑传播将成为创业黑马拓展创业辅导培训业务的首要方式，社群成员的相互推荐也是创业黑马公关业务订单的重要来源之一。

（5）社群成员间的关系和情感纽带是留存用户的首要因素。对于创业黑马的纵向经营模式而言，比吸引用户更难的是留住用户。社会群体为了减少成员流失，设置一定门槛同时让成员在本群体付出尽量多的成本（包括金钱、时间、人际关系等），利用增加转移成本的方法锁定群体成员，在垂直方向的业务运作中获取最大利益。创业黑马增加转移成本的方式就是"深耕资源"，针对社群成员有一系列机制增加其转移成本，包括收费的会员制、各项创业服务的跟进，以及社群标签和社群文化的熏陶，高级会员创业成功之后返聘为创业导师等。这一系列的手段中最为重要的就是建立完善的沟通机制，培养用户间的关系和情感，对于社群而言，参与始于兴趣和需求，留下缘于认同和习惯。在个体自主选择性大大增强的网络时代，最稀缺的就是人与人之间的真诚交往和情感归属，一旦在用户内心形成认同，建立了良好的关系，个体长期留在某个社群的可能性就大大增加了。创业黑马"注重在服务的过程中强化与用户的互动，以此为基础推动创业者相互连接，形成强黏性用户社群。社群中社交关系的沉淀，大大增加了用户的转移成本，并同时激发用户深度互动、相互服务的动力与创造力"[①]。

（6）构建更加优秀的创业社群也是《创业家》转型发展的重要目标。《创业家》期刊转型的过程整体呈现出社群经济的特征，构建社群的过程与《创业家》转型的过程是同步的，未来创业黑马的发展目标是"为创业者成长所需的推广、学习、融资需求提供各项支持服务，致力于成为中国领先的综合性创业服务平台，并聚拢中国最具发展潜力和最有活力的创业群体，形成自组织、自生长、自服务的综

---

① 创业黑马（北京）科技股份有限公司创业板首次公开发行股票招股说明书，2016：90.

合开放创业生态"。① 从中可以看出,构建和运营更优秀的创业社群是创业黑马发展目标的一个重要部分。

6.3 创业黑马社群成员认同感访谈

社群经济是《创业家》转型的突出特征,而社群经济发挥作用的基础是共同的兴趣和利益。形成社群凝聚力的前提是"认同感",通过群体交往实现对本社群组织、文化的认同,产生对社群的归属感和社群价值的认同,才能最终形成基于心理认同感的消费。

"亨利·泰弗尔(Henri Tajfel)指出,社会认同是个体对于某一群体中自己价值和与群体情感联系的认识,属于自我概念的一个重要组成部分。个体在社会中会将自己归类为某一群体,分出内群体和外群体,在认知过程中的简单的群体分类,或者是社会分类便是社会认同产生的前提。②" 提出自我归类理论的约翰·特纳(John C. Turner)认为,"群体认同就是个体对于自己所属的内群体产生的不同程度的认同感。③" 根据以上两位学者的理论,认为群体认同属于社会认同概念的范畴,因此社会认同理论对于本文研究的创业社群具有重要理论意义。下面将对黑马社群进行具体分析,论述社群在《创业家》转型中的作用,并参考群体认同的研究方法对黑马社群的成员进行个别访谈,验证黑马社群中成员对群体的认同度和参与度。

人们交往的动机包括获得信息、获得他人的物质与情感支持、与他人形成伙伴关系以及获得群体归属感等。从一定程度上来说,创业黑马集团的经营模式可以算是社群经济,社群是整个公司经营的中心。因此,创业黑马公司的运行和盈利很大程度上取决于创业黑马社群的情况。"社会环境的不断变化要求组织对变化与需求必须快速反应,同时更具弹性和人性,因此有机化成为了组织的发展方向,而组织有机化的前提条件是组织必须内化在成员的心中,只有在成员对组织形成清晰和优越的认同时才会使得组织有机化发生。④" 只有黑马社群维持一定的

---

① 创业黑马(北京)科技股份有限公司创业板首次公开发行股票招股说明书,2016:131.

② Tajfel, H. (1978). Social categorization, social identity, and social comparison.In H. Tajfel (Ed.), Differentiation between social groups: Studies in the social psychology of intergroup relations (pp. 61-76). New York: Academic Press.

③ Turner, J. C.& Brown, R. (1978). Social status, cognitive alternatives, and inter-group relations.In H. Tajfel (Ed.), Differentiation between social groups (pp. 201-234). San Diego, CA: Academic Press.

④ Albert, S., Ashforth B. E., Dutton J. E. Organizational identity and identification: charting new waters and building new bridges [J]. Academy of Management Review, 2000, 25: 13-17.

规模和活跃度才能保证公司的运转，因此社群成员对黑马社群的认同是考察社群有效性的重要指标。上文提到过，群体认同的形成过程包括自我认同，群体交往，群体规范，最终形成群体认同。群体认同包括认知、评价和情感等多个维度，考察群体认同有多种形式，本文拟采用半结构化访谈的形式验证黑马社群成员对社群的认同情况。想要达到的访谈目的是考察被访者对黑马会的认同情况，提问方向具体包括以下几个方面。

（1）了解被访者的基本情况。

（2）考察被访者对黑马会会员身份的认同情况。

（3）考察被访者对黑马会以及其他会员的评价。

（4）考察被访者对黑马会继续付费的意愿。

本文参考了《"90后"大学生自我概念、群体身份认同及其关系的研究》（赵晓露，2012）、《听觉障碍青少年网络交友及群体认同研究》（王小慧，2014）等文章中的访谈，Mael, F. A.和Ashforth, B. E.1992年制定的单维度组织认同量表和Edwards, M. R.和Peccei, R.2007年的多维度组织认同量表，以及钟华博士在2008年发表在《弱势群体成员的认同管理策略研究》中改良了的群体认同量表，设置了以下备选问题。

（1）您是否把"黑马会会员"当作自己的身份标签？

（2）黑马会成员身份是否带给您自豪感和自尊感？

（3）您觉得您与黑马会中的其他成员有相似性吗？（熟悉其他成员吗）

（4）您喜欢与会里的其他成员互动交流吗？

（5）其他人攻击黑马社群时，您是什么感觉？

（6）加入黑马会后对您有没有帮助或收获？哪方面？（法律、投融资、财务会计、技术、企业管理、政策与信息咨询、行业交流与培训、人才招聘、办公场所）

（7）与同类创业社群相比，你感觉黑马会有没有优越性？（创新工场、创业邦、联想之星、36氪、创投圈等）

（8）明年还打算继续续费吗？

本次访谈通过微博和微信私聊的方式进行，访谈对象是黑马会的会员，共6人，分别来自北京分会、青岛分会、厦门分会、杭州分会、郑州分会以及广州分会。选取部分访谈内容如下。

被访者A

所属分会：广州分会

入会时间：2015年3月

——您是否把"黑马会会员"作为自己的身份标签之一呢？

——是的。

——黑马会会员身份有没有给您带来自豪感和自尊感？

——有的。

——您觉得您与黑马会的其他成员有相似性吗？

——有的。

——具体在哪些方面呢？

——很多都是初创团队，都需要一些投融资服务，然后也需要拓展人脉关系。

——您觉得加入黑马会后在哪些方面对您有帮助？

——眼界、人脉、信息，一些新闻大事还没报道，黑马商圈就知道了，因为很多都是发生在身边的事。

——您平时喜欢和黑马会的其他会员交流吗？

——喜欢。

——粗略算下有多少会员是您比较熟悉甚至可以算是朋友的呢？

——有20多个吧。

——跟其他创业社群（创业邦、36氪等）相比，您觉得黑马社群有没有优越性？

——有的。

——您个人觉得比较突出的是哪些方面呢？

——其他社群没进去过不知道他们怎么操作的，不过黑马会这边有点兄弟派的感觉。

——这种氛围您觉得怎么样？

——我觉得还可以。

——那您觉得有什么地方可以继续改进吗？

——这个可以不回答吗？

——可以。那有其他人攻击黑马会的话，您是什么感觉？

——顺其自然，因为总会有人不喜欢的。我这边会尽量维护黑马会的形象。

——您明年还打算继续续费吗？

——会的。

——那您愿意把黑马会推荐给朋友吗？

——愿意。

被访者 B

所属分会：北京分会

入会时间：2016年

——您是否把"黑马会会员"作为自己的身份标签之一呢？

——是的。

——黑马会会员身份有没有给您带来自豪感和自尊感？

——有。

——您觉得您与黑马会的其他成员有相似性吗？

——有。

——那麻烦问下，具体是哪些方面呢？

——做企业的经历相似，阶段也相似。

——您喜欢和社群里的其他成员互动吗？

——还好，不忙的时候。

——加入黑马会后，对您有没有帮助或收获？

——有啊。

——具体在哪些方面呢？

——认识很多朋友，一起探讨一起撸bp（商业计划书），上课也能有收获。

——在资源对接方面有实质性的帮助吗？

——我不需要对接，所以不清楚，其他同学反映不错。

——其他人攻击黑马会的话，您是什么感觉？

——没遇到过攻击黑马会的啊。

——假如的话。

——正常啊，没什么感觉啊，做得好的就会被同行攻击，我们公司每天都会被其他匿名机构攻击。

——您明年还会继续续费吗？

——为什么续费？我是黑马成长营的。19万8的学费。

被访者C

所属分会：青岛分会

入会时间：2015年

——您是否把"黑马会会员"作为自己的身份标签之一呢？

——算吧。

——黑马会会员身份有没有给您带来自豪感和自尊感？

——起初有点，也算不上吧，不是冲这个去的，而是整合资源，而且"不端不装有点二"这个标签比较平和，大家是一起做事的。

——您觉得您与黑马会的其他成员有相似性吗？

——嗯，有的，这个社群每个成员都敢想敢干敢拼，有活力有目标有方法！

——您喜欢和会里的其他成员互动吗？

——嗯还好，不喜欢灌水式的瞎聊，针对感兴趣的活动或话题，会比较喜欢。

——您觉得加入后有"创业不再孤单"的归属感吗？

——嗯，有的呀。

——加入后有没有帮助或者收获呢？

——认识了很多投资人，接触到好多好项目，参与了很多黑马社群的活动，视野更宽更高更广，心智上也有很多成长。

——你觉得黑马会在创投圈里做得怎么样？

——黑马会我认为是目前国内创投圈做得最有影响力最有活力也是最大的创业社群。

——明年会接着续费吗？

——续费倒不是问题，但我更希望黑马会能持续做好社群服务，更具落地性，更有参与价值，输出更多服务。

被访者 D

所属分会：北京分会

入会时间：2011 年

——您是否把"黑马会会员"作为自己的身份标签之一呢？

——yes，继续。

——黑马会会员身份有没有给您带来自豪感和自尊感？

——2011—2012 年有，现在渐渐淡化了。

——您觉得您与黑马会的其他成员有相似性吗？

——没有。

——您喜欢和会里的其他成员交流吗？

——经常与其他黑马会员交流。

——加入黑马会后对你有没有帮助呢？

——加入黑马后帮助很大，人脉更加广，资源也很多。

——您还会继续续费吗？

——会继续续费。

——愿意把黑马会推荐给朋友吗？

——愿意。

被访者 E

所属分会：郑州分会

入会时间：2015 年

——您是否把"黑马会会员"作为自己的身份标签之一呢？

——是。
——黑马会会员身份有没有给您带来自豪感和自尊感？
——没有。
——您喜欢和社群里的其他成员互动吗？
——嗯，互动少，比较忙，有些有互动，有些没有互动的。
——加入黑马会后对您有没有帮助呢？
——有。
——具体在哪些方面？
——业务方面。
——与其他创业社群相比，您觉得黑马会有没有优越性？
——便宜。
——您明年还打算继续续费吗？
——会续。

由于微信和微博的线上访谈可能出现中断，加上访谈经验不足，能力有限，访谈结果不具有普遍意义，但也可以从中看出一些黑马会会员对黑马会的评价。

所有被访者都对"是否将'黑马会会员'作为自己的身份标签"这一问题给出了积极的回答，多数人表示"黑马会会员身份带给自己或曾带给自己自豪感和自尊感"，表明社群成员在黑马创业社群中对个体身份的认同。一半人明确表示自己与社群中的其他成员有相似性，在评价黑马会其他会员的时候使用"敢想敢干敢拼，有活力有目标有方法"之类的表述，所有被访者均表示入会后对自己有帮助和收获，表明会员对黑马会的评价偏向积极，所有被访者都表示会继续付费留在黑马会，访谈总体结果表明创业黑马集团的总体运行状态比较良好，成员对社群总体比较认同，访谈结果证明创业黑马集团拥有构建、运营、发展社群经济的基础条件。

传媒技术是社群建构的基础之一，在社群形成之后，维系社群发展、巩固社群关系的便是社群的文化传播。其中被访者C提到了"不端不装有点二"的社群文化，正是由于对社群独特文化的认同感，才能使得成员愿意留在社群中并为社群发展做出贡献。黑马会会员的访谈结果表明了一些黑马会成员对创业黑马持正面态度，并且有继续消费其产品的意愿，结合其他材料可以证明，黑马创业社群成员对创业黑马的产品和社群认同度较高，并且比较活跃，在《创业家》转型中起到了重要作用，为创业黑马集团创造了很多价值。

结　　语

互联网时代，几乎所有的产品都具有了一定的媒体属性，互联网的连接属性赋予了信息传播新的工具，这一工具具有实时、全球、便捷等特征，人人都拥有了话筒，信息传播不再是大众传媒的特权，相反媒体在这个时代新闻领域需要从社交网络等渠道获取新闻了。在这个时代，信息传播媒介和传播规律都发生了变化，原有的传播格局被彻底打破，报纸、杂志、广播、电视都面临转型，在市场中很多传统媒体已经被淘汰。媒体会消逝，但媒体人仍有自身发展的空间，在传统媒介产品无可挽留的时候需要果断放弃，选择适合自身的转型路径，发挥传统媒体优势投入新的业务中去。

本文通过对《创业家》期刊转型过程的纵向梳理，运用效果逻辑、群体认同等理论分析其转型路径，得出了这样的结论：2008年创办的《创业家》是一本以报道创业者为主要内容的中等规模的商业期刊，在互联网冲击、传统媒体转型大潮中自2010年开始转型，创始人牛文文瞄准了宏观经济、政策变化下带来的创业服务业的市场机会，依托积极的"双创"政策和现有资源，发挥自身优势，逐渐摆脱传统期刊的经营，跨界进入创业服务行业，在组织管理、产品、营销和盈利等方面全面转型，最终摆脱亏损的期刊业务，成为全面整合的创业服务机构。在开始转型时同步构建创业社群，围绕社群成员需求开展了创业资讯、创业辅导培训、会员服务、公关服务在内的线上线下多层次创业服务体系，建立了完整的社群成员流动机制，将社群作为重要的营销、盈利和业务拓展渠道，在整个转型路径中呈现出突出的社群经济特征。通过对《创业家》期刊转型的个案分析可以看出，社群经济是传统媒体转型中可以考虑和借鉴的一种模式，可以单独或是与其他方式一起在转型中发挥作用，为传统媒体转型提供另一种思路。

媒体业务独立商业模式价值的丧失，使得一切围绕媒体业务进行产品研发和创新的举措都显得太过局限，因此回归媒体的企业属性成为必然。"一切产品皆是媒体"的口号早已有人奉为圭臬，跨界抢饭碗早已不是什么新鲜事，很多传统媒体被门外汉革了命，反过来，传统媒体自然也可以跨到其他领域去革别人的命。当下几乎所有产业的媒体属性都增加了，如今几乎街边水果店都有自己的微博微信平台了，许多媒体的转型仅仅停留在开双微，开网站，跟风上架客户端，盲目地将自己"新媒体化"显然是不够的，传统媒体的转型空间很大，并不一定要完全着眼于媒体行业，可以利用自身的优势跳脱媒体行业将重心转向其他行业，这当然有一定的风险，但也许同时也有了新的机会。

传统媒体经营陷入困境是由于在连接用户方面的失效，互联网媒体的兴起使得传统媒体在信息发布上的话语权丧失，原来的信息不对称发生改变，因此仅仅依靠发布信息已经不能满足读者的需求，用户对大部分非独特性内容直接付费的意愿大大降低，信息爆炸时代需要免费的内容吸引用户作为流量入口，而最终获利则需要利用流量创造更多的附加价值，由于传统媒体的属性、产品等具体情况有所不同，转型也有多种路径选择，通过构建社群、服务社群实现附加价值是其中的途径之一。毫无疑问的是，社群经济在传统媒体转型中将越来越被重视，发挥更加重要的作用。

有人宣称"以媒体工具连接人与人的社群经济模式时代已经到来"。《产品型社群》一书中也认为产品型社群是未来经济发展的主要商业模式，而传统媒体在转型中应发挥其特长，依靠媒体资源、挖掘受众潜力，转变思维方式，从适合自己的路径实现转型过渡。事实上传统媒体走社群路子的并不少见，甚至可以说是发展的大趋势之一，但并不是所有的媒体都适合将社群作为核心进行业务转型，有些媒体或许只适合将社群经济作为自身经营的一小部分。社群经济可能是很多自媒体天然适合的发展方式，但具体情况仍需具体分析。就创业黑马的个案而言，目前的运营模式实现了脱离媒体行业，在创业服务行业实现发展，有一定的特殊性。首先，其报道对象是创业者，从某种程度上来说创业者们从事的是同一种职业，因此创业社群具有一定的业缘群体特征，成员联系相对紧密，实现销售和创造价值的可能性较大，另外创业服务属于比较新兴的行业，机会较多，因此跨界进入获得成功的可能性较大，对于相对完善的行业来讲，媒体跨界转型的困难会更多。传统媒体应该根据自身实际情况，确定自身的资源和优势，涉足不熟悉领域可能导致竞争劣势，跨界有风险，转型需谨慎。

传统媒体发展社群经济既有优势也有劣势，优势包括良好的品牌形象和数量众多的读者基础以及线下活动能力。劣势包括思维惯性和对社群经济的不熟悉不重视，以及缺乏新型人才。未来可能不会有媒体与《创业家》选择完全相同的转型路径，但极有可能的是，社群经济将在有些传统媒体转型中发挥重要作用，未来传统媒体在选择转型路径时会更加重视用户群体的价值，可能会有更多原先的"传统媒体"在组织中成立专业部门进行社群运营，由专职人员进行维护和运营，注重社群集结发展的社会规律，充分利用各种渠道和方法留存和沉淀社群成员，培养忠实用户，实现商业价值。

参考文献

[1] 唐兴通. 引爆社群：移动互联网时代的新4C法则[M]. 北京：机械工业出版社, 2015.

[2] 李善友. 产品型社群：互联网思维的本质[M]. 北京：机械工业出版社, 2015.

[3] 李善友. 互联网世界观[M]. 北京：机械工业出版社, 2015.

[4] 孔剑平主编. 社群经济：移动互联网时代未来商业驱动力[M]. 北京：机械工业出版社, 2015.

[5] 杨帆. 参与式社群与互动性识知：web2.0数字参考研究范式[M]. 上海：复旦大学出版社, 2009.

[6] Kate Williams, 韩圣龙等编. 社群信息学：理论与研究[M]. 北京：北京图书馆出版社, 2012.

[7] 智军. 社群运营[M]. 北京：机械工业出版社, 2015.

[8] [美]布莱福曼, [美]贝克斯特朗. 海星模式[M]. 李江波, 译. 北京：中信出版社, 2008.

[9] 2015—2020年中国期刊杂志行业分析及发展预测报告. 中商情报网, 2014.

[10] [美]戴夫·洛根, [美]约翰·金, [美]海丽·费·莱特. 部落的力量[M]. 张卉, 译. 北京：中国华侨出版社, 2014.

[11] [美]戴维·迈尔斯. 社会心理学[M]. 侯玉波, 乐国安, 张智勇等, 译. 北京：人民邮电出版社, 2014.

[12] [英]安东尼·吉登斯. 社会学[M]. 北京：北京大学出版社, 2010.

[13] 刘勇. 品牌社群对品牌忠诚的影响机制研究[M]. 杭州：浙江工商大学出社, 2014.

[14] 姚梅芳, 葛宝山. 生存型创业理论研究[M]. 北京：现代教育出版社, 2008.

[15] 卢现祥, 朱巧云. 新制度经济学[M]. 北京：北京大学出版社, 2014.

[16] 苏晓华, 郑晨, 李新春. 经典创业理论模型比较分析与演进脉络梳理[J]. 外国经济与管理, 2012(11):19-26.

[17] 鲁培康. 财经期刊经营模式转型趋势与挑战[J]. 传媒, 2009(09):58-60.

[18] 吴昊天. 中国传媒产业发展研究 ——基于产业融合的视角[D]. 西南财经大学, 2014.

[19] 李雪娟. 社群经济发展策略研究——以"罗辑思维"为例[D]. 云南大学, 2015.
[20] 玉玲慧. 市场化趋势下财经类期刊经营方式及其转变的探析[D]. 广西大学, 2013.
[21] 梁云志. 孵化器商业模式创新：关于专业孵化器参与创业投资的研究[D]. 复旦大学, 2010.
[22] 邵天宇. 互联网思维下的商业模式创新路径研究[D]. 大连理工大学, 2014.
[23] 李频. 中国期刊产业发展报告No.1：市场分析与方法求索[M]. 北京：社会科学文献出版社, 2005.
[24] [美]罗伯特·K.殷. 案例研究：设计与方法[M]. 重庆：重庆大学出版社, 2004.
[25] 邱沛篁, 吴信训, 向纯武. 新闻传播百科全书[M]. 成都：四川人民出版社, 1998.
[26] 郭庆光. 传播学教程[M]. 北京：中国人民大学出版社, 1999.
[27] 栾春晖. 承载媒体转型的新产品在哪里[J]. 新闻与写作, 2015(01)：9.
[28] 郭全中, 胡洁. 传统媒体的社群经济运作[J]. 青年记者, 2016(10)：12.
[29] 胡泳, 郝亚洲. 社群经济与组织社群化[J]. IT经济世界, 2014(393)：86.
[30] 百度百家. 牛文文：创业家和黑马的时代来了. 2016年9月16日, http://guoqingjian.baijia.baidu.com/article/169212.
[31] 中华人民共和国新闻出版总署新闻报刊司网站. 期刊出版管理规定. 2005年11月5日, http://www.gapp.gov.cn/baokan/contents/2580/127943.shtml.
[32] 黄端. 试论报刊发行的四大功能[J]. 中国出版, 2010(04):27-30.
[33] 严薇. 从媒介生态位理论视角探究新媒体冲击下商业财经类杂志的发展[D]. 复旦大学, 2013.
[34] [美]伊恩·罗伯逊. 现代西方社会学[M]. 赵明华等, 译. 郑州：河南人民出版社, 1988：213.
[35] 刘祖云. 论社会学中的群体范畴[J]. 社会学研究, 1986(03):99.
[36] 袁世全, 丁乐飞, 郝维奇, 王书峰等. 公共关系词典[M]. 上海：汉语大词典出版社, 2003.
[37] 郑志勇. 网络社会群体研究[C]. 2006中国传播学论坛论文集(Ⅱ), 2006:679.
[38] 百度百科. 社群意识. http://baike.baidu.com/link?url=oLgDEcRbSPjlDdg-7AB0EnOxnTrzNa8CEzg6J5R3hzXuIfuAGtL5gHT05QYJq-S0aUen1Q0CkaA3aB9xQUkVWq.
[39] i黑马. 黑马社群基金：受投资经理折磨？不如让创业者来投你. 2015年12月8

日, http://www.iheima.com/news/2015/1208/153132.shtml.

[40] 秦静. 2014年中国新媒体研究综述[J]. 新媒体与社会, 2015(1):161.

[41] 施遥. 社群经济下传统媒体的发展策略[J]. 新闻研究导刊, 2015(18):181.

[42] 创业黑马（北京）科技股份有限公司创业板首次公开发行股票招股说明书, 2016.

[43] Turner, J. C. &Brown. R. (1978). Social status, cognitive alternatives, and intergroup relations. In H. Tajfel (Ed.), Differentiation between social groups (pp. 201- 234). San Diego, CA: Academic Press.

[44] Albert, S., Ashforth, B. E., Dutton, J. E. Organizational identity and identification: charting new waters and building new bridges [J]. Academy of Management Review, 2000, 25: 13–17.

[45] Richard, P. Bagozzi, Utpal. M. Dholakia. Antecedents and purchase consequences of customer participation in small group brand communities [J]. International Journal of Research in Marketing. 2006 (1).

[46] Gabriela Marchi, Fundamentals of Business Incubator Development[J]. Acta Universitatis Danubius, 2007.

（本文作者：刘冰）

电商购物节传播策略研究

摘　　要

随着互联网技术的不断革新进步，电子商务发展的步伐日益加快，网络技术与传播策略的融合催生了电商购物节。2009年，淘宝商城将中国人的节日情节与特卖模式结合起来，首创属于消费者的"双十一"购物节，目前"双十一"已成为中国电商购物节的代名词。京东"6·18"购物节、乐视网"乐迷节"、苏宁易购"O2O购物节"，使电商购物节更加丰富多彩。世界的新实践需要学术研究的密切跟踪，也给本人硕士论文选题提供了素材。本文以传播学理论为基础，结合电商购物节案例，研究了电商购物节的发展历程，分析了"双十一""6·18"等重要电商购物节的传播策略，探讨了电商购物节的特点、优势以及存在的问题，从传播学的角度提出了优化电商购物节传播策略的可行性建议，希望对电商购物节的研究和完善有所裨益。

本文共分为五个部分。第一章引言部分介绍了选题的目的、意义及国内外研究情况，目前传播学视角下对电商购物节的研究较少，本文将以此视野系统地研究电商购物节传播策略。

第二章电商购物节的发展及现状，分析了网络电商在我国的发展历程。在分类上，按照节日命名可分为数字类、产品类、自定义类。在特点上，电商购物节具有议程设置强势化、信息传播精准化、传统媒介解构化、集中集约集合传播等特点。

第三章电商购物节的传播策略，首先分析了电商购物节的理论基础，随之研究电商购物节传播策略，包括分析传播环境、精准传播定位、打造品牌符号、创新用户体验等。

第四章电商购物节传播策略的案例研究，选取淘宝"双十一"、京东"6·18"等电商购物节进行传播者、媒介、受众、信源、信息、信宿的实证研究。

第五章讨论电商购物节营销传播的优势及存在的问题，并提出电商购物节营销传播的对策建议，包括优化议程设置、改善用户体验、创新传播模式、引入社交活动、巩固品牌优势、培育消费文化等方面。

希望通过本文的创新性研究，对从传播学视角认识和对待电商购物节有所裨益，促进这一"节日"的发展。

关键词：电商；购物节；传播策略

Abstract

With the constant innovation of Internet technology progress, quickening the pace of the electronic commerce development, the integration of network technology and communication strategy gave rise to the electricity shopping festival. In 2009, Taobao mall was the Chinese festival of the plot and sale mode, which was the first belongs to consumers "11•11 Shopping Carnival". At present, the "double 11" has become the pronoun of China electric commercial shopping festival. JD's "6•18 shopping festival", Le TV's "Le Mi festival", Su Ning E-commerce's "O2O shopping festival", making the electricity shopping day more colorful. The new practice in the world needs to track for academic study closely, and also provides material for my master's thesis topic. This paper is based on the communication theory and combined with electric commercial shopping festival case, studies the development of electrical business shopping section, analyzes the "11•11 Shopping Carnival", "6•18 shopping festival" and other important mall shopping mode of transmission, discusses the characteristics, advantages and existing problems of electricity shopping festival, puts forward the feasibility suggestions to optimize shopping festival's communication strategy from the angle of communication theory, giving benefits to the study and improvement of electrical shopping festival.

This article is divided into five parts. The first chapter is the introduction part which introduces the selected topic, significance and research situation at home and abroad. Now, there is not so many papers to study electrical shopping festival in the communication perspective, but this article will use this perspective to systematically study communication strategy of the electrical shopping festival.

The second chapter is "the development and status of electrical business shopping festival", and analyzes the electricity network in the development of our country. On the classification, business shopping festival can be divided into the number type, the product type and custom type according to the holiday names. On the characteristics, electricity shopping festival contains the characteristics of the strength of agenda-setting, the precision of news transmission, deconstruction of traditional media and concentrated intensive collected communication.

The third chapter discusses the communication strategy of electrical business shopping festival. First, paper analyses the theoretical basis of the electric business shopping festival. Then paper talks about the electric commercial shopping festival communication strategy, including the analysis of communication environment, transmission's accurate positioning, brand symbol's creation, and user experience's innovation.

The fourth chapter studies the case study of electricity shopping festival in transmission mechanism, which selects "double 11", "618" and other electrical shopping festival for research of disseminator, audience,media,informationsource,information,and obtaining-information empirical.

The fifth chapter discusses the marketing communication's advantages and existing problems of electrical shopping festival and puts forward the marketing communication's suggestions of electrical shopping festival, including optimizing agenda-setting propagation mode, improving the user experience, innovating communication mode, introducing social activities, consolidating brand advantage and cultivating the consumption culture, etc.

Hope this article's innovative research can benefit for understanding of communication studies and electrical business shopping festival, promoting the development of the "festival".

Key words: Electricity suppliers; Shopping festival; Communication strategy

目 录　　　　　　　　　　　　　　　　　　CONTENTS

第一章　引言 672
　　1.1　选题目的及意义 672
　　1.2　研究现状及趋势 674
　　1.3　研究思路及方法 675

第二章　电商购物节的发展及现状 677
　　2.1　网络电商在我国的发展历程 677
　　2.2　电商购物节的由来及发展 678
　　2.3　电商购物节的类型 682
　　2.4　电商购物节的传播特点 683

第三章　电商购物节营销传播策略 685
　　3.1　电商购物节营销传播的理论基础 685
　　3.2　电商购物节的传播策略 687

第四章　电商购物节传播策略的案例研究 690
　　4.1　淘宝"双十一"购物节 690
　　4.2　京东"6·18"购物节 692
　　4.3　其他电商购物节 694

第五章　电商购物节营销传播的问题及对策建议 696
　　5.1　电商购物节营销传播中存在的问题 696
　　5.2　电商购物节营销传播的对策建议 699

结　语 706

参考文献 707

第一章　引言

随着经济社会的高速发展，国内经济结构得到进一步优化调整，经济增长依赖传统制造业在遭到 2008 年金融危机的重创后，国内经济发展的重要课题之一就是扩大内需。互联网技术发展让电子商务进入更多家庭，电子商务带来了商业模式的巨大颠覆，有效地扩充了满足内需的多元化路径。在这个过程中，互联网产业与商贸产业互动融合，产生了许多有创新意义的营销方式，电商购物节就是其中之一，通过打造新兴节日与网络购物共同满足人们对节日消费的需求，创造了全新的消费文化。随着越来越多的电商企业加入购物节营销的队伍，电商传播策略在赢得差异化竞争中占据着十分重要的地位，也是电商购物节营销成败的关键。

1.1 选题目的及意义

电子商务与传统的实体商务不同，不是简单地面对面选购，再将商店里需要的物品买回家，而是利用互联网技术实现远程购物，再通过纵横复杂的物流网络实现对物品的获得和占有。这种购物方式的特殊性，决定了电子商务与传统商务具有极大差异，也决定了电商购物节的传播策略与实体商业购物节有很大差别，因此研究电商购物节的传播策略对于研究新的消费文化、用户体验模式，以及网站品牌构建，营销传播领域理论都有重要的价值和意义。

1.1.1 选题适应互联网传播情境下消费文化研究的需要

电商造节是中国独特的网络消费文化，激发了消费者购物的热情，促进了互联网消费的突发式"井喷"。2002 年，eBay 通过收购易趣进入中国，2004 年亚马逊进入中国，但他们一直采取常规的传播策略，并没有创造出新奇的营销方式。而在天猫创下"双十一"销售奇迹后，亚马逊也于 2014 年底开始创办"黑色星期五"亚马逊海外购物节。eBay 运用大数据分析出了消费者购物的峰值日期，在"澳大利亚的在线购物日"一天时间内销售了 50 万件商品。国内电商互联网情境下的现象，反映了我国的独特消费文化。中国人注重节日礼仪和节日氛围，习惯在节日犒劳自己和家人，讲究礼尚往来，因此节日总是与购物消费联系在一起。电商购物节正好切中了国人的节日心理，通过传播过程中的议程设置打造营销亮点，刺激电商购物节消费。同时，电商购物节由于传播范围广、影响力大，也逐渐形成了独特的消费文化符号。这种文化符号上集聚了视觉享受、消费乐趣、个人偏好等要素，具有多元化、个性化的特点。消费者在参与购物节购物时，不仅仅因为需要这种产品，更多的是认同购物节的消费符号，从而加入了这场消费盛宴，互联网传播情境下消费文化也随着电商购物节的扎堆而快速普及。

1.1.2 选题适应电商语境下创新用户体验模式研究的需要

体验是具有内省性和反思性的精神心理活动，将自身与客体一同置于运动中。电商语境下的用户体验，在于使用产品后的心理状态，对产品和服务的感受评价等。电商环境用户体验的重点在创新，通过不同的组织结构、活动流程、产品服务，让用户感受到最时尚、最有趣的消费方式。有些商家采取"免费"的商业模式，推出了免费试用、免费抽奖等项目，或者天猫商家在"双十一"购物节开启游戏类营销活动。例如：转转盘抢优惠、抢红包抵现金、玩游戏赢红包等。电商购物节对于消费者而言也是一种全新的体验。过去人们只欢度传统的节假日，这些节日通常与特殊的节日礼物有关。例如：元宵节的汤圆、端午节的粽子、中秋节的月饼。从国外引进的"洋节日"，如情人节、母亲节、父亲节、感恩节、圣诞节等，购物的内容较为多元化。电商购物节是"无中生有"的节日，消费者在接触到这类"节日"时，感觉很新奇，又因为较大的宣传阵势和较高的折扣力度，易于接受这种互联网新生事物。这是一种全新的用户体验，因此有必要对电商语境下创新用户体验模式进行研究。

1.1.3 选题适应大众传播视角下网站品牌建构研究的需要

电商购物节的营销传播是一种大众传播，即以科技手段为基础，根据产品和服务的价值广泛告知公众信息，向广大消费者推广产品和服务的活动。大众传播过程不仅是营销商品的过程，也是网站树立口碑、增强消费者黏性、赢得忠实"粉丝"的过程。更为电商平台带来更大的知名度，带来行业竞争的优势。电商平台上的行业大户化妆品行业，争相推出"美妆节"，有的是以电商网络发起的"平台式"美妆节，例如京东美妆节、银泰美妆节、乐蜂美妆节等。有的是知名品牌自己的美妆节，例如兰蔻美妆节、Yestar 美妆节等。生鲜电商乘着电商购物节的东风，在 2014 年推出"7·17 生鲜购物节"，借"吃一吃"的谐音，将 7 月包装成"吃货月"，广泛促销生鲜产品。可见，电商购物节成为营销的重要手段，切合了消费者季节性消费的规律，将传播学理论融入产品的推广中，通过"造节"来巩固自身的品牌和平台优势，形成新的消费热点，这是本文重点关注的。

1.1.4 本选题适应营销传播领域理论的发展

随着经济社会的发展,"营销组合"的概念有所扩展,4P、4C理论纷纷产生,将消费者的行为与企业的生产经营行为相关联,营销成为企业传播营销的决策工具。人们对企业促销行为的研究,也突破了传统的经济学、管理学角度,而是从传播学的视野来进行分析研究,把广告和公共关系视为信息传播活动,研究的重点立足于企业与消费者如何进行沟通。电商购物节营销传播是一种市场营销传播,不仅仅停留于推销产品的技巧,也关注传播过程中消费者的行为和反应。营销立场是企业立场,以企业自身为中心,而传播学研究的是企业的传播策略对消费者的影响,以信息传播为中心。侧重于产品宣传中的信息传递、用户沟通、效果反馈等机制,将信息、企业与用户结合起来,研究用户的态度和行为,以信息传播学为研究方法进行企业网上经营活动的研究也是大势所趋。

1.2 研究现状及趋势

1.2.1 国内研究情况及趋势

在中国知网中输入全文含有"电商购物节"的关键词,共找到1981条结果。其中,博士论文3篇,硕士论文120篇,学术期刊论文678篇,特色期刊论文133篇,报纸文章1047篇。"贸易经济"学科搜索结果最多,为1349个;"新闻与传播"学科搜索结果38个,其中博士论文1篇,硕士论文15篇,期刊论文19篇,报纸文章3篇。在新闻传播学论文中,有的是对电商购物节中传统媒体的行为进行分析,以广州日报对"双十一"购物节的报道为分析对象,以巴赫金的"狂欢理论"为分析工具,认为传统纸媒推动了"双十一"购物节的狂欢化(姚晖,2015);有的以具体营销案例为分析对象,探讨了电视购物应当如何应对电商行为冲击(张程,2014);有的研究了我国互联网购物的发展历程,将电商购物节作为一个里程碑式的标志进行分析剖析(王艺蒙,2014);有的进行了实证研究,通过分析"双十一"期间各大电商的营销数据,探索电商营销方式的经验与教训(李丽,2014);还有的专门针对某购物网站的营销传播进行研究,电商购物节作为传播策略的一环发挥了重要作用(金彦辰,2013)。

目前,还没有专门研究电商购物节的书籍,但有研究与购物节相关的消费者行为习惯的内容,例如关于电商"她经济"即女性购物偏好,以及娱乐电商化、剩女经济学、家庭市场趋势等与电商购物节相关的研究(天下网商,2015);有的通过分析淘宝大数据,进行网络用户的行为特征鉴定,其中的服装销售、家电行业运营服务、家居行业预测就与电商购物节有关（卖家，2014）；还有的按营销方式和策略对网络营销方式进行归类（王浩，2015）。

随着电子商务的普及发展，国内关于电商传播策略的研究越来越多，其中对电商购物节的专题研究也呈现出精细化、系统化、科学化的趋势。由于电商购物节的模仿效应较强，各大电商纷纷效仿天猫的"双十一"，根据各种由头创设购物节，导致节日有泛化的倾向，不仅造成了电商之间的激烈竞争，也使消费者由最初的新奇感转变为疲惫感，从开始时专注于一个购物节到精力分散于各大电商购物节。火力不集中的结果是电商购物节的功能和影响力都在弱化，仅有淘宝、天猫等几大知名电商平台的购物节获得了广泛支持和好评。针对这一现象，国内关于电商购物节的研究逐渐出现了批评的声音，对购物节反思与检讨的研究呈现出增长态势。

1.2.2　国外研究情况及趋势

由于电商购物节是近年来的新生事物，又因为它颇具中国特色，虽然在中国市场发展得如火如荼，但在国外还没有电商购物节这样的节日，人们在传统的圣诞节、情人节、感恩节等节日形成消费的季节性热潮。国外关于电商购物节的研究多见诸报端，例如福克斯商业网站上的新闻就介绍了"双十一"购物节的由来，为中国的情人节是四个数字连在一起的（Fox Business，2014）；有的以电商购物节为例，分析了网络营销与传统营销模式的异同（Ni Long song，2014）。此外，都是关于购物节的研究，购物节就是传统的购物集会，是商家促销换季打折商品的时候，近年来随着商贸旅游业的兴起，各种购物节琳琅满目，这也为电商购物节传播策略的研究，奠定了理论与实践基础。

1.3　研究思路及方法

1.3.1　研究思路

本文结合电商购物节的理论与实践，以案例分析为基础，探讨"双十一""6·18"等影响力较大的电商购物节传播策略，分析其经验、问题，提出对策建议。全文共分为五章，第一章引言介绍了选题的目的和意义，国内外研究情况，主要创新点、研究思路和方法。第二章电商购物节的发展及现状分析了网络电商在我国的发展历程，电商购物节的由来及发展、类型及传播特点。第三章研究电商购物节的理论基础及传播策略，分析传播环境、精准传播定位、打造品牌符号、创新用户体验。第四章讨论电商购物节传播机制的案例研究，选取"双十一""6·18"等电商购物节进行实证分析,对电商购物节的传播者、媒介、受众、信源、信息、信宿进行分析研究。第五章讨论电商购物节营销传播优势及存在的问题,并提出电商购物节营销传播的对策建议,包括优化议程设置、改善用户体验、创新传播模式、引入社交活动、巩固品牌优势、培育消费文化等。

1.3.2 主要创新点

本文有以下三个方面的创新。一是在传播学视角下系统地研究电商购物节传播策略,填补了电商购物节专题研究的空白,作为学位论文的写作是一个突破。二是以网络电商在我国的发展历程为背景,以国内知名电商购物节为研究对象,详细探讨了电商购物节的传播优势和困难不足,为传播策略研究提供了大量实证案例和数据。三是提出了电商购物节传播路径优化的对策建议,一方面保持既有优势,丰富和深化电商购物节的内涵,另一方面进行创新,研究创新的营销模式,通过社交互动、议程设置等方法改善用户体验,培育优质的电商消费文化。

1.3.3 研究方法

本文综合运用电子商务本身就是跨学科研究领域,涉及市场营销学、经济学、管理学、传播学以及社会学,通过各个学科交叉研究方法,对电商购物节的基本概念、发展历程、传播策略进行了研究。在文章内容上,通过文献分析、案例分析等方法,力求分析的科学性和精准化,提出问题具有针对性,提出对策具有可行性。在文章结构上,既兼顾逻辑体系,又兼顾对各种资料的收集和分析,力求逻辑清晰、条理分明、思路通畅、论证充分。

第二章　电商购物节的发展及现状

互联网技术在二十多年的商业化进程中，以风驰电掣的速度改写着世界产业版图的格局。互联网催生了电子商务，电商在中国的发展孵化了阿里巴巴、京东等电商平台公司，如果不是互联网技术的飞速发展，不是大型电商航母的横空出世，就不可能在中国的商业土壤中孕育出极具中国特色的电商购物节。因此，网络电商在我国的发展历程正是研究电商购物节的理论基础与实践前提。

2.1　网络电商在我国的发展历程

网络电商亦即电子商务，它是通过电子方式开展的商业服务活动。电子商务运用互联网等工具，使生产商、经营商、消费者之间，通过电子信息工具共享信息，实现企业同消费者沟通的电子化，并充分利用信息化生产经营管理系统，提高企业生产经营、投融资、仓储物流等各环节的效率。全球电子商务发端于20世纪80年代，以计算机的广泛应用为基础。20世纪70年代，世界上产生了EDI（Electronic Data Interchange）电子数据交换技术，将计算机与互联网连接起来，成为电子商务应用的雏形。在EDI网络中，交易者可将报价单、订购单、托运单、转账发票等交易内容在各自计算机终端上进行数据传送，大大提高了交易的便捷性和时效性。20世纪90年代初，国际互联网Internet技术进入实用服务阶段，美国政府将Internet对全球开放，并允许在互联网上开展商业活动。直到1993年，"World Wide Web"万维网出现，它强大的图文、音像处理功能，让国际互联网具备了多媒体应用功效，也推动了电子商务的更快发展。

我国的电子商务发展历程可分为五个阶段，如表2.1所示。一是萌芽阶段（1993—1998）。1993年，国务院成立国民经济信息化联席会议，并陆续启动金卡、金关、金财、金税、金盾、金保等"金"字头的国家级信息应用工程，用于建设我国"信息准高速国道"。1996年，金桥网与因特网正式开通，金桥网是信息化基础设施建设，以光纤、微波、无线移动等方式形成立体式网络平台，目标是连接所有的省、自治区、直辖市、1.2万个大中型企业，并与全球信息高速公路相连接。1997年，中国第一家垂直互联网公司"浙江网盛科技"诞生。1998年，我国第一笔互联网上交易完成。二是起步阶段（1999—2002）。1999年，8848等B2C网站正式开通，网上购物进入实际应用阶段。同年兴起政府上网、企业上网，电子政务、网上纳税、网上教育、远程诊断等广义电子商务开始启动，已有试点，并进入实际试用阶段。这个阶段里中国的网民数量相比今天实在是少得可怜，根据2000年年中公布的统计数据，中国网民仅1000万人。而且这个阶段，网民的网络生活方式还仅仅停留于电子邮件和新闻浏览的阶段。网民尚未成熟，市场尚未成熟，以8848为代表的B2C电子商务站点能说得上是当时最闪耀的亮点。这个阶段要发展电子商务难度相当大。三是快速发展阶段（2003—2006）。这是中国互联网企业蓬勃发展的阶段，许多著名互联网企业都在这段时期产生，例如阿里巴巴、当当、卓越等企业，它们在短短数年内迅速崛起，成为互联网行业的亮点和热点。这一阶段的电子商务发展具有显著特点，大批网民将购物习惯由实体店购物转变为网络购物，众多中小型企业从B2B电子商务中获得订单、支付、物流、信用等服务。电子商务基础环境不断完善，不少网络电商快速成长，积累了许多运营管理经验。四是规范化阶段（2007—2013）。在此阶段，众多传统商业企业先后尝试进入电子商务领域，行业标准和行业流程更加规范化、稳健化。与此同时，淘宝引领C2C市场不断优化细分，京东商城引爆B2C领域，众多传统制造业进入了网络化发展的电商模式。五是纵深发展阶段（2014至今）。2014年10月，阿里巴巴在美国纽交所上市，融资218亿美元，同年，京东也上市，估值246亿美元。58同城、去哪儿网等电商企业也完成IPO，酒仙网和美团网筹划上市。电商行业通过上市得到更多的资金支持，同时也变得更加透明，接受公众投资者的监督。这个阶段，万达集团与百度和腾讯合作，成立万达电子商务公司，用于打造国内最大的通用积分联盟平台。阿里巴巴组建O2O事业部，将5000家品牌商纳入阿里O2O战略范畴。

表2.1 网络电商在我国的发展历程

阶段	时间	标志
萌芽阶段	1993—1998	"金字头"工程建设"信息准高速国道"
起步阶段	1999—2002	B2C网站开通
快速发展阶段	2003—2006	阿里巴巴、当当、卓越等网站诞生
规范化阶段	2007—2013	传统企业进入电商领域，标准流程更规范
纵深发展阶段	2014至今	阿里巴巴、京东上市，万达电子商务成立

2.2 电商购物节的由来及发展

互联网技术改变了世界，也使得零售业的格局发生翻天覆地的变化。过去，地理空间是传统零售业的重要因素，对销售额和利润具有关键性作用，而在电子商务时代，地理位置不再是决定销售额的关键，网络流量意味着消费者的注意力。

网络购物营销的成败，在于是否满足了消费者的购买意图。由于中国的文化传统对节日非常重视，勤劳简朴的中国人愿意在节日购买这一阶段需要的物品，或者通过购物犒劳自己、孝敬长辈、结交朋友，因此节日购物成为中国消费文化的一大特色。广大电商也正是抓住中国人节日文化的特征不断造节，刺激和满足人们的节日消费需求。

2009年前后，各大电商在网络平台上进行着激烈的角逐，一方面几大巨无霸型电商企业筹措着提高市场份额，另一方面一些新的电商企业，社交平台、娱乐平台等其他类型的互联网企业蚕食着电商市场。存量之争白热化，增量层出不穷，导致电商的淘汰速度加快，电商通过价格战来巩固自身的市场优势，形成了比价格、比质量、比速度的电商大战。

由此而来的是电商的特卖模式，唯品会将整个电商平台定位为特卖场，并成功地登陆纽交所。特卖模式能够有效地扩大销量，常常被应用于服装、箱包等快速消费品行业，消解企业的库存压力，减少商家因为误判市场流行趋势而带来的清货障碍。与此同时，电商平台的货源非常丰富，由于产品的同质化较为严重，所以只能通过压低价格的方式促进销售，有没有一种能刺激消费者增加消费额度的方式？

2009年，淘宝商城即"天猫"的前身将中国人的传统节日情结与特卖模式结合起来，创造了一个前所未有的节日"双十一"。最初天猫造节的目的，仅为了创造一个专属于天猫的节日，增强其知名度，让大家能够因为特殊的节日符号而记住天猫。11月11日4个"1"代表4根棍，在中国被戏称为"光棍节"，随着时下人们工作生活节奏的加快，剩男剩女的增多，"光棍节"符合了许多年轻人的心理，一方面是自嘲自己没有合适的对象，另一方面也借以安慰犒劳自己的辛勤工作和学习。同时这个时间也切中了服装等快消品企业换季清仓的时点，因此在2009年第一次推出以来，就受到了广大消费者的追捧。然而天猫选择这个时点作为促销节，也存在一定的风险，因为"双十一"正处于国庆黄金周和圣诞节中间，能否突破传统节日的限制，引领网络购物节的热潮，当时天猫电商也无法预估。但"双十一"成为一个对消费者有强大吸引力的购物时点，2009年"双十一"，天猫商城实现销售额5000万元，这只是淘宝商城的单日交易额，且仅有27个品牌参加，创造了消费奇迹，单日最高销售额的创造者是杰克琼斯品牌的500万元。2010年11月11日，许多商家在天猫商城上推出打折的促销优惠活动，实现销售额9亿元，其中有2家店铺的销售额超过2000万元，而超过100万元的企业有181家。之后，电商购物节从天猫扩大到整个淘宝网，2011年的"双十一"共吸纳2000多家品牌商参加，销售总额52亿元，销售额过千万元的企业有38家，过百万元的有497

家。之后每一年的"光棍节"淘宝销量不断攀升，2012年创造了191亿元的纪录，其中有3家企业的销售额超过1亿元。2013年总销售额350亿元，小米手机销售额率先突破1亿元，接下来另外9个品牌销售额也破亿元。2014年实现总销售额571亿元，其中移动终端销售额243亿元，占销售总额的42%以上，销售区域达到了217个国家和地区。图2.1为淘宝历年"双十一"销售额。

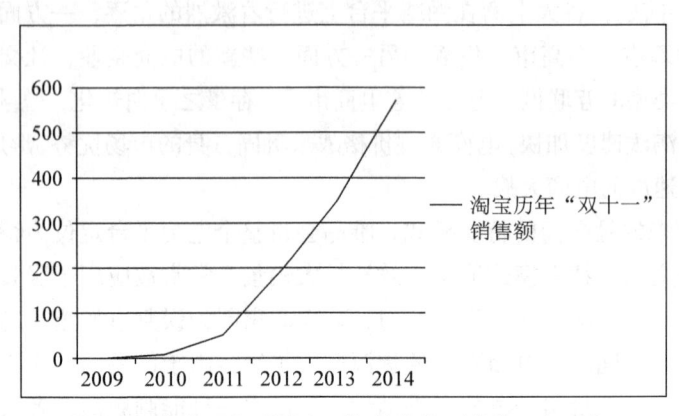

图2.1 淘宝历年"双十一"销售额（单位：亿元）

"双十一"电商造节的火爆气氛带动了其他电商平台纷纷拉起购物节的大旗。6月18日是京东商城的店庆日，也是京东促销力度最大的一天，京东将"6·18"作为全民网购狂欢节，以此展开年中促销。2010年，京东"6·18"购物节实现当日销售额1亿元，2011年，"6·18"当日订购金额超过2亿元。2012年以后，京东只公布了"6·18"销售额逐年增长，移动端交易额占比提高等数据内容，对总销售额的具体数字没有官方统计发布。而2010年以来，京东商城也参与到"双十一"购物节的促销行列中，其中2014年"双十一"销售额达到25亿元，这表明"双十一"已成为电商打造的购物节第一品牌。电商促销方式多种多样，大致分为附加、另类、时令、赠送、纪念、组合、另类促销方式等，从图2.2可直接体现。

随着"双十一"电商购物节的影响力日趋增大，消费者的关注度和实际销售额大幅度攀升，许多电商平台和商品品牌也盯准了造节模式，以电商平台为主，众多品牌参与的其他电商购物节也在推陈出新之中。例如，桃花节、"3·8"女人节、"3·7"女生节、"双十二"、"5·20"等电商购物节层出不穷。以"5·20"网络情人节为例，电商利用520的谐音"我爱你"造出一个网络上的中国式情人节，众多电商纷纷瞄准这个节日，打造礼品经济，例如苏宁打出"表白吧"促销行动，聚美优品开展"大惠天下"营销活动，手机品牌"华为荣耀"上线了"一起约惠吧"的促销活动，进行限时、限量特卖，吸引消费者瞩目。知名电商购物节如表2.2所示。

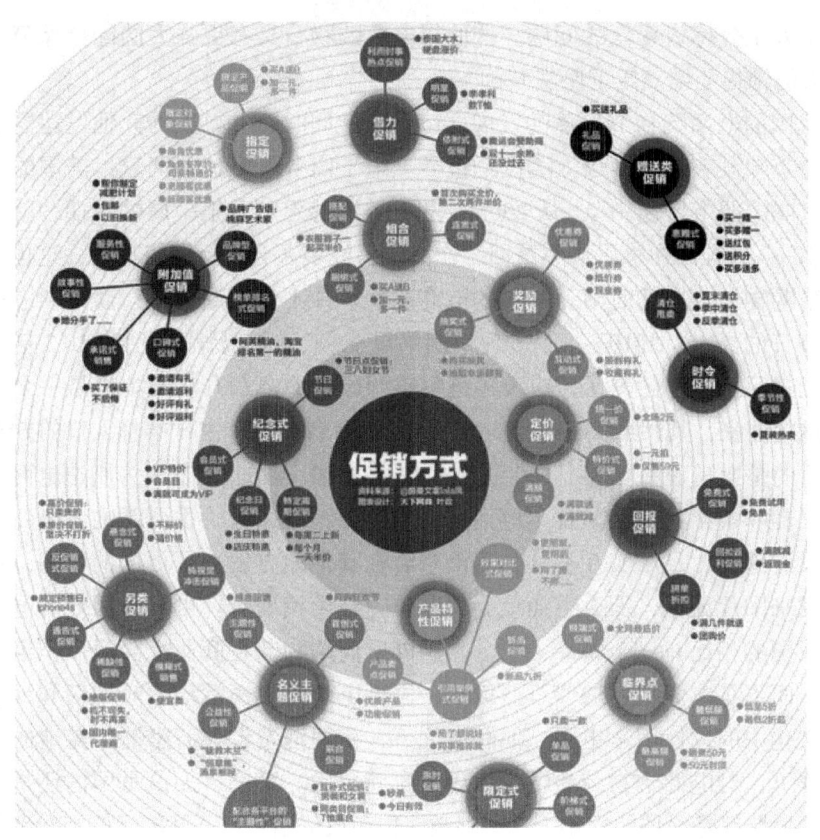

图 2.2　电商常用促销方式

表 2.2　知名电商购物节

电商企业	购物节名称	主要活动	效果
阿里巴巴	"双十一"购物节	全面打折促销	销售额逐年攀升
京东	6·18购物节	全面打折促销	销售额高,但逊色于淘宝
乐视网	乐迷节	对自有产品打折	赢得关注度
小米	米粉节	对自有产品打折	"米粉"增多
乐蜂网	女人节	化妆品打折	提高销量

为了配合电商购物节,拉动经济的发展。物流行业对时效性很强的购物节进行了大力支持。2014年11月10—17日,电商行业需要处理的快件达到6亿件,单日处理最大量近1亿件,是全年日均处理量的3倍。从7月1日起,京沪、京广、沪深铁路每天增开3对电商快递班列,铁路货运首次介入电商市场。"双十一"前夕,京东商城第一个"亚洲一号"现代物流中心投入使用,分拣速度达到每小时1.6万件,

解决了人工分拣效率低的问题。这使得电商购物节具有更强大的配合保障，为产生更大的销售业绩奠定了坚实基础。

我国的电商购物节呈蓬勃发展之势，与此同时，世界上的其他发达国家的电商购物节却没有这么火爆。美国是世界上电子商务最发达的国家，美国的电商购物节又叫"网络星期一"，从2005年起，美国感恩节后第一周的星期一就是"网络星期一"，人们在感恩节后重回工作岗位，许多人会进行网络购物，这也是美国人网络购物最旺盛的时节。美国的电商购物节并不是电商造节，而是顺应社会行为的节日的界定。2010—2012年，"网络星期一"的交易额分别为10.3亿美元、12.5亿美元、19.8亿美元，销售额呈每年两位数增幅攀升。日本也是一个电子商务发达的国家，其中最大的乐天超市有8000万名会员，占日本总人口的65%，排名随后的是亚马逊和雅虎，总会员数也超过5000万人。但是人为制造电商购物节的情况却非常罕见。因为日本电商的折扣和促销是每天轮番更新的，电商网站的优惠没有虚高，是实实在在的，当消费者在其他地方发现了更低的价格，只要向电商发来图片证据，那么电商就会将差价返还给消费者。可见，国外的电商购物节与我国的相比有三个特点：第一，国外电商购物节是商业社会习惯积累的自然产物，而不是电商生造的节日。第二，国外电商的促销活动比较均匀和日常化，消费文化中的理性因素更强，而相比之下，我国消费者在商家铺天盖地的促销信息轰炸下，对电商购物节激情消费因素影响更大。第三，无论是国内还是国外，电商购物节都是绝佳的促销方式，刺激销售额成倍增长，可见把握好消费者心理，选择合适的时点和传播策略进行节日促销，是未来电商购物节发展的方向。

2.3 电商购物节的类型

根据电商购物节的活动名称和活动周期，电商购物节可以分为不同的类型。

按照节日命名分类，电商购物节可以分为数字类、产品类、自定义类三种类型。一是数字类，例如"双十一""6·18""5·20"等，这类购物节的命名以日期为准，有的根据日期的特殊意义命名，如"双十一"是"光棍节"，"6·18"是京东成立的店庆日；有的根据日期的谐音命名，如"5·20"代表"我爱你"；有的是对已有节日的延伸和内涵的扩展，如"双十二"购物节是"双十一"的延续，"3·7"女生节是"3·8"女人节的推导。二是产品类，例如小米的"米粉节"，每年小米周年庆时，会举办"米粉节"回馈消费者，华为手机品牌举办华为"荣耀狂欢节"，唯品会举行"手机购物节"，HTC、纽曼等品牌发布新手机时也乘着"购物节"的东风。乐视、格力、奇酷、锤子等品牌也通过电商购物节的营销，来制造噱头、招揽粉丝。除了手机外，化妆品、服装、鞋包、美食等快速消费品也都有各自的购物节。三是自定义类，例如乐视网回馈消费者对乐视产品的厚爱，为乐迷们设置了"乐迷节"，对电视及配件进行折扣销售，同时还对葡萄酒、大闸蟹等周边产品给予购买优惠，促成了2014年"乐迷节"当天，超级电视的销量突破10万台，总销售额超过4亿元。

按照电商购物节的优惠周期分类，可以分为单日优惠类和周期优惠类购物节。单日优惠类出现在电商购物节兴起初期，主要是为了宣传推广购物节，加深消费者的印象而进行的，所以促销周期较短仅在购物节当天。例如在2010年以前，"双十一"购物节的优惠只集中在11月11日的24小时内，推行的是一种"饥饿营销"策略，极大地刺激了消费者的购买欲望。周期优惠类适用于电商购物节发展进入正常轨道，节日的知名度和成熟度较高的阶段。例如2014年"双十一"期间，淘宝网提前了一个月时间推出购物节优惠，对折扣产品进行网上预订，支付一部分定金，余额在11月11日当天支付。如果当天没有支付余额，则定金不归还消费者，如支付余额，则享受"双十一"优惠。这一促销方式推出后，淘宝网"双十一"购物节的周期延长，一些在11月11日当天没空购物的消费者，可以提前享受折扣优惠，这种传播策略也进一步推动"双十一"购物节销售额的激增。

2.4　电商购物节的传播特点

与传统节日购物促销相比，电商购物节具有以下特点。一是议程设置强势化。传统节日购物的由头是节日，依托圣诞节、国庆节、情人节等各种各样的节日进行营销活动，而电商购物节由电商造节，采取"无中生有"的方式，凭空设置出"光棍节""5·20"网络情人节等电商节日，议程设置中电商的话语权更强。二是信息传播精准化。传统节日购物促销的信息，通过报纸、电视、广播等传统传播手段向消费者普及，而电商购物节直接在互联网或移动互联网上进行推广，传播范围更大，信息覆盖面更广，促销信息传播覆及的消费者也更加精准，因为电商平台可以根据过往的购买记录，判断消费者的喜好，从而向他们推荐合适的购物节预购物单，例如彩妆、户外旅游用品、母婴用品等，使信息的传播更具备有效性。三是传统媒介边缘化。随着电商购物节影响力的增强，购物节的竞争日趋激烈，与购物节相关的传播推广就尤为重要，但在各大电商购物节的宣传过程中，网络特别是移动互联网终端得到了充分的应用，而传统媒体报刊、电视广播等却被电商购物节边缘化。网络媒体成为电商购物节传播策略中的香饽饽，而传统媒介在此过程中有被淘汰出局的倾向，仅在报纸的软文、户外广告栏、广告插页得到电商购物节的运用,而其他传统媒体很少被运用于电商购物节的宣传。

与一般网络购物促销相比,电商购物节具有以下特点。一是集中传播,一般网络购物的促销时间段分散,而电商购物节传播的时间段集中。二是集约传播,一般网络购物通过各种传播手段努力增加光顾店铺的用户流量,而电商购物节通过大数据等方式,分析消费者的购物偏好,有导向性地进行精准营销传播,使传播对象更有针对性。三是集合传播,一般网络购物促销多为单一品牌宣传,而电商购物节多为知名电商平台集合众多品牌展开联合宣传,传播声势和资源高度集合,实现了资源的优化整合配置。

第三章　电商购物节营销传播策略

3.1　电商购物节营销传播的理论基础

电商购物节营销传播是一种市场营销传播，一般采取"营销组合"的方式，"营销组合"概念最早出现于20世纪60年代。1964年，美国哈佛大学教授尼尔·博登提出"营销组合"概念，认为企业营销战略包括12个决定性因素，分别是产品计划、定价、品牌化、分销、人员、广告、促销、包装、展示、服务、分配、市场调研。1960年，美国圣母大学教授埃德蒙·麦卡锡提出了著名的4P理论，将消费者行为和企业目标定义为产品、地点、促销、价格四种因素的结合体，用以满足消费者的需求，达到企业的目标。4P理论厘清了繁杂的营销活动，成为企业传播营销的决策工具，在此基础上，人们把4P的概念不断丰富，提出了多P模型，但无论P的数量如何变化，促销因素在商家传播营销中的重要性无法撼动。目前，营销界公认的常用促销要素集中在广告、营业推广、公共关系、人员推销、直销等五个方面。人们对企业促销行为的研究，也突破了传统的经济学、管理学角度，而是从传播学的视野来进行分析研究，把广告和公共关系视为信息传播活动，研究的重点立足于企业与消费者如何进行沟通。尽管传播营销的研究对象仍然是企业的促销活动，但并不仅仅停留于推销产品的技巧，而是传播过程中消费者的行为和反应。这种研究从一开始就用"传播"替代了"促销"。

对于企业的经营活动而言，同一个经营行为的传播学研究和营销视角研究存在理论方向上的差异。第一，营销立场是企业立场，以企业自身为中心，而传播学研究的是企业的传播策略对消费者的影响，以信息传播为中心。第二，4P、4C等理论是营销学的理论路径，注重商品销售的实施过程。而传播主导的营销组合理论，侧重于产品宣传中的信息传递、用户沟通、效果反馈等机制，将信息、企业与用户结合起来，研究用户的态度和行为。第三，随着互联网经济的发展，信息传播与营销活动合二为一，相互融合渗透的趋势日益明朗，因此，以信息传播学为研究方法进行企业网上经营活动的研究也是大势所趋。

1965年，美国学者埃德加·克兰首创了营销传播理论，其《营销传播学》是世界上最早的营销传播学专著，他认为营销传播要具备三个要素，即信源（营销管理者）、信息和信宿（消费者）。信源制定传播目标，信宿接受广告等信息，信息决定购买与否。在此基础上。传播活动的基本要素又包括目标、对象、工具、传播者、渠道等五方面内容。传播目标就是营销所要实现的目的，传播对象就是营销活动的受众，传播工具包括符号和信息两个系统，传播者需要重点考虑受众反应，即消费者对传播的接受程度，传播渠道不仅包括传播媒介等载体，也包括销售者等开展传播活动的人员。后来，埃德加·克兰对自己的理论进行了修正，认为营销传播媒介和载体非常重要，同时还认为要从七个方面综合考虑传播策略：一是受众选择，二是媒介侵入，三是媒介感觉形态，四是媒介时空感，五是媒介留存性，六是媒介符号系统，七是媒介通用性。企业在进行营销传播时，还应当考虑选择何种传播介质，要考虑五个方面的问题：一是覆盖面或冲击力，二是精准性或传播频率，三是持续性还是集中度，四是受众的特定性还是广泛性，五是选择何种传播载体。图 3.1 为埃德加·克兰的营销传播理论。

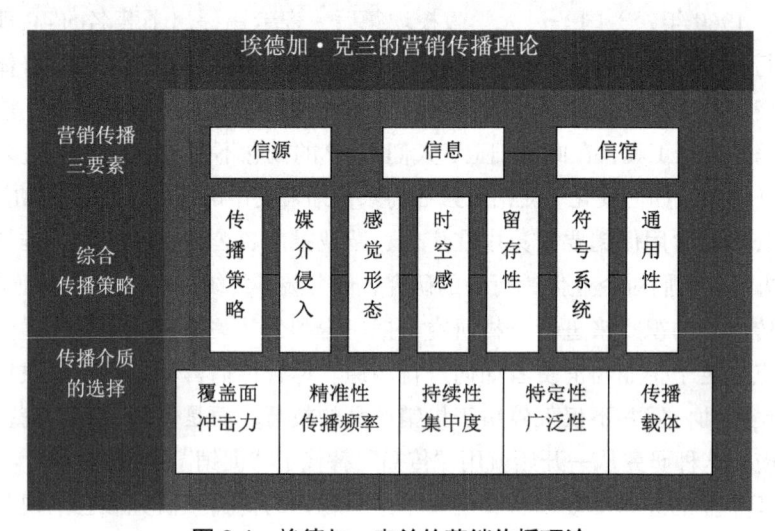

图 3.1　埃德加·克兰的营销传播理论

20 世纪 90 年代以来，营销传播理论开始了多元化发展，许多传播学者将营销传播视为新理论，融合在他们的营销传播理论中，一些学者将品牌作为营销传播理论的基本观点，还有一些研究将大数据、新媒体等内容纳入营销传播研究范畴。这些研究一方面与互联网和传播技术的进步密切相连，与时俱进地跟随实践的进步，另一方面比早期的研究更加具有理论性，开辟了营销研究的新方向，实现了传播学与经管理论的结合创新。营销传播理论的发展也为电商购物节的研究奠定了理论基础，成为探讨电商传播策略的理论先导。

3.2 电商购物节的传播策略

3.2.1 分析传播环境

曼弗雷·德布鲁恩认为,"企业的管理形势分析,是每一次做出有效的营销决策的出发点。"对电商购物节的传播策略制定之前,应当分析面临的传播环境。消费者在电商购物节拥有很多选择,既可以在综合性电商平台上购物,又可以选择具有特色的类型化平台选购商品。在众多商品面前,电商面对的是复杂激烈的竞争环境,分析传播环境,就是感知消费者对商品的理性、情感和判断,对商品信息获得的便利、偏好和需求,因此传播对策的制定过程也就是对商品传播信息施加影响的过程。唐·舒尔兹曾说:"营销传播是把消费者与企业的所有接触点作为信息传达渠道,从消费者出发,运用所有手段进行有力传播的过程。"电商购物节之所以要进行传播策略制定,是为了整合各种有利资源,使得消费者获得最大的优惠与最佳的购物组合,加深消费者对品牌的忠诚度,从而构建和谐的企业与消费者关系。只有对电商购物节的环境进行准确、深刻的认知,才能有效获取重要信息并做出精准判断,对消费者、竞争对手、行业市场具有全面的了解,从而制定可行性、针对性的传播战略。笔者认为,分析电商购物节的传播环境主要涉及三个方面。一是对市场环境进行分析。例如,淘宝网在"双十一"前,对本年度前几个月销售情况进行研判,并与去年同期进行对比,对当前经济形势进行分析,制定适合市场需要、符合经济形势的传播策略。在经济形势较为衰弱的当前,"双十一"购物节的定位就是为消费者省钱,而不是大打奢华、高端消费牌,逆市场形势而动。二是对竞争环境进行分析。例如,淘宝的竞争对手京东,在电商购物节前密切关注淘宝网推出的促销方案、让利幅度、宣传口号,采取差异化竞争,避免重复对手的传播策略,躲避资源和品牌优势更为显著的对手压制。三是对传播工具进行分析。吸取电商和传统企业在传播手段运用上的成功经验与失败教训,特别要避免时下公众舆论较为反感的话题。例如,优衣库通过"试衣间"事件博得了公众瞩目,但这种宣传方式通过"试水"舆论,被认为有很大的负面效应,电商购物节就应当回避类似的传播策略,避免传播方式的庸俗化、炒作化。

3.2.2 精准传播定位

成功的电商购物节总与得当的传播策略不可分割,而恰如其分的传播策略离不开精准的传播定位。笔者认为,电商购物节的精准传播定位做到了以下三个方面。

(1)建立客户信息系统。通过智能数据库和大数据处理功能,对消费者的购买记录、消费偏好、搜索内容、身份信息、教育程度、收入情况、信用程度、联络方式进行梳理分析，为每位消费者建立相应的客户数据库。通过这些信息，分析消费者的偏好和习惯，提供更加细致精准的个性化服务，将优惠信息和产品信息通过消费者的联络方式及时发送，让他们在第一时间内了解到电商购物节的最新动态，并通过发红包、发优惠券等方式，使消费者参与到购物节中来。

（2）锁定目标受众。目前，使用淘宝网的用户已经突破8亿人，日交易额峰值超过200亿元。要在这数亿人中锁定目标受众，也是电商购物节的传播策略之一。例如女性对消费的群体效应非常明显，淘宝设置了"买家秀"的商品展示平台，满足了女性展示所购物品的心理，同时也吸引了其他的潜在消费者。对钻石多、级别高的买家，淘宝也会提供一些VIP服务，给予他们力度更大的折扣来刺激消费。现在还出现了一款针对淘宝卖家的传播工具，它根据店铺和宝贝名称自动筛选买家ID，通过站内信和阿里旺旺自动发送推广信息，还能加快店铺的客户流量。

（3）力求差异化传播。"双十一"是电商集体的购物节，在产品同质化严重的电子商务市场，竞争非常激烈，作为综合性电商平台的"汉购网"，在购物节期间主推土特产优惠活动，避开了淘宝、京东等巨型电商平台的猛烈传播攻势，进行差异化的传播定位，获得了本地消费者的青睐。

3.2.3 打造品牌符号

电商购物节的品牌传播策略主要包括三个方面。

（1）广告传播。关注电子商务和电商购物节的以年轻人居多，他们是热情活力的代表，消费偏好中个性化、多元化的成分更多，而对产品性价比的要求较少。张扬个性成为电商购物节广告传播的不二选择，在2014年"双十一"购物节期间，京东商城打造差异化传播策略，打击淘宝"双十一"存在假货事件并邀请网络新星大鹏拍摄了一组广告，用搞笑夸张的语言和画面表达了货真价实的品牌特点。一些传统商业品牌也请草根明星代言，例如九阳邀请唐马儒制作了《免滤大师》搞笑视频，林氏木业邀请《万万没想到》剧组代言产品，取得了叫好又叫座的传播效果。

（2）议程设置。主要是利用网络平台和品牌自身的影响力，制造话题进行营销，引起受众的关注和自发传播。电商购物节本身就是一个很好的话题，例如"双十一"的初衷是为单身男女们而设立，"女人节"和"女生节"是女性的节日。也有电商和商品生产经营企业在电商购物节制造与购物节有关的热门话题，引起社会关注，例如"乐迷节"前发布苹果手机损坏，果粉转乐迷的朋友圈，进行快速传播，制造话题造成公众效应。

（3）公关活动。2014年的苏宁"O2O购物节"期间，苏宁在广州、南京等地报纸上刊登广告，配上小女孩被女教师打脸的漫画，以及"下单不比价，因为我最大"，"差评去人肉，商户重视啊"等网络流行语，直戳竞争对手价格藏猫腻、品质难保障等"痛处"，因为讽刺的赤裸裸而引起了受众关注。这是苏宁对淘宝网做的"黑公关"，而天猫商城则要求商户退出苏宁"O2O购物节"，否则将取消商户参加"双十一"活动的资格作为公关回应的手段。

3.2.4 创新用户体验

电商购物节本身是一种全新的用户体验，它将传统的节日促销活动演变为一个网络节日，增加了购物的趣味性和个性化，创造了很好的用户感受。各大电商平台创新用户体验的方法很多，主要归纳为以下三种。

（1）整合品牌。"双十一"购物节进行促销的商品门类繁多、品种齐全，既有天猫商城大型企业的品牌促销，又有淘宝小店的折扣，所有的品牌和产品都加入了这场购物优惠活动中，这种集中式的促销比商场的综合性更强，能带给消费者前所未有的丰富体验。

（2）整合线上线下。打通线下实体店，电商购物节期间可以实体店进行真实体验，并获得线上购买优惠券，弥补线上消费存在虚拟感的不足，用户体验更为满意。各大电商购物节期间，线下饮食、观影、旅游、娱乐等活动也有较大折扣，能实现线上线下同步促销。同时，线下物流对网络购物积极支持，促进了购物节的产品流通。

（3）整合消费者。消费者的角色定位也发生了巨大变化，例如良品铺子在购物节期间推出了用户促销计划，消费者将小红书的促销信息发布在微信朋友圈、微博或指定网络，如果有人通过该链接购买产品，那么消费者能够得到提成或红包，哪怕消费者自己通过该链接购买也可以享受到同等折扣。在这个过程中，消费者与经营者身份合二为一，带来全新的购物感受。一些咖啡馆在购物节期间推出了众筹计划，将客户变为股东，不参与年终分红，只发放消费券。这种身份角色的变换，增加了消费者对咖啡馆的认同感和归属感，随即增强了消费欲和关注度。

第四章　电商购物节传播策略的案例研究

4.1　淘宝"双十一"购物节

淘宝是一个 C2C 购物平台，各大中小型商家是供货主体，广大消费者是购买者。根据淘宝的 C2C 营销模式的特点，"双十一"电商购物节的传播分为两种，一种是淘宝商城即天猫的平台型传播，即 B2C 传播，一对多传播，天猫平台作为信息发布者，消费者作为信息接受者。另一种是商家的点对点传播，即 C2C 传播，品牌店是传播主体，消费者是信息接受者。这种传播模式与淘宝的商业模式不可分割，淘宝是一个"互联网+"企业，从创建之初就依靠互联网进行产品销售，也是一种全新的电子商务营销模式。由于初创企业的规模小、资金少，只能通过打造网络平台，组织各类商品在网上销售，商户的数量和种类在不断发生变化，淘宝的营销传播模式兼具 B2C 和 C2C 的特点。淘宝"双十一"购物节在传播策略上，也注重了两种传播模式的规律，一方面加大广告位、展示位的投放，让各大品牌充分展示商品优惠，另一方面也加强平台对消费者的宣传，做好一对多宣传。下文主要从 B2C 层面进行营销传播研究，从传播主体、媒介和受众这三个层面分析，淘宝"双十一"购物节充分把握了上述三个环节，在过程上打通了营销信息的"通路"，使信息很顺畅地从传播者流通到受众，为巨大的销售额奠定了良好的信息基础。

4.1.1　传播者积极策划

作为传播主体的天猫商城在电商购物节前采取了积极的传播策略。以 2014 年的淘宝"双十一"购物节为例，这场影响力极大的购物节从 10 月中旬就开始进行宣传、预售和店铺促销。采取了线上线下的积极传播策略。线上站外传播策略主要采取网络广告联盟无缝隙式宣传、引流。如 2014 年 11 月 11 日新浪最佳广告位播放淘宝"双十一"活动。线上站内通过通版宣传"双十一"活动，采取预售传播策略把握了消费者的从众购物心理，就是不管是否需要购买产品，看到铺天盖地的宣传以及身边的人都在购买，那么就会选择也去购买该商品。同时，商家也把握了消费者在传播过程中的紧迫感和焦虑感，让消费者实时看到商品库存不断减少，优惠时间即将结束，刺激消费者，消费者就会急切下单，这种方式也导致一些盲目购物现象的产生，培养了过度消费的购物习惯。

4.1.2 传播渠道多样化

传播渠道即传播媒介或载体，不仅包括传播媒介也包括销售者等开展传播活动的人员。第一传播媒体，先从传统媒体的宣传报道来看，CCTV《朝闻天下》《成都商报》《二十一世纪经济报道》、多个地方级报纸都报道了天猫商城"双十一"活动，潜移默化用户消费观。利用碎片化时间、空间传播"双十一"。例如：公交、地铁、站牌、电梯口等播放宣传广告。第二新媒体的多渠道传播策略，线上站外传播策略主要采取网络广告联盟无缝隙式宣传、引流。如2014年11月11日新浪最佳广告位播放天猫"双十一"活动。又如浏览高峰期投放在优酷土豆的全行业创新的富媒体贴片+overlay 的全覆盖广告传播，十月到双十一当天黄金时段制作一系列的传播活动。再如，社会化媒体如微博、微信、人人网、天涯网社交平台分享活动信息，大 V 传播打折促销信息。可以夸张地讲，PC 端移动端媒体"双十一"活动宣传无处不在，淘宝本身就是一个媒介。天猫商城网页全版打造"双十一"活动，本身就是一个巨大的传播平台，11月初，参加"双十一"活动的商家开始在天猫商城主页和频道页进行产品展示，同时向消费者发放网络优惠券和电子商城红包。11月上旬天猫商城公布了"双十一"参加活动的商品，电商平台和品牌厂家开始了营销传播造势，也培养了消费者的关注习惯。天猫积累的大数据客服信息，可以直接发送 DM 单进行精准投放，也可以发送手机短信通知客服信息，手机短信作为电商购物节信息传播的"主战场"。多渠道的流通传播，也必然奠定了"双十一"销售奇迹。

4.1.3 重视受众体验

传播效果好坏都应该从受众量转化成实际购买的消费者增量来判断。因此"双十一"购物节活动一个最重要传播策略是把握传播中受众需求，即可以从传播学角度认为是认知、情感和行为。运用传播中的认知、说服等策略进行营销。认知要素包括商品的基本信息，即产品属性、外观样式、价格水平、优惠活动等内容。电商是一种非面对面的商品交易，交易能否完成很大程度上取决于买家对商品和商铺的信任。商品描述越细致，消费者接收到的信息越翔实，对商家和产品的信赖度就越高。在电商购物节中，由于商家在淘宝网上用于宣传的广告位所能传递的信息数量有限，所以商家通常通过品牌、色彩、折扣力度这些夺人眼球的内容来进行广告位宣传，在内容链接的网页中则对促销产品进行了详细的介绍，包括商品具体信息、优惠活动详情、物流时间和售后服务等，知名品牌还将以自己的品牌为退换货的信赖度背书，以此实现信息传播的最大化，充分满足消费者的知情权，实现消费者对商品的最大信赖度。也通过丰富多样的信息传播，打造具有不同特色的消费文化，例如：针对女性的节日文化、针对母亲的母婴文化、针对"宅男"的居家文化等，通过培养文化习惯提高了消费者的消费诉求。情感要素包括表达方式、心理附加值、社会认同感等。在"双十一"购物节中，多数淘宝商家设置导购留言自动回复，并且采用"亲""美女"这样的称谓，增强了对消费者的亲昵度。心理附加值是广告推崇的产品文化价值、社会地位等超越产品自身的价值，在电商购物节期间，有的品牌聘请明星代言广告，利用名人效应提高心理附加值，增加商品的购买说服力。在消费社会中，人对自我的认定与消费行为和消费理念有关，人们对商品的选择是一种无意识内在形象的投射结果。可以说淘宝"双十一"购物节是综合运用话题传播、公共关系、大众传播等多种传播策略的结果，由此也取得了不菲的销售业绩。从2009年0.5亿元人民币增长到2014年600亿元人民币，6年间销售额增长了1200倍（见图4.1）。

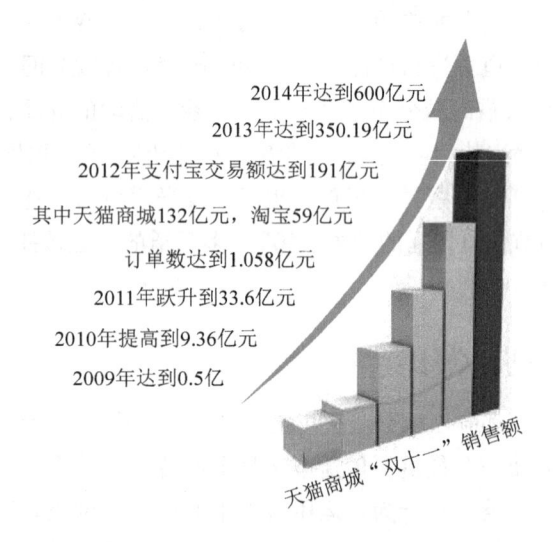

图 4.1 天猫商城"双十一"销售额

4.2 京东"6·18"购物节

与淘宝的经营模式不同，京东商城是"+互联网"型企业，即传统的零售行业与互联网融合，实现平台对个人的销售。京东商城主要依靠自营模式，采取自行批发、自行销售商品的方式，运用品牌的官方资源，保证商品的质量和信誉，并依靠薄利多销来获得利润。在这种商业模式下，京东商城中商品的促销推广主要由京东单个主体来策划和组织，营销传播的方式也比较单一，主要以 B2C 的一对多传播为主。

在京东电商购物节的传播中，从信源、信息、信宿、信道传播角度看京东传播策略。在信源上，京东总裁刘强东参加各种论坛和媒体活动，将自身塑造为京东代言人，其品牌真、正、低的形象深入人心，B2C 自营模式保证商品正规渠道在信源上有了更大的公信力和影响力。在信息上，电商购物节的营销信息丰富多样，每条信息都负载着促销打折的具体内容，信息量虽然很大，但信息本身多以风趣幽默的形式展现，并且包含流行的网络用语，使得消费者易于接受。在信宿上，京东做好了消费者的甄选和培养，通过大数据挖掘目标顾客，通过较好的用户体验培养忠实顾客。在信道上，京东的"6·18"购物节每年都会采取不同的传播策略吸引消费者瞩目，这也是本节讨论的重点。本文总结了 2010 年到 2014 年京东"6·18"营销传播活动。

2010 年，在这一年的京东"6·18"购物节传播策略中，噱头传播是一个亮点，采用"标题党"式的促销信息来博得消费者关注。例如"神秘促销邮件""6·18 老刘月黑风高"等活动，由于宣传口号的与众不同，吸引了一大批好奇的消费者注意。京东推出"玩游戏，得令牌"活动，通过交互式游戏，使消费者在游戏过程中得到乐趣，同时得到游戏奖品即购物优惠，刺激了购买欲望。同时，还推出了"加价购""购物返券""会员特惠专场"等传统促销项目，满足了消费者的购物优惠需求。

2011 年，京东"6·18"购物节采取主题传播模式，设定了一个综合性、总括式的传播主题，即"疯抢红六月"。这个传播策略以前所未有的优惠力度刺激了消费者的神经，活动时间覆盖整个六月，每天 24 小时全程促销。在促销活动期间，京东商城进行了密集传播，每天推出服装鞋帽、日用百货、数码产品、图书音像等不同类型物品的活动，涉及数百万件商品。同时还采取了限时传播策略，推出"巅峰疯狂 18 小时"，图书音像类产品限时促销，京东也加大了传播声势，将这次优惠活动称为"史上最大力度疯狂满减"。

2012 年，京东低价促销传播策略，把控消费者的低价、打折、促销心理刺激潜在购买欲望，让受众心理与营销传播紧密结合。京东首先推出电脑、数码产品五折销售，家电全场 4.8 折秒杀。图书、服装、影像制品全面大幅度让利再掀网购狂澜。这样的疯狂促销信息刺激消费者潜在消费诉求，引爆新的消费热点，京东"6·18"购物节当天开展满减满赠活动，而且依托大数据分析，京东用户多为男性用户，更倾向于满减满赠活动，满减满赠的促销效果最优。更推出低价策略，如 9 块 u 盘，99 块打印机，199 显示屏，999 笔记本，2999 超极本，iphone 手机当天也全线降价。

2013 年的京东"6·18"购物节，依然采取了重要的折扣促销的传播手段，在维度、广度上进行高频次、高密度、大范围宣传京东的优惠活动，除了在京东电商平台上密集播放广告，还在住宅楼电梯间、公交车站广告牌、报刊纸媒、视频网站上插播购物节宣传信息，通过海量信息战获得消费者的充分了解知悉，增强京东购物节对消费者的影响力，从而把握在这场电商购物盛宴中的主动权。京东总裁刘强东也亲自登上广告，为自己的电商平台代言，发挥了强大的名人效应，有效增加了信息传播的亲和力和可信度，提高了京东购物节品牌在消费者心中的认同感。

2014 年，开创了"6·18party on·全品省不停"活动。主推京东多快好省中的"省"的概念，京东购物节的主题适应了时代需要，融入了更多搞怪、新奇的流行元素，贴合受众的心理认知度和接近感。将购物节主题定位"购物大趴·全品省不停"，传播策略中突出消费者的受众感受，切合近年来经济下行压力导致的消费需求不旺、购买力不强等实际情况，切中消费者能省则省的心态以及时下厉行节约、反对浪费的社会风气，主推"省"的概念，使消费者挑选到优质低价的产品。例如：手机移动电源、化妆品、食品保健品限量只卖 1 元，鞋包新品、大家电价格低至 1 折，极大地满足广大消费者的物美价廉的购买需求。勤俭节约是中国的传统美德，也是我国消费文化的特点之一，正是切中了人们的购买习惯，与传统消费文化不谋而合，京东购物节的"省"主题才取得了营销传播的巨大成功。红包也是京东"6·18"购物节的一大亮点。6 月初，京东商城就通过网络平台向潜在消费者发放了 10 亿元的京东红包，供消费者满额可减费用。同时，多入口的购买通道也是这次购物节得以成功的因素之一，在移动端，京东 APP、手机 QQ 和微信购物栏均可进入京东购物节页面，畅通信道保证京东"6·18"火爆销售。

4.3 其他电商购物节

除了淘宝"双十一"和京东"6·18"电商购物节外，其他电商平台也推出了带有品牌特色的购物节。在购物节的营销传播中，提高传播的趣味性，突出传播的针对性，与受众充分交流互动，从而提高了传播的效果。

2013 年，苏宁易购举行第一届双十一期间 O2O 购物节，苏宁易购的最大优势在于天然的 O2O 营销模式，有实体店可以直接实现线上消费线下体验的全新购物体验。O2O 购物节期间连续 6 天开展促销活动，加大互动环节，在传播过程中拉近了与受众的距离，使消费者在娱乐的同时增加了购物需求。2014年，推出了O2O购物节的升级版，丰富消费者的用户体验。一是在1600多家门店开展"码上购"服务，通过扫描二维码抢购低折扣商品、领取网上商城优惠券。二是二维码签到有奖，在楼宇电梯间、公车站广告牌、影院、公交地铁移动媒体终端中植入声波二维码，消费者可在最近的苏宁实体门店进行二维码签到领取优惠券。三是打通支付功能，实现线上线下支付相连通，方便消费者购物。四是提供购物"后悔药"，一些消费者冲动购物后十分后悔，却又面临退换货难的矛盾，在O2O购物节上，苏宁提供15天的无理由退换货服务，可到门店退，也可选择上门取货。五是提供细节服务，为消费者免费提供碎屏险。为消费者提供免费贴膜、免费清洗空调、抽油烟机服务，以用户体验为核心。

美妆网站乐蜂网不定期推出促销活动，受综合电商平台的影响，也打出了"购物节"的旗号。乐蜂网在2月28日—3月31日推出"桃花节"，在3月7—8日推出"女人节"，参加"双十一"的网络购物节促销。乐蜂网的传播特点主要有四个。一是瞄准特定受众进行有针对性的传播，大打"她经济"牌，锁定女性消费者为传播对象。二是对自主品牌加大宣传力度，巩固品牌形象。在购物节期间，乐蜂网对国际名品和自有品牌进行不同力度的折扣促销，并且自有品牌的折扣力度更大，如果大众品牌可以达到7折的折扣，乐蜂自有品牌的折扣则低至2折，通过降价促销增加消费者的购买量，实现用户对自有品牌的认知度。三是采取差异化传播策略，推出以女性为主体，极具女性特色的专属购物节，满足了女性消费者的购物需求。四是名人效应，李静是知名主持人，有很高的知名度和较好的口碑，消费者冲着李静的个人魅力来乐蜂网购物消费，李静在不同电视节目和媒体专访时也适时地推介乐蜂网，为网络购物节积累了优秀的舆论效应。

第五章　电商购物节营销传播的问题及对策建议

本章主要针对电商购物节营销传播的问题，提出对策建议。电商购物节的营销传播与传统购物节营销传播相比具有一些优势：一是传播覆盖面广。移动互联网时代，用户几乎是随时在线，无时无刻不与网络相连接，电商可以借助网络向受众传递信息，向每个移动终端发送电商购物节的相关信息和优惠，不用担心纸媒和电视广告有许多受众接收不到的问题，极大提高了传播的覆盖面。二是传播互动性强。网络电商的特点之一就在于交互性很强，消费者购买产品不仅能满足购物需求，还能在网上玩游戏，参加抽奖活动，参与电商平台的秀产品比赛，及时与商家、电商平台与其他消费者交流，形成了日常人际关系外的购物朋友圈，丰富了受众的社交活动。三是传播的受众意识高。传统的营销传播以商家和产品为中心，强调产品的质量物美价廉，但电商购物节对受众个性化、独特性的需求非常重视，通过大数据分析出消费者的实际需求，定制出私人购物菜单，有针对性地向顾客推荐产品和活动，在传播过程中以受众为中心，提高了传播的有效性。

然而电商购物节的营销传播也存在一些问题，主要是虚假传播较为严重、信息轰炸使用户疲劳、传播重促销忽略品质，以及大型平台垄断传播等。为了解决这些问题，下文将提出六个对策，分别是优化议程设置、改善用户体验、创新传播模式、引入社交互动、巩固品牌优势、培育消费文化，以优化电商购物节的营销传播路径。

5.1　电商购物节营销传播中存在的问题

5.1.1　虚假传播较为严重

近年来，一些电商平台由于贩卖山寨货、水货遭到了消费者的诟病，淘宝网也因为"假货风波"受到了美国一些行业协会的投诉，导致美股股价暴跌。假货与虚假传播紧密联系在一起，不少中小商家将假冒伪劣产品描述为"原单""尾单"，甚至冒充真品，绝口不提产品的仿冒性质，损害了消费者的信赖。在购物节期间，一些商品冒充名牌，打着低价换季销售的幌子，欺骗了不少消费者，而淘宝网却没有及时监督和纠正。在"双十一"前夕，不少商家临时抬价，打着优惠旗号，其实还是原价销售，并没有给予消费者降价的实惠，以至于消费者对部分商品虚标价格的投诉经常发生。2013年，中国电子商务研究中心发布的《电子商务用户体验与投诉监测报告》指出，电商价格战、"双十一"、电商周年庆等均是用户投诉高峰期，这与商家的虚假传播不无关系。电商造节引起了强大的传播态势，但有时候促销只是噱头，进入商品页面后，顾客发现商品的质量并没有宣传的好，价格也比平时实惠不到哪里去，况且没有特别值得买的商品。一些电商品牌推出"秒杀""秒抢"等活动，但只拿出少量商品参加活动，这种性价比高的促销品消费者通常抢不着，信息传播可谓雷声大雨点小，虚假宣传不仅使消费者得不到实惠，反而有被欺骗的感觉。

5.1.2　信息轰炸使用户疲劳

电商购物节是各路电商进行宣传促销的好时机，但由于电商竞争过于激烈，如何造势抢夺消费者，成为电商在购物节中取胜的关键。一些电商采取群发短信、滥发短信的方式争取消费者，在"双十二"期间，淘宝店铺发来几十条促销短信，扰乱了顾客的正常生活秩序，引起了消费者的严重不满。电商采取这一举措的原因是"双十一"已经"掏空"了消费者的口袋，而圣诞节的购物大潮即将来临，临近年终，电商也面临着绩效考核、账面结算问题，需要大量资金，因此就采取狂轰滥炸的信息战方式，疯狂地进行促销。这也从另一方面折射出，电商购物节在当前过多、过滥的现象。电商狂热地造节，希望引起消费者的关注，培养消费者节日购物的行为习惯，认为电商购物节越多越好，但实际上，过于频繁的信息传播与促销信息轰炸，会引起消费者的疲惫感，对电商购物节产生不良情绪，从而淡化或者拒绝电商节对自己的影响，因此营销传播要适可而止，不可过于频繁泛滥。

5.1.3　传播重促销忽略品质

在电商购物节中，用户对淘宝、天猫这样的大型电商平台的依赖性过强，对于商铺的具体产品定位容易忽略，产生信息传播关注价格即商品的交换价值重于商品价值本身的情况。电商平台将"打折"放在最显眼的宣传广告位，折扣的力度和赠品的内容是营销传播的主要内容，在这种营销传播的"熏陶"下，消费者对于折扣的权重大于品牌质量，而折扣附着在电商平台上，无形间弱化了产品本身的存在感。在"双十一"等电商购物节期间，小米、锤子等手机品牌没有选择大型电商平台销售，而是选择自家平台销售，这是因为大型电商平台的促销炒作容易掩盖产品本身的特质，就像一盘菜中的作料掩盖了食材本身的味道。泛滥的低价促销营销传播，稀释品牌自身价值，使消费者过度关注价格而非价值。与此同时，电商造节对消费者的吸引力主要在于较低的折扣，对于产品用户数据积累并无太大裨益。消费者冲着低价而不是产品而来，这种消费者的二次购买率是偏低的，很难转化为企业的忠实客户。在电商购物节中，商家通过让利得到了消费者的购买商品行为，却得不到消费者对产品的忠实度。许多品牌花费了大量的广告费和大幅提高让利幅度，最终换来大幅上升的销售额，但利润率却非常低，甚至是亏损的。这显然不符合互联网人性化、精确化运行的特点。企业应当将营销传播的重点放在建立品牌黏性上，而不是追求低价刺激消费，例如小米手机的品牌性与小米粉丝团密不可分，以消费者的忠诚度为营销传播的根本追求，而不是舍本逐末地追求传播中的促销打折信息，而是注重产品实质。

5.1.4　大型平台垄断传播

由于大型综合性电商平台拥有更多的资源，整合资源的能力相较行业性电商平台更强，所以在电商购物节的营销传播中拥有更多话语权。大型电商平台可以决定哪些品牌参加购物节活动，而不让哪些品牌参加，采取何种营销传播策略，不采取什么样的宣传方式。由于大型综合性电商平台能以流量"绑架"店家，淘宝网在购物节期间，提高"直通车"和"钻展"等广告费用，对于商铺特别是中小卖家而言，被平台以流量形式收取费用的现象越来越严重。中小商家要想摆脱淘宝的"克扣"，只能自己解决浏览量、点击率的问题。虽然商户自办节日是个不错的选择，但因信息传播能力偏低，无法起到广泛宣传的作用，只有对老客户和潜在消费者进行信息传播，而难以吸引更多的受众参与到自办购物节中来。大型电商平台垄断传播"店大欺客"的因素之一在于制造业绩的需要，从当前规模较大的电商发展历程中不难发现，它们在一定的用户与营业额上运用融资做大规模，再进行B轮融资，扩张市场份额，最后通过风投或天使融资实现上市，在资本市场上实现财富快速增值。这种发展模式要求电商保持良好的发展势头，从财务报告上有不断增长的营业收入。正因为如此，各大电商平台连年推出形式多样、声势浩大的营销传播，促销活动甚至演化为恶性的电商价格战。在价格战中，大型综合性电商平台进行垄断传播，利用掌握的话语权，大打成本战、资源战、资金战。预售付定金模式也是"双十一"电商购物节的重要传播手段，以超前的商品款式吸引消费者下订单，根据订单量组织生产、运输、销售，使生产和供应链成本降低，流动资金的周转天数减少，周转速度加快。通过积极地创造新的消费时尚，利用电商造节的宣传造势，刺激消费者的购买欲望，但许多商品实际上是消费者不需要的。电商传播体系还派生出相关职业——橙领，他们通过编辑可读性强的产品文案，发布于朋友圈、论坛等社交网站，与粉丝互动，扮演类似网络导购的角色，刺激消费者的冲动型消费。电商造节中，商品的生产方式并没有改变，但信息传播方式发生了巨大的变化，商家不再是被动地根据消费者需求进行生产销售，而是化被动为主动，有意刺激和唤起各种需求，哪怕这种需求并不迫切，甚至具有浪费和奢侈的嫌疑，以此将人们纳入更深层次的消费体系中。

5.2 电商购物节营销传播的对策建议

针对电商购物节存在的种种弊端，应当适应市场经济的发展，符合消费者的实际需要，适时调整营销传播策略，从优化议程设置、改善用户体验、创新传播模式、引入社交互动、巩固品牌优势、培育消费文化六个方面，改进和完善电商购物节的传播策略。

5.2.1 优化议程设置

议程设置是传播学的重要理论之一，美国传播学者麦库姆斯和肖在20世纪70年代提出，认为传媒大加报道的内容，也称为公众意识中的"重要事件"。媒介对报道的笔墨越多，公众的关注度就越高，由此得出大众传播具有"议事日程"的功能，也通过对议程的设置吸引公众瞩目。在传播学中，议程设置先是用于新闻报道和媒体的传播活动，后来一些学者的实证表明，媒体的议程设置功能在网络环境下仍然存在。电子商务的交易过程也含有议程设置的内容，网络商家通过议程传播模式，设置吸引人的话题，让许多潜在消费者更加关注店铺的动态和商品，参与到网站的互动与商品选购之中，推荐和购买商品的过程也是商品信息传播的过程。此时，电商平台不再是单纯的卖家，它也扮演着媒介的角色，将自己想要传递的信息准确投递给消费者，让他们密切关注电商平台这个新兴媒体。电商购物节的话题设置与议程设置有三大相似之处。一是利益化。新闻媒体的议程设置是为党和国家的利益服务，作为国家的宣传机器，媒介在议题上的选择必须符合国家的核心利益。电商购物节的话题设置是为了吸引消费者，出售更多的商品，获取更高的利润，也是为卖家的利益服务。从这个意义出发，电商购物节在议程设置时，应当更加注重实质利益，而不是宣传形式，更加关注消费者是否对品牌具有黏性，而不只是一次性的冲动购物行为，在议程设置上紧紧围绕发展壮大品牌和企业的目标，进行眼光长远、适度超前的电商议程设置。二是有限性。

无论是新闻媒介还是电商平台，其人力物力财力都是有限的，不可能进行无限的议程设置，而受众的注意力资源也是有限的，不可能无限制地接受媒体狂轰滥炸式的信息传播。媒介在议程设置时，选择党和国家最重要的、热点集中的、受众最关心的话题来宣传，话题具有重要性、时效性、新奇性等特点。在电商购物节中，电商的议程设置应该有针对性和显著性，抓住消费者的兴趣点进行话题设置，而不该毫无节制地发送短信，进行骚扰式、干预式的信息传播，否则不但把握不住消费者的喜好，反而会让买家对电商平台产生反感，对购物节失去兴趣。三是周期性。媒介的议程设置不是一蹴而就的，而是要经过长周期的筹谋，通过影响人的态度层面进而影响到人的行动，从"传播议程"左右"公众议程"，再到影响"决策议程"。虽然电商购物节的周期很短，但进行购物节传播议程设置的谋划阶段可以较长，例如"双十一"购物节，并不是在刚推出时就引发了粉丝的狂热追捧，而是经过几年的酝酿和沉淀，才积累出巨大的关注度。因此，一些商家也不必盲目地参与到已有的火爆购物节传播中来，而是筹划自己的电商购物节，制造营销话题，突出特色和优势，通过长期的计划和培育，打造更有针对性和说服力，能引起广泛共鸣的电商购物节。

5.2.2　改善用户体验

在电子商务中，"用户体验"在电商营销传播中的地位越来越重要。约瑟夫·派恩和詹姆斯·吉尔默将"体验"融入经济领域，他们认为除了产品、商品及服务外，"体验"是新经济时代企业应当拥有的新的经济提供物。影响用户体验的要素很多，主要是信息、人群、情感、价格等因素，影响了消费者的购买心理，直接或间接地决定了消费者是否购买该种商品。消费者对于愉快的购买经历总是会记忆犹新，如果是快速消费品，则会选择多次去同一店铺购买。这种购买行为基于对商品和店铺的信任，继而对品牌和企业的信任，良好的用户体验会提升用户对品牌的忠诚度。在传播中，信息有正向和负向之分，正向信息能帮助消费者选购合适的产品，而负向信息则会影响消费者的购物决策。正向信息包括对产品的功能、状态、外观、价格的描述，以及一些促销信息，而负向信息则是虚假信息、夸张广告、不实促销等，会降低用户的购物体验。为了改善用户体验，电商购物节应当制造更多的正向信息，减少或避免负向信息，为此要优化两方面的传播策略。一是在正向信息的传播上，运用大数据、用户分析软件等，找准用户的消费特点及消费偏好，将购物节做得更精准、精细，投放到用户的广告更有针对性。集聚和沉淀用户是电商购物节的目标，在营销传播上应做到促销适度，考虑到顾客正常的购买周期，电商购物节的促销活动时间不宜过长。可以分为数码产品、日用家化、化妆护肤、服装鞋帽、文具书籍等多个专场轮番促销，平衡购物节期间各专场的活动时间，以控制和平衡流量。同时，开展线上线下一体化的购物活动，除了现金红包、店铺优惠券外，还可以发放电影票、美甲券、洗发券、美食券等，提升购物的趣味性和综合娱乐性。二是在负向信息的控制上，对电商购物节的折扣宣传要真实，不能采取先提价再打折按原价销售的方式，虚标价格欺骗消费者。同时，还要考虑商品的特性和商家的能力，制定合适的促销折扣，避免吸引消费者"秒杀"，而用于促销的产品非常少，根本不能满足消费者需求的情况发生。随着电商平台上商品种类的快速扩容，产品的推销信息也在海量增长，对于消费者而言，除非了解商品的详细信息，就可立即搜索到目标商品，否则就需要通过关键词搜索以及不同商家的对比，来确定购买哪一个店铺的商品。受到信息搜索的限制，许多消费者会倚重电商推荐的商品，如果信息质量差，商品性价比不高，就会给用户带来失败的购物体验，从而让消费者降低对电商平台的信赖度。作为电商平台要把好信息推送关，尽可能降低向用户投递负向信息的频次，在电商购物节中注重用户体验，优化用户体验。

5.2.3 创新传播模式

广告是电商购物节的一种最常见传播方式。波德里亚认为，广告并没有对公众的需求和消费行为进行直接命令，而是通过展现，让公众自己将与产品有关的需求和欲望合理化，而接受产品本身则是这一心理过程的结果。2014年"双十一"期间，各大商家加大了对广告的投放，动辄增加数千万元。据统计，服装行业的CPC（每点击成本）为1.89元，家电、家居、食品、美容护理、母婴、汽车、游戏的CPC分别为2.62元、1.92元、1.89元、1.8元、2.14元、1.33元和2.35元，这个数值与日常1元左右的价格相比是比较高的，可见"双十一"期间各大行业广告传播竞争的激烈程度，各商铺和品牌通过加大广告投放来吸引眼球，从而达到争取消费者的目的。除了广告大战之外，优惠券、抢红包、打折包邮也是一些惯用的营销传播方式。此外，2014年的淘宝"双十一"期间增加了预售环节，既能减轻当天的供货压力，又能按照消费者需求提前备货，更加精准地锁定目标用户，有效管理供应链，这也是营销传播模式的更新尝试。同时，电商购物节的主战场也有从电脑转移到移动终端的趋势，例如当当网在手机上购书，可以享受更低的折扣优惠，淘宝网在购物节期间，通过手机下单可以在整点时段参加抽红包活动。手机由于其便携性，可以让消费者利用碎片化时间，随时浏览心仪的产品，收藏宝贝，并且分享给附近的人，为用户提供了很有趣的购物感受。如果说一部分顾客是带着需求在电商购物节选购产品，有计划地采购折扣商品，那么另一部分购买力来源于消费者对信息传播的兴趣。在信息觅食过程中，用户在吃饱状态下的觅食，没有特定的需求，而是随意浏览信息。当无意间发现了可以购买的商品时，也许会因为较低的折扣，以及购买该物品的消费者很多，而产生了购物冲动，购买了该商品。或者点击进入购买链接，通过信息的带入，即使没有立刻产生购买行为，但也出现了潜在需求。例如，许多上班族对防晒衣的需求并不强烈，如果不是在户外的烈日下，许多写字楼上班的人用不着这种服装，但在网络上许多买家的点赞和评论下，不少对防晒服没有需求的人也产生了潜在需求和购物冲动，继而购买了防晒服。电商购物节可以利用消费者的模糊需求，通过信息传播撩拨消费者的消费神经，"双十一"购物节就是一个典型的无中生有的传播案例，因此只有通过创新传播模式，来激发更大的消费潜能。

5.2.4 引入社交互动

在电商购物节中，许多消费者奔着划算的价格而去，对于买什么其实并没有明确的目标。与此同时，许多消费者购买行为的参照性很强，特别是女性消费者，习惯在购物前货比三家，并借鉴周围的朋友、熟人的购物经验，决定是否购买该种商品。在购物后，许多消费者有展示物品的欲望，希望自己的眼光和购买力得到周围人的分享和认同。这些因素共同决定了社交互动在电子商务，特别是在电商购物节的传播机制中非常重要，社交互动突破了电商对消费者的面对点单向度传播，产生了无数消费者之间点对点的沟通交流，形成了一张巨大的购物交流网。在社交互动中，交流的信息不仅有产品的质量、价格、实用性、功能等基本内容，也有消费者使用后的心得、感悟、体会等感性内容，诉诸了消费者的情感因素。同时，它还具有导购和口碑评价的功能，对于不良商家和劣质产品，通过差评使其他消费者防微杜渐、避免购买而上当受骗，对于优质商品和口碑商家，通过好评予以褒奖，形成更强烈的购买氛围。社交互动的分享机制，让购物不再只是消费者和商家之间的双向度行为，而是将购买行为变成一个生活情境，作为信息传播到其他潜在消费者那里，让他们在购物时作为参考，从而使购买行为更加真实可靠，也更有乐趣。在电商平台上"蘑菇街"和"美丽说"是电子商务与社交互动融合较好的代表，消费者进入这些平台可以启动随意浏览模式，选择想要购买的类别，然后通过瀑布流模式登入电商网站查看详细信息。电商购物节可以借鉴这种经验，通过设置各种类型产品的交流区，让购买某一类型产品的消费者或潜在顾客进行交流，同时还采取买家秀有奖的方式，对展示在电商平台上购买物品的顾客一定的奖励，从而激发消费者在此购买的热情，提升对平台和品牌的黏度。橙领就是电商社交互动发展的产物，他们主要聚集在经济发达、互联网发展成熟的北上广深地区。他们是商家、电商平台和目标消费者之间的中介，通过发微信、微博，或在论坛发帖，引导人们去淘宝网购物。在分析数据寻找销路好的物品后，他们编辑具有可读性的文案，发放到各大网络媒体，职业橙领还经常与消费者互动，扮演着类似于网络导购的角色。与传统媒体不同，网络社交媒体无孔不入，社交互动促成的网络导购将进一步地刺激消费欲望，扩大顾客的消费范围，为电商购物节在同质化竞争中创造新的契机。近年来，淘宝对社交互动的重视，利用新浪微博成功引流，逐渐高于专业导购网站"蘑链街""美丽说"。同样地，其他电商也应充分利用微信朋友圈、QQ、论坛，以及自营店铺的评论、展示功能，充分融入社交互动元素，增强消费者对电商购物节的参与度。

5.2.5 巩固品牌优势

20世纪90年代以来，营销传播学中被视为产品局部概念之一的品牌，受到了商家和顾客的重视追捧。美国学者莱恩·凯勒认为，品牌是消费者选择产品时的简单标准和工具。品牌代表企业和商品的形象和质量，能帮助消费者规避可能遇到的购买风险，因此是企业重要的无形资产。日本学者石井淳藏认为，品牌的重要性有四个，分别是品牌是消费者的选择基础，是产业竞争成败的关键，是技术发展带来的消费者关系变化，是经济全球化发展的需要。如果说2010年以前，电商购物节还是一个稀缺资源，那么在2015年，电商购物节已经扎堆成风，并且不断呈扩大泛滥之势。除了淘宝网的"双十一"，京东的"6·18"购物节具有较大影响力，折扣品牌多、优惠力度大，其他的电商购物节多为某一类型商品的促销，缺少综合性的特点，而且优惠幅度也不大。一些电商盲目跟风，将日常的普通促销也命名为"购物节"，导致购物节泛滥成灾，引起了消费者的反感。更多的电商平台在"双十一"这种公认的购物节中，大打价格战，而缺乏有力的传播手段，虽然满足了图便宜心理，但对品牌形象树立成效甚微。为避免"一阵风"式的一次性消费行为影响，建立长期持久的影响力，电商购物节应当更加注重品牌的构建，巩固品牌优势。笔者认为，可以通过以下方法巩固电商购物节中的品牌优势：一是创造购物乐趣。购物也是一种休闲活动，保持购物的愉悦氛围是非常重要的，电商购物节可以推行O2O战略，在省会城市和经济发达城市的网上促销的同时，在线下举办音乐会、美妆展、服装节、画展等娱乐活动，增加购物节的娱乐性，使购物节不仅停留在网络上，而真正成为一个现实生活中的节日。二是进行个性化传播。传统电商市场的客户细分主要通过大范围界定完成，而在产品设计上较少考虑消费者的个性化需求。京东可以和微信联手，通过微信上的朋友圈资料，了解到用户喜欢什么、接触什么、需要什么，在电商购物节时向其推荐合适的产品，这种传播方式会让消费者提高忠诚度。三是提供快捷化服务。电商购物节的海量信息中，消费者是没有耐心阅读那些他们不需要的信息的，而当他们需要一种商品时，又希望迅速得到它。因此，信息的传播也应更加精准和迅速，电商可以了解到消费者平时使用哪些APP，在哪些社交平台上进行了注册，使用手机短信的频率，采取更有效直接的传播方式传递促销信息。例如，对年龄较大的消费者，通过手机短信发送购物节优惠信息，而对较为年轻的消费者，则通过朋友圈、微信、微博等传送信息，提高信息到达和接收的有效性、快捷性。

5.2.6　培育消费文化

电商购物节是一种大众传播活动，在其中，受众是一群集合体，受众为什么接受购物节信息并参与其中？这与受众接受信息传播有异曲同工的意义，"研究受众的性质和作用，应该对受众的心理和行为进行考察"。受众参与电商购物节，不仅仅停留于购买商品，而是通过电商平台的交易，满足自己的物质和心理需求，获得"使用与满足"。受众心理与消费文化紧密相连，受众心理决定着消费文化的取向和特点。在制造业和实体商铺为王的时代，节俭、物美价廉是受众心理中最重要的部分，这也决定了当时的消费文化以量入为出、适度消费、商品质优实用为重要诉求。而电商文化引领了一种全新的受众心理，消费者有个人价值认知需求，能够在网络上更方便地进行比价、口碑对比，来选择最合适的产品。消费者有便捷购物行为需求，希望通过最少的步骤实施购买行为，对商品的各种信息能一目了然。消费者有人际交往活动需求，44.8%的网民在购买每件商品之前都会查看用户评论，只有17.9%的用户购物前从来不看相关评价。消费者也有轻松快乐体验的需求，电商购物节能减缓都市生活的快节奏，对广大消费者而言有减压的效果，大量购物容易让人产生满足感，因此有许多消费者戏称自己沉迷于网购成为"剁手党"。电商购物节消费文化承载了许多符号，包括促销、乐趣、海量产品选择等，在这种消费文化中，被满足的不止是消费者的物质追求，在精神层面上的追求也被电商购物节的娱乐性、趣味性所填充。电商购物节正是通过一个周期内的传播活动影响着消费者的消费诉求，创造着丰富多彩的网络媒体消费文化，包括"宅文化""她文化""秀文化"等。电商购物节可以进一步挖掘这些文化的内涵，将"宅男"与科技创意类产品、数码产品、图书音像等内容相结合，将"她经济"与卖家秀、旅行秀、用户评价相结合，打造更加充实有趣的用户体验。同时，还可以根据时下年轻人工作忙、压力大、时间少等特点，推出"健康生活""养生减肥""代理跑腿""心理疏导"等特色服务，作为电商购物节的亮点特色穿插到促销传播过程中，使消费者有眼前一亮又心领神会的感觉。电商购物节不同于传统的节日，它没有悠久的历史文化与风俗习惯作为支撑，如果没有声势浩大的宣传与大量人财物的投入，也许过一阵子，消费者就会淡忘这个节日。因此，电商造节的同时，不可忽视电商购物节的文化氛围，将"双十一""6·18"期间发生的真实故事记录下来、传播开来，使电商购物节不再是一个纯粹的促销日，而具有吸引消费者的文化内涵。此外，将节日消费扩大到休闲、影视、娱乐、运动等更广阔的范围，实现线上线下的联动，与购物活动形成互补，能够为电商购物节增添更加多彩的文化特色。

结　语

科技改变生活，网络技术使人们的购物方式发生了巨大变化，在此基础上衍生出的电商购物节贴合了人们的消费需求，满足了当前消费者的物质追求、心理诉求，切合了中国节日文化和消费文化的特点，因此在本土取得了长足的发展。

淘宝、京东、苏宁易购等众多电商平台创造出专属于消费者的购物节，优势在于传播覆盖面广、传播互动性强、传播的受众意识高，通过分析传播环境、精准传播定位、打造品牌符号、创新用户体验等传播策略，实现了提高销售额、提升产品业绩的目的。然而，电商购物节的传播策略也存在一些问题，主要是虚假传播较为严重、信息轰炸使用户疲劳、传播重促销忽略品质，以及大型平台垄断传播等。本文针对这些问题，提出电商购物节营销传播的对策建议，包括优化议程设置、改善用户体验、创新传播模式、引入社交互动、巩固品牌优势、培育消费文化等六个方面的内容。

本文定稿前，2015年的"双十一"电商购物节即将来临，各大电商平台又展开了激烈的角逐，在户外媒体、电梯广告、纸质媒体和网络平台上，充斥着淘宝、天猫、京东、苏宁易购等各大电商平台的促销宣传。日益激烈的竞争是电商购物节发展的趋势之一，但竞争往往会引发价格战，耗费大量资源换取消费者一次性购物行为，却无法巩固消费文化，培养忠诚的消费者。广大电商在热闹的购物节之后，应当冷静思考，通过砸广告、滥发信息、虚假宣传打造出来的狂躁的购物节能风光多久，应当更加注重购物节的文化氛围培育，不断优化和改善消费者的购物体验，创造热闹而不喧嚣、购物与社交于一体的电商购物节环境。

随着移动互联网时代的到来，各大电商平台和电商企业也在摩拳擦掌、跃跃欲试，希望在新一轮电商购物节中抢占移动终端客户，在电商竞争中立于不败之地。移动互联网的电商购物节竞争即将拉开帷幕，新的传播策略与传播效果，广大受众将拭目以待。

参考文献

[1] 飞象网. 亚马逊中国首届海外购物节完美谢幕. http://www.cctime.com/html/2014-12-1/2014121165551228.htm. 2015-9-23访问.

[2] 世界服装鞋帽网. 澳大利亚在线购物日，eBay预计销售量将超过50万. http://www.sjfzxm.com/news/shichang/201412/05/420983.html. 2015-9-23访问.

[3] 罗杰·菲德勒. 媒介形态变化——认识新媒介[M]. 北京：华夏出版社, 2000.

[4] 和讯网. 7·17生鲜购物节：垂直生鲜网购节对撼双11. http://news.hexun.com/2014-07-08/166432303.html. 2015-9-23访问.

[5] 姚晖. "双十一"的狂欢化——浅析广州日报对"双十一"的报道[J]. 新闻研究导刊, 2015(2).

[6] 张程. 网购冲击下电视购物的应对和发展——以家家购物的营销为例[D]. 安徽大学硕士学位论文, 2014.

[7] 王艺蒙. 我国互联网购物的发展历程研究[D]. 北京邮电大学硕士学位论文, 2014.

[8] 李丽. 2014"双十一"电商促销的亮点与遗憾[J]. 计算机与网络, 2014(22).

[9] 金彦辰. 东方购物的营销传播研究[D]. 复旦大学硕士学位论文, 2013.

[10] 天下网商. 电商她经济——做淘宝、微店必知的女性消费经济学[M]. 北京：电子工业出版社, 2015.

[11] 卖家. 淘宝大数据[M]. 北京：中国友谊出版公司, 2014.

[12] 王浩. 企业网络营销实战宝典及决胜攻略[M]. 北京：北京时代华文书局, 2015.

[13] Fox Business. Alibaba Shatters E-commerce Records as Alipay Prepares to Go Public. http://www.foxbusiness.com/technology/2014/11/11/alibaba-shatters-e-commerce-records-as-alipay-prepares-to-go-public/. 2015-9-23.

[14] Ni Long song. On the establishment of a win-win mode for network marketing and traditional marketing[J]. Journal of Huainan Normal University, 2014.

[15] Neil Hopper Borden. The concept of the marketing mix [J]. Journal of Advertising Research. Classics, Volume II, September 1984. 7-12.

[16] 星亮. 营销传播理论演进研究[D]. 暨南大学博士学位论文, 2013.

[17] John R Rossiter & Steven Bellman. Marketing Communications: Theory and

[18] 吉姆·布莱思. 营销传播精要[M]. 王慧敏, 陈雪松译. 北京：电子工业出版社, 2003.

[19] Donald Self, Walter W Wymer, Jr, Teri Kline Henley. Marketing Communications for Local Nonprofit Organizations: Targets and Tools[M]. Haworth Press Inc, 2002.

[20] 强荧, 焦雨虹. 上海传媒发展报告[R]. 上海社会科学院, 2012.

[21] 索福瑞媒介研究公司. 白玉兰报告：中国电视购物行业发展报告[R]. 上海电视节组委会, 2008.

[22] 章浩. 说服公众：大众传播的商业功能[M]. 北京：新华出版社, 2006.

[23] 文春英, 张淑梅. 网络购物说服策略的运用——基于淘宝网女装销售文本的内容分析[J]. 当代传播, 2013(5):78.

[24] 王乐鹏, 刘伟凯. "电商购物节"存在的问题及对策研究[J]. 科技广场, 2014(9):238.

[25] 法制晚报. 双十二消费者兴趣降低, 电商1天40条短信"轰炸"顾客. http://news.hefei.cc/2014/1212/024760211.shtml. 2015-9-28访问.

[26] 谢新洲. 议程设置理论在互联网环境下的实证研究[J]. 中国记者, 2004(2).

[27] 毛敏轩. 网购话题的设置与传播[D]. 湖南大学硕士学位论文, 2013:12.

[28] 约瑟夫·派恩, 詹姆斯·吉尔默. 体验经济[M]. 夏业良, 鲁炜, 译. 北京：机械工业出版社, 2002.

[29] RTB专业知识. 477万次点击的背后：聚效广告双十一投放数据深度报告. http://www.rtbchina.com/juxiao-hardcore-insights-on-1111-ad-performance-data.html. 2015-9-30访问.

[30] 吴方圆. 互联网购物用户体验及信息传播机制研究[D]. 浙江大学硕士学位论文, 2014:71.

[31] 石井淳藏. 21世紀はブランドの時代[M]. //ブランドの考え方. IPRI 知的財産綜閣研究所編, 広瀬義州等著. 東京：（株）中央經濟社. 平成15年3月.

[32] 郭庆光. 传播学概论[M]. 北京：中国人民大学出版社, 1999.

[33] 黄栗. 媒介文化视野下的网络购物消费行为研究[D]. 重庆工商大学硕士学位论文, 2013:29.

（本文作者：马莺子）

北京地区时政类报刊微信公众平台的运行比较研究

摘　　要

　　北京作为中国的首都和政治文化中心，是国家媒体的聚集地。其中时政类报纸作为传统媒体，凭借北京独特的地理优势和便利的信息资源，新闻内容生产模式正在逐渐从传统媒体向新媒体转变。微信公众平台具有内容承载形式丰富、传播速度快、互动性强的特点，已成为时政类报纸向新媒体进行转变的"第一入口"，已成为国家发布政策方针，传递主流价值观，巩固主流舆论阵地的重要工具。

　　《人民日报》《中国青年报》《北京青年报》作为北京地区极具代表性的时政类报纸，也正在新媒体改革的浪潮中不断摸索和前进。基于"中央厨房"的建设正在逐步推进，微信公众平台发布内容也正以更加多元化的形式得以呈现。时政类新闻报纸微信公众平台正逐步将传递"中国好声音"延伸至新媒体领域。如何将中国执政党的政策声音从传统媒体延伸至新媒体领域，将政治优势转化为媒体优势，是网络时代给新闻从业者提出的又一新课题。

　　"人民日报""中国青年报""北京青年报"三个传统媒体微信公众平台的运行状况具有相似性和差异性。在国家时政类报纸建设"中央厨房"的大趋势下，微信公众平台的运行仍然出现如内容同质化、侵权以及队伍建设等问题。传统媒体在转型过程中应该充分依托母媒优势，变革新闻生产方式，更新新闻生产理念，切实推进微信公众平台未来发展。

　　关键词：微信公众平台；报纸运行状况；比较性研究

Abstract

Being the political and cultural capital, Beijing, is becoming a media gathering place.Current politics newspaper depending on geographical advantage and convenient information resources,are transforming in the new media content production model. WeChat public platform with content-rich form,spread fast,interactive features,has become the first entrance during transforming time and gradually become the CPC's important tool releasing national polices ,passing the mainstream values and consolidating the mainstream public opinion Position.

As the best representation of the current politics class of newspaper industry in Beijing, The People's Daily, China Youth Daily, the Beijing Youth Daily, are also exploring and moving forward continuously in this new media reform.Based on "central kitchen"model,the content of WeChat public platform has showed in the form of diversified. The current public platform plays a key role in new media field. How to turn the political advantages into the media advantages, is a new task for the party's news journalists in the network era.

This paper compares the operation situations which exists similarities and differences among The People's Daily, China Youth Daily, the Beijing Youth Daily WeChat public platform.This paper compares the operation situations which exists similarities and differences among The People's Daily, China Youth Daily, the Beijing Youth Daily WeChat public platform. there are problem, such as homogenization, infringement, and team building and other aspects under building the central kitchen" general trend .Traditional media should fully rely on the advantages of the host, change the way news production, update the news production concept, and effectively promote the future development of micro-public platform in the process of transformation.

Key words: WeChat public platform; Operation; Comparative research

目 录 CONTENTS

第一章 绪论 713
  1.1 课题研究背景 713
  1.2 研究目的及意义 719
  1.3 研究对象说明 720
  1.4 研究方法 722

第二章 北京地区机关报微信公众平台现状 723
  2.1 北京地区时政类报纸微信公众平台概况 723
  2.2 北京地区机关报微信公众平台用户分析 725

第三章 北京地区时政类报纸微信公众平台内容分析 733
  3.1 水平层面比较 733
  3.2 垂直层面比较 740

第四章 北京地区时政类报纸微信公众平台存在的问题 745
  4.1 内容同质化集中，平台运行成本高 745
  4.2 涉及媒体侵权行为 746
  4.3 互联网重构媒体格局，主流媒体竞争形式严峻 747
  4.4 复合型人才匮乏 748

第五章 时政类报纸公众微信平台运行的发展趋势 749
  5.1 加强原创内容生产，突出主流媒体声音 749
  5.2 加强平台间合作，再造采编发流程 750
  5.3 确立移动优先发展策略 750
  5.4 尝试多种新闻产品生产 752
  5.5 培养更专业的运营团队 754

参考文献 755

第一章 绪论

1.1 课题研究背景

人类社会已经进入网络时代，在中国网络社会也已初步生成。互联网的发展带来生产力又一次质的飞跃，对经济、政治、文化、社会、生态等的发展都产生了相当深刻的影响，而且这种影响还在不断显现。这种状况对于执政党治国理政来说既是机遇也是挑战，关键看怎么应对。对于中国共产党来说，完善和发展中国特色社会主义制度、推进国家治理体系和治理能力现代化是全面深化改革的总目标。在不同历史时期，在不同经济、政治、文化和社会条件下，国家治理体系和治理方式必定存在差异。推进国家治理现代化，必须科学把握网络时代的机遇和挑战，切实提高适应与驾驭网络社会的能力。[①]

国家治理是指国家处理经济、政治、文化、社会和生态等领域公共事务的行为。国家治理体系主要指参与这些公共事务处理的各方面主体之间的制度化关系及其运行机制，国家治理能力则是基于国家治理体系与治理手段而形成的处理公共事务的能力。随着网络技术不断发展，网络对于公众舆论的影响力不断提高。时政类媒体作为中国共产党引导和控制公众舆论的"新闻发言人"，对国家治理，提高国家话语权，维护国家和政府形象等方面具有重要的喉舌作用。在新的时代条件下，中国共产党党媒和团委等时政类媒体应该与时俱进，利用网络媒体和工具，在国家治理体系中占据重要位置。进入网络时代后，国家治理就必须适应网络社会的发展。只有适应网络社会的发展，国家治理才能有效，执政党的执政地位才能牢固。

作为时政类媒体，以"两微一端"（微信、微博、客户端）为主体的新媒体传播工具，快速并有效地进驻网络环境，赢得了主流媒体在网络时代的话语权，为把握时代脉络，引领主流声音，控制舆论导向赢得先机。微信公众平台作为"两微一端"中的重要构成，具有时效性强、传播范围广的特点。近年来，微信公众平台已成为公众获取新闻资讯的第二大传播平台。主流媒体在微信公众平台上的发声，是推进国家治理体系建设，及时适应治理能力的体现，是网络时代对主流

---

① 李冉．网络时代更应重视执政党形象建设（顺势而为）[N]．人民日报，2017.01.08.(05)．

媒体提出的必然要求。

改革开放以来，中国共产党作为执政党在推进国家治理现代化过程中，实际上经历了两方面转型。一是社会主义市场经济体制建立所带来的基于制度创新而形成的社会转型，这一转型使现代市场、现代社会开始生成，由此也促进了执政党与国家的发展。二是网络社会生成所带来的基于技术创新而形成的社会转型，这一转型使人们的交往方式与生存状态，使现代市场、现代社会的运行方式都发生了重大变化，由此要求执政党与国家也必须做出相应调整。这两方面转型，虽然从时间上看存在相继性，但从结果来看则具有叠加性，而且网络社会生成是更不可预知的变量。

另外，时政类报纸的特殊性在于其是中国共产党和中国共青团新闻舆论的重要阵地，是人民群众、青少年思想政治引领的重要依托，更是党的新闻舆论工作的重要组成部分。网络时代新媒体的快速发展对整个媒体格局产生重大的变化，传统媒体必须找到逐渐缺失的话语权，对于宣传中国共产党的方针政策，推动全党、全团工作的开展，树立正确的价值观，增强中国共产党和共青团的影响力有着不可替代的作用和义不容辞的责任。在新媒体改革的大潮中，中国共产党和共青团属媒体进行理念、内容、体裁、形式、方法、手段、业态、体制、机制的创新，增强新闻报道的时效性，让内容生产和传播渠道同步发力，借助新媒体传播的优势推动融合发展，为构建舆论引导新格局，发挥国家管控能力新方向，起到主流媒体的作用而努力。

适应网络社会发展推进国家治理现代化，不仅仅是单纯技术层面的问题，而且已经关系到党治国理政的全局，也关系到中国共产党、中国共青团团组织的建设。

1.1.1 我国媒介融合现状概述

（1）宏观层面——媒介融合背景

国内对于"媒体融合"的研究受到学界和业界的广泛关注，作为中国共产党党、团属媒体，时政类报纸在我国提出传统媒体和新型媒体融合发展的大环境下，也在探寻一条媒体融合之路。

截止到2017年1月1日，在中国知网数据库中以"媒体融合"为"关键词"进行搜索，通过梳理近十年的媒体融合相关研究文献的数量情况的统计，呈现出以下数据，如图1.1所示。近十年的数量依次为：2016年2272篇，2015年2567篇，2014年1639篇，2013年1121篇，2012年1178篇，2011年1017篇，2010年848篇，2009年498篇，2008年248篇，2007年181篇。从文献的数量

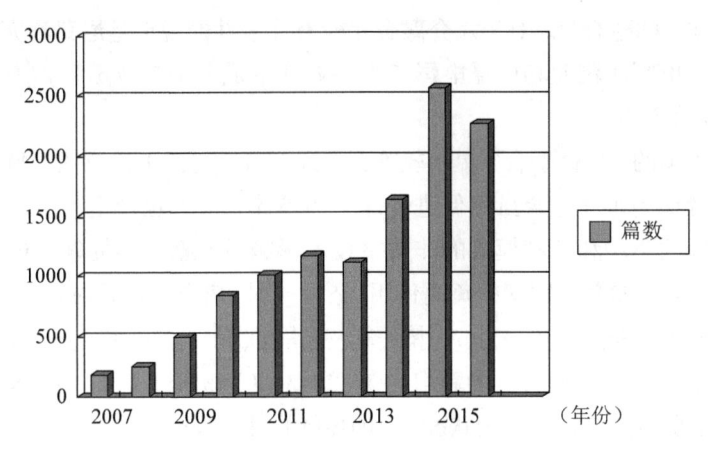

图 1.1　中国知网以"媒体融合"为关键词搜索文献走势图

上不难看出，我国近十年来对于"媒体融合"研究呈现出逐年增长的趋势。2014年被称为"中国媒体元年"，又由于 2014 年 8 月 18 日《关于推动传统媒体和新兴媒体融合发展的指导意见》的发布促使相关文献在 2014—2015 年，呈现急速增长。2016 年数据有小幅回落，但依旧保持在 2200+ 的水平，由此可见，自 2014 年以来，"媒体融合"问题已经成为研究热点。

国内对媒介融合的研究始于 2005 年，蔡雯在《媒介融合前景下的新闻传播变革——试论"融合新闻"及其挑战》中援引美国新闻学会媒介研究中心主任 Andrew Nachison 的定义，将媒介融合解释为"印刷的、音频的、互动性数字媒体组织之间的战略的、操作的、文化的联盟"。[①] 其实早在 1999 年，崔保国在《技术创新与媒介变革》一文中已经开始使用西方提出的"媒介融合"这一概念。此外一些学者结合媒体融合的具体时间，针对具体传统媒体比如报纸、学术期刊、图书等如何实现媒体融合阐述了自我观点。还有一些是结合人才培养时代特征等相关问题提出的研究。

而国外对于媒介融合的起步始于 20 世纪 70 年代，远远早于中国，同时，由于国外报业与新媒体成熟较早，对于媒介融合的理论也更加成熟。其中，约翰·帕夫利克认为媒介融合不单影响媒体秩序，且为多媒体的产品发展提供了基础，使得所有媒介向电子化和数字化形式发展[②]。道尔认为媒介融合主要是电子通信技术

---

① 蔡雯. 媒介融合前景下的新闻传播变革——试论"融合新闻"及其挑战 [J]. 国际新闻界，2006(05):32.
② 约翰·帕夫利克. 新媒体技术——文化与商业前景 [M]. 北京：清华大学出版社，2005:26.

和计算机技术的融合①。对于媒介融合比较有代表性的观点是尼葛洛庞帝，他将计算机工作、出版印刷业和广播电影三大产业演示成一个产业历程，为"各种媒介技术和形式的汇集"。②

鉴于中国的"媒体融合"提出较晚，导致在融合之路上的成功案例乏善可陈。有部分学者认为媒介融合虽然促进传媒业的整体发展，也产生了负面影响，在受到商业利润的驱动和盈利模式的非数字技术影响后，新闻传播领域内专业培训、人才培养及职业素养等因素的负面作用强烈。同时，媒介融合后内容产生的同质化，甚至会消解各媒介间的竞争力。③李良荣、张华在《从"小新闻"走向"大传播"——新闻传播学学科建设和科研的新取向》（2013.08）解释了当前"技术层面融合速度快，其他要素融合速度慢的状况"，即传统媒体在媒介融合中有"连接"上的短板，所以新媒体更具备创造新内容的潜力。④

而这也恰恰印证了时政类报纸等传统媒体在应用微信公众平台时，无法完美使内容与技术相融合，在实际操作中呈现技术人才缺失，在平衡内容与技术价值时出现失误。由此，王之月、彭兰在《纸媒转型的移动化尝试——〈纽约时报〉新闻客户端 NYT Now 的探索与启示》（2014.06）以《纽约时报》网站内容为基础的移动新闻客户端 APP 为研究对象，提出了其他报纸媒体转型应借鉴的策略。媒介融合并不是简单地将报纸内容移植到网站和移动终端上，产品开发的规划建立在掌握和熟悉终端特点的基础上。⑤

（2）微观层面——纸媒微信公众平台研究背景

在纸媒探求"媒介融合"的大环境下，以时政类报纸为代表的纸媒，以微信公众平台为切入口，寻求纸媒在融合道路上的成功路径。

国内学者对于纸质媒体微信公众平台的运行集中在以下三类。一是以目前纸媒运用微信公众平台的现状、未来发展趋势分析为主。杨永敏认为，"比起传统纸媒，微信在传播特性上有自身的优势，作为内容生产的纸媒，也在追求增强自身的影响。

---

① Doyle. G.. Media ownership: The economics and politics of convergence and concentration in the UK and European media, London: SAGOE publications.2002.

② 托马斯·鲍德温等. 大汇流：整合媒介、信息与传播 [M]. 北京：华夏出版社，2000.

③ 李良荣. 当代西方新闻媒体 [M]. 上海：复旦大学出版社，2003.

④ 李良荣，张华. 从"小新闻"走向"大传播"——新闻传播学学科建设和科研的新取向 [J]. 现代传播：中国传媒大学学报，2013(8):34-38.

⑤ 王之月，彭兰. 纸媒转型的移动化尝试——《纽约时报》新闻客户端 NYT Now 的探索与启示 [J]. 新闻界，2014(23).

实现信息传播的覆盖面和效果的最大化。"①二是对纸媒运用微信公众平台的传播影响和功能分析。黄璀、史晓然在《信息的优化与增值：纸媒微信公众号的发展策略浅析》中则认为，纸媒在运营微信公众号时，不能简单地"照搬照抄"，"要融入新媒体的生态圈子，从内容上下功夫，实现传播内容的优化和增值"。②而作为微信最基本的社交功能，在纸媒运行公众号时也需要进行结合，"微信的社交功能使用户产生媒介依赖性，社会化媒介让人在碎片化传播和自由分享的过程中获得丰富的媒介体验"。对于纸媒官方微信而言，李小华、易洋认为"内容需求和社会身份诉求的满足是促使微信用户订阅的主要动力"③。三是传统媒体使用微信公众平台的问题和策略，陈海波认为纸媒微信公众平台形成的"社交圈"进行的交换更多层面上是"类间交换"，也就是以一种资源换取另一种资源。纸媒的官方微信在进行营销推广时，要善于与社会系统进行互动发展和深度合作，追求共赢局面。④范玲则认为，纸媒在运行过程中微信公众号自身平台带有的推送信息的条数限制并没有改变传统的根本劣势，即时性受到影响。⑤

总的来说，国内学者在媒介融合为背景下，对微信公众平台的现状、策略总结较具体，关于微信、微博对新闻传播的影响是研究基础。基于此，微信已成为信息传播的新途径和重要的传播渠道。

截至 2017 年 1 月 5 日，以"机关报、微信"为关键词进行搜索，结果显示近五年内的篇数不是很多，依次为 2016 年 535 篇，2015 年 768 篇，2014 年 557 篇，2013 年 195 篇，2012 年 18 篇。从内容层面来看，大致可分为三类：一是在新媒体环境下，对机关报的角色、语境、形象的研究；二是新媒体环境下的传播模式研究；三是机关报的发展策略研究。由此无法直接看出学界对于机关报的微信公众平台运行机制的研究现状，只能从大环境下总体把控机关报对新媒体时代的态度和发展策略。以"时政类 微信"为关键词进行搜索，2013 年仅为 1 篇，2014 年 4 篇，2015 年 8 篇，2016 年 16 篇，2017 年 1 篇，相关文献总数极少。

基于此，再次分别以"人民日报、微信""中国青年报、微信"等为关键词搜索，搜索结果大致与上述内容相似，区别在于，文献多以新闻传播学的角度，从议程设置、传播效果、运营策略出发，结合具体个案进行观点阐述；比较性研究属于不同媒介间的比较，例如《微信公众号"央视新闻"和"人民日报"对比分

---

① 杨永敏.浅谈纸媒微信公共账号的运营[N].佳木斯教育学报，2013(09).
② 黄璀，史晓然.信息的优化与增值：纸媒微信公众号的发展策略浅析[J].新闻研究导刊，2016.1.25.
③ 李小华，易洋.基于用户调查的纸媒官方微信传播效果实证分析[J].中国出版，2014.4.23.
④ 陈海波.融媒时代纸媒微信公众平台的发展策略[J].新闻前哨，2015.1.15.
⑤ 范玲.当前纸媒微信公众号运营的突出问题与策略建议[J].中国记者，2016.6.1.

析》《政务微博与政务微信的比较研究》等,但对于同一地区的同类媒介同类属性的微信公众号比较性研究十分缺乏。

1.1.2 微信公众平台发展现状概述

微信自 2010 年 11 月启动以来,经历了三个不同的阶段:原生阶段、开放阶段、生态阶段。从起初仅为简单的社交工具,演变为具有连接人与人、人与服务、人与商业的平台。随着微信公众平台使用率越来越高,对于用户的价值就会越来越大。微信作为社交工具已经成为生活的必需品,通过"网络效应"建立使用者之间的网络联系,达到价值激增的目的。而这种平台商业模式利用网络效应在持续爆发和增强竞争力,发挥更大的效用。从 2013 年的 1.9 亿用户上升到 2015 年的 6.5 亿用户,微信用户逐年增长,愈来愈大。根据中国信息通信研究院产业与规划研究所与企鹅智库联合发布的《2016 年"微信"影响力报告》调查的近 45000 名网民中,近九成的用户会使用微信,半数用户每天使用微信一小时。拥有 200 位以上的好友的微信用户占比最高,并且有 61.4% 的用户每次打开微信必刷"朋友圈"。[1] 通过朋友圈的分享,反映出社交网络已成为公众获取新闻的第二大渠道,其渗透率超过了电脑和电视。

2012 年 7 月微信公众平台功能上线。用户在微信公众平台获取资讯的比例高达 74.2%。其中,关注微信公众账号成为获取资讯重要途径。在调查的样本中,近 48.8% 的用户会把有价值的信息转发到微信社交圈。微信公众平台与社交功能之间的互动性,成为用户获取和传播信息的主要行为。

值得关注的是,调查中,了解政务信息成为了"用户关注微信公众平台的主要目的"。近年来,越来越多的政务机构、传统媒体加快了回归新媒体的脚步,利用新媒体成本低,便捷度高的优势,将政务信息、时政信息、重大事件等通过其进行发布。微信公众平台的建设成为传统媒体打开新媒体领域的重要切入口,希望能够在新媒体市场领域中夺得一席之地,一方面弥补传统媒体在信息传播上的不足,另一方面也充当了监测舆论场、便民生活的服务平台。同时也兼顾了政策评估、民意反馈的功能,使得传统媒体,尤其是时政类媒体对政府决策、新闻大事件进行及时传播和监控。对于把握舆情走势,发挥政府的服务效能都具有重大价值。

---

[1] 中国信息通信研究院产业与规划研究所与企鹅智库.2016 年"微信"影响力报告 [EB/OL]. http://tech.qq.com/a/20160321/007049.htm#p=4,2016.3.21.

1.2 研究目的及意义

（1）政治意义：党的十八届三中全会提出了推动媒体融合发展的重大任务，中央专门印发了《关于推动传统媒体和新兴媒体融合发展的指导意见》。习近平总书记多次就推动媒体融合发展做出深刻阐述，强调融合发展关键在融为一体、合而为一，要尽快从相"加"阶段迈向相"融"阶段，着力打造一批新型主流媒体。2017年1月5日中共中央政治局委员、中央书记处书记、中宣部部长刘奇葆同志在推进媒体深度融合工作座谈会上的讲话中提出了5个方面的要求：坚定不移推进媒体深度融合；确立移动媒体优先发展战略；突破采编发流程再造环节；抓好"中央厨房"建设这个龙头工程；强化全媒人才培养等。近年来国家陆续推出相关政策，为推进媒体深度融合进一步指明了方向。对于中国的网络社会的初步生成而言，网络信息技术已经深刻影响了整个社会的政治生态，及时适应网络技术的革新，对于明确国家治理领域，推动国家治理现代化建设具有十分重要的意义。新媒体时代的时政类报纸需要在了解网络的开放性、多元性、共享性的前提条件下，秉承国家意志、报社价值理念以及社会责任感，同时又需要借助微信公众平台更好地传播价值信息，以微信公众平台为切入口，推动媒体融合发展，巩固宣传思想文化阵地，壮大主流思想舆论。在掌握舆论主导权，发挥好时政类报纸的作用，同时提高中央机关报微信公众平台黏合度、扩大影响力，找寻发力点，是时政类报纸在运行微信公众平台时的重点和难点。

（2）学术意义：纵观报纸和微信的历程——从报纸决定建立微信公众平台，到报纸与微信公众平台共同发展，再到目前的融合发展，微信公众平台的成长还有非常大的空间。通过文献搜索，针对目前中央机关报的价值、历史地位、发展过程、舆论导向的论文较多，从个案的层面，论文在内容推送的层面、舆论引导层面分析较多。由于微信公众平台的发展，时政类报纸逐渐意识到需要与用户提高互动性，目前，以《人民日报》为代表的中央厨房模式正在逐步向各地主流媒体进行推广和完善，微信公众平台作为"中央厨房"中具体的媒体形态，如何在"中央厨房"的引导下，配合强大的功能，形成自我特色进行发展，同时能够反作用于"中央厨房"，为整个报社集团提供新媒体时代的特色采编机制，融合现代传媒理念，打造多媒体新闻产品，在学术领域仍然值得探讨。本文通过比较性研究对研究对象进行纵向和横向的比对，基于"中央厨房"模式，进一步对研究内容进行相关梳理，试图找出时政类报纸微信公众平台运行问题和未来发展趋势。

（3）应用价值：近年来，在系统集成、整合创新的科学指导下，构建网报融合的全媒体生态圈，已经成为纸质媒体共同的发展目标。中国正处于传统媒体向新媒体融合的趋势下，微信公众平台作为强大的新媒体工具，已经运用到了广播、电视、报纸、网络等各大媒体。在"中央厨房"的新闻生产模式中，借助微信公众平台等一系列的新媒体传播工具，与"中央厨房"互补互通，并且能够探索一条经济实用型的转型之路，打破媒体边界，并且让主流价值观通过移动平台"处处有声音，时时有声音"，是探讨其应用价值的关键所在。

微信公众平台已经运用到广播、电视、报纸、网络等各大媒体。微信公众平台后台不断革新的新技术与新模式、新产品的不断上线，让传统媒体运行微信公众平台时面临机遇和挑战。在融媒体时代，培养全能媒体人才，壮大主流媒体阵营，以融媒体的新闻，传递中国好声音，连接海内外，让用户能够通过移动端快捷、便利地接收新闻消息，移动传媒的使用，有利于执政党传播政策，实施民主监督，形成良好的社会风气，稳定社会环境，这也正是本课题研究的应用价值所在。

1.3 研究对象说明

因全国同类报纸涉及区域较多，故在此节对研究对象在地理区域上进行限定，并通过横向层面比较和纵向层面比较，分别对主体研究对象和比较研究对象进行进一步的限定和说明，为后期分析做好铺垫并增加其逻辑性和科学性。

1.3.1 地理区域说明

北京，作为中国的首都，是全国的政治中心、文化中心、国际交往中心、科技创新中心，是中国共产党中央委员会、中华人民共和国中央人民政府、人民代表大会的办公所在地。2015年8月23日，京津冀协同发展工作推动会议召开，就贯彻落实《京津冀协同发展规划纲要》提出明确要求、做出安排部署。

规划纲要明确，三省市定位分别为：北京市"全国政治中心、文化中心、国际交往中心、科技创新中心"；天津市"全国先进制造研发基地、北方国际航运核心区、金融创新运营示范区、改革开放先行区"；河北省"全国现代商贸物流重要基地、产业转型升级试验区、新型城镇化与城乡统筹示范区、京津冀生态环境支撑区"。

自此，北京作为政治文化中心的地位再次被凸显。而其中，"首都"成为北京的主要核心功能和所承担角色分化的特有功能，包括全国政治中心、文化中心、国际交往中心、科技创新中心再次在文件中被强调。四大功能与行政事业单位紧密相连，地理位置的优势凸显了中国共产党党报，中共中央媒体在首都层面上的重要作用。

中共中央媒体以北京地区为核心所产生的聚合反应，借助"首都"的信息流通性强的特点，时政类媒体在新闻传播和报道中对于重大事件报道的反应速率将比其他地区的媒体更加全面、及时、迅速。也更能发挥出中国共产党的喉舌作用的特质。以国家电视台中国中央电视台、国家通讯社新华社、中央党报《人民日报》为核心的三个国家媒体，占据了北京独有的政治、经济、文化资源，能够更迅速地对国家新闻大事件做出快速的反应。

综上所述，北京作为机关报、中央媒体的聚集地，在地理位置的选择上具有十分重要的优势和作用。

1.3.2 比较对象说明

《中国青年报》作为中国共产主义青年团中央机关报，是以中国各族青年和中国共产主义青年团及中国共产主义青年团团员和干部为主要对象的全国性综合日报。是中宣部直管的中央级大报。创刊于1951年4月27日，是当代中国有重大影响力的报纸之一。新媒体时代下的《中国青年报》与时俱进，推出了以"两微一端"为主体的新媒体矩阵。本文将以《中国青年报》为主要分析对象，结合实际经验，对《中国青年报》微信运行状况做分析。其中，将以《北京青年报》和《人民日报》为参照对比研究对象，对时政类微信公众号的运行状况做对比分析。

（1）水平比较对象说明

《北京青年报》创刊于1949年3月，是共青团北京市委机关报，也是北京地区最受欢迎的都市类报纸，《北京青年报》围绕社会抓焦点，使《北京青年报》引起强烈的社会反响，报纸的影响力日益扩大，其间三次停刊，三次复刊，1981年第三次复刊以来，进入稳步发展时期。最近十年，《北京青年报》在市委、市政府和市团委的领导下，敏锐地抓住了历史发展的机遇，以改革创新的作风，敢为人先的胆识，对市场经济条件下报业经营运作的新模式进行了有效探索，使事业发展取得了骄人的业绩，真正做到了社会效益与经济效益的双赢。《北京青年报》已有客户端。《北京青年报》微信公众平台以都市报为定位，形成关注社会万象的报纸风格。本文将以《北京青年报》微信公众平台为水平比较对象，与《中国青年报》微信公众平台进行比较。

（2）垂直比较对象说明

《人民日报》是中国共产党中央委员会机关报，毛泽东主席亲笔为《人民日报》题写报名。1948年6月15日《人民日报》在河北省邯郸市创刊，由《晋察冀日报》和晋冀鲁豫《人民日报》合并而成，为华北中央局机关报，同时担负中国共产党中央机关报职能。1949年3月15日，《人民日报》随中央机关迁入北平。1949年

8月1日，中共中央决定《人民日报》为中国共产党中央委员会机关报，并沿用1948年6月15日的期号。《人民日报》是中国第一大报，1992年被联合国教科文组织评为世界十大报纸之一。中共中央对《人民日报》高度重视，毛泽东、邓小平同志曾亲自为《人民日报》撰写和审改重要文章，江泽民、胡锦涛同志曾亲临《人民日报》考察并发表重要讲话。十八大以来，习近平等中央领导同志多次对《人民日报》宣传报道等工作做出重要指示，对提高传播力、影响力提出新的更高要求，对进一步办好《人民日报》提出殷切期望，为《人民日报》在新的历史起点上奋勇前进提供了强大动力。《人民日报》微信公众平台在行业同类报纸中影响力广泛，值得研究。本文将以《人民日报》微信公众平台为垂直比较对象，与《中国青年报》微信公众平台进行比较。

在比较过程中，如存在比较对象之间的交叉、重叠，本文会单独进行分析和说明。

1.4 研究方法

（1）文献分析法

通过大量、广泛的文献搜集，以核心文献为纲领，以高水准的核心观点为支撑，为本课题研究提供分析解读、归纳总结、逻辑演绎等具体的学术研究参考，以提供扎实系统的理论支撑。

（2）对比研究法

选取三个典型的时政类报微信公众平台进行水平比较分析，以《中国青年报》为核心，《人民日报》《北京青年报》微信公众号为比较对象，分别从水平层面（《中国青年报》与《北京青年报》）和垂直层面（《中国青年报》与《人民日报》）进行比较。从对比中探寻北京地区时政类报纸微信平台的运行优势和存在的问题，最终以北京地区时政类报纸微信公众平台的可持续发展为目的，为所存在问题提出解决路径，并尝试探寻适合机关报的发展趋势和策略。此方法贯穿整个文章当中。

（3）数据分析法

通过北京地区微信公众平台运行的数据分析和比对，对微信公众号的用户习惯、用户黏度、订阅数、点赞数、转发数，进行数据分析，数据来源于第一手或二手资料。以分析出目前机关报微信公众平台运行的状况，为后文提出问题和解决问题章节提供数据支撑。此方法集中体现在第二、第三章中。

第二章　北京地区机关报微信公众平台现状

2.1　北京地区时政类报纸微信公众平台概况

本节将分别从宏观方面和微观方面综合论述三个时政类微信公众平台的概况。宏观方面主要通过时政类报纸的微信公众平台影响力，微观方面主要通过用户特征分析运行总体概况。微信公众平台的影响力和微信公众平台用户行为会呈现一定的比例关系。本节将通过大量数据进行论证。

2.1.1　中共中央党报、中共中央机关报微信公众平台影响力分析[①]

微信传播指数作为评定微信公众平台影响力的量化指标，广泛运用于各类图文发布内容的社会媒体影响力排行榜单，在业界有着很高的可信度和权威性。微信传播指数，即 WCI 指数，英文名为 WeChat Communication index，由微信原始数据通过一系列复杂严谨的计算公式推导出来的标量数值，它是考虑各维度数据后得出的综合指标。通过阅读指数和点赞指数的比例来测算 WCI 指数。WCI 指数可以全面反映出微信公众号推送文章的传播度、覆盖度及公号的成熟度和影响力，从而反映出微信整体热度和公众号的发展走势。

《人民日报》的 WCI 指数，在整个新媒体指数榜单排行中持续名列首位。其影响力辐射各大同类报纸。以 2016 年 10 月—2017 年 2 月为时间段获取样本，《人民日报》WCI 指数都在 1580 点以上。《中国青年报》的 WCI 指数也相当高，达到 1000 点以上，但与《人民日报》相比，略显逊色。二者的指数相差约为 400 点左右。

如图 2.1 所示，WCI 指数的算法的关键数据为阅读指数和点赞指数，这两个指数的具体数据可以由微信平台的后台管理者直接看到。对于当日的文章的具体点赞数、阅读量，微信后台会有直观的数据反应。对于微信公众平台的管理者而言，可以评估出当日本篇文章的阅读效果。但对于文章的传播能力，由 WCI 的计算公式负责，必须借助第三方数据平台进行测算后进行评估。清博指数作为微信公众平台权威性的测算量化指标，为微信公众平台提供数据分析，同时被业界认可。

---

① 本节数据来源于清博指数官方网站。

WCI测算V12.0			
一级指标	二级指标	权重	标准化方法
阅读指数 （80%）	日均阅读数 R/d	40%	Ln(R/d+1)
	篇均阅读数 R/n	45%	Ln(R/n+1)
	最高阅读数 Rmax	15%	Ln(Rmax+1)
点赞指数 （20%）	日均点赞数 Z/d	40%	Ln(10*Z/d+1)
	篇均点赞数 Z/n	45%	Ln(10*Z/n+1)
	最高点赞教 Zmax	15%	Ln(10*Zmax+1)

$$WCI = \left\{ \begin{array}{l} 80\% \times [40\% \times \ln(\frac{R}{d}+1) + 45\% \times \ln(\frac{R}{n}+1) + 15\% \times \ln(R_{max}+1)] \\ +20\% \times [40\% \times \ln(10*\frac{Z}{d}+1) + 45\% \times \ln(10*\frac{Z}{n}+1) + 15\% \times \ln(10*Z_{max}+1)] \end{array} \right\}^2 \times 10$$

图 2.1　WCI 计算公式[①]

WCI 的数据直观地对当日的数据进行反映。对鼓励账号提高单篇文章质量，合理把握推文数量，从数据层面对微信公众平台的后台运行效果提供参考，并为此提出要求。由此推动微信公众平台多做精品文章、少发"垃圾文"，以提高账号的整体传播力和影响力，这成为了 WCI 指数的一大初衷。

WCI 指数越高，说明影响力越大。以此数据为基准，说明《人民日报》和《中国青年报》微信公众平台在公众心中的影响力依然存在，并有一定的影响力。在清博指数的榜单中，报纸分类中，WCI 指数在 1000 点以上的报纸有近 48 名，占上榜总数的 19.2%。其中《人民日报》以 1500+ 的成绩长期占据魁首位置，与第二名相差近 300 点。《中国青年报》则总以 1100+ 的成绩在第十名的位置上上下浮动，竞争比较激烈（见图 2.2）。

[①] 其中，R 为评估时间段内所有文章（n）的阅读总数；Z 为评估时间段内所有文章（n）的点赞总数；d 为评估时间段所含天数（一般周取 7 天，月度取 30 天，年度取 365 天，其他自定义时间段以真实天数计算）；n 为评估时间段内账号所发文章数；Rmax 和 Zmax 为评估时间段内账号所发文章的最高阅读数和最高点赞数。

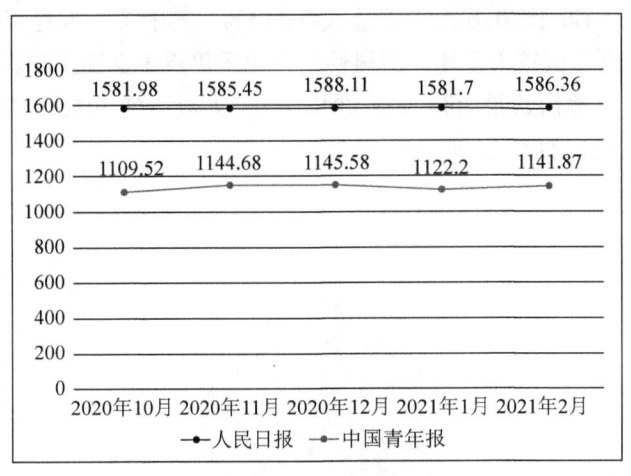

图 2.2 《人民日报》与《中国青年报》微信公众号 WCI 指数趋势图

2.1.2 北京市委时政类报纸微信公众平台影响力分析

《北京青年报》微信公众平台的影响力整体没有《中国青年报》和《人民日报》的影响力大。从数据来看，WCI 指数在 582.51，微信总排名在 19000 名以后。因清博指数的榜单只列举行业的前 250 名的微信公众号，并提供前 250 名的 5 个月的 WCI 的测算数据，对未入榜的媒体不做具体数据的分析，只提供平均数据。所以，在行业榜单报纸的分类当中，《北京青年报》并未进入前 250 名内。

由于地域影响，《北京青年报》这样的时政类报纸的辐射范围和影响力受限，同类优秀的公众平台在北京地区数量多，地方与首都地区相比竞争激烈，造成发展不均衡，差距较大的问题。同时，低 WCI 指数也表明，《北京青年报》所选择的选题、内容采写、素材选用、平台推广可能也有相关的问题。

2.2 北京地区机关报微信公众平台用户分析[①]

本节将以《中国青年报》《人民日报》《北京青年报》微信公众平台为例，通过第三方大数据分析平台获取专业评测数据进行分析和对比，用户的基本信息、阅读习惯、阅读偏好等方面，分析同类公众平台用户行为不同。

2.2.1 用户基本信息分析

《中国青年报》微信公众平台的后台粉丝数总计 155 万人，其中活跃粉丝数

---

① 本节中所引用数据均来源于微信西瓜数据平台。

量 696920 人，趋近于 70 万人，占总人数的 5%。其中《中国青年报》微信公众平台的订阅性别比例较为平均。但男性用户比重仍重于女性用户。男性用户达到 395711 人，占总体活跃粉丝数的 56.78%；女性人数达到 301208 人，占总体活跃粉丝数的 43.22%，如图 2.3 所示。

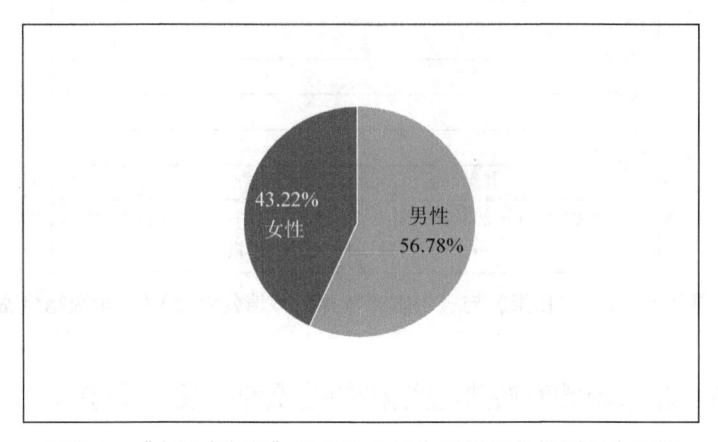

图 2.3 《中国青年报》微信公众平台活跃粉丝性别用户比例

《中国青年报》的订阅用户普遍比较年轻，如图 2.4 所示。《中国青年报》微信公众平台的订阅用户普遍集中于 18～34 岁。其中在订阅的活跃粉丝数中，青年群体占比最大，18～24 岁的占比为 24.56%，25～29 岁占比 25.05%，两个年龄段所占的总体比例趋近总体比例的一半，成为《中国青年报》微信公众平台订阅用户的主要人群。30～34 岁占比 23.66%，35～39 岁占比 9.77%，40 岁以上占比 11.85%。

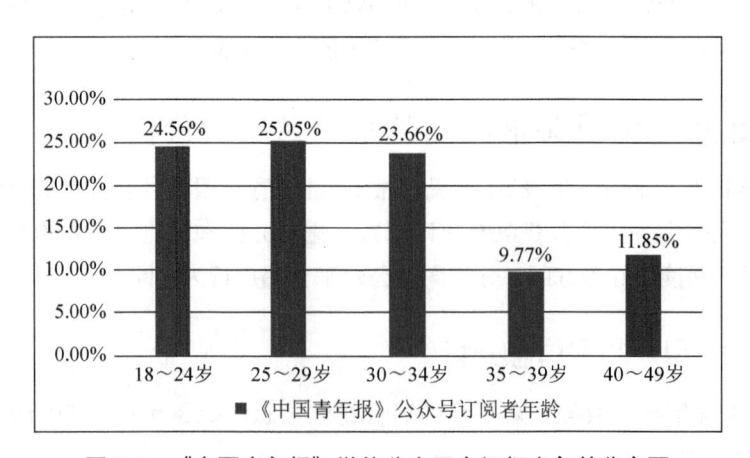

图 2.4 《中国青年报》微信公众平台订阅者年龄分布图

《人民日报》微信公众平台的后台活跃粉丝数量6329255人，大约为650万人。其中粉丝性别比例与《中国青年报》微信公众平台的订阅性别比例差别不大，同样也是男性用户高于女性用户。男性用户达到4350730人，占总体活跃粉丝数的68.74%；女性人数达到1978525人，占总体活跃粉丝数的31.26%，如图2.5所示。

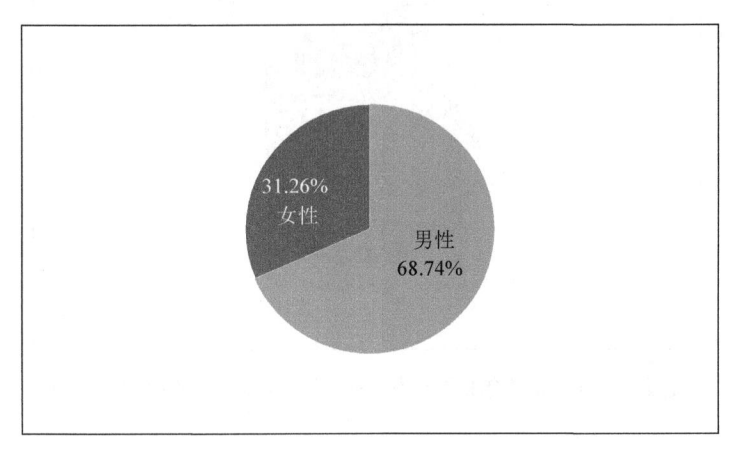

图2.5 《人民日报》微信公众平台活跃粉丝性别用户比例

《人民日报》的用户年龄段分层与《中国青年报》大致类似，个别年龄段有所区别，如图2.6所示。在其活跃粉丝数中25～29岁占比为29.48%，18～24岁占比为25.72%，而30～34岁占比为18.61%。由此可见，青年群体依旧是《人民日报》微信公众平台订阅用户的主力军，但更多集中于25～29岁年龄段。

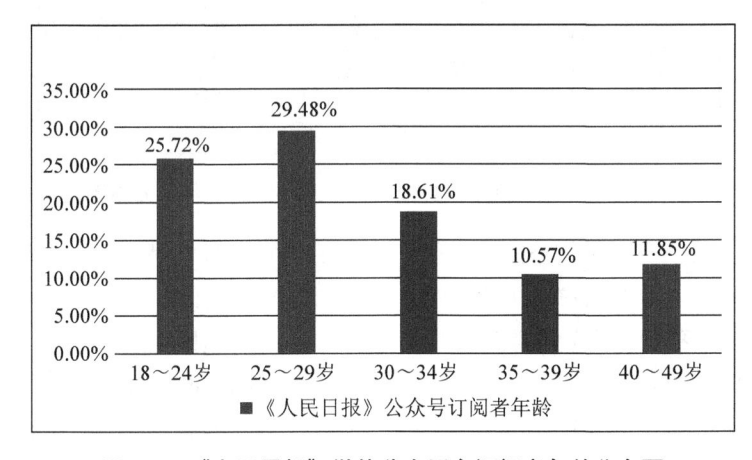

图2.6 《人民日报》微信公众平台订阅者年龄分布图

作为北京地区具有本地特色的市级团委报纸，《北京青年报》微信公众平台的用户性别比例和年龄分层与其他两者大同小异。男性用户为64.64%，女性为35.36%。年龄分层中，25～29岁的用户更加突出，高达38.82%。如图2.7和图2.8所示。

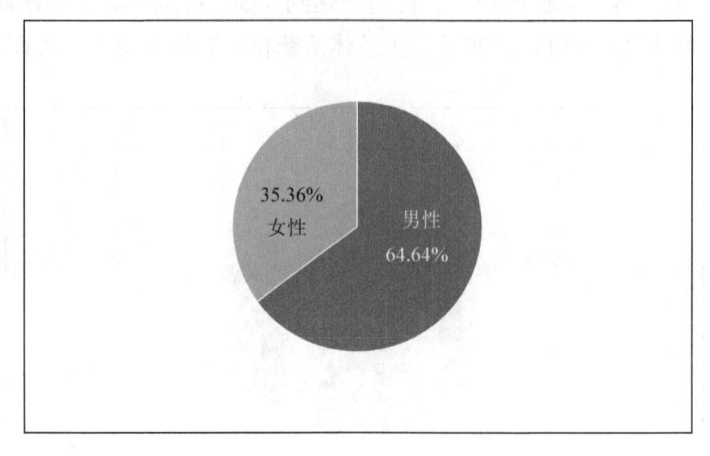

图2.7 《北京青年报》微信公众平台活跃粉丝性别用户比例

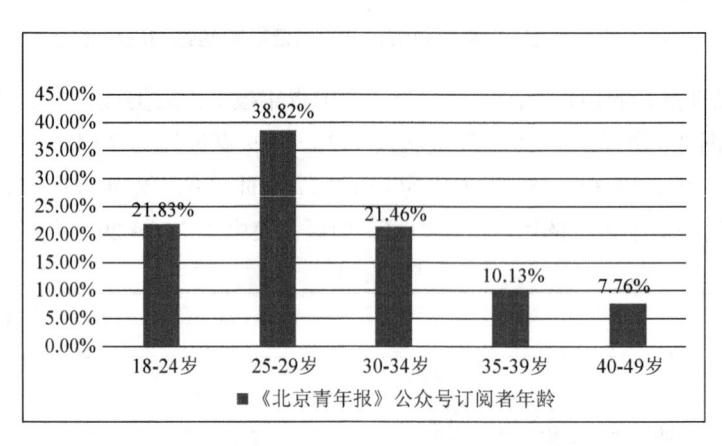

图2.8 《北京青年报》微信公众平台订阅者年龄分布图

由以上三个报纸微信公众平台所列所有用户的分析可得：第一，时政类报纸微信公众平台，男性用户对于获取消息、新闻等资讯类的需求远远高于女性。资讯选择在公众平台作为发布渠道更为方便，男性用户选择在微信中获得新闻已经成为男性用户的习惯性体验。第二，微信的受众群体依旧年轻化。年轻人使用微信的频率远远高于中老年。像《人民日报》具有中共中央党报性质的报纸，也以年轻人居多。年轻人更易接受微信作为获取信息和社交的工具，习惯使用微信可能是主要原因。第三，中老年群体使用微信的频率和范围并不广，原因可能与不熟悉微信使用有关。但中老年群体可能会成为微信公众平台巨大的潜在阅读群体，可挖掘性很高。

粉丝量的基数对上节提到的WCI指数会有一定的影响。粉丝基数越大，相对的阅读量和点赞数就越多，WCI指数可能越高。

2.2.2 用户阅读率分析

以本文研究对象所推送的头条消息为例，《中国青年报》微信公众平台活跃粉丝数为696920人，头条24小时平均阅读量为50865，头条24小时平均点赞数为690，平均阅读率为7%。《人民日报》微信公众平台活跃粉丝用户为6329255人，头条24小时平均阅读量为100000，头条24小时平均点赞数为9584，平均阅读率为1%。《北京青年报》微信公众号活跃粉丝用户为52606人，头条24小时平均阅读量为5917，头条24小时平均点赞数为27，平均阅读率为11%。三个时政类公众平台头条消息阅读率如图2.9所示。

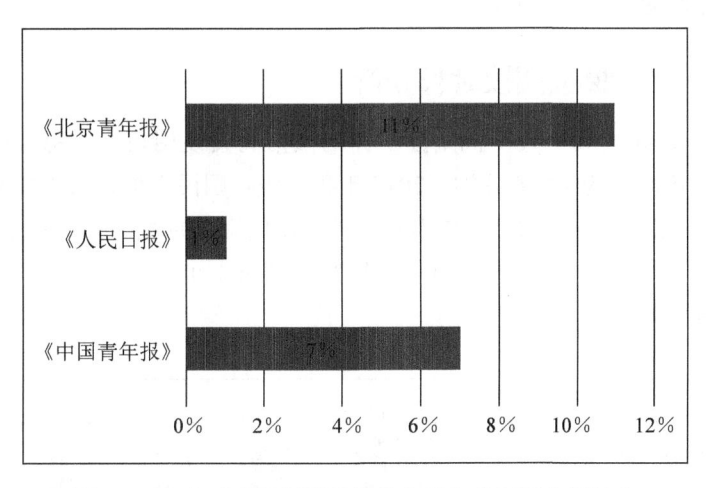

图2.9 三个时政类报纸微信公众平台头条消息阅读率

纸质媒体对于每期报纸的阅读人数占总人数的比率为阅读率，即AIR。互联网阅读时代，电子阅读、移动阅读成为适用于现代人生活获取信息更加便捷的渠道和形式。微信公众平台所推送的每日推文中的头条文章阅读率类似于纸质媒体中的AIR。在中国新闻出版研究院公布的第十三次全民国民阅读调查数据中，因受到数字化媒介的迅猛发展，我国成年国民包括在线阅读、手机阅读、电子阅读等在内的多种数字化阅读方式的接触率为64%，较2014年的58.1%上升了5.9个百分点。综合各媒介2015年我国成年国民包括书、报纸和数字出版物在内的各种媒介的阅读率为 79.6%，较 2014 年的 78.6% 上升了 1.0 个百分点。[①]

在使用微信的用户当中，每天有 94% 的用户会打开微信，其中 61% 每天打开微信的频率为 10 次，打开 30 次的微信用户为 36%，是微信重度用户。高频率的微信打开率与用户阅读率必然存在联系：用户最主要的信息获取源中，除新闻客户端 APP 之外，微信已成为第二大信息获取源，比例多达 40.4%。74.2% 的用户打开微信的主要需求是浏览资讯类消息，微信公众平台中推送的各类资讯、消息和文章已构成微信阅读的主要内容源，即分享资讯和消息，是建立微信公众平台的目的。

按照用户习惯，头条文章的点击率远远高于其他版序的文章。图 2.9 中《人民日报》的平均阅读率虽为 1%，但由于《人民日报》的粉丝量基数最广，活跃粉丝量基数最多，所以实际上头条文章的阅读辐射范围也较大。而《北京青年报》的阅读率虽然为三个报纸中最高，但由于粉丝基数小，活跃粉丝量偏少，相对而言，头条文章的阅读辐射范围也很小。所以，提高粉丝基数，增加活跃粉丝量，是提高阅读率的关键要素。但并非绝对评定标准。数量并不决定质量，平衡好点击率和阅读率之间的矛盾更为重要。

2.2.3 用户阅读阅读时长分析

2014 年，我国成年人手机阅读群体的微信阅读使用频率为每天两次，人均每天微信阅读时长为 40.98 分钟。2015 年我国成年国民人均每天手机阅读时长为 62.21 分钟，比 2014 年增加 28.39 分钟，国民微信阅读的时间首次超过 1 小时。

2016 年，超过半数的微信用户使用微信超过 1 小时，超过 2 小时的用户为 32%，如图 2.10 所示。

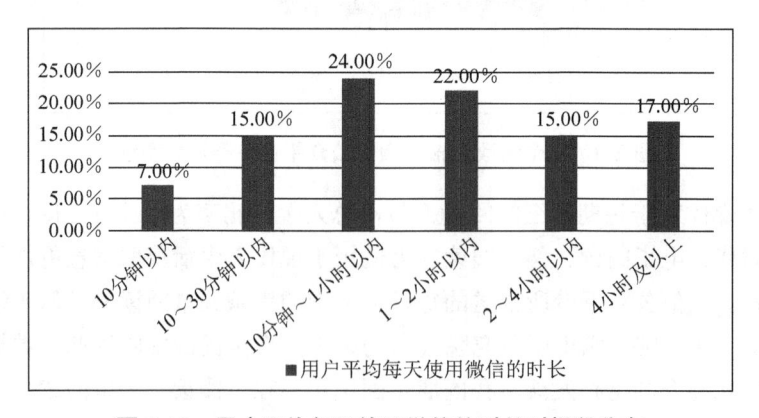

图 2.10　用户平均每天使用微信的时长时间段分布

---

① 杜羽，刘彬．第十三次全国国民阅读调查结果公布 [N]．光明日报，2016.4.19．

使用微信的时长和微信打开的频率都会形成一定的用户黏度。用户黏度越高，微信公众平台文章的阅读率就越高。

尽管通过上文的分析可知，用户使用微信高频的主要原因是在微信公众平台获取新闻资讯。对于单篇文章阅读时长的详细数据尚无法统计，但由以上数据可推断不同年龄层、不同学历，阅读喜好、推送内容等对于阅读文章时长都会产生影响。

阅读文章的时长也与文章内容的编辑素材多少，素材种类有关。微信公众号推文中现在所加载的素材形式种类繁多，除了常见的文字、图片外，还可能有视频、音频、动图等，其中，加载素材的网络环境（如加载速度）可能会对阅读时长有一定的影响。

美国 Byliner 网站所推出的 iPad 端的 APP 产品就可以根据用户目前拥有的阅读时间，来推荐可以在这个时间长度内阅读完的文章或是书籍。操作也十分便捷，根据 iPad 上的拖动条，前后拖动便可以选取你所有的阅读时长，选定后你就可以看见适合你阅读的内容。未来的微信公众平台通过微信的升级更新，希望也能够出现可以根据用户阅读时长的大致范围，结合微信点对点的传播模式，进行进一步的定制化服务的功能。但根据目前微信的特征，可以通过微信报告的公开数据，分析用户大致的阅读时长，对所推送的文章内容进行大致的判断后，在文章的字数的控制和素材的选用中，选择更符合用户定位的文章结构。按照微信后台运行者的经验，所有的素材加在一起文章的长度最好不要超过 5 屏[①]。

2.2.4　用户偏好分析

本节着重讨论粉丝容量较大的《中国青年报》和《人民日报》微信公众号，以此来分析得到用户偏好对建立微信公众号的影响。

这里的用户偏好指的是基于微信公众平台发布文章所获得的阅读量、点赞数等用户基本数据，通过进一步的数据挖掘和分析，分析用户（粉丝）所喜欢的文章类型，并根据用户喜好特征对用户推送相匹配的文章类型。《人民日报》的微信公众平台对前 100 篇的文章进行统计，政策、夜读、教育、亲情、突发事件等领域的话题较为集中。其中政策解读类的文章阅读量更为靠前。比如，多篇文章关于"反腐不是反职工福利"的话题，基本都保持在 5 万～ 10 万 + 的阅读量；排名第二的话题多涉及"青春""梦想""奋斗"，如《真正的成功，就是陪伴家人》

---

① 5 屏，指用户在阅读微信公众平台推送的文章时候，拇指由下而上滑动手机屏幕的次数不超过 5 次。

《这辈子，你误解了多少人？》等文章阅读量均在70万次左右；"中国形象"类别的文章也经常能够获得较多的阅读量，原因在于观点鲜明，传播迅速，能够引发用户的情感共鸣，激发阅读热情。《人民日报》社新媒体中心主任丁伟在统计《人民日报》公众平台所发布的关键词时，有关中国形象（84万次）、教育（80万次）、政策（73万次）、亲情（60万次）等类别的文章平均阅读量都保持在50万次以上。

《中国青年报》预计主要用户的年龄区间也是通过文章阅读量进行逐步试水得出的结论。从最初的通过报纸内容吸引到首批用户并大致确定为青年群体后，通过试水不同的文章类型得出用户的年龄分层。"只要是发布与高校相关的信息，就能获得不错的阅读量，而发布和育儿、汽车相关的内容，则阅读量惨淡。"[1] 所以由此获得结论《中国青年报》微信公众平台的受众人群年龄在18～30岁。如果有涉及时政类议题的报道，也会和青年群体尽量贴合，以符合这一群体的表达诉求。如两会报道是类似《总理工作报道中的十大青年红利》的文章，更能贴合青年群体的感受。

对用户偏好的分析能够更加具象化受众群分层，有利于更好地促进内容生产精分，吸引流量，对增长粉丝量、扩大阅读量有指导意义。

---

[1] 范占英. 媒体微信"涨粉"有妙招 掌握用户偏好熟知内容表达 [N]. 中国新闻出版广电报，2015.10.20.

第三章　北京地区时政类报纸微信公众平台内容分析

本文选取微信公众号《中国青年报》《北京青年报》《人民日报》作为研究对象进行对比研究。与前章不同的是，内容层面的水平和垂直层面的比较集中在内容的表现形式和价值导向方面。

3.1　水平层面比较

3.1.1　推送时间和次数

推送时间的不同与推送次数有密切的联系。在微信公众账号成立初期对微信推送的群发消息规则中规定：订阅号（认证用户、非认证用户），1天只能群发1条消息（每天0点更新，次数不会累加）。服务号（认证用户、非认证用户），1个月（按自然月）内可发送4条群发消息（每月月底0点更新，次数不会累加）。但认证为"具备媒体属性的企事业单位"具有推送3次消息的机会。但对新闻推送而言这样的次数还是相当稀有。

在2016年3月初，有媒体报道称"国字号"的部分新闻媒体可以增加微信公众平台的推送次数。最多可以一天推送5次。

由于次数的限制，新闻媒体机构的公众平台推送消息需要斟酌推送时间，以满足用户获取新闻消息的需要。

《中国青年报》每日推送时间为2次，每周一至周五早、晚各1次，按照当日新闻事件和素材等具体情况，每次推送5～7条消息不等，周六、日早各1次，每次推送3条消息不等。凡遇到重大会议、活动、事件时，《中国青年报》的推送时间将进行相应调整。如2017年两会期间，早上推送2次，下午推送2次，1次机动推送，时间随机（事实上，大部分被安排在晚间）。5次推送次数基本囊括全天各个时间段，并且紧贴两会热点，随热点事件生产新闻素材。

推送具体时间也会根据主要受众群体进行考量。《中国青年报》面对的主要是青年群体，更具体的是大学生群体。根据大学生在校的具体的作息时间、上课时间、下课时间进行大致评估后，把具体的推送时间进行考量。早间的推送定在

9:00—10:00，下午的推送在 18:00 左右。

《人民日报》的特殊性在于它的推送次数达到 10 次。[①] 最后稳定在一天推送 6 次。上午推送 2 次，中午推送 1 次，下午推送 2 次，晚间推送 1 次。与《中国青年报》不同的是，受众为更加细分的青年群体，所以，推送的时间段也更加细分。每日首次推送在早间 6:00 左右，第二次推送在 8:00—9:00，中午的推送在 12:00 左右，下午的推送在 16:00 左右，晚间在 22:00 左右。符合各类行业的微信使用者的上班时间。

《北京青年报》与《中国青年报》虽属性类似，但作为地方权威性的时政类报纸，没有"国字号"的标签，仅符合腾讯公众平台"具备媒体属性的企事业单位"的官方规定，推送次数为 3 次，且推送时间分别在早间 11:30—13:00；下午 17:00—17:30，晚间在 22:00—22:30。

3.1.2 涉及议题

根据微信的议题所涉及内容和内容的不同侧面，本文将所涉及议题分为 4 大类别。

新闻类：包括每日要闻、时政新闻、社会新闻、科教文卫等；

生活类：包括服务咨询、养生保健、政策解读、生活常识等；

休闲类：包括心灵鸡汤、笑话段子、书评影评、活动推广等；

其他类：以上类别中存在交叉或分类不明晰的类别单独列为其他。

微信议题设置会对受众产生改变对信息重要性的看法，并对首先推送的议题产生反应。在议题框架设置上，三家报纸都存在一定的差异性。

因三月份"两会"在北京召开，时间点存在特殊性，故本文选取 2017 年 3 月共 31 天的数据对《人民日报》进行了分析，《人民日报》共在 3 月发布 493 条推文，其中要闻推送 31 条，时政新闻 68 条，社会新闻 57 条，政策解读 34 条，健康养生 69 条，生活服务 92 条，其他 46 条，如图 3.1 所示。

《人民日报》在每日早间设置固定的【新闻早班车】栏目，对前一日凌晨发生的新闻大事件，以短消息的形式得以梳理和呈现。新闻类的议题共 156 条，其他的议题多涉及服务和休闲性质，共计 331 条，由此看来，《人民日报》的微信公众

[①] 《人民日报》时任云南分社社长因在 2014 年鲁甸地震发生时受腾讯邀请在云南腾冲开会。地震发生时首选微博进行消息发送而并非微信。腾讯副总急切询问为何不发微信，"微信只能发一次"。随后根据协调，又授权开放了单日可推送 10 次的特殊权限。相关链接：https://baijiahao.baidu.com/po/feed/share?wfr=spider&for=pc&context=%7B%22sourceFrom%22%3A%22bjh%22%2C%22nid%22%3A%22news_3251100012555395093%22%7D。

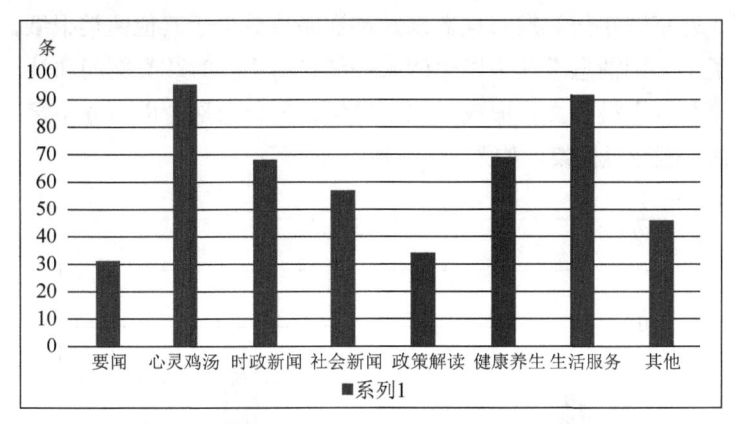

图 3.1　2017 年两会期间《人民日报》的议题设置分布

平台不同于《人民日报》的纸质版并非以推送时政类新闻报道为主，而是以服务型信息为主，这样的议题设置不仅符合微信的传播特点，并且更加贴近民生，体现了《人民日报》关注民生、改善民生、服务民生的初衷，真正能够感受到"《人民日报》为人民"，接地气的中共中央党报形象。在 3 月的推送文章当中，关于"两会"期间的报道仅为 46 条，由此更能够反映出，《人民日报》对于议题设置和引导公众兴趣点的初衷和作用。

《中国青年报》在 3 月期间的侧重点与《人民日报》不同。3 月《中国青年报》微信公众平台共发布 339 条推文，除鸡汤类的文章外，发布最多的议题为校园热点类，共计 67 条。如图 3.2 所示。本文将校园新闻（热点）在此单独列出，数据表明，《中国青年报》微信公众平台的议题设置紧密贴合受众定位。

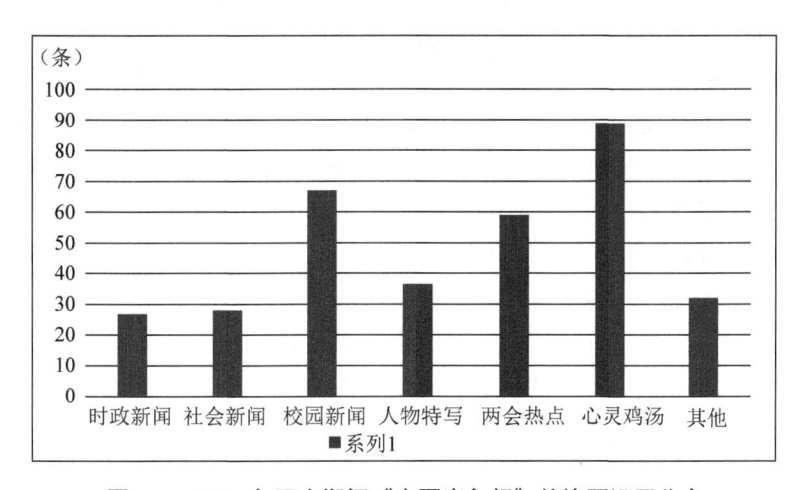

图 3.2　2017 年两会期间《中国青年报》的议题设置分布

由于《北京青年报》发布次数以及推送条目数少于其他两类报纸，故在3月份仅发布了147则消息。其中以生活服务信息为主，时政类新闻和社会类新闻为辅，添加【测试】类推文，形成《北京青年报》公众平台以服务小窍门为主，社会新闻为辅议题设置框架。如图3.3所示。

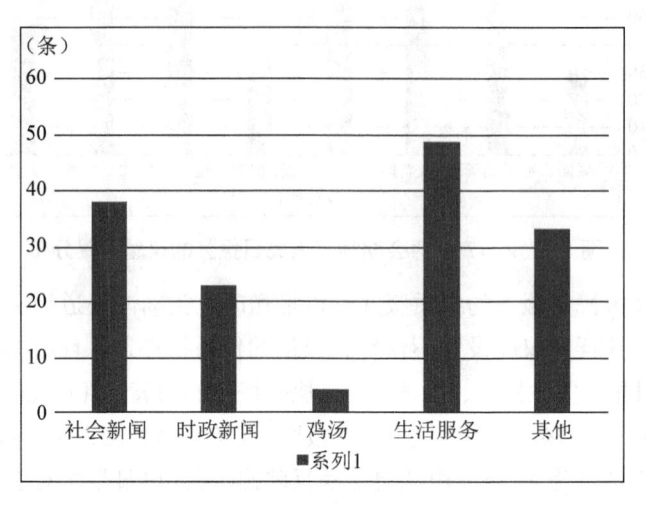

图3.3　2017年两会期间《北京青年报》的议题设置分布

3.1.3　图文编辑

微信公众平台对于推送的消息是把图像、文字、视频、音频以多媒体的形式聚合，立体化地进行消息的传递。但基于用户流量的考虑，微信后台对图文编辑时对所添加的视频和音频有所限制。所添加视频最多3个，所添加音频大小不能超过30M，时长不能超过30分钟。本文将图文编辑的形式归为四类：①图文结合；②图片+文字+链接；③图片+文字+音/视频；④纯图片。两会作为特殊的时间段，三个平台报纸对此进行了相对密集的报道，呈现形式丰富，表现风格多样。其中《人民日报》对于两会期间的推文共计46条，《中国青年报》共计49条，《北京青年报》为19条。

如图3.4所示，《人民日报》图文+音/视频的比重略大，占47.8%，其次为图文消息，占41.3%。两会期间，《人民日报》所选择素材中多以音频的方式插入推文，内容多为重要领导人或发言人会议原声重现。这样的图文编辑方式，最大限度地优化了图文传递信息速率，调动了用户的听觉系统，在丰富了图文素材形式的同时，又保护了用户的移动流量。

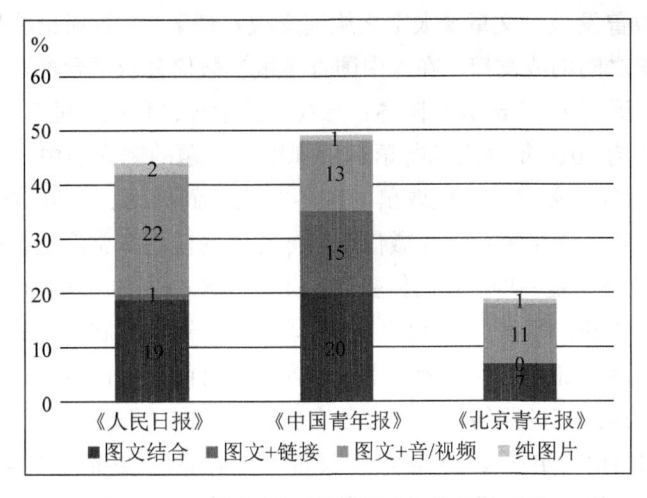

图 3.4 两会期间三个报纸图文编辑构成图

不同的是，《中国青年报》在两会期间采取的报道形式充分调动起"融媒小厨"的作用，采取多种方式进行消息的传播。"图文结合""图文+链接""图文+音/视频"的比例分别为 40.8%、30.6%、26.5%。分布较为平均。其中，图文结合形式中的图片经过了二次加工：图片并非单纯的配图型图片，而是把文字和图片结合，做成图片的形式放在推文中，再结合其他文字进行表述，或直接作为可视化数据进行呈现；图片+链接中"链接"多以点击图片跳转的方式链接到相应内容中去，链接的内容多以 H5 的方式呈现；与《人民日报》不同，"图片+音/视频"多以视频方式呈现，且多以会场画面，领导人发言为主。《北京青年报》也以视频为主，丰富报道的多样化。

3.1.4 标题语言

不同于传统纸媒新闻标题的制作，微信的新闻标题属于网络新闻标题的分支，是微信上推送消息时标题上所运用的语言，具有网络特征。由于生活节奏的加快，微信标题的制作所包含的信息量更大，标题长度更长，用户更能在有限的时间从标题中获得更多的信息。好的微信的新闻标题不但能够传递更多的信息，而且还承担着吸引阅读量、增加点击量的目的。本节将从微信新闻标题与报纸新闻标题上进行对比。

（1）新闻语言

标题的新闻性语言表达，服务于对事件的概括，是揭示新闻价值的重要手段。微信标题的新闻语言更加的活泼、时尚。网络化特征明显。如《中国青年报》的纸质版曾发表过文章《太空之旅演绎战友情》，文章谈论的是我国宇航员陈冬和景海鹏之间的战友情，在《中国青年报》微信公众平台推送这篇文章时将标题改为了《厉害了 Word 爸！陈冬：想我了就抬头，我在星星里》。"厉害了，word……"作为 2016 年网络流行语运用到微信标题的制作当中，增加了网络语体的特征，并结合文章内容提取出的陈冬对儿子们的话，加以结合，增添了感动、温暖的元素。网络流行语在微信新闻标题中的应用非常广泛，如"厉害了，word……"，"……是一种怎样的体验"，"心疼 XX 一分钟"等，成为微信新闻标题制作中不可或缺的元素。增加网络流行语可以拉近用户和文章的距离，产生阅读的兴趣，从而增加点击和阅读文章具体内容的可能性。但对于时政类报纸微信公众平台中要运用到的网络流行语必须有所甄别，在"贴近用户，有人情味，用草根话语、网络语言更符合用户的心理预期"[①]的同时，更要符合本报的核心价值观，能够通过网络流行语昭示本报对于事件的态度。

设置悬念也是微信新闻标题惯用的方法。例如：《中国青年报》曾推送过的文章《一本正经胡说八道的彩虹合唱团又出新歌了，这次竟然是……》《word 天！无印良品！吃过日本核污染食品的，这里有你想要的答案……》等，《人民日报》和《北京青年报》也相继使用过这样的标题形式，例如《手机号不用了你以为停机就行？看完吓出一身汗……》《想"假离婚"买房？难了！央行今日已出新规……》等，这样的标题设置没有把所报道的事件结果在标题中加以呈现，让用户自己去文章中寻找答案，也能起到点击阅读的作用。

对于引导注意力和激发用户情感共鸣，微信标题会通过带有强烈情感的词汇加感叹号的形式达到这一效果，以强调标题信息。如《人民日报》所推送过的文章中有《注意！这样用毛巾，细菌会增加一万倍》《怒了！2 岁女儿常受伤，爸爸装监控后，拍到震惊一幕……》；《中国青年报》所推送的文章《震惊！两大学生被同学刺死！杀人威胁为何没能及时干预……》《速看！这些专业危险了！近百高校 200 多个学位点将被重新评估》；《北京青年报》所推送的文章《汗毛直立！小伙健身时犯了这个错误，腿瞬间被压断！你也要当心》。

对于标题中渗透能够引发情感共鸣元素，知道如何表达用户的感受，才能引起受众群体的集体认同感。《人民日报》曾对国务院办公厅印发《关于做好 2015 年元旦春节期间有关工作的通知》一文在《人民日报》上一字未改地原文刊登，但微信上却转载了《人民日报》客户端曾经发表的评论，并成功地将难以解读的文件转化为与受众相关的内容，引起了大批基层干部的共鸣。所以情感共鸣对于

---

① 范占英. 媒体微信"涨粉"有妙招 掌握用户偏好熟知内容表达 [N]. 中国新闻出版广电报，2015.10.20.

公众平台订阅量的增加和阅读量的增加有重要意义。

（2）特殊语言

在推送消息的过程中，标点符号成为特殊语言重要的组成部分。其中"【】"的使用，作为提示语标签，对标题进行分类，以《人民日报》最为典型。《人民日报》近年来已将标签固定为：【提醒】、【健康】、【荐读】、【关注】、【实用】、【夜读】。其中"【】"的使用使用户在视觉上更加醒目，对标题的标签化，可以形成对用户的兴趣化引导，便于用户快速地挑选自己感兴趣的内容进行阅读。《北京青年报》也通过"【】"对标题进行了标签化处理，保留了【测试】、【热点】、【提醒】、【爆笑】、【脑洞】、【妙招】、【关注】、【奇闻】、【专访】、【姿势】、【热议】、【活动】、【资讯】、【提醒】、【盘点】、【聚焦】等标签，与《人民日报》类似，但《人民日报》的标签已形成每日固定模式，标签不变，《北京青年报》的标签会根据当日发生的事件和所发布的推文内容而进行调整。

"！""？""……"成为时政类报纸出现最多的三大标点。如《中国青年报》《博士生补助涨了！每人每年上涨 3000 元，硕士生呢？》《横空出世！雄安新区能给我们带来什么？》；《人民日报》的推送文章《好消息！最低工资标准又涨了！看看你家涨多少？》《大新闻！"习特会"来了》等。时政类报纸微信公众平台除此之外，很少使用其他特殊类型的标点符号，如"#""~""@""*"。对"！""？""……"的使用更符合三个时政类报纸微信公众平台的价值定位，既能用相对多样的符号语言表达出标题所蕴含感情色彩，又能够保证整个时政类报纸的严肃性和严谨性。

3.1.5 消息来源

本文所指的消息来源是微信公众平台所推送的文章出处。消息来源作为微信公众平台文章来源的重要标识，可对文章作者或机构进行保护的同时，也可区分出本平台原创文章和转载文章的总量，可作为分析用户偏好的参考测评指标。

以 2017 年 3 月为例，《人民日报》共推送文章 493 条，其中转载文章 347 条，占 70.4%；《中国青年报》共推送文章 339 条，其中转载文章为 161 条，占 47.2%；《北京青年报》共推送 147 条，其中转载文章为 75 条，占 51%。如图 3.5 所示。

消息来源在内容生产和选择中共有三类。（1）转载其他平台的文章。由于微信公众平台当中有不同的微信内容生产者，提供不同的内容素材，内容囊括新闻、评论、段子、心灵鸡汤等，转载其他平台的文章，有效地节约本平台运营者的时间，不必要大量地由编辑原创作品，同时也丰富了本平台的可读性。三个时政类

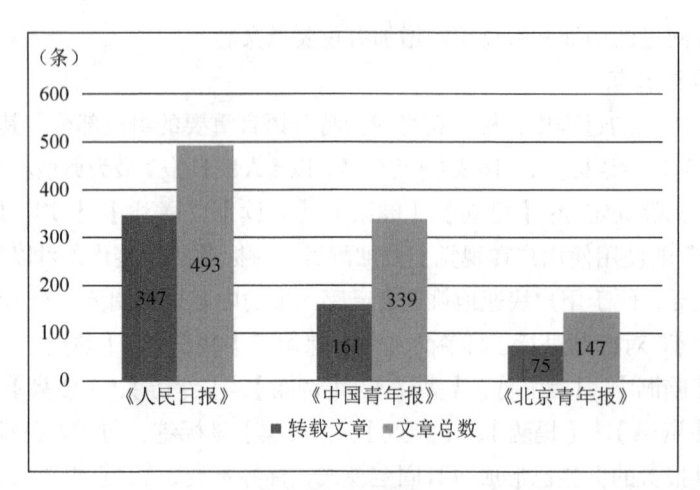

图 3.5　2017 年 3 月三个时政类报纸微信公众平台转载数与总数对照图

微信公众平台各自转载文章的数量几乎占据月推送文章总量的一半，说明转载其他平台的文章是其极其重要的来源之一。（2）由后台编辑自行进行综合编辑。此类消息来源属于微信后台编辑自行进行原创性内容生产，对新闻进行综合整理和编辑后，发布于微信公众平台。（3）来源于母报的消息选登。对各自平台相对应的纸质版内容进行选登。近年来网络媒体获取信息成为公众主要获取信息的来源，社交网络已经成为第二大新闻渠道。选登母报的新闻消息不但适应当今社会公众的阅读需求，还有利于保护和延伸母报经典栏目生命力。

消息来源对用户而言，关注度不高。用户更关注消息的内容与价值和与自己的相关度和需求程度。需求度越高，阅读量就越高。对于内容生产者而言，对消息来源的标注是对所转载文章的版权保护和对作者的尊重。也是对本平台编辑人员进行测评考核的一个标准——即原创文章和转载文章的数量比，将成为一些媒体机构对微信编辑人员的绩效考评体系中的一部分。

3.2　垂直层面比较

3.2.1　统一的价值观引导

《人民日报》作为中国共产党党报，是中国第一大报，被联合国教科文组织评为世界十大报纸之一，在全世界都具有广泛的影响力。《中国青年报》作为中国第一大中国共青团机关报，也是具有重大影响力的综合性日报，在中国青年群体中是重要的意见领袖。《北京青年报》作为共青团北京市委机关报，站在青年视角观察社会，反映时代潮流，是北京地区最受欢迎的都市类报纸。作为中国主流媒体，所引领的话语表达和精神宣传必须与中国主流价值观保持高度一致。要负责宣传中国共产党和政府的方针、政策，坚持正确的舆论导向，又要及时传播新闻、消息。建立符合作为中国共产党党报、团报的公信力和权威性，并且能够贴近民意，从群众中来，到群众中去。

中共中央党报、团报等时政类报纸建立微信公众平台，以轻松的服务类的生活小贴士、更加接地气的社会热点，带有活泼清新的语体风格，以亲民的方式报道了不同于纸质报纸上的新闻内容。微信公众平台的建立，使公众一改往日对中共中央党报、团报的刻板印象，在践行中国共产党对新闻战线工作者提出的"走基层、转作风、改文风"的要求中，微信公众平台让中国共产党党报、团报以更加亲民的姿态，贴近老百姓的语言，改变了中国共产党党报和团报的媒体形象，也更好地做到在群众间传递政策、舆论。

3.2.2 受众细分层面

在第二章中，本文已经分析了三个报纸各自的受众群体的年龄分层，以18—35岁的用户最多。但各大报纸对受众年龄的具体分层仍有精分。根据用户受众的不同，推送的内容将会由更加细分的受众来决定。

《人民日报》微信公众平台中的受众更多为年轻的上班族、普通的工薪阶层、媒体从业者等。所推送的内容包括政治、经济、文化，但更多以生活小贴士、政策解读等贴近老百姓生活方式的内容为主，环绕老百姓衣、食、住、行等各个层面。而当《人民日报》涉及新闻热点、社会热点时，将新闻进行软处理，并结合目标受众的兴趣领域，与读者产生多元化联系，让文章敢为百姓发声，既有温度，又有态度。更能赢得订阅用户的支持。这也是《人民日报》微信公众号坐拥1000万粉丝的原因。

《中国青年报》的目标群体以在校大学生为主，且以非985、211院校的学生居多。所以，《中国青年报》微信公众账号针对具体的用户需求，发布最多的资讯也是与校园、学生、考试、青年等这样的话题为主。语体上也有变化。前《中国青年报》官微运营室主任叶铁桥在微信公众平台上所遇到的时政类新闻进行语体上的变化，将"新华体"转化为"小清新"，舍弃了枯燥乏味生硬的表达风格，把夹叙夹议汇总转化为平易近人的口语化表达；选择以平视而非俯视或仰视的视角贴近新闻报道。这种结合受众群体做出的硬新闻的软化处理，在保证时政类新闻的严肃性的同时，又能将"趣味性"加以融合并控制在一定的范围内。既符合网络大众传播的语体风格，又能符合学生群体的阅读特征。

通过对《北京青年报》影响力、受众人群、议题设置的分析发现，《北京青年报》的文章的阅读量和粉丝数与其他两家报纸微信平台有明显差距。如图3.6所示，《北京青年报》公众平台对于自身的功能介绍是"北京地区最受欢迎的都市类报纸"，故推送的文章非常具有都市报特征。但根据之前的分析《北京青年报》找准用户需求，对于微信公众平台内容选材还是停留在传统报纸的制作思维中，"我做啥，你吃啥"的制作理念显然已经不能满足公众的喜好。有意贴近"都市报"特征，把这种意识强加在用户之上而不顾及用户真正的需求，会丧失用户的关注度。学会"量体裁衣"，找准更加细分的用户定位，是《北京青年报》微信公众平台当下最重要的课题。

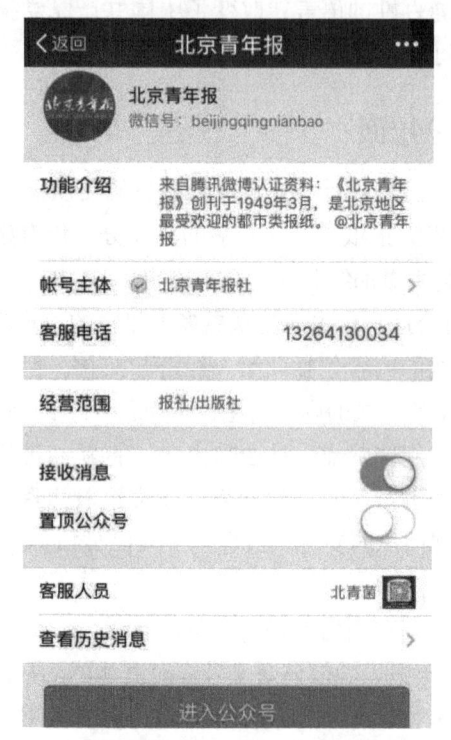

图3.6 《北京青年报》微信公众号微信封面图

3.2.3 品牌活动打造自我特色

品牌活动的打造对于提高用户黏性，培养用户忠诚度，有至关重要的作用。《中国青年报》在对于如何运用品牌活动提高用户黏性方面有丰富的经验。

2016年8月，《中国青年报》启动"2016寻找全国大学生百强暑期实践团队"活动，联合全国数百所高校评选出全国最具个性和活力大学生暑期实践团队。从活动开始到评选结果出炉，历经近5个月的时间，共有300所高校，1000余支团队参与了本次活动。其中微信投票环节作为评选阶段的部分分数占比纳入总分考核范围，投票从2016年8月起至2016年10月止。

活动微信投票将在官方微信公众平台上进行。微信投票是大众参与投票的唯一渠道，也是与《中国青年报》官方微信产生互动的唯一方式。在一定程度上，团队活动与微信平台间的互动会增加新的流量，产生新的用户订阅，提升粉丝量。

如图3.7所示，8—9月为活动前期宣传，粉丝增长量相对缓慢，9—10月，粉丝量的爆发式增长，说明活动宣传效果良好，参与度良好。在活动后期，出现些许下滑，但总体呈现了上升趋势。截至12月，粉丝量为153万人，与8月相比增加62万人的粉丝数。

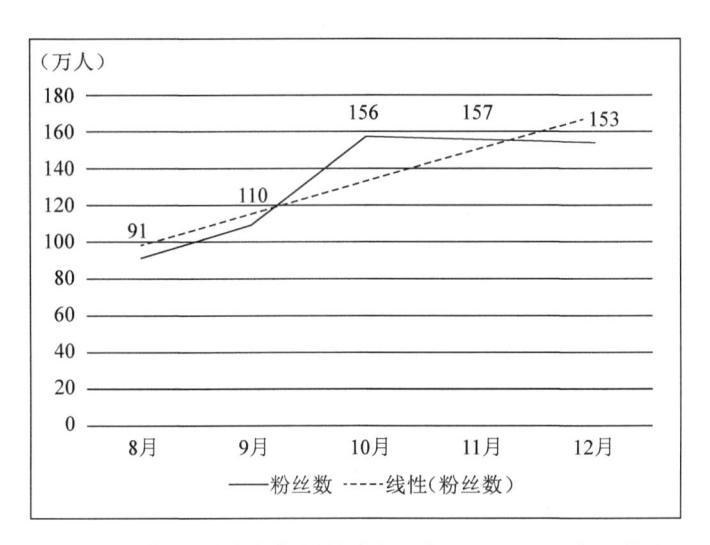

图3.7 《中国青年报》微信公众平台8—12月用户粉丝数

关注官方微信平台是参与投票的唯一认证方式，所以关注即带来流量。当活动结束前，投票需求会有爆发式的增长，所以同时订阅量也会急剧上升。活动结束后，有一部分的用户将随投票需求的消失而取消对官方微信平台的订阅，随即会出现粉丝下滑的现象，但下滑趋势较为缓和。

总体而言，品牌活动与微信公众平台新用户粉丝数之间总体呈现增长趋势，但随活动热度的减退会出现缓慢下降的态势。原因在于以下几方面。

（1）吸纳的新用户因投票需求关注微信平台后，发现平台所推送内容比较符合自身的兴趣喜好，从而持续关注。

（2）新用户纯粹以投票为目的，投票后立即取消关注。

（3）对于投票而关注的新用户，在关注一段时间后因对推送内容失去兴趣而取消关注。

对于以微信运行为主的新媒体工作人员而言，微信的粉丝数与文章的阅读量、点赞数、WCI指数互相影响。粉丝数是衡量微信公众平台传播能力的重要指标。所以，微信借助品牌活动进行"涨粉"，是比较有效的增加订阅量的方式之一。即便有流失粉丝的风险，净粉丝增长数也是相当可观的。

第四章　北京地区时政类报纸微信公众平台存在的问题

中国共产党的十八届三中全会就已经提出了推动媒体融合发展的要求，中央专门印发了《关于推动传统媒体和新兴媒体融合发展的指导意见》。习近平总书记多次就推动媒体融合发展做出深刻阐述，强调融合发展关键在融为一体、合而为一，要尽快从相"加"阶段迈向相"融"阶段，着力打造一批新型主流媒体。以《人民日报》为代表的纸媒加快了"中央厨房"——融媒体中心的建设。微信公众平台作为媒体融合中重要的工具和手段，其以操作性和传播力成为在转型路上的第一选择。随着"中央厨房"等相关新政策支持和延伸，时政类报纸公众平台的运行也出现了新的问题。

4.1　内容同质化集中，平台运行成本高

全媒体平台向"中央厨房"式的大平台的升级，带动传统媒体向新媒体从"合"到"融"的转变。为传统媒体向新媒体的转型升级提供了一套经济适用性的方案。"中央厨房"式的平台建设，试图解决优质内容与技术支撑，与平台、传播一体化之间的矛盾，培养具有专业媒体人才生产的专业新闻内容和产品。理论上这种平台模式可以节约采编成本和提高传播效果，但如果内容一样，仅仅为内容的包装形态有所不同，实质上用户接收的信息就存在同质化问题。

"中央厨房"这种集成化制作，提高了传播效果，新闻信息的多级开发模式，被称为"一个产品，多个出口"，或者"一次采集，多渠道发布"。相比起传统纸媒，增加了技术人员和推销人员的角色：通过技术人员对内容进行加工处理，再通过推销人员对把新闻产品同步推送到纸媒各个端口和合作平台及媒体。但目前"中央厨房"并没有实现对不同内容的采集和对不同内容的配送，没有起到"中央厨房"的效用。反而信息的获取渠道和资源依旧是不同平台间的内容整合，包括报纸、杂志、微博、微信、网站等。

目前时政类报纸基本都拥有自己的两微一端，并且以官方微信公众平台为主导、多种子媒为辅的微信矩阵。如若在同一媒体品牌下的相同或相似内容在不同

平台进行传播，从表面上看丰富并满足了"中央厨房"的信息来源和新闻"菜品"，实际上只是对不同平台内容的整合，是对传统媒体资源的迁移。例如《中国青年报》以中国青年报官方微信为主体，50多个公众号为辅，打造"中青报微信矩阵"，各个微信公众平台之间经常转载彼此的原创内容。在扩大传播效果的同时，造成同一平台内部微信公众平台矩阵的同质化现象，用户信息过载，同时削弱官方微信平台的传播力，造成媒体内部的竞争，一定程度上也消解了矩阵内部以及其他同类传播端口的竞争力。

从运行成本而言，"中央厨房"的建设从硬件设施、软件设施、人力资源的投入都会造成资金支持、技术投入、人才建设等方面的成本上升。再者，全媒体目前并没有完全有效利用社会资源，形成固定的盈利模式。微信公众平台作为纸媒"中央厨房"的重要配送端口，也应随"中央厨房"的建设形成内部匹配其"中央厨房"运行特征的应对机制和对接模式。

4.2 涉及媒体侵权行为

侵权行为在我国的各个领域都有所涉及。微信公众平台中不实信息和侵权行为随着微信公众平台发布一系列的声明和公告，开始对微信公众平台媒体侵权行为的治理和维护。2015年1月22日，微信公众平台开始添加媒体类公众号公测原创声明功能，通过添加原创标识——即对原创类文章被其他公众号转载时系统会强制标注文章出处。2015年2月3日，微信公众平台继续发布关于抄袭行为处罚规则的公示，侵权五次者将永久封号。2015年2月10日，微信公众平台又增加了移动端的侵权文章的举报渠道。一系列的举措，都是出于对媒体侵权行为的整顿和对原创文章的保护。

2015年4月，中华人民共和国国家版权局发布了《关于规范网络转载版权秩序的通知》对规范网络转载版权秩序有关事项进行了规定。中国已经处在传统媒体和新兴媒体融合发展的关键时期，推动建立健全传统媒体和新兴版权合作机制，规范网络转载版权秩序刻不容缓。值得注意的是时隔两年，2017年4月，中国青年报通过官方微信平台推送了《中国青年报社关于加强新闻作品版权保护的声明》，详细规定了对于中国青年报社媒体转载权限、范围、对象的界定，加大了版权监控和维权力度。自声明发布之日起，在其后的每日的推送中头条位置的文章都会在文章底部加载转载须知的文字说明。

主流媒体的公众平台，尤其是纸媒类的主流媒体往往依靠强大的母报品牌优势资源，内容为王是其一向坚持的原则。所以，微信等新媒体平台降低了版权保护的成本，主流媒体在内容推送的过程中应该更加注重版权保护。此时重申强调保护版权是在国家媒体融合发展的趋势下，一方面体现了主流纸媒走融合之路的决心，另一方面也进一步加强了版权保护，利用法律手段维护自身的合法权益（见图 4.1）。

图 4.1 《中国青年报》微信公众平台转载须知截图

4.3 互联网重构媒体格局，主流媒体竞争形式严峻

互联网的发展加速了媒体格局和舆论生态的重构，主流媒体面临更加严峻和激烈的竞争。主流媒体如何通过社交媒体打通信息传播边界，传递主流观念引导主流舆论导向，成为主流媒体在媒体融合道路上的当务之急。微信公众平台作为开放度高、易上手、包容性好的社交媒体工具，成为主流媒体，特别是时政类报纸转型工具的优先选择。

随"中央厨房"模式逐步建立和发展，选择退出APP等端口，完善全媒体平台"造船出海"，还是借助已有社交平台"借船出海"，抑或是两者共同发展，成为当前媒体融合环境下的重要问题。目前，很多时政类报纸都选择推出自己的APP客户端，积极融入互联网，拥抱社交媒体，试图打通信息传播的"最后一公里"，但依旧面临既要节省经济成本，考虑自身技术支撑等客观条件，又要顺应互联网发展趋势，大胆实践和创新的矛盾。

根据2016年微信用户报告，微信公众平台已成为用户获取新闻的第二大渠道。时政类报纸开通运营微信公众号成为进一步延伸和引导国家政策和价值导向的现实选择。时政类报纸进入新媒体，其本质属性不变，媒体功能应该充分利用新媒体特性进行传播，利用好移动平台进行传播，同时凸显自身舆论引导能力，遵循"移动优先"，是时政类报纸需要把控的重要原则。

4.4 复合型人才匮乏

"中央厨房"逐步进入常态化运行，对于新闻从业人员的要求也随之提高。不仅需要具备扎实的新闻采访和写作能力，还要拥有良好的沟通能力、市场营销能力。知道如何利用大数据分析工具和建模工具分析后台数据，理解媒体可持续发展特性，明确主流媒体的社会责任等，甚至需要媒体从业人员具备谈判、协作等非专业技能，拥有发展国际业务的能力。

具体到微信公众平台的后台运行人员，也是如此——在整个新闻生产的流程中，从策划、采写、编辑、发布，到文字、视频、H5等其他新闻产品，基于全产业链中的复合型人才需求扩大，专注于单一内容生产的人才空间将逐步缩小，跨领域、跨专业的人才不但决定微信公众平台内容呈现的深度和广度，也将反哺于报社成为新的发展动力，增添活力。

但目前此类复合型人才仍然极度缺乏。如何将目前已拥有的复合型人才利用一套完整的机制形成合力，也是管理者所要面对的难题之一。

第五章　时政类报纸公众微信平台运行的发展趋势

5.1　加强原创内容生产，突出主流媒体声音

专业的信息生产网络传播模式中，日益模糊的信息传播者和受众之间的界限和开放的文化语境，让微信公众平台内容资源的争夺战愈演愈烈。网络中的新闻传播是以专业新闻机构为主导，但它也是一个多种传播形态、多种信息源、多种信息传播中介者共同作用的复杂过程。而时政类报纸作为中国共产党的喉舌，需要引导正确的价值观和舆论导向，在复杂的传播过程中，专业的新闻机构或媒体通过规范的、持续性的信息采写、发布活动和信息，才能满足整个社会的需求和团结稳定。专业新闻机构或媒体的活动构成了新闻传播的"主旋律"，而其他受众的传播都是对它的补充。没有主旋律的传播，其他就是杂音、噪声。

媒体公众号具有强大的内容优势，原创内容成为媒体类公众平台的主要推送内容。报纸是传统媒体中重要的媒体类型，内容生产优势突出。加强原创内容的生产并进行及时推送是媒体的立身之基。

所谓的原创内容，主要指通过发挥新媒体平台的能动性，将内容资源进行文化、地域和受众角度的选择和重构，具体体现为对于微信平台推送信息的独家选择、独家表现、独家组合、独家视角等。[①]2016年2月19日，在新闻舆论工作座谈会上，习近平总书记强调："做好党的新闻舆论工作，事关旗帜和道路，事关贯彻中国共产党的理论和路线方针政策，事关顺利推进中国共产党和国家各项事业，事关全中国共产党全国各族人民凝聚力和向心力，事关中国共产党和国家前途命运。"时政类报纸加强原创内容的生产，应在秉承新闻价值和社会责任的基础上提供有价值的信息，具有弘扬正确的社会舆论和功能。特别是主流媒体，应该通过原创内容表达和传递真实和主流的声音和思想，正确引导社会情绪，充当起社会舆论环境监测者和推动社会进步发展的引导者。

"内容为王"的时代，专业新闻机构和媒体的新闻生产内容，仍然是未来信息产业当中的重要组成部分。专业的新闻机构一定是这个产业中的核心，而专业机

---

① 姚平. 基于内容分析的微博议程设置研究 [J]. 科技传播，2014(01).

构的原创内容的传播价值和地位将日益提升。

5.2 加强平台间合作，再造采编发流程

传统编辑主要以文字稿件为主进行包括校对、改写、制作标题在内的编辑工作。当传统编辑转型为新媒体编辑时，往往遇到的最大障碍是原有新闻生产方式的惯性：即来自采编人员包括领导层在内的全媒体信息产品生产能力的生产方式的匮乏。[①] 传统编辑的惯性思维和传统新闻理念的桎梏，导致在网络环境下的新闻理念不成熟，所产出的新闻内容和产品缺乏互联网基因和要素。鉴于"中央厨房"正在积极规划和筹备中，编辑人员应该从理念创新入手，对工作重心进行转移，在保持传统编辑对于稿件质量严格把关的前提条件下，打通信息的不同层级，即对同一个新闻进行多层次、多角度的分析和整合，并将信息具化给不同的终端，形成适用于不同媒介的新闻产品，不仅是对信息采集和资源的最大化利用，同时也降低了信息采集成本，实现效益最大化。

《人民日报》曾对此提出"三个波次"的理念：即对同一新闻事件的报道：第一波抢时效，第二波求全面，第三波讲深度。在新闻发生后，通过网站发布简要信息，突出时效性，不求全面性；再通过前方记者的进一步采访滚动发布最新消息，跟进报道，对第一波信息进行补充和完善，期间根据各自不同的媒体形态，编辑进行各自文本、图片、视频的处理。翌日，发挥时政类报纸的优势，对新闻事件进行追踪、深度报道。由此既保证了新闻的时效性，又对素材进行信息分层、动态处理、深度拓展。

微信公众平台作为集团子媒的一部分，拥有集合文本、图片、视频、音频的功能。目前传统编辑对于多媒体素材的利用依然多数停留在传统媒体时期的观念上，即图片、视频或其他素材是对文本素材的补充或佐证。利用"中央厨房"，兼顾微信公众平台的需求，在信息采集最初就因考虑到微信公众平台的传播特性和用户需求，明确各终端的传播特性，把文字、图片、视频等素材进行差异化、错位化、递进化的个性化发布，而不是对原素材的补充，只有这样才能够突破原有传统媒体的采编发流程，以互联网思维为指导，重构采编发流程。

5.3 确立移动优先发展策略

（1）移动优先，是移动端新闻产品优先发展。媒体类微信公众平台的推送消

---

① 杨昕. 融合，从建好"中央厨房"做起 衢州日报报业传媒集团实施全媒体转型的实践与思考 [J]. 传媒评论，2014（8）：38-41.

息条目多于一般用户的推送条目。联合纸媒"中央厨房"的构想，有更多的信息来源可供参考，从厨房原料中寻找可用的素材，或从素材中进一步提取符合微信平台特性的材料和内容进行二次开发。信息来源渠道被打通，呈现网状分布。

微信已成为中国用户使用最多的移动社交软件，微信公众平台已成为除新闻APP客户端之外的第二大新闻信息来源。打通渠道，拓展信息来源对于微信公众平台的建设尤为重要。传统媒体曾经得益于垄断优质信息资源。面对新环境下的变革，多种信息渠道相继打通，信息来源多样化，媒体、普通用户、新闻聚合产品、新闻写作机器人都可以生产或传输新闻。传统媒体传统的采编发流程与当下"中央厨房"的模式相比较，中央厨房不仅能够拓展信息来源，实现信息互通，更能够让移动优先成为可能。

《娱乐至死》的作者尼尔·波兹曼认为，媒介的形式偏好某些特殊的内容，从而能最终控制文化。作为媒介，印刷品和电视本身并没有思想，然而作为工具，它们对于文字与图像的不同偏好，决定了不同文化的发展。基于"中央厨房"为融合平台的核心生产力，打通了各个内容分发的渠道，适应了从纸质媒体到数字媒体，从大屏到小屏的转变。能够为用户提供更好的服务和内容。手机已经成为人类生活密不可分的一部分，人机交互间极少的摩擦让人类已经适应这样的生存状态。一部手机让阅读不再有任何的心理准备，有书本捧在手心的厚重感，摊开报纸戴上眼镜这种具有生活阅读的庄重"仪式感"，已经几乎被移动网络消磨殆尽。只要有手机，可以随时随地进行阅读。微信公众平台作为移动端第三方平台纸媒"借船出海"的便利条件，已经成为时政类报纸在转型过程中的优先选择。

（2）移动优先，是良好的互动和及时响应。移动互联网的出现，让互联网的状态从静态转为动态，从此摆脱了时间和空间的束缚，变得更加多元化。从媒体的传播模式上看，报纸以文字、图片为主，广播以音频为主，电视以图像为主。而微信公众平台是一个结合多媒体特征和移动网络的新型产物。新闻传播的载体从纸质媒介到网络再走向移动网络的转变，其内容也要随载体的不同，改变其呈现的方式。

从网络传播学的视角看，网络文本可以是多种信息的结合，包括文字、图片、图表、动画、声音、视频等。这种结合可以是松散的组合。例如，微信公众平台当中"图片＋文字"单一页面形式。这样结合也可以是高度融合。比如，微信公众平台当中"文字＋视频＋链接的形式"。加拿大传播学家麦克卢汉认为，不同的媒介技术对人们的感官平衡影响是不同的。从技术的走向来看，多媒体文本，特别是高融合度的多媒体文本，将越来越多地成为网络文本的主流。微信公众平台作为融合文字、图片、音频、视频、链接等多种媒介的传播平台，意味着这些媒介所传递的信息可以通过组合方式的不同呈现立体化和"魔方化"。对于信息的认识和解读往往会基于多重文本相互解释、补充、延伸或相互关照和对比。结合微信公众平台消息版序的不同，阅读顺序的不同，透视角度的不同，兴趣行为的不同，得到的信息组合方式也就不同。微信公众平台作为移动网络中重要的社交平台，既拥有网络文本中的多媒体特征和优势，更具备移动网络的优势。即时性和时效性的信息传播显得更为重要。

以《中国青年报》为例，《中国青年报》、中青在线从报网互动、到报网融合再到网报融合，进一步提出了"移动化、交互化、思享化、交易化"的要求，通过以中国青年报官方微信公众平台为龙头，联合各个采编部门和近52个微信公众号形成微信矩阵，在中青报特色中央厨房"融媒小厨"的模式下，更加突出移动媒体的时效性、互动性，与用户通过评论留言、动态点击和H5的直接参与。在及时发布信息的同时又能够得到用户对新闻讯息的及时反馈。增加了用户之间的联系。

（3）移动优先，话语权先行。媒体市场化的改革迫使时政类报纸受到市场化的挑战。通过微信公众平台等一系列的同类社交媒体，时政类报纸重新获得话语权。中国共产党党属媒体，如《人民日报》《中国青年报》，以及市级中国党委报刊《北京青年报》的重新崛起，从技术层面来看，是新媒体编辑运用熟练的推广和运营策略，结合母报特色，但区别于母报的内容，形成自我特色。同时利用权威媒体的身份特质，通过微信公众平台所具有的便捷发布政策解读、时政性强的内容，增加了阅读的吸引力，缓和了公众对主流媒体的刻板印象，缓和和拉近了与读者的距离，同时让主流媒体的公信力得以加强，让中国共产党的主流价值观和舆论导向"时时能发声，时时在发声"，重新获得了在公众间的话语权。从制度层面看，国家推进媒体融合，"中央厨房"模式的新闻生产模式，鼓励传统媒体、尤其主流纸质媒体进行改革，迫使主流媒体之间相互竞争，也更好地扩大了主流媒体在群众间的影响力。从传播效果上看，移动优先符合移动互联时代的特征。微信公众平台作为人际传播和大众传播相结合的通道，发挥着舆情监督的作用。移动优先能够更好地加强对社会舆论的管理和监督，时政类报纸微信公众平台通过权威报道和及时发声，可以加强政府对于社交媒体舆论导向的把控，避免流言、谣言及其社会不安定因素的出现。

5.4 尝试多种新闻产品生产

"中央厨房"提供的产品是不解渴的，所以一旦发现线索的价值后，他们会派出专业队伍进行深入采访，取得核心信息源，追寻新闻后面的内幕。所以，"中央厨房"不仅可以共享直接的产品，也要共享线索和选题，不应完全当作终极产品来看待。

（1）首先要明确新闻产品制作分类。总体上都会通过"中央厨房"进行处理，但在细节上有些许差别。生产新闻产品一般可分为以下四种情况。

第一，由子媒稍作处理即可成形的一般性的动态新闻。

第二，具有特定素养和技能的记者直接做成各媒体需要的新闻产品，传送到"中央厨房"，再配送给其他媒体使用。

第三，中央厨房统一处理记者采写的半成品素材，由中央厨房统一进行加工处理后，有各自子媒提取需要的半成品素材自行进行再加工形成自己特色的新闻产品。

第四，结合各媒体自身特色，以"中央厨房"中的素材进行线索再挖掘，通过各部门独立的采访队伍对新闻线索进行深入采访，追踪更多幕后新闻价值，提取适用于自身媒体的新闻价值，对已成形的新闻产品进行后续报道和深度开发。

明确了新闻产品制作的差别，有利于在生产新闻产品时的人员分配，细分新闻产品类型，明确新闻产品所对应的消费群体。微信公众平台在时政类报纸的新媒体中具有鲜明的特色。明确生产分类后，对于团队内部人员的重新优化和分配，以及对内容的升级和生产，以及对配合"中央厨房"的新闻产品生产都具有借鉴性。

（2）多种新闻产品，共同作用联合发布。相对于传统媒体使用传播符合的相对单一性，新媒体可以将文字、声音、图片、动态图像、动画、视频都放在一个传播单元内。所以，微信公众平台也容纳了以上多种形式的复合，可以呈现给用户。

《人民日报》的"中央厨房"和《中国青年报》"融媒小厨"都拥有了报社自己的专业队伍，对新闻素材进行可视化编辑和全方位立体式开发，形成多种新闻产品：如视频专题片、H5页面作品、动态图与静态图相结合的方式，呈现出全新的报道方式和交互方式，不同的新闻产品通过微信公众平台进行传播，为用户提供了更加多元化的选择，也对社会起到了引导良好舆论的作用。

（3）更新传统生产理念，以产品为导向，以内容取胜赢得市场价值。新闻作品向新闻产品的变革意味着编辑人员要发生思维方式上的转变，从原来的创作思维，转向产品开发思维。以《人民日报》为核心的"中央厨房"由北京地区向全国逐步推广，在新技术的推动下，传播环境和媒介生态发生了变化，微信公众平台、微博、新闻APP客户端都在着力新的新闻产品形态适应于新的环境。

《人民日报》《中国青年报》等具有国家政策支持，积极响应国家号召，逐渐实现以中央厨房、融媒小厨为核心的全媒体新闻平台，其人员配置和新闻生产理念也在逐步跟进。以用户为基准，服务用户，以用户为核心，树立以人为本的新闻产品和后续服务，逐渐模糊媒介边界，新闻产品之间呈现"你中有我，我中有你；你就是我，我就是你"的传播格局，是今后时政类报纸转型中的发展方向和必然趋势。

5.5　培养更专业的运营团队

习近平总书记在新闻舆论工作座谈会上指出：要坚持改进创新，提高中国共产党的新闻舆论工作能力和水平。当前，新媒体发展迅猛，开展正面宣传和舆论引导的环境、氛围、对象、方式发生了深刻变化。新闻舆论工作只有加快平台机制创新、谋求质量效能升级，才能不断提高传播力、引导力、影响力、公信力。时政类报纸在新媒体时代需要建设强有力的新媒体新闻专业队伍迫在眉睫。

主流媒体应该以政治意识、大局意识和看齐意识抓好团队建设，同时做好制度建设，加强全媒体专业化素质人才培养，以改革创新精神传递好国家执政党、团声音，坚持正确的舆论导向。培养一支专业人才队伍，保持传统特色优势的基础上，开展内容创新，技术创新，推动媒体融合。

报纸微信公众平台的运行依托于报社新媒体中心等部门。鉴于传统媒体向新媒体正处于转型初期，时政类报纸新媒体的发展和建设在整个报社仍然处于发展初期。《人民日报》《中国青年报》《北京青年报》作为北京地区具有巨大影响力的中国共产党党报、团报，积极对新媒体融合做出一系列的响应措施。2016年《中国青年报》是全媒体融合转型的第一年，以人才招聘和引进的方式，正在建设和扩大全媒体采编和技术人员的专业队伍。为响应总书记号召，探寻新媒体改革之路，《中国青年报》的"融媒小厨"也相继开张，并且在2016年9月14日与北京新媒体集团签署战略合作协议，在内容生产、人才培养、产业拓展、产品营销、品牌推广、团队建设等方面深度合作。《人民日报》的新媒体中心积极建设"中央厨房"，扩大新媒体队伍建设，目前有员工70名，平均年龄在28岁。《北京青年报》也在通过社会招聘，吸引相关人才，加入新闻队伍中。

微信公众平台的运行工作人员作为整个新媒体队伍中的一环，具有较高的编辑要求。吸纳专业人才对日后的新闻内容生产提供了强大的人力保障。更加精分的专业人员结构，将辅助微信公众平台进行相对专业的数据评估，优化运行能力。

因人力不足导致的问题，可以用外包的形式进行合作。既提高了工作效率，也节省了人力资源成本。当然，也可直接引进相应人才或内部调用的形式直接补充。这就需要各部门建立流畅的工作沟通机制和良好的合作氛围。相互协调，互相配合，达到最终的目的。

参考文献

[1] 李冉. 网络时代更应重视执政党形象建设（顺势而为）[N]. 人民日报，2017. 01. 08. (05).

[2] 郑长忠. 执政党治理国家应积极适应网络社会发展（人民观察）[N]. 人民日报，2017. 01. 08. (05).

[3] 蔡雯. 媒介融合前景下的新闻传播变革——试论"融合新闻"及其挑战[J]. 国际新闻界，2006(05):32.

[4] 约翰·帕夫利克. 新媒体技术——文化与商业前景[M]. 北京：清华大学出版社，2005:26.

[5] 托马斯·鲍德温等. 大汇流：整合媒介、信息与传播[M]. 北京：华夏出版社，2000.

[6] 李良荣. 当代西方新闻媒体[M]. 上海：复旦大学出版社. 2003.

[7] 李良荣，张华. 从"小新闻"走向"大传播"——新闻传播学学科建设和科研的新取向[J]. 现代传播：中国传媒大学学报，2013(8):34-38.

[8] 王之月，彭兰. 纸媒转型的移动化尝试——《纽约时报》新闻客户端NYT Now的探索与启示[J]. 新闻界，2014(23).

[9] 杨永敏. 浅谈纸媒微信公共账号的运营[N]. 佳木斯教育学报，2013(09).

[10] 黄璀，史晓然. 信息的优化与增值:纸媒微信公众号的发展策略浅析[J]. 新闻研究导刊，2016. 1. 25.

[11] 李小华，易洋. 基于用户调查的纸媒官方微信传播效果实证分析[J]. 中国出版，2014. 4. 23.

[12] 陈海波. 融媒时代纸媒微信公众平台的发展策略[J]. 新闻前哨，2015. 1. 15.

[13] 中国信息通信研究院产业与规划研究所与企鹅智库. 2016年"微信"影响力报告. http://tech. qq. com/a/20160321/007049. htm#p=4, 2016. 3. 21.

[14] 范玲. 当前纸媒微信公众号运营的突出问题与策略建议[J].中国记者,2016. 6. 1.

[15] 杜羽,刘彬. 第十三次全国国民阅读调查结果公布[N]. 光明日报,2016. 4. 19.

[16] 范占英. 媒体微信"涨粉"有妙招 掌握用户偏好熟知内容表达[N]. 中国新闻出版广电报,2015. 10. 20.

[17] 姚平. 基于内容分析的微博议程设置研究[J]. 科技传播，2014(01).

[18] 陈威如, 余卓轩. 平台战略——正在席卷全球的商业模式革命[M]. 北京：中信出版社, 2013.

[19] Brian Solis. 互联网思维——传统商业的终结与重塑[M]. 北京：人民邮电出版社, 2014.

[20] 李良荣. 新闻学概论[M]. 上海：复旦大学出版社, 2009.

[21] 彭兰. 网络传播学[M]. 北京：中国人民大学出版社, 2009.

[22] 路畅. 党报微信公众号运营模式、特点与对策研究——以《人民日报》微信公众号为例[J]. 新闻知识，2016(9).

[23] 刘岚. "中央厨房"缘何冷了"炉灶"——试论纸媒构建中央厨房的困境 [J]. 西部广播电视, 2016. 10.

[24] 关玉霞, 宋曼, 杨知然. 人民日报"中央厨房"——基于媒体融合的产业供应链再造[J]. 南方论坛, 2017. 01.

[25] 杜毓斌. 中美主流新闻媒体"中央厨房"比较分析与反思[J]. 南方论坛, 2017. 01.

[26] 方可成. 社交媒体时代党媒"重夺麦克风"现象探析[J]. 新闻大学, 2016. 6. 15.

（本文作者：常江）

电影IP衍生品开发分析

摘　　要

IP是文化产业绕不开的概念，是以著作权制度为基础与保护手段，具有人类精神消费价值共性的，能够跨媒介、跨产业传播且转化为其他领域物质形态的文化资本。

IP概念之所以持续升温关键在于IP作为版权商品属性的衍生能力。IP衍生品是对版权权利多范围、多途径开发的结果，是版权在二次、三次甚至n次传播中价值增值，影响力扩大的过程。IP强大的衍生力使其成为跨界开发的纽带，各类娱乐形式不再孤立发展。电影因其多元化的表现方式和高密度的娱乐性是IP开发产业链的放大镜，因此IP衍生品开发上更具代表性，是推动IP衍生品开发的核心动力。

通过对现状的分析发现我国在电影IP衍生品开发上存在诸多问题，问题的背后集中体现在版权跨界开发与版权边界、权利过度拆分与传播效率、媒介衍生品与娱乐产生品、电影时效性与衍生品开发周期以及IP价值积累与价值开发这五对矛盾。

因此针对这五大矛盾点，本文从IP评估、IP授权及开发三大环节出发，提出电影IP衍生品开发是一个系统且综合性的工程。对IP衍生品开发的思路也应贯穿于电影产业始终，是各环节主体在对电影IP价值认同了解基础上从各自环节出发对不同版权权利进行开发，从而实现电影IP的经济及文化价值。

关键词：电影；IP衍生品；版权

Abstract

IP is the concept that cultural industries cannot be ignored. Based on the copyright system, it is a cultural capital that has universal human values and can be spread across industries to form cultural commodities.

The key reason why the concept of IP keeps heating up is the ability of derivative that IP as the copyright commodities. IP derivatives are the result of multi-range and multi-channel development of copyright, which expanded the IP influence in the second, third times dissemination. The powerful derivative ability of IP has made it a link in cross-border development, and various types of entertainment cannot achieve development in isolation. Because of its diversified performance and high-density entertainment, the film, as the amplifier, promoted the development of IP derivatives.

Through the analysis of the current situation, there are many problems in the development of IP derivatives in Chinese film industry, and this problems mainly reflect five contradictions, including the cross-border development of copyright and the boundaries of copyright, the excessive resolution and dissemination of rights, the over-split copyright and propagation efficiency, media derivatives and entertainment derivatives, the film timeless and the longer development periodicity, the IP value accumulation and IP value development.

Therefore, focusing on the five contradictions, paper propose that the development of IP derivatives is systematic and comprehensive project. The idea of IP derivatives development should run through the film industry from beginning to end. The main body of the various links of movie industry develops the different copyright from the respective links on the basis of recognizing the value film IP.

Key words: Film; Derivatives; Copyright

目 录 CONTENTS

第一章　绪言 761
 1.1　选题背景及意义 761
 1.2　文献综述 762
 1.3　选题研究思路及研究方法 768

第二章　电影 IP 衍生品概述 770
 2.1　IP 衍生品内涵及特征 770
 2.2　电影 IP 衍生品概述 773

第三章　中国电影 IP 衍生品开发动因及困境 778
 3.1　电影 IP 衍生品的开发动因 778
 3.2　中国电影 IP 衍生品开发困境 781

第四章　电影 IP 衍生品开发环节 786
 4.1　电影 IP 衍生品开发评估环节 786
 4.2　电影 IP 衍生品授权环节 790
 4.3　电影 IP 衍生品开发环节 792

第五章　中国电影 IP 衍生品开发优化 799
 5.1　建立电影 IP 版权价值评估体系 799
 5.2　构建电影 IP 版权公开流转机制 800
 5.3　构建电影 IP 衍生品开发生态化矩阵 801

结　　语 804

参考文献 805

第一章 绪言

1.1 选题背景及意义

随着知识产权价值的日益凸显以及"互联网+"概念被提升到国家发展战略,IP 在文化产业的地位不断提升。IP 背后所代表的版权价值在商业竞争中的话语权越来越大。对于版权的关注点也逐渐从其法务属性向其所产生的衍生经济价值转变。因此本文基于电影产业,探讨 IP 作为版权商品在不断衍生传播过程中所带来的经济价值及文化价值。

1.1.1 选题背景

2014 年初"泛娱乐"一词被文化部产业报告收录。所谓"泛娱乐",指基于互联网与移动互联网的多领域共生,以 IP 为核心进行跨领域、跨平台衍生的粉丝经济[①]。以泛娱乐概念的提出为背景,不论业界还是学术界对 IP 的关注持续升温。关注重点也逐渐从 IP(Intellectual Property)所代表的"知识产权"的法务属性向其产生的经济价值和市场效益上转变。

IP 的核心价值体现在其衍生能力。在横跨文学、游戏、音乐、影视、动漫等多领域开发。借助"互联网+"平台化链接的特性,IP 成为文化产业中连接各领域、各环节的核心,以 IP 为核心分别向上游、下游衍生,带动多领域共生互动发展。因此笔者提出 IP 衍生品的概念,探讨 IP 衍生品的定义以及 IP 衍生品的特性。

与此同时,在文化产业众多领域中,IP 在电影产业的影响力最大。IP 成为电影成功的关键。一个成熟的 IP 代表成熟的版权权利,以 IP 为核心展开运作电影产业链,以 IP 来打通内容、打通渠道已经是不少互联网公司以及影视公司减少电影项目运作风险、提高运作效率、提高利润率的关键。

电影产业对 IP 衍生品的开发需求也最为迫切。因为电影产业本身属于高风险产业,其前期创作拍摄与宣传发行成本巨大,但长期凭借电影票房收入的单一收入结构难以平衡前期巨大的成本。在我国电影产业化迅速发展的今天,电影产业

---

① 汪祥斌. IP 火爆,盘点国内外泛娱乐产业现状 [EB/OL].2015.11. http://www.iheima.com/space/2015/1124/152924.shtml.

在内容生产、影片宣发及院线配合等环节都已日趋完善。2015年中国电影票房收入总量达到440.69亿元，仅次于北美地区，继续保持全球第二的位置。中国内地电影票房收入占比不断上升，也不乏优秀之作。但电影的收入还是主要靠票房和植入式广告，IP衍生品市场的成绩不尽如人意。国内电影IP衍生品市场空白，产业链环环缺失。缺乏优质电影IP资源基础，系统的IP衍生品规划，完善的电影IP版权保护及授权机制以及生态化的电影内容与IP衍生品复合营销。

综上所述，IP概念的火热为衍生品的开发提供了核心动力，互联网以及移动互联网的发展为电影IP衍生品的发展搭建了充足的畅通信息通路，拓宽了产业发展渠道。粉丝经济的繁荣推动着电影票房的蓬勃增长，相信更将推动电影IP衍生品市场的繁荣。

1.1.2 选题意义

理论意义。提出IP衍生品的概念，从传播学以及版权产业角度出发分别剖析IP与衍生品的概念，提出衍生品是对版权的多种权利在多领域、多范畴的开发。从版权角度入手，探讨如何通过IP衍生品的开发促进电影IP的传播，扩展电影IP的经济及文化价值。使学术界的研究紧跟业界对于IP开发的实践趋势及动态。

现实意义。IP衍生品归根结底是业界不断实践发展的产物，进行学理研究的目的也是为了指导实践。因此本文在对电影IP衍生品进行概念解析、分类归纳、开发环节分析的基础上，分析我国先进电影IP衍生品的发展现状以及开发困境，总结了五对矛盾。通过对已有的电影版权开发的模式梳理，提出对五对矛盾的优化措施。

1.1.3 理论支撑

水平整合：随着电影产业的发展，我国电影产业完成了垂直整合，形成了电影从策划、拍摄、发行、宣传整条垂直产业链的整合。逐渐向水平整合过度，电影成为了带动整个文化娱乐产业发展的火车头。同时，随着移动互联网的发展以及数字媒体的普及，各大互联网平台逐渐兴起，为电影产业的横向水平整合提供了畅通的途径，产业融合已经成为更多领域发展的必然趋势。电影产业也逐渐从院线放映向整个传媒产业扩展，从内容产业向实体产业转变。

1.2 文献综述

相对于成熟活跃的美国电影衍生品市场以及以动漫产业为代表的日本衍生品

市场，中国对于衍生品的实践明显滞后，研究也过于零散。因此充分借鉴国外对成熟衍生品开发模式的研究有助于对我国电影 IP 衍生品问题的探究及开发模式的优化。

1.2.1 国外研究现状

作为电影产业最为发达的美国，将除去院线发行播放以外的非荧幕价值均归入电影衍生品市场，并将这部分产业称为 merchandising & right licensing，即权利转让与产品开发。从这个表述来看其涵盖了电影衍生品开发的两大部类产品，即媒介产品与娱乐产品。而美国对于衍生品的研究路径也是以这两条路径发展而来的。

首先是对媒介衍生产品的研究。Lehmann&Weinberg（2000）利用双渠道模型，探讨了电影产品从影院渠道进入录像渠道的最佳时间。作者估算了影院观众数和录像租赁收入的指数销售曲线，指出如果影片能够比现行时间更快地投入录像渠道，发行商的利润将增加[1]。

巴里·利特曼在《大电影产业》中正式提出"扩窗"理论，用产业经济学的原理分析了"扩窗"理论形成的依据。其本质为以电影版权为核心的多渠道发行，最大渠道的销售电影内容，充分利用其版权[2]。

在理查德·麦特白的《好莱坞电影》中提出了同样的观点。指出家庭录像、有线电视等新的电影流通发行体系使来自电影"二级发行"的衍生收益逐渐大于大荧幕的票房收益，有效延长了电影生命周期。

而随着以迪斯尼为代表的大型娱乐媒介集团的出现以及报刊的"多次售卖"理论的提出，对于电影衍生品的研究也逐渐转向娱乐产品方向。贾斯丁·怀亚特以电影《星球大战》为研究对象，提出了"高概念"电影，指出高概念电影充分将市场营销作为电影制作中重要部分，通过畅销小说、角色玩具、原声带等衍生品营造了一种完整的电影氛围，从多方面巩固了受众的观影体验。其本质上是一种营销指导创意的电影生产方式及后续的市场运作[3]。

日本的电影衍生品产业虽然不发达，但日本动漫产业链及衍生品市场却早已形成成熟的市场。根据数据显示，动漫产业已成为日本第三大产业，年营业额达

---

[1] Lehmann, Donald R., Charles B. Weinberg, Sales Through Sequential Distribution Channels: An Application to Movies and Videos [J]. Journal of Marketing, 2000, 64(3): pp.18-31.

[2] Litman, B.R.. 大电影产业 [M]. 北京：清华大学出版社，2005.

[3] 张辉军. 浅析好莱坞高概念电影模式的中国本土化运作 [J]. 中国电影市场，2014, (04):27-29.

到 230 万亿日元。

日本学界提出了"角色经济"这一概念。随着大众消费的发展，单纯靠"动画故事"带来的收入已经不能支持动漫产业的发展，日本动漫产业开始考虑如何通过拉长动漫产业链来获取更多的收益。这种基于动漫角色而产生的一切生产经营活动和消费活动而形成的业态就是角色经济。

日本学者星野克美（1988）指出商品之间"物的价值"差异逐渐缩小，技术和功能上的革新已经不能成为差异化经营的突破口。市场趋于饱和，因此在生产和运营上便不得不重视符号价值。这种商品的符号价值不仅是消费文化的核心，更是角色经济理论建立的基础[1]。

日本对于角色经济的研究实践开始于20世纪60年代，以动画片《铁臂阿童木》的播放以及相关衍生品的生产为代表。津田信之（2007）指出："手冢治虫以阿童木的衍生产品作为资金来源以支持其动画创作。这也说明在日本需要大额制作费的电视动画等儿童节目，逐渐以赞助企业获得节目中角色的商品化权并进行商业开发替代了单纯由玩具、食品等制造商提供资金赞助的模式[2]。"

小田切博（2010）指出，随着迪斯尼乐园在东京的开园，美国的这些角色商品在日本受到欢迎，改变了动画商品只面向孩子的模式。不仅提升了观看动画观众的年龄，更拓展了以角色为媒介的商业行为（Character Merchandising），即买卖角色出版权、商品化权的商业行为。尤其随着《星球大战》在日本的狂热影响，为电影与商品的结合创造了有利条件，使角色经济的消费者从儿童向以青少年、成人为主的群体转变。

1.2.2 国内研究现状

我国对于电影衍生品的研究开始于 2000 年，好莱坞影片的引进对我国电影产业产生巨大冲击，中国电影经历着阵痛，不少电影人开始探索电影产业的新出路，同时随着《英雄》等中国式大片的商业化运作的成功，对于电影衍生品的讨论和研究也达到了小高峰。这个时期是将电影衍生品作为电影产业一环，作为增值产业进行探讨，看其为整个电影产业带来的效益以及对电影本身的宣传营销效果，而对整个产业的范围没有明确界定。

随着电影产业的发展以及新媒体技术的发展，媒介的融合拓展了衍生品的研究范围，更加关注电影的多渠道发行，强调利用多媒体平台实现电影产值的衍生。

---

[1] 韩若冰. 日本角色经济的产生与发展 [J]. 东岳论丛，2014，35(01):55-60.

[2] 同[1]。

近两年随着IP概念的提出以及互联网企业对电影衍生品领域的布局，以电影IP为核心开发衍生品市场的实践增多，"衍生品"产业逐渐被作为单独的议题进入研究视野，不同领域的学者从各自领域出发对电影衍生品领域进行探讨。

（1）将电影衍生品纳入电影产业的一环进行研究

电影衍生品产业本身就是电影产业的延伸，从这个角度进行研究更多是从衍生品对于整个电影产业的作用和功能入手分析，指出其对于电影本身的营销宣传与降低风险的作用。

唐榕（2002）将美国电影营销模式总结为宇宙系统模式，将电影比喻为太阳，而其他相关产品，如出版业、玩具业、音响业、音乐、旅游业等则是围绕其运行的行星[1]。

赵子忠（2003）从电影产业化的角度，指出中国电影投资回报宏观结构应该从单一票房向多元模式发展[2]。陈静、邵培仁（2005）从电影的商业价值与我国国情出发，结合国外已有案例，考察后电影产业与电影产业的相互关系，指出电影衍生品是电影品牌化的延伸[3]。

李坚和王敏（2006）则是从产业链的角度出发，考察了中国电影产业链中"后电影"产品的开发现状，同时结合好莱坞的成功经验，提出后电影产品开发在中国电影产业链中的具体实施策略[4]。

张宏和王沁沁（2009）则首次从版权经济的角度指出真正衡量我国电影产业是否有进步是看由电影票房及其他经济收入所共同构成的电影版权收入体系，是否和电影产业发达的国家趋同[5]。

张小争（2010）指出我国广播影视在产业链上与国外有较大差距。以美国好莱坞为例，指出一部电影所带来的利润总和，分别产生于整个产业链上的每个节点，电影衍生品的收入要高于票房收入，而如此成熟的电影产业链在中国还未形成。因此要不断拓展影视作品的利润点，打造一个"上游开发、中游拓展、下游延伸"的成熟产业链[6]。

---

[1] 高红岩. 中国电影企业发展战略研究现状分析 [J]. 北京电影学院学报，2005，(06):1-8+106.

[2] 赵子忠.2003: 透视中国电影产业投资 [J]. 现代传播，2003，(01):90-93.

[3] 陈静，邵培仁. 中国后电影产业分析 [J]. 企业经济，2005，04:113-114.

[4] 李坚，王敏. 论中国电影产业价值链中的后电影产品开发 [J]. 湖南大众传媒职业技术学院学报，2006，01:40-42.

[5] 王沁沁，张宏. 衍生的商机——电影衍生品的市场透视 [J]. 当代电影，2011，10:118-121.

[6] 余四林. 电影产业融资模式分析——以华谊兄弟传媒集团为例 [J]. 中国集体经济，2012，(22):152-153.

（2）立足于"衍生品"市场进行研究

立足于整个电影衍生品市场的分析也分为两大部分，一部分从系统性角度对整个衍生品的开发进行研究，这部分以硕士毕业论文为主。

陈硕（2007）分析了我国后电影产品发展现状并通过梳理比较好莱坞衍生品开发的成功案例，为我国衍生品优化提出策略[①]。

樊青青（2009）在对后电影开发市场价值进行分析时，提出后电影产品的媒体产业价值以及文化娱乐价值。着眼于后电影开发市场的营销策略研究，在系统归纳后电影市场的构成和价值的基础上提出实施四大创新性营销策略——整合营销、文化营销、联盟营销以及娱乐营销。

杨光琼（2014）从"后电影"产品的开发和营销两个环节分析我国后电影产业。总结出三种不同的"后电影"产品的开发模式。并在分析国外"后电影"产品营销策略的基础上提出了我国"后电影"产品开发及营销策略。

另一部分论文从版权保护、衍生品开发、运营以及衍生品的市场潜力等不同角度对衍生品市场进行分析。但整体研究呈碎片化，缺乏系统性的阐述。

——从衍生品的市场潜力及行业现状分析

林小培（2015）在文章中提出了对国产电影电影衍生品的担忧，即使在电影票房爆发的2015年，我国国产电影衍生品开发和运营仍处于蹒跚学步之中，亟须迈上新台阶。

金姬（2016）指出2016年华语电影迎来了"衍生品"元年。文章介绍了"好莱坞"的衍生品模式，同时总结了近几年华语电影进行衍生品开发的案例，指出2016年以时光网开发"魔兽"衍生品为代表，已经进入电影衍生品元年，这对于票房低迷的电影市场来说算是好消息[②]。

裴菁宇（2015）在文章中指出我国电影衍生品发展尚处于起步阶段，并指出了四点原因，并从衍生品的发售渠道方面指出衍生品的运营要充分结合线上线下，共同开发销售[③]。唐黎标（2016）同样在分析我国电影衍生品产业现状基础上给出了几点发展策略。

——从版权保护角度分析

随着电影从业人员以及整个文化产业对版权保护意识的增强，从知识产权以及版权保护角度分析电影衍生品市场的文章日益增多，这类文章多是从法务属性

---

① 陈硕.中国电影后产品的开发研究[D].河南大学，2010.
② 金姬.华语电影迎来"衍生品元年"[J].新民周刊，2016，23:26-29.
③ 裴菁宇.我国电影衍生品的产业现状及开发模式分析[J].中国电影市场，2015，11:22-25.

出发指出版权对于电影衍生品开发的重要性，以下两篇最具代表性。

郝思洋（2011）在文章中详细阐述了"商品化权"，指出电影衍生品产业中涉及的知识产权主要是商品化权，确立商品化权，提高知识产权保护水平是促进我国电影衍生品产业发展的重要途径。

梁燕（2016）指出由于知识产权保护制度的欠缺，我国电影衍生品产业链发展不成熟，授权知识不健全，侵权产品猖獗，因此对我国电影衍生品产业的发展形成桎梏。其从知识产权保护的角度分析了我国衍生品行业发展举步不前的几点原因，并据此提出了促进我国电影衍生品发展的几点策略。最后指出只有培育衍生品产业的知识产权战略，才能促进我国电影衍生品的良性发展。

——其他分析

张媛（2008）关注到电影衍生品开发的最前端，即电影类型与电影衍生品的开发，通过量化的统计分析，分别指出电影与电影衍生品的关系，电影类型与电影衍生品的关系，最后总结出不同相关度电影衍生品开发的路径。

刘宏毅和曾玉成（2015）从消费者角度，采用定量分析法对影响电影衍生品消费意愿因素进行研究。指出利用消费心理进行精准细致的市场定位，是电影衍生品开发的必经之路[①]。

郭煌（2016）创新地从平台经济的视角对我国电影衍生品发展路径进行了观察和分析。总结了互联网平台化发展下的电影衍生品业态模式。之后从开发、制造、售卖和产业衍生四个维度指出了电影衍生品产业的发展路径。

（3）对电影IP衍生品的研究

IP衍生品只是个业界概念，在学界尚未对其进行学理上的定义，对于IP衍生品进行研究的文章较少，多是基于行业实践上的观点总结、模式探讨，缺乏理论层面的分析。以IP开发的角度进行探讨分析，探讨了IP内容资源在电影产业的整体开发运营模式。

陈龙（2016）在《中国电影IP开发研究》一文中指出电影IP是互联网与电影产业结合后的新产物，从文化资本的角度对IP进行定义，将文化资本增值和文化资本驱动纳入对电影IP开发的考察中。

刘琛（2015）则讨论了在全媒体时代下，IP价值开发途径。提出版权价值实现的关键在于IP价值的发掘、传播与营销，通过多环节运作培育优质版权内容，形成版权品牌。

---

① 刘宏毅,曾玉成.影响电影衍生品消费意愿的因素研究[J].西南大学学报(社会科学版),2015,05:137-144.

杨光琼（2014）则从知识产权的角度分析了电影 IP 的开发模式，探讨了电影 IP 开发所涉及的权利包括版权和形象权，强调了知识产权对于电影产业乃至文化产业的重要性。

韩晓芳（2016）从产业链构建的角度，讨论了 IP 时代电影产业链完善的途径。从电影产业制度创新、IP 电影内容创新以及衍生品开发三个层面，探讨实现电影产业链横向和纵向延伸联合的途径。

对电影 IP 和衍生品讨论较为系统的是在陈少峰《中国电影产业报告 2015》中，探讨了 IP 与电影产业的跨界融合，IP 在电影产业中的地位。并且单独设立一章探讨了 IP 与电影产业链。从产业链的角度讨论了 IP 在产业链中的地位，IP 运营多元变现途径，从电影衍生品产业链的角度探讨了 IP 为电影产业带来的价值增益。介绍了国产电影衍生品产业发展现状及模式，并对未来 IP 衍生品产业链发展趋势做了展望。

1.3 选题研究思路及研究方法

1.3.1 选题研究思路

本文以传媒经济学、传播学等理论为学理支撑，分析 IP 衍生品背后的学理内涵及特征。以电影为切入点分析 IP 衍生品的开发环节，在此基础上分析中国电影 IP 衍生品开发现状及原因，并对未来中国电影 IP 衍生品开发模型进行展望。

首先，从理论上把握 IP 衍生品的概念，分别剖析 IP、衍生品等概念，指出 IP 衍生品是对版权权利进行多途径开发的结果，IP 衍生品开发的过程就是 IP 以不同形态传播的过程。第三章将对现在中国电影 IP 衍生品开发的现实背景及开发困境进行分析，使后面的分析和对策的提出有所依据。

第四章为本文的重点，从 IP 衍生品的评估、授权及开发三个阶段分析。其中 IP 评估是 IP 衍生品开发的前提，IP 授权是衍生品开发的保证，而 IP 开发是 IP 衍生品的核心阶段。电影产业各环节都渗透着 IP 衍生品开发思想，这也是互联网时代下，IP 衍生品开发的特征。因此本文将从电影产业链各环节出发来分析电影 IP 衍生品的开发过程。

第五章将在第三章 IP 衍生品开发存在的困境分析基础上，充分借鉴第四章对 IP 衍生品开发各环节的剖析，提出对中国电影 IP 衍生品的优化措施，论中国电影 IP 作为成熟的内容如何通过 IP 衍生品的开发扩大传播力，且在传播中价值最大化，最终形成产业内部的协同效应。

1.3.2 选题研究方法

文献分析法：通过大量、广泛的文献搜集，以核心文献为纲，以高水准文献的核心观点为骨，为本课题分析解读、归纳总结提供坚实、系统的理论支撑。

定性分析法：对"IP衍生品"进行"质"的方面的分析定义。运用归纳和演绎、分析与综合以及抽象与概括等方法，对获得的材料进行思维加工。

对比研究法：通过对美国成熟的电影衍生品产业的分析，对比中国与国外衍生品市场的差距，在充分借鉴国外优秀经验的基础上，总结出适合我国国情的电影衍生品发展路径。

案例分析法：在分析国外及我国已有的衍生品开发及运营案例的基础上，总结经验。

第二章 电影 IP 衍生品概述

聚焦当今文化产业 IP 概念持续升温，IP 成为调动开发主体能动性的动力，成为打通各渠道的核心，成为跨界开发的纽带。电影 IP 衍生品的开发是以电影版权为核心的价值释放，是 IP 热在电影产业的实践成果，也是 IP 衍生品开发最为全面、成熟的领域。因此把握 IP 衍生品的本质与特征，了解电影与 IP 衍生品的关系，分析 IP 衍生品开发的动因是研究 IP 衍生品在电影产业开发模式、现状及趋势的基础。

2.1 IP 衍生品内涵及特征

从 2014 年起，随着 IP 概念的火热，围绕 IP 资源从上游的平台跨界，到下游的渠道授权，对 IP 开发的衍生产业链不断完善，IP 衍生品的概念也应运而生。然而在学界尚未明确 IP 衍生品的概念。因此明确 IP 衍生品的内涵，了解 IP 衍生品的特性是进行后续研究的基础。

2.1.1 IP 的内涵

"互联网+"思维在文化产业不断丰富发展以及不断实践中，IP 的内涵处在动态变化及延展中。IP 在被提及之初，其内涵倾向于"文学财产"。因为 IP 开发最早也是最普遍的形式就是对网络文学作品的改编。随着 IP 开发在文化产业的爆发，IP 的概念也逐渐突破文学作品，向其他智力创作作品范畴扩散。然而脱离形式载体，IP 概念的内涵属性应为版权属性与商品属性。

（1）IP 的版权属性

从字面意义上看 IP 是英文单词 Intellectual Property，即知识财产的缩写。从法律角度将其延伸为"知识产权"（IPR），知识产权主要涵盖著作权，又称版权以及工业产权。"IP（知识产权）"的概念正在替代"版权"成为文化创意产业的核心动力表述。

虽然，我国《著作权法》第57条明确规定"本法所称著作权即版权"，但版权与著作权之间也有一些差别，著作权（author's right）的表述来自大陆法系国家，侧重对作者人身权利的保护；而版权（copy right）来自英美法系，更加注重对作者经济权利的保护。著作权强调对权利主体权利的确认和保护，而版权则相当于产权的概念，是对人类智力创造活动从产权角度进行激励的机制。因此，版权属于知识产权保护范畴，以著作权制度为基础，以版权开发、贸易为对象，促进文化传播及文化影响为目的。

IP 既然具有版权属性，那么对 IP 的开发就是对版权权利的开发。在 IP 创造、占有、转化、授权、运营的过程中受著作权制度的约束，受到《著作权法》的保护。IP 是互联网信息经济、文化经济、知识经济生产中交换对象，是"互联网＋文化"时代版权的代名词。

（2）IP 的商品属性

IP 具有版权属性，但 IP 不完全等于版权，如果理论上对版权与 IP 进行区分的话，前者应该侧重于内容属性，以《著作权法》为主要支撑，强调作者权益。而后者则侧重于商品属性，受市场供求影响，强调对其进行商业化开发经营。因此 IP 具有商品属性，体现了版权的商品属性，是具有排他性、竞争性并受市场供求影响的商品[①]。

商品是人类社会生产力发展到一定历史阶段的产物，适用于交换的劳动产品，通过交换来满足他人消费需求[②]。由此可见，商品区别于一般产品的本质在于交换。而 IP 作为商品，其交换方式，价值实现方式体现在传播。通过不同消费群体需求采取不同传播渠道、传播方式来满足人们的精神文化需求。

IP 本身具有商品属性，是以创意和知识为基础性生产材料，通过大量复杂的抽象劳动（创作、策划、开发、运营等），成为附着在内容层面的创意性产品。因此 IP 本身是一种文化资源，以创意文化、知识、信息为原材料。同时 IP 更是一种文化资本，因为经过复杂劳动的加工，只有财产权作为文化资本可以在未来开发中不断产生经济及社会价值，完成 IP 自我增值。

综上所述，本文倾向于将 IP 看作是属于知识产权范畴下的，以著作权制度为基础与保护手段，具有人类精神消费价值共性的，能够跨媒介、跨产业传播且转化为其他领域物质形态的文化资本。而在互联网的背景下，互联网企业逐渐关注版权、研究、运作并管理，人们对 IP 的关注视角也逐渐从"著作权"的法律视角转移到其所带来的经济价值和文化价值上。

2.1.2 衍生品的定义及内涵

电影产业成熟的美国产生了"衍生品"概念且在不断发展中形成广义和狭义

---

① 常江，张养志．版权视角的"IP"商品属性分析 [J]．北京印刷学院学报，2017，25(01):1-6．

② 晏杰雄．长篇小说为何成为时代第一文体 [J]．社会科学家，2009，(01):138-141．

两个方面，从不同范围对衍生品进行了定义。然而不论广义还是狭义的定义，衍生品背后所代表的内涵是不变的。

（1）衍生品的定义

从广义看，"电影衍生品"的概念等同于"电影后产品"。所谓"电影后产品"顾名思义，其产品市场的开发是在整个电影产业链的后期。从整个大电影产业链来看，电影后产品是电影产业链中除去影院收入以外的增益部分，即由电影产生并与其密切相关的非电影票房收入的所有产业。

从狭义范围看，电影衍生品小于电影后产品的概念范围，认为电影衍生品仅指以电影中相关角色形象、情景、场景、元素以及以电影品牌为核心，开发的特许授权商品、影视基地以及主题乐园。而基于电影衍生的媒介产品，则不包含在内。此观点认为媒介产品仅是电影内容多元化发行的结果，其核心仍然是电影的故事情节，没有做到真正的跨产业发展。

本文对于IP衍生品的定义更趋向于前者，认为IP衍生品是从IP中延伸出来的包含媒介产品、娱乐产品以及娱乐服务在内的多元化开发的结果。因为不论媒介产品、衍生娱乐产品或是娱乐服务产品三者都是相互关联与影响。

（2）衍生品的内涵

首先，衍生品的内涵体现在对版权多权利的选择使用。是通过社会强制而实现的对知识产权权利的多种用途，在多范围进行选择的权利。一个完整的版权包含复制权、发行权、信息网络传播权等在内的十七项权利，权利主体拥有对版权的占有、使用、转让以及收益的权利。所谓对知识产权产品多种用途选择是指利用不同技术手段、借助不同媒介平台、利用不同开发方式，在不同环节、不同领域对不同权利进行合理化利用的方式。因此IP衍生品就是对版权中各个权利进行商业化开发的结果，是对版权在商品层面多领域、多用途开发的结果。应用领域越多，使用方式越多元化，IP衍生品形态也就越丰富，IP所产生的经济价值越大。

其次，衍生品的内涵体现在传播。因为对版权权利的多领域、多途径选择的背后本质在于传播。衍生品是版权在不同媒介形态甚至不同产业形态流转传播的结果，在版权传播过程中借助不同媒介形态或不同产业载体形态对版权权利进行多途径选择开发，使市场不断挖掘其更大的商业价值并带来相关收益。对IP衍生品开发链条越长，IP本身传播半径越长。传播也是版权产生经济效益，进行商业化开发，转化为衍生品这种特殊商品的首要前提。

最后，衍生品的内涵体现在价值的增值，不论是经济价值还是文化价值，都是在对版权进行多领域传播，对权利进行多途径使用中实现的。从产业的角度出发，版权内容的创作者的初衷并非是单纯自己欣赏，也非弘扬文化，而是为了满足市场需求，通过传播而获取经济收益。只有版权所依附的内容商品在更大范围形成传播才能产生更大的经济价值。而衍生品在多领域，以不同形态传播过程中客观上促进了版权经济价值的增值以及文化价值的扩散。

综上所述，衍生品从传播学角度看，是版权的核心内容在不同形式的，或有形、或无形的载体传播的生成品。在传播过程中版权本身的内容不断得到增值。从版权视角看，衍生品是版权的财产权利进行商业化开发的结果。IP衍生品是IP在进行转化后形成的多种形态，优质的内容成为基本构成要素和核心，以此通过相关技术支撑，通过市场需求实现IP衍生品的价值[①]。

2.2 电影IP衍生品概述

IP衍生品作为IP价值实现重要途径，已成为文化产业普遍实践的开发运营模式。而相较于网络文学、游戏、音乐等产业，电影产业对IP衍生品开发历史更长，开发模式更加多样。因此本文将以电影产业为研究对象，探究IP衍生品在电影产业的开发模式。

2.2.1 电影与IP衍生品

IP资源按呈现形式可划分为文学IP、影视IP、游戏IP、音乐IP甚至知识IP，不同IP内容有不同的传播路径及开发模式。现阶段围绕文学IP进行开发研究的实践及案例较多，而本文之所以以电影为IP衍生品开发的研究对象，主要原因如下：

（1）电影是延长IP衍生品链条的核心动力

现阶段，文学IP尤其是网络文学IP是整个IP衍生品开发链条的源头，是电影、电视剧、游戏、动漫等作品创作的重要来源之一。但真正推动内容传播，进一步开发IP价值，延长IP衍生品链条的核心动力则是影视IP，尤其是电影IP作品。在整个IP衍生品链条中，电影作品起到放大器的作用，融合多种表现形式，扩大IP衍生品开发可能性。对于文学IP衍生品的开发多是间接开发，而电影IP对衍生品的开发则是直接开发。

（2）电影是主流文化呈现形式

相较于文学、动漫、游戏等内容呈现形式，受传者对影视作品的解码门槛较低，不需要长时间的学习过程，因此电影向来都是面向社会全体，展示社会主流文化的平台。其传播半径较大，属于大众群体消费作品，受关注度也较高。电影

---

① 常江，张养志. 版权视角的"IP"商品属性分析 [J]. 北京印刷学院学报，2017，25(01):1-6.

作品面向的受众范围具有广泛性、多样化的特点。而 IP 衍生品的开发本身就是跨媒介、跨产业开发，是融合不同媒介形态、产品形态的过程。因此电影 IP 衍生品的开发最重要的特征就是将原本属于特殊群体消费的文化内容，变为大众娱乐消费对象。同时将某一文化内容以符合不同媒介群体喜闻乐见的媒介形态、产品形态传播开来。

（3）电影表现元素多样化娱乐密度高

电影 IP 衍生品具有易开发性。相较于文学 IP，影视作品 IP 更易产生衍生价值，这取决于二者不同的媒介表现方式，即文本与视频的区别。麦克卢汉曾将媒介分为冷媒介与热媒介，"热媒介"是指传递的信息比较清晰明确，接受者不需要动员更多的感官和联想活动就能够理解，它本身是"热"的，人们在进行信息处理之际不必进行"热身运动"。而"冷媒介"是相对于"热媒介"而言的，指它传达的信息量少而模糊，在理解时需要动员多种感官的配合和丰富的想象力。虽然麦克卢汉对这两种分类没有一贯的标准且存在逻辑上的矛盾[①]，但却为我们理解不同媒介作用于人，所引发心理和行为的不同反应提供了启示。相对于文学 IP，电影 IP 就是"热媒介"，电影作品当中融合了丰富的媒介表现方式，文本台词、肢体动作、语言、音乐、动画等，这种综合性表现方式相对于单一文本的表现方式不但为观众呈现了更为清晰明确的信息，而且对于 IP 衍生品具有丰富的开发元素。

不论是文学作品、游戏甚至是音乐 IP 在改编为电影后，电影对原始 IP 进行合理化演绎，在创作、拍摄过程中会不断融入、叠加新的 IP 价值，产生了价值叠加。因此电影 IP 可以看作是无数 IP 元素的叠加。一部电影 IP 当中包含无数小 IP，例如明星演员的加盟就是明星 IP，而演员与电影中的角色形象结合从而形成新的形象 IP、电影中植入的某些产品就是品牌 IP。这些都赋予了电影 IP 更多可开发价值，延展了电影 IP 衍生品开发的可能性。例如，衍生自电影的游戏作品，当中的形象会直接采用电影中的角色形象；电影周边模型会尽量复刻某个演员的面部形象；某个品牌植入电影后会推出该电影特别版商品，这些都是电影 IP 不同于其他类型资源 IP 的独有开发模式，也是不同 IP 价值叠加的作用。

2.2.2 电影 IP 衍生品的分类

电影 IP 衍生品的开发以电影 IP 为核心，基本上遵循一定的开发路径。从电影 IP 中汲取一部分相关元素，以最合适的方式开发 IP 元素，满足电影观影后观众情绪的延续。电影 IP 本身不论在故事内容的延伸性还是商业价值上都会有一定

---

① 郭庆光. 传播学教程 [M]. 北京：中国人民大学出版社，2011.

局限性,这时候就需要通过多媒介、多视角的整合以满足各个层面受众的需求,通过 IP 衍生品的开发拓展电影 IP 的传播力。

较为常见的开发路径为媒介产品,如图书音像类、电子游戏类;娱乐产品,如模型手办类、家居日用类、文具类等;最终开发服务产品,如主题公园以及主题餐厅等。如图 2.1 所示。下文将从媒介产品、衍生娱乐产品以及衍生服务产品三大类来分析梳理电影 IP 衍生品的分类。

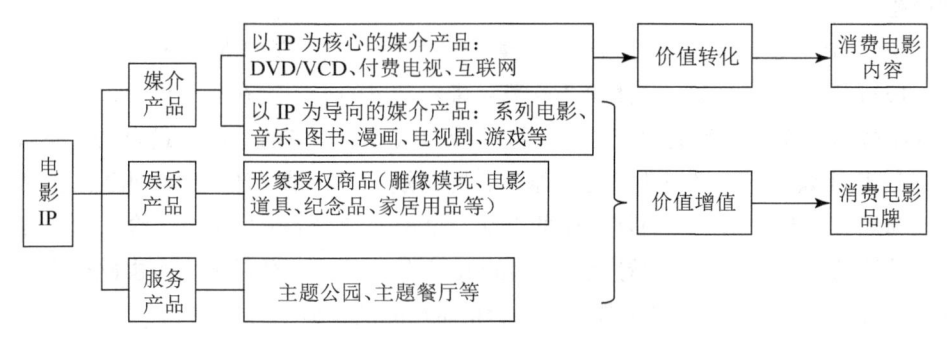

图 2.1 电影 IP 衍生品分类

（1）媒介产品

电影 IP 衍生的媒介产品可以分为两大类,一类是以电影 IP 为核心的媒介产品,主要发生于电影发行阶段。另一类是以电影 IP 为导向的媒介产品,主要发生于电影 IP 的创作阶段。

以电影为核心的媒介产品是指电影著作权人将电影版权授权转让给网路渠道商、电视台、交通工具等非影院的播放平台,授权音像公司开发电影的录像带、VCD、DVD 等音像作品进行发行,还包括电影版权的海外发行,是行使复制权的过程。尤其是随着互联网的发展,电影版权授权在视频网站播放已成为电影发行的必要一环,这也是我国电影 IP 衍生品开发的主要渠道。其实质是以媒介技术的发展为基础,以新媒介为平台不断拓展出新的发行渠道。消费者消费的仍然是电影内容本身,没有新元素的加入,且其产品形态依然是视频内容,并没有创造出新的价值,而是实现了价值转移。

以电影为导向的媒介产品则是通过充分利用电影 IP 中的情节、人物、形象实现其在内容产业内的跨界改编。主要包括图书、游戏、动漫以及衍生电影作品等,实现了电影 IP 内容的二次创作,主要发生在电影创作阶段,跳脱了电影内容本身,实现了电影 IP 的价值增值。以电影为导向的媒介产品主要包括以下几种情况:电影 IP 改编或再版的图书作品;电影系列化;电影 IP 衍生音乐;电影 IP 衍生游戏。

（2）娱乐产品

娱乐产品主要是指由电影制作出品公司授权允许的，利用电影中人物形象、场景等元素，设计生产的实物产品。涉及范围包括服装类、餐饮类、文具类、日用品类以及电器类等日常生活所需的东西。电影 IP 衍生的娱乐产品主要可以分为三类，即电影 LOGO 贴牌衍生品、授权第三方的原创性生产以及与强势品牌方推出联名系列。合作程度不同，IP 衍生品的开发程度也不同，这部分将在下文中详细论述。

电影 IP 衍生的娱乐产品最早也是最具代表性的就是迪斯尼的米老鼠动画系列。1929 年，有人向该公司出价 300 美元将米老鼠的形象用在写字板上，这是最早的贴牌衍生娱乐产品的生产方式，这种最为粗暴、简单的生产方式为之后迪斯尼的 IP 衍生娱乐产品的开发奠定了基础，同时娱乐产品销售产生的额外收入也帮助迪斯尼公司制作出成本更加高昂的电影，也使米老鼠的形象流行至今，出现在数以千计的商品上，成为世界上最著名的 IP 形象。而商品化的概念也由此产生，并在 20 世纪 70 年代的星球大战系列电影衍生产品的授权达到顶峰。

电影本身是由语言、故事、思想、情绪、镜头等一系列意义元素所构成的整体，而衍生的娱乐产品则是将这些元素从电影 IP 内容中抽离出来固化成商品，将这些符号具体化，成为一种可以用来交换的商品。娱乐产品与其他类型的商品最大区别在于拥有电影 IP 的核心价值，将电影的文化价值注入商品当中，不但提升了这些商品的销售量，而且这些衍生商品的销售也传播着电影信息，传递着电影价值。

（3）服务产品

服务产品是为电影消费者身体力行或者强化其观影体验的娱乐性活动。以影视基地、主题公园、主题餐厅为代表，将电影 IP 衍生到服务产业，是电影 IP 衍生品综合性体验的一种情景。

麦克卢汉曾提出"媒介是人体的延伸"，任何一种媒介技术都是人器官的延伸。印刷品是视觉的延伸，广播是听觉的延伸，电视是视觉和听觉的延伸，互联网是人的中枢神经和其他感官的延伸[1]。而以迪斯尼乐园为代表的衍生服务产品则是参观者多感官的延伸，使来参观的游客通过综合性的感官、互动体会迪斯尼电影要传达的快乐精神。

电影 IP 衍生媒介产品所产生的是媒体产业价值，媒介产品是以不同媒介形式对 IP 内容进行衍生传播，或是将 IP 内容进行拆解，进行适度包装改编后形成的衍生产品，实现了在文化产业领域的价值创造。而娱乐产品和吸收了电影故事内

---

[1] 哈罗德·伊尼斯. 传播的偏向 [M]. 北京：中国人民大学出版社，2003.

容或视觉形象而衍生的主题公园的服务产品，所产生的都是文化娱乐价值，其脱离了电影所处的媒介产业，添加了物质载体，从而达到对电影IP内容以商品化的形式完成传播过程，是对电影创意元素的传播和售卖。同时娱乐产品与服务产品提升了电影产业附加价值，引爆更大范围的文化消费大潮，为相关产业带来价值驱动。

第三章　中国电影 IP 衍生品开发动因及困境

3.1　电影 IP 衍生品的开发动因

互联网时代，IP 衍生品与传统电影衍生品的版权开发在思路、开发模式、运营方式上都有很大不同，而这种转变的动因是中国电影产业所处的现实语境。因此本章的总结既是对 IP 衍生品开发动因的总结，也是对我国电影产业当前所处的现实背景的总结。

3.1.1　电影产业的高风险性

电影产业本身就是一个投资巨大，具有高风险的产业。具体体现在受众需求的不确定性高，观众口味难以把握，造成影片投资回收风险高；电影产品本身属于复杂的文化产品，品质难以保证；电影拍摄前期成本投入高，属于资金密集型产业，风险大；电影作为文化产品，受政策约束，不可控性高。这些因素都造成电影产业本身的高投资、高风险性。

但我国电影产业收入结构单一，无法抵御电影产业的高风险性。从 2009—2014 年中国电影产业规模可以看出（见图 3.1），在整个电影产业收入结构当中，国内票房收入一直占据了绝对优势。以 2014 年中国电影产业规模来看，全年中国电影产业收入规模为 363.7 亿元，其中国内电影票房收入为 296 亿元，占据整体收入的 81%。单一的 IP 价值实现形式难以支撑电影产业长久可持续化发展，IP 作为版权商品的经济价值没有完全释放。只有基于电影 IP 实现创意多重开发，充分发挥 IP 的版权价值，通过对电影版权的衍生开发，形成范围经济，才能将电影前期巨大的研发成本分摊到 IP 衍生产品中，化解前期巨大的产业风险，实现产业资源的循环。

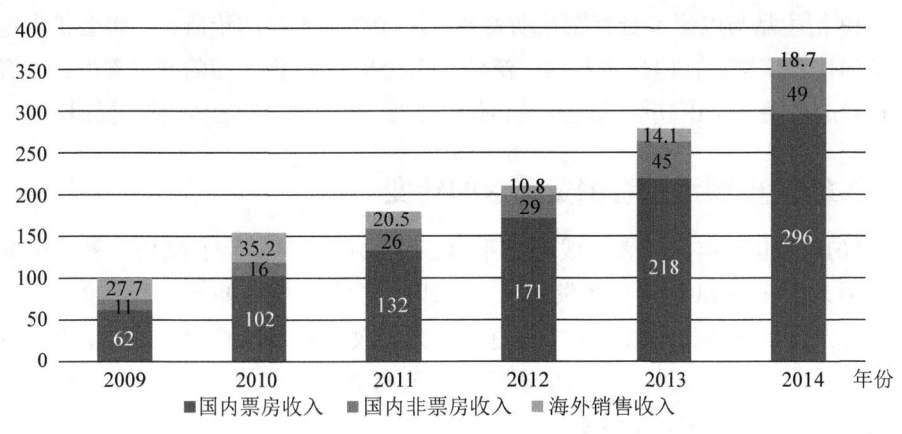

图 3.1　2009—2014 年中国电影产业规模（亿元）

数据（从左到右，国内票房收入/国内非票房收入/海外销售收入）：
- 2009：62 / 11 / 27.7
- 2010：102 / 16 / 35.2
- 2011：132 / 26 / 20.5
- 2012：171 / 29 / 10.8
- 2013：218 / 45 / 14.1
- 2014：296 / 49 / 18.7

3.1.2　电影 IP 内容的传播需求

从传播学角度看，版权的价值是在传播中实现的。电影 IP 本质是一种内容资源，其目的首先是传播，其次才是在传播当中产生经济及文化价值。衡量一个优质 IP 资源的标准就在于其传播的深度及广度。

电影 IP 的传播要具有广度，所谓 IP 传播的广度，强调的是电影 IP 在不同年龄层次、不同职业、学历背景、不同消费喜好的受众中都能够引发关注。随着新媒体传播方式的变革，受众接触信息方式发生变化，呈现分众化趋势，同时由于受众在个人属性、社会属性等因素上的差异，接收信息的渠道和方式不同，电影这种信息传播方式不能满足差异化的受众需求。因此这就需要 IP 内容的跨界传播能力，根据不同渠道平台的传播特点，从不同角度对电影 IP 进行重新建构，触及不同的层次受众群体。例如漫威电影宇宙通过之前的漫画以及漫威电影衍生的游戏、短剧、衍生的单体英雄系列电影、衍生的漫威英雄模玩雕像、家居用品以及迪斯尼公园中的超级英雄专场，形成了统一的世界观，拓展了电影 IP 传播的广度，在动漫粉丝、电影粉丝、阅读人群甚至模玩粉丝之间实现 IP 的无障碍广泛传播。

所谓电影 IP 的传播深度，指的是受众对于电影 IP 的喜爱程度，是在电影 IP 传播广度的基础上关注电影 IP 的传播深度，不但包括电影 IP 的票房、观影人次等数据指标，更重要的是包括对电影 IP 衍生的相关商品的关注度、付费意愿等综合数据。电影 IP 的传播深度一定程度上来源于电影 IP 的传播广度，电影 IP 传播广度越广，IP 本身的影响力越大，在 IP 衍生品开发时传播深度也就越深。

IP 衍生品与电影本身存在互动关系。IP 衍生品本身的传播和销售会扩大电影本身的传播广度，而电影本身的广泛传播则会提升 IP 衍生品的开发深度，二者是一种双赢的关系，IP 衍生品的开发会促进电影 IP 内容本身的传播及受阅程度。

3.1.3 电影消费者消费需求的转变

2014—2015 年，各大在线票务平台正式崛起，并开始了疯狂票补，中国电影观影人次在 2013 年后呈爆发式增长，即使在 2016 年票补行为大幅度减少，中国电影票房勉强维持增长，但中国电影观影人次依旧突破了 13 亿人次。图 3.2 为 2011—2016 年观影人次。中国电影已由精英消费品变为大众消费品，电影的受众需求也由单一化向多元化转变。

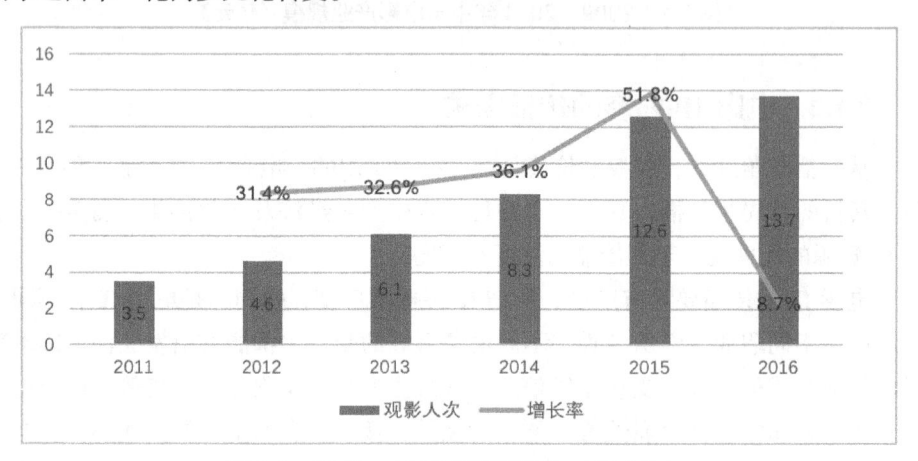

年份	观影人次	增长率
2011	3.5	
2012	4.6	31.4%
2013	6.1	32.6%
2014	8.3	36.1%
2015	12.6	51.8%
2016	13.7	8.7%

图 3.2　2011—2016 年观影人次（亿人次）

电影受众需求多元化发展意味着消费需求的转变。单一化的电影内容不能满足受众对影片的需求，受众更倾向于通过各种渠道接触、延展电影 IP 内容。法国社会学家皮埃尔·布尔迪厄认为，"当代的消费更多的是一种符号性的消费行为，即人们通过消费商品所蕴含的文化符号意义来彰显自己的社会身份和地位"[①]。

IP 衍生品的消费者基本都是电影 IP 的粉丝，仅仅通过观看电影内容获得视觉上的享受并不能充分满足他们的需求，即使通过反复观看影片也会感到心理上的空虚，这时消费者倾向于通过 IP 衍生品来补充。媒介类衍生品能够满足消费在内容层面对电影 IP 的需求。而娱乐类衍生品将电影 IP 中的情景、场面、场景延展或固化下来，完成对电影的实体化，电影观众通过购买、消费电影衍生品来延续对电影 IP 内容本身的认同感。

---

① 邹碧霄. 消费文化视域下的"粉丝电影"现象研究 [D]. 暨南大学, 2015.

3.2 中国电影 IP 衍生品开发困境

IP 在给电影带来流量，提供创作来源的同时，也直接推动 IP 衍生品的开发。逐渐意识到 IP 作为版权商品在电影产业内部融合和外部跨界的纽带作用。然而在电影 IP 衍生品开发过程中存在诸多矛盾，这些矛盾的存在阻碍着电影 IP 衍生品开发进程。

3.2.1 电影 IP 衍生品盗版乱象频发

盗版猖獗一直是制约电影产业乃至整个文化产业发展的核心。尤其是随着互联网的发展，由于其低成本复制性、快速的传输性、储存的廉价性以及隐秘性都严重阻碍电影版权价值的实现，这也是我国 IP 衍生品市场长久发展疲软的重要原因。大量盗版产品依托电商网站形成了完整的盗版产业链，以其低廉的价格优势占据衍生产品市场的大多数份额，严重挤压吞噬 IP 开发者的经济利益，影响电影 IP 本身文化价值的传播。电影 IP 衍生品的盗版乱象主要由以下两方面原因引起。

（1）电影版权权利确权复杂

上文说到 IP 具有版权属性，IP 衍生品就是对版权权利的多元化使用。但电影本身是一种权利的复合体，涉及的权利十分复杂多样，具体包括电影播放权、改编权、电影品牌商标权以及角色形象权等诸多权利。同时虽然行业内对电影 IP 衍生品开发实践越发丰富，却越能暴露了相关权利确权和保护上的不足。电影 IP 衍生品跨界开发与版权边界之间存在巨大矛盾。对于版权权利确认及保护的力度、范畴远不及行业发展速度和规模。

目前我国在电影产业相关权利保护上除了以电影作品为保护对象的《著作权法》以及行业中相关的规章制度外，缺乏对相关法规的细化，尤其是对于电影中人物形象、卡通形象商品化权利的保护。所谓商品化权是指，来源于智力劳动的，经传播具有一定声誉、能产生和满足一定消费需求的特定权利要素的各类形象，转借其影响力，异化结合与商品或服务进行商业化使用的权利。我国至今尚未将商品化权作为独立的无形财产权加以保护，而是采用知识产权中的著作权、商标权、肖像权、专利权等财产权利加以界定保护[①]。然而在电影 IP 衍生品开发实践中经常涉及相关权利使用，权利主体在遭遇侵权行为时难以界定权利范围，无法可依，维权成本巨大，事后又得不到应有的权利保证和经济收益。因此电影 IP 衍生品的开发亟须明确权利主客体、权利范畴，拓展版权确权边界，构建完整的知识产权

---

① 郝思洋. 我国电影衍生品产业的知识产权保护瓶颈 [J]. 太原师范学院学报（社会科学版），2011,10(02):54-56.

法律体系的保护。

（2）电影版权授权效率低下

电影版权授权效率低下主要体现了电影版权授权效率与版权传播效率之间的矛盾。一直以来我国电影衍生品市场都采用粗放式的授权方式，随着国外IP的引入，我国电影IP衍生品的权利模式及授权方式多沿用国外标准，每一项版权权利都要单独授权，还要按照不同开发品类授权。版权权利的过度拆分导致版权授权流程复杂，谈判过程艰难，版权流转艰难，影响着版权的传播效率。

然而电影IP衍生品作为时效性较强的商品，极低的传播效率压缩了国内企业对IP衍生品开发的规划、设计以及开发时长，影响IP衍生品的开发效果。导致国内正版衍生品设计开发品类有限，价格高昂，难以满足消费者需求。同时为不存在版权授权环节，能跟随电影上映档期做出快速反应，传播效率高，价格实惠的盗版IP衍生品提供了巨大的市场。

3.2.2 电影IP资源的稀缺性

IP资源的稀缺性并不是指数量上的不足，而是指使用者在获取和利用手段上的限制。近几年，随着中国在衍生品设计开发能力的提升，电影衍生消费品品类逐渐丰富。然而过度依赖国外电影IP资源，在娱乐产品开发链条中扮演着产品制造者的角色。以时光网为例，在时光网旗下衍生品品牌影时光授权开发的36个IP形象当中，23个形象为国外电影IP，只有4部电影《长城》《惊天魔盗团》《功夫》以及《功夫熊猫3》为国产电影[①]，可见在衍生产品开发上，中国对国外（以好莱坞及日本IP资源为主）资源依赖度较高。其背后暴露的矛盾是上游媒介产品开发与下游娱乐产品开发的矛盾，缺少上游创作阶段电影IP培育与创新力，下游就缺乏开发资源。

首先，上游电影IP类型单一不适合开发IP周边衍生品。并不是所有电影IP类型都具有衍生品开发的可能性，科幻类、动漫类的影片最适合衍生娱乐产品的开发。反观我国电影IP市场，在2015—2017年中国电影票房Top10中（见表3.1），国产影片以喜剧、奇幻类型为主，不适合开发IP周边衍生品。尤其是近几年IP文学改编电影的兴起更加刺激了青春类、爱情类电影的兴起，以"小妞文学"为代表的IP丰满度较低，角色符号化魅力不足，不具备电影IP品牌化前提，也就缺乏向后端IP衍生品开发拓展的实力和潜力。

---

① 注：《长城》与《功夫熊猫3》为合拍片，视为国产片。

表 3.1　2015—2017 年中国电影票房 Top10

排名	影片	类型	总票房/亿元	国家/地区	衍生品开发
No.1	《美人鱼》	喜剧	33.92	中国香港	适合开发元素较少，联合 IDo 开发美人鱼钻石项链"鱼萌萌"，除此之外几乎无官方 IP 周边衍生品
No.2	《捉妖记》	奇幻	24.29	中国	萌宠胡巴适合开发 IP 周边衍生品
No.3	《速度与激情7》	动作	24.27	美国	车模 & 汽车元素的衍生品
No.4	《功夫瑜伽》	喜剧	27.53	中国	几乎没有 IP 衍生品开发
No.5	《港囧》	喜剧	16.14	中国	"囧"系列的内容衍生 & 囧月饼
No.6	《魔兽》	奇幻	14.72	美国	经典游戏 IP 开发，开发模玩、家具、3C 等众多周边衍生品
No.7	《复仇者联盟2：奥创纪元》	科幻	14.64	美国	经典 IP，适合开发衍生品
No.8	《夏洛特烦恼》	喜剧	14.42	中国	"开心麻花"内容衍生
No.9	《美国队长3》	科幻	12.64	美国	经典 IP，适合周边衍生品开发
No.10	《西游记之孙悟空三打白骨精》	奇幻	12.01	中国	部分元素适合开发

其次，我国电影 IP 创新力不足，上游媒介衍生品与下游娱乐衍生品开发不协调，缺乏品牌化意识。几年来国产电影票房收入占比逐渐上升，其中不乏优秀之作。但难以形成系列化，缺乏影响广泛、内涵丰富、品牌化的电影 IP。造成消费类衍生产品吸引力有限，更多依赖国外 IP 的授权。

在电影创作阶段打造品牌系列化电影是 IP 素材积累、提升 IP 创新力、推动下游 IP 衍生品开发的引擎。电影 IP 品牌化的影响力形成对 IP 衍生品的直接宣传作用，有效延长 IP 衍生品的销售周期。系列化电影是在创作阶段基于原有电影 IP 衍生出的电影作品，是电影 IP 衍生品的重要组成部分。然而我国在创作阶段对于打造系列化电影 IP 仍处于初级阶段。纵观 2016 年国产电影榜单，只有《港囧》和《西游记之孙悟空三打白骨精》勉强算得上系列化。创作阶段 IP 衍生品开发缺失，无法形成品牌效应，导致下游 IP 衍生品开发乏力，电影 IP 衍生品市场无法拓展。

3.2.3　电影 IP 过度开发，价值透支

当前文化产业虽然逐渐意识到 IP 作为版权商品的经济价值的重要性，但过度狂热使文化产业急于价值变现，甚至不够成熟的 IP 作品也急于开发变现，导致过

度消耗 IP 的生命。以电影《魔兽》与《长城》为例，这两部电影都授权给时光网旗下的影时光品牌进行 IP 周边衍生产品的设计开发。《魔兽》是经过 20 年经营积累的大 IP，具有很强的粉丝购买力。时光网在此基础上进行了多品类、多领域的开发。在电影上映前，IP 衍生产品的销售量就占总量的 70%～80%，最终销售额突破了 1 亿元。但电影《长城》则利用了同样的开发模式，授权了多品类进行周边产品的设计开发。显然《长城》没有电影《魔兽》的长时间 IP 价值积累以及粉丝运营，并不是成熟的 IP 作品。即使在设计中融入鹿晗、王俊凯等明星形象，希望借助粉丝力量提升衍生品销售，但是效果依旧不尽如人意，远不及《魔兽》的火爆。

对电影 IP 价值过度透支的背后是 IP 价值积累与 IP 价值开发的矛盾。IP 积累是创作环节将分布于文化产业各领域的资源整合开发，在文化力、知识力、传播力交织作用下完成 IP 的全新发育。对于电影产业来说，IP 积累的过程就是在上游环节打造 IP 衍生品，形成电影品牌的过程。在电影创作阶段通过电影 IP 系列化、跨媒介开发等手段打造、培育电影 IP 品牌，是增量过程。但 IP 开发尤其是对于娱乐产品开发是通过挖掘 IP 价值，开发出尽可能全面多样的 IP 产品，是对原有积累的电影 IP 价值的消耗。

IP 积累与 IP 开发在时间成本上具有不对等性。IP 积累是长期的过程，以漫威电影《复仇者联盟》系列为例，其中各个超级英雄角色都是漫威在不同时代创造出来的，各个角色背后都有各自的连载系列，其中个别角色也有自己的衍生电影。而电影制作方花了近 30 年的时间才将各自积累、沉淀的七个角色聚集在一起。而在下游对 IP 周边衍生品的开发则是对电影品牌的消耗的过程。因此在 IP 积累与 IP 开发上要保持合理的节奏。模式化、粗暴化的 IP 衍生品开发会在短时间内过度消耗 IP 资源，对长期以来积累的 IP 品牌价值产生负面影响。

但是 IP 积累与 IP 开发是相互转化的，二者之间没有绝对的界限。在 IP 开发中注重对内容的维护与增值，这其实就是 IP 积累的过程。漫威在推出《复仇者联盟》系列电影后并没有坐吃山空，而是在电影 IP 基础上不断开发新的情节复线，用开发的不同媒介衍生品为电影 IP 内容充血，完成新一轮的 IP 积累。

3.2.4　电影 IP 衍生品开发滞后

2015 年暑期《西游记之大圣归来》在排片比例、宣传档期明显逊于同档的其他电影的基础上仍以 5 天破 2 亿元的票房逆袭，绝对是暑期档的一匹黑马。随之而来的是对于影片的热议以及对周边衍生品的巨大需求。然而《大圣归来》周边产品的整体开发明显滞后，在电影上映后看到明显票房高涨后，阿里旗下的天猫找到了《大圣归来》的制片方设计开发了系列衍生产品，并在天猫平台上展开众筹活动。此次众筹活动因仍在电影上映档期以及对电影的热议，众筹最终金额超过了1200万元。京东在8月底也陆续开始了《大圣归来》衍生品众筹，这一次明显没有天猫众筹效果好，21款众筹衍生产品当中仅有4款成功达到众筹金额，其根本原因在于周边产品开发的滞后性。《大圣归来》延期一个月于9月9日正式下档，然而京东开始众筹活动已经接近电影下档期，其影响力明显不足。

电影IP衍生品开发滞后性问题是电影时效性与IP衍生品开发周期的矛盾。与IP媒介衍生产品不同，消费类衍生品销售期受限，往往是在电影上映期间配合电影共同构成宣传合力。然而我国周边衍生品的开发往往是在电影上映后才展开，造成开发周期过短，产品开发品类有限，无法产生较大影响力。这些滞后的周边产品往往被当作电影宣传营销物料与电影票、零食等捆绑销售，很难形成自身的影响力，为电影带来额外的收入。

而电影IP衍生品开发滞后性的原因在于，首先电影制片方或发行方缺乏对周边产品的重视。《捉妖记》《大圣归来》这两部2015年最受热议的电影在电影创作初期都没有周边衍生品的开发计划，都是随着电影热度的不断提升才将周边产品的开发纳入整个电影项目当中，被动开发衍生品。其次缺乏对IP价值的评估，中国IP衍生品评估环节的缺失往往造成对电影本身影响力的低估，《大圣归来》制片方坦言在拍摄初期没有想到电影能有如此大的影响力，自然没有将衍生品开发纳入计划当中，造成消费者"跪求"衍生品的现象。

第四章　电影 IP 衍生品开发环节

本文认为电影 IP 衍生品的开发主要分为三大环节，分别为电影 IP 评估环节、授权环节以及开发环节。IP 评估是电影 IP 衍生品开发的基础、IP 授权是 IP 衍生品的开发保证而 IP 开发则是 IP 衍生品开发的核心环节。本章将从这三大环节出发，对相对成熟的开发模式按照环节标准进行归纳分析。

4.1　电影 IP 衍生品开发评估环节

电影 IP 价值评估是 IP 衍生品开发的基础，一方面对 IP 价值的评估能够有效避免电影 IP 价格泡沫化。电影 IP 是通过大量复杂的智力劳动而生产的创意产品，创意性和智力性的劳动价值难以衡量。对电影 IP 多方面的评估能够避免 IP 价格虚高。另一方面对电影 IP 的评估能够为 IP 衍生品的开发程度及路径提供指导，根据不同的评估系数能够反映出电影 IP 的影响力以及开发潜力，避免 IP 衍生品的盲目开发，最大限度挖掘 IP 价值。

IP 作为版权商品，对电影 IP 开发的评估环节就是对电影版权价值的评估。电影版权价值包括货币价值和非货币价值。所谓非货币价值指电影 IP 内容的艺术价值和社会价值，是对版权内容价值的评估[1]。货币价值指电影版权所满足消费的效用，不仅体现在电影票房上，还体现在用户对电影作品的付费意愿上。

4.1.1　内容导向下电影 IP 评估要素

在 IP 衍生品中，"内容为王"的文化产业特质没有改变，电影版权的艺术价值和内容质量决定了 IP 衍生品的品质。而评估电影版权的内容价值取决于电影 IP 的内核及外延，即电影 IP 的核心价值观及其呈现形式（见图 4.1）。

（1）电影 IP 呈现形式

IP 的类型是电影当中人物角色、场景、音乐等元素的提取来源，不同电影类型和 IP 衍生品之间关系紧密。IP 衍生品继承了电影中的元素，能让人们联想到特定的电影情节、人物、场景、音乐等。

---

[1]　田粟源. 电影版权评估研究 [D]. 山东财经大学，2014.

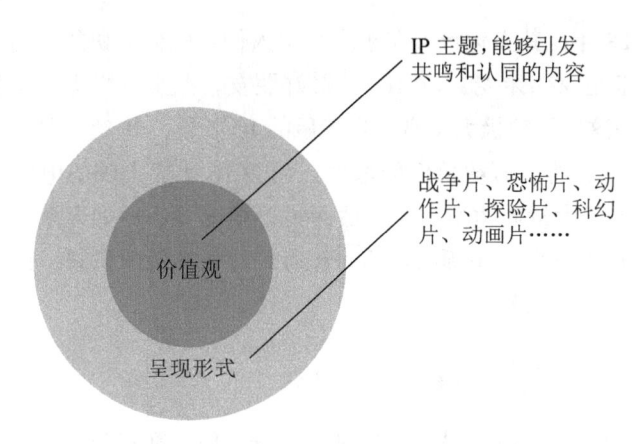

图 4.1 内容导向下电影 IP 评估要素

根据电影主题、拍摄风格的差异，不同影片可以归入不同类型[①]。不同的电影类型与IP衍生品的相关性强弱不同，强相关性的电影IP就较为适合开发IP衍生品，如科幻片、探险片、动画片、恐怖片等，这类电影中的角色形象鲜明，场景视觉冲击性强，便于提取开发。相对来说，社会纪实片、传记片、艺术片、历史片等弱相关性的电影IP则不具备鲜明、可提取的人物形象，或者只适合在内容层面进行IP衍生品开发。

（2）电影IP价值内核

真正代表电影IP衍生品开发价值的是电影IP的价值观，版权的非货币化价值是IP衍生品真正需要深度挖掘的内容。所谓电影IP的核心价值，是指能够让不同背景、文化、性别、年龄甚至不同时空的受众都能引发共鸣，产生根深蒂固的认同感的内容，是IP本身所要传达的且不会受到衍生品开发而改变的核心价值。电影的风格、人物设定、故事发展、叙事结构等要素都可以被替换，但核心价值能够引发受众的认可。

纵观所有开发成功的电影IP，其背后都有核心的价值观。例如在漫威和DC超级英雄的故事中，美国队长代表的是爱国主义，钢铁侠代表承担责任，超人代表着正义，蚁人代表着平民正义。电影IP的价值观在其系列衍生电影、漫画等媒介产品以及模型、文具甚至是主题公园中得到传播，跨媒介、跨产业形态，实现多领域协同效应。

但有影响力的电影IP需要不断进行文化积累，是历史沉淀和不断开发的结果，在此基础上的电影版权才具备衍生品开发的基础。例如迪斯尼最为经典的米

---

① 吴寒. 中国电影产品在"泛华夏文化圈"的营销策略选择研究 [D]. 兰州商学院，2014.

老鼠诞生于 1928 年，其文化价值在于满足了人们对轻松愉快的卡通形象的向往，以此为核心迪斯尼又为米老鼠设计了一群好朋友，温柔的米妮、友善的唐老鸭、随和的高飞……这些形象极大丰富了米老鼠的 IP 形象，IP 衍生品不断推陈出新，实现了 IP 形象的长青，版权价值的增值。而 2016 年底上映的电影《长城》在电影上映时也推出了大量周边衍生品，然而销售情况并不尽如人意。由于《长城》不具备电影 IP 应有的非货币版权价值，没有经过长期价值积累，在此基础上的 IP 衍生品开发显得过于单薄。

4.1.2 需求导向下的 IP 评估要素

前文提到 IP 作为一种商品，必然具备市场价值，在资源配置过程中必然受到市场供求的影响。因此，电影产业用户需求量以及需求结构影响了电影 IP 开发者在进行 IP 价值挖掘、开发时的生产模式及规模。因此，明确需求导向下 IP 价值评估要素是 IP 衍生品开发的重要指导要素。

（1）电影票房评估

根据需求理论，需求是由在某一特定价格下购买产品和服务的能力和意愿所决定的[①]，最直观的体现为受众必须通过付费的方式获得媒介产品。因此电影票房的高低直接反映了电影 IP 在受众中的影响力，量化地反映了电影版权的市场价值，影响了电影 IP 衍生品的开发。因此在评估 IP 衍生品开发时，对电影本身的票房评估是不可或缺的。

对 IP 衍生品的开发要做到在电影上映前能够预估票房量，为衍生品的开发提供指导依据。然而，影响电影票房的因素具有复杂性。影响电影票房的因素有很多，导演、剧本、编剧、演员、档期以及后期宣传等因素都会影响电影的票房。

因此，对于电影票房的预估需要尽可能收集已有历史数据，在此基础上进行分析。时光网（Mtime pro）凭借以往电影数据的收集，建立了电影数据库，为预估电影票房提供指导。

（2）电影 IP 粉丝级别评估

"用户思维"早已成为文化产业的热词，IP 的商品属性从本质上要求电影 IP 在开发过程中必须满足消费者的需求。作为电影 IP 开发主体，要了解消费者的形态变化，适应版权产品消费需求的变化。在市场经济体制下，IP 作为版权商品，消费者对电影 IP 的需求具有多元化、个性化及分众化的特点，需求弹性大且替代品多[②]。

---

① 张养志，丁淼. 需求导向下的视频网站版权运营探究 [J]. 北京印刷学院学报，2017，25(03):1-8.
② 张养志. 版权资源与市场需求 [J]. 现代出版，2017，(03):9-12.

根据马斯洛需求理论，商品在满足了消费者一般性生理需求、安全需求后，对"物"的消费就达到饱和，消费者开始追求更高层次的尊重需求和自我实现的需求。更加关注"物"背后的象征性意义。消费者对电影及其 IP 衍生品的消费也呈现这种趋势，且根据电影 IP 对消费者符号意义、价值认同的不同，电影 IP 的粉丝呈现分层趋势。

电影 IP 的粉丝分为普通粉丝、忠实粉丝以及铁杆粉丝。他们对于电影 IP 的忠诚度不同，对待电影 IP 的态度有所差异，因此对 IP 衍生品的接受度也有所差异，如图 4.2 所示。普通粉丝对电影 IP 态度积极，在接触电影后乐于了解接触电影 IP 的相关内容，但忠诚度较低，付费意识较低，对 IP 衍生品的消费程度停留在非付费的媒介产品以及促销类的宣传品。所谓宣传品是指那些不以售卖为目的，将衍生娱乐产品作为电影及品牌营销宣传的赠品。相比之下，电影 IP 的忠实粉丝具有付费意识，尤其愿意为媒介类衍生品付费，如付费电子书或实体图书、付费电影、付费游戏等。在娱乐产品消费上更注重衍生品的实用性与 IP 的价值属性，因此以大众消费产品为主。铁杆粉丝是对电影 IP 忠诚度最高，付费意识最强的粉丝群体，这部分消费者亟须通过电影 IP 固化出来的物品来保存对于电影的记忆。这部分人群往往是这个 IP 粉丝群体中的意见领袖，当然也会出于炫耀的心理消费购买 IP 衍生品。他们所消费的往往是高端的、具备收藏价值的雕像产品。一方面，这类高端、具有收藏价值的雕像价格昂贵，动辄上万元，需要消费者具有较强的消费能力；另一方面，这类 IP 衍生品多是限量发售，购买渠道有限，消费者能够购买到也是一种身份的体现。

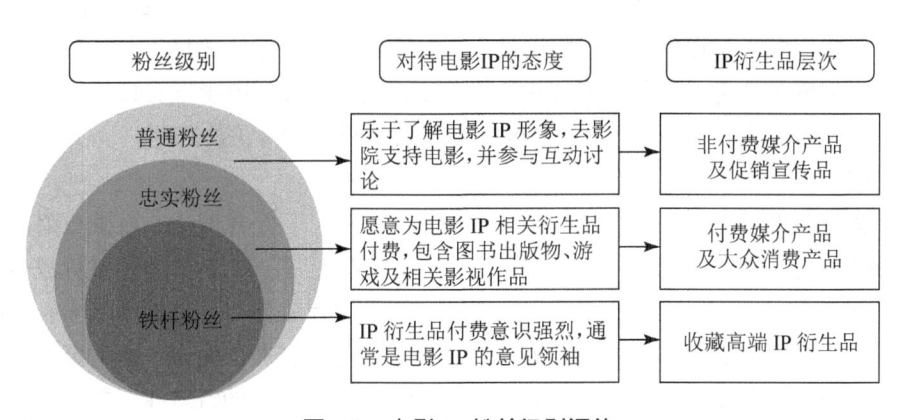

图 4.2 电影 IP 粉丝级别评估

4.2 电影 IP 衍生品授权环节

电影 IP 授权是确保电影产业及 IP 衍生品有序运作、开发的机制保障。在科学的 IP 评估指导下，围绕电影 IP，以著作权及交易机制为基础，进行 IP 媒介产品及周边衍生产品的授权生产。

4.2.1 版权权利使用方式

电影作品的权利包含复制权、发行权、出租权、放映权、信息网络传播权等在内的 17 项权利。衍生品就是对版权权利的多用途、多范围地选择和使用而成的产品。而电影本身就是不同权利的集合，因此对电影版权合理化统筹，提高版权流转度，实现电影版权的增值效应是电影 IP 衍生品开发的重点。以 IP 衍生品开发最为成熟的美国电影产业为例，美国的电影产业实际上就是版权产业，通过版权权利的多途径、多用途的使用，带动电影票房和相关业务的发展。

电影 IP 衍生品所涉及的版权权利使用可分为以下三种。

（1）复制权

版权的英文为 Copyright，译为复制权。作为电影作品其主要财产权利的实现都是围绕复制权而展开的。电影 IP 衍生品主要依靠包括 CD、DVD 以及音乐影视录音带在内的复制品生产和销售来实现 IP 衍生品产业链各环节的经济利益。例如，美国电影产业的"窗口期"机制的本源就在于利用电影版权复制的边际成本递减而边际收益递增的规律来实现经济利益。互联网时代以来，复制成本逐渐降低甚至可以忽略不计，传统复制品时代的商业模式受到挑战，"传播权"也逐渐取代"复制权"成为电影著作权人、视频网站以及公众利益之间争论的热点和核心。因此如何根据网络"传播权"使用的规律、分享机制，以促进电影本身传播为目标，提高电影版权传播效率，这是未来电影 IP 衍生品开发中考虑的问题。

（2）演绎权

演绎权并不是我国《著作权法》上的法定术语，只是在理论上对版权财产权的分类方式[①]。从定义看，演绎指对已有的著作权作品进行二次创作，又称派生作品，即 IP 衍生作品。与复制权相比，演绎衍生作品是在保持原有作品基本表达的基础上，对原有表达方式加以发展，并使新表达与原有表达融为一体的新作品。这种创作型劳动具有独创性，由演绎权而产生的 IP 衍生品的特点在于它既包含演绎者的独创性劳动成果，又保留了原作品的独创性构成元素。对版权演绎权的开发和使用是电影 IP 衍生品开发的核心动力，也是未来电影 IP 衍生品开发的主要

---

① 夏佳明. 论演绎权与复制权的区别 [J]. 法制与经济，2016，(08):87-90.

方向，其实现了在原有电影IP作品基础上的商业价值与文化价值增值。

（3）商品化权

随着文化产业的发展，围绕虚拟角色展开的一系列商品化开发逐渐成熟。此类虚拟形象来源于电影IP，是具有一定声誉、能够延续消费者对于IP本身的情感，具有识别性的吸引力的权利客体。衍生品开发者通过授权形式得到IP形象，借助其影响力，与实体商品及服务异化结合，引导消费者的消费行为，增强用户购买力，这类的商业行为被称为"商品化"。

在商品化权中分为IP形象授权和IP品牌授权。IP形象权指授权第三方使用电影中的角色形象，用于开发相关衍生商品的权利。形象权最早出现在有关于人物肖像、姓名、人格面貌等客体被商品化使用的案例中。随着形象授权的发展，在IP衍生品的授权中逐渐延伸出品牌授权的概念，品牌是一个综合性的概念，其中不仅包括电影形象，更融合了电影中其他IP元素，电影历史、声誉等元素。被授权商可以运用电影品牌商标、人物形象、图案造型等元素到衍生品设计开发中。

4.2.2　版权授权模式

一般来说，电影版权的授权有两种形式，即版权许可（Licensing）和版权转让（Assignment）。版权许可是指版权所有者通过签订许可协议的方式，允许被授权人在一定条件下使用作品的某一种或多种权利，而著作权人仍保持所有权。而版权转让则是指版权所有者向他人转让全部或部分版权权利，由被授权人买断版权权利。在选择电影IP版权授权方式时，权利所有者要充分考虑电影IP本身的价值及影响力，选择合适的授权方式。对于具有很强影响力的电影作品，版权许可的方式能够保证版权所有者长期持续性的版权收入。而对于影响力不足的小成本影片，版权的一次性转让则能够有效规避风险，保证电影IP的转化率。

随着国际上电影IP衍生品的发展，电影IP衍生品权利授权方式也逐步完善。国际通用的授权标准模式一般是"授权金＝商品成本的一定比例 × 授权的预估销量"，但这里指的授权金仅是某一商品品类的授权金额。因为形象授权开发的衍生娱乐产品设计品类和品项范围广泛，国外高质量的电影IP在电影开拍时会根据商品的品类和品项的细分来进行形象的授权开发和保护。例如电影《魔兽》在授权形象权时，在电影上映前一年就将服装、电脑、汽车、雕像等大品类商品的形象权授权完毕，保证衍生产品的生产。而在电影上映前半年左右会根据影片宣传的需要授权小品类的形象开发。平均一个品项的授权金在几十万美元左右，随着商品销售额的提升，形象授权方还会获得产品销售额提升的部分。

4.3　电影 IP 衍生品开发环节

电影 IP 衍生品的开发是电影产业向其他传媒市场、生产制造业延伸的过程，也是虚拟内容产业向实体产业、服务业转化的过程。

在泛娱乐生态下，IP 衍生品的开发是一项长期性、系统性的工程，是贯穿于电影从创意、拍摄、发行、宣传到下游产业链的项目，需要电影产业各环节主体、各行业、各公司均参与其中，在对 IP 价值认同、了解的基础上从各自环节、各自领域对版权进行内容挖掘、形态演绎（见图 4.3）。其核心目的都是对电影版权价值的挖掘和再创造，而并非电影制作公司单方面的行为。在不同电影环节，涉及的 IP 衍生品不同，开发模式也不同。本节将从电影产业各环节出发，分析电影 IP 衍生品在各环节的开发模式，探索在电影全产业链运作中 IP 衍生品的开发思维。

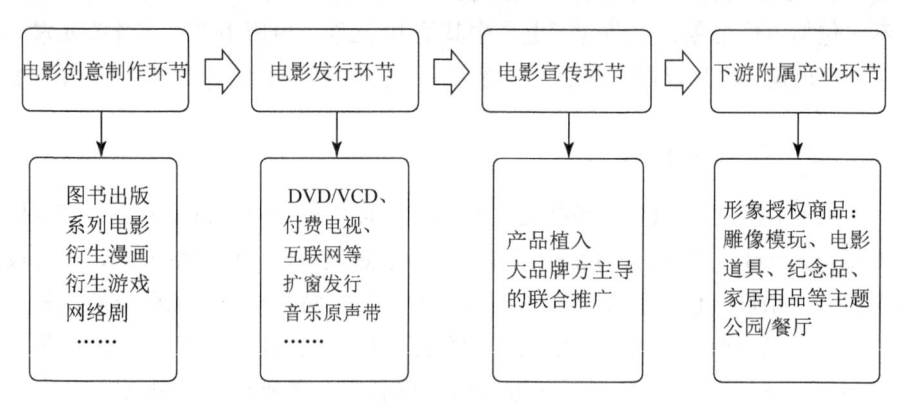

电影创意制作环节	电影发行环节	电影宣传环节	下游附属产业环节
图书出版 系列电影 衍生漫画 衍生游戏 网络剧 ……	DVD/VCD、 付费电视、 互联网等 扩窗发行 音乐原声带 ……	产品植入 大品牌方主导 的联合推广	形象授权商品： 雕像模玩、电影 道具、纪念品、 家居用品等主题 公园/餐厅

图 4.3　电影 IP 衍生品开发模式

4.3.1　电影创作环节的 IP 衍生品开发

传统电影衍生品思维认为衍生产品仅属于电影产业链下游环节，然而电影 IP 衍生品开发思路是贯穿电影产业各环节始终的，在电影的创作环节就应该注入版权开发思维。通过 IP 衍生品打造电影品牌，为后续 IP 衍生品的开发积累丰富品牌形象、内容情节等元素。

好莱坞在电影创作环节就蕴含大量 IP 衍生品开发的思想。其中最经典的莫过于对《星球大战》版权的跨媒介开发过程。卢卡斯电影公司最早于 1977 年推出了《星战 1》，并在电影上映前半年出版《星战》第一部小说《新希望》。在第一部电影上映并大获成功后，卢卡斯意识到《星球大战》这部作品在内容创作上的衍生能力，保留了对影片最终剪辑权、40% 票房利润以及续集拍摄的权利[①]。之后分别在 1980 年和 1983 年推出了《星战 2》和《星战 3》。在正传三部曲大获成功后，分别于 1999 年、2002 年和 2005 年上映了《星球大战》前传三部曲。这六部电影奠定了《星球大战》宏大的宇宙观，在此基础上推出了《星球大战：克隆人战争》系列动画电视剧。2012 年被迪斯尼收购后，星战系列在内容创作环节对版权开发更走上了加速车道。2014 年在迪斯尼频道首播《星球大战：义军崛起》，在游戏开发领域以每年至少两款的节奏面世，电影上更是以每年一部的速度持续维持热度。《星球大战》作为超级 IP，在内容创作环节就注重对电影 IP 内容的持续挖掘，在电影 IP 的基础上进行系列电影开发。同时借助迪斯尼在媒体产业强大的渠道能力，打破了电影作为单一载体价值，让 IP 在不同媒介渠道以不同表现方式、传播方式持续曝光，引发不同媒介渠道用户的价值观情感认同。提升 IP 在媒体产业的盈利能力，并且为 IP 衍生品的后续开发提供丰富的形象资源。

电影 IP 在创作过程中要打破单一媒介生产的限制，达到跨媒体平台传播的效果，不仅传播渠道要转换，所传播的内容也要进行重新建构，以适应不同媒体的传播特性以及不同媒体受众的需求。例如《星球大战》以及漫威、DC 等具有宏大世界观的 IP 内容，因为漫画的可保存性和阅读性，漫画内容为整个 IP 提供故事背景的设定，而电影由于其本身篇幅有限，但具有强大的视觉冲击性的传播特性，更适合对抗性的文本描述，用来突出 IP 的主线。动画连续剧则用来陈述故事、展开情节，为电影 IP 中的情节进行补充丰富。各媒介通过独立的叙事结构和逻辑上的关联性构建起庞大的世界观，将同一版权通过跨媒介开发延展版权边界，使版权在不同媒介渠道上流转，实现其内容价值及经济价值的增值。

4.3.2 电影发行环节的 IP 衍生品开发

电影 IP 在发行环节的衍生品开发主要体现在电影多渠道发行，利用不同媒介渠道的最佳传播时机，延长电影本身的传播时间与电影生命周期，是电影 IP 在发行阶段的衍生品开发。"扩窗发行"机制利用了电影在发行阶段的"窗口期"，所谓"窗口期"是电影在不同媒介渠道发行的时间。不同"窗口期"时间设置源于版权边际成本递减而边际效益递增的规律。在既定的消费市场中多一个消费者或多一个传播渠道需要增加的成本很低（边际成本），而带来的收入很高（边际收入）。

对美国电影产业来说，"扩窗发行"机制是 IP 衍生品开发中的主要收益，也是电影产业的生命线。每年窗口期的时间都在发生变化，以美国电影市场的首个

---

① 耿英华，孙鸿妍. 论《星球大战》电影 IP 的路径选择 [J]. 电影文学，2016，(17):35-37.

窗口期家庭录像发行为例，20世纪90年代末，电影在院线上映时间为六个月左右，直到2014年，时间缩短为两个月，逐渐逼近电影影院窗口期。这说明在发行阶段的IP衍生品产生的收益要逐渐高于电影的票房收益。当新的媒介渠道出现时很快就会被纳入"扩窗体系"，同时调整整个窗口期，寻找最适合电影传播发行的渠道。

然而新媒介技术的发展也为电影发行的窗口期带来了挑战，极大压缩了电影在影院的上映时间。尤其在中国电影市场，作为影院发行后的首个窗口，视频网站对缩短影院窗口期的需求很强烈。2017年上映的《金刚狼3：殊死一战》只经过60天的窗口期就登陆了爱奇艺，远远早于北美3个月以上的窗口期，甚至不少影片选择线上线下同时上映。这对于盗版猖獗的中国电影市场未尝不是一件好事，借助视频网站的力量打击非法下载或在线播放的电影，保证了电影IP的价值在发行渠道的实现。但关键在于视频网站如何发挥在互联网的传播优势，在分众市场精准定位观众，构建收费体系，以及电影在视频网站窗口期后的IP衍生品开发途径，这部分也将在第五章进行讨论。

4.3.3　电影营销环节的IP衍生品开发

所谓电影营销是指根据不同的利益主体，一方面指品牌企业通过电影植入式广告、赞助等方式展开营销活动，提升品牌企业的影响力和产品销售。另一方面是针对电影IP本身，利用营销的思维以提升电影影响力所展开电影的推广活动。不论对于品牌方还是电影本身来说，电影营销是个双赢的手段。而IP衍生品的开发本身就是电影营销的手段之一，是促成电影IP本身和品牌企业双赢的方法。

（1）产品植入式的IP衍生品开发

品牌植入是电影企业普遍采用的一种在营销环节的IP衍生品开发方式，也是最为简单、粗暴的方式。品牌企业通过安排产品放置于电影拍摄当中，与电影IP的价值内核产生关联，从而达到品牌曝光、宣传的作用。

好莱坞的品牌植入模式成熟于20世纪80年代的产品放置。时至今日，好莱坞的主流电影当中依旧充斥着各种品牌植入广告。

对于电影IP本身来说，产品植入不仅是为了获取广告收入，更重要的是获得品牌的配套推广资源，为电影IP营销服务。品牌企业在影片中植入品牌形象，并在电影宣传上映期间配合电影档期展开营销宣传。通过推出IP衍生品，如包含电影元素的产品或在产品宣传物料上植入电影元素，借助电影IP本身的影响力和价值内核起到宣传产品作用。伊利在《钢铁侠3》电影中植入其旗下的伊利谷粒多，并在电影上映期间展开多轮营销活动，各地超市谷粒多牛奶纷纷推出包含"钢铁侠"

形象的纪念版包装配合电影宣传。

（2）电影营销推广式的 IP 衍生品开发

与产品植入式的 IP 衍生品开发不同，电影营销推广式的 IP 衍生品开发最终目的是电影宣传，扩大电影的影响力。IP 衍生产品在快餐店、连锁超市、互联网电商等渠道销售推广时也帮助了电影 IP 本身的推广宣传，扩大了 IP 本身的影响力。

例如 2017 年电影《神偷奶爸 3》宣传期间，以小黄人这个 IP 形象为核心分别与麦当劳、ofo、亚马逊电商等品牌合作，推出 IP 衍生品。其中 ofo 使用了小黄人的 IP 形象，在车把上安上"小黄人"标志性的大眼睛，车轮上也使用了小黄人的形象。分别在北京、上海等一线城市和部分二线城市投放了 50000 辆自行车。而在 ofo 的 APP 上也根据小黄人的形象做了全新的 UI 设计。而促成小黄人和 ofo 合作的关键在于二者之间的某种联系，一方面 ofo "小黄车"与《神偷奶爸》的"小黄人"的 IP 形象很契合，都具有黄色元素。另一方面 ofo 积累的资源和用户规模，以及随处可见的自行车对于电影的推广来说也颇具吸引力。而电影与亚马逊合作，在快递盒上印上小黄人形象同样也出于利用亚马逊强势的渠道优势起到宣传影片的作用。

（3）品牌联合营销的 IP 衍生品开发

一些强势的品牌企业也能通过品牌联合的方式推出 IP 衍生品，主导着电影 IP 衍生品的开发。作为品牌方拥有成熟的发展模式，在产品的设计、开发生产等方面拥有丰富的经验，从而可以降低 IP 衍生品开发的风险。

著名时装品牌 I.T 经常会与热映的电影 IP 推出联名系列服饰。将电影 IP 中的形象、LOGO 等元素融入其旗下不同的服装品牌，如电影《魔兽》上映时期，I.T 选择了旗下极其符合《魔兽》这个电影 IP 风格形象的 izzue 推出了 izzue x WARCRAFT 联名系列。服装采用黑白色彩，符合 izzue 一贯时尚简约的品牌定位，同时融合电影中两大阵营标志及领袖形象。而在电影《美女与野兽》上映时，I.T 则选择了专攻少女时尚设计的 b+ab，推出了一系列服装，将影片中经典的永生之花、闹钟大臣、烛台先生卢米亚、茶煲太太等都加入了设计元素。电影 IP 本身的价值取向、角色形象对品牌企业形象塑造具有影响作用。此类 IP 衍生品的开发要想达到 1+1>2 的效果取决于电影 IP 与品牌自身的协调性和相互促进性。而不恰当的形象授权开发不但会让电影 IP 的粉丝对过于商品化的电影作品产生反感，更会影响消费者对企业的品牌形象产生误读。

4.3.4 关联产业的 IP 衍生品开发

在大电影产业链中，电影本身的制作宣发上映都是价值链上游，是整个大电影产业价值链的战略环节，价值创造的核心是创意和营销，为处于电影产业链下游的 IP 衍生品开发提供内容资源和价值驱动。而下游环节的 IP 衍生品开发真正做到了在不同的空间、时间范畴内，以不同的方式、形态来开发版权价值，做到了跨界融合发展。且相较于电影上游中各环节的 IP 衍生品开发，下游环节的 IP 衍生品开发较少受到电影上映时间的限制。关联产业的 IP 衍生品开发根据开发主体的不同可分为：以电影公司主导的开发，以品牌方主导的开发以及以互联网公司主导的开发。

（1）电影公司主导的 IP 衍生品开发

电影公司在电影内容、IP 形象、版权权利上具有主动权，通过整合处于电影产业上游环节的内容生产环节来带动处于产业链下游的 IP 衍生品开发。

以整合大电影产业的集团化电影公司迪斯尼在 IP 衍生品开发上是其他好莱坞制片厂无法超越的。通过成立专门的授权部门及衍生品管控部门，对消费者/粉丝进行分析定位，并在开发前对衍生品的子品类进行细致分析，最后分类授权第三方生产开发商制作。被授权商在充分理解 IP 内涵的基础上进行衍生品的交互开发，保持形象与内涵的一致，最后要将样品交给迪斯尼进行确认批准进入生产阶段。迪斯尼主题公园则是在充分融合媒介产品、娱乐产品以及服务产品基础上的综合性 IP 衍生品，其中乐园中 70% 以上的收入来自二次消费。迪斯尼每推出一部电影，有新角色形象加入，就会在乐园中增加新的角色，充分做到了上下联动。

纵观我国现阶段的 IP 衍生品开发停留于上游阶段，围绕热门 IP 内容，注重各种媒介内容之间的相互转化。而基于形象授权的消费性实物衍生品开发以纪念品为主，不以售卖为目的，主要用于电影宣传促销的周边衍生产品。而没有关注其在附属产业链中所产生的经济价值，版权价值没有得到完全释放。

（2）品牌方主导的 IP 衍生品开发

衍生品开发的力度越大，授权的比例也就越高。对于电影公司来说，自制和自营的电影 IP 衍生品覆盖的市场和品类都是有限的，同时投入成本也更高。所以授权给专业的衍生品设计开发品牌是好的选择。所谓品牌方主导的 IP 衍生品开发指电影版权方将影片相关权利授权品牌企业，由品牌企业根据电影版权及 IP 形象进行衍生品开发并负责营销。这类品牌方多是传统的玩具、雕塑等设计制造公司，具有较强的研发设计能力，通过与知名电影 IP 合作，为其设计开发下游衍生产品。以美国的孩之宝、丹麦的乐高，日本的万代以及中国的奥飞动漫为代表。

美国孩之宝公司作为设计生产开发IP衍生品的品牌公司，其2016年收入达到50.2亿美元，也是其成立94年来收入最高的一年。其竞争对手"美泰"2016年销售额为54.5亿美元，同比下降2%。同样作为玩具生产品牌，孩之宝的成功与电影IP的授权关系紧密，尤其是其迪斯尼IP版权的获得。

孩之宝公司将其旗下产品分为核心知名品牌、品牌合作以及新兴品牌。其中核心知名品牌是指那些孩之宝拥有版权，能为其带来持续性的收入的品牌。这其中最知名的莫过《变形金刚》，孩之宝公司不但买下动画版《变形金刚》版权开发各类玩具，更将玩具影视化，通过下游衍生产品的开发向上游反推，推出了《变形金刚》动画片及动画电影。针对核心知名品牌，孩之宝公司采用了倒逼发展模式，除了授权制作衍生产品，还成立自己的工作室，发力上游影视制作、媒体产业，制作相关影视产品，开发电影IP。而合作品牌则是授权获得热门IP电影权利，诸如漫威系列电影以及《x战警》《星球大战》《侏罗纪公园》等作品，基于自身在玩具设计开发上丰富的经验进行IP衍生品开发，拓展电影产业链。

同样由品牌方主导开发IP衍生品，并在此基础向电影产业链上游拓展的还有丹麦的乐高。乐高原本是一种设计给孩子的塑料拼接玩具，能够拼接出不同的造型。随着品牌定位的改变，乐高逐渐面向大人，与电影IP合作，推出了一系列高度还原《星球大战》《哈利·波特》以及《蝙蝠侠》等电影IP的产品。随着其IP衍生产品市场的发展壮大，乐高向上游影视制作内容产业发展，推出了乐高大电影系列，包括《乐高大电影》《乐高蝙蝠侠大电影》。在还原经典电影IP基础上，包含乐高元素的拼接化元素赋予其新可能性。在其登陆中国院线前全球累计票房收入达到2.27亿美元，可见这种反向的IP衍生品影视化探索的可行性。这些IP衍生品公司发展到一定阶段会向上游IP媒介产品开发延伸，塑造自己的IP形象。

（3）以互联网主导的IP衍生品开发

近年来，随着互联网向电影产业不断延伸，以BAT为代表的互联网公司逐渐成为电影IP衍生品开发的主体。利用自身的平台优势，整合多方资源，采取上下游兼顾的策略，在票务、电影宣发、IP衍生品开发等方面协同发力。所谓平台是市场或用户导向的，通过架设大型平台系统，开放众多信息端口，汇聚各方资源以满足参与者多样化需求。因此，互联网企业的加入不仅使IP衍生品开发融入整个电影产业链环节中，融合了版权方、设计方、渠道方等主体，更拓展了娱乐衍生产品的开发运营渠道。

以电影社区以及电影推广发展起来的Mtime时光网就开始打造自己的衍生品电商平台，负责IP衍生品的开发及销售渠道。不仅拥有迪斯尼、索尼、派拉蒙、华纳兄弟、环球影业和二十世纪福克斯六大片商的品牌授权，更与传奇影业达成独家电影 IP 代理合作，成为电影《魔兽》在中国的独家 IP 代理商，可以看到时光网为打造正版衍生品在版权环节所做的努力。其在 IP 衍生品设计开发上拥有一支专业的具有独立原创能力的设计团队，为获得授权的电影 IP 设计开发原创性的产品，其自主设计开发的衍生产品占其销售的 20%。同时在商城中引入大量国际一线衍生品品牌，如 Hot Toys、乐高、Sideshow、Weta、GSC 等入驻，形成以电影 IP 娱乐产品为核心的垂直电商平台。在销售环节采用 B2B 和 B2C 两种模式，一方面面向影院、线下店等大客户，依托 Mtime pro 版平台，为大客户采购衍生产品提供渠道。另一方面借助自有的 Mtime APP，为 C 端客户提供正版衍生品购买渠道。

第五章　中国电影 IP 衍生品开发优化

通过对电影 IP 衍生品开发现状的分析，现今我国在电影 IP 开发上仍处于初级阶段，存在诸多问题，亟须针对不同矛盾点提出优化措施。本章将对应电影 IP 评估、版权授权及开发环节，针对我国电影 IP 衍生品开发现存的矛盾点提出优化措施。

5.1　建立电影 IP 版权价值评估体系

版权授权是电影版权方和衍生品开发商共同的利益基石，但由于缺乏完整的电影 IP 及衍生品的评估体系，使衍生品开发方无法在电影上映前有效评估 IP 衍生品未来市场，导致多数开发生产方在电影上映前抱持观望态度，在电影大热后才购入电影版权着手衍生品开发，势必错过最佳的衍生品销售期。

正如上文所述我国电影 IP 衍生品面临过度开发，价值透支的问题，其背后原因在于电影 IP 价值积累与 IP 价值开发在时间成本上的不对等性。电影产业对于 IP 的狂热致使整个文化产业急于对其价值变现，导致极速消耗成熟 IP 资源、盲目开发不成熟 IP 资源以及照搬固有 IP 开发模式等多种问题。

前文阐述了对电影 IP 版权资源价值评估的三个层次，即版权内容层次、用户需求层次（粉丝级别）以及票房层次。这三个层次都是从商品层面对版权价值进行评估，从商品层面上看，版权的经济价值在于凝结在版权商品中人类创造性的劳动成果，这种劳动属于抽象劳动，对于这种抽象劳动进行具象评估有利于形成公开透明的版权交易市场，在版权价值评估中形成相对成熟、公允的版权价格机制，成为版权交易、转让、许可授权的价格基础。

除了从商品层次上对版权价值进行评估，也要从版权开发主体，即企业的角度对版权价值进行评估。相比从商品价值对版权价值进行评估是为了版权价值最大化，从企业角度出发建立电影 IP 版权价值评估体系，更加侧重于根据开发主体自身的具体情况，构建合理的版权开发机制，充分挖掘、盘活、培育企业现有 IP 资源，不是一味开发，而是注重培育、创造，逐步建立以"持续开发"和"保值增值"为价值取向的电影 IP 版权管理机制。

5.2 构建电影 IP 版权公开流转机制

电影本身作为艺术作品，其生命价值体现在创作和传播。好的电影作品理应得到广泛的传播和分享。电影中所传递的核心价值理应得到挖掘传递。而电影 IP 作为版权商品，其 IP 价值就是通过版权流转而实现的。因此构建电影 IP 版权公开流转，提高版权传播效率是保证电影 IP 衍生品开发效率，提高 IP 衍生品开发质量的关键。

5.2.1 打造"平台化"版权交易机制

我国电影 IP 衍生品的开发具有严重滞后性质，版权方与 IP 衍生品开发方缺乏沟通平台。电影从拍摄、制作、发行、宣传到上映与 IP 衍生品开发流程严重脱节，究其原因在于电影版权信息的不对称性，电影产业上下游环节处于脱节状态，导致电影 IP 的交易呈现空心化与泡沫化。

因此有必要打造"平台化"的版权交易机制，使无序的版权资源得到重新整合并向平台化的方向发展。平台经济学认为"平台是一种现实或虚拟空间，该共建可以促成双方或多方客户间的交易[①]"。

因此"平台化"的版权交易首先解决的问题就是打通电影 IP 授权渠道，保证信息的畅通性。平台化的版权交易机制具有效率最大化的优势，通过平台最大限度覆盖并集合电影版权方、衍生品开发方、渠道方等多个主体，利用平台多边互通的优势，降低版权信息的不对称性，吸纳小型 IP 拥有者以及 IP 衍生品设计方，将 IP 衍生品开发的长尾需求囊括其中。打造平台化的版权交易机制，避免 IP 衍生品一直以来孤立发展、缺乏资源的局面，将其嵌入整个电影创意、拍摄、宣发环节，共同创造盈利。

5.2.2 打造"货币化"版权流通机制

随着互联网的发展以及在跨界融合的大趋势下，电影产业逐渐形成更大范围发展，电影版权的开发不能再围绕单一版权权利展开。更多开发主体、产业将不断被融入 IP 衍生品开发生态中，单一版权内容呈现复合式开发趋势。因此有必要打造"货币化"的版权流通机制，提升版权内容"货币化"能力。货币化也是内容产业实现版权价值最大化的开发途径。围绕电影 IP 资源开发，以"一鱼多吃"的策略布局，建立起由电影放映、多渠道发行、消费品授权、游戏以及电商的货

---

① 喻国明,何健,叶子. 平台型媒体的生成路径与发展战略——基于 Web3.0 逻辑视角的分析与考察[J]. 新闻与写作,2016,(04):19-23.

币化矩阵。随着文娱生态进一步发展，文娱产业的成熟商业架构将促进产业链各环节细分市场的价值提升，最大化地实现 IP 内容的价值。

5.2.3　打造"一站式"版权授权机制

冗杂的版权权利导致版权授权过程复杂，延误了 IP 衍生品的开发周期甚至导致衍生品开发项目搁置。电影 IP 衍生品开发在版权确权上存在权利复杂、涉及主体多样化以及流程复杂化。一个电影 IP 会由多个版权方共同拥有，不同的 IP 衍生品有不同的开发方式，会涉及不同的 IP 版权权利。而电影版权交易平台具备一站式授权机制，其类似于日本的版权委员会模式，将与电影 IP 衍生品开发的所有主体聚集在平台上（通常为电影 IP 衍生品各产业链的参与者），共同分配版权资源，避免冗杂的版权确权、授权过程。对于电影 IP 版权主体来说，将各环节参与者聚集于同一平台从而实现共同并行进行电影 IP 衍生品的开发，免去了版权确权复杂流程。其次，对于不同环节的开发主体能够第一时间得到资源分配，相互强强联合，实现电影 IP 的充分变现。

5.3　构建电影 IP 衍生品开发生态化矩阵

5.3.1　横向拓展电影系列化形成 IP 品牌

上文提到我国电影 IP 资源稀缺，IP 衍生品过度依赖国外 IP 形象，在娱乐产品开发链条中扮演着产品制造者的角色。因此扩大我国电影 IP 衍生品开发规模和消费市场关键在于从上游电影 IP 创作环节入手，丰富 IP 形象，培育电影 IP 品牌。

首先在于横向拓展电影 IP 跨媒介开发能力。随着全媒体时代的来临，受众对内容产品，尤其是内容产品品牌的认知并不会局限于某一类媒介形态，而是在不同媒介形态传播中形成的深入人心的品牌。受众对于不同内容品牌的认知度与不同媒介组合形式密切相关。因此在电影产业上游，不断横向拓展电影 IP 的表现形式，提升 IP 内容的跨媒体改编能力是形成内容 IP 品牌的重要一步。

其次培育系列化电影是形成并延展电影品牌的重要方式。对于电影 IP 本身来说，系列化的电影作品更容易形成统一的电影 IP 形象及品牌风格，在系列化电影的创作中培育统一的角色形象，叙述完整的故事内容，弥补前作的不足，甚至在不断更新的系列电影中完成对整个电影 IP 世界观的构成。

再次横向拓展电影系列化是为后续 IP 衍生品开发提供丰富素材的基础。在不断的系列化电影作品中不但会出现原有电影中的形象，巩固其在观众中的角色形象，更会出现新角色，新形象以及新场景，这些都为后续娱乐消费及服务类 IP 衍生品的开发提供新素材。

最后，电影系列化是电影 IP 能形成品牌，培养观众对 IP 忠诚度的重要手段。通过系列化电影的拍摄使受众对电影 IP 产生归属感，对电影内容产生品牌化认知。在品牌化电影基础上不断累积电影受众，提升观影者对电影 IP 的忠诚度，形成粉丝群培育核心粉丝受众。而 IP 粉丝群体的培养同时反哺于下游的 IP 衍生品的开发及营销，增强受众对消费类及服务类 IP 衍生品的消费能力和意愿。

5.3.2 纵向深度挖掘 IP 版权的多种用途

在电影 IP 形成品牌化形象，尤其在受众群体中形成了品牌化影响力后，电影 IP 衍生品开发的重点就在于纵向深度挖掘 IP 版权价值。IP 衍生品的纵向开发可以发生在横向链条的任意环节，充分发挥电影 IP 的其他经济价值，挖掘新的经济增长点，加强对实体消费产品的开发生产。这也就需要建立健全电影产业与其他产业的联动机制，共同围绕电影 IP 深度挖掘价值，打造健全的产业链条。

对于电影 IP 价值的深度挖掘，形成跨产业开发联动机制。一方面电影 IP 中角色、故事、场景等虚拟的元素被固化下来，开发为各类实体商品、主题乐园，以不同形式促进电影 IP 的传播，进一步拓展电影 IP 品牌影响力。同时为受众带来不同于媒介产品的消费体验。另一方面引导受众对电影品牌的忠诚度转化为对电影 IP 衍生产品的消费能力，将品牌的无形价值转化为经济价值。

在知识产权领域，版权等于产权，对版权的深度开发其本质就是一种通过社会强制而实现的对某种知识产权产品的多途径选择的权利。随着电影 IP 衍生品开发的深入，版权的开发不仅仅局限于媒介产业，而是逐渐向实体经济产业以及服务产业发展，将对于版权的使用开发应用于不同产业领域，形成对电影 IP 版权的跨产业开发。

根据前文的梳理，对于电影 IP 品牌的纵向挖掘属于电影产业的下游环节，是电影产业链的独立附属环节，是对品牌化电影 IP 的再开发过程。但对于电影 IP 衍生品的开发要将其置于电影产业开发全程，在电影规划初期就要有对 IP 版权深度开发意识。

5.3.3 横向及纵向拓展形成协同效应

近年来网络的快速发展为电影 IP 衍生品提供了更多发展空间，借助移动互联网的新技术和新渠道，拓展了版权资源的开发渠道，加深了版权资源的开发深度，使得电影 IP 衍生品的横向拓展和纵向延伸形成协同效应，实现对电影的单一版权内容的复合式开发，不仅为电影内容的传播，版权价值的增值提供新渠道，更为电影产业的发展开辟了新的领域。

对于媒介衍生产品来说，一些电影作品凭借网络播放平台实现了版权效益的最大化，未来随着互联网电视的发展，中国电影 IP 衍生品在"扩窗发行"渠道机制的建设上将更加完善。对于像主题公园、玩具、模型等相对传统的产品和服务更可以通过综合、垂直电商、O2O、众筹等互联网服务模式来进一步拓展产品市场及服务覆盖范围，同时扩展电影 IP 衍生品的市场范围及影响力。

长期以来，我国电影 IP 衍生品发展都是小规模、零散化的，媒介衍生产品、娱乐产品以及服务产品的发展严重脱节，这也是我国 IP 衍生品长期发展滞后的原因之一。随着以 BAT 为代表的互联网巨头的发展，我国 IP 衍生品开发向集团化规模发展，这也是未来我国电影 IP 衍生品发展的方向。这些集团化互联网企业具有强大的资源整合能力，在媒体产业、服务产业等领域都有成规模的生态布局，已搭建了较为成熟的生态运营体系，覆盖了不同群体的日常生活。通过介入电影产业，引入或扶持重点 IP 资源，进行系统化开发，使电影 IP 衍生品横向及纵向拓展产生协同生态效应。以阿里巴巴为例，作为中国最大的电商平台，阿里巴巴背靠强大的商家及用户资源，其中不乏 Hot Toys、Funko、孩之宝等国际一流衍生品生产企业，具有良好的渠道及开发优势。其凭借自身的资金、渠道及用户优势获得了不少优质的电影 IP 资源，如《变形金刚》《大圣归来》《你的名字》等，将这些电影 IP 授权其旗下品牌商家进行多品类衍生品开发，促进电影项目和品牌商对接，IP 与产品对接。

结　　语

近几年来不论业界还是学界对 IP 开发研究层出不穷，对版权的关注度也逐渐从法务角度向商业开发角度转化。作为 IP 其实有两次生命，一次是 IP 的创作，另一次就是 IP 的传播，IP 的价值也是在传播和再创作中实现的。而 IP 衍生品正是对 IP 的传播和再创作的结果，是 IP 作为版权商品对版权多种权利选择性开发使用的结果。IP 衍生品的开发过程促进了 IP 在内容层面的传播，在版权层面的权利开发与流转，在文化和经济层面的价值增值。

电影因其多元化的表现方式和高密度的娱乐性是 IP 开发产业链的放大镜，因此 IP 衍生品开发上更具代表性。然而通过分析当今中国电影 IP 衍生品开发背景发现电影 IP 衍生品开发困境背后存在五大矛盾，即 IP 跨界开发与版权边界的矛盾、版权权利过度拆分与版权传播效率的矛盾、媒介 IP 衍生品与娱乐衍生品开发的矛盾、IP 时效性与 IP 衍生品开发周期的矛盾以及 IP 价值积累与价值开发的矛盾。

电影 IP 衍生品开发是一个系统且综合性的工程，开发过程涉及不同版权权利。如何充分挖掘电影 IP 作为版权商品的价值，将版权的效用发挥到最大并且延续电影 IP 的生命周期，关键在于解决这五大矛盾，构建贯穿于电影产业链始终的 IP 衍生品开发思路，从评估、授权及开发三大环节提出电影 IP 衍生品开发的优化措施，以化解电影 IP 衍生品开发前后的矛盾。

参考文献

[1] 喻国明, 何健, 叶子. 平台型媒体的生成路径与发展战略——基于Web3.0逻辑视角的分析与考察[J]. 新闻与写作, 2016, (04):19-23.

[2] 余伟, 周秀玲. 我国电影衍生品产业链升级策略——基于SWOT分析[J]. 经营与管理, 2016, 09:81-85.

[3] 紫萱. 试论中国电影产业链延伸的重要性(上)[J]. 中国电影市场, 2015, 07:20-22.

[4] 紫萱. 试论中国电影产业链延伸的重要性(下)[J]. 中国电影市场, 2015, 08:25-28.

[5] 于丽. 中国电影衍生品:未来的商机与挑战——从《西游记之大圣归来》说开去[J]. 电影艺术, 2015, 05:80-84.

[6] 曾严彬. "互联网+"背景下中国电影衍生品的生产与创意探析——以《捉妖记》和《大圣归来》为例[J]. 现代视听, 2016, 10:38-40.

[7] 牛梦笛. 加快开发国产电影衍生品市场[N]. 光明日报, 2015-08-11.

[8] 马燕. 优酷土豆高调进军大电影 瞄准衍生品蛋糕或与阿里电商打通[N]. 证券日报, 2014-09-01.

[9] 朱与墨. 商品化权本质论[J]. 开封大学学报, 2005, (04):17-21.

[10] 陈龙. 中国电影IP开发研究[D]. 湖南大学, 2016.

[11] 刘芹良. "互联网+"语境下我国电影产业链的重塑——以IP电影为例[J]. 经济论坛, 2016(08):94-99.

[12] 王广振, 王新娟. 互联网电影企业:产业融合与电影产业链优化[J]. 东岳论丛, 2015, 36(02):55-61.

[13] 侯志明. 论"互联网+"概念下的电影创作生产[J]. 电影评介, 2015(10):1-4.

[14] 段桂鉴. 以版权价值为核心 推进文化金融创新[N]. 科技日报, 2010-08-15(002).

[15] 陶莉. 版权资源的开发与利用研究[D]. 武汉大学, 2004.

[16] 李正良, 赵顺. 影视业"IP热"的冷思考[J]. 传媒观察, 2016(01):21-23.

[17] 唐昊, 李亦中. 媒介IP催生跨媒介叙事文本初探[J]. 民族艺术研究, 2015, 28(06):126-132.

[18] 陈端. 我国网络全版权运营发展衍变脉寻[J]. 传播与版权, 2015(01):183-184.
[19] 范志国, 张晓亮. 电影产业价值链各环节的营销策略[J]. 电影文学, 2010(20):8-9.
[20] 韩洁, 谭予涵, 谭霞, 王芳, 王敏. 美国版权战略对我国文化产业发展的启示[J]. 重庆工商大学学报(社会科学版), 2009, 26(01):104-108.
[21] 曹澄成. 电影价值实现的路径分析[J]. 中国电影市场, 2013(09):19-21.
[22] 陈蓓. 从中美电视剧播出模式的不同, 看电视剧作为创意产品和版权产品的特质[J]. 中国外资, 2011(04):164-165.
[23] 钱韦岑. 由出版商到电影公司:漫威的跨媒体产业演进与启示[J]. 出版广角, 2017(07):37-39.
[24] 王传珍. 互联网时代的IP经济[J]. 互联网经济, 2015(12):62-69.
[25] 李莹. 价值创造视角下的电影融资影响因素研究[D]. 西南财经大学, 2012.
[26] 李国聪. IP模式:中国电影产业实践与资本抉择[J]. 声屏世界, 2016(09):45-48.

（本文作者：丁淼）